中华传世藏书

【图文珍藏版】

大清十二帝

大清

马博⊙主编

线装书局

目　录

光绪帝载湉

宣统帝溥仪

大清十二帝

光绪帝载湉

线装书局

名人档案

光绪帝：名爱新觉罗·载湉。清军入关以来第九位皇帝，属羊，年号光绪。同治十年六月二十八日生于北京太平湖畔醇王藩邸槐荫斋，为清宣宗道光帝第七子醇亲王奕譞之第二子，母为孝钦显皇后之胞妹叶赫那拉氏。在位 34 年(1875~1908 年)。光绪三十四年十月二十一日崩于中南海瀛台涵元殿内，终年 38 岁。

生卒时间：公元 1871~公元 1908 年

安葬之地：葬于河北易县清西陵的崇陵。

历史功过：发起资产阶级改良运动的维新变法，给长久封闭的国家带来了一些西方的先进思想、理论和技术。

名家点评：德宗亲政之时，春秋方富，抱大有为之志，欲张挞伐，以前国耻。已而师徒侥败，割地输平，遂引新进小臣，锐意更张，为发奋自强之计。

光绪即位

（一）出生与家世

京城8月，骄阳似火，令人窒息。伴随夜幕的降临，聒噪一天的蝉鸣总算渐渐平息了。城内西南角太平湖畔的醇亲王府（今中央音乐学院所在地）内烛光通明，人影晃动。醇王福晋叶赫那拉氏，十月怀胎就要分娩了。

光绪

一声婴儿清脆响亮的啼哭，刺破了子夜的寂静。（同治十年六月二十八日1871年8月14日）夜，醇亲王府槐荫斋内一个小男孩降临到这个天皇贵胄、钟鸣鼎食之家。他尚未睁开双眼，就已可感知那拥金堆玉的温馨。

封建文人笔下的他是“生而神灵，天庭奇表，丰上兑下，隆准颀身，睿智渊通，志量恢远”。诚然，这不免有些言过其实，而他的父亲醇亲王奕譞的喜形于色则肯定自不待言。这位年已31岁、位极人臣的显贵，虽曾有过一子却不幸早夭，急切盼子的心情总算如愿以偿。此时，夜半更深，一家人却欢天喜地，难以入睡。

按照清朝皇室的规定，凡宗室子孙降生均要录入皇帝的家谱《玉牒》，且要按辈分排定的命名用字规矩，由皇上赐名，并不由父母做主。因此，次日清晨入朝，醇亲王奕譞兴冲冲地请回了一个象征“风平浪静”的吉祥名字——“载湉”。可从此，爱新觉罗·载湉开始了他惊涛骇浪的一生；开始了他有幸而不幸，有为而无为，由王子而万乘之尊；由皇帝而又形同傀儡，继而沦如狱囚般的艰难一生。

载湉的家世并不复杂，但却无比的显赫。早在他的十世祖爱新觉罗·努尔哈赤时代，这个被称作女真族（后改称为满洲族）的家族便已被神化为仙女的后人。清朝自东北入关、定鼎中原后近230年来，爱新觉罗家族就成为“真龙天子”一脉相传的皇族，世代相继，已有8代8个君主统治着全国。当今天子就是载湉的堂兄。载湉的祖父爱新觉罗·旻宁，即道光皇帝。在其驾崩宾天、江山撒手之时，共生有9子。除长子、次子、三子已死外，载湉的父辈尚有6人，叙齿分别为奕詝、奕誴、奕䜣、奕譞、奕詥、奕譓。那一年奕詝继位为皇帝（咸丰帝）时，他的父亲奕譞尚不足10岁。然而，既然身为当朝皇帝的胞弟，在他的面前展开的自然是富贵荣华、威势显赫的未来。

奕譞，字朴庵，出生于道光二十年（1840年）九月二十一日。四哥奕詝即位不久，他便被赐封为醇郡王，自此人称“七王爷”（排行七）。这倒不是因为他有什么聪颖过人之处，既为皇弟，循例也应享有此等“恩典”。他的少年时代，照例享受着轻裘肥马、安逸荣崇的王府生活。不过，他19岁那年（1859年）的“奉旨”成婚，使他的身份开始发生了令人侧目的变化。本来身为皇弟，以血统和与皇帝的手足亲情便足以令人刮目相看，皇帝又将自己宠爱的懿贵妃（后来的西太后或称慈禧太后）的亲妹妹指婚嫁给了他。血缘亲情之上又加裙带关系，决定了他处在清政府最高层的权力角逐漩涡中的特殊位置。

当两年后咸丰帝病死于热河（今河北承德）避暑山庄和随即发生的一场政变，更使奕譞权势日隆，扶摇直上，成为清统治者中炙手可热的人物。

咸丰十年八月（1860年9月），昏庸腐朽的咸丰帝在英法联军的枪炮声中，匆匆逃离北京。次年七月，在内乱外患走投无路的困境中咸丰帝忧郁成病，死于避暑山庄。随即，由他唯一的儿子，年仅6岁的载淳（懿贵妃所出）继承了帝位，改明年为祺祥元年（政变后改为同治元年）。同时，母以子贵，懿贵妃叶赫那拉氏与皇后钮祜禄氏并尊为皇太后（下文以两太后在宫中居处位置之不同，称叶赫那拉氏为西太后，钮祜禄氏为东太后以示区别）。为扫除咸丰帝为幼帝安置的“顾命八大臣”，以便操纵朝政大权，西太后利用奕譞，以妹夫关系和身份回北京与恭亲王奕䜣（咸丰帝六弟）商定对策，内外合谋，发动政变。当政变发动后，奕譞又亲率侍卫兵在密云半壁店捉拿护送“梓宫”的八大臣之一、西太后最大政敌、协办大学士户部尚书肃顺。为西太后日后登上“垂帘听政”的权力宝座立下汗马功劳，被西太后视为“最靠得住的附和者”。

随着西太后得势，奕譞这个“有功”的妹夫，自然飞黄腾达、官运亨通，显赫的爵位和“一大堆头衔”都落在了他的头上。同治三年（1864年），西太后赐予奕譞“加亲王衔”，到同治十一年（1872年），又被正式封为清王朝宗室的一等爵位“醇亲王”。此间，他官居正黄旗汉军都统、正黄旗领侍卫内大臣、御前大臣、后扈大臣、管理善扑营事务、署理奉宸苑事务、管理正黄旗新旧营房事务、管理火枪营事务和神机营事务等多种军、政要职。那时他还不过是一个20余岁的青年，却已然成了倍受西太后倚重的、清廷统治核心举足轻重的实权人物。

然而，这位已经参与和领略残酷无情的政治斗争和权力争夺的少壮贵族，也已深深体会到比他仅年长6岁，把持皇帝、操纵政权的西太后的淫威。奕譞虽然并不欲急流勇退，然而却深谙持盈保泰之策。高官厚禄、妻荣子贵，心满意足之际仍不免戒惧盈怀，处处小心。他亲题醇亲王府的正堂为“思谦堂”；壁上的条幅为“福禄重重增福禄，恩光辈辈受恩光”。此外，他还特意让人仿制了一只周代欹器，上面有他亲笔写的“谦受益，满招损”铭辞。这只欹器若放入一半水则可保持平衡；若放满水，则会倾倒以致将水全部流掉。他希望这个醇亲王府子子孙孙能永远康平富贵、相守相安，就像自己儿子的名字和府前的太平湖水一样，风波不起、湉然安静。

无论这位身份显赫、位高权重的亲王怎样“谦恭”，小王子的降生自然要大大庆贺一番。那些惯于趋炎附势、溜须拍马的官僚终于有了表现的机会，金银珠宝源源不断作为贺礼送入醇亲王府。

一天天，一月月，一岁、两岁……小载湉在锦衣玉食的安乐窝里成长。在他的视野中，乳母和太监体贴关怀，温和恭顺，唯唯诺诺；王府里柳绿花红，莺声燕语，五彩缤纷，一切都无忧无虑。他还没有体验王府大门以外的世界的能力。其更无从知道爱新觉罗祖先昔日业绩的光辉正日益暗淡；子孙后代们正面临着前所未有的艰难时势；大清王朝的江山正在内忧外患中一块块崩塌。

（二）江河日下的清王朝

顺治元年（1644 年），崛起于中国东北的满洲族，在爱新觉罗家族的率领下，金戈铁马，夺关斩将，以统治者的姿态出现在广袤的中原大地。经 20 余年的生死搏斗，终于稳定了清王朝的统治。在康熙、雍正、乾隆三帝励精图治的努力下，中国出现了边疆巩固，经济发展，人口日繁的盛世。康熙帝和乾隆帝这祖孙二人均在位 60 余年，是中国历史上执政时间最长的皇帝，这也成为爱新觉罗的皇位继承者和家族最引以自豪和可堪夸耀的荣光。然而，盛极易衰。当嘉庆登基为帝之时，情况已发生令人难堪的变化。国内持续数年的川、楚、陕白莲教大起义极大地动摇了清王朝的统治。清政权中大小官吏贿赂公行，侵夺贪占，财政危机日趋严重。全国人口已迅速增长达 3 亿以上嘉庆八年（1803），使人均可耕地面积在不到 80 年时间内，由雍正十二年（1734 年）的 32. 54 亩下降到嘉庆十七年（1812 年）的 2. 19 亩，社会矛盾仍在加剧。

嘉庆二十五年（1820 年），当执政 25 年的嘉庆帝病逝于避暑山庄后，小载湉的爷爷旻宁（道光帝）便成为清王朝入主中原后的第六代君主。他在位的前 20 年，尽管国内阶级矛盾日益尖锐，却并未发生大规模的人民起义。道光二十年（1840 年），历来不被清统治者放在眼中的“英夷”却成了清王朝的致命挑战者。英国人通过坚船利炮迫使“天朝”皇帝不得不批准了丧权辱国的中英《南京条约》，不情愿地开放了中国的大门。随后法国、美国等列强也接踵而至，从中国攫取了与英国享有的同样特权，给中国套上了条条奴役性的侵略锁链，开始将这个文明古国拖向半殖民地的泥潭。咸丰元年（1851 年）爆发于广西的太平天国农民起义持续了 14 年，起义军曾占据半个中国，一度进攻到北京附近。直到咸丰帝死于避暑山庄，中国东南部仍是烽火连天。咸丰十年（1860 年）英法联军竟攻占北京，圆明园大火刚刚熄灭，清政府又被迫向英、法、美、俄等国出卖大量特权，甚至割让了大片的领土。在列强的帮助下，总算将太平天国起义镇压下去。小载湉出生前后的这几年，他的父辈和在政变后垂帘听政的西太后终于取得了一个喘息的机会，认为“心腹之患”已除，开始做着“同治中兴”的幻梦。

所谓“同治中兴”，是旧史家对咸丰十一年（1861 年）政变后清政府在内政、外交等方面出现的变化和暂时呈现的“安定”局面的吹捧和标榜。虽然这一切均发生于载淳降生前后的 10 余年间，却对他的一生不无重大影响。

咸丰十一年（1861 年）政变得手后，西太后一方面为小皇帝载淳登基做准备，同时鼓动亲信大造皇太后“垂帘听政”的舆论。一时间，显贵权臣纷纷上书劝进。咸丰十一年十月初九日（1861 年 11 月 11 日），载淳在清宫太和殿举行了登基大典，改明年为“同治”元年，为两宫皇太后上“慈安”“慈禧”尊号。数日后以皇帝名义发出上谕，传令南书房和翰林院：

将“历代帝王政治及前史垂帘事迹……择其可为法戒者，据史直书，简明注释，汇为一册，恭呈慈览”。

经诸臣一阵紧张地忙碌着，将查到的有关资料汇为一编，赐名为《治平宝鉴》。“垂帘听政”，终于有了历史根据。随后，在礼亲王世铎等议定的“垂帘章程”批准后，12 月 2 日，两太后在养心殿正式开始垂帘听政。实际是皇太后批阅章奏、召见大臣、裁决政务和确定官员任免。

据当时受召见的官员翁同龢记载，垂帘情形为：

“黎明，侍大人（翁同龢随其父翁心存）入内，辰正，引见于养心殿。两宫皇太后垂帘（用纱屏八扇，黄色——原注），皇上在帘前御榻坐。恭邸（恭亲王奕䜣）立于左，醇邸（醇亲王奕譞）立于右。吏部堂官递绿头笺，恭邸接呈案上。是日引见才二刻许即出。”

由此可知，所谓“同治”朝局，最初是两太后、两亲王假以年幼无知的小皇帝名义掌管朝政。在两太后中，东太后“和易少思虑”，“素宽和，殊无制裁之术”。“虽东西两太后同训朝政，而实则处分一切，仍以西后意为可否。慈安素谨愿，各事每呐呐然不能出诸口者”。在以后被召见的诸臣中，如曾国藩、郭嵩焘等，该日记也都有类似的记载。

帘外两亲王，实以恭亲王奕䜣权力为大。这不仅因为恭亲王为醇亲王之兄，且政变后，恭王尚有“议政王”的头衔。咸丰十一年（1861 年）第二次鸦片战争失败后，由于外国侵略势力的压迫，清政府迫不得已在中央成立了“总理各国事务衙门”（简称总理衙门或总署）。由奕䜣担任首席大臣，全权主持对外“和局”，包括外交各种事务：如派出驻各国公使；兼管通商、海关、海防、订购军火；主办同文馆和派遣留学生等。尽管有军机处为中枢机构，而“总署”位不在军机下，反在主持政务的六部之上，权力巨大。奕譞尽管身兼数职，权力日隆，又与西太后有一层妹夫的亲情，可权力毕竟在奕䜣之下。

西太后与奕䜣掌持内外大权，同治天下的局面却在不久便矛盾显露。同治四年三月（1865 年 4 月），西太后以同治帝载淳名义明发上谕，指斥并罢免奕䜣：

“朕奉两宫皇太后懿旨：本月初五日，据蔡寿祺奏，恭亲王办事徇情、贪墨、骄盈、揽权，多招物议。似此重情，何以能办公事。查办虽无实据，事出有因，究属暧昧，难以悬揣！恭亲王议政之初，尚属谨慎，迨后妄自尊大，诸多狂傲。倚仗爵高权重，目无君上，视朕冲龄，诸多挟制，往往暗使离间，不可细问；每日召见，趾高气扬，言语之间许多取巧妄陈。若不及早宣示，朕亲政之时何以用人行政？凡此重大情形，姑免深究，正是朕宽大之恩。恭亲王著毋庸在军机处议政，革去一切差使，不准干预公事，以示朕保全之至意”。此谕一出，内外哗然，“而外国使臣亦询军机诸臣事所由”。加之诸王群臣，包括奕譞纷纷上疏，为奕䜣缓颊疏通。在这种情况下，西太后又重颁上谕，仍用奕䜣在内廷行走，管总署，但还是革去“议政王”头衔，从中更使奕䜣深知西太后之淫威，在召见时，“双膝跪地，痛苦谢罪”。此后在“天津教案”、谏阻修圆明园等事上，奕䜣又先后与奕譞、载淳、西太后矛盾，几乎被同治帝革去亲王头衔。总之在同治朝，由于内廷权力之争的结果，无论是“垂帘听政”之时还是同治帝亲政之后，已基本形成西太后专权独断的局面。

在中央，外松内紧，矛盾重重的朝局给人们一种“和睦”的假象，似乎两宫皇太后与两大亲王真能“和衷共济、共度时艰”。在地方上，慑于太平天国声势浩大的起义，清政府在政变后仅 10 余天，便一反过去“崇满抑汉”的传统政策，任命“曾国藩统辖苏、皖、赣、浙军务，节制巡抚、提督以下各官”。在曾国藩的保荐下，李鸿章、左宗棠、沈葆桢、曾国荃等一大批汉族官僚崛起于屠杀太平军的战场上。随后，这些人又利用其对洋枪洋炮在镇压太平军时效力的认识，打着“求强”“求富”的旗号，先后办起了一些军事和民用性企业。并用从外国买来或自己仿造的枪炮舰船装备了部分陆海军，因而成为地方实力派（即洋务派）。从此，清政府从中央到地方形成了一种与外国侵略势力“力保和局”、主张“中外和好”的对外政策基调。这些人企图利用列强的欲望暂时满足、国内起义相继被基本平息的时机，来修补清王朝百孔千疮的统治机器。《清史稿》的作者也正是将这表象看作“中兴”内容：

“穆宗（同治帝）冲龄践阼，母后垂帘。同运中兴，十年之间，盗贼划平，中外又安。非夫宫府一体，将相协和，何以臻兹”？

其实用不着仔细观察，便可清楚看到，清政府的所谓“中兴”，只不过是统治者饮鸩止渴的暂时自我感觉而已。

第二次鸦片战争的结束，是以清政府分别同英、法、俄等国签订不平等的《北京条约》等为代价的。就在清朝统治者吹起“中兴”泡沫的时候，中国半殖民地的雏形亦在步步深化。载湉出生之后，侵略者的魔爪已伸向我国的边疆，从而打破了“中外和好”的幻影。与此同时，以“反洋教”为主的反侵略斗争星火，正在各地蔓延。因此，到小载湉出生后，清王朝的统治正在面临新的危机。

诚然，小小的载湉，在醇亲王府这个小天地里仍然过着太平无事、无忧无虑的生活，但国家的大氛围，又不能不制约与影响着他的未来。

（三）同治帝之死

咸丰十一年（1861年），当咸丰皇帝在避暑山庄忧疾死去之时，清代帝统一系独传的皇位当然地留给了他唯一的儿子，年仅6岁的载淳。这可不是个吉兆，因为汉、唐、宋、明数代王朝一旦国运衰败，也总是继统乏人，不得不让小孩子掌管天下。尽管小载淳在父皇留给他的“赞襄政务王大臣”和生母西太后的争吵中，吓得尿湿了裤子，可他还是在母后的卵翼下一年年地长大成人了。同治十一年九月（1872年10月），在两宫皇太后的主持下，17岁的同治帝（载淳）大婚。他随着“同治中兴”的“时运”滋长出帝王的威风。就在他叔兄弟小载湉于醇王府里咿呀学语、蹒跚学步的时候，两太后不情愿地撤帘归政，退居幕后，18岁的载淳开始亲政。这一年是同治十二年（1873年）。同治帝载淳为了满足母后归政后逸乐生活使其不再干政，于次年8月发出一道谕旨：“令总管内务府大臣，将圆明园工程择要兴修，原以备两宫皇太后燕憩，用资颐养而遂孝恩”。由于当时“军务未尽平定”，“见在物力艰难，经费支绌”，遭到众臣竭力谏阻，他只得收回成命。但同治帝随即迫令群臣同意修“三海工程”（即今北京北海、中海和南海）。可三海修缮刚刚开始，在同治十三年十月二十一日（1874年12月10日），这个年轻的皇帝却一病不起，一个月以后“崩逝”于养心殿东暖阁。因同治帝尚未有子，大清朝父死子继，一脉相传的帝系到此中断。

由于事出意外，立即使清王朝亲贵勋戚，上下官员陷于不知所措的茫然之中，更使不知同治帝病情的朝野臣民为之困惑不解。同治帝“春秋鼎盛”，到底因何病而一命呜呼？在种种猜疑和迷惑中，产生了死于性病；死于疥疮；死于天花的种种说法，以致成为清宫一大疑案。

同治帝如果确实死于性病，在清代官书中当然不能记此秽闻。当时人对此的猜测传闻及稍后的推测，大致是说同治帝大婚选后时，选中了东太后属意的翰林院侍讲崇绮之女阿鲁特氏，使西太后大为不满，经常干预同治帝的婚后生活，导致母子反目。皇帝一气之下，经常出宫微服嬉戏游宴于妓寮，“沉溺于色”，竟染患“淫创”而致命。就连后来常侍西太后左右的女官德龄，也认为同治帝似不可能死于天花：

“又隔了一天，更可怕的消息传来了，说是皇上（同治帝），正在出天花了，并且出得非常旺。但即使是这样，似乎也还没有什么重大危险可说。因为同治的身体一向是十分壮健的，论到天花这一种病症也绝非就是绝症，只要医治的合法，调护得适宜，要治好也是很有可能的，至多不过使同治那样一个美少年变为麻脸而已”。

然而猜测、疑问终归无据。同治帝死于天花的可能性确实存在。清初，“春秋鼎盛”的 24 岁的顺治皇帝即因染天花不治而死。

同治十三年十月（1874 年 11 月）下旬，皇帝生病（“偶感风寒”）。按常人而言，这也没什么值得大惊小怪。但身为万乘之尊的皇帝生病，不仅正常的政务受到影响，且在朝诸臣却不能不十分关注。在同治帝生病之初，他的老师、重臣翁同龢在其日记中写道：“连日圣体违和，预备召见者皆撤。廿一日（1874 年 11 月 29 日）西苑受凉，十一月朔（12 月 9 日）已初访绍彭，据云今日入值，知圣体发疹问安”。

如果说这里所记同治帝患之症为天花，仍是听说而已。数日后的记载已是亲见亲闻了：

“初八日（12 月 16 日）……巳正叫起，先至养心殿东暖阁。两宫皇太后俱在御榻上持烛，令诸臣上前瞻仰，上舒臂令观，微语曰：‘谁来此伏见’？天颜温睟，偃卧向外，花极稠密，目光微露。瞻仰毕，略奏数语皆退。”

“初九日（12 月 17 日），……辰初一刻又叫起，与军机、御前同入，上起坐，气色皆盛，头面皆灌浆饱满，声音有力”。

既然所患确为天花，在情急无奈之际，清宫内的迷信活动也全面展开。十一月十二日（12 月 20 日），在西太后的命令下，将发病以来就已供奉在大光明殿的“痘神”娘娘迎供到了养心殿，宫内到处是红地毯、红对联，“一片喜气”，期望痘神娘娘早点将撒下的“天花”收回。供奉 3 日之后，又以隆重的礼仪和纸扎的龙船、金银玉帛恭送痘神娘娘于大清门外，举火焚烧。然而，痘神娘娘虽然在飞腾烈焰中升天而去，同治帝的病情却仍然有增无已。据现存于故宫，从为同治帝看病的太医李德立等人留下的《万岁爷天花喜进药用药底簿》每一天的病情和用药记载来看，“娘娘”送行后第 2 天，即十一月十六日（12 月 24 日），天花表面看去“痂渐脱落，惟肾虚赤浊，余毒挟湿、袭入筋络。以致腰软重痛，微肿不易转坐，腿痛痉挛，屈而不伸，大便秘滞”。十九日（27 日），竟至“腰间红肿溃破，浸流脓水，腿痛痉挛，头顶肐膊膝上发出痘痈肿痛”。病情急转直下。

载淳患病之初，西太后虽然心痛，但毕竟不认为能有大事发生。因此，初由帝师、都察院左都御史、军机大臣李鸿藻代阅章奏；满文折件命恭亲王奕䜣代为拟答。至十一月九日（12月17日），“命内外奏牍呈两宫披览”。刚刚撤帘的西太后又权柄在握，她似乎已觉察到事情有点不妙。宫中的气氛日益紧张。

自十一月十九日（12月27日）起，两宫太后频频召见御前诸臣亲贵，每日泪眼相对。御医李德立虑及皇帝如有不测连及身家性命，更急如热锅蚂蚁。此时同治帝痘毒形成总发作趋势，腰部溃烂成洞，脓血不止。随后“臀肉左右溃孔二处流汁，渐与腰部串连溃烂”，一发不可遏止。到十一月二十三日（次年1月6日），更是皇帝“腰间溃汁出多，阴亏气弱，毒热上亢，以致少寐恍惚，口干晡热，牙胀面肿，嘈杂作呕。此由心肾不交，正不制毒所致。症势日进，温补则恐阳亢，凉攻则防气败”。至此，御医已束手无策，无可救药了。

黄瓦红墙、宫殿森严的偌大宫廷连日来已陷入一片死寂。同治十三年十二月初五（1875年1月12日）傍晚，当落日余晖已于天际渐渐消退，凛冽的寒气早已充塞了宫廷的每个角落的时候，弥留数日之后的同治帝终于耗尽了他生命的最后一丝活力，死于养心殿东暖阁，时年19岁。

抢天呼地地哭号声震宫掖。在一片忙乱之中，大臣摘下帽缨，太监卸下宫灯，一切器物鲜艳的颜色迅速被尽行遮盖。顷刻间，养心殿内外一片玄素。从亲贵到权臣，从太监到宫女，看上去似乎都在为同治帝的丧事悲涕奔忙。然而，每个人的心中又似乎都在思忖着一件事：同治帝无子，新皇帝将会是谁？

（四）“西暖阁会议”

烛光惨淡，泪眼相对。养心殿东暖阁中因同治帝之死造成的哀声和骚动已渐渐平息下来，人们把目光紧张地转向了西暖阁。按照西太后和几个亲贵的意思，一张御前会议参与者的名单迅速拟定。在寒冷的暗夜中，一些尚在睡梦中的亲贵和重臣被火速召集到养心殿西暖阁：

“慈安端裕康庆皇太后、慈禧端佑康颐皇太后御养心殿西暖阁，召惇亲王奕誴、恭亲王奕䜣、醇亲王奕譞、孚郡王奕譓、惠郡王奕祥、贝勒载治、载澂、公奕谟、御前大臣伯彦讷莫祜、奕劻、景寿、军机大臣宝鋆、沈桂芬、李鸿藻、总管内务府大臣英桂、崇纶、魁龄、荣禄、明善、贵宝、文锡、弘德殿行走徐桐、翁同龢、王庆祺、南书房行走黄钰、潘祖荫、孙诒经、徐郙、张家骧入”。

毫无疑问，会议内容将是确定皇帝继承人选。

10余年操持王朝大政，总衡内外的风风雨雨，已使西太后这个年近40岁的女人具有了在朝内应付各种变故的能力。丈夫咸丰帝死后，她不甘权柄落入他人之手，不失时机地抛头露面，替儿子载淳稳固了皇位。并利用皇太后的地位，奋力排斥一切政敌，使所有的皇亲国戚俯首听命。载淳之死，她当然有丧子的切肤之痛，然而更使她不能忍受的是，苦心经营和操纵的皇位即将因此离她而去。在同治帝病入膏肓、陷于不治的日日夜夜，使她焦虑不安的除了权力的归属还能有什么呢？正如她后来回忆自己经历时所说：

“我自幼受苦，父母不爱我，而爱我妹。入宫后，宫人以我美，咸妬我，但皆为我所制。文宗（咸丰帝）专宠我，迨后皇子生，我之地位更巩固矣，惟以后又交否运。咸丰末年，文宗卧病，外兵入城，烧圆明园，我避难热河。时予年尚轻，文宗病危，皇子又小，东宫之侄，乃一坏人，谋夺大位，势甚危急。予抱皇子至文宗床前，问大事如何办理，文宗不答。予复告以儿子在此，文宗始张目答曰：‘自然是彼接位’。语毕，即宾天矣。予见大事已定，心始安。然彼时虽极悲痛，以为犹有穆宗（同治帝）可倚。孰意穆宗十九岁，遽又夭折。自此予之境遇大变，希望皆绝……”

然而，在同治帝“宾天”的最后一刻，她决心奋力挽回希望。她需要的不是悲痛和眼泪，而是立即镇定和果断的动作，她要再一次显示自己作为皇太后的威严和绝对的支配地位，拿出自己的“成算”。在向天下臣民公布皇帝的死讯之前，她第一步先要解决的是按自己的意愿确定“立嗣大计”。

其实，在同治帝弥留的数天之内，尽管无人敢明言继统问题，但在宗室亲贵之中，也并非对“嗣皇帝”人选一事毫无计议。同治帝无子，皇位不能一脉相传已是最大遗憾，加之清朝皇统一直是父死子继。按惯例和中国古来的皇位继承制度，继承同治皇帝的人选，应该从比他低一辈“溥”字辈近支宗室中挑选，算是为同治帝立嗣承祧。虽然这是一个没有办法的办法，但却顺理成章。可当时“溥”字辈只有两人——溥伦和溥侃（时生8个月），为道光皇帝长子奕纬之孙。可溥伦的父亲贝勒载治却不是奕纬的亲生子，而是由旁支过继来的继承子，血统疏远，不能算为近支宗室。因此，“溥”字辈能否继立，似乎很成问题。不过，据李慈铭《越缦堂日记》载，在同治帝死前数日间，确实有这种议论。在这盘算中，似乎又有是否可以从“奕”字辈中选立的说法，当然这种可能性几乎没有。因为人人知道，西太后的丈夫即为“奕”字辈，如“奕”字辈再有出任君位者，咸丰、同治父子将位置何处？那么值得考虑的恐怕还是“载”字辈。当时在近支“载”字辈中已有数人（奕纬过继之子载治除外），即恭亲王奕䜣之子载澂、载滢（时刚过继给嘉庆帝之孙公奕谟为嗣）；醇亲王奕譞之子载湉（时不足4岁）等。其他皆为远支。

然而，那个大权在握的西太后到底会选择谁呢？

帝位继统之争是最大的权力之争。在中国历代王朝中，都曾上演无数次的骨肉相残，流血火并的悲剧和社会动乱。就清朝而言，乾隆帝继位前的每一次继立都伴随着一场争斗。尤其是康熙末年，诸皇子争立，各树党羽。雍正帝取得皇位后，一面对诸兄弟党羽大开杀戒；一面总结教训。遂立下一项制度：皇位继承人由在位皇帝于诸子中选任，密书其名，藏于盒中，置放在乾清宫“正大光明”匾额后。皇帝死后，由诸臣取下，按所书之名拥立新君。乾隆、嘉庆、道光、咸丰四帝均由此法继立，故无争夺之事。现因同治帝无子，其身后所留下的帝位只是个未知数，争夺的危险难保必无。

各怀心腹事的亲贵权臣迅速集于养心殿，并各将疑惑的目光投向西暖阁——这里将决定那个至高无上的权力的归属。

有资料说：

“同治帝刚刚死去，两宫皇太后即命内务府大臣荣禄传旨，叫近支王公、御前、军机、内务府大臣，以及弘德殿行走等人入见。当时首先碰到奕䜣，传旨后，奕䜣说：‘我要回避，不能上去。’试问他为什么要回避呢？现在我回想起来，有两种说法：一说是同治帝病重，由师傅李鸿藻代为批答章奏，君臣每日必见。有一天，同治帝当面交出朱谕一道，大概说时事艰难，赖国有长君，可传位于朕叔恭亲王，并命到了时候再宣布。西太后派去伺候（也可以说是侦探——原注）皇帝的心腹内监，窃听此语，立刻奔告太后；遂将李鸿藻叫进宫内，问出朱谕，截留撕毁，事虽不成，奕䜣或已闻知；一说是同治帝并无皇子，在近支内或溥字辈，或仍在载字辈内找一人继任，则奕䜣的子孙可能性也很大，所以他要回避”。

从当时形势判断，奕䜣父子确是帝位的有力竞争者。这不仅因为奕䜣父子与皇统血缘最近，且父子两代于所在辈分中均为长者，所谓“国赖长君，古有明训”；更因为恭亲王历练政务，一直为皇室宗族中最有权势的人物，且有一大批拥护者。他本人似乎对此也心知肚明。然而这段资料却很难令人相信。以同治10余年的政争观察，恭亲王之权力数次遭到西太后和同治帝的摧抑，甚至在同治帝亲政和重病的情况下，尚“语简而厉”地警告他“当敬事如一，不得蹈去年故习（指谏阻修圆明园一事）”。怎么有可能在病重之时，又让李鸿藻写类于传位遗诏性质的诏书，传位给恭亲王奕䜣呢？且就在他斥责恭亲王这一天，明明还说“拟求太后代阅奏报一切折件，俟百日之喜余即照常好生办事”。自是日起李鸿藻“代为批答章奏”之权已由西太后取代，再无“草诏”之机会；同治帝还望自己病好理政，怎会想到身后之事？另外，据《翁文恭公日记》载，同治帝死时，恭亲王就在现场，他一直就在养心殿，何谈“回避”？更不要说，以他对西太后的了解，也根本不会摆出一副皇位非己莫属的姿态。

另一种说法是：

“帝自十月不豫，寻渐瘳。一夕宿慧妃宫，翌晨疾大渐。诏军机大臣李鸿藻入见，口授遗诏，令鸿藻书之。谓国赖长君，当令贝勒载澍入承大统，凡千余言。鸿藻奉诏，驰赴储秀宫中，请急对，出袖中诏以进。西太后大怒，碎其诏，叱鸿藻出宫”。

按“清同治帝脉案”记载，当同治帝病危，不仅不能召幸后妃，已很少能与诸臣对话，更何况“千余言”。且此处又说同治帝对载澍心有所属，不仅其说不一，即就载澍之身份而言亦绝无可能，故可知，这种同治帝立有遗诏被毁的说法纯属子虚乌有。

遍查清代官书，对于这次“西暖阁会议”情形不甚了了。亲与其事的翁同龢在其日记中记载道：

“戌正，太后召诸臣入，谕云此后垂帘如何？枢臣中有言宗社为重，请择圣而立，然后恳请垂帘”。

即当同治帝辞世两个小时的晚八时整，会议刚开始，西太后并未提立嗣之事，而是先问以后怎么垂帘听政，这是一个大出群臣意料的示意，但立即有人提出先解决立嗣问题。据《清鉴辑览》载，当时内务府大臣文锡提出：“请择溥字辈之贤者而立”。又据《清朝野史大观》言：

时“独文祥微言曰：‘分当为皇上立太子，溥字辈，近支已有数人，请择其贤者立之’”。

罗惇曧《德宗承统私记》：

“或言溥伦长当立。惇亲王言溥伦疏属不可。后（西太后）曰：‘溥字辈无当立者，奕譞长子今四岁矣，且至亲，予欲使之继统’。盖醇亲王嫡福晋，孝钦（西太后）妹也，孝钦利幼君可专政。倘为穆宗立后，则已为太皇太后，虽尊而疏，故欲以内亲立：德宗（光绪帝载湉）也。诸王皆愕，不知所对”。

尽管诸王大臣各有想法，恐怕都不曾想到既然立“载”字辈，为何不立年长一点儿的载澂（时年17岁）。西太后的解释是：

“文宗无次子，今遭此变，若承嗣年长者实不愿，须幼者乃可教育，现在一语即定，永无更移，我二人（指与东太后——引者注）同一心，汝等敬听。则即宣曰某（宣布立载湉——引者注）”。

事情很清楚，对此安排西太后早已成竹在胸。无论会议如何争论，最终结果必须如此，不容置辩。道理是如此简单，即使“溥”字辈人选不是血统疏远，一旦选立，就必是为载淳立嗣。这样，同治帝皇后阿鲁特氏就成为皇太后，而西太后只能为太皇太后，从而实行“垂帘听政”的将不再是西太后而是阿鲁特氏了。而立“载”字辈年长者的载澂，则又势将很快归政，不仅仍不能使西太后久持权柄，且会使奕䜣因其子为帝而大权在握。两个熟知当时情形的英国人这样评论道：

“帝崩，遂倡议立道光长子之长孙溥伦嗣位，此说甚为有力。盖立溥伦，则可为同治帝之嗣立也。唯有一事，颇有妨碍者，则以溥伦之父，乃由别支承继者也。当时王公立溥伦者，力言其合于继序之正，然慈禧已决定揽权之计，虽违犯众意，破坏家法而不顾。……故慈禧决定立醇王之子，以承大统也。醇王之子，年既幼稚，则己可以重执大权，且其母为己之妹，则他日帝虽年长，亦可使之恭顺以从己之意也。……恭王之子（指载澂——引者），年已十七，如立之，则不久即须亲政，而不便于己也。慈禧知立恭王之子，必须遵循祖宗家法，不能久不归政，若违之，必致群情不服。而平日与己为敌者，尤可借以倾害也。因此，决定不立恭王之子”。

诸王群臣对于这样一个毫无思想准备的决定，面面相觑，瞠目结舌。突然，人群一阵骚动，跪在地上的醇亲王奕譞，听到皇帝的人选竟然意外地落到儿子载湉的头上，大吃一惊。立时趴伏于地上，连连碰头，继而失声痛哭，以至昏迷倒地。因醇王失态，众人手忙脚乱上前搀扶，结果竟“掖之不能起”。

这个年仅35岁、权倾朝野的“七王爷”，此刻的心情没有人能准确地理解，但肯定是语言难以形容的。古往今来，皇位意味着至高无上的权力，也是尊荣富贵的极点。它决定一切人的生杀予夺、升降荣辱，可以为所欲为；同时也是所有野心家、阴谋家注视和争夺的焦点。也许是因为“喜从天降”，使他过于激动，自己的儿子顷刻间就已成为万乘之尊的大清朝皇帝。眼前的一切似乎就是一场梦幻，但却是事实，他怎能不被这无比的幸运而激动得晕眩呢？也许是奕譞已深悟到这一决定将是“祸从中来”，他深爱的儿子将从此离开父母，像同治帝一样身不由己地被西太后作为操纵权柄的工具而玩弄于掌上。另外，自己既为皇父，从此却需与儿子执君臣之礼，言行举动不仅将为万众瞩目、众矢之的，也将被西太后密切注视。自己将何以自处？或许是二者兼而有之。无论如何，他仿佛在风平浪静的湖中，突然遇到一个湍急的漩涡，一时手足无措。

既然“诸王不敢抗后旨”，加上醇亲王昏厥所引起的混乱。当太监将醇亲王扶掖上轿，返回醇亲王府后，西暖阁会议就算结束。接着便是鱼贯而出的王公亲贵和元老大臣按西太后的指挥，一面准备大行皇帝的“遗诏”和新皇帝即位诏书；一面准备仪仗前往醇亲王府迎接新皇帝载湉入宫即位。

（五）娃娃入座金銮殿

浓浓的夜幕笼罩着紫禁城。高大阴森的保和殿在星空的映衬下俨如一道山岭，寒冷的北风在它的鸱吻和重檐间嘶叫。在这宫殿后身西北墙角下的一排低矮的小屋里却灯火通明，军机大臣们正按西太后的旨意在紧张而又谨慎地忙碌着“国家大事”。

潘祖荫和翁同龢等人再三斟酌：西太后的意思大致是，新君承续为咸丰帝之子，其皇位又是继同治帝而来。按此，在西暖阁会议结束约一个小时之后，一道“懿旨”

和一道“遗诏”便匆匆拟定。然后，诸臣赶往养心殿。“亥正（晚十时——引者）请见面递旨意，太后哭而应之”。与此同时，“戈什爱班奏迎嗣皇帝礼节大略，‘蟒袍补褂入大清门，从正路入乾清门，至养心殿谒见两宫，方与后殿成服’。允之。遣御前大臣及孚郡王等以暖舆往迎”。

“……此时已过九点，狂风怒号，沙土飞扬，夜间极冷，但慈禧于此紧要时机，不肯片刻耽延，立即派兵一队，往西城醇王府，随从黄轿一乘，用八人抬之，迎接幼帝入宫”。

在当时留下的文献中，关于小载湉是怎样被抬入宫中均无详细记载。但已可以想见，当迎接载湉的大队人马来到这所“潜龙邸”的大门，孚郡王高声宣读两宫皇太后的“懿旨”时，跪伏在地，悲喜参半的醇王夫妇也许刚刚擦去脸上的泪水。

“钦奉慈安端裕康庆皇太后、慈禧端佑康颐皇太后懿旨：皇帝龙驭上宾，未有储贰，不得已以醇亲王奕譞之子载湉承继文宗显皇帝为子，入承大统为嗣皇帝。俟皇帝生有皇子，即承继大行皇帝为嗣。特谕”。

年方4岁的小载湉在睡梦之中被叫醒，穿上“蟒袍补服”，打扮得整整齐齐。虽然此刻他还不明白眼前忙乱而又谦恭的一群陌生人到底想要干什么，但人们都在围着他转，为他服务。他哪里知道，自己已经摇身一变成为大清国的皇帝、一统天下的“万岁爷”了。对于他的堂兄、原来的皇帝载淳，小载湉虽然没见过，但却早就得到过其恩宠。在他两岁时，载淳大婚，对他“加恩赏给头品顶戴”；后又被“加恩赏食辅国公俸”。现在，这位皇帝哥哥已“龙驭上宾”，把皇位留给了他。小载湉马上就要永远地离开熟悉的王府——自己的家，去当更大的“家”的一家之长了。

小载湉很不情愿，可无论怎样哭叫，还是被抱上暖轿。

长长的路，长长的夜。一路人马在寒风中直奔紫禁城而去。

翁同龢在日记中写道：

“寅正一刻闻呼门，则笼烛数百枝入门矣。余等通夜不卧，五鼓出”。

两宫皇太后当然也是通宵未睡。当新皇帝接入养心殿后，人们揭开轿帘，小载湉“舆中犹酣睡也”。他被弄醒后，“趋诣御榻（同治帝停尸处——引者），稽颡号恸，擗踊无算。扈从诸臣遵奉懿旨，请上即正尊位”。

其实小皇帝哭由何来，尽人皆知。不是畏惧那种死人的气氛、陌生的环境和那些陌生的面孔，而是由于一夜折腾的困倦和想念亲人。只是在这种气氛中倒成了新皇帝“深明大义”“仁孝无比”的证明！就这样，载湉成了清朝统治全中国的第8代第9位皇帝。同治时代已成过去。

次日，一道新皇帝即位诏书向全国通报了同治帝驾崩的噩耗和新皇帝继立的喜讯。这时，举朝亲贵权臣，无不忙于为同治帝置办丧事和为新皇帝登基大典做准备。而西太后则正在加紧策划实现第二次“垂帘听政”。

就在小载湉入宫后第3天（十二月初八日），以礼亲王世铎领衔上奏：

“……伏思皇帝尚在冲龄，一切应办事宜，惟赖皇太后亲加裁决，庶臣下有所秉承。俟奉有谕旨，再将垂帘章程悉心妥议具奏”。

按照事先的安排，新皇帝立即奏请“恭呈慈览”，结果西太后自然是：

“览王大臣所奏，更觉悲痛莫释。垂帘之举，本属一时权宜。唯念嗣皇帝此时尚在冲龄，且时事多艰，王大臣等不能无所秉承，不得已姑如所请。一俟嗣皇帝典学有成，即行归政。钦此”。

小皇帝当然还要“感激不尽”一番：

“祗承懿训，寅感实深。因思朕以薄德藐躬。欲承两宫皇太后懿旨入承大统，诞膺景命。仰荷大行皇帝付托之重，遗大投艰，茕茕在疚，幸赖两宫皇太后保护朕躬亲裁大政……朕实有厚幸焉。所有垂帘一切事宜，著该王大臣等妥议章程，详细具奏。将此通谕中外知之”。

西太后的目的终于达到，她的第二次垂帘听政自此开始。然而这场政治游戏也只是刚刚拉开帷幕。

第4天，宣布以明年（1875年）为光绪元年（小载湉因此而被称为“光绪皇帝”）。

第6天，公布潘祖荫、翁同龢等所写的同治帝“遗诏”，其中说，朕（同治帝）非常欣赏两宫皇太后所选的这位新皇帝，因为小载湉“仁孝聪明，必能钦承付托”，“并孝养两宫皇太后，仰慰慈怀”。这真是冠冕堂皇的“鬼”话。

转眼之间新的一年到来了。小载湉除了几次到观德殿同治帝灵牌前“行礼”外，也没有什么事。一切都在按西太后的时间表顺利进行。正月二十日（1875年2月25日），是钦天监择定的上吉之日，天气果然“晴朗暄和”。清宫太和殿前礼仪威严，新皇帝登基大典正在举行。在诸臣一片叩头和万岁的高呼声中，小载湉登上了“金銮殿”的宝座。

然而，在诸王臣子的叩拜队伍中却少了一个权势显赫的人，这就是小皇帝的父亲醇亲王奕𫍽。

西太后宣布载湉为嗣君起的那一刻，这个举足轻重、经多见广的亲王竟至哭晕在地。他当然不能说同意，表现得很沉重；当然也不敢说不同意，以免违忤这个不择手段，“因揽权之一念，虽牺牲一切而不顾”的无冕女皇。也许奕譞确实被吓坏了，因为他知道自己的儿子哪里会成为什么皇帝，不过就是西太后手中握着的一个任她揉捏的面团。且自己从此将再也无法参与中枢政务。这不仅因为儿子当皇帝，自己不能上殿面君，无法叩拜如仪；主要是出一言、建一策，一不小心便会被视为冒以“皇父”或

"太上皇"的威势。再说，自己既然是皇帝之父，而从此，西太后倒成了儿子的新"额娘"。这种关系恐也很难处置，弄不好引起西太后的疑心，甚至会危及身家性命。他太了解这位妻姐了。这似乎应了他的财大产大子孙祸也大的预言。

儿子被抬走了，他心里像打翻了五味瓶。思来想去，无计可施。在既成事实面前，他只好明智地预为地步，赶快于次日上折表态，辞官不做：

"臣前日仰瞻遗容，五内崩裂，已觉气体难支，犹思力济艰难，尽事听命。忽蒙懿旨下降，择定嗣皇帝。仓促间昏迷罔知所措。迨舁回家内，身战心摇，如痴如梦。致触犯旧有肝疾等症，实属委顿成废，唯有哀恳皇太后恩施格外，洞照无遗，曲赐矜全，许乞骸骨。为天地容一虚糜爵位之人，为宣宗成皇帝（道光帝）留一庸钝无才之子。使臣受帡幪于此日，正邱首于他年，则生生世世，感戴高厚鸿施于无既矣"。

九天后，两宫太后对其要求"量为体恤，拟将该王所管各项差使均予开除"，"嗣后恭遇皇帝升殿及皇帝万寿，均拟请毋庸随班行礼"。然后，赏给"亲王世袭罔替，用示优异"。奕譞上折请太后将所示"优异"收回成命，未获允准。可他告诫自己，一定要小心谨慎，谁知道还会有什么意外的事不会发生呢？

（六）帝位之争的余波

小光绪帝入宫后就住在养心殿。他逐渐明白，自己已经是"万岁爷"，还是"皇帝"，又是"天子"什么的了。出出入入总有一些太监前呼后拥、前后奔走，很不自由。想醇王府，想阿玛和额娘，可是高墙深院、宫殿重重，他身不由己。每天小皇帝都由太监领着到两个新的"皇额娘"住的钟粹宫（东太后居处）和长春宫（西太后居处）请安叩拜，或是隔几日到观德殿在穆宗皇帝的"梓宫"前行三跪九叩礼。此外他的一些活动就没有什么值得史官们记录的了。他当然也不知道那些"大人"们都在瞎折腾些什么？

意外的事情还真的发生了，且接连不断。不过，这些事并未使醇亲王有什么太多烦恼，反倒惹得西太后大为光火。

西太后利用幼君，独断专行，在王公亲贵及朝内诸臣中引起了不满的情绪，不过大家也只是敢怒不敢言而已。对此，醇亲王的心里是很清楚的，故立即表态，急流勇退。西太后的心中又何尝不明白，她可利用的唯有东太后和自己是刚刚死去的皇帝的亲娘这一身份。在她看来，只能以此对臣下采取说服加强制与引导加威胁，以求稳住局面。尽管如此，诸臣中腹非私议仍日益明显。他们深知，西太后这种做法并不新鲜，只不过是历史上野心家的故伎重演。既然"定策帷帘，委事父兄，贪孩童以久其政，抑明贤以专其威"为乱国之源，怎能让这个"悍妇"为所欲为呢？但如公开反对，必遭杀身之祸。于是，他们便利用忠于同治帝的旗号，力图以维护帝位承继传统的名义与西太后一争高低。

光绪元年正月十五日（1875年2月20日）时为光绪帝登基典礼举行的前5天，内阁侍读学士广安上了一个奏折：

“窃维立继之大权操之君上，非臣下所得妄预，若事已完善，而理当稍为变通者，又非臣下所可缄默也。……大行皇帝皇嗣未举，一旦龙驭上宾……，实赖两宫皇太后坤维正位，择继成宜，以我皇上承继文宗显皇帝为子，并钦奉懿旨，俟嗣皇帝生有皇子，即承继大行皇帝为嗣。仰见两宫皇太后宸衷经营，承家原为承国，圣算悠远，立子即是立孙。不唯大行皇帝得有皇子，即大行皇帝统绪亦得相承勿替，计之万全，无过于此。惟是奴才尝读《宋史》，不能无感焉。宋太祖遵杜太后之命，传弟不传子，厥后太宗偶因赵普一言，传子竟未传侄，是费母后成命，遂起无穷斥驳。使当日后以诏命铸成铁券，如九鼎泰山，万无转移之理，赵普安得一言间之？然则立继大计成于一时，尤贵定于百代，况我朝仁让开基，家风未远，圣圣相承，夫复何虑？我皇上将来生有皇子，自必承继大行皇帝为嗣，接承统绪，第恐事久年湮，或有以普言引用，岂不负两宫皇太后治厥孙谋之至意？奴才受恩深重，不敢不言，请饬下王公大学士六部九卿会议，颁立铁券，用作奕世良谟”。

敢于对西太后立嗣事提出异议，便已是对其专断独裁的不满和挑战；尽管择立懿旨中说载湉如将来“生有皇子，即承继大行皇帝（同治帝）为嗣”，但广安还是要求为同治帝立嗣必立“铁券”为凭据。表明了对西太后是否能真为同治帝立嗣的怀疑。这一怀疑的根本之处，还在于即使将来真为同治帝立嗣，此嗣子究竟只是皇子，还是以嗣皇子身份继承皇位。这里固然有如广安所表明的，此建议旨在保证接承统绪的一脉相传。此外，这个挑战信号还有没有弦外之音？

西太后与同治帝的母子关系一向糟糕，已是广为人知的事；西太后待同治帝一向严厉。因此，导致同治帝与东太后关系相当融洽。另外，同治帝杀西太后宠信的太监安德海；在同治帝大婚时，西太后一直不满意同治帝选择阿鲁特氏为皇后；同治帝亲政后，西太后仍暗持权柄，多所干预引起的不快等，母子关系几乎发展到相仇的程度。在立嗣问题上的含糊其词，有没有西太后对同治帝不满的感情色彩掺入？臣下的疑问是不是正因此而发？无论如何，广安此奏，确实使西太后大为恼火。两天后，一道懿旨发下：

“前降旨‘俟嗣皇帝生有皇子，即承继大行皇帝为嗣’。业经明白宣示，中外咸知。兹据内阁侍读学士广安奏请，饬廷臣会议，颁立铁券等语，冒昧渎陈，殊堪诧异。广安著传旨申饬”。

此事件表面上看，算是暂时被西太后压服下去了。谁知一波刚平一波再起。二月二十日（3月27日），光绪帝登基正好一个月，同治帝皇后，年仅21岁的阿鲁特氏突然一命呜呼，香消玉殒，死于储秀宫。真是“国家不造，至于此极，惊涕不已。”

皇后阿鲁特氏，是蒙古正蓝旗人。其父崇绮出状元，官任翰林院侍讲。同治十二年九月（1872年10月），同治帝大婚，他属意于阿鲁特氏。东太后也因阿鲁特氏“淑静端慧”“容德甚茂”“动必以礼”而赞成这一选择。然而西太后却看中了侍郎凤秀的女儿，再三示意同治帝尊重她的看法。结果同治帝按己意选择了阿鲁特氏为后，封凤秀之女为慧妃。这使西太后心中甚为不快，并很快将这一恼恨转移到刚刚入宫的新皇后身上。她常常告诫同治帝：慧妃“虽屈在妃位，宜加眷遇”，而皇后则“年少，未娴宫中礼节，宜使时时学习”。当皇后向这个皇太后婆婆请安时，总是横遭白眼和冷淡。所以为示抗议，同治帝常独宿养心殿。因此，同治帝可算是皇后的唯一希望和安慰。现在皇帝撒手归西，可以说是对处境本已相当艰难的皇后的致命打击。而西太后又不为同治帝立嗣，更将皇后置于难堪的境地。她不过得了一个“嘉顺皇后”的封号，这将意味着只能以新皇帝寡嫂的身份在深宫冷寂中默默无闻地悒郁终生。她受不了这种双重打击和令人不寒而栗的前途，又不敢有所申言抗辩。思来想去，唯有一死。据说，阿鲁特氏曾“以片纸请命于父崇绮，父批一‘死’字，殉节之志遂决”。又说她“以孝钦（西太后）不为穆宗立后，以寡嫂居宫中，滋不适，乃仰药殉焉”。又说：“上崩，后即服金屑欲自杀以殉，救之而解……然自大丧后即寝疫，屡闻危殆，竟以弗疗从先帝于地下”。

皇后之死，朝野愕然。其死因若何，虽宫闱禁严无从确知，但从皇后的处境，已可略知大概。因此，时人不免多所猜疑和怨谤。然宫中宣告的死因是：

“上年十二月痛经大行皇帝龙驭上宾，毁伤过甚，遂抱沉疴。兹於本日寅刻崩逝”。

这件事直到光绪二年（1876年）五月，御史潘敦俨还借口岁旱上言，公然声称：“后（当时称孝哲毅皇后）崩在穆宗升遐百日内，道路传闻，或称伤悲致疾，或云绝粒殒生，奇节不彰，何以慰在天之灵；何以副兆民之望”？请求表彰阿鲁特氏的“潜德”，更定谥号，以此发泄对西太后不为同治帝立嗣的不满。对此西太后当然毫不客气，传出懿旨：“该御史逞其臆见，率行奏请，已属糊涂，并敢以传闻无据之辞登诸奏牍，尤为妄谬。潘敦俨著交部严加议处”。

广安被申饬，潘敦俨被议处，可人心仍有不服。5年以后，吏部主事吴可读竟以一死，再议为同治帝立嗣，立即引起朝野震动。

吴可读，字柳堂，甘肃皋兰人，道光三十年（1850年）进士，同治年间任御史。在左宗棠镇压甘肃回民起义时，乌鲁木齐提督成禄在肃州杀百姓冒功。左宗棠逮捕了成禄，并上书朝廷，请求处分成禄。经刑部议罪为斩立决，恭候钦定。吴可读义愤填膺，当即上疏历数成禄10条罪状，奏请将成禄立正典刑以谢甘肃百姓。因其耿直激昂、言辞激烈，触怒了西太后，以“刺听朝政”为名将其革职。光绪帝即位后，大赦天下，起用曾被罢斥官员，于是重被召来京师，任为吏部主事。他虽官场受挫，可刚直之性不改。当时吴可读既不满于西太后不为同治帝立嗣，更怀疑西太后含混其词，压制异议，别有用心。然而广安之奏已成废纸，潘敦俨议处罢官，再谏其后果可想而知。他早在光绪帝登基之前就“拟就一疏，欲由都察院呈进，彼时已以此身置之度外”。可5年来，言者先后获罪，不言又如骨鲠在喉，思来想去，唯有拼得一死，决然以极端的“尸谏”抨击西太后。光绪五年闰三月（1879年4月），同治帝和皇后于惠陵安葬，吴可读“请随赴惠陵襄礼。还次蓟州马伸桥三义庙”，怀遗疏服毒自尽。在这篇长达3千余字的奏疏中，公然指责西太后，既不为同治帝立嗣；又新皇帝承位是奉“两宫太后”之命，而非同治帝之意；再“将来大统之承，亦未奉有明文，必归之承继之子”，实属“一误再误”。指出：懿旨内“承继为嗣”一语，即所谓“大统之仍旧继子，自不待言”，其实是未必（“罪臣窃以为未然”）！继统之争，史有明鉴。

吴可读

“惟仰祈我两宫皇太后再行明白降一谕旨，将来大统仍旧承继大行皇帝嗣子，嗣皇帝（指光绪帝）虽百斯男，中外及左右臣工均不得以异言进。正名定分，预绝纷纭，如此则犹是本朝祖宗以来以子传子之家法”。

在自杀前的绝命诗中，他还写道：

“回头六十八年中，往事空谈爱与忠。
抔土已成皇帝鼎，前星预祝紫微宫。
相逢我辈寥寥甚，到处先生好好同。
欲问孤臣恋思处，五更风雨蓟门东”。

如果说诗中抨击的还只是那些屈服西太后、唯唯听命、缄默不言的“好好先生”，那么在遗疏中已一针见血地指斥了西太后擅权专断，妄自继立。怎奈他已自杀，西太后虽恼怒万分，也不得不小心对待。与其与死人一争高低，无如示活人以己为事“宽容”，于是将“遗疏”下发廷臣拟议。经徐桐、翁同龢、潘祖荫、宝廷、黄体芳、张之洞、李瑞棻、礼亲王世铎等一番讨论，不敢让西太后过分难堪。于是，以自雍正皇帝起，清朝就不再事先公开择定皇位继承者为依据，解释原来之所以只说光绪帝生子即承继同治帝为嗣，而不说承统，符合祖制家法。西太后就坡下驴，声言自己正是这个意思。最后命将吴可读原奏及王大臣等所有有关折奏另录一份，存毓庆宫。她假惺惺地声言："吴可读以死建言，孤忠可悯，著交部照五品官例议恤"。这场风波就算收场了。

死者死矣，西太后依然故我。

不过，尽管此后在清廷统治集团中再没有人敢于公开提出皇位皇统问题，然就问题的实质——清廷最高权力的归属而言，斗争仍只是暂时的平息而已。一则，朝臣虽有阿附于西太后的权势而希求荣显富贵者，然而毕竟不直西太后淫威者也大有人在，反对其专擅乱权者未必尽皆俯首听命；次则西太后重新垂帘听政，玩弄小皇帝载湉于股掌之上，再演同治朝政治格局，以为得计，然随着小皇帝的长大，势必再次形成帝、后权力的矛盾对立。因此，这场持续 5 年多的帝位归属之争虽告结束，然其余波仍在暗中推演，为后来在清廷统治集团中逐渐分离出帝、后派系埋下了伏线。

此。其间，，小皇帝载湉对这些与己有关的争执却一无所知，即使知道他也无法理解。人们并不是对这个小皇帝有所非议。但对西太后的攻击，却不能不把醇亲王及其家庭的将来会不会转移皇统当作话柄。这已使奕譞吓了几身冷汗，不过奕譞也只好更加机警、谨慎罢了。

自从奕譞上疏自请辞职被允准后，已处于"顾问"地位。谁知尽管如此，潘敦俨上疏请为皇后改谥又把他捎带上了，请其"开除亲王差使"，以为"防微杜渐"之议，被西太后斥为"持论致多失当"。吴可读在遗疏中也把他折腾一番，说醇亲王在新皇帝继立时所上辞职一奏，"令人奋发之气，勃然而生，言为心声，岂容伪为"？意思是说，按理醇亲王将来肯定不会干出转移皇统之事。其实奕譞怕的就是人们起这样的疑心，尤其怕西太后做如此猜忌。以潘、吴二人本意，不在醇王而在西太后的变乱祖制，然而却不能不陷奕譞进退维谷的窘境。正因为有此一番折腾，有此一怕，所以心力交瘁的醇亲王，此后遇事更是小心翼翼了。他知道，儿子入宫为帝，尽被西太后之掌握已成事实。自己的行为无论如何要符合西太后的意愿。既不能消极退缩，示之以不知"栽培"的"高厚之恩"，或被疑为有不情愿的"怨懑"之心；更不能兴奋张扬，不知自忌，引起朝臣或恭亲王等，尤其是西太后的猜疑。否则，难以立足于朝事中，甚或会导致人亡家破的危险。如果说醇亲王本已处于清廷混浊流急的政治漩涡之中，由于载湉被扶立为皇帝，就使他更处于漩涡的中心，他感到稍有不慎就有被吞噬的危险。

少年天子

（一）太后垂帘

西太后总算长出了一口气，一切毕竟还能按自己的意志运行。小皇帝的选择和即位，实在是一举多得的好事。这不仅可以保证自己稳操“听政”大权；也可以此提高和昭示醇王在宫中的地位。尽管奕譞已不在枢机之任，但也可以使恭亲王奕䜣明白自己这一安排的意向，不敢再公然违忤抗言。而醇亲王的“谦恭”是意料之内的事，既然选其子为君，即或不对自己感恩无尽，投鼠忌器，谅也不能不俯首帖耳，唯命是从。在整个立嗣过程中，诸臣工还算忠诚无违，招之即来，挥之即去，言听计从。剩下的只是如何塑造小载湉，使之成为知恩图报、得心应手的“儿皇帝”了。

慢慢地，小载湉对宫中的环境有所熟悉了。可他毕竟还是个年仅 4 岁、人事不懂的小孩子。其实这个小皇帝，仍然很不习惯那些“奴才”的束缚，更不明白：既然成了“万岁爷”，为什么还要受那么多“规矩”的限制，不能这样、不能那样，甚至不能随便地哭闹。他离开了父母，来到了一个新天地。这里既无亲情的温暖，也失去了儿童所应享有的自由。皇额娘（东太后）和“新爸爸”（西太后在载湉入宫后即让他这样称呼自己），虽然对其很关心，但他一见到“亲爸爸”就有一种莫名的恐惧，感到很紧张。除了这些，小皇帝还经常地被群臣接来送去：到观德殿给先皇帝梓宫叩头；到奉先殿给列祖列宗牌位跪拜；去慈宁宫给长辈女眷拜年，往寿皇殿及大高殿祈雪、祈雨。“未亲政以前，恭遇时享及祫祭大祀，均于前一日亲诣行礼”。稍长大一点，每年春天还要到丰泽园去行耕藉礼等等。所有这一切活动，诸臣工都以他为中心，三跪九叩，毕恭毕敬。当时，小皇帝载湉虽然还不理解这些事有什么用，但他却逐渐知道只能这样做。

从载湉入宫为帝起一直到他 18 岁（1889 年）亲政之前，虽有太后“垂帘听政”，可小光绪帝也很辛苦。每逢太后于养心殿召见臣工，时间或长或短，他都必须到场，正襟危坐。在十几岁之前，奏对时间稍长，他即有“倦色”，甚至“欲睡”，却又必须强打精神。两太后在其身后，有时垂帘，有时不垂帘，尽管他用不着说一句话（当然他也听不懂奏对的事都是什么），可却被要求有“帝王之风”。前有群臣跪对，后有太后的盯视，不规规矩矩怎么能行呢？当他稍稍懂事儿以后，更对此感到无奈，因稍有不慎，必招致“亲爸爸”的一顿“教训”。每次召对，西太后的目光几乎如芒在背。

对于臣下来说，他是至高无上的帝王，天子；但对西太后而言，他只是奉命唯谨的“儿臣”。国家大政方针虽然表面上都是以他的名义做出决定发出诏旨，但却都冠以“钦奉懿旨”。实际上，当初载湉小皇帝既确实不能、也还没有能力拿什么主意，决定什么事情。而且只有这样，才最适合西太后的需要。他自从被接入清宫，登上皇帝宝座，也就完全被置于西太后的掌心之中了。光绪帝之所以能出现在清王朝的政治舞台上，从一开始就是清廷统治集团内部矛盾纷争的结果，就是西太后重握最高权力的政治工具。

就西太后的意愿来说，她不仅要在光绪帝年幼无知时利用并以他的名义号令群臣和掌管天下，还希望光绪帝能“德如乃父”，秉承奕譞恭顺知进退的赋性，变得比自己亲生儿子还亲的、即使长大以后也会顺从己意行事的“孝子”。

从个人关系说，载湉是西太后的外甥（也是侄儿），他的生母是西太后的胞妹，他们之间存在着密切的亲缘关系。然而，在封建社会等级分明的宫廷政治中，权力大于亲情，一切无不以权力得失的利害关系为依归。在历史上骨肉相侵、父子相杀、兄弟相残屡见不鲜，从来不讲什么血缘亲情。载湉入宫后的日常生活，“正史”中当然不能记载，据梁启超引述太监寇连材笔记说：

“中国四百兆人中境遇最苦者莫如我皇上（指光绪帝）。盖凡人当孩童时无不有父母以亲爱之，顾复其出入，料理其饮食，体慰其寒暖，虽在孤儿，亦必有亲友以抚之也。独皇上五岁即登基，登基以后，无人敢亲爱之，虽醇邸之福晋（醇亲王之夫人皇上之生母——原注），亦不许亲近，盖限于名分也。名分可以亲爱皇上者，惟西后一人。然西后骄奢淫逸，绝不以为念。故皇上伶仃异常，醇邸福晋每言及辄涕泣云”。

然据当时在朝重臣瞿鸿禨（子玖）所记，说西太后曾经亲口对他说：

“皇帝入承大统，本我亲侄。以外家言，又我亲妹妹之子，我岂有不爱怜者？皇帝抱入宫时，才四岁，气体不充实，脐间常流湿不干，我每日亲与涤拭，昼间常卧我寝榻上，时其寒暖，加减衣衿，节其饮食。皇帝自在邸时，即胆怯畏闻声震，我皆亲护持之。我日书方纸课皇帝识字，口授读《四书》《诗经》，我爱怜唯恐不至，尚安有他”？

由是观之，光绪帝自小失去父母之爱是事实，但说西太后对他“绝不以为念”到还不至于。因为载湉的存在，与西太后政治命运攸关。然而，却也很难想象西太后之“衣食饥寒”的关照会真正等于母爱。据《翁文恭公日记》所载看，光绪帝入宫时身体确实很差，瘦弱多病，经常感冒，腹痛头疼。说话结结巴巴（口吃），且胆小怕声，雨天打雷会吓得他大喊大叫。把这样一个孩子养大并培养成一个符合西太后意愿的“皇帝”，诚然不易。西太后后来宣称对光绪帝“调护教诲，耗尽心力”，恐怕主要还是“教诲”，而不是生活上的体贴关怀。入宫后，小载湉的生活主要由太监一手护理。

他们对于这样一个还不大懂事的小皇帝，很难敬心诚意。最初负责光绪帝生活起居的总管太监叫范长禄，贪财好利。他见不仅不能从小皇帝身上捞取什么好处，反而责任重大并有很多麻烦。因此曾多次向西太后提出不干，均未获允准。他经常对小载湉很不关心，甚至有时连其吃不吃饭也不管。

“皇上每日三膳，其馔有数十品，罗列满案，然离御座稍远之馔半已臭腐，盖连日皆以原馔供也。近御座之馔虽不臭腐，然大率久熟干冷不能可口，皇上每食多不能饱。有时欲令御膳房易一馔品，膳房必须奏明西后，西后辄以俭德责之，故皇上竟不敢言”。

因此，经常吃不饱的小皇帝：

“十岁上下，每至太监房中，先翻吃食，拿起就跑。及至太监追上，跪地哀求，小皇帝之馍馍。已入肚一半矣。小皇爷如此饥饿，实为祖法的约束，真令人无法”。这样便造成光绪帝“先天既体弱，后天又营养不良，以致胆气不足”。

不仅如此，有时太监倒为一些小事到西太后那儿告小皇帝的状，使小光绪帝经常“受责”挨骂。光绪六年至七年（1880~1881年），西太后重病，新换的任姓总管太监，乘西太后无力过问，更是得过且过，让小光绪帝自己动手铺炕，结果手指弄出血；吃茶要自己倒水，结果手上被烫起水泡；天气已热，还让小皇帝身穿狐皮大衣；有病也不及时找太医诊治，气得帝师翁同龢在日记中写道，“若辈之愚而悖矣”！皇帝“左右之人皆昏蒙不识事体，任尤劣”！“近日若辈有语言违拂处，上屡向臣等述之，虽未端的，渐不可长，记之”。

以天子之尊，不过如此，哪里谈得上母爱和关怀？太监寇连材在笔记中对西太后给小光绪的“耗尽心力”的“教诲”有所描述：

“西太后待皇上无不疾声厉色，少年时每日呵斥之声不绝，稍不如意，常加鞭挞，或罚令长跪；故积威既久，皇上见西后如对狮虎，战战兢兢，因此胆为之破。至今每闻锣鼓之声，或闻吆喝之声，或闻雷辄变色云。皇上每日必至西后前跪而请安，惟西后与皇上接谈甚少，不命之起，则不敢起”。

这一说法是可信的。以1903年时随侍西太后身边的女官德龄的亲见可证：

光绪帝“一至太后前，则立严肃，若甚惧其将死者然。有时似甚愚蒙”。“其母子间，严厉之甚，岂若吾徒对于父母者耶?”

实际上，这是西太后按已之需在塑造光绪小皇帝。

西太后在塑造光绪帝的过程中，首先就是企图以驯化（而非感化）的方式，在她和小皇帝之间逐渐建立起一种特殊的人身依附关系。其目的，是以便于实现对光绪帝的长期控制。为此，当载湉一进宫，她即不顾骨肉之情，强行切断了小载湉与其生身父母的日常联系，致使“他（载湉）的父母都不敢给他东西吃。”同时，为了使光绪帝彻底忘记醇亲王府，西太后又采取了断然措施：

“他（光绪帝）自三岁被抱进宫中，身体本不健壮，时常闹病。在府（指醇亲王府）中虽有奶嬷，太后不允许奶嬷进宫。摘下奶来就交范督（指总管太监范长禄），范总管性子温和，有婆子气，能哄小孩，然而究竟不及女人。屡次请示太后，言奴才之万岁爷，春秋太幼稚，奴才不能胜任。慈禧说：‘他们原来府中之奶嬷来自民间，不唯出身悬殊，而且习性不好，不如宫内的阿哥、公主。他们又没有良好的乳汁，恐进宫流弊太多，还是你们好好哄万岁爷吧！应多加谨慎就行了”’。

载湉入宫仅18天，便以两宫太后名义降懿旨，规定今后光绪帝“所有左右近侍，止宜老成质朴数人，凡年少轻佻者，概不准其服役”。所谓“老成质朴”之人，无非是能顺从（但也未必）地按照西太后的旨意行事的宫内太监、佣人。

又有人说：

“当光绪初进宫的时候，太后就嘱咐那一班服侍他的人，像灌输什么军事知识一样的天天跟他说，使他明白了自己已经不是醇王福晋（即夫人）的儿子了，他应该永远承认太后是他的母亲，除掉这个母亲之外，便没有旁的母亲了”。

西太后正是通过这种潜移默化的办法，力图在光绪帝那小小的心灵中，逐渐树立起他与西太后之间的所谓“母子”关系。然后再以封建伦理孝道，从思想上牵拢住光绪帝。每天问安中西太后的威严表情和“垂帘听政”时从背后发出的不可置辩的声音，都在光绪帝的头脑中渐渐形成西太后具有的绝对权威的形象。

（二）帝师教诲

历代封建王朝都十分重视对皇帝接班人的教育。自西周以来，历朝均有按照宗法嫡长原则，预先确立皇太子制度，所以对未来的皇帝也有专门的教育机构和教育制度，进行特殊的教育以培养封建王朝的“明君”。西周就有“帝入东学，上亲而贵仁。入西学，上贤而贵德。入南学，上齿而贵信。入北学，上贵而尊爵。入太学，承师问道。”根据王帝不同的年岁进行“仁”“德”“信”“礼”“智”等诸方面的专门教育。王宫专设太子太师、太子太傅、太子太保（三师）辅导太子读书的职官。清朝因无预立皇太子制度，因而也不设帝师专职（清代三师为朝廷荣典而设的虚衔），只置“上书房”于乾清宫左侧为皇子读书的地方。然，同治、光绪两帝都是“冲龄践阼”，故以弘德殿和毓庆宫为皇帝授读书房。载湉入宫即帝位一年之后，明年就到了入学读书的年龄（六岁），于是在光绪元年十二月，慈禧太后对光绪帝的“典学”作了慎重的部署。十二月十二日两宫“懿旨”宣告：

“皇帝冲龄践阼，亟宜乘时典学日就月将，以裕养正之功而端出治之本。著钦天监

于明年四月内选择吉期，皇帝在毓庆宫入学读书。著派署侍郎内阁学士翁同龢、侍郎夏同善授皇帝读书，其各朝夕纳诲，尽心讲贯，用收启沃之效。皇帝读书课程及毓庆宫一切事宜，著醇亲王奕譞为照料。至国语、清文，系我朝根本，皇帝应行肄习。蒙古语言文字及骑射等事，亦应典肄，著派御前大臣随时教习，并著醇亲王一体照料。

对入学日期、帝师、课程等都做了具体规定，并命醇亲王奕譞总掌毓庆宫一切事宜。“钦天监奏选择入学吉期一折，著于明年四月二十一日皇帝入学读书，”光绪帝入学读书事宜基本安排就绪。

任何时代，教育都有其明确的政治目的，光绪皇帝“典学”是以继承大清基业为其出发点，从而进行精神塑造。所以除了选择帝师和课程安排以外，还得整肃教育环境，防止宫廷陋习劣俗的污染。数天以后（十二月十八日），慈禧太后又降“懿旨”指出：

皇帝于明年四月入学，允宜黜邪崇正，日进缉熙，所有毓庆宫一切事宜，前经降旨命醇亲王奕譞为照料。其随侍太监，自应慎选恂谨老成之人以供服役。著该王等随时稽查，如有积习未化，前后易辙者，即立予重惩，用示杜渐防微至意。

慈禧太后对光绪帝“典学”的重视和周密安排，并不能“说明西太后在光绪帝身上存在不可告人的隐秘心理”。这是每一代封建王朝乃至每一个地主官僚为了“荣宗耀祖”都要这样做的，无须过多指责。

光绪皇帝早在醇亲王邸第已进行启蒙识字教育，如今是以皇帝“典学”名分，其所授课程有特殊的要求。他六岁授读，至十六岁“亲政”（1876~1886）的十年间，所授的课程主要有这样几个方面。

（一）汉文：《钦定四书》为主要教材，此外有《诗经》《二十四孝》《孝经》《左传》《列圣遗训》等儒家经典及清朝历史《开国方略》。

（二）清文、蒙文：主要是满文《满洲实录》（图文并列）、清世祖御制《劝善要言》以及蒙古语言文字，师傅（教师）称谙达。

（三）“骑射技勇”，师傅（教师）称外谙达。

光绪二年四月二十一日（1876 年 5 月 14 日），是钦天监选定的“入学吉期”，小皇帝载湉于是日入学授读。清晨（寅时正），帝师翁同龢与夏同善于“上书房”恭候。卯时正，光绪帝“诣圣人堂行礼”（向孔子像行礼），至毓庆宫，两位帝师及随侍大臣向皇帝“行三跪九叩，礼毕”赐座。简单的“典学”仪式后由帝师给皇帝授课。其时，恭亲王奕䜣传两宫懿旨曰：“上（光绪帝——引者）连日体不甚适，功夫不过一二刻可退。”开学的当天读汉书四句即止。

光绪帝入学以后，“颖悟好学”，“行、立、坐、卧皆诵《书》及《诗》”。“记忆力很强，天性又很欢喜读书，所以无论是答复翁同龢提出的问题，或是背诵已经念过的书，他都能应付裕如”。翁同龢每天讲读《四书》一般四到六句，即着就是练习大小楷若干张，“写仿皆佳（即描红大楷字）”。给光绪帝授课的师傅主要是翁同龢一人，“因子松（夏同善字子松，浙江仁和人——引者）口音不对，故特命摄教读了”，“摄教读”即辅导授读，夏同善浙籍乡音较重，光绪帝身居深宫不接触宫外世界，当然不易听懂浙籍乡音，故唯翁同龢一人执教授读。

光绪帝读书可谓是口到心到，从小就不死“啃”书本。一次课本上有“财”字，翁师讲释字义，光绪帝指书内“财”字曰：“‘吾不爱此’”，又曰：“‘吾喜俭字，此真天下之福矣。’”年仅六岁的小载湉，喜俭不爱财，志向高尚，所以他在“亲政”以后，关心民众疾苦，乃至以后树立雄心，变法图强，表明自幼就有较深的思想根底。据外人记述“除通常的科目外，载湉曾由在同文馆学习过的两个学生教授英语。”光绪七年十月开始授《开国方略》，八年正月授《左传》，其时，载湉年方十一、二岁，略明人间世事。然而，皇帝是人而不是神，光绪帝同普通人一样，也有他的喜怒哀乐，更有孩子的贪玩心思。小载湉体质虚弱，入宫以后失去父母之爱的天伦之乐，每天必去两宫“请安”，应酬召见和祭天祀祖等繁礼褥节，常常使他精疲力尽。每天授读，课目不断增添，适逢严师，背诵，朗读不下一二十遍，大小楷至少十几张，小载湉不胜负担，有时“静坐不开口”，无精打采。翁同龢在光绪七年十月初四日的日记中写道，“上近来不平之意居多，从不肯自悔。臣等云将启奏，亦毫不介意，此关系圣德者大矣。”这位一丝不苟的帝师焦急万分。数日以后（十月十五日），慈禧太后召翁同龢等至东暖阁询查皇帝学业，光绪帝也在座，帝师翁同龢如实对云：

近来心不专一，功课有减无增，并满书不读诸情形。大后恕以训，词急切。上为之悚勤。次述一年中病状云：“近来肝弱胃强，腹中不调，脊背仍热，记性健忘。受到慈禧太后的训斥，光绪帝很不愉快，次日（十六日）‘授读’‘满书不开口……勉强写清字一行。……忽涕下，遂不可收拾。余（翁同龢——引者）亦失声骇呼’！”这位严肃的帝师“亦失声骇呼”，多么惆怜体弱的学生——小皇帝啊！

据《实录》记载，帝师最初为翁同龢和夏同善，光绪四年命孙家鼐“在毓庆宫行走，与尚书翁同龢授上读。”几位帝师中与光绪皇帝关系最密，影响最深的要推翁同龢。

翁同龢（1830~1904），字声甫，号叔平，晚号松禅，江苏常熟人，大学士翁心存子，出身于书香门第。翁同龢咸丰六年（1856）一甲一名进士，授修撰入翰林院。同治元年慈禧太后受命他在“弘德殿行走”为同治帝师，并于帘前进讲《治平宝鉴》，受到“两宫太后嘉之”。自涉足宦海以后“周旋帝后，同见宠信”，“以帝师而兼枢密”，历官内阁学士、户部侍郎、左都御史、刑部、户部尚书，两入军机处兼总理各国事务，是清廷“久侍讲帏，参机务”的显要人物。

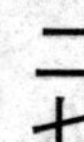

翁同龢其人，既不同于朝廷掌握大权的满洲贵族亲王，如恭亲王奕䜣，醇亲王奕譞、礼亲王世铎等人，也不同于靠镇压太平天国运动起家发迹的地方实力派，如曾国藩、李鸿章、左宗棠等人。前者主持内政外交有浓厚的保守性，后者办洋务有鲜明的买办性。而翁同龢是深受封建传统文化熏陶的士大夫阶层的代表，他以一甲一名进士身份步入清朝官场，颇有封建知识分子洁身自好的气节。翁家乃“苏常望族”，自幼生活在商品经济繁荣的江南地区，封建社会经济结构的变化对翁同龢有一定的影响。他到了首都以后，“屡掌文衔”兼参予各国事务衙门，多少接触一些了解西方世界的开明人士，所以他不是一位闭目塞耳的封建官僚。

翁同龢的政治态度是竭力维护清朝的统治政权，中兴大清王朝，尽管他同保守的满洲贵族和地方实力派有不同之处，然翁同龢仍是清朝统治政权中的一位坚定要员。他的父亲翁心存也是科举进士，官至内阁大学士，其兄翁同书、弟翁同爵也都权则“朝夕忧劳，冀得图报于万一”。尔今慈禧太后授命帝师，他必然“尽心讲贯”，倾注毕生心血。

翁同龢肩负“端出治之本”的重任，他以“明君贤相”自勉，向光绪帝讲授“于列圣遗训，古今治乱反复陈说，曲尽其理。阐明政要，以忧勤为先。”“尤能直言极谏……有古大臣风。”翁同龢的精心教授，多方启导，对于成长中的光绪皇帝有较深刻的影响。“皇上自幼年即从之受学，交情最深，倚为性命”，所以光绪帝亲政以后“每事必问同龢，眷倚尤重。”后来成为中日战争时期的全力主战者和维新派的引荐者，是他同光绪皇帝长期来政治合拍的结果。

翁同龢担任毓庆宫行走时，还兼任其他部门的职务，事务较为繁忙。而夏同善又于光绪三年（1877 年）外放江苏学政。在此后的几年里，书房里虽又相继添派了几位师傅，但翁同龢的责任不但没有减轻，反而更加重了。光绪九年六月，西太后面谕翁同龢：此后“书房汝等主之”，当面把皇帝教育的重任委交给他。在二十二年的帝师生涯中，他中间除了因病及两次回籍修墓外，几乎没有离开过光绪。

翁同龢担任毓庆宫行走、授读光绪帝虽没有像在弘德殿授读时遇到的那种排斥和妒忌，但不等于说没有困难和曲折。最主要的原因倒不是别的，实在是因为光绪帝入学时太幼小，且身体又不好。光绪帝入宫前，在醇王府曾生过一场痢疾，几致弃命，后幸得桂云舫（端方叔父）针碱治疗，得以不死。入宫后，由于离开父母，生活起居没有规则，一顿早膳往往需用一个多小时，饭菜多凉，因此，常常“呕吐腹疼”；有时睡觉因太监照顾不周，从炕上滚下来，跌得鼻青脸肿，这一切都直接影响到光绪帝的学习。翁同龢在日记中有不少这方面的记载。

书房头两年，功课主要是认字、听讲书、读生书、背熟书。规定每日生书读二十遍，熟书读五十遍（遍数虽多，但课文一般只有三至五行，数量不大）。光绪帝由于身体不好，气力不足，畏难怕读，常常读到一半就不肯再读了。师傅催促，则不开口。幼稚不明事理，既不能打，又不能骂，何况又是“贵为天子”的皇帝！作为负责书房授读的翁同龢见此情景，心急如焚，不免要申斥几句，结果是小皇帝啼号不已，“哭声达于户外”。光绪帝秉性倔强，又好用意气，一赌气就是十天半月不开口，不肯读。翁同龢看硬的不行，就来软的，“温言怡色，徐徐引得”，但千回百转，光绪帝就是不听。刚柔并用，均无效果，使他一筹莫展，有时也难免灰心丧气。在他的日记中，“如何如何”“竭力斡旋”“勉强对付”“勉强迁就”“无之如何”“真恼人哉！”随处可见。两宫皇太后召见时，常常问起书房功课，翁同龢只好如实奏对。西太后对小皇帝很不满，竟用不准多吃的办法来惩诫光绪帝。翁同龢于心不忍，出于一片爱君之心，不得不另想办法，他求助于光绪帝生父醇亲王奕譞。于是奕譞时常到书房走动，颇能配合翁同龢管好书房。奕譞一到书房，先是厉声训斥，接着和颜悦色温语劝导一番。对父亲的一威一震，光绪帝颇有所畏惧。然而时间一久，又故态复萌，一切照旧。而奕譞为了“避嫌”，以后也逐渐减少了来书房的次数。

皇帝不好好读书，决不能姑息迁就。翁同龢与其他师傅协商后，当着光绪帝的面规定：生书读二十遍，熟书减到三十遍，采用“记书签”的办法，读完为止，不再增加。光绪帝欣然接受。旧式教育偏重死记硬背，学生整天不是读，就是背，孩子怕多读，怕背书，是常见的现象，光绪帝也不例外。因此时间一久，仍复旧景，不肯多读。光绪帝尽管小小年纪，却对读书还有自己的见解：“既已熟矣，何多读乎”?！认为读熟不在遍数多少。翁同龢与其他师傅只得又一次想办法，与光绪帝当面协定：不计遍数可以，但以书读熟为准。然而对于“熟”的标准，师傅和学生的意见常常相左，不能一致。学生认为“熟”了，而师傅恰恰认为还“不熟”，因此，彼此“龃龉不已”。光绪帝对于翁同龢的爱抚还不能理解，他得寸进尺，读书遍数少的目的达到了，有时竟连读书声音也没有了。愈是迁就，愈是读不好书。孙家鼐平时寡言少语，此时也有些忍耐不住，他出了一个主意，叫“静坐法”。顾名思义，就是你不读不背，干脆让你坐在那里不许动。这实际是民间私塾先生惩罚学生站墙角的变种。结果是“大起龃龉”，光绪帝又是吵，又是闹，乃而“涕泪沾襟，几至不可收拾”。翁同龢本不同意这种做法，遂即宣布取消，才使事情平息下来。

1878 年（光绪四年）书房改为全功课，整天读书，光绪帝畏难情绪更严重。有人向翁同龢建议用罚读的办法。对于罚读，翁同龢当年入值弘德殿时就不赞同，因为罚的效果并不一定好。但出于嶒重他人的意见，他同意不妨试一试。商定结果，规定：生书不熟，罚多读二十遍；熟书不熟，罚多读三十遍。光绪帝始惧而后玩忽，像当年同治帝一样，罚到后来，干脆不开口，就是不读。其他师傅开始动摇，主张让步，翁同龢反而认为长此放纵下去，他无法向两宫皇太后交代，规矩既定，不能轻易改动。

甚至即使遇到光绪帝大声哭叫也全然不顾，仍持之以罚。对师傅们的这一着，调皮的光绪帝用拖延时间的办法，达到不背书、不读书的目的。“汉书攻读不得，变法于满书，满书既延，则生书不能读，生书既减，则仍归到熟书”。这时又是孙家鼐别出心裁，仿照“起居注”的形式，搞了一本《内省录》，换言之，就是记过簿。将小皇帝在书房内的过错逐日登记在上面，必要时呈给太后看，目的是想借此来约束光绪帝。谁知这一着可把小皇帝惹“火”了，气得大骂，甚至将案几上杯盅掷地打碎，不顾太监“一”字形跪请，师傅们的“序列”阻拦，竟哭着冲出书房，沿东阶趋角门，奔回宫内。

皇帝罢课，师傅们不免惶惧。翁同龢立即请总管太监转奏，宣布取消《内省录》，请皇上立即回书房。皇帝怒气未消，又碍于面子，就是不肯来。第二天，西太后召见翁同龢，当着翁师傅的面，把光绪帝教训了一顿，又以书房自有规矩，切不可这样，要他读书听话勿淘气。翁同龢也趁机承认师傅有错，皇帝这时才同意回到书房。

皇帝重新回到书房，师傅们如释重负。翁同龢代表师傅们再次向皇帝做了一番劝导。他说：师傅们的那些做法固然不好，但也都是出于爱护皇上，是为了让皇上把书读好，将来为天下做事。接着又表示，以后若有图画之类的书一定拿来给皇上看。但皇帝也提出了一个条件，就是膳前功课须在午正一刻（中午十二点左右）结束，否则回宫太迟，有劳慈倦，师傅们一口答应。至此，两天的闹学风波才算平息。

“闹学”风波刚告平息，翁同龢家中这时突然出了一件大事：翁同龢的嗣子翁曾翰因染伤寒不幸去世。翁曾翰，原为翁同爵第三子，举人，官至内阁侍读。还在翁母去世前，由翁母一手主持，将其过继给翁同龢为子。光绪三年八月（1877 年 9 月）翁同爵病死湖北巡抚任上。翁曾翰回籍奔丧，次年五月回京途中，行抵天津，“时疫疠正行，触秽气遂病，仓促与疾行，初十日抵京，越四日，遂不起”。曾翰的去世，对中年翁同龢来说，无疑是一个极大的打击。“天欲剪余祀”，“百痛交并，中怀瘝损”，内心极为痛苦。他“蒙生道念”，想辞官归田。五月十二日西太后召见时，翁同龢当面叩头请易师傅。西太后温谕再四，说目前时势艰难，择人不易，要他不要辞请，并以“知汝忠悃”相慰勉，再一次赞扬他在书房所做贡献和对朝廷的一片忠心。西太后的安慰和褒奖，感动得翁同龢泪流满襟。从此，更加一心一意地把大部分心血花在对光绪帝的教育上。

经过光绪帝“闹学”这件事，翁同龢和其他师傅得出一个教训：罚不当教。于是决定改用正面鼓励、以表扬为主的方法。决定先从生活关心入手，使师生之间的感情由僵持变为融洽。师傅们大都儿孙绕膝，当然知道爷爷如何疼爱孙子，所以翁同龢一讲，其他师傅无不表示赞成。每当光绪帝进书房，翁同龢总要先看看皇帝的气色如何，摸摸光绪帝的小手心烫不烫，轻声柔语地询问一番。如果发现光绪帝体有不适，当即表示读书的遍数可减，遇到实在无法读下去的情况时，干脆不再强求，或唤总管太监来，奏请提前下书房，有时干脆暂作停顿，让皇帝到庭中散步、休息，或进宫吃茶点。这样做的结果，效果很好。一次光绪帝因腹疼，未进早膳就来书房，书读到一半，忽然不开口。翁同龢经过仔细盘问，方知尚未进早膳，立即传太监送来点心，并表示提前下课，着实把光绪帝大大地表扬了一番。师傅的表扬，反使光绪帝精神振奋，流露出有一股说不出的高兴样子。又有一次，光绪帝根据《帝鉴图说》中的图画，在书房内画了一幅《天人交战图》，画中人团头虎脑、横眉竖眼，看了令人捧腹生笑，翁同龢与其他师傅高兴极了，当面夸奖光绪帝，说皇上颖悟异常，画得好。这天，光绪帝心情舒畅，书读得特别卖力，不仅生书照数全部读完，而且熟书主动要求多读了七遍。翁同龢在日记中写道："殿中日来阳气四溢，亦不复旧景矣"。经过一番苦心努力，书房终于走上了正轨，师生之间的关系也变得愈来愈亲密。

直到光绪八年（1882 年）以后，光绪帝才总算走上正轨，并开始养成了读书的兴趣。这也使光绪帝在枯燥无味的宫廷生活中，终于找到了寄托。如逢宫中节日、庆典时，西太后偏爱看戏，而光绪帝却对这些不感兴趣，很少作陪，常常在这时独自一人到书房读书写字。他说："钟鼓雅音，此等皆郑声"，"随从人皆愿听戏，余不愿也"。

这位"冲龄践阼"的皇帝逐渐长大了。虽然有诸多不如意造成的情绪不稳定，尽管仍时有孩子气和身体不适的"倦怠"，毕竟在师傅的日记中记下了越来越多的兴奋：

读极佳，一切皆顺，点书不复争执矣（光绪四年十一月四日）。

读甚佳，膳前竟无片刻之停（光绪五年二月十六日）。

自是日起，上不俟军机起下即到书房，此于功课大有益也。卯正二来，读极佳，且能讲宫中所看《圣训》（光绪八年元月二十四日）。

事下极早，读甚奋发，功课虽未照常，亦复八九矣（光绪八年七月十一日）。

读极好，来不早而能奋发也，难得也（光绪八年八月初五）。

也正是在小光绪的"见识日新"中，使翁同龢增强了信心。

朝夕相处的典学过程，使光绪帝对师傅的依赖和感情日益亲密。翁同龢亦将自己的一片怜爱倾注在小光绪身上。不仅在学习上耐心细致、不厌其烦地开悟，且在生活和情趣上也无微不至地体贴照料。每逢小光绪情绪不好，他总是摸摸他的前额和小手看看是不是发烧，问问他早饭吃得好不好等等。太监们如对小光绪稍有不敬，小皇帝就向师傅陈诉，要师傅做主。光绪三年（1877 年），翁同龢回籍修墓，小光绪很不愿让师傅离去，读书遍数也日渐减少，且不出声。翁同龢回来后，他第一句话就是："吾思汝久矣"！然后一遍遍大声读书。对此，太监也说："久不闻此声也"。光绪五年十一月，快到元旦了，小皇帝端端正正地用朱笔写了"福""寿"两个大字，送给师傅。

由浅入深，日积月累，到光绪帝亲政前，仅翁同龢给光绪帝讲过的书就不下数十种。主要内容大致为封建政治理论、帝王之学、历史、地理、经世时文和诗词典赋等。如《十三经》《通鉴览要》《圣祖圣训》《经世文编》《明史》《海国图志》《圣武记》《史记》、各国史地地图、《九朝东华录》《唐诗》等。另外还学看折件、写诗作论、汉译满、骑射等。当然，光绪帝自己也开始主动读了一些书籍。

作为传统的、正统的封建知识分子，翁同龢显然不折不扣地履行着“至君于尧舜”的理想和责任。在他看来，为“帝师”者之所以“关系至重”，正必须将千古帝王的仁政爱民、君明臣贤的品质用以塑造小皇帝的言行举止，任何疏忽都是“罪不容诛”的重大过失。他因此而呕心沥血、恪尽职守，数十年如一日。在光绪帝面前，既“于列圣遗训，古今治乱反复陈说，……其阐明政要以忧勤为先，尤能直言极谏”。同时他还“频以民间疾苦、外交之事，诱勉载湉”。光绪十年十一月（1884 年 12 月），翁同龢讲完“文景之治”后，由光绪帝以《汉文帝》为题作诗。光绪帝很快写出：

白虎亲临幸，诸儒议五经，

惜哉容窦宪，谏诤未能听。

他已有了自己的理解和认识。早在光绪帝读书不久，一天他指着书内的“财”字对师傅说：“吾不爱此，吾喜‘俭’字”。翁同龢喜不自胜：“此真天下之福矣”。稍长后，他在论唐玄宗理财的短文中写道：善理财者，藏富于民；不善理财者，敛富于国；国之富，民之贫也。……以帝王之尊，而欲自营其筐箧之蓄，其为鄙陋，岂不可笑也哉。

正因此，光绪帝虽生于天皇贵胄的帝王之家，又贵为天子，在早年的教育中就有“爱民”思想的初步认识，诸如他的诗作：

畿辅民食尽，菜色多辛苦，

遥怜春舍里，应有不眠人。

又有：

知有锄禾当午者，汗流沾体趁农忙。

荷锸携锄当日午，小民困苦有谁尝。

西北明积雪，万户凛寒飞；

唯有深宫里，金炉兽炭红。

这些小诗文简情浓。一个养嶓处优的小皇帝，尽管没有对人间民众疾苦的目击和体验，却能深加关注和理解，应该说已实属难能可贵。随着小皇帝身体的成长，其思想也在潜移默化中逐渐走向成熟。

“帝德”到底是什么？小载湉当然还不清楚。可在师傅的心里那个“圣君明主”的具体形象是清晰鲜明的。这就是言行举止、胸怀政风要像康熙皇帝那样。翁同龢为帝师后，曾在诗中写道：“敬从光绪当阳日，追溯康熙郅治时”。他多么希望自己的皇帝弟子将来成长为乃祖康熙帝那样雄才大略的君王，重温大清王朝“郅治”盛世的旧梦。因此，翁氏不仅注意以书本启沃皇帝的心灵，更注意结合实际进行“帝德”的培养。他经常随侍光绪帝进行一些祭天祀祖、朝贺拜寿、祈雨演耕等礼仪庆典，嘱咐光绪帝要有天子风范，庆典要庄重威仪，祭祀要诚敬严肃。在这些活动中，还是孩子的小皇帝喜玩耍、好奇多动的天性一再显露。对此，师傅立即劝谏制止，并有针对性地加以解释和指导。

在这个塑造过程中，西太后的“帝德”，是要求“宜涵育德性，俾一言一动，胥出于正，以为典学之本”。而她所谓“正”，即为对自己尽“孝”。因此，西太后十分关注光绪帝的典学，经常召见翁同龢等，询问光绪帝的学习情况，勤加指示。她特别注意从太监处了解情况，在光绪帝请安时对他时加“训责”，有时声色俱厉。小光绪帝初入学的三四年间，有时情绪极“抑郁”“精神殊逊”，大致都与这种训斥有关。西太后在“关怀”之余还是相信“棍棒出孝子”的古训的。德龄在《瀛台泣血记》一书中说，西太后为了让光绪帝在将来长大成人后能够“孝顺她”，在典学期间，她“特地再三教人去传翁同龢，要他格外侧重孝的教育。除掉把启蒙时所读的‘二十四孝’不断地继续讲解之外，《孝经》那部书，也是最注意的”。在闵尔昌《碑传集补》第1卷里也说，翁同龢在教授光绪帝时“以圣孝为本”。

所有这些清规戒律加上枯燥乏味的艰涩说教，已经彻底剥夺了光绪帝幼年时代应有的天真烂漫。他本能的一点“反抗”当然也是不允许的。对此，受命对书房事务“妥为照料”的，他的父亲醇亲王奕譞，无论有何想法，也只能按西太后的意思加以“关照”。既然如此，那就对儿子不能客气，有时他“辞色俱厉”地进书房管束小皇帝；他绝不敢动以父子之情。

最后奕譞不得不以“避嫌”为退着，渐渐地书房中不见了他的身影。不过他这亲王的两幅既是诫勉儿子，又是和西太后表明自己忠诚的诫勉诗，却破例被准许留在了毓庆宫内西墙上：

懔承列圣艰难业，永记东朝复载恩。
心似权衡持正直，事如泾渭辨清浑。
行成端赖研磨久，志减常因享用尊。
见善则从过勿饰，义为人路礼为门。
慎依家法敬临民，上下情联一点真。
偕乐始容王在囿，有为应念舜何人。
简篇要鉴兴衰迹，舟楫全资内外臣。
天命靡常修厥德，隋珠赵璧总浮尘。

（三）太监李莲英

载湉入宫嗣位以后，他的近侍太监经内务府的严格挑选，均由“老成质朴”者任之，尤其是服侍起居的太监王商，“他始终是小心翼翼的看护着光绪……见他有做错的事情，便婉婉转转的劝正他，见他有不懂的事情，便详详细细的解释给他听。自从光绪的乳母出宫以后，他差不多就代替了她的位置，甚至还比她更小心周到。”可是，在宫里众多的太监都归总管太监管束，总管太监直接听从慈禧太后的指使。载湉入宫之时，任总管太监的已经是李莲英了。这位闻名天下的太监头目，专门同小皇帝作对，甚至后来光绪帝心爱的珍妃，她的一生都葬送在这个恶魔手中。

李莲英

李莲英（1848～1911），直隶河间人。他本是乡间不务正业的无赖，“落拓不羁，曾以私贩硝磺入县狱。”得释后改业补皮鞋，故有“皮硝李”的绰号。河间县多有入宫为太监者，他的同乡叫沈兰玉的，在清宫为内监，颇得慈禧太后欢心。沈兰玉素与李莲英有交往，李便恳托其“引进”自阉入宫为内监。其时，京城盛行梳新发髻，爱发如命的慈禧太后极为喜欢，她“饬梳头房太监仿之，屡易人，不称旨。”李莲英视此事为飞黄腾达的阶梯，便出宫走遍京城的歌楼妓院，“刻意揣摹”，很快掌握了时髦女郎新发髻的梳妆技巧。又得沈兰玉的“引进”，李莲英便入梳头房，当了慈禧太后的梳头太监，“从此得幸，每晨辄令李莲英执梳挽之，否则以为不适。”李莲英得到慈禧太后的宠爱，由梳头太监晋为总管太监，接替了原来安德海的位置，并赐二品顶戴，“渐著声势。”成了慈禧太后身边“营私纳贿，无恶不作”的恶棍。

李莲英是极端势利刻薄的小人，在他的眼里，唯独西太后“老佛爷”一人才有绝对的权威。事实也是这样，亲王贝勒、军机大臣、地方督抚等重臣大员，见了他都得恭维迎笑，鞠躬作揖。若想升迁肥缺，也得向他贿送重金、厚礼，凡是由他在慈禧太后跟前美言者，无不青云直上，官至要职，李莲英简直成为慈禧太后的一个影子。善于揣揣政治气候的李莲英，他知道从醇王府抱来的娃娃皇帝，即使长大“亲政”，也只不过是慈禧太后掌中的一个木偶，因而他根本不把小皇帝载湉放在眼里。而且李莲英也懂得必须同小皇帝做对，从小的时候做出“规矩”，让这位小皇帝知道，总管太监就是太后耳目和化身，在他面前事事都要矮着三分，这样他就可以长期在宫里肆无忌惮地作威作恶。

载湉入宫不久，就同这个阴险狡恶的李莲英结下了冤仇。其时，载湉年仅四，五岁，当然不是因为他看透了李莲英的险恶用心，小孩子往往以貌相辨人之好歹。李莲英面相丑陋，还得意忘形地在光绪帝面前显露出地痞无赖的种种丑态，令小皇帝十分厌恶。有一次小载湉竟极干脆地对李莲英说道："你这人究竟什么缘故，会长得这样丑啊？我见了你真有些害怕，快给我走出去！"李莲英没料到这个小皇帝竟然会对他说出如此不客气的话来，心里当然是十分不快的。可是，尽管载湉是个乳气未干的孩子，然他到底是君临天下的"万岁爷"，当面绝对不能反唇相讥，做出任何放肆举动，并且在退出皇帝寝宫前还得照例向他恭恭敬敬地磕头才好走路。这一回光绪帝的失言使李莲英耿耿于怀，伺机报复。

说到李莲英捉弄载湉，同小皇帝做对，当然不可能是面对面的欺侮皇帝，他最初的方法是在慈禧太后面前搬弄是非，"孝钦（即慈禧太后）前短德宗"，让小皇帝渐渐地失去太后的宠爱，以后便直接向光绪帝发泄淫威。

首先从光绪皇帝和翁同龢的关系上找差错。翁同龢与光绪帝的师生感情融洽，李莲英非常不快，因为翁同龢自命清高，从不向李莲英恭维好言，李早就想在慈禧太后面前恶言一番，苦于没有机会。尔今翁同龢却得到太后的器重，委以教授皇帝的重任，而且与光绪帝相处得十分热睦，李莲英更加妒忌这位在清朝官僚阶层中德高望重的二朝帝师。有一天，翁同龢坐着教授皇帝念书，被一个太监瞧见，立即报告了李莲英。按照君臣之礼，臣子是不能同皇帝并坐对语的，李莲英得到这个消息，喜出望外，认为这是报复小皇帝和翁同龢的好机会，就跑到慈禧太后的寝宫，跪着启奏道："奴才启奏太后，方才奴才经过皇上的书房，瞧见翁师傅不守规矩，竟是大模大样地坐在皇上的面前，求太后定夺。"慈禧太后是个"只许州官放火，不许百姓点灯"的独裁者，尽管她随心所欲地践踏祖宗"家法"，可是她对于宫里稍有不轨行为，就要大发雷霆，轻则鞭挞，重则处死。他听了李莲英这个报告，怒不可遏，便立刻差人把翁同龢叫来。翁师傅是深明封建礼教的老臣，遵守君臣之礼，每次进毓庆宫教授皇帝念书，总是要皇上赐座后才得坐下。有几次小皇帝忘了赐座，他就是站立教授至课毕，这次当然是光绪帝赐他坐的，并无破坏礼法。但翁同龢不愿光绪帝因此事而受到太后的数落，故不做辩解，只是俯身低头，忍受慈禧太后的训斥，回到书房，也不把委屈告诉光绪皇帝。事后，光绪帝从小太监那里听说翁师被太后训斥，他唯恐年高德劭的翁师傅招来更大的麻烦，因而就由王商陪着来到太后寝宫，替师傅说情。光绪帝跪在慈禧太后面前低声说着：

亲爸爸，孩儿想求你老人家宽赦了翁师傅一次。因为我方才听见小的们说亲爸爸怪他不该在孩儿面前坐下，已经说过他一场了。这件事实在是孩儿的不好，翁师傅原

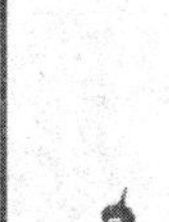

不想坐，只因今天的这课书比往常特别长一些，孩儿瞧他站着讲，样子好像很吃力，便自己教他坐了。并且他在坐下去之前，还照规矩，向孩儿磕了一个头谢过恩，然后再坐下。亲爸爸！你老人家能不能就赦过了他呢？多谢你，千万的多谢你！”

由于光绪帝的求情，这件事终于就此了结。然而，李莲英并不因为翁同龢受到慈禧太后的一顿训斥而罢休。平时，在光绪帝面前总是借指责小太监的机会，说几句冷话，或是故意弄些事情来失小皇帝的威仪。载湉是个极聪明的孩子，他对李莲英的故意捉弄，日子久了他也能察觉出几分，回到自己的寝宫总要把李莲英痛骂一场。这样小皇帝越来越怀恨这个狡猾、阴险的总管太监李莲英了。

旧俗小孩七岁生辰是特别重视的大事件，有“男女七岁不同席”之谚，标志着人生从此时起，进入了一个新阶段。何况是小皇帝，所以他过七岁生辰，宫里更加郑重其事。光绪帝七岁生辰那天，即光绪三年（1876）六月二十八日，举行了一次小皇帝独自临朝的演习。朝廷的军机大臣、部院尚书以及王公贝勒等依班次向小皇帝俯伏叩头，载湉大模大样地坐在龙椅上接受朝拜，一副威严气魄。他的心腹太监王商站在旁边，指挥着那些大臣的进退，正像慈禧太后坐朝时李莲英一样。这件事刺激了李莲英的神经，预示他将来的可悲下场。自从那天以后，李莲英对光绪皇帝的怨恨到了一不做二不休的地步，小皇帝同李莲英的暗斗与日俱增。

某年元宵节，李莲英向光绪帝发出了公开的挑战。元月十五日是民间闹元宵的节日，晚上玩花灯作乐，以为元宵之夜花灯闹得越盛，那么这年的国运，家运以及个人的命运也就越好，皇宫里更是如此。照例元宵供神的糕饼尤其是那种元宝形状的糕饼，要赐给慈禧太后最关切的人，表示宠恩与祝福，光绪皇帝当然是慈禧太后最关切的第一人。可是李莲英却没有这样做，故意把元宝形的糕饼搬到自己的私宅分赐给别的太监食用了。光绪帝知道以后愤怒极了，顷刻到慈宁宫向太后诉说，李莲英也被召来责问，他辩解说：“外面就有许多重要的事情找到奴才那里来了。而且这些事情，统统都是关系老佛爷的事情。……万岁爷大概也明白，奴才是一向侍候惯老佛爷的，这些事情都不能教别人代替，而奴才自己也不肯随便让这些事情搁下来。因此奴才便忙着先干这些事情，只得暂时把万岁爷的糕饼搁一会。”李莲英最善于揣摩西太后的心理，这样一说慈禧太后果然平了气，还认为李莲英对她是最忠不过的人了，于是转过话题，换上几句奖勉他的话，这件事就此不了了之。李莲英的辩说含着这样一个意思，“只要我手里有别的事情要做的时候，光绪的一切事，是绝对不在我心上的。”这分明是对光绪帝地位的藐视和尊严的公开挑战。

光绪十二年（1886）十一月廿六日是这年的冬至，“乙卯，大祀于圜丘，上亲诣行礼，”皇宫以冬至为新年之始，必须祭祀天地社稷，而是年冬至大祀，仪式尤为隆重，因为“本年冬至大祀圜丘为始，躬亲致祭，并著钦天监于明年正月选择吉期，举行亲政典礼。”明年是光绪十三年，是载湉入宫以来最为重要的一年，正月十五日要举行“亲政典礼”，从此时起。他要正式行使皇帝的权力了。因而十二年的冬至大祀圜丘可谓是明年“亲政典礼”的一次演习，是件极为重要的一件大事。光绪皇帝诣圜丘祀天这一场面也是向朝廷重臣要员显示新一朝皇帝智慧与权威的好机会。慈禧太后派了李莲英总管祭祀的一切事务，他把这次冬至大祀圜丘，视之为捉弄皇帝的良机，故意找差错要让皇帝当众出丑。那天李莲英“他什么事也不做，只在旁边冷眼觑定了光绪，脸上还假意装出一种极温和恭敬的态度，表示他很忠心的意思。可是逢到光绪有些做错的地方，他就要用尖刻的话指责了，他知道今天他可以尽情地指责，无论如何也不愁光绪会在天坛吵闹起来。”

圜丘是明清两代帝王祭天的地方，位于北京天坛西首，北接祈年殿。祭天时圜丘石台上按放着“皇天上帝”的神牌，左右还竖放着皇帝列祖列宗的神牌作为配祀，气氛庄严肃穆。参与祀天的官员进入祀天门以后，必须全神贯注态度庄重，不能有任何杂念，因为这里是至高无上的圣地。每次主祭的皇帝都要穿特定的服饰，而这次由于太监的疏忽，光绪皇帝穿的是太和殿受朝拜时的皇袍，典礼进行时光绪帝第一次见到祭坛上的神牌和各式祭品，颇觉新奇，不时的目光环视。光绪皇帝这一微小的失敬举动，在身旁的李莲英故意大声嚷着：“万岁爷不可太轻忽了，这是一所最庄严的地方，也是一件最庄重的礼节，岂可随便敷衍得的。而且今天是万岁爷第一次离开了太后，独自来主持这祀天大礼，尤其不能草草。……现在万岁爷已经不能算是个小孩子了。”这时的光绪皇帝确实不能算是个小孩子了，他已经快到十七岁了，明年就要“亲政”，正式行使皇帝的权力，然而当着众臣却遭太监头目李莲英的一顿训斥，他恨不得从神前的跪垫上跳起来，予以严厉的回击。可是，光绪帝不是以气用事的人，他知道如果在天坛祭祀大典上同李莲英闹翻，他的“亲爸爸”是决不会原谅他的，甚至会惹出大事来，所以他只得忍着气，看着李莲英的得意样子，快快完成这件祭天大事。

李莲英在光绪皇帝明年就要“亲政”的冬至祭天这一重要时刻，竟胆大妄为地教训皇帝，实际上要向朝廷大臣显示：皇帝亲政以后，大权仍在老佛爷手中，皇帝就是傀儡，只要慈禧太后握住政权，总管太监照样可以有恃无恐，权倾朝野。

（四）风雨飘摇

还在法国侵略者肆虐于越南北部，并不断向中国边境紧逼的光绪九年（1883年）夏，光绪帝就已开始关注这一严重事态。翁同龢在日记中记到：“上留意及此，可喜也”。在师傅的指点下，在学习一般课程的同时，他也开始练习批阅臣工奏折。在其批改的奏折上有时竟“未改一字，皆进境。”因其意见准确，常受到翁师傅的称赞。在中法战争期间，为弄清前线的形势，“画地图，上命重绘前所未进缩本，加越南一隅”。在对法国宣战前后，他更是时刻注意着事态的发展。当马尾海战因政府犹疑不定而造成惨败时，大概光绪帝从中发现，尽管自己主张以武力抗击法国的侵略而反对妥协议和，可他的意见似乎并不起多大作用。从中或又使他意识到，在其宝座之后的西太后完全左右着整个朝廷的最后决策。随后发生的军机处大换班更证实了这一点。

东太后死后，西太后已是说一不二的独裁者，但是她仍感到意犹未尽。西太后似乎感到，以恭亲王奕䜣为首的军机处仍是妨碍自己任意挥洒的重大障碍。其实，自咸丰十一年（1861 年）辛酉政变以来的 23 年合作中，奕䜣对西太后的专断擅权和阴狠毒辣的领教早已非止一二。尽管他不甘心，可每一次的挫败，都使他的锐气有所消磨。同治初年，“恭王任事，委权督抚，朝政号为清明。颇采外论，擢用贤才能，待达者不为遥制”。时西太后方以其除“八大臣”之功。倚任其安内外；加之有东太后策应在内，奕䜣确实很能有所作为。可随着奕䜣权力和影响的逐渐增加，西太后渐难以容忍。同治四年（1865 年）三月，以御史蔡寿祺参劾为口实，突然以同治帝名义颁出懿旨：

“谕在廷王、大臣同看，朕奉两宫皇太后懿旨：本月初五日据蔡寿祺奏，恭亲王办事徇情、贪墨、骄盈、揽权，多招物议，种种情形等弊。嗣（似）此重（劣）情，何以能办公事？查办虽无实据，是（事）出有因，究属暧昧，难以悬揣。恭亲王从议政以来，妄自尊大，诸多狂敖（傲），以（依）仗爵高权重，目无君上，看（视）朕中龄，诸多挟致（制），往往谙（暗）始（使）离间，不可细问。每日召见，趾高气扬，言语之间，许（诸）多取巧，满是胡谈乱道。嗣（似）此情形，以后何以能办国事？若不即（及）早宣示，朕归政之时，何以能用人行正（政）？嗣（似）此种种重大情形，姑免深究，方知朕宽大之恩。恭亲王著毋庸在军机处议政，革去一切差使，不准干预公事，方是朕保全之至意。特谕。”

这一雷霆之怒，清楚体现了西太后对奕䜣权重和有些事的自作主张及凡事不肯迁就西太后意见的冲突。这种“骇人听闻”的“遽尔罢免”立即引起在廷王、大臣的一再申辩和竭力诤争。加上西太后觉得已达到了震慑之威，既然公论难违，于四月十四日，西太后又传旨召见奕䜣。结果，恭亲王“双膝跪地、痛哭谢罪”；西太后准其仍为军机大臣，开除“议政王”名目。这第一次打击，确实使奕䜣领略了西太后挟幼帝以专其威的厉害。随后在同治十二年正月（1873 年 2 月），他又因谏阻同治帝修圆明园，遭到第二次见黜。然而这一次似乎得罪了刚刚亲政的同治帝。虽两宫太后随即撤销了对他的处分，但奕䜣主持军机、鼎力任事的气魄已远不如任事之初。他凡事多有回避，无论在立光绪帝还是为同治帝“立嗣之争”中都很少见其有所建言。东太后暴死之后，他已深知西太后阴狠和自己的处境，更不敢轻易面折廷争，一味只知自保，遇事苟且因循。当中法战争发生之初，他囿于“力持和局”的为政“经验”，暗中观察揣摩西太后的意向，似仍欲以“议和”为得策。于是，他在军机诸臣（主要是翁同龢、李鸿藻）主战的情况下，仍“不欲轻言战”。清政府战和争持、首鼠两端的犹豫，终于酿成“马尾海战”的惨败。早在光绪九年（1883年）初，诸臣在法国侵越之时，即主张针锋相对，而诸臣“往谒恭邸，邸始犹豫，既而无策，亦遂从之矣。”直到八月九日（9月9日），仍然是“法谋益狡，而我无应策”。当时连光绪帝都感到或战或和，应有一定，“上意亦虑讲（谈和）事不成，颇恨战争不修也”。在此期间，恭王上朝的次数越来越少，不是以去“昌平吉地”为名，便是无故缺班，这在《翁文恭公日记》里记得一清二楚。因此，应该说到中法正式宣战之前，在“主和”的问题上，奕䜣与西太后的矛盾并不尖锐。但恭王奕䜣的态度却明显表现出不合作的倾向，并以此情绪影响着在廷诸臣：不和不战，麻木不仁。翁同龢等急得“如何如何，愤懑填膺也”。在十月二十九日（11月28日）的日记中，翁同龢记道：

“御史吴峋以日色赤如血，责诸枢臣皆疾老瘦景，请派醇邸（即奕譞——引者）赴军机处稽核，别简公忠正大、智略果敢大臣充枢密云云。入对时，恭邸及臣等皆谢奉职无状，慈（西太后）谕：当此时，汝等不忍辞亦不敢辞耶。”

西太后对军机处和恭亲王奕䜣尽管相当不满意，可她对满朝争执不下的和战也很难一言以定。因为奕䜣既然不想承担和战的责任，西太后同样不想独担和战难以预期的后果。就这样，正如翁同龢在“辗转不寐”的光绪九年（1883年）的除夕之夜所总结的那样：

“综计一年事，中怀忡忡也。一民生日蹙，一边衅，一水灾，一言路颇杂”。

光绪帝的江山虽然处于内外交困、风雨飘摇的危机之中，可清廷中却各怀心腹事，盈廷聚讼，内部斗争仍在或明或暗地进行着。恭亲王20余年来用人行政已证明他绝非庸碌无能之辈，但与西太后的专擅独行几经冲突受挫之后，特别是东太后死后的孤立无援，更使他深感如履薄冰。在西太后眼中，他任事为“窃权乱政”；不任事为“委蛇保荣”，可谓进退两难。然而对中法战争的犹疑不决和对西太后的冷漠应付，终于引起了朝臣的不满和西太后的愤怒。光绪十年三月初四日（1884年3月30日）：

“恭邸述醇邸语请旨，则十月中进献事也（盖为西太后祝寿事——引者），极琐细不得体。慈（西太后）谕谓本不可进献，何用请旨，且边事如是，尚顾此耶。意在责备。而邸（恭王）犹剌剌不已，竟跪六刻，几不能起。”

奕䜣似已感到西太后的某种意向，因此似乎想通过讨好力图挽回，已近乱了方寸。次日：

“比入，仍申昨日之谕，两邸所对皆浅俗语，总求赏收礼物。垂谕极明，责备中有沉重语。略言心好则可对天，不在此末节以为尽心也。”

3日后（初八），西太后对恭亲王等的不满更直言不讳，并直接把国难之责推给奕

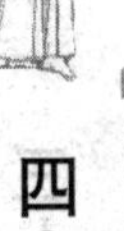

䜣及其所代表的军机处：

“今日入对时，谕及边方不靖，疆臣因循，国用空虚，海防粉饰，不可以对祖宗。”

到当年三月十三日（4月8日），西太后终于借日讲起居注官盛昱于二日前所上“为疆事败坏，责有攸归，请将军机大臣严加议处，责令戴罪图功，以振纲纪而图补救事”的一通劾奏揭开底牌。不由军机处拟旨，突然发下谕旨：

“钦奉慈禧端佑康颐昭豫庄诚皇太后懿旨；现值国家元气未充，时艰犹钜，政虞丛脞，民未敉安，内外事务，必须得人而理。而军机处实为内外用人行政之枢纽，恭亲王奕䜣等始尚小心匡弼，继则委蛇保荣，近年爵禄日崇，因循日甚，每于朝廷振作求治之意，谬执成见，不肯实力奉行，屡经言者论列，或目为壅蔽，或劾其委靡，或谓簠簋不饬，或谓昧于知人。本朝家法綦严，若谓其如前代之窃权乱政，不惟居心所不敢，亦实法律所不容，只以上数端，贻误以非浅鲜！若不改图，专务姑息，何以仰副列圣之伟烈贻谋，将来皇帝亲政，又安能诸臻上理？若竟照弹章一一宣示，即不能复议亲贵，亦不能曲全耆旧，是岂朝廷宽大之政所忍为哉？言念及此，良用恻然！恭亲王奕䜣，大学士宝鋆，入直最久，责备宜严，故念一系多病，一系年老，兹特录其前劳，全其来路，奕䜣著加恩留世袭罔替亲王，赏食亲王全俸，开去一切差使，并撤去恩加双俸，家居养疾。宝鋆著原品休致。协办大学士吏部尚书李鸿藻内廷当差有年，祗为囿于才识，遂致办事竭蹶。兵部尚书景廉只能循分供职，经济非其所长，均著开去一切差使，降二级调用。工部尚书翁同龢甫直枢廷，适当多事，惟既别无建白，亦有应得之咎，著加恩革职留任，退出军机处，仍在毓庆宫行走，以示区别。朝廷于该王大臣之居心办事，默察已久，知其决难振作，诚恐贻误愈深，则获咎愈重，是以曲示矜全，从轻予谴，初不因寻常一眚之微，小臣一疏之劾，遽将亲藩大臣投闲降级也。嗣后内外臣工，务当痛诫因循，各摅忠悃，建言者秉公献替，务期远大，朝廷但察其心，不责其迹，苟于国事有补，无不虚衷嘉纳。倘有门户之弊，标榜之风，假公济私，倾轧攻讦，甚至品行卑鄙，为人驱使，就中受贿渔利，必当立抉其隐，按法惩治不贷，将此通谕知之。”

如晴天霹雳，五军机同时罢黜，对奕䜣和翁同龢等来说，“真洞目怵心矣！”然而在西太后则已是“默察已久”，“断难姑容”。随后按西太后旨意，礼亲王世铎、户部尚书额勒和布、阎敬铭、刑部尚书张之万、工部右侍郎孙毓汶等被任为军机大臣，并有懿旨：

“军机处遇有紧要事件，会同醇亲王商办，俟皇帝亲政后再降懿旨。”

至此，自“辛酉政变”以来20余年西太后与奕䜣之政争终告结束。

然而，有言“一蟹不如蟹”者以刺新枢府：

“尔时枢廷领袖为礼亲王，一物不知，惟利是图，无论何人，均可拜门，以千金寿，辄畀荐牍，向当道干谒，剌剌不休。满大学士额勒和布，伴食而已。汉大学士张之万，以书画音乐自娱。其中枢执要者，唯济宁孙毓汶、仁和许庚身马首是瞻。仁和由军机章京出身，深得摭拾人过恐吓索贿之衣钵。济宁性阴险，深阻如崖阱，不可测，能以一二语含沙射影，倾挤清流，诛锄殆尽，其顽钝无耻者，率为效用，争以诬陷善类为功。……而耿介名流，驱逐出外。

而“慈禧之所以要罢斥恭王而改用礼王与醇王的原因，盖恭王守正而醇王依阿取容、礼王又为醇王之傀儡，孙毓汶则狡诈而好弄权通贿，凡此诸人，俱较恭王为易于驱使也。军机处甘听宫廷之驱使，则慈禧自可为所欲为，其在实际上的政治影响，当然也就如江河日下了。”

西太后虽将主战、主和全班军机罢黜，而其后清廷对法国侵略仍和战不定。可见，这次“甲申易枢”成为“晚清政局最著之事件”（萧一山语），其根本原因还是西太后为揽权之政争，绝非她有意对法主战而采取的断然举措。西太后罢黜恭亲王之心早已不止一日，乘中法战争采取此行动只是以为借口罢了。正如《十叶野闻》所言：“及中法之战，议和失策，慈禧即借是以逐恭王。”

光绪帝面对朝廷中这一重大政治变局，虽然还不可能有清醒、明晰的理解。但师傅翁同龢等被逐出军机，每天见起换上几个陌生的面孔，显然使他的情绪又受到一种触动。抑或与此有关，此后小皇帝又无心思安稳地读书了。“易枢”八天后的三月二十一日（4 月 16 日），这个年轻的皇帝突然反常地爆发了一生中少有的一次脾气。对此，翁同龢在日记中记到：

“辰正三来（毓庆宫），巳初一入座，几成例矣。膳后讲折未正，此亦常事。而张公上即不欲读，已而忽下座传散，余执不可，则大怒，排门而出。余等固请还座。讲他事以移之，稍定。总管到来，不知作何语，则又大怒。再传此后未初二必下书房。余又力诤，因出站班，闻怒未已，此向来所无也。天心如此，令人战栗，盖上在冲龄，意气方盛，当思渐渐熏陶，非可强折，又未可诡随也。”

在此后的日子里，光绪帝烦躁心绪虽渐渐趋于平静，但面对臣下秉承西太后旨意仍意在与法国“恤款”的举动，他却一再表示“不以为然”。无奈其见并不能受到那些意在持盈保泰、苟安现状的主和诸臣和边将的重视，终于酿成“马尾海战”的惨剧。尽管海战后清政府已对法国宣战，可是直到光绪十年（1884 年）年末，清政府依然歌舞升平。西太后为给自己庆贺五十六岁寿辰，在前线边警频传的情况下，从九月起便开始筹备，光绪帝无奈一再到慈宁宫“演习起舞”“演礼”。据记载，“自前月（九月）廿五日（1884 年 11 月 12 日）至今日（12 月 7 日）官门皆有戏，所费约六十万（一切典礼在内。前届拨户部四十万，今年同，惟内府内欠各项二十万。——原注），戏内灯盏等（俗名且末——原注）用十一万，他可知矣。”对这一切，光绪帝感到心急烦躁，但又无可奈何。

“上云连日喧聒颇倦，初八日最疲烦，头疼也，每日只在后殿抽闲弄笔墨，不欲听钟鼓之音（伯王云：后五日或在廊、或出至庭下站立。太后有两次出御台前黄座，上只在东间窗内未出。——原注）。”

时人虽然不可能揣测出光绪帝当时的心情，但从与其日夕相处、启沃教导的老师翁同龢日记中不多的记载，已可清楚地感受到年轻皇帝的忧虑。朝政日非，内忧外患，从上到下却是一派玩愒之风。光绪帝虽然已渐渐成长，却又深感力不从心，无可奈何。到光绪十一年（1885 年）春天，中国军民在前线反击的捷报不断传来，也使年少的光绪帝产生了尚未有过的兴奋。但正当中国抗法战争全胜在望之际，摸到西太后意向的李鸿章，为了早日罢兵息战，意于光绪十一年四月二十七日（1885 年 6 月 9 日），与法国代表巴德诺签订了《中法会订越南条约》。从而，满足了法国的侵略要求。清政府承认法国与越南订立的侵略性条约；在中越边界上指定保胜、谅山一带通商，并允许法国商人在此居住、设领事；中国修铁路须向法国经营者商办等。于是，法国侵略势力便藉此伸入我国云南和广西。这一妥协的媾和葬送了中国广大军民以鲜血和生命赢来的胜利成果，演出了中外战争史上罕见的结局，在胜利中落了个屈辱的结果。因此，这一触目惊心的事实，充分暴露了清政府的实际掌权者西太后的腐朽面目。中国的边疆危机和民族灾难日益深重。

目睹一场场宫内的权力之争；耳闻一件件国家危难之事，都深深地触动了这个少年皇帝的心灵。因而，一种“奋发”的图治欲望，便在其心中开始萌动。在特定的时代和特定的环境中成长起来的年轻的光绪皇帝，正在暮气沉沉的晚清政局中显露出英姿勃勃的锐气。

中法战争过后的光绪十二年（1886 年），光绪帝 16 岁，已进入青年时代。至此，他除了已经受西太后 10 余年“陶镕范铸”的塑造之外，其学习生活也历经整整 10 个春秋寒暑。这时的光绪帝，不仅“六经诸史，数年前即能举其词，然经义至深，史书极博”，对封建时代的典籍，均已有了较为广泛的领悟。

青年时期是思想上较为敏锐、活跃的时期，也是受外界影响由感受上升为理性逐步形成观念的重要阶段。年轻的光绪帝，由于其处于特殊的地位、环境并受到独特的教育，特别是在经受了宫内变故的磨砺与中外战争的冲击之后，他在思想观念方面似乎较一般人成熟得更早些。当然，教育仍然起着重要的作用。

帝师翁同龢教育光绪帝，在实际上他与西太后的目的并非完全一致。他是以在历史上所说的“明君”“圣主”为模式的。因此，当其对光绪帝进行了启蒙性教育之后，到中法战争期间，鉴于光绪帝的成长，他认为，“皇上读经固然重要，然目下读史尤亟”。因此在讲史的过程中，翁同龢力图使光绪帝深识历代帝王成败得失、治乱兴衰的经验教训。从而启迪他为将来治理好国家，效法贤君圣主。并且，翁同龢又着重讲述康、雍、乾诸帝的文治武功和“开国”（鸦片战争）以来的国难危机。以激发光绪帝弘扬祖德、焕发祖先艰苦创业的奋斗精神，发奋图强，励精图治，在其统治时期干一番事业。

值得注意的是，翁同龢在向光绪帝灌输封建政治理论的同时，尤其突出经世致用的思想教育。就翁同龢本人来说，他年轻时本崇古文经学，认为“周公、孔子之道必可行之于今日。”然而在严重的民族危机和社会矛盾的刺激下，他开始改治公羊家的春秋学说，以汲取今文经学的“微言大义”和变通进取思想。企图从中找出社会兴衰治乱的原因，以挽救民族危亡和日趋没落的清王朝。在对光绪帝的经学教育内容中，翁同龢正是希望能通过对这些经籍的讲解，“启发和诱导光绪帝忧国忧民，弃陈规旧律，勇敢创新，有所作为，开创中国历史新局面”的志向。光绪十二年（1886 年），他甚至向光绪帝荐呈了早期改良思想家冯桂芬的《校邠庐抗议》，希望光绪帝从其中“自选、自修、自用”，“师夷之长，以为自恃”。结果确实使光绪帝感到书中所论“最切时要”，对他很有用处，并将书中汰冗员、许白陈、省则例、改科举、采西学、善驭夷等六篇抄录成册，置于寝宫案头，日日浏览研读。这一洋务运动的理论纲领，对光绪帝产生了巨大的影响。在此期间，翁同龢还先后向光绪帝进呈和讲授了许多早期维新思想家的著作与主张。可以说，光绪帝之所以逐渐意欲有所作为，后来走上革新之路，就其思想缘起来说，又与他在早年学习期间受到“翁同龢突出经世思想的教育有关。是翁同龢一手点燃了光绪帝的改革思想之火。”

在 10 余年的书房教育中，光绪帝从师傅那里学到的当然不仅仅是一些治道理论和文史知识。比如光绪帝留心现实政治、中外大势就与翁同龢的引导有直接关系。国内和中外关系中每发生一件大事，师傅都要有针对性地进行讲解有关的知识和事件的影响；洋务新政、边疆史地、海塞防之争、周边概况、地理等，都使光绪帝在把握天下大势方面受到了启益。

这些知识和思想教育与为政能力锻炼的结合，不仅使光绪帝逐渐形成了自己的心志与抱负；而且也为他在亲政前培养了对问题分析、判断和处理政务的能力。

归政之争

（一）帝后之争

漫长而又无限的期待终于即将变成了现实，自己呕心沥血十几年的“学生”已经叩开了“亲政”的大门。光绪既希望这一天的早日到来，又唯恐这一天的到来会发生什么。

按中国古代宫廷的惯例，皇帝十四岁就应该亲裁大政。如按清王朝的不成文例，清朝定鼎中原后的第一个皇帝顺治帝六岁登基，十四岁亲政；第二个皇帝康熙帝八岁登基，也是十四岁亲政。此后诸帝直到咸丰帝，继位时皆非幼主，故无所谓亲政之说。然而到了同治帝，正像清朝本无“母后垂帘”而仍行“垂帘听政”一样，什么“惯例”“祖制”均不在西太后话下。除了因同治帝“学识俱劣”与令人失望的客观实情之外，西太后迟迟不欲交权撤帘。直到同治帝十六岁（同治十二年）正月，她才让同治正式亲政。

光绪十年（1884 年），光绪帝十四岁了，虽有同治帝时创下的“新例”，但亲政的问题并未有人敢于提及，西太后独自操权的欲望早已被大小臣工洞悉而心照不宣。无形之中，人们只好把光绪帝十六岁当作希望来等待了。现在光绪帝真到了十六岁，诸王亲贵、枢机群臣，甚至西太后本人也不得不承认，无论按礼法、祖制，还是光绪帝的“学识德业”，似乎都再也没有继续搪塞的理由。

时间在向西太后的权力欲挑战。

早在十二年前，西太后即无视清朝“家法”，强立载湉为帝。为平息舆论，笼络人心，曾公开做出了待光绪帝生子再为同治帝立嗣和“一俟皇帝（光绪帝）典学有成，即行归政”等两条保证。十余年过去了，西太后兑现诺言的日子日益迫近。尽管第一条因光绪帝尚未大婚，为同治帝立嗣自然可暂且不提；然而向光绪帝归政一事，虽然她心里是百般不愿，可到底已是事到临头。然而，慈禧在光绪“亲政”前却早已做好了人事安排。

在军机大换班，罢免恭王的时候，西太后便在自己身边安插了第一批亲信，包括醇亲王奕譞。

原来，奕譞对西太后一直心怀畏惧。光绪帝典学期间，他怕引起西太后猜忌，尽力加以回避，很少到书房去“训戒”儿子。但他并不是真的对政治不感兴趣。奕譞的那些“自警”名句、格言，不过主要是给人看的“韬晦”之计，用其掩人耳目罢了。当光绪七年（1881 年）东太后暴崩后，奕䜣失去了有力的支持者，并且他又看到西太后对奕䜣的不满日渐明显，于是奕譞便跃跃欲试，据李慈铭日记载，就在军机换班的前数日，（西太后）“幸九公主府赐奠，召见醇邸，奏对甚久。”翁同龢也记有：“昨日，皇太后在公主府传膳，醇王进，还宫酉初二刻矣”。“十二日，军机起，一刻，万培因、孙毓汶、乌拉布、醇王、师曾，凡五起，而前日封事总未下，必有故也。”看起来，奕䜣之被逐与奕譞的作用是不言而喻之事。故奕譞自“易枢”始便成为后党的首领、清廷的显贵。如果说，在此之前，奕譞还一直因西太后强立其子为帝而产生的受宠若惊之余悸未消，那么，到此他已冷静下来完全站在西太后的政治风船上了。

不过，毕竟由于醇亲王奕譞的身份特殊，以免造成更大震动，所以西太后还未便把他安置在更为显著的前场，而是将军机首席的位置交给了礼亲王世铎。但虽如此，奕譞在清廷中枢的作用仍是举足轻重的。当然，礼亲王世铎也是西太后信得过的后党第二号人物。

礼亲王者，清初八王之一，世袭罔替者也。世铎袭爵，当咸丰中，以行辈高，令掌宗人府。同治初，以承志袭郑亲王爵，载敦袭怡亲王爵，皆以旁宗入继。铎持之，各致贿万金，乃报可，京师人形诸歌咏。然接人谦穆，终身无疾言厉色。对内侍尤恭谨。李莲英向之屈膝，亦屈膝报之。诸王以敌体仪报诸奄，前此所未有也。甲申，奕䜣罢政，遂令预机务，而以奕譞家居，遥总其成。铎日走所取进止，不以仆仆为苦。而益务求贿，贽二百金者以门弟子畜之，杀至五十金，亦可乞其荐牍，达诸疆吏。时有‘非礼不动’之嘲，言非礼物不受嘱托也。……

可见，慈禧之所以命礼王领枢，一是利用他的爵嶙班高，可以作为名义上的领袖，二是利用他的易于驱使。若是换了别人，未必就肯以领枢亲王之嶙，仆仆奔走于醇亲王府邸，事事恭候奕譞之裁定了。

新枢府中唯有阎敬铭小有“清介”之名。他之所以被西太后看中，主要是因其当上户部尚书，即查出户部积存历年查抄罪臣之家的几百万两银子未入账。这些银子，历来均被用于顶替亏空账目并易于中饱私囊。正是这一“功劳”，赢得了西太后的欢心。当然还有他的忠顺和唯命是从。

张之万、额勒和布、孙毓汶和许庚身有共同特点：见风使舵，阿谀逢迎。张之万虽为状元出身，去除“作画颇有家法”外“一无所长”。而额勒和布是“木讷寡言”，其能力不过是“同列渐揽权纳贿，独廉洁自守，时颇称之”。许庚身“以应对敏练，太后亦信仗之”。其人才不见长，“贪财好货”则并不逊色。至于孙毓汶，因其父曾为醇王教读，故“以习于醇亲王，渐与闻机要”，他入枢府后，“最为眷遇”，并不是因为其勤谨持正，反例是由于他“权奇饶智略，尤有口给。初颇励操行，及入枢府，顿改节，孜孜营财贿，通竿牍。……时称齐天大圣，言如小说中孙悟空之善变化”。

清代由军机大臣组成的军机处，是秉承皇帝旨意：“军国大计，罔不总揽”的最高机要班子。但当光绪帝即将亲政之时，连同他的老师在内，都一股脑儿地被西太后逐出，换上了一伙“贪劣无能”，既无人品，又少威望；既不谙国内政情，更昧于国际事务的“盲叟”。显然，这个军机处不是为光绪帝准备的，而是西太后营私的核心。

不过，慈禧也遇到了一些“反对者”。

还在光绪初年，在清王朝内外交困的政局和权力之争的激烈进行中，清政府中便出现了一批官品低、无实权，“却直言敢谏”的御史或翰林。他们遇事不避厉害，“力排众议，侃侃直争。”尽管其中不无“沽名钓誉”者，确也使朝廷中一些妄行独断者有所顾忌，一些贪墨庸劣之臣被劾罢斥。声名较著者被称为“四谏”“十朋”：这其中有张之洞、张佩纶、宝廷、陈宝琛、黄体芳、张观淮、吴大澂、刘恩溥、吴可读、邓承修等。吴可读的尸谏曾给西太后添了很大麻烦；盛昱的弹章却给她提供了口实。可无论如何，清流已“久为西朝（西太后）所不满”。暗觇西太后的意图，孙毓汶等将吴大澂、陈宝琛等排挤出朝；把赵尔巽、邓承修等外放贵州、广西。至此，不但再无人敢于掣肘西太后的一意孤行，连胆敢微词置辩者也几乎绝迹于朝了。

排斥异己的计划完成后，见风使舵者不再发表“高论”，趋炎附势者反而越来越多，慈禧的“班底”在不断壮大。后来又相继进入军机处的庆亲王奕劻、吏部尚书徐桐等，也都成了她的骨干。

当然，慈禧太后的人事安排不仅限于清中央政府，地方的高官显宦也在其列。其中最典型的人物就是李鸿章。

当时在清朝统治层中疾视李鸿章的，主要是帝党官僚，时翁同龢“当国，尤百计龋龁之”。翁、李矛盾，不仅涉及政见之争，而且还含有私怨成分。1862 年翁的哥哥翁同书在安徽巡抚任内被曾国藩上疏严劾，受到远戍新疆的惩处，据说曾氏的上疏，就是由李鸿章立稿的，出语惊人，无懈可击。翁同龢怀恨在心，他以帝师之嶟而为枢府大员后，便借机压制李鸿章，因而李鸿章“怨之颇切”。翁同龢虽然位嶟权重，但却一直未能入阁拜相。因当时无缺可补，他便产生了觊觎李鸿章缺位的想法。袁世凯投其所好，甘愿为翁氏火中取栗，袁世凯是个“小人”，起初追随李鸿章往上爬，及至李鸿章失势，就立即改换门庭，竭力攀援李鸿藻、翁同龢、荣禄等达官显贵，以为进身之阶。一天，袁世凯登门拜访李鸿章，稍做寒暄之后，就开门见山地说：

中堂再造元勋，功高汗马。而现在朝廷待遇，如此凉薄，以首辅空名，随班朝请，迹同旅寄，殊未免过于不合。不如暂时告归，养望林下，俟朝廷一旦有事，闻鼓鼙而思将帅，不能不倚重老臣。届时羽檄征驰，安车就道，方足见老成声价耳。

李鸿章越听越生气，未等袁世凯把话讲完，就大声喝止，痛加训斥说：

慰廷，尔乃来为翁叔平做说客耶？他汲汲要想得协办，我开了缺，以次推升，腾出一个协办，他即可安然顶补。你告诉他，教他休想！旁人要是开缺，他得了协办，那是不干我事。他想补我的缺，万万不能！武侯言‘鞠躬尽瘁，死而后已’，这两句话我也还配说。我一息尚存，决不无故告退，决不奏请开缺。臣子对君上，宁有何种计较？何为合与不合？此等巧语，休在我前卖弄，我不受尔愚也。

袁世凯碰了钉子，“只得俯首谢过，诺诺而退”。袁世凯走后，李鸿章还余怒未消，特向亲信幕僚倾吐心声：

袁世凯，尔不知耶？这真是小人！他巴结翁叔平，来为他做说客，说得天花乱坠，要我乞休开缺，为叔平作成一个协办大学士。我偏不告退，教他想死！我老师的‘挺经’，正用得着，我是要传他衣钵的。我决计与他挺着，看他们如何摆布？我当面训斥他，免得再啰唣。我混了数十年，何事不曾经验，乃受彼等捉弄耶？

翁同龢有意把李鸿章赶出北京，以便“作成一个协办大学士”，但结果以失败而告终。李鸿章所以未被“放归田里”，主观上得益于曾国藩的“秘传心法”——“挺经”，绝不奏请开缺休致；客观上则凭借于权势者们的支持，慈禧、奕䜣“眷念鸿章旧劳，始终欲保全之”。

李鸿章虽被投闲置散，但每目击时势，既为自己洋务事业的破产而抚膺叹息，又因无法挽救清廷的危亡而忧心忡忡。他对自己“一生事业”进行了反思，似乎有意借鉴历史经验探寻出路。他曾经发出过这样的慨叹：“功计于预定而上不行，过出于难言而人不惊，此中苦况，将向何处宣说？”他环顾左右，终于选定吴永作为宣说的对象。吴永是曾国藩孙女婿，时在李幕，被李鸿章“以通家子弟相待”，“晨夕左右，几逾一载”。李鸿章经常与吴永枯坐庭院，“随意谈论”。他说：

我办了一辈子的事，练兵也，海军也，都是纸糊的老虎，何尝能实在放手办理？不过勉强涂饰，虚有其表，不揭破犹可敷衍一时。如一间破屋，由裱糊匠东补西贴，居然成一净室，虽明知为纸片糊裱，然究竟不知里面是何等材料，即有小小风雨，打成几个窟窿，随时补葺，亦可支吾对付。乃必欲爽手扯破，又未预备何种修葺材料，何种改造方式，自然真相破露，不可收拾，但裱糊匠又何能负其责？

原来被引以为自豪的北洋海陆军，在甲午战争中一触即溃的严酷现实，使李鸿章清醒地认识到自己所办之事，“练兵也，海军也，都是纸糊的老虎”，“虚有其表”，外强中干。这种不幸结局，导源于“内外牵掣”，不能“放手办理”。他形象地把清王朝比作“破屋”，及至“破屋”“真相破露，不可收拾”，怎好不从“破屋”本身寻找原因，反而归咎于“裱糊匠”呢！

曾国藩生前曾批评李鸿章“做官做到底”“要官不要脸”的“挺劲”，李鸿章不以为然。李鸿章对那些“遇事弹纠，放言高论”的“言官”，深恶痛绝，每当说及，即“以足顿地，若犹有余怒者。”他认为“言官制度，最是坏事”，明朝之亡，就亡于言官。言官都是“少年新进”，不通世故，也“不考究事实得失，国家利害，但随便寻个题目，信口开河，畅发一篇议论，藉此以出露头角，而国家大事，已为之阻挠不少。”现在办事，举步维艰，动辄得咎，大臣本不敢轻言建树，但责任所在，又不能坐以待毙，常常苦心孤诣，想出“一条线路，稍有几分希望，千盘百折，甫将集事”，言官以为有机可乘，就群起而攻之。“朝廷以言路所以，又不能不示加容纳，往往半途中梗，势必至于一事不办而后已。大臣皆安位取容，苟求无事，国家前途，宁复有进步之可冀？”

李鸿章抨击“言官”并不是偶然的，他与其他同僚相比，被“言官”“弹纠”的最多、最厉害，有的甚至欲置之死地而后快。他认为自己所倡导的“和戎”与“变法”之所以难以奏效，“言官”的阻挠破坏是一个重要因素。“言官”问题，关键不在于个人，而在于制度。当然他全盘否定“言官制度”，意气多于冷静分析，不肯反躬自省，而一味诿过于人。“言官”虽有“摭拾浮词”“肆口妄言”“党同伐异”“受人请托”等等弊端，但也不乏深切时政从实直陈者，对纠正失谬颇有裨益。

李鸿章曾批评曾国藩晚年求退为无益之请，公开为恋栈苟安、争权夺势的思想行径辩解。他说：“今人多讳言‘热中’二字，予独不然。即予目前，便是非常热中。仕则慕君，士人以身许国，上致下泽，事业经济，皆非得君不可。予今不得于君，安能不热中耶?”这表明李鸿章并不甘心久居散地，热中于争取清廷的信任，东山再起，重游宦海。正如时人所说的：“李鸿章叠经参劾之后，入居清近之任，不思引退，常恨失权，图度数月”。

翁同龢对权力不能说不热衷，尤其是“学生”长大，即将“亲政”，他也应该将自己的抱负施展开，以便君臣配合。

中央、地方之外，慈禧身边的“体己”就是大太监李莲英了。而李莲英入宫得宠，得益于他的“梳头术”。

慈禧是个爱美的皇太后。入宫之始，她长得貌美超凡，固然是被风流天子选为贵人的原因，但淡妆浓抹，巧于打扮，才是她得宠的真谛。然而，她早年得宠，嶙位并不高。宫中主位，上有皇后、皇贵妃、贵妃、妃、嫔等位次，慈禧仅居贵人位次，比答应、常在略高两位。咸丰末年才被晋封为皇贵妃，位居皇后以下。辛酉政变成功，载淳做了小皇帝，他便母以子贵，一跃而被嶙为圣母皇太后，和慈安皇太后并列垂帘听政，实际是由她独揽大权。由于位嶙身贵，爱美的要求越来越高了。满洲贵妇爱美，首先是重视发型之美。特别是慈禧皇太后，尤为讲究头上的功夫，梳头打髻，花样翻新，插玉戴簪，价值千金，以为美丽高贵。因此，宫中设有梳头房，是专为后妃主位梳头的机构。

宫中究竟有多少贵妇，还专设梳头房机构？清官则例：皇帝有皇后一人，统辖六宫，皇贵妃二人，贵妃四人，妃八人，嫔、贵人、常在、答应以下无定数。古来传说，每个皇帝都是“三宫六院七十二妃嫔”，其实这也不是后宫的固定建制。我国历代皇帝，都是至高无上，位极人臣，享有圣龙天子的最高权力，可以为所欲为，独断专行。实际上皇帝后妃多得无数。梳头房给众多后妃们梳头是忙不过来的，所以，内务府规定只给妃、贵妃、皇贵妃和皇后们梳头。即使是如此，每个主位按两三个梳头太监计算，梳头房太监也需要几十名太监，算得上是一个庞大的机构。慈禧位居贵人、嫔位时，梳头房不管她的梳头的差事，由手下宫女给她梳头，好坏都能将就点儿。自从做了妃和贵妃之后，梳头房太监也把她的梳头差事统一包下来了，虽然对梳头太监多有刁难，但打骂处罚并不多见。自从做了皇太后之后，因宫中一切人都畏于贵妃位高权大，她的要求便越来越高了。垂帘之始，这位年轻的寡妇年仅二十七岁，爱美之心正盛，垂帘听政之暇，春心大动，每天仅用于梳头的时间就不少于一两个钟点儿，把自己打扮得如同仙女一般。

随着年龄的不断增长，慈禧的爱美之心有增无减，对梳头发型要求越来越高。给慈禧梳头的太监不知换过几茬，但没有一个称心如意的。只好又换一拨梳头太监，并专门让李莲英在身旁监视。

据传，慈禧是后妃中的第一长发贵妇人。这样长的头发，梳起来很难，而太后脾气又怪，不准梳掉一根头发。但是，这样长的头发，梳头不掉头发更难，以往的梳头太监，是个老手，偶尔梳掉一根头发，能施动幻术，偷偷藏起来。只有一次被慈禧从镜中发现，当场杖责发落。从此以后，为防止梳头掉发，每次梳头，总是命两个太监在两侧监视。这次李莲英有幸，竟成了监视梳头的发官。

狡猾多谋的李莲英，早就知道西太后经常调换梳头太监，确实也没有找到一个称心如意者，为了得宠于西太后，他经常遍游南城的大小妓寮密集的地方，常常是百顺胡同、韩家潭巷、石头胡同、王广福斜街、东皮条营等清音小班的座上之客，反复观察姑娘们梳头，有时还亲自动手为姑娘们梳头挽髻，得到姑娘们的赞誉。

李莲英为了学梳头术，还常跑南城大森林、小李纱帽胡同、朱茅胡同、朱家胡同、燕家胡同、青风巷、庆云巷、王皮胡同等茶馆酒肆，观看发型。有时，还到四圣庙、双五道庙、莲花河、赵锥子胡同、前后营、赵阴阳胡同等下处，细看梳头要领，刻意揣摩，终于掌握了各种发型秘诀。

不久，李莲英被擢为梳头房总管太监，位居六品。这是同治十一年（1872）的事，两年之后，赏四品顶戴。

光绪七年十月（1881 年 11 月），李莲英居然奉恩赏三品顶戴花翎，是以打破四品的最高限制，其地位已基本上与敬事房太监大总管李双喜平起平坐了（时李双喜也为三品花翎）。那时，东太后死去未久，西太后独坐朝堂，为了解“公私动静”，便把对她终日侍奉左右、极尽谄媚、阿谀之能事的李莲英大加封赏，直到将其提为整个清宫的太监大总管。从而，李也日假“后权”以肆虐，“渐著声势”。的确，在光绪帝“亲政”前后的几年之中，内自军机处至督抚等大员，甚至光绪皇帝，在他面前都要矮三分。进而又造成一种奇特的情形：如果谁能买通李莲英，也就等于交通了西太后。如原来作为一个远支宗室、爵位颇低的辅国将军奕劻，因为在李莲英那里花上了银子，便得到了西太后的赏识，一再加官晋爵，逐步晋升为亲王，官职做到总理衙门大臣，成为后党的骨干。通过逢迎西太后，被提拔为工部尚书的荣禄，初因其不轨遭到处分，后来也由于他“肯在总管太监李莲英跟前花银子”，逐渐“改变”了西太后对他的看法，又步入青云。到光绪帝“亲政”之后，荣禄亦成为后党的中坚，西太后的头号大红人。此外，甚至醇亲王奕譞、直隶总督兼北洋大臣李鸿章等，都要对李莲英敬三分。至于那些一般的官小位卑者，恐怕连巴结都没有机会。

随着光绪帝亲政时日的迫近，西太后对皇帝的防范心理亦日重。因此，依靠李莲英以坐视光绪帝的言行举止，便成了她要求李莲英的一项重要任务。而李莲英真也不辱使命。既然西太后并不真想让光绪帝亲操权柄，这个神经特别敏感的太监便经常在“孝钦前短德宗”。甚至李莲英还挑拨离间以讨西太后的好，“言皇上有怨望之心”。如果说这还是背后捣鬼，那么有时他也依仗西太后的淫威“陵蔑皇上”，当然，在光绪帝“亲政”后的岁月中，凡有关帝、后之间的纷争，几乎无不有李莲英的黑影。

（二）腐朽太后

随着光绪帝年龄的增长，他的大婚、亲政逐渐迫近，西太后撤帘、归政已不可回避了。因此，西太后不得不改变一下控制清廷的方式，考虑自己的“退路”了。她费尽心机通过“甲申易枢”排除异己、笼络亲信，已在人事上做了“预备地步”的安排，接着，她又为其自身思考应变举措了。

原于咸丰十年（1860年）秋，英法侵华联军掠劫并焚毁了供清皇室享乐的圆明园。次年，西太后自避暑山庄回銮，刚刚经过亡夫之痛，又一门心思在“垂帘听政”，亟亟于抢权之争，似乎还没来得及想到园林之乐。但当“辛酉政变”成功后，到了同治十二年（1873年），西太后表示要撤帘时，当时的同治帝或是真要孝敬母后；或是急于将视权如命的母后支出宫廷，便大力倡导重修圆明园。结果因“经费支拙”，并遭到奕䜣、奕譞等亲贵重臣的一致反对而作罢。但随后，同治帝又提出暂修三海工程。至此，虽然群臣不敢再上言谏阻，可兴工不久，同治帝一命呜呼。当小光绪帝被抱入宫中，西太后垂帘再举，工程自然因不再需要而停止。十余年过去，清政府的财政危机却因国难日深，如影随形，这一点西太后心如烛照。既然仍无力修复圆明园，那便只有重修三海，且如住在距内廷只有咫尺之遥的三海，也可随时知悉光绪帝的举动。于是，在中法战争刚刚结束的光绪十一年五月初八日（1885年6月20日）下达懿旨宣布：“南北海应修工程，著御前大臣、军机大臣、奉宸苑会同醇亲王踏勘修饰。”自此，三海大修工程又重新全面展开。

这次工程的范围包括三海的所有殿宇、房屋、道路、河池、假山堤泊、点景花园、电灯铁路、冰床等等共计一百多处，数百个项目。承包商十六家，各种工匠人役每天平均达四、五千人，有时达一万多人。为表示“孝心”，兴工期间，光绪帝多次到南海、北海、紫光阁等处巡视工程。为了给西太后归政后准备颐养之所，清政府上上下下忙了个不亦乐乎！到光绪二十一年（1895 年），这项工程最后结束的时候，共计用银高达六百万两左右。

对光绪帝来说，自小就接受翁师傅的严格教育（特别是要体察民情的教育。）因此在当时，他一方面已知道国家的困境与艰难，也明白在这种情况下，大兴土木，和历代那些腐朽的执政者，“或耽于安逸，或习于奢侈，纵耳目之娱而忘腹心之位者”，没有多少差别。然而“老佛爷”的说一不二和为所欲为，不仅任何人不敢谏阴，就是为能达成顺利亲政，表示自己的“孝心”，也不得不如此了。或许光绪帝还想不到那么深刻和全面，但他当然希望无论如何，在自己亲政后，能像在北海上溜冰床那样顺利和如意。

其实事情并不那么简单。就在三海工程热火朝天地进行不久，颐和园工程又大张旗鼓地上马了。

颐和园原名清漪园，位于京城西北圆明园之西，是乾隆帝为他的母亲钮枯禄氏庆祝六十大寿而建，历时十五年，耗银四百五十万两。在咸丰十年（1860 年）英法联军侵入北京，纵火焚烧圆明园的同时，又派马队冲入该园，焚烧了万寿山的“大报恩延寿寺”“田字殿”“九百罗汉堂”；后山的“苏州街”上仿江南风光建造的店肆茶楼也焚烧殆尽；万寿山顶的“智慧海”，亦遭到侵略军的摧残。园中数万件珍贵的陈设，同样被掠抢一空。此后二十余年，这座废园已无人驻足。时人王闿运有诗云：

玉泉悲咽昆明塞，唯有铜犀守荆棘，
青芝岫里狐夜啼，绣漪桥下鱼空泣。

道出了被英法侵略者洗劫后清漪园满目疮痍的悲凉景象。

米色地珐琅彩花卉瓶

圆明园自然是无力修复。但光绪帝即位后，最先打主意修复清漪园的，却是坚决反对修圆明园的奕譞。光绪三年（1877 年）冬，他上疏想重修清漪园，为御史郭从矩谏阻。但此后数年间，奕譞一直念念不忘此事。没有直接资料证明这位“当今圣上”的生父，为什么在当时这么热衷修复清漪园，谅也不出为儿子光绪帝打点将来吧。不过，既然西太后总有一天要归政，况且奕譞又明知其深好炫耀游逸。因此不如投其所好，借此表现对这位操纵儿子和自己及全家命运的“皇嫂”的忠心。恰当三海工程重新进行后不久，海军衙门成立，奕譞成了总理海军事务大臣，从而他的这片“微忱”，终于有了借口和施展的机会。光绪十二年八月十六日（1886年9月14日），他上了一通《奏请复昆明湖水操旧制折》，声称应复旧制，在昆明湖演水操，而该湖殿宇颓圮，应加整修。

对这种“明修栈道，暗度陈仓”的做法，奕譞自己也知道难以瞒人。于是数日后，在他与庆亲王奕劻“深谈时局”时，嘱其转告翁同龢，当谅其苦衷，“益以昆明易勃（渤）海，万寿山换滦阳也”。就是说：表面上是在昆明湖练水军，实际上是借此名义重修清漪园作为西太后“归政”后游憩场所。既然让人“谅解苦衷”，且又冠冕堂皇，自然无人出面谏阻了。光绪十二年十二月十三日，“醇亲王奕譞与李鸿章商筹南海工程费，拟以创建京师水操学堂为名，借洋款八十万两”。同时，排云殿业已开工。一个半月后，“水操内学堂”于昆明湖畔开学。就这样，这项花费巨资的工程便在心照不宣的情况下紧锣密鼓地兴工开建了。

这两项大工程开建的时刻，清政府已是国敝民贫。

然而西太后自有“办法”。这就是挪用海军经费和卖官鬻爵及百官的“报效”。通过海军衙门总办奕譞，大量的海军经费源源不断地被移往“三海工程”和“颐和园工程”。原来，李莲英随奕譞去北洋各海口巡视，一项重要任务便是替西太后去掏李鸿章的腰包，而李鸿章当然也就不失时机地表现了对皇太后的“恭敬”和忠诚。修工程总费用六百万两中有四百三十七万两来自海军经费。而颐和园修建总费用数量更为巨大，据研究，仅动用海军经费即达八百六十万两。两项工程共耗银数千万两，其中动用海军经费计约达一千三百万两。

西太后的昏庸腐朽，给光绪帝“亲政”后的清政府造成了更加严重的财政危机。而海军经费的被挪用，无疑又极大地干扰和破坏了北洋海军的建设。北洋海军的七艘主力战舰，即定远、镇远、济远、来远、致远、靖远、经远的购置费为七百七十八万两。西太后为在修楼台殿宇所挪用的海军经费，可以再增加两支原来规模的北洋舰队。然而，奕譞在海军衙门存在的九年中，没有购置过一艘新舰。慈禧为一己之私利，置海军建设于不顾，这就为中日甲午战争的失败埋下了祸根。

尽管如此，在光绪帝正式“亲政”前的光绪十四年二月初一日（1888年3月13日），既然两项工程都早已大张旗鼓地在进行中，于是以光绪帝的名义明发上谕，说修颐和园不是西太后其本意，而是光绪帝为表示对她的“孝养”，她不好过分拒绝。同时又说工程未用国库正款，对国家影响不大；再就是说这样做已经是“审时度势”，所以才未修圆明园。全部上谕，根本就未再提什么骗人的练水军的话。

就这样，尽管“时事艰难”，西太后还是修建起了自己颐养天年、穷奢极欲的安乐窝颐和园。醇亲王奕譞和光绪帝，当初或以为，这样似乎可以使皇太后息心政事了。但事实是，在西太后看来，“颐养”归颐养；干政归干政，两不相扰。其实，大力修建的颐和园，后来又成为西太后策划阴谋、操纵清廷的一个秘密中心。

（三）归政骗局

光绪十二年（1886 年），光绪帝已十六岁了，他不仅学已有成，而且在“披阅章奏，论断古今，剖决是非”方面，也具有了一定的理政能力。尤其是按照清廷的惯例，幼帝成人便要成婚（帝称大婚）、亲政。对此，西太后是清楚的，所以她处处安排“退路”。只是对光绪帝的亲政，装聋作哑毫无举动。

就这样，一天天、一月月地过去了。光绪帝的亲政与西太后的归政之说，仍不见动静。在养心殿或乾清宫，如有召见群臣奏对，光绪帝依然如泥塑木雕，正襟危坐。西太后在光绪帝身后或垂帘、或干脆不垂帘，甚至与光绪帝并坐，听政问政，应答和发号施令。光绪帝偶尔对国家大政参与点意见，也很难真正引起群臣的重视。加之西太后在侧，他不仅感到神经紧张甚至恐惧，更多时只能闭口无言、默无一语。随着时间推移，西太后的管束和压抑，仍像一条无形的绳索使这个成长中的君主的心智无法抒发。光绪帝已经开始不耐烦师傅的“教导”了，因为他这种窘境与那些传统的为君之道相去甚远。

这年六月初十日，西太后和光绪帝召见了醇亲王，讲了归政光绪的意思。

太后归政光绪，对奕譞来说，他是很高兴的。奕譞早就希望自己的儿子能亲理国政了。但他心要明白：当初西太后不顾王公大臣的阻挠反对，断然择立自己的儿子为帝，显然是为了满足她继续执掌朝政的权欲和野心。现在太后提出归政，是因皇帝已长大成人，为了顾及舆论，做作样子罢了，其实是绝不肯轻易交出政权。西太后向奕譞提出此事，从其种意义上说，是在考验奕譞对她的忠诚程度到底如何。所以，奕譞当即叩头，恳求太后暂缓此举，在场的光绪帝也在奕譞的示意下，跪求太后收回成命，但均“未蒙俯允”。

西太后既然提出此事，而又“回绝”了奕譞父子的“暂缓”请求，这就使奕譞一时作难了。于是，奕譞只好去找平日与他关系亲近的王公大臣商量此事。

奕譞找到了翁同龢，向他扼要地介绍了西太后召见的情形，请翁同龢替他出些主意，想想办法。翁同龢对醇亲王说：“此事重大，不可轻率。王爷宜率御前大臣、毓庆宫诸臣奏请太后召见，面论此事”，建议醇亲王立即去找军机大臣，要求军机大臣出面恳请太后缓降懿旨。醇亲王当即找到礼亲王世铎。世铎告诉他，军机大臣已经这样做了，但“圣意难回”。当日有懿旨一道发出：

前因皇帝冲龄践阼，一切用人行政，王大臣等不能无所秉承，因准廷臣之请，垂帘听政。并谕自皇帝典学有成，即行亲政。十余年来，皇帝孜孜念典，德业日新，近来披阅章奏，论断古今，剖决是非，权衡允当。本日召见醇亲王及军机大臣礼亲王世铎等，谕以自本年冬至大祀圜丘为始，皇帝亲诣行礼。并著钦天监选择吉期，于明年举行亲政典礼。

真可谓“一石激起千层浪”。西太后的归政诚意到底有几分？谁敢贸然表示“太后圣明”？满朝诸臣各怀狐疑，尤其是醇王奕譞更是心事重重。

当天中午，奕譞再次找到翁同龢以及同他亲近的军机大臣孙毓汶，筹商对策。翁同龢与孙毓汶自中法战后，关系疏远，足迹日稀，几不往还，只是由于醇亲王从中斡旋、撮合，彼此才相安无事，未发生大的矛盾冲突。翁同龢见到孙毓汶来，本想立即告辞，因醇亲主劝阻，只得留下。商谈中，孙毓汶力主请太后训政，翁同龢则认为“请训政还不如请缓归政为得体”。翁、孙两人意见相左，始终谈不到一处，奕譞对此也“不置可否”。

翁同龢之所以不同意“训政”而主张暂缓归政，是有他的想法的。他与皇帝朝夕相处，前后已有十多年了，对于皇帝的脾气习性相当了解。光绪帝脾气倔强，若由太后训政，母子之间，有时难免要议事不合，产生隔阂，这对光绪帝日后亲政是非常不利的，亦非国家“吉福”。再者，光绪帝颇想有所作为，他遇事“好自为之，毋需人扶”，若行训政，备位陪衬，这是光绪帝素所不愿的。此外，从当时光绪读书的实际情况来看，虽说学业精进，日渐有成，但因缺少历练，尚欠老成，要他一下子担起领导国家的重任还有些困难。因此，他主张与其请太后训政，还不如请太后暂缓归政，过一、二年后，再让皇帝亲政。翁同龢从醇王府回家后，当天连夜将自己这一想法郑重其事地草成一道《请从缓归政以懋圣学》的奏折。折中写道：

臣伏读六月初十日懿旨，以皇帝典学有成，谕于明年正月举行亲政典礼。诏辞宏远，酌古准今，寻绎回环，且钦且感。伏思我皇太后躬仁圣之资，值艰难之运，削平九宇，抚定四方，史册罕传，功德莫二。兹当璇闱归政，颐养冲和，既大慰日夕期望之心、亦稍释宵旰仔肩之重，凡兹臣庶，孰不欣愉。然臣等日侍讲筵，深惟大局，有不得不缕晰备陈者，幸皇太后垂察矣。

皇上天亶聪明，过目成诵，六经诸史，前数年即能举其辞，然经义至深，史书极博，譬诸山海，非一览所穷，此讲习之事犹未贯彻者，一也。天下之赜，莫如章奏，前者叠奉慈谕，将军机处近年折奏抄录讲肄，皇上随时批览，亦能一阅了然，然大而兵农礼乐，细而监关河漕，头绪纷繁，兼综不易，此批答之事犹未偏习者，二也。清语国语，我朝根本，皇上记诵甚博，书写亦工，然切音声义，颇极精微，固须名物靡遣，尤必文义贯串，满蒙奏牍，各体攸殊，此翻译之事犹未熟精者，三也。为君至难，万几之重，多一日养正，即有一日之功；加一日讲求，即获一分之益。天下，祖宗之天下也，皇太后体祖宗之心为心，二十余年忧劳如一日，倘俟一、二年后圣学大成，春秋鼎盛，从容授政，以弼我丕基，匪特臣民之福，亦宗社之庆也。

翁同龢主张暂缓归政的想法有一定的道理。但他仅从帝师的角度出发，以圣学尚须继续用功而请求太后再推迟一、二年归政的三点理由显然有些勉强，不足以说服别人。对此，西太后后来在批复中说得很明确：至“皇帝几余念典，本无止境，一切经史之功，翻译之事，尤有毓庆宫行走诸臣朝夕讲求，不惮烦劳，俾臻至善。总之，帝德王道，互相表里，皇帝亲政后正可以平日所学见诸措施，用慰天下臣民之望，当亦尔诸臣之愿也。”

第二天，翁同龢将折稿出示给伯王伯彦诺谟祜、庆郡王奕劻、锺郡王奕詥以及孙家鼐、凇桂等人同看，“三王及同人佥以为当”。接着，他又拿给醇亲王看，醇亲王亦称“甚是”。经与伯王等商量，遂决定由伯王领衔，作为联衔折呈上。醇亲王也向翁同龢出示了自己草拟的一道折稿，折前半截请求太后于皇上二十岁时再归政，后半截则专言“皇上亲政后，永照现在规制，有凡宫内一切事宜，先请懿旨，再于皇帝前奏闻。”翁同龢力赞此折“文理妥当”“含意深远”。醇亲王还向翁同龢出示了由孙毓汶起草、代表军机、大学士、六部九卿翰詹科道的公折，折的大意“仍主太后训政”。翁同龢对此议不以为然，并毫不客气地指摘折中有关垂帘为“亘古未有之创局，即系亘古未有之盛事”的说法很不恰当，请醇亲王令其改正。

五月十二日，内阁公折、醇亲王单衔折、翁同龢等联衔折一齐呈上，统统被打了回来，其所请“均未允准”。

所不同的是：以礼王世铎为首的诸臣公折说：愿太后再“训政数年，于明年皇上亲政后，仍每日召见臣工，披览奏章，俾皇上随时随事亲承指示”。书房讲筵诸臣（即翁所拟）上奏，则自然不能夸耀什么“典学有成”。而是说皇帝固然聪明，然于经史尚未精通；虽然看折能一目了然，但兵农礼乐，天下庶务，还未能一一明了。另外，满语还未学好。所以他们认为，应“俟一、二年后”，“从容授政”。以翁同龢的意思，如果亲政后，仍由太后训政，事事秉承皇太后的旨意，莫不如迟几年亲政。那样亲政才能大权独揽、乾纲独断，名副其实。否则，自己教出来的皇帝，还不只是一个空有其名的傀儡！因此，在缮折前他就向孙毓汶表示，“请训政不如请缓归政为得体”。

醇亲王奕譞所上之折，正如翁同龢所做的评价：“意甚远也”！折中说：

王大臣等审时度势，合词吁恳皇太后训政。敬祈体念时艰，俯允所请，俾皇帝有所秉承。日就月将，见闻密迩，俟及二旬，再议亲理庶务。……臣愚以为归政后，必须永照现在规制，一切事件，先请懿旨，再于皇帝前奏闻，俾皇帝专心大致，博览群书。上承圣母之欢颜，内免宫闱之剧务。

这番言词，肯定不是奕譞的心里话，这不过仍是其避嫌之词，以示他永远不会以皇帝本生父之嵴，有所妄想的心迹。联系他所上请求继续办理海军的折片，或许他的本意是怕皇帝一亲政，自己的这些差使恐怕又要取消，甚至怕因此暴露移用海军巨款

修三海、颐和园的真相。无论如何，六月十四日的三折一上，西太后立即看中了奕譞的意见，什么“训政数年”“一、二年后从容授政”，都不如归政后“永照现在规制”。所以她在懿旨中马上表示：

念自皇帝冲龄嗣统，抚育训诲深衷，十余年如一日，即亲政后，亦必随时调护，遇事提撕，此责不容卸，此念亦不容释。即著照所请行。

到这时，一向独断专行的西太后，到这时竟又如此从谏如流，轻松地借用皇帝亲生父之口，肯定了光绪帝亲政以后，仍要以她这位皇太后的绝对权威为永远不变的为政原则。显然这对西太后而言，既可免去群臣斥其不归政的责难；又可名正言顺地保持继续操柄的至高无上地位。四日后，当奕譞、世铎等再次上折后，西太后便正式发布懿旨，表示同意训政：

皇帝初亲大政，决疑定策，实不能不遇事提撕，期臻周妥。既据该王大臣等再三沥恳，何敢固执一己守经之义，致违天下众论之公也。勉允所请，于皇帝亲政后再行训政数年。

由此可见，西太后高超的权术手段似乎已达到出神入化的程度，玩王公群臣于股掌之上。

如此一来，在“不得已”的情况下，西太后“训政数年”之议，便算最后决定下来了。此意明明来自西太后，但在最后她又落了个“不得已”。

在清代官方文献中，自然难以看到在朝臣工中对此的情绪反映。但在翁同龢的日记中，却可以清楚看出，对这一决定，光绪帝的情绪变化极为明显。当西太后宣布“归政”的话一出口，他竟毫无辞让的表示。紧接着，醇亲王在向西太后“跪求”，以及当群臣劝请训政之折纷纷上呈时，光绪帝失望极了。此时在书房中，翁同龢对他竭力劝勉，“力陈时事艰难，总以精神气力为主，反复数百语，至于流涕，上颇为之动也。”并且翁同龢觉得光绪帝在这件事上，数日来一直保持沉默，实在太外露。因此，在西太后“俯允训政数年”的前一日，翁又“于上（光绪帝）前力陈一切，请上自吁恳，或得一当也。”在翁同龢的一再劝说下，光绪见无力回天，就到了储秀宫看望太后。

皇帝如此纯孝和聪明懂事，太后高兴极了。高兴之余，自然想起了毓庆宫，认为这一切都与翁师傅的教导分不开。二十一日，西太后在乾清宫西暖阁单独召见翁同龢。召见中，西太后先问了书房功课，言语中，盛赞师傅教导有方。接着讲了归政一事，她说她之所以“急着”要“授政皇上”是有鉴于“前代母后专政流弊甚多，非推诿也”。现在王公大臣“以宗社为辞，余何敢不依?! 何忍不依乎”?! 把自己恋权不放，冠冕堂皇地推到王公大臣们的头上，并美化为是“顺臣工之所请”，是为了“宗社大业”，是不得已之举。翁同龢对太后的褒奖，“感激涕零”，叩头表示“实不敢当”。奏对中，他顺着太后的话说："臣力言：皇上春秋方富，未能周知天下事，宗社所系，岂一、二臣工所能赞襄，此事外廷不知，内廷诸臣必知；即内迁不知，臣实知之。""方今时势艰难，整饬纪纲，百废待举，皇上典学虽日新月异，诚未敢谓皇上典学有成，而所学皆书本上的经义，亲裁大政，决疑定策，至关宗社大业，还望太后三思，期臻周妥"。西太后听了翁同龢的这一番奏对，默然无语良久。最后，再次褒奖他："汝心忠实可靠。"同年九月，西太后万寿节。西太后特意赏给翁同龢一份只有大学士和军机大臣才有的礼物：御笔菊花一轴，兰花四轴，大卷红绸袍褂料一副，小卷江细袍褂料一副。翁同龢激动地说："此向来所无，向来所无也。"

训政虽不如暂缓归政，但毕竟已成事实。为了让光绪帝熟悉了解临朝听政的仪节，十月，翁同龢特地向光绪帝呈上了一份有关皇帝临朝听政的"须知"节略，其中包括"召见臣工时的问语、答话、仪节，等等。"

有了皇帝"家族"以及师傅的"表态"，慈禧也对光绪帝赞美了一番，次日的懿旨中却谎称："数日以来，皇帝宫中定省，时时以多聆慈训，俾有秉承，再四恳求，情词肫挚。"此真可谓是偷天换日之举。当天入夜，"自戌初至子正，千雷万霆，旋转不已，雨如翻天浆，不啻癸未六月也。吁，可怕哉!"恰可衬托西太后的阴暗心理。

为了使"训政"制度化，经礼亲王世铎等人一番筹划，于十月二十六日出台了一个所谓的《训政细则》。在这个"细则"中，除了有关祭祀、问安等礼仪继续原封不动地按照"垂帘听政"时的旧制实行外，在施政等方面，做了如下规定：

一、凡遇召见引见，皇太后升座训政，拟请照礼臣会议，暂设纱屏为障；一、中外臣工呈递皇太后、皇上安折，应请恭照现式预备，奏折亦恭照现式（即按"皇太后、皇上"的顺序）书写；一、近年各衙门政归验放验看开单请旨及暂停引见人员，拟请循照旧制，一律带领引见，仍恭候懿旨遵行，排单照现章预备；一、乡会试及各项考试题目向例恭候钦命者，拟请循照旧制，臣等进书恭候慈览，择定篇页，请皇上钦命题目，仍进呈慈览发下，毋庸奏请派员拟题……，一、内外臣工折奏应行批示者，拟照旧制均请朱笔批示，恭呈慈览发下……

西太后发懿旨："依议"！

这一"训政"规定从形式到内容，仍把光绪帝置于无足轻重的陪衬地位。在这里看不到光绪帝有任何一点可以自行做出决定和独立施政的内容。所谓"候懿旨遵行""恭候慈览""呈慈览发下"等等，只不过是对西太后主持清廷朝政的肯定，从而明确了西太后主宰清廷的地位。显而易见，由"垂帘听政"到"训政"，只是换了个名称，实质毫无改变。当然，西太后可以利用"训政"之名来搪塞臣下和舆论，作为其继续操政的挡箭牌。总之，通过这个《训政细则》，在清廷既正式确定了西太后的主宰地位和光绪帝的傀儡位置，又使之制度化了。而以前西太后所谓的"归政"，其实完全是骗局。

光绪十三年正月十五日（1887年2月7日），是按西太后的授意，由钦天监择定的大吉之日。这一天，要举行光绪帝“亲政”的大典。尽管这不过是一场名不副实、掩人耳目的“归政”骗局，但这个仪式毕竟还是要昭示有个皇帝的真实存在，不仅存在，且也已长大成人。因此，帝师翁同龢的心情似乎还是喜大于忧的。他在日记中记到：

是日，晴朗无风，竟日天无纤翳，入夜月如金盆，入春第一日，亦数年来第一日也。

凌晨，天尚朦胧，光绪帝便起身装扮停当。四点钟在无数官员侍卫陪同下，先后往灯火通明的大高殿、寿皇殿给列祖列宗御容画像行三跪九叩礼。早晨八点半，又到慈宁宫率王公百官向西太后行庆贺礼；九点登太和殿宝座受百官朝贺，颁诏天下……。在翁同龢眼中，“天颜甚精采也”，“天颜甚怡，气象开展”。

其实，十七岁的光绪帝与翁同龢一样，亦均忧怀于心，只是自幼受师傅教导应注意人君之仪，则重大典礼从来深知自重。但光绪帝毕竟年轻气盛，对这种屈抑违愿、仅为挂名的傀儡地位，终归难能“沉毅静穆”。所以自“亲政大典”过后，他经常在深居独处和到书房上课时，表现出郁闷和烦躁。坚持在书房读书，但听讲的时间却经常无故减少。这又使翁同龢深为担忧，觉得似此“何从进益”。当太监告诉翁同龢“上意甚不怿”时，师傅心下明白，却又不能明说，只“应之曰自有说”。退后私下喟叹，皇帝竟至“智勇俱困，奈何!”在初春举行先农坛耕籍礼时，光绪帝心不在焉，师傅只好提醒他，“一切典礼当从心上出，否则非虚即伪，而骄情且生矣”。四月初三，西太后召见翁同龢：

首论书房功课宜多讲多温，并诗论当作，亦宜尽心规劝，臣对语切挚，皇太后云书房汝等主之，退后我主之，我亦常恐对不得祖宗也，语次挥泪。

光绪帝的一切表现，早已被西太后密切注意。其结果更对光绪帝不利，他的一举一动几乎都难以自由。不过西太后“训政”以后，既然在表面上置光绪帝于所谓“亲政”地位，她又要弄起阴谋伎俩来了。这时，已大权在握的西太后，表面上不经常听政理事了。在她看来，在这大局已定的情况下，倒不如让光绪帝独自召见。一旦有误，也可让那些有“殷殷盼望（光绪帝亲政）的苦衷”之众臣，见识一下光绪帝的“本事”，来证明没有她的“训政”是不行的。同时，西太后也正是有意用这种“疏于过问”和减少召见朝臣等表面现象，来向人们展示自己淡于问政的归政“诚意”。也就是说，她要挂羊头卖狗肉了。但有一点是肯定的，她极为关心三海、颐和园的工程。就在光绪帝“亲政”的这一年，又逢北京、直隶大旱，河南黄河决口千里，物价飞涨。然而西太后都视而不见，每天仍向奕譞催要巨款，加紧兴工。有时一天两次派李莲英去南海查看工程，一切务要加快、“见新”。显然，西太后十分清楚，光绪帝的大婚即

将到来，她的丑剧还要继续演下去。

（四）光绪大婚

“归政”的架子摆出，西太后似乎自以为算是偿还了一笔旧债。按《训政细则》，固然又有了一个可使自己永远在幕后操纵、“遇事提撕”的“清”记法律保证。但还有一件事如果拖下去又要出麻烦，这就是光绪帝的大婚。尽管尚无人敢公然“谏言”，可沉默不等于心服，还是拿出姿态，堵住群臣的口舌为明智。

转眼一年过去，光绪十四年（1888 年），光绪帝十八岁了。以婚龄而言，确实已到了不能再拖延的时候。就光绪帝以前的清代皇帝而言，冲龄继位的顺治帝和康熙帝的大婚一为十五岁、一为十二岁，同治帝最迟，也为十八岁。对西太后而言，虽说要“训政数年”，但客观事实却并未给她提供充分的时间。因为皇帝大婚，便应真正亲政，何况民间也都有所谓“成家立业”之说呢？直到当年六月十九日，西太后发布懿旨宣称：

前因皇帝甫经亲政，决疑定策，不能不遇事提撕，勉允臣工之请训政数年。两年以来，皇帝几余典学，益臻精进，于军国大小事务，均能随时剖决，措置合宜，深宫甚为欣慰。明年正月大婚礼成，应即亲裁大政，以慰天下臣民之望。

没有更详细的资料记述西太后在发布这一懿旨之前是否已与在廷诸臣有所商议，但可以想见，对这件事，无论在朝群臣乃至宫中宦官、宫女均不会没有议论。就光绪帝本人来说，对此事无疑也早已视为当然。因此，懿旨一下，光绪帝心中的兴奋自不待言。皇帝大婚与亲政，当然应意味着“太后归政”和自己“乾纲独断”。此事一定，自己便可终于有了摆脱“亲爸爸”的控制和束缚的机会，日夜盼望独立亲裁政事的夙愿即可实现。因此，他没有再“客气”，遂于当日即顺水推舟发下一道上谕。谕曰：

谕内阁：朕自冲龄践阼，仰蒙慈禧端佑康颐昭豫庄诚皇太后垂帘听政，……迨十二年六月令朕亲裁大政，犹复曲垂慈爱，特允训政之请，劳心庶务又及两年。兹奉懿旨于明年二月归政，朕仰体慈躬敬慎谦抑之本怀，并敬念三十年来，圣母为天下忧劳况瘁，几无晷刻可以稍资休息，抚衷循省，感悚交深。兹复特沛恩纶，重申前命，朕敢不祗遵慈训，于一切机务，兢兢业业，尽心经理，以冀仰酬我圣母抚育教诲有加无已之深恩。……所有归政届期一切典礼事宜，著各该衙门敬谨酌议具奏。

此上谕已明显反映出光绪帝的心意。尽管他没有、也不敢明确表露对西太后在“归政”上反复的不满情绪，然而光绪帝却委婉地流露出希望太后休息的心情。并表示了自己完全可以“尽心经理”朝政的态度。其实，这时的光绪帝并未看到西太后的真实面目。他的“亲裁大政”“乾纲独断”云云，仍不过是自己一厢情愿的幻想罢了。

这个年轻的皇帝，比起西太后这个老谋深算，在复杂的晚清政坛上一次次击垮政敌，并能巧妙而不露痕迹地绕过一个个暗礁、控制局面的女人，在政治上他还太稚嫩了。

在封建宫廷政治中，婚姻从来都不是纯自然的情感结合之产物。在光绪帝亲政之前，西太后借为“皇儿”操办婚事之机，又一次将婚姻政治化，为自己将来更有效地掌握皇帝做了最后一次安排。

给光绪帝择偶成亲，对于西太后确实具有格外重要的意义。在封建王朝中，皇帝的后、妃，尤其是皇后，与皇帝的关系最为密切，她对皇帝的思想及其政务活动都有特殊的影响力。西太后比谁都清楚，她自己正是一个由妃子而渐次步入青云，成为清廷的最高主宰者的。因此，西太后更为深切地知道作为后、妃地位的分量。显然，狡诈阴险的西太后决不会轻易忽视光绪帝后、妃的选择。她要巩固住自己在清廷中的专权地位，牢牢地控制住光绪帝，又必须使未来的皇后对她唯命是从；并通过这个皇后影响光绪帝，最低也要利用皇后把握住光绪帝的一言一行、一举一动。

历代封建帝王，虽然操有对所有臣民的生杀予夺的至高无上权力，但对自己后妃的选择并不是为所欲为的。对光绪帝而言，事情尤不那么简单。西太后一言可以将其立为皇帝，并且在其卵翼下长大成人。尽管作为母亲她并非是亲的，可光绪帝则必须视其为比亲生母亲还要亲。在西太后看来，她既然能左右光绪帝个人的一切，也完全可以利用这种“母子”情分和封建“孝道”伦理，按照自己的意志为光绪帝选定皇后。这也正是她能名正言顺地公然宣称为光绪帝筹办婚事的原因所在。而且这次为帝选立后、妃，已再也不会像为同治帝选后、妃那样有人掣肘；此次完全可以随己之意了。至于自己的这种选择是否合于皇帝的意愿，她是绝对不会去考虑的。

西太后的主意拿定之后，各有关部门又一降忙碌。七月二十六日，又一懿旨发布：“皇帝大婚典礼，著于光绪十五年正月二十六日举行”。本年十一月初二日“纳采”，十二月初四日“大征”。尽管大婚的日子已定，可是皇后为谁，仍是一个谜。无人能猜着西太后的葫芦里究竟是装的什么药。但到了十月初五，谜底终于揭开，两道懿旨同时颁下：

皇帝寅绍丕基，春秋日富，允宜择贤作配，佐理宫闱，以协坤仪而辅君德。兹选得副都统桂祥之女叶赫那拉氏，端庄贤淑，著立为皇后。特谕。

……原任侍郎长叙之十五岁女他他拉氏，著封为瑾嫔；原任侍郎长叙之十三岁女他他拉氏，著封为珍嫔。

这样，光绪帝的后、妃便算确定。

据文献记载和清宫留下的照片看，桂祥之女不仅相貌平庸，且已二十一岁，早已过了规定的预选年龄（清宫选秀女自十三岁预选，到十七岁即算“逾岁”，不在挑选之列）。因此，此次桂祥女逾岁参选秀女，已属违制，明白显示了西太后的用心。所以在其懿旨中，不提中选皇后的年龄。而且这位比光绪帝年长三岁的皇后“中选”，显然不是出自光绪帝的意愿。据当时宫中太监说：

西后为德宗（光绪帝）选后，在体和殿，召备选之各大臣小女进内，依次排立，与选者五人，首列那拉氏，都统桂祥女，慈禧之侄女也（即隆裕皇后）。次为江西巡抚德馨之二女，末列为礼部左侍郎长叙之二女（即珍妃姊妹）。当时太后上座，德宗侍立，荣寿固伦公主及福晋命妇立于座后。前设小长桌一，上置镶玉如意一柄，红绣花荷包二对，为选定证物（清例，选后中者，以如意予之；选妃中者，以荷包予之）。西后手指诸女语德宗曰：‘皇帝谁堪中选，汝自裁之，合意者即授以如意可也，’言时，即将如意授予德宗。德宗对曰：‘此大事当由皇爸爸主之，子臣不能自主’。太后坚令其自选，德宗乃持如意趋德馨女前，方欲授之。太后大声曰：‘皇帝’！并以口暗示其首列者（即慈禧侄女），德宗愕然，既乃悟其意，不得已乃将如意授其侄女焉。太后以德宗意在德氏女，即选入妃嫔，亦必有夺宠之忧，遂不容续选，匆匆命公主各授荷包一对予末列二女，此珍妃姊妹之所以获选也。

这一过程颇合西太后行事惯技，应属可信。

就这样，西太后明知光绪帝本人不愿意，还是硬把自己亲弟弟桂祥二十一岁的女儿指配给光绪帝为皇后。如此，皇帝虽不是自己亲儿子，却是自己亲妹妹之子；皇后又是自己弟弟的女儿，可以说都与西太后母家叶赫那拉氏关系密切。而按皇帝光绪的安排，光绪帝是作为继承咸丰皇帝、兼祧同治皇帝继承皇位的，将来光绪帝后生有皇子，不仅有三分之二以上的叶赫那拉家族血统，且是皇位的当然继承者。西太后的这一“妙着”，“一则于宫闱之间，可刺探皇帝之动作，一则为将来母族秉政张本”。

光绪帝之皇后，叶赫那拉氏，后上徽号“隆裕”，生于同治七年正月初十日（1868年2月3日）。为皇后“实能如太后之旨，观其外，似若淡泊无所为，实则具有叶赫那拉遗传性之一端也”。因其相貌平平或又有其他缘故，所以光绪帝“颇不属意于隆裕，顾以孝钦（西太后）之强迫指定，遂勉奉之”，从“未受光绪的恩宠”。不仅如此，其后“帝与后常不睦，此为著明之事，凡有争执，后每得胜，故皇帝宠爱珍妃、瑾妃”。

瑾嫔与珍嫔（后晋升为瑾妃与珍妃）为二姐妹，姓他他拉氏，为满洲正红旗人。其祖父裕泰，在道光、咸丰年间曾任湖广、闽浙总督；其伯父长善在同治及光绪初年曾任广州将军：父长叙，官礼部左侍郎。姊妹二人出身于清朝满族大官僚家庭。瑾妃，生于同治十三年八月二十日（1874年9月30日）；珍妃生于光绪二年（1876年）。二人虽为同胞姊妹，但相貌、性格却颇有区别。瑾妃相貌不及其妹，性格平稳、脆弱；而珍妃虽小两岁，可“貌既端庄，性尤机警”。居家时受其较为“开明”的母亲和有才学的族兄、名士志锐（长叙长兄长敬之子）的影响，则思想开朗、倔强敢为、志趣广泛、反应敏锐，当然也不乏天真的性格。光绪帝处于政治漩流之中，而且又受到来自皇太后和宫廷的种种管束与约束，其宫中生活亦为单调而冷淡。珍妃的入宫犹如石入死水，激起了光绪帝对未来的憧憬和热情，也增加了一分对自己的理解和同情。

光绪帝的后、妃既已择定，无论其本人的心情如何，天子喜事当然不能草率，随后一系列的典礼相继展开。

皇帝大婚是国家的盛典，非同一般的典礼。所以，还在这年的旧历闰四月，清廷就根据西太后的指示，成立了以总管内务府大臣世铎和醇亲王奕譞为首的大婚礼仪处，专司大婚典礼的一切应办事宜。

大婚典礼需要巨额经费，自然离不开户部。闰四月初二日，醇亲王向翁同龢宣读了西太后的懿旨："皇帝大婚典礼崇隆，允宜先期预备。……著户部先行筹划银二百万两并外省预捐二百万两，备专办物件之用。所传各件，均开明价值送礼仪处查核，再行备办"。并向他传述了由长春宫总管太监李莲英总司传办一切。

对于光绪大婚典礼一事，翁同龢的心情是复杂的，既高兴，又不安。高兴的是皇帝典学精进，于军国大小事务均能随时剖决，措置合宜；且艺多才广，不特擅诗作画，大有圣祖康熙皇帝之风。对翁同龢来说，皇帝的进步，无疑是向太后交了一份合格的答卷，也是对自己十多年辛劳的一种最好报答。他精神上感到极大的安慰。眼看皇帝马上就要亲裁大政，治理国家，统治亿万人民，他怎能不高兴呢？一想到这里，他总感到自己有责任、有义务为办好皇帝大婚典礼再尽一份心力。然而在他满怀喜悦的同时，内心深处又有一股说不出的不安。不安的是：皇帝大婚典礼正值国家多事之秋，内乱外患、天灾人祸重重迭起之时。其时，国家财政困难到了极点。户部岁入总计不过一千四百万两，各省实际解部不过十之六七，而部中用款又倍增于前。在这种情况下，要一下子拿出四百万，确实不易，翁同龢内心的不安是完全可以想象到的。但在懿旨面前，他又能说什么?！所以在听了醇亲王奕譞传达的懿旨后，当即表示：皇帝大婚，举国盛典，所需款项，臣部一定按期如数备齐交付礼仪处使用。同年七月，经他与其他户部堂官共同筹划，户部由库中预支正项二百万两交付大婚礼仪处备办物件。八月，又垫拨各省捐银二百万两，前后共拨交四百万两。

到光绪十四年十一月（1888年12月），大婚典礼实际用款比原先预算已超出一百多万两。大婚礼仪处将情况报告了醇亲王，醇亲王只图自己的儿子婚事办得盛大隆重，光彩体面，早已置国家财力于不顾，经请示太后，又责令户部再拨交一百一十万两交大婚礼仪处使用。翁同龢与其他户部堂官纵有不愿也难违旨命，由于用款亟待，最后只好从洋关税下抽拔交齐。因大婚礼仪处逐步加码，户部为大婚典礼前后共支银五百四十四万余两（包括各省垫拨款在内）。

但实际费用远不止此数。就在光绪帝大婚典礼筹备期间，发生了太和门、贞度门、昭德门被火焚毁的严重事件。太和门是清朝大内最高大壮丽的门座，布局宽敞，建筑雄伟，地位冲要，是紫禁城外朝三大殿的正南门，是举行重大活动的场所和要道，它的被焚，影响至甚，朝野震惊。翁同龢在一封家信中说："目击此灾，心胆震动，夫太和门者，当阳布政之所也。天变示儆，嘻，可惧哉！自古及今通儒达识，皆以火灾之兴多由土木过繁、凋伤民力所致，岂无故哉！"由于大婚典礼定于明春正月举行，距大婚仅有一个多月的时间，朝门突然被火，这对皇帝大婚是"不吉利"的事。按照封建的礼法，无论如何必须加以补救。但是婚期在即，照原样重修根本来不及，于是决定由工部派扎彩工匠临时赶紧在火场上搭盖一座彩棚应急。搭盖这样一座彩棚所耗去的费用至少也得有数十万两。因此，这次皇帝大婚典礼所耗费用至少在六百万两左右，这笔数目几乎是当时清朝一年财政支出的七分之三。

光绪十五年正月二十七日（1889 年 2 月 26 日），光绪大婚典礼在乾清宫隆重举行。翁同龢与其他户部堂官参加了喜庆筵宴，在灯火辉煌、杯觥交错的热闹场中，脸带喜气的翁同龢心中有股说不出的酸楚。

翁同龢在这一年最后一篇日记中写道：

今年五月地震，七月西山发蛟，十二月太和门火，皆天象示儆，呈郑工合龙为可喜事，然亦不足称述矣。况火轮驰骛于昆明，铁轨纵横于西苑，电灯照耀于禁林，而津通开路之议廷论哗然，朱邸之意渐回，北洋之议未改。历观时局，忧心忡忡，忝为大臣，能无愧恨。

大婚前太和门被焚，本已"大不吉"，而"大婚日"又遭遇风暴，这又给光绪帝的"喜庆"增添了阴暗。正月二十六日，便是宣布奉迎皇后的"黄道吉日"。午时未到，百官齐集。午正三刻，光绪帝珠冠龙袍在太和殿升座，于净鞭脆响声中，王公百官三跪九叩，听礼部官员宣读册封皇后的诏书。奉迎正使武英殿大学士额勒和布及副使礼部尚书奎润待光绪帝还宫后，即捧节由丹陛正中下殿，领奉迎大臣护送皇后金册玉宝及一柄御笔"龙"字金如意凤舆，缓缓往后邸而去。谁知在钦天监选定的皇后离母家的"良辰"子时，却突然西风大作，风吼马嘶，暗夜中灯火明灭，行走艰难，待皇后进入大清门已是清晨。再经过一系列繁文缛节的折腾之后，当光绪帝与皇后进入洞房——坤宁宫东暖阁时已是东方既白。与此同时，瑾、珍二妃也已由神武门迎入翊坤宫。至此，"大婚礼"才算告结束。

光绪的大喜之日一点喜意也没有。本来，他不想让桂祥之女为皇后，对这场出于西太后政治需要而一手包办的婚事，他不仅未领略到喜气和欢欣，反觉得自己不过像一嶂木偶一样被人挥来拖去，心中甚为怅然，可又无力摆脱。他的这种不佳的心绪终于使其不耐烦了。到婚后第四天，他借口有病，竟把原定在太和殿宴清"国丈"及整个皇后家族、在京满汉大员的筵宴礼撤销了。当光绪帝命人把宴桌分送给在京的王公大臣时，竟然未提后父、后族，以致京师街头巷尾，议论纷纭。年轻气盛的光绪帝想用这种方式发泄胸中的愤懑，表示他对这场包办婚姻的抗争，但他却没有料到，这种缺乏忍耐的举动竟成了日后悲剧之开始。

（五）政出多门

皇帝大婚后，即应“亲裁大政”了。慈禧即使心中有一百个不愿意，这一天还是到来了。她注重的是实际，多少年来，她也没有一个正当的名分，但大清国不还是自己说了算。更何况，皇帝在她的眼中，还是“抱大的一代”，永远长不大的。然而，她也有许多不安，尤其是帝师翁同龢多年以来尽心辅导，皇帝的各方面均有长进，自己不能不加小心，以控制局面。为此，除了将自己的侄女叶赫那拉氏择立为光绪帝后，直接监视光绪帝的行动外，又采取了以下两个措施：一、优礼旧臣。凡是在她垂帘听政期间的重臣耆宿，一律加级厚赏。李鸿章赏用紫缰，曾国荃、岑毓英赏加宫保。甚至连当年遭她打击、勒令在家“养疴”的恭亲王奕䜣以及宝鋆等人也一一予以优容，不是交宗人府优叙，就是赏食全俸。她想以此笼络这些旧臣，日后继续听命于她。二、将皇帝书房移往西太后驻跸的西苑内的长春书屋（旋改补桐书屋），将皇帝直接置于自己的监督控制之下。

在西太后归政期间，翁同龢也被加级，赏戴双眼花翎。西太后在对他优礼的同时，还多次召见他，褒奖之余，又语带忠告，要翁时时规劝皇帝顺从母后，绝对效忠于她。光绪十四年十一月二十三日（1888 年 12 月 25 日），西太后在西暖阁召见翁同龢，当面“谕以归政后一切事宜”，翁同龢“以万几至重须禀命对”；太后“谕上性情”，翁“以仁孝对”。光绪十五年正月二十二日，西太后再次召见翁同龢，“次及书房须随时提拔，并言亲政后断不改章程”。正月二十七日，第三次召见翁同龢，“谆谆于书房功课，并勖臣以尽心规劝，至于流涕”。

西太后揽权不放的心理和诸多动作并未逃过众多臣僚的眼睛。江南道监察御史屠仁守看准这一点，于光绪十五年正月二十日（1889 年 2 月 19 日）上了一道奏折，请太后归政后，各部院衙门题本及奏派各项差使遵乾隆六十年高宗让位嘉庆，军机大臣议奏俱照向例进呈皇上御览，至于臣工密奏仍书皇太后、皇上圣鉴，仍乞裁夺，俾内外臣工有所遵循。如此，帝后之间“自无隔阂之虑”。屠的立论不无见地，但权欲心极旺的西太后唯恐此折引起更多的人对她归政的诚意发生怀疑，也是为了防止光绪帝对她产生疑忌，遂以“该御史所奏乖谬”，原折掷还，交部议处。部议革职永不叙用。

屠仁守，湖北孝感人，咸丰举人，同治进士。是翁同龢当年任都察院左都御史时一手提拔起来的。他为人耿直，不畏权势，敢作敢言，对官场中贪纵枉法之事多次进行弹劾，是同光年间颇具声名的御史。光绪十三年（1887 年），西太后动用巨款修复三海，大造颐和园，他知道后，非常不满。同年三月，他不顾别人的劝阻，毅然上疏谏净，请罢三海工作，停止园工之举，并引宣庙道光帝“杜声色货利”之谕，矛头直指西太后，一时都下称颂。翁同龢对屠仁守的胆识极为赏识，称其为“西台孤凤”。当时西太后欲重惩屠仁守，只是碍于舆论才未敢作。这次，看到他再次上折，认为是有意同她过不去，决意制裁他。

屠仁守的革职引起诸多大臣的同情，纷纷要求西太后撤销对屠的处分。光绪十五年正月二十二日，翁同龢利用西太后召见之机，公开为屠辩解，并在西太后面前力赞屠的人品：“御史未知大体，然其人尚是台中贤者”，并直言不讳地说：“此非该御史一人之言，天下臣民之言也，即臣亦以为如是”，“叩头请宽其责”。

翁同龢当天的日记对俩人对话记载颇详：

（西太后）首言昨屠仁守事：

（翁同龢）对：御史未知大体，然其人尚是台中之贤者。

曰：吾心事伊等全不知；

对：此非该御史一人之言，天下臣民之言也，即臣亦以为如是。

曰：吾不敢推诿自逸，吾家事即国事，宫中日夕皆可提撕，何必另降明发：

对：此诚然。

曰：吾鉴前代弊政，故急急归政，俾外人无议我恋恋；

对：前代弊政乃两宫隔绝致然，今圣慈圣孝融洽无闻，亦何嫌疑之有。

曰：热河时肃顺竟似篡位，吾徇王大臣之请，一时糊涂，允其垂帘，语次涕泣；

对：若不垂帘何由至今日（此数语极长，不悉记。）。

其实这种表白无疑是不打自招。所说实心急于归政，不过是怕“外人议论”。而真正的用心则正在于“吾家事即国事，宫中日夕皆可提撕，何必另降明发”。真是一语道破天机。

几乎同时，潘祖荫、李鸿藻等人也有类似的奏请。由于、潘祖荫等人的努力，吏部同意将屠降为主事，以“对品之部属用”，令屠仍回原衙门当差。在当时，京官以资俸升迁，若谪回原衙门行走，则自奉旨之日起与新进比肩，实际的惩罚是很重的。即使对于这样的重惩，军机大臣孙毓汶仍然嫌轻，在西太后召见时，他力斥吏部“循庇欺蒙”，西太后一怒之下，下令将吏部堂官交都察院严议，仍将屠革职永不叙用。孙的如此行为，是想以此报复所谓清流派对其贪横行为的揭露，这是翁潘等所料想不到的。数年之后，屠捐赀开复处分，孙仍不容于他，特将屠外放云南任知府，阳为重用，阴则嘱其长官“捋扯细故，将其罢斥”，其心可为险诈已极。

由屠仁守的奏折引起的风波刚告平息，随即又发生了吴大澂奏请廷议嶒崇光绪生父醇亲王奕譞典礼事件。围绕着吴折，统治集团内再次爆发了一场政争。

吴大澂，本名吴大淳，后避同治帝载淳之讳而更名。字清卿，江苏吴县（今苏州市）人。进士出身。平日忧心国事，盛负时誉；敢于直言，有清流之目。中俄伊犁交涉期间，奉旨在吉林办理军务。中法战争期间，会办北洋防务，驻扎天津。后调任东河河道总督。吴大澂对西太后骄奢佚乐诸多不满，颇以醇亲王奕譞为天下物望之归，寄予厚望，故力倡帝以天下养之说，并与醇亲王保持密切交往。然而待他看到奕譞竟不顾天下民生疾苦和国家安全，挪用海军经费与海防捐款为西太后营建颐和园，以博太后之欢，见其所信用的臣僚类多贪黩之辈后，大失所望。法时奕譞最信任的大臣为许赓身、孙毓汶，在孙、许的把持下，朝纲日隳，吏治败坏，贿赂公行。吴大澂等一班京官都耻与为伍，不与往来。吴大澂认为权奸当道，国事日非，这一切都是醇亲王柔弱所致，这种状况必须改变。如果有一个什么办法能使醇亲王位嶟而又不管政务，若辈小人就会失去依靠，孤立无援，他们的嚣张气焰自会收敛，但一时苦于想不出来。1886 年（光绪十二年），西太后撤帘归政，吴大澂澂顿萌生以嶟崇典礼之奏，使醇亲王嶟而无位的念头，认为若以嶟崇典礼奏，醇亲王既嶟为皇帝本生父，自不能屈就臣列，贵而无位，则权奸自失其护符，朝政有澄清之望，旋因太后继续训政而不果。光绪十四年，西太后决意归政后，吴大澂澂认为时机成熟，遂于光绪十五年正月二十四日草拟一疏。疏中援引清高宗乾隆御批《通鉴论》《治平濮议》、嘉靖礼仪为据，“意醇王名帝父，义当拥号归邸，嫌于预政”。疏中说：“我朝以孝治天下，当以正定名分为先，凡在臣子为人后者，例得以本身封典，貤封本生父母，此朝廷锡类之恩，所以遂臣子之孝思者，至深至厚，属在臣工，皆推本所生，仰邀封诰，况贵为天子，而于天子所生之父母，必有嶟崇之典礼。……恭读高宗纯皇帝御批《通鉴辑览》云：英宗崇奉濮王，事由韩琦等申请，且所议并非加嶟帝号，更无嫌疑陵僭之虞。……御批《通鉴》又云：嘉靖欲推崇自出，本属人子至情。圣训煌煌，斟酌乎天理人情之至当，实为千古不易之定论。目下恭逢皇太后归政之期，拟请懿旨饬下廷臣会议醇亲王称号礼节，详细奏明出自太后特旨，宣示天下”。吴大澂想以嶟崇醇亲王典礼，孤立权奸，庶使朝政有澄清之望，其心可谓良苦。吴自谓立论嶟依祖训，嶟称本生于义当无罪，在折写好后，又出示给河南巡抚倪文蔚看，倪竭力称道，并怂恿吴及时上递，于是吴遂交驿吏驰送京师。

二月初二日，吴折到京。西太后看后，大为震怒。认为吴折名义上“意嶟帝父”，实则是“倾己势”，旨在离间帝后，排斥打击自己的势力。军机大臣孙毓汶对于吴大澂平日与翁同龢、潘祖荫及其他清流官僚接近，早已侧目，心存排斥打击之意。黄河在郑州决口后，李鸿藻、倪文蔚因堵塞不力，先后以贻误河工获咎，革职留任；李鹤年、成孚则并戍军台。孙随即授吴为河道总督，“欲假手于绩用弗成”而加惩治。不意郑口合龙，只得授吴一品头衔，但究非本意。现在见到吴奏请嶟崇醇亲王典礼，旨在孤立排斥自己，趁机“行其中伤之计”，并“出死力争之”。于是西太后指示孙毓汶发钞光绪元年正月初八日（1875 年 2 月 13 日）醇亲王预杜妄论一奏，严斥吴“阚名希宠”，“议礼梯荣”，对吴大澂“羞辱”。

吴大澂系翁同龢江苏同乡，且同属苏州府。还在翁同龢就读苏州紫阳书院期间，两人就已相识。此后，时相往还，彼此提携，引为知己。吴的妹夫汪鸣銮，是翁同龢的门生，翁汪平日非常亲近，又因此层关系，翁吴之间往来更增密切。吴遇事进京，干脆就下榻翁宅。两人品评字画，研摩碑帖，十分相得。此外，两人还常常就时政作“深谈”，对于孙毓汶之辈弄权误国表示深恶痛绝。翁同龢与吴有同感，也认为醇亲王忠厚有余，而识见不足，事事受人愚弄，以致俏小得以乘间，为非作歹。对于崻崇醇王典礼以去权奸、澄清吏治这点，他虽还没有同吴想到一块，他因同李鸿章有矛盾，曾几次疏请在皇帝亲政后继续保留醇亲王海军衙门和神机营的职务，他是从光绪亲政后，少不了掌握军权这点来考虑的，但对驱除奸小，却完全赞同，他盼望有朝一日，国像政治清明。对于崻崇皇帝本生父，他也认为是人之常情，无可非议。还在光绪十二年（1886 年）西太后宣布归政时，他就在书房内给皇帝进讲过《文类续编》中高宗乾隆御制《濮议辨》一文，在崻崇醇亲王典礼问题上，和吴持同一看法。所以，对吴疏非但不表示反对，相反地，“力称其贤”，认为吴之“心迹光明”，“可昭天日”，其论“千载不易”。

翁同龢身为帝师，他的议论一出，直接影响到其他朝中士大夫。与翁同龢关系密切的潘祖荫、洪钧、徐郙、盛昱、龙湛霖等对吴大澂具疏亦抱同情态度。郭嵩焘在给洪钧的信中说：“清卿大礼之议，发之太早，都中议论，多谅无它。”一般翰林御史因不明此中真伪，也都缄默不语，除对吴表示同情外，多数“恒不值于济宁（孙毓汶）”。翁同龢还借看望病中的醇亲王之机，几次在奕譞面前“力白清卿心实无它”，其“志虑纯实，非流俗悻悻者可比”。在吴疏引起的政争发生后，他在书房借讲授《圣祖、高宗两朝廷训格言》一书，再次给光绪帝讲解了高宗的《濮议辨》一文，以表明自己对吴疏引起的这场政争的态度。由于翁同龢、潘祖荫等一大批正直官僚的坚持，西太后、孙毓汶才未将此事闹下去，吴既未再遭羞辱，也未受到“重谴”，由崻崇醇亲王典礼一疏所引起的政潮就这样平息了。二月十三日，吴大澂来京引见事竣，离京前往济宁河道总督任所。是日清晨，天色微明，晓星高悬，翁同龢、潘祖荫等冒着严寒来到正阳门外驿亭，特地为吴送行。踵接而来送行的还有盛昱、黄体芳、王仁堪、陈宝琛等数十人，经过这场政治风波，彼此之间更加贴近了。

光绪皇帝的“大婚”典礼以后，接踵而来的是“太后归政”，亦谓皇帝“亲裁大政”。在太后与皇帝之间环绕在“归政”与“大婚”两件大事展开了初次的较量。

别看十八岁的年轻皇帝稚气未退，羽毛未干，然而他天资聪颖，在十四年的宫廷生活中也获得了一定程度的政治斗争本领。早在慈禧太后发出皇帝婚配与让皇帝亲裁大政的懿旨以前，光绪皇帝就向西太后提出“颐养天年”的暗示，并开始进行具体筹划。光绪十四年二月初一日（1888 年 3 月 13 日）光绪皇帝上谕：

朕自冲龄入承大统，仰蒙慈禧端佑康颐昭豫庄诚皇太后垂帘听政，忧勤宵旰，十有余年。中外奠安，群黎被福。上年命朕躬亲大政，仍府鉴孺忱，特允训政之请。溯自同治以来前后二十余年，我圣母为天下忧劳，无微不至。而万几余暇，不克稍资颐养，抚衷循省，实觉寝食难安。因念西苑密迩宫廷，圣祖仁皇帝曾经驻跸，殿宇尚多完整，稍加修葺，可以养性怡情。至万寿山大报恩延寿寺，为高宗纯皇帝侍奉孝圣宪皇后三次祝嘏之所。敬踵前规，尤臻祥洽。其清漪园旧名谨拟改为颐和园。殿宇一切亦量加葺治，以备慈舆临幸。恭逢大庆之年，朕躬率群臣，同伸祝嘏，稍尽区区尊养微忱。

光绪皇帝的上谕，意思是既然“上年命朕躬亲大政”；那么“圣母”皇太后“就可以养性怡情”了，暗示请她退出历史舞台。慈禧太后在光绪“吁恳再之”之下，只得“幸邀慈允”择于四月初十日“恭奉皇太后銮舆驻跸”颐和园。光绪皇帝恭请慈禧太后往颐和园“养性怡情”的上谕，有的学者认为是慈禧太后：“以光绪帝的名义颁谕，借口准备‘归政’为西太后扩建颐和园大加粉饰”。笔者认为如此判断，是值得商榷的。当时人翁同龢评论说：“谕旨委婉详尽，凡数百言”。大加赞颂，可见谕旨非出于慈禧太后的亲信之手。翁氏所谓“委婉详尽”意思是说光绪皇帝用婉转的语言，说出了希望西太后“养性怡情”，不要再为“天下忧劳”的心里话。所以笔者认为，光绪帝筹划为慈禧太后修葺颐和园乃是他企望摆脱被控制地位的一个极为重要策略。正因为这段谕旨，慈禧太后察觉出光绪帝的用心。所以她相应地策划提前结束“训政”的骗局，突然提出皇帝大婚与亲裁大政，让光绪帝堕入新的圈套。这个骗局除了选定她的侄女为光绪皇帝的皇后来控制和影响光绪皇帝的思想与行动之外，还经与她的心腹一起策划之后，由礼亲王世铎等人提出了一个所谓《归政条目》作为光绪皇帝“亲裁大政”永久性的法规。光绪帝的“大婚”和慈禧太后“归政”日期即将临近的时候，光绪十四年十二月初一日（1889 年 1 月 2 日）世铎上奏，迫不及待地抛出了太后归政以后，清廷的办事《条目》，其奏折的要点如下：

明年二月恭逢归政大典，除业经归复旧制各事毋庸另议外，现在应办之事，有应归复旧制者，有仍应暂为变通者。臣等悉心商酌，并与醇亲王面商，意见相同，谨拟条目，恭候钦定：一，临雍经筵典礼，御门办事，仍恭候特旨举行；一，中外臣工奏折，应恭书皇上圣鉴，至呈递请安折，仍应于皇太后、皇上前各递一份，一，各衙门引见人员，皇上阅看后，拟请仍照现章，于召见臣等时请［懿］旨遵行，……以上各条，恭候皇太后，皇上圣鉴训示。

这分《条目》实质上是过去《训政细则》的翻版。明确规定了慈禧太后的最大权力，其中关键是两条：其一是，中外臣工的奏折，仍应一式两份，即太后与皇帝各一，这样太后仍可在奏折上批示懿旨，决断一切，其二是各衙门引见人员，仍照现章，就是照《训政细则》“恭候懿旨遵行”，用人大权仍在西太后手掌之中。这两条概括地说即“用人行政”，这是清廷权力之根本。所以慈禧太后对《条目》非常满意，批示为“如所议行”。以《条目》为清朝处政准则，光绪皇帝名为“亲裁大政”，实际上在清廷统治权力中仍处于陪衬地位，不能完全摆脱挂名皇帝的处境。慈禧太后致所以如此慷慨大度，在“训政”仅一年半的时间。就让光绪皇帝亲裁大政，根本原因就在这里。经过大婚与归政的形式，慈禧太后在光绪皇帝身上加了两道枷锁，内廷则有皇后为耳目，外廷则有《条目》为法规，慈禧太后便可以在颐和园里安心“养性怡情”了。

釉里红海水龙纹缸

就这样，从垂帘听政，到训政，到归政。从表面上看，西太后把最高权力逐步地移交给了光绪帝，这回她就要退养颐和园了。其实光绪帝大婚后最初一段时间，西太后仍以居住宫内为多。只要她住在宫内，光绪帝仍每日请安如故；即使西太后住颐和园，他也要“间日”或数日一往问安。连外国人也说：“太后此时，表面上虽不预闻国政，实则未尝一日离去大权。身虽在颐和园，而精神实贯注于紫禁城也”。对此光绪帝虽百般不愿，但西太后对其十数年的雕凿塑造，他怎敢贸然无视这嶟“老佛爷”的存在？西太后这个实际上的最高统治者，像阴影一样笼罩在光绪帝的头上。因此他别无选择，只能谦恭自抑，把握好分寸，小心谨慎地处理好一切无关大局之政务。

对此翁同龢看得很清楚，他在日记中写道：现在办事一切照旧，大约寻常事上决之，稍难事枢臣参酌之，疑难者请懿旨。

因此，“朝中大事，帝与大臣皆知，必须（向西太后）禀白而后行”。那种认为：“大概言之，慈禧退居颐和园约有十年。此十年之中，除增加其私蓄之外，未曾干预国政也”的说法是很不准确的。

总之，数年来，围绕光绪帝亲政一事所进行的种种事实表明，西太后确实投入了全部精力，变换着不同的手法。但万变不离其宗，那就是执掌最高权力的形式可以改变，但实际操纵的权力不能放弃。此后，光绪帝表面上南面独坐，君临天下，不过其在清王朝中的处境，并未因此而有实质上的变化。正因如此，随着时间的推移和政见上的分歧，便逐渐围绕清廷中的这两个政治中心，形成了日渐清晰的两个政治派别，即所谓的后党和帝党。而政出多门的不同声音，对晚清政局发生了至为深远的重大影响。

（六）光绪亲政

光绪帝正式亲政后，以他为中心，逐渐形成了一股政治势力，人称帝党。以慈禧太后为中心，形成了另一股政治势力，人称后党。

光绪帝虽然亲政了，但许多重大问题的决策仍然必须听命慈禧。据翁同龢记载："现在办事一切照旧。大约寻常事上决之，稍难事枢臣参酌之，疑难者请懿旨。"疑难者"，即政治，经济、军事方面的重大问题仍然要由慈禧来做决定。

慈禧常住颐和园。宫中诸事，有人转达给她。"太后亦偶往内城住一二日，皇帝则每月五六次到园请安"。因此，光绪帝的一言一行都在她的掌握之中。"太后极注意于帝之行事，凡章奏皆披览之。此无可疑者"。"皇帝每遇国事之重要者，必先禀商太后，然后降谕"。名义上慈禧太后已归政光绪帝，但实质是慈禧太后仍然牢牢把握着国家政权。光绪帝完全明了此点，因此他"事太后谨，朝廷大政，必请命乃行"。在亲政初期，"两宫固甚和睦"。这个"和睦"是以光绪帝拱手让出政权为代价的。

但是，光绪帝不是个毫无主见之辈。他不甘心于他的傀儡地位。他的近臣也认为慈禧太后的干政是不正常的。为此，在他的周围便逐渐形成了一股政治势力，便是帝党。

帝党的核心人物为翁同龢。翁同龢为大学士翁心存之子，咸丰时一甲一名进士。任同治帝师傅，在弘德殿行走。后任光绪帝师傅，在毓庆宫行走。曾任军机大臣，后被罢职。以后再授军机大臣，并为总署大臣、户部尚书、协办大学士。翁同龢原来深得慈禧信任，"恩眷甚笃"。翁同龢在被慈禧太后和光绪帝召见时，曾对光绪帝说："亲政后第一不可改章程。"光绪帝毫不犹豫地回答："断不改。"慈禧对他们的一问一答是非常满意的。因为这是政治上的表态，说明他们对慈禧所实行的路线和政策是完全赞同的。

然而，翁同龢后来却渐渐倾向于光绪帝。翁同龢非常忠于光绪帝。据载："常熟（翁同龢）昵于帝，每日先至书房，复赴军机处。颇有各事先行商洽之嫌。一日文正（李鸿藻）入直少早，常熟甫自书房至，文正甚诧。及常熟去，礼邸（礼亲王世铎）云："公始知耶？殆日日如此！"从中可见，光绪帝与翁同和的关系非同一般，是十分密切的。时人评说："大员中最为帝所倚任者，乃翁同龢。"这是符合实际的。"常熟实隐持政权"，这话也不是过分的。

当时清廷上层早已分为"南北派"。南派有翁同龢、潘祖荫、沈文定、王文勤等；北派有李鸿藻、文祥、徐桐等。翁同和、潘祖荫为南派之领袖；李鸿藻、徐桐为北派之领袖。“盖太后袒北派，而皇帝袒南派也。当时之人，皆称李党翁党，其后则竟名为后党帝党。后党又浑名老母班，帝党又浑名小孩班”。

帝党成员骨干是清流派的一些人物，多为词馆清显、台谏要角。他们自视甚高，却无权无势，不是后党的对手。

后党的成员则为京内的王公大臣文武百官和京外的督抚藩臬，阵营整齐，实力强大。

帝党与后党是分别以光绪皇帝和慈禧太后为核心而形成的两股对立的政治力量。这两股政治力量的矛盾斗争的表面化则表现于1894年的中日甲午战争。

甲午海战

（一）“一力主战”

西太后自在清王朝主政以来，对内多疑阴狠，铲除异己不遗余力，专恣威福不稍假借；对外则闭目塞听，自大虚骄，遇敌先以盲目强横，遂即便是妥协、屈辱。在光绪帝“亲政”后一段时间内，她游逸于颐和园、三海的殿阁碧水之间，以向臣下显示自己“情愿”归政的姿态，同时也显露了其骄奢淫逸的本性。原于同治十三年（1874年），她40岁寿辰，本想好好地庆贺一番。但恰值列强四处扩张，致使我边疆警报纷传，日本借口进犯我台湾；朝臣“海防”“塞防”争执之声不绝于耳。因此，祝寿之事大扫其兴。光绪十年（1884年），正当她准备隆重庆祝50大寿时，中法战争又一次冲破她的好梦。现在皇帝已“亲政”，颐和园也已复修完毕，西太后似乎觉得应该体面、风光地将60“万寿”大大庆祝一番了。因此，于光绪十八年十月初六日（1892年11月24日），光绪帝“深体圣心”，早早便下了一道谕旨：

“甲午年（光绪二十年，1894年），□逢（西太后）花甲昌期，寿宇宏开，朕当率天下臣民胪欢祝嘏。所有应备仪文典礼，必应专派大臣敬谨办理，以昭慎重”。

随后，军机王大臣及有关部门纷纷派以职任，大张旗鼓开始备办了。次年春，还专门成立了筹办庆典机构、委以主管。于是，为西太后置办的大量衣物与珠宝首饰等源源入宫；而且宫廷内外也开始进行大规模的修饰，以及庆典期间一系列庆贺筵宴等的准备都迅速展开。与此同时，地方各高官大员的进呈报效也在紧张筹办。举国上下，犹如沉浸在一派节日将临的“喜气”之中。

不料，她一生“万事如意”，可逢到“万寿”良辰偏不能让其称心。这次正当西太后全神贯注准备大庆其“万寿”时，却“迎来”了日本侵略者对中国发动的一场侵略战争。中日甲午战争的爆发，再一次扰乱了她的美梦。10年后，章太炎在西太后70“万寿”前夕做成如下一副对联：

“今日到南苑，明日到北海，何日再到古长安？叹黎民膏血全枯，只为一人歌庆有；

五十割琉球，六十割台湾，七十又割东三省，痛赤县邦圻益蹙，每逢万寿祝疆无”。

可谓生动、形象地鞭挞了西太后专权祸国的丑恶行径。

19世纪末，远东的中国和朝鲜又成了列强争夺殖民地的角逐重点。就在西方老牌的殖民者互相争横的空隙中，自1868年“明治维新”之后的日本，便逐渐走上向外扩张的军国主义道路。明治天皇即位时叫嚷，“日本乃万国之本，要开万里波涛，国威布于四方”。其实，这就是日本统治者为向外扩张制造的“依据”。其“大陆政策”的核心，即是有步骤地用武力向朝鲜和中国乃至世界进行侵略扩张。同治十三年（1874年），日本对我国台湾的武装侵犯，便是它推行这一扩张政策的尝试。此后，于光绪元年（1875年）日本进而占据了千岛群岛；光绪二年（1876年）兼并了小笠原群岛；又武力胁迫朝鲜签订《江华条约》，获得了通商、租地、领事裁判权和在朝鲜沿海自由航行等侵略特权。从此，全面向朝鲜渗透，并极力排斥清政府在历史上形成的对朝“宗主权”；光绪五年（1879年），又把琉球群岛改为冲绳县，纳入它的版图。到19世纪80年代以来，日本军国主义势力，便把准备发动大规模的侵华战争列入它对外侵略扩张的重要日程。为此，日本通过各种途径极力刺探中国的军政情报，大肆扩充军事力量，“准备着在最有力的时机实现他们的大陆政策”。到光绪二十年（1894年）春、夏之际，已陷入半殖民地的中国，又面临新的侵略战争的严重威胁。

还在中法战争进行之际，光绪十年十一月（1884年12月），朝鲜国王在清军的帮助下，迅速镇压了日本策动的“甲申政变”。但日本却就此对清政府进行要挟，于光绪十一年（1885年）派宫内大臣伊藤博文来华，与清政府订立了中日《天津会议专条》。在其中规定，朝鲜今后发生重大变乱事件，中日两国或一国需要出兵朝鲜时，必须事先相互通知。这种规定，进一步加强了日本在朝鲜的地位。此后，它便加紧了对朝鲜和中国侵略的实际准备。

光绪二十年（1894年）春，朝鲜爆发了东学党起义。由于历史上形成的中、朝关系，清政府于光绪二十年甲午五月（1894年6月），应朝鲜政府所请，派出直隶提督叶志超率兵赴朝，协助朝鲜统治者镇压人民起义。就清政府所采取的这种行动的本身来说，固然具有无可否认的反革命性；但从当时中、朝统治者之间的原有关系而言，这又是例行的事务。何况清政府在向朝鲜出兵时，遵守了光绪十一年（1885年）签订的中日《天津会议专条》，主动地通知了日本外务相。显然，清政府这次向朝鲜出兵，从当时的国际关系说来，并无漏洞可言。

但是，长期以来蓄意挑起侵华战争的日本军国主义者，却趁机无理纠缠，肆意扩大事态，借口“保护侨民”大量向朝鲜运兵。同时，日本政府还迅即组成了战时大本营，“在横须贺及广岛加速运送军队上战舰的准备”。并一再拒绝清政府和朝鲜政府提出的中、日同时自朝鲜撤兵的要求，继续加紧向朝鲜增兵。至此，日本军国主义者已决心利用这一时机“不惜以国运为赌注，与中国作战”了。

到了当年6月下旬，日本侵略者在朝鲜“已密布战备”，且肆意向驻朝的中国守军“乘机构衅”，从而把中、日两国推到战争边缘。

在日本军国主义者咄咄逼人的情况下，清王朝在实际上的最高当权者西太后依然处于麻木不仁的状态中，“视东寇（日本侵略者——引者）若无事者”，终日浑浑噩噩“唯以听戏纵欲为事”，对严峻的中外形势和国家的安危概“不关心”。尤有甚者，本来清政府的财政已濒于枯竭，现在又面对日本侵略者的猖狂挑战，国家处于紧急备战御敌之际，军费大增。可是，西太后为了准备当年11月的60“寿辰”庆典，仍拟“铺张扬厉”。不仅命各地的疆臣大吏“先期”派员“入觐祝嘏”，还要在颐和园一带“分地段点景”，以装饰其所谓的“升平”景象。为此，她继续动用大量的钱财供其挥霍，造成军用“大虚”，使国家的战备陷入“筹款殊难”的困境。

在误国方面，西太后与李鸿章总是互为里表的。西太后无视国家和民族的利益还在醉心于无度的享乐之中，对外无所事事。李鸿章从一开始也照样毫“无作战之气”，抱定妥协的宗旨，对步步紧逼的日本侵略者“一味因循玩误，辄藉口于衅端不自我开”，竭力避战，把自己置于被动挨打的地位。由于西太后、李鸿章的妥协误国行径，不仅使中国遭到侵略战争的威胁日益加重；也给中国的备战抗敌投下了阴影。

甲午中日战争，对光绪帝来说，是自从他“亲政”以来所遇到的一次最为严重的中外事件。但是，这时的光绪帝，内受西太后的压抑；外临强敌的紧逼。在这种尖锐复杂的现实面前，光绪帝做出怎样的选择，无疑是对他的一次严峻考验。在当时的情况下，光绪帝假若与西太后等当权者一样，也对国家和民族的安危视而不顾，随声附和，当然他可以得到西太后等人的欢心，或能给个人换来一时的苟安。如果他要顾及国家的“基业”，与西太后、李鸿章等权势者对立起来，那么，他每前进一步都要遇到来自内外的重重压力，也. 会给自己带来莫大的风险。

在中日关系紧张之前，年轻的光绪帝为了改变自己受制于人的地位，曾试图与西太后争衡。表明他在那时的基本思想倾向，还是集中在统治集团内部的权势之争上。但是，到光绪二十年五六月（1894年6、7月）间，光绪帝和一些帝党官员对日本军国主义者制造的战争威胁，都引起了越发深切的关注。他们唯恐日本大举侵入，将使

"我中国从此无安枕之日"，对其统治地位和国家的前途产生了忧虑。于是"事机危急"的心情，在他们的心中迅速地占据了突出的地位。恰恰是在这种情况下，到7月中旬，光绪帝开始跳出了在内部争夺权力的小圈子，决然做出了自己的选择，公开站出来"一力主战"，积极支持一些官员要求备战抗敌的正义呼声；不断发出电谕责令李鸿章加紧"预筹战备"，全力筹划御敌抗战事宜。事实说明，这时的光绪帝已毫不含糊地站在了反侵略的立场上了。

光绪皇帝，在清王朝统治集团中虽然处于不操实权的地位，然而他毕竟还是名义上的一国之君。鉴于外侮紧逼，他公开站出来号召御敌抗战，这在清王朝统治阶级当中立即产生了巨大影响。

在清廷内部，由于光绪帝鲜明地表示主战卫国，首先使一些也有抵御外侮要求的帝党和其他一些官员得到了鼓舞。如侍郎志锐和御史安维峻等人接连上奏，大力言战，并公开抨击后党官僚和李鸿章等人"因循"误国行径，直接支持光绪帝的抗战主张。时到此刻，就是久经宦海、世故颇深、平时对"老佛爷"西太后"栗栗恐惧"的翁同龢，在枢臣会议上也敢于陈述己见了，与光绪帝紧相呼应。与此同时，一些原来与帝、后之争没有多大关系的一般官员和士大夫，他们出自"忧国"等激愤心情，也纷纷言战，与光绪帝上下配合。于是，在战云滚滚的险境中，由于光绪皇帝公开主战，使在西太后控制下犹如一潭死水的清廷内部，顿时激起了一股卫国抗敌的主战波澜。并又迅速地向四周荡漾。于是，一切要求抗敌卫国的官员士大夫，便都集聚在光绪帝的周围了。

当光绪帝命各地积极准备战守的上谕发布之后，许多地方官员也先后上奏表示遵行；有些人还主动为准备抗击日寇献计献策；有人大声疾呼，"朝鲜近在肘腋，……唇亡齿寒，……不能不举国争之。"

当时，在地方已具有了相当实力的洋务派显要官僚张之洞、刘坤一，他们的思想十分复杂。尤其这两个人对帝、后的纠纷都怀有戒心，不愿介入。因此，在甲午中日战前他们的公开态度是较为含混的。但当张之洞得知"上（光绪帝）主战"的消息以后，他的态度也逐渐转向抗敌。光绪帝命沿海要地督抚"不动声色，豫为筹备（战防），勿稍大意"，他便向其属下传达"朝廷甚注意江防"。在他的主持下，于长江一带作了一些较认真的防务事宜。当时的刘坤一，也在逐渐向抗战方面靠近。随着战局的演变和民族矛盾的不断激化，在以光绪帝为首的清廷主战派的影响下，张之洞和刘坤一的态度又有了进一步的变化。

在外敌当头的紧要时刻，光绪帝挺身而出公开主战，积极筹划备战御敌之策，显然是顺应了广大军民不甘屈服于侵略者的正义要求。同时，在具有一定的民族情感、忧虑国危的官员士大夫阶层，也有相当大的号召力。如国子监司业瑞洵说，由于"皇上宸衷独断”，极力主张备战御敌，则使“凡有血气（者），罔弗攘袂思奋，敌忾同仇，……争献御侮折衡之策”；广西道监察御史高燮曾也说，“皇上（积极筹划御敌战事——引者）宵旰焦劳，实足以感动天下臣民，敌忾同仇之志。”可以认为，与西太后、李鸿章等实权派的对外态度相反，光绪帝不顾个人的得失，决然站在了御敌主战的一边，这就等于在昏暗的清廷当中树起了一面招展夺目的旗帜。它以一种特有的吸引力，使一切不甘被外敌蹂躏的人们纷纷聚集在它的周围。从而，促进了清朝统治阶级的分化，有利于反侵略力量的聚结，对推动抗战显然是有益的。

在日本军国主义者要把战争强加在中国人民头上的历史条件下，集聚在光绪帝周围的这支力量，虽然它的基础还是原来的帝党，但其范围却较前扩大得多了。尤其是使他们联结在一起的思想基础，已发生了明显的变化。在主导方面已不再是争权夺势，而是为了卫国保社稷。所以，在清朝统治集团中围绕光绪皇帝扩展起来的这支政治力量，在实际上已由原来的帝党发展为甲午中日战争中的抵抗派或称主战派了。到这时，在如何对待日本侵略者的这一中心问题上，他们与以西太后、李鸿章为代表的妥协派尖锐地对立起来。显然，这期间的帝、后之争，在实质上已演变成主战还是主和、抵抗还是妥协的矛盾和斗争了。仍把他们之间的分歧与斗争，简单地认为是清廷统治集团内部的派系之私争，显然是不够了。

（二）奋起自卫

甲午中日战争，是在十分复杂的国际形势中发生的。在战争以前，英、俄等帝国主义列强，为争夺中国已经在进行着激烈角逐。当中、日关系日趋紧张时，除了美国为坐收渔利继续公开支持日本军国主义者之外，英、俄的心理错综复杂。一方面，它们既唯恐日本插足中国可能触犯其在华的侵略利益和打乱自己争夺中国的计划，对日本都存有戒心；另方面，在它们互相争衡处于不可开交的情况下，特别是英国想利用日本军国主义武士的刀锋来为其牵制对手。因此，当日本大肆向朝鲜运兵极欲挑起侵华战争之时，首先是早已对我国东北和朝鲜怀有极大侵略野心的沙皇俄国慌了手脚，怕由此打乱了它对中国的扩张步骤，则声称，“对于朝鲜事件不能采取熟视无睹的态度”。随后，沙俄政府通过它的驻日、驻朝和驻华公使的多方刺探，逐渐摸到了一些底细，从而它对中、日又采取了脚踏两只船的狡猾对策。一方面，它通过其驻日公使“以友好态度告知日本政府”，劝其“自朝鲜撤退军队”；另方面，在五月十八日（6月21日），沙俄驻华公使喀希尼又向李鸿章表示，希望清政府与他们“彼此同心力持”，并一再扬言，要为中、日纠纷进行“调处”。事实上，沙俄政府还是从其本身的处境（当时它在远东的军事力量还不足，交通运输线路问题尚未解决）和利益出发，逐渐确定了观望形势、待机而行的方针。居心叵测的沙俄，态度越发明显，它绝对“不愿为中国而战。”对此，在六月初八日（7月10日），沙俄驻华使馆参赞也向李鸿章作了委婉地表示：“俄只能以友谊力劝倭撤兵，再与华会商善后，但未便用兵力强勒倭人”。到此，它的态度即已公开化了。

英国，出自它的需要，也曾扬言愿为中日进行“调处”。但是日、英之间通过一系列的外交活动，他们遂即达成了一项日本以不影响英国在华的侵略权益为条件的秘密谅解；并且英国又有意利用日本军国主义势力来抵制沙俄的扩张。所以英帝国主义者更“不会以武力干涉来制止战争”。在实际上，英国也逐渐扮演了支持和纵容日本军国主义者发动侵华战争的帮凶角色。

历史事实说明，无论英、俄还是其它列强，对半殖民地的中国都是各怀鬼胎的，它们均不会为中国的利益而效劳卖力。这些帝国主义侵略者散布的“同心”也好，“调处”也罢，无不是为了维护各自的侵略利益所玩弄的花招。帝国主义列强，对被它们侵略的国家，在某种情况下，可以在表面上声称为“友”，但在事实上却是步步谋人的伪善者。面对明火执仗的日本侵略者，如何对待这些口蜜腹剑的伪善者？是把自己国家的命运完全押在这些所谓“调停”者身上；还是立足于自身力量的基础上，积极备战准备迎击日本军国主义的战争挑衅？显然这是关系着保卫自己的祖国还是贻误国家的一个要害问题。

西太后及其亲信官僚的昏庸、愚昧和李鸿章的屈辱性格汇集成一个共同的对外心理，那就是由惧外到媚外。在中、日开战前夕，西太后也曾表示过赞成“主战”的意向，但从其所作所为可以清楚地看出，她的“主战”只不过是一种侥幸心理罢了。其实，西太后还企图先打几声干雷再通过李鸿章与日本周旋一番似乎就可了事。实际上，西太后对俄、英的虚伪“调处”是寄予了极大幻想的，她根本没有准备抗击日本侵略者的决心。

站在第一线上的李鸿章，从一开始就对俄、英声称的“调处”和它们所放出的虚伪诺言“深信无疑”，并对此视为摆脱困境的出路，一直做着所谓“以夷制夷”的美梦。因此，他与俄、英等驻华使馆频繁接触，一再乞求这些披着伪装的列强侵略者出面调停。甚至还妄想让他们进行武装干涉，且就此自欺欺人地对清廷统治集团宣扬什么对日本“俄必有办法”；或谓英国“肯发兵助我伐倭”等等，极力散布迷信外力的幻想。做着依靠外国“调处”梦幻的李鸿章，对备战更是“一味因循玩误”，“希图敷衍了事”。继续兜售他那早已破了产的避战政策，拒不进行战守准备，越发把自己置于束手待毙的被动地位。

光绪帝和以他为首的抵抗派官员，为了积极地推行备战抗敌的方针，对西太后和李鸿章迷信外力，希图避战求和的行径进行了坚决地抵制和斗争。而这场斗争，又成为在甲午中日战争期间，在清廷统治集团中抵抗与妥协这两大势力之间所展开的首次激烈较量。

光绪帝在表明主战的同时，就特别注重依靠本国力量（当然不是依靠广大人民群众的力量），加强战备部署。因此，他为了集中国力筹备战守，竟敢冒犯“老佛爷”西太后的旨意，“请停颐和园工程以充军费”。光绪皇帝对西太后的不满情绪已有多年，可是公开违抗西太后的旨意，这却是自从他登上皇帝宝座以来的第一次。

装修颐和园，是西太后准备在“万寿”庆典时大摆威风、夸耀其“圣德”的主要项目之一。现在光绪帝让她就此罢手停工，当然犹如触动了她的肝胆，致使其不禁勃然“大怒”。不过，西太后鉴于内外形势的压力，后来不得不发出懿旨无可奈何地表示，在“兴师”之时，“不能过为矫情，特允皇帝之请”，对“万寿”庆典的准备活动可以做一些简化。其在嘴上这样说，但在心里却不是这么想，她曾对人扬言，“今日令吾不欢者，吾亦令彼终身不欢。”所以，这件事却使西太后怀恨在心，加深了她对光绪帝的疑忌。在这期间，以光绪帝为首的主战派，抵制清廷妥协势力的斗争，更直接、更主要的是集中于站在前场的李鸿章身上。

原在当年6月上旬，面对日本乘机向朝鲜大肆增兵蓄意挑起战争，而俄、英等又在施放“调处”烟幕的紧迫形势，李鸿章竟对这种所谓的“调处”大动其心，对备战越发消极。因而，日本侵略者的气焰愈形嚣张，战争的危机在迅速加重。

针对这种情况，在五月二十二日（6月25日），光绪帝特意电谕李鸿章，指出：

“现在日本以兵胁议……。据现在情形看去，口舌争辩，已属无济于事。前李鸿章不欲多派兵队，原以衅自我开，难于收束。现倭已多兵赴汉（城），势甚危迫。设胁议已成，权归于彼，再图挽救，更落后著。此时事机吃紧，应如何及时措置，李鸿章身膺重任，熟悉倭韩情势，著即妥筹办法，迅速具奏。前派去‘剿匪’之兵，现应如何调度移扎，以备缓急之处，并著详酌办理。俄使喀希呢留津商办，究竟彼国有无助我收场之策，抑另有觊觎别谋？李鸿章当沈几审察，勿致堕其术中，是为至要。”

在这个电谕当中，光绪帝既斥责了李鸿章面对来势汹汹的外敌“不欲多派兵队”的怯懦态度；又强调指出了俄国可能怀有“别谋”的私自企图。在此，光绪帝已十分明确地揭示了当时中国所面临的两个极为尖锐的严峻问题：（一）应看到日本要挑起侵略战争的严重现实，决不能停于口舌之争，必须进行紧急的御敌准备；（二）要警惕俄国声称进行“调停”活动的阴谋，不能麻痹上当，实为告诫李鸿章不要把希望寄托在外国“调停”上面。总起来说，光绪帝在这里强调了一个中心问题，那就是在战争威胁面前，要立足于自身的力量之上，积极地预筹战备。

手握外交、用兵大权的李鸿章，对于光绪帝的这些至关紧要的谕令，居然采取了阳奉阴违的态度继续加以搪塞。于是，在五月二十八日（7月1日）形势更加紧张时，光绪帝又通过军机处向李鸿章发出了一个措辞比较严厉的电谕说：

“前经叠谕李鸿章酌量添调兵丁，并妥筹办法，均未覆奏。现在倭焰愈炽，朝鲜受其迫胁，势甚岌岌；他国劝阻，亦徒托空言，将有决裂之势。李鸿章督练海军，业已有年，审量倭韩情势，应如何先事图维，熟筹措置。傥韩竟被逼携贰，自不得不声罪致讨，彼时倭兵起而相抗，亦在意计之中。我战守之兵及粮饷军火，必须事事筹备，确有把握，方不致临时诸形掣肘，贻误时机。李鸿章老于兵事，久著勋劳，著即详细筹画，迅速覆奏，以慰廑系。南洋各海口，均关紧要，台湾孤悬海外，倭兵曾至‘番’境，尤所垂涎，并著密电各督抚，不动声色，豫为筹备，勿稍大意。”

在此电谕中，光绪帝对李鸿章敷衍塞责的行径给予了更加严厉的训斥；对日本军国主义者的侵略阴谋揭露得尤为清楚。特别是他又一针见血地指出，“他国劝阻，亦徒托空言”绝不可信。从而对于筹备战守做了比较全面、周密的部署。

接着在六月初二日（7月4日），光绪帝又就李鸿章擅自乞求英国领事转请其政府派舰队赴日“勒令撤兵”一事，再次向他发出谕令，斩钉截铁地申明，对于日本的肇衅“中朝自应大张挞伐，不宜借助他邦（重点号引者加），致异日别生枝节。”在此光绪帝还断然指出，对于这种乞求外力、“示弱于人”的事，今后“毋庸议”。到此，光绪帝反对一味依赖外力的态度，更加鲜明而坚定。

与此同时，给事中褚成博也上奏指出，“日本觊觎朝鲜，意甚叵测”，对李鸿章“欲倚（俄、英“调停”——引者）以集事”的懦弱言行，给予了义正词严的揭露。他写道，沙俄进行的“调停”活动，“实欲坐收渔人之利”；英国表示的“助我”，同样是“阴遂要求之计”。从而他认为，绝不能被“彼族所愚弄”。强调中国“唯有决意主战”，才是唯一正确的选择。

在这明枪暗箭一齐发来的严重、复杂的形势面前，光绪帝和一些抵抗派官员保持了比较清醒的头脑。他们对当时中外形势的判断和采取的对策，与以西太后、李鸿章为代表的妥协势力，形成了多么鲜明的对照！

在此，以光绪帝为首的抵抗派，既清楚地意识到，日本侵略者必将把战争强加在中国的头上；又觉察到俄、英等列强的“调停”活动包藏着险恶的用心。他们一再指出，这种外力依赖不得，必须立足于本国力量的基础上迅速加强战备，御敌卫国。

在那甲午战云日益深沉的日日夜夜，光绪皇帝与翁同龢等枢臣，在书房等处埋头批览奏报、筹划对策，不时地通过军机处向李鸿章发出谕电，促其认真进行战备。他们为了御敌卫国，真可谓是“宵旰焦劳”。

相形之下，手握清廷实权、一朝之大的西太后，在当时除了有时使人传递一下她的懿旨，或在枢臣会上照照面，发几句不着边际的空论而外，终日依旧在颐和园沉醉于纵欲享乐之中。西太后不仅对外敌的战争威胁根本没有放在心上，反而对光绪帝的疑忌之心却是有增无减。这时，她虽然很少出面，但仍在幕后操纵局面，并通过其心腹官僚，对以光绪帝为首的主战派的备战御敌活动加以百般地阻挠和干扰。西太后的亲信官僚、军机大臣孙毓汶，就仰承其旨意，并“迎合北洋（李鸿章）”，对光绪帝筹划的御敌之策，无不“阴抑遏之”。

与西太后及其心腹官僚脉脉相承的李鸿章，在他那天津的总督官邸，却显得相当忙碌，时而会见俄、英等使节；时而主持上呈下达的文电；并不断地向俄京彼得堡和日都东京等地的驻外公使发电探风传令。然而这一切，还是为了推行他的“以夷制夷”的方针，死抱着妥协的宗旨不放。对频频而来的驻朝将领的请援、请战电报，李鸿章不是随意顶回；便是将其搁置一边。

至于从朝廷发来的那些敦促其认清危局、加紧备战的谕旨，始终未引起李鸿章的重视。他深悉清廷的内幕和西太后的心意，所以不操实权的光绪帝，发给他的这种电谕越急、越多，李鸿章的抵制活动也愈公开、愈频繁了。

首先，要准备抗击日本预谋的侵略战争吗？秉承西太后意旨的李鸿章，却执意把希望完全寄托在列强的“调停”之上。五月二十八日（7月1日）、六月初二日（7月4日）光绪帝接连发出的两道上谕，明确指出形势危急“将有决裂之势”；外国的“调停”纯系“徒托空言”，一再强调让他立即进行全面战备，以免“贻误事机”。可是，在此后的第3天，即六月初四日（7月6日），李鸿章仍然电令已陷入被包围之中的中国驻朝守军：“现俄英正议和，暂宜驻牙静守，切毋多事。”还在做其依靠西方列强的幻梦。直到六月十八日（7月20日）。日本军国主义侵略者已在朝鲜集结重兵，摆好随时即可动手的架势，但李鸿章仍然对中国驻朝守军将领要求准备自卫的呼声听而不闻，继续抗拒光绪帝的严正指令，电示驻朝守将叶志超“日虽竭力预备战守，我不先与开仗，彼谅不动手。……切记勿忘，汝勿性急。”在敌我冲突之初，出自斗争策略的需要不开头一枪，这在中外战争史中当然不无其例。然而李鸿章坚持主张的“不先与开仗”，却是解除自己思想和战备武装、把命运寄予他人的妥协逻辑。

六月二十一日（7月23日），日本侵略者开始动手了。派兵冲进朝鲜皇宫，扶植傀儡政权，向中国守军进行武装挑衅，揭开了中日战争的序幕。就在这硝烟已经弥漫朝鲜京城的当天，李鸿章在给清政府中央发来的两份电报中，居然借日本驻朝公使大鸟圭介之口，说什么“中国若添兵即以杀倭人论”。在他看来，日本军国主义者可以霍霍磨刀、为所欲为；中国绝对不能准备自卫。同时李鸿章还煞有介事地说，“俄有十船可调仁川（事实上这是他的虚构——引者），我海军可会办”。继续制造依靠沙俄的幻想，抗拒光绪帝的备战指令。李鸿章在7月下旬租用英国轮船向朝鲜运送援军，实际是他精心设计的一起与光绪帝的抗战方针“对着干”的举动。但日本侵略者却采取了赤裸裸的战争行动，偷袭船队，击沉英轮“高陞”号，使中国1千多名官兵壮烈牺牲，公然不宣而战，发动了侵华战争（因 1894 年为甲午年，故史称“甲午战争”）。事后，李鸿章竟以按捺不住的侥幸心情，得意扬扬地向光绪帝报告：日本击毁悬挂英旗的船只，“英国必不答应”，似乎还在为自己的“杰作”大加炫耀。这时，他为了给自己装扮一点要起来抗战的样子，应付一下来自朝野的主战呼声，派海军提督丁汝昌率领几只战船出洋巡逻。但就此区区小事，李鸿章也大做文章，他在给清廷的电报中大言不惭地说，“已饬海军提督丁汝昌统带铁快各船，驰赴朝鲜洋面，相机迎击。”可是他在给丁汝昌的密令中，却指示要“相机进退，能以保全坚船为妥”。可见事到此时，李鸿章还在玩弄手法，对光绪帝等在硬顶之余又施展骗术。

再者，要“豫筹战备”吗？那就得拿钱来。早在中日关系日趋紧张，光绪帝明示要他预防战事时，李鸿章就“两次陈奏，均以筹款为先”进行要挟。到六月初二日（7 月 4 日），当李鸿章刚刚接到令其加紧进行战备的电谕后，他又具折陈词，“臣久在军中，备尝艰险，深知远征必以近防为本，行军尤以筹饷为先。”声张北洋海军“战舰过少”，兵勇不足，要筹战备，还需要二三百万两的饷银。他的意思就是说，只有“先筹二三百万两的饷，方可战”。在此，李鸿章便公然提出了备战的先决条件。

当然，备战兴师确需款项。但李鸿章从主建北洋海军那一天起，就“以备缓急之用”相标榜，并曾宣扬战事切免“临渴掘井”，要“预防未然”。但到这时，仅仅用于北洋海军方面的费用，就已“糜帑千数百万”了。当时有人说，“现在北洋兵力军储甲于天下”，并非夸张。然而倒真要用兵时，李鸿章却大叫“战舰过少”，兵勇不足，竟然要“临渴掘井”了。李鸿章本来很清楚，清政府的国库已“万分支绌”，“遽筹巨款，亦属不易”。可是现在他竟然一伸手就要二三百万两，无非是在向以光绪帝为首的抵抗派施加压力，进行要挟；也是为他自己坚持妥协方针、一味敷衍误国寻找借口。

面对这些来自内外的诱惑、抵制和压力，光绪帝的主战态度依然毫不动摇。

对外，他坚持反对依赖外国的“调停”和许诺，决心立足本国，积极备战设防，暂倾国力以御外敌。到六月二十一日（7 月 23 日），当光绪帝看到李鸿章继续鼓吹要与俄国舰队“会办”的电报后，顿时“盛怒”，立即下令“拟电旨致北洋（李鸿章）”，“命不得倚仗俄人”。接着，牙山守军告急；日军偷袭运兵船只进而袭击中国守军等消息亦接连传来。对此光绪帝尤为愤慨，连续向李鸿章发出电谕指出：你原来固守“衅不自我开”而观望敷衍，然而现在已“衅开自彼”，理应“立即整军奋击，不可坐失机宜”了。接着于六月二十二日（7 月 24 日），光绪帝又通过军机处寄谕给李鸿章，以极为愤怒的言辞发出了严正的警告：

“倭人要挟无理，亟须豫筹战备。李鸿章所派各军，到防后如何相机应敌，著严饬诸将领妥慎办理，毋误事机。其奉天调往之军，并著转电迅速前进；倘有观望不前，致有贻误，定将该大臣等重惩。”

对内，光绪帝虽然明明知道国库枯竭财政困窘，但他为了全力资助战事，在见到李鸿章的请款奏章之后，便立即密谕户部和海军事务衙门“会同妥议”，竭力筹办。正是在光绪帝的督促之下，户部和海军事务衙门从盐课、海关税、各省地丁银及东北边防经费等项中备凑 150 万两，共计 300 万两“由李鸿章分别提用”。李鸿章的索款用心，主要不是为了积极地备战抗敌；但光绪帝却力排万难，认真筹措，满足了李鸿章的请款要求，又表现出他一片备战卫国的诚心。

在国难当头的紧急时刻，光绪帝为排除备战御敌的重重干扰，可以说是费尽了心力。从中再次说明，这个年轻皇帝的确是富有生气的。

甲午中日战争期间，在清王朝统治阶层当中，一般说来，光绪帝和那些抵抗派官员的态度是互为影响的。但是作为一国之君的光绪帝的态度和动向，确实具有更加突出的影响力。因此，由于在手握实权的妥协势力包围之中的光绪皇帝，旗帜鲜明地坚持御敌卫国的正义立场，便进一步促进了清王朝统治层内部抵抗力量的增长。尤其是在日军偷袭中国运兵船和向牙山（实为成欢）中国守军发动进攻的事件发生后，中国与日本侵略者之间的矛盾急剧尖锐，在朝内外激起了强烈的反响。与此同时，在清王朝统治集团中抵抗派的活动也日趋活跃，他们为了推进抗战，又展开了进一步的斗争。

在此期间，当光绪帝与翁同龢等，在清廷统治集团核心与妥协权贵拼力周旋于内；其他一些抵抗派官员又通过具折上奏的方式力争于外。他们内外呼应、上下配合，对日本侵略者“不遵公法，肆其凭凌”，蛮横“起衅”等暴行，进行了强烈的声讨。并且这些人又异口同声地对李鸿章“欺朝廷”“抗廷议”“御敌兵则怯”“甘受凌侮”“屡失事机”等误国行径也展开了猛烈的抨击。原来的帝党中坚、现在的抵抗派骨干志锐，沉痛地指出，对侵略者“我愈退，则彼愈进；我益让，则彼益骄；养痈遗患，以至今日”。他疾呼：“军国大计，利害所关”，要求光绪帝速筹应急之计。但计在哪里？这时志锐还是把希望寄予光绪帝的谕旨之上。不过，随着事态的发展变化，一些抵抗派官员也逐渐地意识到，单纯依靠呼吁、敦促及以光绪帝发布谕旨的办法，来促使李鸿章等权贵起来筹战抗敌，是无济于事的。形势逼迫他们不得不进一步考虑采取新的对策了。侍读学士文廷式上光绪帝的《奏朝鲜事机危迫条陈应办事宜折》，其视野便有所扩展。在这个奏折里，他从总结 1874 年日本侵略台湾以来的历史教训和当前的危机形势出发，一方面，文廷式也认识到俄、英列强进行的“调停”活动，皆是“将逞其诡谋，自益而损我”的诡计；另方面，他又深刻地指出，“李鸿章立功之始藉资洋人，故终身以洋人为可恃”。从而文氏基于这些认识便向光绪帝提出了“明赏罚”“增海军”“审邦交”“戒观望”等建议。要求从“补偏救弊”入手，来排除干扰推进抗战。他提出这 4 项建议的中心内容是，主张建立“候旨录用”的军制，即制订由光绪帝任命海、陆军各级将领的制度，打破由李鸿章一手控制海、陆军的现状。文廷式认为，通过这种办法既可以除掉军内“党习既深，选才亦隘”和“赏罚不公，贤愚莫辨”等弊端；又可以摆脱受列强利用的危险。达到“庶使将士皆知共戴天恩，感奋思报”，使光绪帝可以直接调遣军队，以挽救抗敌的被动局面。

文廷式提出的这些应急建议，较原来抵抗派官员只力图通过光绪帝发布电谕的方式，来敦促李鸿章备战御敌的想法无疑是前进了一步。这些建议，可以说是初步触到了清军体制方面的一些弊端。如此，显然有利于摆脱李鸿章对清军的控制，对改变抗敌的被动局面是有益的，具有一定的改革意义。但却是难以实现的。

光绪帝为了组织备战御敌，确曾做出了巨大的努力。甚至在日本侵略军击沉中国运兵船事件发生后，他还向李鸿章发出了警告的谕旨。然而这一切，并未在李鸿章身上发生任何效果，中国军队在朝鲜的不利地位仍未改变。鉴于这种严峻局面，光绪帝为了扭转不利的战局，推进抗战，对文廷式等人要求对某些军政弊端进行改革的建议引起了重视，逐渐产生了“欲开言路”等思想主张。当然，“开言路”对一个比较开明的君主来说. 并不是什么新奇的事；而且光绪帝的这种“欲开言路”的主张，尚不足以说明他在此时已产生了明确的革新思想。但在当时的具体情况下，光绪帝为适应振作抗敌的需要，试图通过“开言路”、采众议的途径来广泛筹划御敌之策，显然是一种求进取的思想倾向。在中日甲午战争的前期，光绪帝也确曾冲破清廷权势者们的重重阻挠，向群臣疆吏发出了一些要求他们“筹议”战事的谕旨；对一些要求启用善战人才等建议。他也准予采纳。事实表明，随着侵略战争的加剧，在抵抗派官员的促进下，光绪帝确在振作抗敌的道路上，不断地向前迈进了。

在那岌岌可危的日子里，以光绪帝为首的抵抗派（包括一些爱国将领），从清王朝统治层发出的这种振作抗敌的声音，与来自朝外要求奋起御侮的呼声，异途同归地汇集成日趋高涨的爱国声浪。这种形势的出现，对清廷统治集团来说，不管他们的心境如何，这毕竟是一种不可忽视的巨大势头。同时，李鸿章的“以夷制夷”的片面、消极对策，后来也落了个“竹篮子打水一场空”的后果，使他的露骨的妥协活动不得不暂且收敛。于是，以光绪帝为首的抵抗派的主张便逐渐占了上风。

光绪二十年七月初一日（1894 年 8 月 1 日），清政府发布了基本体现抵抗派主张的对日宣战上谕。这个上谕在阐述了“中外所共知”的中、朝历史关系之后郑重宣告：

“本年四月间，朝鲜又有‘土匪’变乱，该国王请兵援剿，情词迫切。当即谕令李鸿章拨兵赴援，甫抵牙山，‘匪徒’星散。乃倭人无故添兵，突入汉城，嗣又增兵万余，迫令朝鲜更改国政，种种要挟，难以理喻。我朝抚绥‘藩’服，其国内政事，向令自理。日本与朝鲜立约，系属与国，更无以重兵欺压强令革政之理。各国公论，皆以日本师出无名，不合情理，劝令撤兵和平商办。乃竟悍然不顾，迄无成说，反更陆续添兵，朝鲜百姓及中国商民，日加惊扰。是以添兵前往保护，讵行至中途，突有倭船多只，乘我不备，在牙山口外海面开炮轰击，伤我运船，变诈情形，殊非意料所及。该国不遵条约，不守公法，任意鸱张，专行诡计，衅开自彼，公论昭然。用特布告天下，俾晓然于朝廷办理此事，实已仁至义尽。而倭人渝盟肇衅，无理已极，势难再予姑容。著李鸿章严饬派出各军迅速进剿，厚集雄师，陆续进发，以拯韩民于涂炭。并著沿江沿海各将军督抚及统兵大臣，整饬戎行，遇有倭人轮船入各口，即行迎头痛击，悉数歼除，毋得稍有退缩。"

就此，清政府义正、庄严地布告中外，正式向日本侵略者宣战。

无可辩驳的历史事实表明，清政府的对日宣战，是被迫采取的反侵略自卫措施，它的正义性是鲜明的。而这一事件所以发生，从清朝统治集团来说，却是以光绪帝为首的抵抗派通过与妥协势力进行反复斗争所取得的一个结果。

（三）宣战之后

1. 喜与忧

通过光绪帝颁布的对日宣战上谕发出的严正声音，迅速传遍我神州大地。正如主战派官员志锐所说，"皇上明诏下颁，赫然致讨，天下皆闻风思奋"，极大地激发了人们奋起抗敌的爱国热情。

宣战上谕颁布后，黑龙江将军依克唐阿首当其冲，立即电奏朝廷，"请亲率马步"各营赴前"进剿"倭寇。

依克唐阿（？~1899 年）字尧山，满洲镶黄旗人。初从军之后参加镇压捻军，其间积功至佐领。后回吉林驻防，迁协领，再晋副都统。光绪五年（1879 年），以副都统移驻呼兰。次年，母丁忧归里。其间时值中俄伊犁交涉，俄在远东陈兵，使吉林东部的形势极度紧张。此时，他受命而出，募勇镇守吉林中俄边境重镇珲春。光绪十五年（1889 年）升任黑龙江将军。依克唐阿"勇而有谋"，并有"骁将"之称。

光绪二十年（1894 年）夏，日本在朝鲜燃起针对中、朝的侵略战火之后，正在家乡丁忧的依克唐阿，深切感到"大敌当前，岂可袖手旁观"！遂主动电请率师出征。在清军当中，他是最早主动请求抗敌的高层将领。因此依克唐阿的请战，立即引起光绪帝的重视，认为此举"实属勇往可嘉"，给予了鼓励。当时，由于"奉天防务紧要"，并为加强边境防线，光绪帝便命其率军驰赴奉天"听候谕旨"。

随后，湖南巡抚吴大澂也"电奏请率湘军赴韩督战"，并被光绪帝"允之"。

吴大澂（1835~1902 年），字清卿，江苏苏州人。初以编修出任陕甘学政，自此即关心国事民生，在此后经办赈务与边防中，成绩显著。光绪十一年（1885 年），赴吉林与副都统依克唐阿会办沙俄在珲春的侵界交涉，争回黑顶子及图们江航行权，维护了国家权益。次年升任广东巡抚，在任期间坚决反对葡萄牙侵占澳门。光绪十四年（1888年），郑州黄河决口，奉帝命前往治理，取得突出成效，遂授河道总督，从而“盛负时誉”。光绪十八年（1892年），授湖南巡抚。吴大澂在任官期间“犹好金石，探讨训故，书法亦遒丽，文采风流，焜耀一时”。清政府对日宣战后，他请求率兵征战，可谓文人事军，非其之长。但面对凶恶之敌，作为任官于内地的吴大澂，却奋起请战，无疑体现了他的爱国情怀。

在爱国热潮日益升温的时刻，负责漕粮积储的仓场侍郎祥麟，亦于七月十日（8月10日）“奏请赴海疆军营报效”。光绪帝“览奏”后，深有感触地批示：“具见勇往之忱”，肯定了他的勇敢精神。但鉴于兴师之际，仓场事务亦为繁重，故命其仍在原职尽力。此外，各处的武人及闲散官吏，也在当地一些督抚的支持下出来募勇练兵，准备赴前抗敌。

与此同时，奉天将军裕禄，在奉光绪帝的抗战谕旨后，亦加紧在其所辖地区部署军队。并命前沿东边道“募集民练”，与辽东各地守军“齐力严防”。坐镇长江中下游与东南沿海地区的两江总督、南洋大臣刘坤一，至此其主战态度越发明朗。原在光绪帝颁布对日宣战上谕的前夕（即7月31日），以“老成持重”著称的刘坤一，即在其奏片中说：“现在兵端已开，务在痛予惩刨，即使刻难得手，亦可以坚忍持之。”他依据中国幅员辽阔和日本国土狭小等不同国情，提出只要中国“坚忍持之”，日本“断难支久”的见解。可以说这种看法具有战略性的远见，是当时中国克敌制胜的关键。此后，随着人们认识的不断提高，刘坤一的这种思想观点，便被越来越多的抵抗派官员所接受，甚至也引起光绪帝和翁同龢的重视。在对日宣战后，他按照光绪帝要求东南各省“联为一气”以“固江防”的谕令，极力在吴淞等军事要地加固防务，并“督饬各将士严密筹备”战事。同时刘坤一又“遵旨”派出兵轮开赴台湾，加强那里的防务。此后，他还向清廷献计献策和保荐将才，为抗日而尽力。浙江巡抚廖寿丰，也在“得旨”后，于镇海等战略要地“认真严防”来犯之敌。至于一些清廷的文职官员，在对日宣战后，同样更加积极地向光绪帝及总理衙门出谋献策，或大胆地参劾怯懦将领和谋求妥协的权贵。他们在抗击日本侵略者的斗争中，仍然是舆论上的先锋。

在清中央，遵照光绪帝的用兵、设防、练勇均以“筹饷为最要”的旨意，也在加紧筹措“用兵之需”的饷银。除注重正常的财政收入以外，自七月十日（8月10日）以来，户部与军机处又接连请旨并获得光绪帝的允准，指令各省关清理和上解“历年积欠银两”。同时，还要求各将军督抚，就战事“近情”，妥善理财“通盘筹划”，力保用兵“经费”。为了适应战争的需要，清政府在财政方面也采取了一些必要措施。

日人大久平治郎曾评说：

“日清开衅以来，帝（即光绪帝——引者）……。诚使支那（中国）君臣一心，上下协力，目的专注于战，则我国（日本）之能胜与否，诚未可知也。”

如果说，在清政府对日宣战之前，意识到战争的威胁极力主战的，还主要是光绪帝和一些帝党官员。那么，到日本挑起战争和清政府被迫宣战后，要求以战争自卫的人迅速增加，并远远超出了帝党的范围。而且由此迸发出来的抗敌呼声已冲出紫禁城，首先在国内的军政界形成一股爱国热流。可以说，在光绪帝颁布对日宣战上谕后，中国出现了上下启动一致对敌的态势，说明中国的抗日斗争呈现出可喜的征兆。

然而，在此后抗击日本侵略者的实际进程中，中国所出现的这种有利于抗敌的势头，不仅未得到进一步的延伸与加强，反而却遇到来自内部的强烈干扰。

宣战后，敌我都处于加紧部署战争的阶段，清廷统治集团的核心成员也都倾注于战事方面了。不过，他们各自的心态并非相同。光绪帝的对日态度日趋强硬，直至做出对日宣战的决策。当初，在他的思想中除作为一个帝王固有的观念之外，或又具有一定的盲目性，但在主导方面光绪帝却是出于“热爱祖国的心情”。然而，他在清廷不操实权的地位，并未完全改变。户部尚书、帝党首领翁同龢，固然其思想较为复杂，但从维护清王朝的“基业”及其“尊严”出发，他也坚持主战。因此在战争中，翁同龢更得到光绪帝的信任，“每递一折，帝必问臣（即翁同龢——引者）可否。盖眷倚极重”。至此，翁同龢仍然是光绪帝的忠实支持者。

礼部尚书李鸿藻，在光绪帝即位后，曾成为当时清政坛上“清流”派的靠山，时而卷入清廷政争的漩涡。在总理衙门任职期间，他从“以存国体为要”出发处理中外关系。光绪六年（1880 年），中俄关于伊犁问题的交涉时，李鸿藻策动“清流”派大臣参劾崇厚擅签屈辱的《里瓦基亚条约》。在中法战争前，他反对李鸿章的妥协方针，极力主张出师援越抗法。因此，在时起时伏的政治风波中，李鸿藻也在其任官生涯中几经沉浮。不过，他又有迎合西太后的本领，每当遇到挫折，又得到西太后的“加恩宽免”，使其终未离开清廷中枢。李鸿藻在光绪帝即位后的 10 多年间，他的对外态度，的确体现了维护清朝“国体”这一思想脉络。到光绪二十年（1894 年）中日关系紧张以来，李鸿藻也感到“事机已迫”，从而站在主战的一边。此后，在清廷统治集团核心中议处抗日战事时，他多与翁同龢密切配合，对光绪帝主持抗战也起到积极的配合作用。此外，总理衙门大臣张荫桓，虽然经常左右逢源，但其对日的基本态度也向主战倾斜。

作为清王朝主宰的西太后，在此之前也曾表示不对日本示弱。到对日宣战后，当她得知所谓叶志超军在牙山“屡胜”的讹传时，于七月三日（8 月 3 日）发出懿旨，认定此事“实属奋勇可嘉”，遂命赏给叶志超军白银两万两“以示鼓励”说明她也希望对日战争获胜，而且当时西太后的这种求胜心似乎更为急迫些。所以如此，从她一贯的对外态度来看. 还是出于一种侥幸心理。在此期间，尽量减轻影响一直在准备中的

"万寿大典"，才是她始终牵挂的最大心事。所以，西太后的抗战态度是极不稳定的。但在战局尚未明显恶化之前，她还基本处于观望之中。在清廷把持军机处及总理衙门的庆亲王奕劻、礼亲王世铎及军机大臣孙毓汶与徐用仪，皆为后党的骨干，他们始终对西太后如影随形。

原于7月中旬. 在中日就双方同时自朝撤兵问题的谈判中，由于日本蛮横地拒不撤军，致使战争威胁日益加剧。这时，奕劻也感到"朝鲜之事，关系重大，极须集思广益，请简派老成练达之大臣数员会商"。于是，经奕劻面奏，光绪帝在六月十三日（7月15日）谕军机大臣，命翁同龢、李鸿藻与军机处及总理衙门大臣"会同详议，将如何办理之处，妥议具奏"。在此后的中日战争期间，清廷中枢仍基本维持这种"妥议"战事的状态。可以说，这是在清中央组成的一个筹划对日战策的核心班子。在其中，牵头人翁同龢、李鸿藻，坚决主战抗敌；但其他大臣不是西太后的亲信就是观风使舵的老朽。因此，在这个参谋班子当中，经常因商讨战策等争论不休，致使有些重要问题竟不了了之。所以在清中央，始终未形成一个"目的专注于战"的、强有力的最高指挥中心。因而，往往演成光绪帝唱"独角戏"的情景。

李鸿章，仍在前场紧握对外交涉与用兵权。光绪帝以及军机大臣、总理衙门所颁布的有关战事的谕旨和指令，照样都要通过李鸿章来实施。这种"举天下战守之事而任于一人"的局面，在当时就有人指出"已属可危之道。"李鸿章身为直隶总督兼北洋大臣在前场主管外事与用兵事宜，处于各种矛盾（尤其是帝、后矛盾）的焦点部位，固然有其境遇之难。但是，他本身既有其派系等私欲，又缺乏应有的胆略和高瞻远瞩的政治目光。有人说，在晚清李鸿章虽掌北洋历经外交，但他却"忽于为政之本，而又少重气节"。此说不无一定的道理。李鸿章的这种特有性格，无疑也是导致他对外怯懦的原因之一。在清政府对日宣战的前夕，李鸿章的对日态度虽曾趋于强硬，但这只是出于一时的被迫。到宣战时，连了解一些清政府内情的驻华外使也知道，当时"李鸿章在军事上没有充分准备"。宣战后，他为了投合西太后的求胜心并出于庇护其亲信将领叶志超，在竭力向清廷报告牙山的虚假战果之外，又迫不及待地透露给沙俄驻华公使喀西尼："中国仍随时准备恢复各列强建议的和平谈判"。在宣战上谕的墨迹未干之时，李鸿章的心理重心又向倚外求和倾斜了。恰在此间，英、美、意等国政府，相继声明对中、日两国采取"局外中立"政策；随后，沙俄也声称"不干涉中日战争。"但是，尤其英、俄两强，又都企图控制中日战局，使之沿着有利于它们的方向发展。于是，英、俄便通过外交渠道，对中国率先采取了一些诱惑性的小动作，时而放风试探。对此，李鸿章竟又为之动心。于是从七月九日（8月9日）以来，他接连致电总理衙门，鼓吹"英国极欲调停中日事务"，随后又望风捕影地宣扬"俄人有兴兵逐倭之意。"原来，李鸿章即"无作战之气"，到这时，连他在宣战前夕被逼出来的一点强硬态度也明显软化了。面对正在加紧调兵遣将决心扩大战争的日本侵略者，作为前敌的主帅李鸿章又向迷信外力退缩，无疑是一严重错误。于是，光绪帝在七月十六日（8月16日）电谕李鸿章明确指出：“俄有动兵逐倭之意，此非我所能阻，然亦不可联彼为援，致他日藉词要索，总须由我兵攻剿得胜。”接着命“李鸿章饬催水陆诸将，奋迅图功，慎勿虚盼强援，转疏本计。”可见，光绪帝并非无视列强之间的矛盾，而是强调要警惕它们对我可能别有用心，告诫李鸿章切勿“虚盼强援”。在此，他又特别指出，应立足以本国力量抗击日本侵略者，不可分散精力“转疏本计”，以免有损于抗战大局。经光绪帝的驳斥与忠告，李鸿章乞求外援的活动又不得不有所收敛。但是，他迷信外力的基本态度并未改变。所以在此之后，李鸿章仍然将光绪帝的反复劝告置于一边，迟迟未下定抗战的决心。从而，给中国抗击日本侵略者的自卫战争，投下了深深的阴影。

青花五彩八仙人物罐

2. 力争抗战主动权

早在六月十二日（7月14日），光绪帝就感到，中日撤兵谈判“久未就绪，和议恐不足恃”，认为应“先事预筹，毋致落入后著”。遂谕令李鸿章“先派一军由陆路前往边境驻扎，以待进发”。当时，李鸿章也看到，日本对撤军谈判毫无诚意。因此，他为了壮其声势，遵旨于六月十四日（7月16日）派出由宁夏镇总兵卫汝贵统率的盛军和以马玉昆率领的毅军共8000余人，乘船在大东沟登陆后进入朝鲜北部。随后，高州镇总兵左宝贵的奉军与由副都统丰升阿统率的奉、吉练军，也相继从北路开进朝鲜。这四路大军，齐向平壤会集。当中国援军开进朝鲜境内时，“朝民以王师至，欢迎夹道。”体现了中朝军民的手足之情。

当时，清政府的海、陆军，虽然在此前的丰岛海战与成欢战役中失利，但清军的整体战斗力并未丧失。而且随着北线的开辟，使在朝的军事实力又得到加强。同时朝鲜人民已鲜明地站在中国一边。

日本侵略者固然在海、陆偷袭得逞，但却不得人心。此后，它按其预定的侵略计划，又把平壤作为下一步的主攻目标。但日本在朝的兵力还不足，正在其国内组建的第一军，尚需调集。另外，日本在汉城扶植起来的大院君，还在中、日之间“首鼠两端”。被日本废弃的原朝鲜国王李熙及其臣属，对日本“逼夺政柄，肆行欺压”，更是仇恨满怀。因此，他不断遣使向清政府求援。所以，到日军完全占据汉城一带之后，朝鲜官民上下仍然“多愿奉华为上国”。说明到这时，日本在朝鲜的控制区并不稳定。因此，它在发动平壤战役之前，其大本营的最高决策者也“对最后的胜败都暗自有所焦虑”。在这种情况下，如果中国方面抓住时机，加紧进兵，重点推进，或可打破敌人的进攻计划，夺取有利的战略地位。

光绪帝早在日本对清军发动偷袭的前夕，即曾电谕李鸿章，日本“开衅，必先向叶（志超）军决战”。遂即指令，“若南路一有战事，则北路各军，即应前往夹击，使彼两面牵制”。到对日宣战后的七月二日（8 月 2 日），光绪帝再谕军机大臣电李，命其“迅速电催”北路各军“星夜前进，直抵汉城，与叶志超合力夹击。”至此，光绪帝更明确地提出采取南北夹击的战略方针，力图以积极进取的态势夺取抗战主动地位。但要实施南北夹击，光绪帝又认为，必须保住“势孤可虑”的叶军。为此，他又把希望寄予海军的支援与策应上。于是从 8 月 2 日以来，光绪帝在加紧催促北路进军的同时，又连续电谕李鸿章，命其派出海军舰只出海应援南路叶军，并在大同江口海域“梭巡固守，遇有倭船前来，即行奋击”。他力图以海军为处于危机中的南路军建立一条补给线，同时破坏敌人的海上运输。当时，光绪帝虽未明确认识到夺取制海权的重要意义，但却提出“海军为国家第一要务”。因此，作为改变北洋海军缺少快船的“补牢之计”，他立即批准了李鸿章提出添购快船的奏请，命海军衙门会同户部拨银 200 万两“交李鸿章应用”。随后又电告李鸿章，为了尽快购买快船，可奏明“实需用款”，“再由户部添拨”。为加强海军的战斗力，光绪帝也付出了最大努力。另外，在此之前，一些廷臣即感到“海军护运不能得力”，便相继参劾海军提督丁汝昌。到这时，光绪帝也对丁汝昌未能率舰队出海建功而不满。故于七月三日（8 月 3 日），他电谕李鸿章命其查核丁汝昌“有无畏葸纵寇情事”，并指出如有必要，可“更换”海军提督。丁汝昌遂成了众矢之的，参劾、惩处之声此起彼伏。

丁汝昌（1836-1895 年），字禹亭（又作雨亭），安徽庐江人。初从长江水师，后入淮军刘铭传部。其间因参加镇压捻军，积勋升为参将。李鸿章任直隶总督后，喜其才略“留北洋差序”。光绪六年（1880 年）被李鸿章派往英国购舰，并考察了法、德海军与兵工厂。光绪八年（1882 年），以统理海军有功，赏头品顶戴。次年，授天津镇总兵，再赏黄马褂。中法战争期间，曾率舰队南下巡弋。光绪十四年（1888 年）北洋海军建成，被任为海军提督。丁汝昌是由李鸿章一手栽培起来的北洋海军统帅。但在晚清复杂的环境中，也使他具有一定的矛盾性格。

光绪二十年六月（1894 年 7 月），李鸿章派出济远、广乙舰护航向朝鲜牙山运送援兵时，丁汝昌为预防可能遭到日本海军的袭击，曾“电请鸿章率我海军大队继发接应”。但当各舰升火起锚时，李鸿章“复电令缓行”。日本海军在丰岛偷袭我舰船之后，李鸿章曾命丁汝昌率舰队出海“相机迎击”。然而，在丁汝昌率舰队出征前夕，李鸿章又急忙去电令丁："唯须相机进退，能保全坚船为妥，仍望速回。"结果，这次出海也只是成为一种"游巡"罢了。此后，丁汝昌又曾几次率舰队开往大同江口一带，同样平平而还。其间或有丁汝昌的个人责任；但"保全坚船"的训令，对他又不能不形成一种约束。显然把"无功"之过一股脑儿地都推给丁汝昌，非为公允。

直到这时，李鸿章还毫不掩饰地宣称，对于北洋海军，他"兢兢焉以保船制敌为要"。其实，李鸿章的"保船制敌"也好；"保船"避战也罢，他均以"保船"为第一要义。

此时的北洋舰队在舰队的机动性上已明显落后于日本海军。不过，在甲坚炮巨方面又有自己之长，并其舰种配备也较为齐全，所以它仍是"有战斗力的一个舰队"。何况光绪帝又在积极地采取切实措施大力购买快船，以补充自己的薄弱环节。可是，"一手经理"北洋海军的李鸿章，在当年四月（5 月）校阅海军后向清廷的奏疏中，还津津乐道舰船"均甚灵速""操纵自如"、各种兵器打靶"均能全中"，等等。到了真要实战的此刻，他又接二连三地向光绪帝大谈起"海军船械不足，训练无实"来了。当然，证实北洋海军的弱点，以求尽速补充与加强其战斗力，是作战运行的常态。但到战时，李鸿章对北洋海军竟又如此妄自菲薄，无非是为了给其推行"保船"避战方针提供依据罢了。不过，李鸿章于此期间在向清廷的报告电中，并未把责任推在丁汝昌身上。而且在此后，他又甘冒"严旨"与有被参之危，仍连续电奏为丁汝昌陈述、解脱。李鸿章正是从单纯的"保船"出发，于七月八日（8 月 8 日）又电令丁汝昌说："兵船赴大同江，遇敌船势将接仗，无论胜负，不必再往鸭绿江口，恐日本大队船尾追入北洋，妥慎防之。"到七月十三日（8 月 13 日）李鸿章再电丁汝昌，指令"此后，海军大队必不远出"。就这样，自丰岛海战之后，北洋海军舰队出航巡弋的范围不断收缩，从大同江口缩至鸭绿江口，随后鸭绿江口亦不准前往了。从而，北洋舰队基本处于"持重不出"的状态中了。

海军的活动屡加限制；北路陆军也进展缓慢。原来，在北路大军刚刚进入朝鲜北部，卫汝贵率领的先头部队到达义州时，李鸿章在频频接到光绪帝催促北路加紧进军的电谕后，于六月二十五日（7 月 26 日）他在给卫汝贵的电报中云："（光绪帝）电旨屡催进兵，为叶军南北策应，岂知远莫能致。"在李鸿章看来，似乎以积极进取之势，采取南北策应与夹击战略是行不通的，公开抗拒光绪帝的谕旨。于是，他只是命卫汝贵及后续部队"相机前进"。这就是北路军进展迟缓的一个主要原因。

在对日宣战之后，光绪帝采取了积极进取的战略方针，力图取得抗战的主动地位。显然，战争又是敌我在时间等方面的一场大竞赛，而时间尤为紧要。只有进兵、后援等赢得时间，方能抓住战机，取得战争的主动权，有利于战争的进行。而且就当时的内外形势来说，光绪帝的这一战略方针也是可取的。然而，由于李鸿章终无斗志，一味消极，使光绪帝争取抗战主动权的努力受到严重干扰。

3. 严重受挫

在李鸿章竭力抗拒光绪帝的旨意延误抗战部署之际，日本侵略者却加紧了进攻平壤的准备。

其实，到七月九日（8月9日），卫汝贵、马玉昆、左宝贵及丰升阿各军主力14,000余人，也已相继到达平壤。同时，叶志超、聂士成余部数千人，还在平壤南部牵制部分敌军。另外，北犯的日军主力尚在集结中。再者，直到七月二十三日（8月23日），据朝鲜平安道闵丙奭密报，“现倭兵尽向平壤，汉城余倭不过几百”，日军在朝的后方依然空虚。显然，在此期间，仍是中国北路各军乘机南下争取主动的有利时机。但是，这时的李鸿章对日本侵略者还是“怕”字当头，他依旧在左顾右盼犹豫不前。因此，李鸿章对到平壤的各路大军，又采取了“坚扎营垒”“先定守局，再图进取”的消极防御方针。随后，他在七月十六日（8月16日）致总理衙门代奏电中，更明确地提出，“非有劲旅三万人，前后布置周密，难操胜算”。从而他认为，“目前只能坚扎平壤，扼据形胜，俟各营到齐，后路布妥，始可相机进取”。李鸿章列出如此之多的“进取”条件，从道理上说固然并非均无可取之处，但其核心仍然是个“怕”字。正是在他的这种消极防御思想指导下，进驻平壤的各军将领，只在“日督勇丁并朝民于城内外筑垒，环炮而守。”眼看着日军在步步向我逼近。七月二十一日（8月21日）叶志超率其残部退到平壤；七月二十八日（8月28日）聂士成与驻平壤大军会合。直到这时，平壤各军仍然“漫无布置”。对此，聂士成曾深为“隐切杞忧”，他建议“各军宜择要分扎防敌抄袭，悉驻平壤城中非策”。当时，叶志超等虽然表示同意，但却终未改变。

光绪帝见到李鸿章的七月十六日（8月16日）电后，于次日在给其电谕中指出，在日军正向平壤集结的情况下，我军“若株守以待，未免坐失事机。”故命李鸿章迅速“饬令各军，相机进取”。在此期间，左宝贵等曾欲遵旨率师南下，但李鸿章仍令平壤各军按兵不动。因此，是在平壤坐守待敌；还是乘势出击夺取战争的主动权？越发引起人们的关注。这时，在清廷中枢的翁同龢、李鸿藻，终日焦急地到军机处查阅电报或奏章，“论时事”、议对策，密切注视着前方的动向。主战官员礼部右侍郎志锐、御史易俊等，从七月十六日（8月16日）以来相继呈折指责或参劾怯懦将领及贻误战机的权贵。易俊在奏折中，指责李鸿章“一味迁延，希图转圜了事”，此言可谓是切中了李的要害。再者，被日本控制起来的朝鲜国王李熙，仍然通过平安道闵丙奭致电清政府，要求“拯救该国危难”。在这种情况下，于七月二十二日（8月22日），光绪帝又次电谕李鸿章。他在该电中指出，日本已向平壤加紧“添兵”，因此我军“自应迅图进剿，先发制人”；同时饬令“后路”各军陆续到位。接着光绪帝便发出严令：“若迁延不进，坐失事机"，使敌人据守"益固"，"即以军法从事"。在此，光绪帝把作战的方针、策略与利害所关又说得一清二楚。当时，日军正向平壤迂回，包抄之势即将形成。但其南部与汉城一带仍是其军力的薄弱地区。因此，采取前、后同步起动的策略，乘敌不备，攻其后方，仍是摆脱战略被动之策。然而李鸿章还是无动于衷。

当叶志超率部退到平壤后，这里的营伍随之增多，而且各军在平时又互不隶属，因此统一指挥权十分必要。于七月二十五日（8 月 25 日），军机处与总理衙门大臣会议，认为"现驻平壤各军，营数较多，须有总统大员亲临前敌，调度一切。查叶志超抵韩较早，情形较熟，且历著战功，拟请派充总统"。当日请旨，光绪帝立即允准颁谕。叶志超是李鸿章在淮军中的亲信。原在派他率军赴朝时，"志超不欲行"，后经李鸿章向其交底：去"亦未必便战，何怯"！在这种情况下，叶志超方"勉强"开赴。后在成欢战役之前，他得知日军即将来袭便带兵逃往公州。退到平壤后，叶志超又"即行抱病"泡起蘑菇来了。他的所谓"战功"云云，其实主要是来自成欢战役后叶志超"铺张电鸿章，鸿章以闻，获嘉奖"。这是叶、李搞的个连环套。于是，逃将变为"英雄"，并曾因此激起西太后的兴奋；也使一直注重赏罚分明的光绪帝和一些廷臣蒙在鼓里。但当这一任命电波传到平壤军中，叶志超本人深为"感悚"，唯恐"指挥未协"；同时又使"一军皆惊"，震动了全军。原来入朝的清军，尤其卫汝贵的盛军，浓厚的官长习气加上军纪败坏，既已在朝民中造成恶劣影响，又在军内加剧了"兵勇不服"等矛盾。叶志超被任为全军的总统后，更加重了军内的混乱，诸将"各存意见，不服调度"等情形越发尖锐。尤其在"军情至急"之时，颇有些军事见解的重要将领聂士成，竟突然回国募兵。正如光绪帝在电谕中指出的，"募勇尽可遣员弁代办，何必自行"？因此他也认为这种不寻常的举动"难保不另有别情"。遂即命聂速返平壤。特别是叶志超担任全军的总统后，他不仅完全执行李鸿章的自我困守方针，而且又大大向后退缩，提出"必四万余人始敷分布"，一点儿进取的意思也没有了。

在日益严重的事态面前，光绪帝似乎有所察觉，于八月五日（9 月 4 日），他在给李鸿章的电谕中说："叶志超前在牙山，兵少敌众，而词气颇壮。今归大军后，一切进止，反似有窒碍为难之象"，表露出对叶志超的不满。进而指出，"不可以全军重任付之叶志超一人"。说明光绪帝已意识到任命叶志超不当。但在"敌氛已逼"、大敌当前的情况下，他仍以抗敌为重，遂令各军必须布置"进剿机宜"，"不得以兵未全到，束手以待敌人之攻"。至此，光绪帝依然紧紧把握主攻方向，再次争取战争的主动权。到这时，李鸿章也曾电令叶志超"选精锐"拦截日军，但又说"我军未齐，不能剧然前进"。此间，左宝贵曾于八月八日（9 月 7 日）派马队赴黄州探敌。随后他又与卫汝贵、马玉昆及丰升阿商定，遣精锐 7，000 人到中和迎击日寇。但到八月十日（9 月 9 日），李鸿章又命叶志超调回出征军"以顾根本"。就此，一步步地使近 2 万大军困守在平壤孤城。

就在这时，日本侵略军的增援部队，先后从釜山、元山及仁川登陆后，陆续与前期侵朝日军会合，并形成对平壤的“合围”之势。至此，光绪帝的积极防御的战略方针已完全失去其可行性；他力求避免的“坐以待毙”局面，却又无情地摆在了面前。

在八月十三日（9月12日）中日两军交火到八月十六日（9月15日）敌军发动总攻的战斗中，我军广大将士，英勇奋战，顽强反击，曾使敌人胆寒。坚守大同江东岸的马玉昆，率兵与敌“肉搏血战，抵死相撑拒”。这时，连卫汝贵也“持刀于枪弹如雨中，往来督战”。高州镇总兵左宝贵及其所部尤为突出。

左宝贵（1837~1894年），字冠廷，回族，山东费县人。咸丰六年（1856年）投江南军营，参加镇压太平军。后从钦差大臣僧格林沁镇压捻军，积功升副将。光绪元年（1875年），刑部尚书崇实赴奉、吉巡边，宝贵“奏自随”，后以功晋记名提督。光绪十五年（1889年），授广东高州镇总兵，仍留驻奉天。光绪十七年（1891年）赏黄马褂、头品顶戴，驻沈阳统奉军。宝贵治军“纪律严明”。并热心公益事业，“县治四境，津梁道路，多宝贵捐廉葺修”，颇得民心。

光绪二十年六月（1894年7月），日本在朝拨起战云后，宝贵即向盛京将军裕禄“请自筹防”。随后，奉命率军赴朝。到达平壤后，他遵旨与众将会商拟率军南下实施南北夹击，但未得到李鸿章的军令。到八月（9月）上旬，宝贵又率先派兵出击中和，旋被叶志超调回据守平壤。至日军向平壤发动总攻之前，左、叶分歧公开化，“左主战，叶主退守”。当双方争执不下时，左宝贵“怒骂曰：‘若辈惜死可自去，此城为吾冢矣！”’誓与平壤城相始终。于八月十六日（9月15日）日军总攻时，便集中兵力向城北制高点猛扑。在此据守的左宝贵，身先士卒亲临指挥，与敌展开殊死拼搏，使“倭人死伤无数”。最后，在敌我力量越发悬殊的情况下，已负伤仍坚守阵地的左宝贵，又不幸中弹为国捐躯，实现了自己的钢铁誓言。事后，清廷颁谕，以其“忠勇”给予“从优赐恤”。并且光绪帝还为左宝贵亲作《御制祭文》，痛曰：“本期痛饮黄龙府，不意难回落日戈”。表露了沉痛的惜念之情。

左宝贵牺牲后，在城内伺机欲逃的叶志超，遂率余部仓皇逃走，致使无数的士卒惨死在乱军中。平壤陷落。

对于平壤战役，连日方发表的《战报》也不得不承认，当时中国军队“激烈应战，不遗余力”，而且“兵亦善战”。清军败于平壤，固有多种因由，但李鸿章抗拒光绪帝的积极防御方针，终无主动的战略意识，一味被敌人牵着鼻子走，最后只有坐以待毙了。所以在这场对敌我双方都具有重大影响的战役中，清军之惨败，也可以说是李鸿章的单纯“防御”宗旨的必然结果。

然而，可悲的情景并未到此告终。在平壤战后第2天发生的黄海大海战，也是李鸿章一再无视光绪帝的忠告而导演的惨剧在海上的重演。日本海军自丰岛海战后，为夺取黄海制海权以便“从海上应援陆军”，也采取了有准备的“进击”战略。与其相反，李鸿章为了“保船”，同样抗拒光绪帝的海、陆军互相策应的抗战方针，步步收缩海军的活动区域，在海上也使自己处于被动地位。这次日本海军的主力舰倾巢出动，组成庞大的联合舰队出击，正体现了它“决心进击”中国海军的意图。北洋舰队此次奉命开往大东沟，仍是一次护航行动，“舰队之任务在掩护船中兵士登陆。”所以它缺乏充分的战斗准备。这次海战，对中国海军来说，是在完成护航任务后发生的一场被动的遭遇战。但在海战中，北洋舰队除个别贪生怕死的怯懦逃将之外，大多数“将士效死用命，愈战愈奋，始终不懈”，英勇顽强，视死如归。特别是致远舰管带邓世昌的战绩，尤为壮烈。

邓世昌（1849~1894 年），字正卿，广东番禺人。从少年时代起，即关心国家的兴衰，因而抛弃传统的科举仕途“从西人习布算术”。后入福州船政学堂学测量、驾驶。毕业后，任福建水师船舰的大副、管带。光绪六年（1880 年），李鸿章筹建海军时将其调北洋，并随丁汝昌出国购舰，开阔了视野。中法战争中，世昌毅然随舰南下防御。光绪十三年（1887 年），再次奉命与他人同赴英国带回订购的致远等舰。回国后授提督衔，兼致远舰管带。鉴于国家日衰，世昌对人言：“人谁不死，但愿死得其所耳”！怀志报效国家。

当中日战起，进一步激起邓世昌的爱国热情。丰岛战后，他曾“愤欲进兵”，但在李鸿章的控制下未能实现。海战爆发，他在指挥致远舰官兵奋勇迎战的同时，又激励将士：“吾辈从军卫国，早置生死于度外，今日之事，有死而已”！誓与日寇血战到底。在浪涛滚滚、硝烟弥漫的激战中，他率舰冲锋在前“独冠全军”，相继“攻毁敌船”。当致远舰受重伤，且弹药将尽之际，遂命“开足机轮”冲向敌主力舰“吉野”号，誓与之同归于尽。不幸，舰体再中鱼雷沉没后，邓世昌与全舰官兵落入海中时，他又“义不独生”拒绝援救，决然“自沉”，为国而壮烈牺牲。事后，光绪帝为之“悼惜，追赠总兵，谥忠壮”。后来，他又为邓世昌亲书《御赐碑文》，对其在黄海海战中“冲锋则义不顾身”和“终自沉以效死”的英雄气概，誉为“炳千古而竹帛流光”。

这次海战，中国北洋舰队所以亦未发挥出应有的抗敌作用，而且又受到较大损失，正如日人所说，“海军政略之要，在于占有制海权。而占有制海权，则在于能否采取攻势运动。清国（即中国——引者）舰队在作战伊始，就未能采取攻势运动，而采取绝对的守势运动，此乃清国之失算”。此评说，可谓恰恰触到了李鸿章致命弱点。他出于怯敌畏战之“绝对的守势”，既断送了平壤的抗敌，也束缚了海军的战斗力。

平壤失陷、海战受重创，使日本侵略者取得了陆、海两方面的战争主动权。相反，中国的抗战却陷入全面的被动地位。

（四）抗战阴影

1. 扭转战局的努力化烟云

从八月十八日（9月17日）以来，平壤失守、海战失利等令人震动的消息相继传入清宫。这一切，都使翁同龢等感到“鸭绿一线可危，即渤海亦可危。”从而，加重了他们的危机感。但是，以光绪帝为首的抵抗派的抗战态度并未动摇。他们在日趋严峻的战争态势面前，又不失时机地采取了一些加强本国防御的重大措施。

在军事方面，随着战争形势的急剧严重，光绪帝又加紧调兵遣将，极力巩固与扩大鸭绿江防线，准备阻击来犯之敌，保卫国土。

原来，在向朝鲜调动援军时，光绪帝为预防后路，即命主动请战的黑龙江将军依克唐阿率军进驻奉天。到这时，他便谕令依军向鸭绿江沿线运动，以便与他军“合力防剿”。同时，光绪帝还谕电李鸿章，调驻守旅顺的宋庆率军与已在大东沟登陆的刘盛休铭军等部，向“奉省门户”九连城一带集结，加强沿江纵深的防御力量。并电令东三省练兵大臣定安和盛京将军裕禄，命其派兵“前往鸭绿江，并举办乡团，添募猎户炮手，随同防堵”。至此，光绪帝为了抗日卫国，突破了只依靠正规清军的界限。到八月二十二日（9月21日）后，从平壤退下来的各军相继回到国内，并奉命加入边防。至九月（10月）中旬，在奉省东边道鸭绿江沿线，已集结了70多营3万余人的中国防军（新组成的乡团、民勇除外），从而构成了以九连城为中心，左翼伸到长甸、右翼达安东（今丹东）及大东沟的鸭绿江防线。

以上诸军，除宋庆统辖的毅军和依克唐阿、刘盛休等部之外，其余均是从平壤败退回国的各军。这些部队，多已“士卒疲乏，粮械不给（足）”，而且“军心已涣”。因此，光绪帝采纳了翁同龢等抵抗派官员的建议，为了稳定军心重整军威，他在催促为这些退回的各军加紧筹措和运送饷械的同时，又力行赏罚，撤换与调整防军指挥。从这时起，光绪帝一面颁谕为左宝贵、邓世昌等所有“力战阵亡”的将士赐恤、昭功、“立传”；一面惩处怯懦畏葸之首要。在这方面，光绪帝首先处分了应负全责的李鸿章。事实表明，直到对日宣战以来，由于李鸿章“并无作战之气”，对敌“一味迁延”，已激起朝臣上下的愤怒。就在八月十八日（9月17日），随着平壤守军败退的消息传来，在清宫举行的枢臣会议中，李鸿藻又指责李鸿章“有心贻误”。显然，这是并不为重的恰当指控，可是竟又有人企图维护李鸿章。但翁同龢却公开表态认为，“高阳（李鸿藻）正论，合肥（李鸿章）事事落后，不得谓非贻误，”支持了李鸿藻的意见。于是，他们便议定了对李鸿章的处分，并当即拟片进呈光绪帝。其实，此议正符合光绪帝的心意，所以他立即谕内阁宣布：

“倭人渝盟肇衅，迫胁朝鲜，朝廷眷念藩封，举师致讨。北洋大臣李鸿章，总统师干，统筹全局，是其专责。乃未能迅赴戎机，以致日久无功，殊负委任。著拔去三眼花翎，褫去黄马褂，以示薄惩。该大臣，务当力图振作，督催各路将领，实力进剿，以赎前愆。”

李鸿章在得知对他的处分后，于八月二十日（9月19日）以“据实陈奏军情”的名义上奏光绪帝。在该折中，他不得不承认，自己“督率无方，罪戾丛积，谤议咎责，实无可辞”。同时又拐弯抹角儿地加以辩解，但也道出了自己的天机。李鸿章说，从“倭事初起”，他就“夙夜焦思，实虑兵连祸结，一发难收。”原来，李鸿章与在10年前中法战争时的观点一样，到中日战争之初他仍然怀着战必败的心态。可见指责他“无战志”，“有心贻误”等等，绝非言过之词。最后，李鸿章在给予他的“薄惩”表示“感激”之余，又说自己“衰病之躯，智力短浅，精神困惫，以北洋一隅之力，搏倭人全国之师，自知不逮”。显然，这又是在为自己开脱。所以在此之后，李鸿章对于光绪帝的抗战谕电，更以敷衍的态度只起个“中转”作用罢了。但是，他对其“家底儿”北洋海军却仍然牢牢地控制不放。原在海战后的第3天（9月19日），光绪帝为尽求海陆军配合以加强沿边、沿海防御，即谕电李鸿章，在命其“查明伤亡士卒，请旨优恤”的同时，又指出“各舰赶紧修复，以备再战”。至八月二十九日（9月28日），光绪帝再次谕电李鸿章，指令“海军修补之船，须赶紧准备护口迎敌”。当时的北洋舰队，尚有各种战舰7艘，另外加上练船、炮艇、鱼雷艇共20只战船，如把伤船修复仍有一定的战斗力。但到九月十八日（10月16日），受伤船只全部修复（日本的主力舰仍在大修中），九月二十日（10月18日）丁汝昌便奉李鸿章之命率舰队驶回威海。此后，“我兵舰束于威海，巡弋所及，西不过登州，东不过成山，……坚伏不出矣。”后当旅顺吃紧，丁汝昌曾亲赴天津“请以海军全力援旅顺”，但却遭到李鸿章的严词训斥：“汝善在威海守汝数只船勿失，余非汝事也”！予以拒绝。从而把北洋舰船完全置于威海港区，使它处于“坐毙”之中。

受到处分后的李鸿章，不仅毫无“以赎前愆”的表现，反而更明目张胆地抗拒光绪帝的谕旨。所以如此，是因为他明知在其背后有个巨大的“圣慈”保护伞。可见，对于李鸿章的这种不痛不痒的“薄惩”，也反映了光绪帝的懦弱性。正如翰林院侍读学士、坚定的抵抗派官员文廷式在八月二十日（9月19日）的奏折中所说，李鸿章在前段的抗战中“罪无可辞，朝廷仅予薄惩，尤未足尽其欺饰之咎。”他进而指出，今后“若仍恃该大臣（即李鸿章——引者）一人调度，必至忿恚弃师，不可收拾”。文氏之说，不失为忠言。

于八月二十二日（9月21日），光绪帝颁谕，命四川提督宋庆“帮办北洋军务”。实际上，这既是光绪帝为削弱李鸿章之军权所做的一种尝试；也是为撤换叶志超而采取的一个步骤。因此，对于权势和派系颇为敏感的李鸿章，在他得旨后的次日（9月22日），便电告叶志超说：“昨已奉旨，派宋庆帮办北洋军务，则总统在可有可无之例”。其实，李鸿章在此电中只说出一半儿的话，仅向其亲信叶志超通个风，劝他“勿得张皇”。果然，到九月二日（9月30日），光绪帝便颁谕决定：“除依克唐阿一军外，所有北洋派赴朝鲜各军及奉省派往东边防剿各营，均著归宋庆节制”，这就等于撤销了叶志超的总统职。到九月十五日（10月13日），光绪帝即谕军机大臣等宣布，“叶志超驻军平壤，漫无布置”，以致“临敌溃退。卫汝贵所统盛军，兵数较多，全行溃散，……叶志超，卫汝贵，均著先行撤去统领，听候查办”。同时还在谕中指出，“聂士成向来带兵尚属勇往”，故命宋庆“传旨派令聂士成统带”叶、卫“所部各军”。到此，既完全解除了李鸿章的淮军嫡系的两大支柱叶志超、卫汝贵之兵权，又重用了善战将领聂士成，可谓体现了赏罚分明。从中确定了以宋庆为主，依克唐阿为副的辽东防军总指挥。

宋庆、依克唐阿，均为非淮系的“能战者”，亦均具“骁将”之称，而且他们又都有“誓心杀贼（日寇）”的斗志。但是，尤其被任为多军总指挥的宋庆，其时他已年过八旬，体力与精力均难以驾驭疆场上的征战。而且自朝退回的各军，原来就互不相属，军纪废弛，并且内部矛盾重重，加上由于战败溃退更使军心涣散。因此，未能在朝参战的宋庆“骤禀节度，多不怿，以故诸军七十余营散无有纪。”当时，光绪帝曾寄望于宋庆、依克唐阿，期待他们能“协力同心”，“奋勇齐击”来犯之敌，捍卫国土。但在实际上却难以收到激励将士、密切配合，从而加强军队战斗力的效果。

光绪帝在加紧集结队伍、整顿防军和部署鸭绿江防线之时，他又清楚地意识到，日本侵略者在侵占了平壤和控制了中朝海域之后，势必又要向中国“深入内犯”。因此又认为，我“威旅门户及沿边山海关各口”亦应“严密防范”。原在黄海海战后，光绪帝一再电令李鸿章尽速修复受伤舰只“以备再战”，就是为在本国进行全面防御做准备的。另外，早在对日宣战后的七月十五日（8月15日），湖南巡抚吴大澂请战被光绪帝批准后，于七月二十六日（8月26日）他便率4营湘军自长沙开往威海。到平壤战败后的八月二十五日（9月24日），为加强山海关一带的防御，吴大激又奉光绪帝之命，带军北上乐亭驻守。前湖北提督程文炳、总兵姜桂题、按察使陈湜、布政使魏光焘等宿将，先后经刘坤一、张之洞等荐举，均陆续在各地募勇成军，准备开赴前敌。至此，光绪帝又直接谕电刘、张，命其“催令”程文炳、姜桂题等率军“迅速遄行”，充实北部的防御力量。

光绪帝为了巩固辽东江防和加强北部京畿要地及沿海的防务，在不懈的努力中。虽然他在其中或有不当与疏漏之处，但光绪帝要继续以自卫战争来捍卫祖国领土的决心，却是坚定不移的。

然而，正当光绪帝在竭尽全力准备在自己的国土上抗击来犯之敌的关键时刻，他又遇到难以摆脱的困扰。

原来，准备为西太后举行60寿辰庆典的活动，从光绪十八年（1892年）开始启动后，于当年十二月十五日（1893年2月1日），光绪帝即据西太后的懿旨颁谕宣布，他将为此亲“率天下臣民胪欢祝嘏”。此后，光绪帝又据西太后的懿旨连连颁谕督促筹备，从而相继在各方面均做了周密安排。按原计划，庆典活动从光绪二十年（1894年）初开始，到其寿辰正日即当年十月初十日（11月7日）达到高潮。主要活动是：除了提前进行“恩科”乡、会试之外，便是重头戏为西太后上徽号、接受王公文武大臣及各将军督抚进贡物、自清宫至颐和园沿途点缀景物（统称“点景”）与设经坛、戏台，“万寿”正日时皇帝率文武百官到颐和园为太后举行贺礼，等等。所有庆祝活动，均伴以隆重仪式。事实上，这种“万寿庆典”，既是西太后炫耀其所谓“圣德”及笼络人心的时机，也是她藉以肥己的机会。所以这一庆祝活动不仅时间长、规模大，而且其耗费的人力、财力与物力尤为惊人。其中仅“点景”一项，即“耗费实多”。正因如此，自中日战起以来，光绪帝和要求集中国力一致抗敌的朝臣，均以不同的方式请停“点景”。迫于内外压力，西太后虽曾在表面上做过“应请”的表示，但她并无停办之意。因此，后来每当廷臣又奏请停办“点景”时，因慑于西太后的淫威，光绪帝也只是违心地示以“请（太后）懿旨办”而使之不了了之。

西太后周围的清廷权贵庆亲王奕劻、礼亲王世铎等，“皆贪庸寡识”之辈；后党骨干、军机大臣孙毓汶与徐用仪，同样都看着西太后的颜色行事。而且世铎、孙毓汶，又是首先被任为主办“万寿”庆典的“总办”。因此，他们对筹办庆典尤为卖力是不言而喻的。另外，孙、徐勾结；孙毓汶与李鸿章又早有密交。因而，孙毓汶与徐用仪，在清廷内靠皇太后及庆、礼二王；外联李鸿章，成为颇为霸道的后党集团势力。仅自对日宣战以来，孙、徐便与李鸿章“互相因应”，对光绪帝筹划与部署抗战多有干扰。甚至他们为了达到其不可告人的目的，还居然“删节章奏，隐匿电报”，严重地影响了光绪帝了解战情与主持抗战。孙毓汶、徐用仪所以如此，无非是唯恐朝廷倾注于战影响筹备西太后的“万寿庆典”。

在西太后看来，这一庆典关系着她的所谓“尊严”，所以成了“老佛爷”心中压倒一切的最大心事。在对日宣战前后，由于西太后怀有侥幸心理的支撑，对此未便再明显表露。但到八月（9月）中旬之后，随着“庆辰将届”，她便按捺不住了。什么战事告急、国家危机、部署抗敌卫国等等，均可置于一旁，其“万寿庆典”是绝不能有误的。于是，在平壤守军与敌展开浴血奋战，并随之处于“败信迭至”的紧急时刻，清宫仍于八月十六日（9月15日）为西太后举行了盛大的加徽号典礼。而这则表明，西太后的“万寿庆典”正式开场了。西太后得意地降懿旨连日“赏听戏”，致使一些因平壤战败而忧心忡忡的朝臣，无奈只得“饮泣”而坐。接着，到八月二十六日（9月25日），正当光绪帝在全身心地加紧部署边防之时，西太后又降懿旨以颁谕的方式宣称：

“本年十月，予六旬庆辰，率土胪欢，同深抃祝。……自大内至颐和园，沿途跸路所经，臣民报效点缀景物，建设经坛。予因康熙、乾隆年间，历届盛典崇隆，垂为成宪。自六月后，倭人肇衅，……刻下干戈未戢，征调频烦，……予亦何心侈耳目之观，受台莱之祝耶！所有庆辰典礼，著仍在宫中举行，其颐和园受贺事宜，即行停办”。

在此，西太后对众怒所向的“点景”，公然以继承祖制为名予以公开肯定了。遂即她又以伪善的面孔宣布，把“庆辰典礼”改在宫内举行，似乎这就是其关心战事地体现了。至于没完没了的庆祝仪式及收受廷臣疆吏的贡物等，均只字未提。其实，这是西太后在以换汤不换药的手法，为自己的60寿辰庆典发布的开场白。

由于西太后为了个人的私欲，在敌军逼近国门之时又要大肆挥霍，因此到九月十四日（10月12日），颇有些勇气的礼部侍郎李文田等，又联名上奏“请停点景”。这时，西太后或许感到对此硬压已无济于事，遂于次日命世铎出面传太后懿旨，声称“一切点景俱暂停办”。事实上，这还是一种骗人的伎俩。直到十月二日（10月30日），仅据枢臣所见，在“蕉园、锡庆皆有彩殿，北长街皆有点景”。可见西太后的“停办”云云，仍为一派谎言。在国家处于危难之秋，一朝之大的西太后依然醉心于穷奢极欲之中，而且她的亲信官僚，又在为其误国行径而推波助澜。在这种情况下，更使那些关心战事和国家命运的朝臣为之焦虑。于是，有些爱国官员在思索与酝酿挽救之策。

早在对日宣战后的七月三日（8月3日），原靠近帝党的侍郎长麟，了解一些清廷内情便首先奏请“起用恭亲王”。

清皇族中老资格的恭亲王奕䜣，不仅是西太后发动辛酉宫廷政变时的得力支持者，又是在同治朝与光绪初年控制军机处及主持总理衙门的显赫人物。在光绪十年（1884年）被西太后罢官后，从他集唐诗而云“猛拍阑干思往事，一场春梦不分明”来看，奕䜣的心情并未就此沉沦。但历经与西后的权势之争而失落的奕䜣，此后却又“闭门思过”，以隐居式的生活而自得。

由于奕䜣具有这种特殊的身份与经历，使一些希望廷内能有制约西太后和左右军政的人来挽救危局的朝臣，便对他产生了寄托的心情。又因奕䜣后来成为西太后的政敌，并由此而失势；而且西太后的专横已多有人知。所以要起用他显然具有重大风险，如果失当则“罪在不测”，从而使这些人又欲言而“不敢言”。况且此前的内外形势尚非特别明显。因此，起初当长麟提请起用奕䜣时，因未在朝内得到响应而作罢。到八月（9月）中旬，随着平壤战败“警报叠来”，抗日战事出现越发明显的颓势。同时，西太后也随之为其寿辰庆典拉开场面，又露出其倒行逆施的真面目。值此之际，在南书房行走接触过廷内枢要的侍讲学士陆宝忠，便与直南书房的侍读学士张百熙私下议论，他们都感到“欲挽艰危，非亟召亲贵（即恭亲王奕䜣——引者）不可”。但陆、张深知此事的难度与面临的风险，因此他们又经数日筹议，于八月二十七日（9月26日），陆、张再“谋”于资历较深而且敢言的李文田。李文田“忠义奋发，愿不避谴责，联衔入告”。于是，他们便立即拟折，并另约其他3人联合署名呈递。次日（9月27日），翁同龢在书房看到李文田等的这份“联衔”奏折时，又触发了他的同感。为了积极配合这一行动，翁同龢在取得李鸿藻的赞同后，遂即联合拟折附议：

“臣等伏思恭亲王勋望夙隆，曾膺钜任，前经获咎，恩准养疴。际此军务日急，大局可忧，恭亲王懿亲重臣，岂得置身事外？李文田等所奏各节，不为无见。谨合辞吁恳天恩，可否恭请懿旨，将恭亲王量予任用之处，伏候圣裁。”

此折递上之后，翁、李于当日（即9月28日）趁帝、后召见时，又共同面奏“请起用恭亲王”。当时，“太后执意不回，虽不甚怒，而词气决绝”，拒绝了这一请求。在此期间，光绪帝每阅一折，均“必问”翁同龢“可否”，说明他们之间的关系更加密切了。在这种情况下，翁同龢对有关军政的重大举动，无疑也会与光绪帝相通；并且西太后回绝翁、李奏请起用奕䜣时“皇上同坐”。显然，光绪帝对此亦不能等闲视之。固然此事的原委均在密中，但在当时，光绪帝对奕䜣确也“向之殷”，寄予了期望。因此，光绪帝在与西太后一起召见翁同龢等的当天，又单独召见了陆宝忠，并向他面授机宜，表示“欲得外廷诸臣协力言之”。或许通过西太后拒绝翁同龢、李鸿藻及李文田等少数廷臣奏请的事实，使光绪帝越发感到，只有得到更多朝臣的支持，方可促使太后起用恭亲王。陆宝忠受命后，便趁热打铁，又迅速地串联了吏部尚书徐桐及翰林科道57人，继续“联名”呈折奏请，于是在很短的时间内，便在清宫形成了一个颇似引人注目的、要求起用奕䜣的声势。当时正在向求和倾斜的西太后，头脑似乎又冷静下来，对以前由于“专办抚局”著称的恭亲王可能产生了一种新的兴趣。于是，光绪帝的策略果然奏效。九月一日（9月29日），光绪帝奉西太后懿旨颁谕宣布，命恭亲王奕䜣“在内廷行走”，“管理总理各国事务衙门事务，并添派总理海军事务，会同办理军务”。至此，恭亲王奕䜣又重新上台了。

策划鼓动起用奕䜣与在此前对李鸿章的处分，有着密切的联系。都是以光绪帝为首的清政府抵抗派，为了进一步在清廷上层排除干扰争取抗战转机所采取的重大举措。然而，对李的“惩处”只不过是一种警告而已，既未丝毫触动他的权势，更不可能改变其对敌怯懦的心态。因此直到奕䜣被起用后，李鸿章仍然受到廷内外群臣的猛烈抨击，但在当时光绪帝并未对他再采取更为有力的惩罚措施。翁同龢曾主张“易帅”，他在这期间对李鸿章的一些指责并非出自私见，同样他也没有勇气再向前迈进。为了起用恭亲王，光绪帝亦费尽了心机。翁同龢、陆宝忠等对朝政、战局忧心如焚的廷臣，更是不畏艰险在前场奔波呼号。但是，把振作朝政与扭转战局的众望寄于奕䜣一人身上，未免是一种天真的幻想；何况这个恭亲王“年已老又叠经废置，……遂因循焉”。他在政治上的锐气，亦今非昔比了。所以到奕䜣复出20多天之后，在辽东防线频频告急之际，清宫仍又演出向西太后“进贡物”的闹剧。昏暗的清廷依然如故。在这种情况下，光绪帝和原来那些为起用奕䜣而卖过力的朝臣，方不得不感到，盼回来的这个恭亲王亦“不足恃”。因此，以光绪帝为首的抵抗派，力图整顿朝政扭转战局的愿望。又将在侵略者扩大的战火中化为烟云。

2. 主和派的得势

日军侵占平壤后，它便将整个朝鲜置于其军事控制下。大东沟海战后，日本海军又利用李鸿章的惧战态势，使黄海制海权落入其“掌中”。于是，日本侵略者便按照其预定的侵略计划，把战火引向中国本土。到九月二十七日（10月25日）前后，从鸭绿江上游偷渡后，即迅速抢占了清军防线的“总根据地”九连城。随后，安东、宽甸等军事边城相继失陷，鸭绿江防线随即瓦解。此后不久，凤凰城、岫岩又先后失守，使清朝的陪都沈阳和兴京皇陵受到直接威胁。与此同时，日本第二军在花园口登陆后，于十月九日（11月6日）经激战攻陷金州，到十月二十四日（11月21日）海军要塞旅顺失陷，并使我无辜百姓2万来人倒在血泊中，暴露了日本侵略者的凶残性。至此，辽东与辽南的沿边重镇相继沦失，大片锦绣河山横遭侵略者的践踏；无数平民被日寇蹂躏与屠杀。从而锦（州）、山（海关）告急，京津震动，中国的抗战陷入严重的危机之中。

正当日本侵略者踏破国门大举入侵之际，焦急万分的光绪帝于十月三日（10月31日）召见奕䜣、奕劻，欲商应急对策。但上台不久的恭亲王竟然不着边际的大发空谈，使光绪帝的召见大为扫兴。当日，翁同龢、李鸿藻求见西太后，欲“力陈京师阽危情形”时，她竟另行召见世铎、奕劻尽言“庆典”事。此时此景，翁同龢也痛心地感到，“时事如此，令人嗟诧”。西太后所以对战争的危局无动于衷，是因为她正专注于自己的寿辰庆典，对日态度已发生变化，其注意力正在转移。

早在平壤失守后，随着抗战的不利局面越发明显，西太后原来对战争存有的侥幸心也随之破灭；同时她的寿辰庆典又日益迫近。于是，西太后的心理重心开始转向。在光绪帝与抵抗派官员加紧策动起用奕䜣时，西太后又以另外一种紧迫感，于八月二十八日（9月27日）突然打破常态，公开出面召集了一次枢臣会议。会上，西太后既以冷漠的态度避开翁同龢力陈的战争危机局面；又拒绝了翁同龢、李鸿藻要求起用奕䜣的奏请。会议的中心竟成为西太后（下简称后）与翁同龢（下简称翁）进行的一场事关重大的授命对话，据《翁文恭公日记》载：

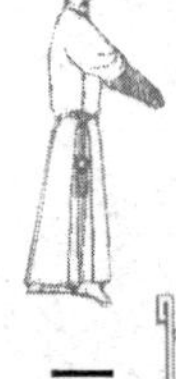

后：“有一事，翁某（同和）可往天津面告李某（鸿章），此不能书廷寄，不能发电旨者也。”表明这是一次绝密使命。

翁：“何事?”

后：“俄人喀希尼前有三条同保朝鲜语，今喀使将回津，李某能设法否?”

翁：“‘此事有不可者五，最甚者，俄若索偿，将何畀之？且臣于此等始未与闻，乞别遣。’叩头辞者再，不允。”

后：“吾非欲议和也，欲暂缓兵耳。汝既不肯传此语，则径宣旨责李某何以贻误至此！朝廷不治以罪，此后作何收束？……。”

翁：“若然，敢不承。”

后：“顷所言作为汝意，从容询之。”

翁：“‘此节只有李某复词，臣为传述，不加论断。臣为天子近臣，不敢以和局为举世唾骂也。’允之”

尽管西太后的话遮遮掩掩，甚至施以谎言。但路人皆知，她是要借翁同龢之口向李鸿章示意：可以依靠俄国对日求和了。虽然西太后在当时谈和还有点羞羞答答，但她的“主战”面纱已经撕去。正因如此，翁同龢不愿为她承受骂名，一再推辞；但他又不敢过分抗拒西后。结果，在只作“传述”的条件下，翁同龢接受了这一任命。

九月初二日（9月30日），翁同龢到天津总督署见到李鸿章时，又接到给他与李鸿章的廷寄一道，命李、喀晤面的详情由翁同龢“回京复奏”。这是西太后施展的又一伎俩，既防止翁同龢此行不能尽其意；又表明她对此事的重视，还暴露出西太后也要把翁拉入求和轨道的用心。老谋深算的翁同龢，便以其人之道还治其人之身的办法对李鸿章说：“出京时，曾奉慈谕（西后之谕——引者），现在断不讲和，亦无可讲和”。但同时又说，“喀使既有前说，亦不决绝。今不必顾忌，据实回奏。”他又委婉地传达了西太后的意图，对依俄求和开了绿灯。到九月六日（10月4日），翁同龢返回北京向西太后回奏时，他除详述会见李鸿章的情形外，又“力言喀事恐不足恃”，还说“以后由北洋（李鸿章）奏办，臣不与闻”。翁同龢在复命之余，再次申明不介入依俄求和事。其实，他对此事是持以否定态度的。然而在光绪帝仍加紧主持抗战的关键时刻，翁同龢奉命的天津之行，却成为西太后的立足点移向对日求和的重要体现。但她的这种愿望，也只不过是一厢情愿。

这一举动的全过程，虽然都是在颇为秘密的情况下进行的，然而翁同龢“密赴津沽议抚议”的消息仍然很快传开。于是，在坚持抗战的帝党营垒中，立即产生强烈反响。事实上，从中日开战以来，妥协势力的求和企图从未消失；同时反妥协的呼声亦未间断，只是随着形势的演变而时隐时现、时起时伏罢了。到这时，与翁同龢关系密切的翰林院修撰张謇，在翁氏回京后的九月七日（10月5日），率先递上《推原祸始防患未来请去北洋折》，愤怒地谴责了李鸿章一贯“主和误国”的可耻行径。紧接着，志锐出阵；文廷式也联合翰林35人连衔呈折，都异口同声地抨击议和企图。但是他们设计的对策，不外乎“联英伐倭”或“联英德以御倭”而已。这些帝党官员的主张，固然都是立足于抗日，与西太后、李鸿章的依俄求和有着根本的区别。但他们都把自己的命运寄希望于列强，因此均为不切合实际的幻想。

西方列强，首先是在华利益占压倒优势的英国，既唯恐“战争继续下去可能损害英国的贸易”；又担心战争扩大有在中国“引起屠杀外人的危险。”因此，从九月八日（10月6日）以来，英国政府便通过外交途径与德、俄、法、美、意等国政府进行磋商，企图对中日战争组织联合的促和活动；同时又探询日本的意向并逼迫中国屈从。其实，英国的目的是出于“自保”，力求避免因日本的大举入侵而打破列强在华形成的侵略格局；同时又不愿挫伤日本。因此，英国提出的促和条件是：列强保证朝鲜“独立”和中国对日赔款两项。当时其他列强所考虑的也只是“在朝鲜的政治和商业野心的利益”，而且又对中国各怀鬼胎，彼此间矛盾重重。因而，其他各国政府先后以各种借口拒绝与英国联合促和。当时日本侵略者的野心正急剧膨胀，认为“事态尚未达到足以保证在谈判上得到满意的结果”的程度，从而也拒绝了英国的建议。正是在这种情况下，一直在标榜“严守中立”的美国政府，后来便逐步插入中日议和交涉。

黄地粉彩福寿桃碗

英国搞的联合促和活动虽未成功，但它还在单独行动。九月十五日（10月13日），英国驻华公使欧格纳到总理衙门提出其政府的促和条件，并“限即日定议”。次日，清廷枢臣在商议此事时，孙毓汶、徐用仪气势汹汹地“力主应允”，他们扬言，若“不如此不能保陪都，护山陵。”但翁同龢、李鸿藻却严厉地指出，这是英使在“要挟摧逼”，并质问孙、徐“何不称上（光绪帝）意不允以折之?”可是，孙毓汶和徐用仪仍顽固地坚持己见。无奈之下，翁、李又求见西太后力求争取挽回。然而他们发现“天意已定（此指西太后已决意言和——引者），似不能回矣。”围绕如何对待欧格纳逼和在清廷中枢展开的这场激烈争论，是坚持抗战与屈辱求和之争的首次正面交锋。结果，以西太后为首的主和势力占了上风。

由于西太后及后党骨干人物步步转向对日求和，所以他们对抗战的势态也就越发冷淡了。而且随着太后寿辰庆典活动的摊开与战局的不断恶化，加上外来迫和风的扇动，这些人的求和活动也加快了步伐。

在这变故一齐拥来的时日里，清廷统治集团中也呈现一片混乱。时而太后问诸臣“计将安出?”其实她的主意已定；孙毓汶大谈“各国调处”；翁同龢坚拒和议。这时，奕劻竟出来请奕䜣"督办军务"。无论奕劻的用意是什么，光绪帝却抓住他的奏请，于十月初五日（11 月 2 日）颁谕宣布设督办军务处，命奕䜣"督办军务，所有各路统兵大员，均归节制"。同时，任命奕劻帮办军务；以翁同龢、李鸿藻、荣禄、长麟为商办。另外，命奕䜣、奕劻及翁、李、荣、长办理新设巡防处事宜；又以怀塔布、李文田、汪鸣銮等主持团防。次日，西太后降懿旨，补授翁同龢、李鸿藻为军机大臣。在这次对清廷枢要的系列任命中，除尚属微妙人物奕䜣之外，荣禄原为西太后的"宠臣"，后因"被劾纳贿"调出京城任西安将军。此前，他为西太后寿辰"祝嘏"来京，被授为步军统领留京。其余除了后党骨干，也有帝党的中坚。无疑这是一种调和的结果。所以如此，显然是体现了帝、后的不同用意。西太后企图以任用亲信、笼络重臣的手段来加强求和的阵容；光绪帝力图以转移用兵权和设巡防处办团防来摆脱李鸿章的干扰，坚持抗战，抵制求和。因此，于事后的十月八日（11 月 5 日），翁同龢在其日记中记云："上英爽非复常度，剖决精明，事理切当，天下之福也"，称赞了光绪帝的决断。其实，光绪帝尤其是对奕䜣的任命，又是一大错招。

奕䜣被提到主管兵事的重要位置后，却迫不及待地在次日与奕劻、孙毓汶等召见俄、英、法、德、美驻华公使，乞求他们帮助中国寻求"和平"。可以说，这是奕䜣在复出后其政治态度的公开亮相。此后，他又继续沿此轨迹滑行到妥协势力的一边。在这严酷的事实面前，原来对这个恭亲王怀有巨大期望的光绪帝和一些以国难为忧的官员，只得作茧自缚了。

来自清统治集团核心的乞和风，又迅速地波及于下。十月十二日（11 月 9 日），吉林将军长顺，在他的奏折中声嘶力竭地叫嚷中国所有各军都"不足恃"。长顺认为，如再继续战下去"大局不堪设想"。言下之意，中国只有对日屈服了。随后于十月二十日（11 月 17 日），陵寝总管联瑞在联名致清廷电中说得更加露骨，他们借口"保全民命"，不分青红皂白地扬言与"侵扰中国"者言和"自古恒有"。于是，联瑞等公开要求应"派大臣与之议和定约"。此外，一些患"软骨"症的内外权势者也随声附和。从而，自上而下扇起的求和阴风阵阵袭来；抗战形势日趋严峻。光绪帝和抵抗派官员的卫国之志，受到越来越大的压力。

但是，在战与和的问题上，这时光绪帝和坚持抗战的官员却未被压服或软化。

已向日本表示出"善意"的美国政府，在日本侵略军攻陷旅顺的当天（11 月 21 日），它的驻华公使田贝，便奉其政府的训令到总理衙门表示愿为中日战争"调处"。并代为清政府拟出求和照会，提出以朝鲜"自主"和"赔偿兵费"为条件的停战建议。次日，又由他致电美国驻日公使谭恩让他转达日本外务大臣。对此，日本方面仍表示"不能接受"予以拒绝；但对西太后等人来说，却对田贝的举动感到是求之不得的。恰在此刻，光绪帝断然指出："冬三月倭人畏寒，正我兵可进之时，而云停战，得毋以计误我耶?”表明了抵制求和的严正立场。接着于十月二十七日（11月24日），又以旅顺失守，光绪帝电谕李鸿章宣布：“该大臣（即李鸿章——引者）调度乖方，救援不力，深感痛恨。革职留任，并摘去顶戴，以示薄惩而观后效。”再次惩处了李鸿章。旅顺的沦失，李鸿章固然负有不可推卸的责任，但当他正与奕䜣秉承西太后的意旨加紧对日求和时，对李鸿章的这种惩处又等于为求和活动泼了冷水。

由于光绪帝在战、和问题上的态度越发分明，毫不含糊，公开拒绝与主和势力合流。因此，他便成了西太后推行求和方针的重大障碍。于是，西太后便采取了杀鸡儆猴的手法，企图以此来胁迫光绪帝和削弱抵抗派势力。从而，使战、和之争日趋激化。

就在光绪帝惩处李鸿章后的第3天（11月26日），西太后便出面单独召开了枢臣会议。在会上，她强行宣布了惩处瑾、珍二妃的懿旨：

“本朝家法严明，凡在宫闱，从不干预朝政，瑾妃、珍妃永侍掖廷，向称淑慎，是以优加恩眷，洊陟崇封。乃近来习尚浮华，屡有乞请之事。皇上深虑渐不可长，据实面陈。若不量予儆戒，恐左右近侍藉以为夤缘蒙蔽之阶，患有不可胜防者。瑾妃、珍妃，均著降为贵人，以示薄惩而肃内政。”

这一“薄惩”，使瑾、珍二妃连降两级。惩处的原因，说是“习尚浮华，屡有乞请”，属于“干预朝政”，而且光绪帝对此又颇为“深虑”。可谓问题严重，“罪”有应得了。但到底如何“浮华”、有何“乞请”竟然“干预朝政”？却无一句明言。

不过，在翁同龢的《日记》中，却透露了一些瑾、珍二妃获“罪”的缘由：

十月二十九日（11月26日）“皇太后召见仪鸾殿，先问旅顺事，次及宫闱，谓珍瑾二妃，有祈请干预，种种劣迹，即著缮旨降为贵人等因。臣等（翁同龢等——引者）再三请缓办，圣（西太后）意不谓然。是日，上（光绪帝）未在座，因请问上知之否？谕之‘皇上意正尔’。命即退，前后不及一刻也。鲁伯阳、玉铭、宜麟皆从中宫乞请，河南巡抚裕宽，欲营求福州将军未果”。

西太后以其心腹太监总管李莲英，搜集到珍妃通过太监（亦称中官）卖官的事，利用光绪帝“未在座”向枢臣大加渲染决意惩处瑾、珍二妃，但其矛头却是指向光绪帝与帝党的。三天后，西太后又在仪鸾殿召见枢臣。这时，她又斥责“二妃（主要是珍妃——引者），种种骄纵，肆无忌惮”，并谓“珍妃位下太监高万枝，诸多不法”，欲兴“大狱”扩大事态。对此，翁同龢认为“有伤政体”，奏请将高万枝“交内务府捕杀之”罢了。结果不仅杀了高万枝，还惩处了侍奉珍妃的太监长泰、永禄等人。这次西太后对瑾、珍二妃的惩处，并非只此。

就在处死高万枝的前一天，西太后又授意特制两块禁牌。其一是给瑾、珍二妃立的，上墨书谕旨：

“光绪二十年十一月初一日，奉皇太后懿旨：瑾贵人、珍贵人著加恩准其上殿当差随侍，谨言慎行，改过自新。平素装饰衣服，俱按宫内规矩穿戴，并一切使用物件不准违例。皇帝前遇年节照例准其呈进食物，其余新巧稀奇物件及穿戴等项，不准私自进呈。如有违制，重责不贷。特谕。”

此谕主要是针对珍妃的。在其中，对珍妃的随意着装列为禁条。更严重的是，不准二妃在平时向光绪帝呈送物品，企图切断他们之间的感情纽带。让二妃以“当差”的身份“随侍”光绪帝“改过自新”，算是皇太后给她们的最大“恩典”了。

另一个禁牌，是赐给隆裕皇后的。上书：

“光绪二十年十一月初一日，奉皇太后懿旨：皇后有统辖六宫之责，俟后妃嫔等如有不遵家法，在皇帝前干预国政，颠倒是非，著皇后严加访查，据实陈奏，从重惩办，决不宽贷。钦此。”

在此，又表现了西太后权威的“神圣不可侵犯”性。藉此事件，她不仅为隆裕皇后出了气，且把其强为光绪帝妻娶这个侄女皇后的真实目的亮了出来。表面上是肯定皇后具有统辖六宫之责，其实是明确地让她访查所谓“在皇帝前干预国政”的行为，亦即监视光绪帝。再次露出西太后在“家事”中隐藏的政治目的。

晚清官场的腐败，到西太后掌握清朝大权时，已成不治之痼症。“官以钱买，政以贿成”；“一年清知府，十万雪花银”。官场无异于市场。据无数时人笔记、文集等大量记载，当时宫廷中，通过王公枢臣以及一些太监走所谓侍奉主子的内线，卖官鬻爵已是尽人皆知的公开捞钱门径。以办海军为名实则修三海、颐和园的报效捐，更使这一丑恶政风大涨。走李莲英的内线，西太后自然是卖官的最大“老板”。原为一个宗室远支的奕劻，便是肯在李莲英面前大花银子，打通西太后的关节，方成为清廷之显要的。在这种背景下，“珍妃蒙混请求光绪帝，私卖官爵”的事即使属实，亦不足为奇。而且据清宫太监信修明回忆：“妃嫔在宫，无不艰窘。珍妃很好用钱，又常施惠于群监。近之者无不称道主子（珍妃）之大方。钱不足用，即想开源之道”。当然乘机卖几个官缺，即是其“源”了。显然对她来说，这种事无疑是小巫见大巫了。说到当年（1894年）发生的鲁伯阳和玉铭买官事件，更主要是反映了清封建政权的腐败。

可见，在战、和之争的关键时刻，西太后抓住珍妃的一些隐私等问题大做文章，并扩大事态。不只是把无辜的瑾妃也连上，而且还加害太监多人，制造了一起宫廷惨案，公然挑起了一场“内争”。很明显，西太后“惩处”瑾珍二妃、尤其是珍妃，其用意是警诫光绪帝和打击坚持抗战的帝党势力。果然，就在她处罚了瑾、珍二妃和处死太监高万枝之后，又把矛头直接指向了志锐。作为瑾、珍姐妹的堂兄，帝党骨干志锐，是光绪帝坚持抗战反对求和的忠实支持者。他不仅已是抵抗派在舆论上的先锋，后又身体力行勇于参加抗战实践。此前，当光绪帝决定设立巡防处，要围绕北京办团防准备以御敌时，志锐指出“京北空虚”，但热河一带“猎户极力”，认为应在此“速办乡团”保卫北京。于是，他在十月七日（11月4日）上奏表示“愿效驰驱”，要求亲赴热河募勇办团练。遂即得到光绪帝的允准，成为帝党企图抓武装的一次尝试。但当志锐出京后，由于前线越发吃紧，各地频频告急，光绪帝又命志锐“回京当差”。当西太后淫威大作，向抵抗派步步施加压力时，十一月初三日（11月29日）她又降懿旨，宣称“志锐举动荒唐”，下令“撤志锐回京当差，招募团练均停办”。显然，在西太后的心灵中，排除异己、削弱帝党势力远远重于备战御敌。到十一月初八日（12月4日），她在把奕䜣又拉进军机处的同时，还进而以明升暗降的伎俩命志锐为乌里雅苏台参赞大臣，将其调出北京。而且宣布，撤除满汉书房，企图再拔除已成为光绪帝与其近臣议事筹战的据点。

面对西太后咄咄逼人的攻势，起初，光绪帝竟步步退却。惩罚二妃，他“意极坦坦”，听之任之；调出其得力支持者志锐，也屈从忍让。但对于撤书房，光绪帝却不甘让步了。在西太后下令撤书房的次日（12月5日），他以“正典学，奈何輟讲”为由命奕䜣转告太后，表示“书房不欲撤”，并且光绪帝仍然频繁地召翁同龢等到书房议事。阴险狡诈的西太后，或许觉得她的举动太露骨了，所以随后又对撤书房的事予以松动。然而西太后无视国家利益的倒行逆施，却在廷臣中激起强烈反响。对此，翁同龢认为，在“军务倥偬”之际，应尽量避免“朝局嚣凌”，因此他一再当面予以调解。此外，有的官员在奏折中指出，光绪帝“过仁慈”，希望他对“廷臣水火”应“分别邪正”。对于这种善意的劝告，光绪帝虽然“许之”，但又无可奈何。当时，御史高燮曾的表现尤为突出。

高燮曾，字理臣，湖北武昌人，曾任职顺天府，后任广西道监察御史。他是“翰林敢言者”，对朝政得失及时政多有直言。当高燮曾得知西太后对坚持抗战的君臣等大耍淫威时，他立即上奏指责“枢臣不应唯阿取容”，助纣为虐。并严厉地指出“挟私朋比，淆乱国是，若不精白乃心，则列祖列宗在天之灵，必诛殛之”。这种揭露与谴责，实际是抨击了西太后的暴虐行径，而且一针见血切中要害。因此西太后视高折为“离间”，扬言“必加辨驳”。但经翁同赫等枢臣的解围，方得以平息。在此当中，反应更为激烈的是御史安维峻。

安维峻（？-1926年），字晓峰，甘肃秦安人。光绪六年（1880年）进士，以庶吉士授翰林院编修，光绪卜九年（1893年）转任福建道监察御史。安维峻也是翰林院少有的“敢言者”。于十二月初二日（12月28日），在他进呈的奏折中，首先尖锐地痛斥李鸿章“不但误国，而且卖国”，并愤怒宣告“欲食李鸿章之肉”以解天下臣民的深切大恨。随后，安维峻又以满腔的怒火，揭露了“和议出自皇太后，太监李莲英实左右之”的丑闻。接着他还大胆地质问，“皇太后既归政皇上，若仍遇事牵制，将何以上对祖宗，下对天下臣民”?！在此，安维峻说出了众臣欲言而不敢言的话，而且爱憎分明，义正词严，对西太后祸国的丑恶嘴脸暴露得淋漓尽致。他的这份奏折，犹如一把利剑直刺西太后的最痛处，她岂能容忍！因此，光绪帝“虑为后（即西太后——引者）知，将置维峻重典”。遂命将其奏折封存，并在当日把安维峻革职发往军台，避免了一场血案。安维峻“以言获罪，直声中外，人多荣之”。这是对他充满爱国豪情的果敢行动的一种慰藉。

西太后拉过来奕䜣加强了妥协势力之后，又采取了一系列阴谋手段，削弱了以光绪帝为首的抵抗派力量。于是，她便按其既定的妥协方针，加速了对日求和的进程。

（五）屈辱议和

1. 求和被拒

西太后向光绪帝和坚持抗战的官员大施淫威的过程，也是她放手推行求和方针的重要阶段。其间，奕䜣扮演了举足轻重的角色，他以颇有权威性的老亲王身份，聚结清廷内外的主和官僚，秉承西太后的旨意竭力在前场主持求和活动。至此，奕䜣已成为主和派的支柱，表明清统治集团中的妥协势力已占据了明显的优势。因此，进入光绪二十一年（1895 年），以光绪帝为首的抵抗派的力量进一步削弱，其处境越发艰难。清政府抗战的败局，已成为难以扭转之势。复出不久的恭亲王奕䜣，在甲午年十月（1894 年 11 月）初与奕劻等召见五国驻华公使请求列强调停中日战争，就是把西太后的对日求和方针从酝酿推向实施所采取的具体步骤。接着在当年十月十三日（11 月 10 日），他便派总理衙门大臣张荫桓密赴天津，向李鸿章传达西太后的“须亟筹救急之方”的旨意，并开始商讨遣使求和事宜了。李鸿章确也是个办“议款”的老手，他在十月十六日（11 月 13 日）致奕䜣函中说，如“剧由我特派大员往商，转虑为彼轻视”。认为，应先派天津海关税务司英人德璀琳赴日试探。李鸿章的这一主张，被奕䜣采纳，从而演出一场派外国人赴日探和的插曲。

稍后，奕䜣又按照西太后的意图，仍紧紧地抓住美使田贝这条渠道。于十月二十五日（11 月 22 日），通过田贝及驻日美使谭恩，向日本转达了清政府提出的议和条件。此举，便成为“中国政府直接向日本政府提出媾和条件的第一步”，揭开了向日本侵略者求和的帷幕。

在此期间，日本的最高决策者，通过驻外使节进一步了解到，随着其侵华战争的扩大，西方列强对战争后果的“疑惧”也越发强烈。于是从十月（11 月）下旬以来，他们便改变了一味拒和的态度，分别采取了软、硬兼施的两手策略。对欧美列强，放出要与中国谈和的风声，企图以此来缓解列强各国的担心；对于中国，继续采取攻势，力求在军事压力下逼迫清统治者屈服。同时，日本侵略者也意识到，勒索中国的“媾和谈判的时机迟早必会成熟”。因此，到这时，他们对清政府的求和也不完全拒绝了。不过，对于仅以李鸿章的名义派德璀琳赴日探和的举动，日本统治者从一开始就把它视为“私人”间搞的一出“儿戏”，未予理睬。在此之前，由于美、日之间对中日战争的收场问题有过某种默契，所以日本侵略者对此时美国驻华、日公使的居间串通，却引起了重视。故于十一月一日（11 月 27 日）日本政府作为对十月二十五日（11 月 22 日）由田贝电谭恩转达清政府建议的答复，又经谭恩与田贝向清政府提出一项备忘录。在其中，日方虽然又拒绝了清政府提出的朝鲜“自主”与对日赔款两项议和条件，但却明确提到，“中国政府如真诚希望和平，可任命具备正当资格之全权委员”与日本代表“会商”。到此，日本当权者终于为议和谈判敞开了一条缝隙。当时，正向光绪帝施加压力的西太后，似乎从这件备忘录中得到一粒宽心丸。于是她便抖起精神，在十一月初八日（12 月 4 日）单独召见奕䜣等“商遣使请和事”。同日，西太后又授奕䜣为军机大臣，进一步表明她对这个恭亲王的再度器重，从而加强了妥协势力的阵容。

西太后急切求和，其主要目的是希望早日罢兵息战。按照惯例，两国交兵，尤其在和谈期间理应停战，美使田贝即如此主张。当时，翁同龢也认为“停战即在派全权之中，全权即派，战必自停”。但是，欲把清统治者置于绝境的日本当权派，却对此一再搪塞，拒不松口。另外，求和的代价，又是西太后等越发感到不托底的难题。因此，当她决心派出全权代表时，又命奕䜣通过田贝再予试探。然而，野心勃勃而又极为狡诈的日本侵略者，既唯恐过早暴露议和条件可能引起西方列强的干涉；又不愿在清朝统治者屈服之前泄露其天机。所以经日本首相伊藤博文和外相陆奥宗光的议定，对谈判条件采取了绝对保密的方针，使清政府的试探一再碰壁。

这时，西太后及奕䜣、李鸿章等，虽已决心求和，却又不甘心对日完全屈从。于是，他们又企图在谈判地点等问题上争些有利于自己的地位，避免“为所要挟”。然而，不力争改变自己在战场上的被动处境，只企图以乞求敌人的让步来摆脱被要挟的处境，显然同样是徒劳的。因而西太后在谈判地点等问题上的要求，也被日方一一驳回。于是，他们既要求和，只有被日本侵略者牵着鼻子走了。到十一月二十四日（12 月 20 日），按照日方的要求，西太后命奕䜣请田贝致电谭恩，将清政府以总理衙门大臣张荫桓及湖南巡抚邵友濂为全权代表赴日会商的任命，转告日本政府。随后，日本方面在十一月三十日（12 月 26 日）的回电中，除笼统地说他们也将任命两名全权代表之外，却单方面宣布以广岛为会议地点。至于会议时间，声称当中国全权代表到达广岛后“尽速通知”。很明显，这岂是要议和？而是在向清政府下达指令。

此期间，在受着内压与外逼之中的光绪帝，并未动摇其初衷。对内，他尽力避免内争；对外，依据战局的变化光绪帝在不时地“问军务处有何布置”之外，仍直接主持对敌的反击与防务。

由于旅顺失守后山海关内外及北部沿海各口越发吃紧，并且京津亦受到日益严重的威胁。因此，光绪帝在极力调动“各省兵勇北上”以加强京畿防务的同时，还相继电谕李鸿章、裕禄等，命转战辽南与辽东的宋庆、依克唐阿、聂士成等将领“同心协力”保卫“辽沈”；谕令山东巡抚李秉衡迅速“派兵严密防守”北洋海军基地威海卫；命驻守乐亭的吴大澂在山海关一带准备御敌；并命管辖江南沿海的各督抚“一律严防，勿稍松劲”。此外，在筹措军饷和运送武器装备等方面，光绪帝也不遗余力，一再命户部及李鸿章、署南洋大臣张之洞等认真筹办。并且为了进一步激励广大将士奋勇抗敌，他又加紧了对一些临阵“退缩”将领的惩处。于十二月初二日（12 月 28 日），光绪帝在处理了安维峻抨击西太后事件的同时，又降谕任命两江总督刘坤一为钦差大臣，宣布“所有关内外防剿各军均归节制。”这是一项颇有震动性的重大措施。

刘坤一（1830-1902 年），湖南新宁人。早年从道员刘长佑率领的湘南楚勇，配合曾国藩的湘军在湖南、江西一带与太平军作战。咸丰九年（1859 年），刘长佑任广西巡抚后，刘坤一接统其全军。此后 10 余年间，他又一直是在镇压太平军、天地会等农民起义的戎马生涯中度过的。刘坤一由于在镇压农民起义中，剿抚兼施“累战皆捷”，②从而步步升迁，先后被授予知州、道员、布政使、广西巡抚。同治十三年（1874 年）命署两江总督，次年（光绪元年）升任两广总督，光绪五年（1879 年）调任两江总督，兼南洋通商大臣，成为属于湘系的显赫疆臣。刘坤一升任两广总督后，既赞成设厂造船炮；又把学习外国视为“变华为夷”，似属洋务派的右翼。在 19 世纪 70 至 80 年代边疆危机时，他认为日本“终为我患”，沙俄也将“为我劲敌”。因此，刘坤一支持加强海防；又拥护左宗棠收复新疆；也主张援越抗法。但其思想比较保守，时而以“老成”自居。

光绪二十年（1894 年）夏，当日本侵略者把战争强加给中国之后，在朝内外要求抗敌的呼声迅速高涨时，向以“谦谨，不敢先人”的刘坤一，也日益明显地向抵抗派靠拢。此后，他除了遵旨在江南加强江海防务之外，又积极地为抗战献计献策。他提出对日应采取“持久”的战略主张，的确不失为有识之见。同时，他还接连向光绪帝推荐武才宿将支持抗战。因此，光绪帝在“军务紧要，统帅需人”的时刻，任命其为钦差大臣统率关内外各军亦可谓事出有因。另在淮军节节败退的情况下，这也反映了“举国望湘军”的意愿。然而，此时以西太后为首的清廷实力派已把对日的重心移向罢战求和，并又正式派出议和的全权使臣。至于军事，当时“内则督办军务（宋庆——引者），外则北洋大臣（李鸿章——引者），皆有节制全军之权”；况且在原来赴前的清军中即已派系林立矛盾重重。因此，光绪帝在不改变原清军指挥系统的前提下，只企图再增设一个钦差大臣来统率全军以扭转战局，这势必更会使统兵大员之间“彼此心存回护”，互相“掣肘”，乃至造成事与愿违的结果。正由于刘坤一“深知此中情形”，所以他对光绪帝的任命，恳辞不成，勉强受命后，又迟迟未能赴任。对此，翁同龢也认为刘坤一“无亲兵，以孑身护末职之将，亦难事也”。因此，不能把未及时赴任之责完全归结在刘坤一一人身上。

旅顺失守后，与以西太后为首的主和派形成鲜明对照的是，身处困境中的光绪帝仍坚持抗战的走向。在此期间，他采取的一些整军备战措施，虽仍然不无欠妥之处，但对西太后等一意孤行地对日求和无疑起着一种牵制作用。

光绪二十年十二月初十日（1895年1月5日），恭亲王奕䜣带领张荫桓陛辞时，光绪帝特降谕旨云：

“奉慈禧……皇太后懿旨，张荫桓、邵友濂现已派为全权大臣，前往日本会商事件。所有应议各节，凡日本所请，均著随时电奏，候旨遵行。其与国体有碍及中国力有未逮之事，该大臣不得擅行允诺。懔之！慎之！”

这道谕旨，确认了西太后对张荫桓、邵友濂的任命，其实也认可了对日议和。但指出议和要以维护“国体”和坚持“国力”为前提，并特别强调，张、邵对议及各项应慎重对待“候旨遵行”。体现了以国家利益为重的原则。从此议和方针来看，说明光绪帝已明知日本将大肆勒索，但他仍立足于战。光绪帝就在接见张荫桓的同时，又谕令刘坤一整军出征。当他得知辽阳知州徐庆璋招集民团“誓与绅民固守”时，即于十二月十一日（1月6日）命盛京将军裕禄对徐“传旨嘉奖。”在当时，西太后对议和亦非无所顾忌，但她却以“和”字当头。显然，这种议和方针的提出，仍可视为帝、后之间互相妥协的结果。

随着对日求和活动的演进，反对屈辱求和的呼声又日趋活跃。原在西太后按照日本侵略者的要求准备派全权代表赴日议和时，御史王鹏运便上奏痛陈“勿为和议所误，仍宜修战备。”随之便是光绪帝任命刘坤一为钦差大臣欲重整军威；清政府派出的议和使臣陛辞后即将赴日。因此从1月初以来，在战、和交错，国家的命运处于十字路口的紧急时刻，更牵动了那些炎黄赤子之心。在此期间，由于国内形势的变化愈加复杂尖锐，所以一些忧国之臣也不再笼统地拒和了。他们开始议论怎样议和及应在什么条件下议和的问题。给事中洪良品即指出，“两国相争，终归一和”，但在敌国得势时议和，对方“势必多所要挟，令我难从”。御史高燮曾也认为，“夫和何尝非是哉？”但和有“实和”与“屈服”之分。他指出，“偿费予地”之和是“屈服也”，“至遣使诣倭，尤伤国体。”高燮曾说，唯有立足于战，使“敌知我志在必战，则和亦易成。”于是，他们大声疾呼反对弃战而求和，都趋向一致地主张应“以战为和”。这些官员的呼号，反映了一切维护民族尊严和国家权益的人的心声。

张荫桓，字樵野，广东南海人。同治二年（1863年）纳资为知县，效力于山东军营。其间，因在剿捻与治理黄河中“出力”，被山东巡抚丁宝桢器重，荐至道员，加按察使衔。光绪十年（1884. 年）奉旨来京“蒙恩召见”，赏三品卿衔，命值总理衙门。其人“精敏”，又“有文采，熟海疆情形”，故于光绪十一年（1885 年）奉命出任驻美、西、秘三国大臣。光绪十六年（1890 年）回国后，任总理衙门大臣，迁户部左侍郎。

直至甲午战争时，张荫桓在清廷任职时间不久，他与帝、后两党均未形成特殊的集团关系。不过，或与其为人“精敏”和曾驻外有关，张荫桓的思想比较开通，并有在官场处事的本领。因此尤其在战争中，他既与翁同龢等往来密切，成为翁获得战争情报的一个主要的传送者；又取得西太后等人的信任，接连委以机要使命。但在其从命的过程中，亦往往存有已见。

张荫恒在得到使日议和的授命时，对敌我的态势已有所了解，感到“此行原无把握”。其实他在私下已流露出“此行非其意”。后在廷臣抨击一味求和的声浪中，张荫桓经向帝、后辞行，于十二月十一日（1 月 6 日）离京踏上使日的旅程。当他在赴沪与邵友濂会合的过程里，于通州接翰林院学士凖良书，奉劝其勿“以一身任天下之怨”；到塘沽时吴大瀓又建议他“展缓行期，以俟捷音”。特别是在他抵达上海时，见“匿名揭帖遍布通衢”，更使其感到“人心思奋，具见同仇敌忾之诚”。本来张荫桓对此行就心存异议，后来又经友臣和统兵大员的劝说，并受到上海民众“人心思奋”的触动，更加重了他对赴日的疑虑。于是，当张荫桓到沪与邵友濂会合后，便以“会商”为由按兵不动了。

到十二月十九日（1 月 14 日），光绪帝命宋庆、依克唐阿和李秉衡等在辽沈及威海卫加紧准备反击日寇时，为了摸清日本侵略者的“贪吻之所出”，授意翁同龢等拟电旨促张、邵出行。正当此刻，西太后却借口“上（光绪帝）未尝启知”，拒不准发。反而她却命翁同龢和立即拟旨谕令刘坤一进驻山海关、敦促吴大瀓速赴前敌，摆出一副要战的架势。其实，这是西太后企图以此来摆脱舆论的压力，搞的一个小动作。果然事隔一天，她又面孔还原，表示可降旨令张、邵“起身”赴日了。十二月二十三日（1 月 18 日），命张荫桓等“剋日出洋，毋庸另候谕旨”的电谕发出。

张荫桓在十二月二十四日（1 月 19 日）接此电谕后，又经候船，至光绪二十一年正月初一日（1 月 26 日），他与邵友濂等 20 余人自上海东渡。张荫桓出国前在给清廷的奏折中说，处于“敌焰方张”之下议和，对手势必“多方要挟”。并进而指出，“和议之难易，必视战事之利钝为转移。”于是张荫桓恳请朝廷“饬下关内外统兵大员，一意筹战，力求实效，勿以臣等之行意存观望”。他清楚地认识到，办外交及与敌议和要以实力为后盾。因此，张荫桓切望国内的抗战能有所转机，指出不要因为他们的出行而动摇军心。在当时，西太后等人确有竭力乞和之心，但又不便明示；光绪帝和关心国家命运的官员与将领及其他爱国之士，却是与张荫桓的这种心情相通的。因此，在光绪帝的面谕和国书中，授予张、邵的使命是与日方代表“会商妥结”。

但是，日本当权派意在使中国统治者彻底屈服，然后以受降者的身份前来任其宰割。为此，他们在加紧准备侵犯威海的同时，又极力为和谈制造障碍。当中、日议和的安排就绪之后，日本统治者又强调清政府派出的议和代表，必须具备独立做出决定的职位与权力。并且，日本决策者对此又坚持不放。直到中国议和代表抵日后，他们仍认为“以张、邵等人担当媾和的重要任务，不能不令人怀疑中国是否承认自己处于战败者的地位，而有真正停止战争的诚意。”因此，在开议之前，日方代表伊藤博文和陆奥宗光便经密议认定，“详细观察目前国内外形势，不能不说媾和的时机尚未成熟”，即已做出拒绝此次谈和的决策。原来，在上年 12 月他们便得到清政府任命张荫桓、邵友濂为议和全权代表的正式通知，并明确地指出了他们的身份，日方终未提出疑义。但时到此刻，日本方亮出底牌，并以此作为拒绝和谈的依据。显然，这是蓄意要搞一场外交讹诈，作为与其军事行动相配合的一种强硬手段。因此，当张荫桓、邵友濂等到达日本后，声称坚持外交“平等”的日本当权派，竟“不准”中国代表向本国政府“发密电”，甚至国内“来电亦留难不交”，对中国代表的正常外交活动加以百般的刁难与限制。后在开议的次日（2 月 2 日），伊藤、陆奥无视张荫桓的据理辩驳，便以所谓的“委任权甚不完备”为借口，对中国代表采取了如同驱逐的卑劣手段，表示不准张、邵在日停留。至此，西太后的求和迎头碰壁；光绪帝试探敌情的意图也随之落空。于是，更加严酷的局面便摆在了他们的面前。

2. 难解的“愤闷”

正月初十日（2 月 4 日），当清廷得到张荫桓、邵友濂在日“被拒”的消息时，翁同龢认为此事“近于辱”感到不是滋味儿。奕䜣、孙毓汶等，又唯恐议和“决绝”而惊慌不已。

正在此间，又频频传来威海告急的电波。

原来，日军在侵占我旅顺之后，便进而把其侵略矛头指向山东威海卫。

威海卫，位于山东半岛入海的尖端，与旅顺隔海相望，是北洋海军总部所在地。它原与旅顺军港如同一把张开的巨钳，拱卫着京、津海路的出入口，具有重大战略地位。尤其在旅顺失守后，李鸿章又把北洋舰队集中于此，所以威海卫的得与失对敌我双方都利害攸关。

正因如此，日本侵略者占据旅顺后，为了进而实现其摧毁北洋海军和对我京、津造成“扇形”军事威慑之势的蓄谋，他们在继续向我辽东半岛纵深推进的同时，又极力准备进犯威海卫。当日本统治者摆出要与清政府举行和谈的架势时，从其国内调来的第二师团已开向山东半岛海域，并进入攻击状态。

清政府早在对日宣战之后，为了抗击日军的北犯，在大力组织朝鲜阻击战时曾把防御纵深延至辽东。但是，光绪帝又很快发觉山东沿海的防务亦甚“紧要”。于是，他在极力部署朝鲜阻击战和加强辽东防线的同时，又对山东沿海的防务引起重视。对此，光绪帝采取的一项重要措施是，于当年七月十六日（8 月 16 日）调李秉衡任山东巡抚。

李秉衡（1830－1900 年），字鉴堂，奉天海城人。初入赀为县丞，升任知县。此后，在直隶及山西历任知州、知府。李秉衡为官较为清廉，体察民情。任内每遇灾情均设法安抚灾民，因此获得“北直廉吏第一”之称誉。中法战争期间，升任广西按察使，代理广西巡抚。其间，他以节俭和紧缩开支筹集粮饷支援各军抗法，并创设医局为将士治疗伤病，对抗法战争做出过贡献，曾受到朝廷的奖励。战后，对于法国侵略者欲违约入龙州“通商”，他认为此将“贻患于无穷”，极力抵制法国侵略势力向我国广西扩张。光绪二十年四月（1894 年 5 月），奉命代安徽巡抚，旋被调抚山东。

当时，光绪帝对李秉衡寄予了厚望，命其赴任前进京接受召见。于七月五日（8 月 26 日）李秉衡在陛见后出京时，光绪帝又让他在“路过天津时，面晤李鸿章，察其精神气体如何，有无衰病情状，据实复奏”，充分体现了光绪帝对李秉衡的信任。但山东半岛的要害之区威海卫，其“所驻水陆各营，系归北洋（李鸿章——引者）调遣，而威［海卫］为山东境地”，并且山东沿海的陆防历来薄弱“极宜布置周密”。显然，这种军政隶属的不统一，又势将给李秉衡的筹防带来困难。不过他并未辜负光绪帝的期望，在其到任后仍怀着“殚竭愚忱”的决心而尽力筹防。为此，李秉衡从九月二日（9 月 30 日）起亲赴登州、烟台、威海卫巡视。最后驻在烟台，直接督办海防。

旅顺失守后，光绪帝在给李鸿章的电谕中指出：“旅顺既失，恐倭将并力以图威海”，命李鸿章与李秉衡应“严密防守”。并且光绪帝也清楚地看到，如威海卫再沦失，将直接“震动畿疆”，对京、津会构成更为严重的军事威胁。所以，随后他一边向山海关、辽沈防线调集重兵和加强统帅力量；一面又向李鸿章、李秉衡通报日军向山东沿海窜犯的动向，加紧筹划威海保卫战。直到光绪二十年十二月二十一日（1895 年 1 月 16 日）在敌军大举侵犯的前夕，光绪帝在给李鸿章等的谕电中又明确指出，“探闻倭兵将由成山登岸，似非虚语。”因此，他再次命李鸿章、李秉衡必须立即“分饬各将领昼夜侦探，防其以小船载兵，乘隙登岸”。后来的事实表明，光绪帝的这一预见确非虚言。到张、邵使日之后，光绪帝仍密切注视着辽东与山东两半岛的敌我态势。

日本侵略者进犯威海，其在军事上的险恶用心也越发明显。因此于十二月十七日（1 月 12 日），光绪帝在电谕李鸿章时即认为，日本“图犯威海，意在毁我战舰，占我船坞”，企图摧毁我北洋舰队。显然，光绪帝的这一判断也是符合实际的。清政府耗费巨资，历经 10 余年建起的这支近代海军，朝廷上下无不关注。自中日战起，光绪帝即视“海军为国家的第一要务”，为继续加强北洋舰队他竭尽了全力。至此，光绪帝又断然指出，“敌兵扑犯，必乘我空隙之处，威海左右附近数十里内，尤为吃紧。”因此他命李鸿章、李秉衡应“飞饬各防军昼夜梭巡，实力严防”。再次强调海、陆整体防御的重要性。但自十二月下旬（1月上旬）以来，由于敌人加紧经海路向成山、荣成湾一带窜犯，使威海的南翼增大了压力，并对威海军港有形成包抄之危。面对这种严重局面，光绪帝再次电谕李鸿章，他在深切表示“第念海军战舰数已无多，岂可稍有疏失”之后，遂告诫：“若遇敌船逼近，株守口内转致进退不能自由”。从而命李鸿章要“设法调度，相机迎击，以免坐困”。在敌人欲从陆路抄袭威海军港的情况下，“尚堪一战”的北洋舰队仍坐守于港内，既不利于海、陆整体防御；又可能使舰队陷于困境。光绪帝的这一防御方针虽然未必完全妥切，尤其是威海的防军隶属不一，从而造成互不协调。但在当时，光绪帝主张海、陆军配合，主动御敌的抗战思想，却不无可取之处。然而，李鸿章依旧固守为保船而“保船”的消极宗旨，继续指令海军提督丁汝昌“务须保全铁甲兵轮”，拐弯抹角儿地限制舰队出港。直到日军在荣成湾登陆，军港南岸守军正与敌“苦战”之际，焦急万分的光绪帝再次电谕李鸿章时说，“我海舰虽少，而铁甲坚利，则为彼所无。与其坐守待敌，莫若乘间出击，断贼归路。威海一口，关系海军甚重。”这可谓又是语重心长的一种劝告。大敌当头，尚有一定战斗力的北洋舰队，岂可无视疆土沦失和友军流血而坐视不动！而且在当时敌军的主力尚集中于荣成湾，其海上运输多为“商船”。因此如我海军“乘间出击”，起码可以打乱敌人的阵势，为全面反击创造条件。显然，处于国门又面临有被敌夹击之危的海军舰队，这是可行的“奋力保全”之策。但李鸿章还是不以抗战的大局为重，他在接到上述电谕的次日仍然致电丁汝昌命其设法“保全铁舰”，致使舰队的处境越发被动，并继续影响着整体防御力量的发挥。战局在急剧恶化。

日本侵略军于十二月二十五日（1月20日）在荣成湾登陆并在攻陷荣成后，到正月七日（2月1日）便相继侵占了威海卫军港的南、北帮炮台，对困守于刘公岛的北洋舰队形成包围后便发起攻击。在包围与反包围的激战中，中国舰队与炮台守军除了一些贪生怕死之徒临阵逃脱之外，广大将士进行了顽强的抵抗，曾接连打退敌军的进攻。但战机已失，全线崩溃。光绪帝不愿重蹈的覆辙，又无情地摆在了威海守军的面前。至正月十八日（2月12日），处于绝境又誓不降敌的丁汝昌，在降将及一些洋员的围逼之下自杀。尚存的舰艇与基地的重要设施均落入敌手，随即威海卫失陷。至此，北洋舰队全军瓦解，李鸿章的“保舰”宗旨也彻底破产了。

在此间，屡遭诸臣参劾和光绪帝斥责的海军提督丁汝昌，忧心如焚，竭尽了全力。他在硝烟弥漫、炮声隆隆中奔波于海、陆军将领间斡旋、策划；他欲突破重围亲自“督战”；他为了避免舰艇、炮台资敌费尽心机；面对群奸他一身正气，以死相争。最后，在生与死的关头，他终于实现了“以身报国”之志。丁汝昌作为李鸿章属下的北洋海军统帅，其在甲午战争中的功与过固可各有评说，但他最终在敌人面前坚守了民族气节，却是无可否认的。

冰冻三尺非一日之寒。威海卫保卫战的惨败与北洋舰队的覆没，充分暴露了这个王朝的病原之深，其严重后果尤为痛心。

帝党首领、主战派砥柱军机大臣翁同龢，对张、邵使日与被拒已激愤不已；接着又是威海之战的连续溃败，直至刘公岛失守及北洋舰队的毁灭。这一连串犹如雪上加霜的沉痛事件，使他越发感到“愤懑难言”“焦灼”不安。

阴郁的气氛笼罩清宫，光绪帝在正月十五、十六日（2月9、10日）连续召见枢臣时，他怀着深沉的忧愤心情对诸臣说：“时事如此，战和皆无可恃，言及宗社，声泪并发”。这时，翁同龢和也“流汗战栗，罔知所措”。他们都陷入了“愤极愧极”的悲愤之中。此时此刻，这对君臣的心境无疑是沉重而复杂的。

直到威海失陷前，光绪帝与翁同龢等抵抗派官员，为了组织抗敌，多少日夜宵衣旰食。光绪帝颁发的道道抗战谕旨和一系列御敌之策，一到李鸿章那里就走形变样甚至拒不执行，直接破坏了抗战。连法国驻华公使施阿兰在后来也认为，“李鸿章应对这次战争（甲午中日战争——引者）的失败负直接责任”。为此，光绪帝曾先后两次处分李鸿章，并又采取过其他措施力图改变“战守之事而任于（李鸿章）一人”的局面。但结果，光绪帝的愿望均变为泡影，李的权势一直安然无恙。所以如此，也正如施阿兰所说，是由于李鸿章始终得到西太后“包庇袒护”的结果。那时，西太后已把其精力重心转向对日求和，因此善下“和棋”的李鸿章更在她的心目中增加了分量。正因如此，对西太后和李鸿章无能为力的光绪帝，在威海卫失陷、北洋舰队覆没后，虽又降谕愤怒地指出“北洋（李鸿章——引者）创办海军，殚尽十年财力，一旦悉毁于敌，堕防纵寇，震动畿疆，”对抗战和国家都造成巨大危害。然而，他却只是表示，“李鸿章专任此事，自问当得何罪”？在此，连对李鸿章的象征性处分也没有了。显然，这又是光绪帝的违心退却。因此，面对如此“糜烂”的危局，光绪帝既“愤”又“愧”是可以想见的。然而，他虽痛苦反省，但却难以自解。

3. 被迫就范

威海卫保卫战的瓦解和北洋舰队的毁灭，的确又使清政府在战略上遭到更加沉重的打击。

面对如此严峻的事态，光绪帝与翁同龢均陷入忧愤交加而束手无策的困境。以西太后为首的主和派，竟犹如惊弓之鸟完全沉于失败主义的泥潭。他们认为，到此已别无出路，只有屈从日本侵略者的“权宜一策”了。

原来，日本统治者拒绝与张、邵和谈的事发生后，在西方列强中立即产生了反响。从广岛和谈流产时起，密切注视着日本动向的俄、德、法等国，又展开了“交换对华时局之意见”。它们都从维护各自的在华利益与图谋出发，在加紧筹划对策。当时，气焰嚣张的日本侵略者，在向我威海卫伸出毒手时，却又越发“害怕外国干涉”。于是，他们为了避免列强的“干涉”，觉得也需要尽快收场了。况且，其对威海卫的侵略竟又连连得手。在这种情况下，当伊藤博文出面正式拒绝与张、邵和谈后又声称，日本“不拒绝再开谈判”，为重开“和谈”留下了活口。到一月十四日（2月8日），在日军侵占刘公岛和摧毁北洋舰队的前夕，日本政府便通过美国驻日、驻华公使向清政府传来了所谓的“意见”。在其中说：“若中国政府果有诚意希求和平，派遣位高望重、携有正式全权委任状之全权委员前来日本时，日本政府在任何时期均可同意重开和谈”。显然，日本侵略者在即将解除清政府的主要军事力量北洋海军，并将造成控制旅、威和进而威胁京津的严重局面的情形下才说这番话的。为了通过“议和”来迫使清政府就范，他们在放出接受和谈的风声之后，又通过美国驻日、驻华公使提出了“议和”的先决条件。正月十六日（2月10日），美国驻华公使田贝，便依据日本的要求向清统治集团传信称，“须另派十足全权，曾办大事、名位最尊、素有声望者方能开讲”。随后，又提出“非有让地之权者不必派来。”至此，日本侵略者果真要以军事压力通过“议和”来宰割中国了。

降心已定的西太后，在得到田贝传来的信息时，经与奕䜣及孙毓汶、徐用仪等密商，遂于正月十八日（2月12日）在光绪帝召见廷臣之后，她又抛开光绪帝单独召集了枢臣会议。在会上，西太后断然指出：“田贝信所指自是李某（即李鸿章——引者），即著伊去，一切开复，即令来京请训。”这时，恭亲王奕䜣进言：“上（光绪帝）意不令来京，如此恐与早间所奉谕旨不符。”西太后听到此话，大发肝火。她扬言：“我自面商；既请旨，我可作一半主张”。就这样，对这个关系着国家命运的重大问题，西太后又专横地按照日本侵略者的无理要求，“决派李鸿章为全权赴日谈和”。并且她为了使其专断尽快变为既成事实，遂命其心腹孙毓汶拟旨廷寄李鸿章。次日，完全体现西太后意图的谕旨出笼。谕曰：

“李鸿章勋绩久著，熟习中外交涉，为外洋各国所共倾服。今日本来文隐有所指，朝廷深为至计，此时全权之任，亦更无出该大臣之右者。李鸿章著赏还翎顶，开复革留处分，并赏还黄马褂。作为头等全权大臣，与日本商议和约。……李鸿章著星速来京请训，切毋刻迟”。

李鸿章自同治九年（1870年）任直隶总督掌管清政府的外交以来，对外即以一味地“力保和局”为宗旨。他在与外国侵略者办交涉中一贯采取妥协方针，即使在中法战争时中国处于有利的条件下，他仍然与法国侵略者签订了屈辱的条约。李鸿章在经办外交的20多年中，通过他使国家权益受到累累损伤。在此次中日战争中，他从盲目依靠外力到畏敌怯懦给抗战造成的危害更是有目共睹。这么个连民族气节都没有的可怜虫，在此却被装扮成一个“勋绩”卓著的外交家，并被正式任命为清政府的“议和”全权代表，从而解除了光绪帝对他的所有处分，为李鸿章承受此任铺平了道路。而且，西太后还坚持让他迅速来京“请训”。请训，本是清廷遣使出国的一般惯例，但西太后对此却怀有不可告人的目的。与此同时，又在谕中任命前云贵总督王文韶署理直隶总督，以便使李鸿章倾心于使任。

西太后强行任命李鸿章为对日议和的全权代表，是清政府主和派变为投降派的重要表现。当西太后确定了对日的投降方针，并在做出派遣适应日本需要的全权使臣的决定时，老奸巨猾的西太后深知，这桩事将有蒙受“千古罪人”的巨大风险。于是，她便声称“今日强起，肝气作疼，左体不舒，筋起作块”，托病躲入深宫。其实，这是西太后为与让李鸿章来京“请训”相配合所采取的一种恶毒手法。她企图以此来逼迫光绪帝投入由她设下的陷阱，以便在日后把卖国的罪名加在光绪帝身上。

矾红釉福桃纹天球瓶

李鸿章接到任命出使的谕旨后，经过几天的观望与准备，于正月二十八日（2 月 22 日）自天津来到北京。

这次出使日本意味着什么？李鸿章心里明白。同时他也知道，议和的关键“尤在让地一层”。并且在李鸿章看来，如果“中国不割让给日本一块土地，就没有签订和约的可能。”然而，在“割让”国土的问题上，他也并非无所顾忌。因此，李鸿章到北京的主要目的，是等待帝、后的“训谕和接受权力”。作为一朝之大又是此事决策者的西太后，原来坚持要与李鸿章“面商”。但到此时，她竟声称“感冒”不出面了。已陷入进退维谷之中的光绪帝，既不敢违抗皇太后的决定；又不甘承担卖国的罪名。所以他在无可奈何之下，于李鸿章到京的当天接见了他。接见中，光绪帝除了问问其“途间安稳”之外，对于“议约”事只是轻描淡写地带过去了。这时，李鸿章似乎有点按捺不住了。于是，他便以一副正人君子的面孔单刀直入地言曰：“割地之说不敢担承，假如占地索银，亦殊难措，户部恐无此款。”并又装腔作势地高谈什么，“割地不可行，议不成则归耳”。其实，李鸿章又在摆出一副为难的情态企图先拿一把，以便为下一步向光绪帝要价作伏线。这时，翁同龢态度鲜明地认为：“但得办到不割地，则多偿（赔款——引者）当努力”，主张宁可多赔款也不割地。但孙毓汶、徐用仪却公开为李鸿章组成了啦啦队，竭力鼓噪“不应割地，便不能开办。”这伙人纯属民族败类，均以“和”为快，因此极力迎合李鸿章。他们为了换取苟安的和局，不惜出卖国家的神圣领土。从而在这场摊牌之争中，坚决维护国土的翁同龢，竟成了主降派的障碍。于是，在光绪帝召见结束后，李鸿章面对诸臣，竟采取向翁同龢“将军”的手法企图发难，提出让翁与他同去议和。对此，翁同龢说：“若余曾办过洋务，此行必不辞。今以生手办重事，胡可哉?”给予委婉地回绝了。

在李鸿章到京当天光绪帝的召见中，围绕“割地”问题展开了这场争论时，公开交锋的虽然只是李、翁和为李帮腔的孙、徐，西太后躲在幕后没有公开露面；光绪帝在场却未明确表态。但他们都通过自己的代言人表明了各自的观点与立场。然而，作为两大主角的帝、后，既未公开表态更无明确的授权，因此李鸿章的目的尚未达到。随后，光绪帝又连续召见了李鸿章，但均属应酬；仍未满足李的要求。

于是，在此后的一些时日里，明知此任推卸不了的李鸿章，为了减轻在即将议和中的压力，他又接二连三地走访与会见了俄、法、德等国驻华公使。企图求助于西方列强的“支持”。当然，利用列强与日本之间的矛盾，尽量为自己争取些有利的地位亦是不应忽视的。但是，李鸿章却为此居然低三下四地美化敌人伊藤博文，并泄露了“中国方面的许多秘密”。又在居心叵测的外使面前，暴露了其奴才相。当时，西方列强对日本步步扩大侵华的确怀有越发强烈的“疑虑”，但列强各国主要是在“寻取它自己的利益。”它们绝不会支持中国。因此，李鸿章在外使身上虽然费尽了心机，但终未从各国公使那里得到“切实相助语。”他依靠列强的希望，又一次落空。

李鸿章深知，“关系之重”的割地问题，将是他参加中日“议和”的最大难关。因而，他为了在日后遭到国内人们反对时找到托词，便坚持“请训”。而且硬要光绪帝的“面谕”，颇有非得到明确的“让地”授权誓不罢休的架势。为此，他在北京赖着不走。与会见各国公使的同时，又终日与孙毓汶、徐用仪等密谋，并竭力策动恭亲王奕䜣，企图联合起来向光绪帝施加压力。其实，孙毓汶“必欲以割地为了局”，他的卖国立场十分露骨；而“恭亲王亦赞成割地”。所以，在李鸿章与枢臣辩论“割地”问题时，他也为李“竭力周旋”。当二月一日（2 月 25 日）光绪帝再次召见李鸿章时，在奕䜣的支持下，李鸿章就“割地”等问题进行了面奏，意欲要求授权。实际上，李的主张与西太后的意图并无抵触，但此事却又极为敏感。因此，当西太后得知此事后，在次日她竟板起面孔声称，“任汝（李鸿章——引者）为之，毋以启予也”。西太后为了逃避历史罪责，对李鸿章的授权要求便采取了这种圆滑手法给予避开了。但是，光绪帝更不愿充当她的牺牲品。因此，在一天后的二月四日（2 月 28 日），光绪帝就日方通过田贝提出给李鸿章的国书应改为西文时，对奕䜣说：“此借事生波矣。汝等宜奏东朝（西太后一引者），定使臣（李鸿章——引者）之权”，把授权事理所当然地转给了西太后。但西太后闻之，立即以其心腹、太监总管李莲英传话，说什么皇太后“昨日肝气臂疼腹泻不能见，一切遵上（光绪帝）旨可也”。②她又把有关授权、议和事一股

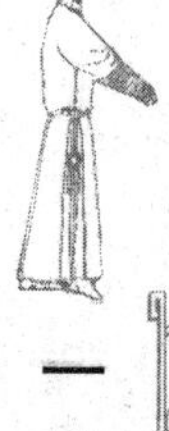

脑儿的都推给了光绪帝。至此，在清廷统治集团的核心中，围绕对李鸿章的授权问题展开的持续性争论已捅到王朝的顶点，而且已经僵持起来了。

在这种情况下，已筋疲力尽的光绪帝，出于无奈作了有保留的让步，命恭亲王奕䜣向李鸿章传达了他的“面谕”，表示授予“商让土地之权”。显然，这只是一种非正式的间接授权，与李鸿章的要求颇有距离。同时，这种授权也比较含糊，不够明确。因此，李鸿章对此并不满足。于是，他在得到这一授权之后，又迫不及待地跳出来向光绪帝具折上奏。在此奏折中，李鸿章首先似乎在代表日本侵略者说话，说什么议和“注意尤在割地。现在时机紧迫，非此不能开议”。接着，他又以威胁的口气扬言，如不割地，“议和”不成，日本将“照旧进兵，直犯近畿，又当如何处置”？甚至他还居然歪曲历史事实，为其坚持割地的卖国立场制造历史依据。大谈割让疆土之事“古所恒有”，竭力鼓吹“割地”有据，“让土”有理。随后，庆亲王奕劻等后党官僚，也都出来为李鸿章捧场。这些人，竟公开采取了以西太后压光绪帝的手法，“公请懿旨促鸿章行。”他们在二月七日（3 月 3 日）上奏的公折中，与李鸿章唱的是同一个腔调，叫嚷议和“所最注意者，唯在让地一节，若驳之不允，则都城之危即在指顾”。在此，奕劻等人同样认为，似乎中国只有束手投降任日宰割了。从而他们还编造了一个所谓的“宗社为重，边徼为轻”的谬论，又为割地、投降制造了“理论”依据。

另外，当时的英、俄等列强，其间虽有矛盾，但在对待中日战争的问题上，却采了一致的步调。它们为了各自的在华利益与企图，均“对中国施以压力，强迫中国接受”日本的侵略要求，力图促使这场战争尽快结束。

来自内外的压力，又都沉重地落在光绪帝的身上。二月初七日（3 月 3 日），光绪帝命军机大臣“密寄”上谕予李鸿章，谕曰：

“李鸿章奏，……据称倭人注意尤在让地一层，时机紧迫，非此不能开议。拟就形势方域斟酌轻重，力与辨争。此外所求，非止一端，并当相机迎拒等语。此次特派李鸿章与日本议约，原系万不得已之举，关系之大，转圜之难，朝廷亦所洞鉴。该大臣膺兹巨任，惟当权衡于利害之轻重，情势之缓急，统筹全局，即与议定条约”。

这件以引述李鸿章日前所奏的要点加上帝之授意而形成的上谕，主要是体现了光绪帝对李之使任的理解；也可以认为是对李鸿章要求授权的一种默认，而且这是以正式的上谕出现的。因此，李鸿章似乎觉得这是可以接受的。另外，此前西太后的“任汝为之”的示意，加上连日来通过奕䜣、奕劻等亲贵的活动，无疑李鸿章也摸透了西太后的底数。于是，在二月初八日（3 月 4 日）李鸿章向光绪帝进行了简短的“请训”，第二天，他便离京回津准备赴日“议和”去了。

在日本马关进行的“议和”谈判中，日本军国主义者狂妄的侵略野心和蛮横的帝国主义嘴脸暴露无遗；李鸿章作茧自缚的狼狈相也表露得淋漓尽致。这种所谓的“议和”，是在清政府军战败的条件下，在由日本侵略者所设置的框子里进行的。

在清宫，光绪帝依然处于不能完全自主的状态中。有关议和事宜，由“军机大臣孙毓汶、徐用仪实主之”。而且，孙毓汶始终把持着向李鸿章“秉笔”电文的权力。通过他的手，体现主降派意图的电报频频飞往马关。议和的进程，势将被日本侵略者所左右。

按照国际惯例，交战国双方在议和时理应停战。李鸿章了解这一情况，在赴日前即谋求议和时实行“休战”。到二月二十四日（3月20日），中、日代表开始在马关议和时，李鸿章还正式提出一件备忘录，要求在议和之前先议定双方休战事宜。此事，不管李鸿章的主观动机如何，这是一项合情合理的要求，议和不能在炮口下进行。其实，日本的全权代表伊藤博文和陆奥宗光也明知，在议和前实行停战是“各国普通之惯例”。然而，当时的日本统治者正在实施其扩大侵略的计划。就在3天后的二月二十七日（3月23日），日军便开始侵犯澎湖，为其进一步侵占我国领土台湾做准备。因此，他们便故意提出停战必须让日军占领大沽、天津、山海关并解除各处中国武装等“严厉的条件，使其（清方——引者）无法接受”，企图以此阻挠停战。很明显，如果实现了这些条件，等于把都城北京置于日本侵略者的囊中。对此，有的外国驻华公使获悉后也认为，与其接受这些条件莫如“中国继续抗战”，“应当拒绝这些条件”。但当清廷得此电告后，孙毓汶以总理衙门的名义在给李鸿章起拟的电旨中，虽对日本提出侵占京东要地等条件也认为是“要挟过甚”，却又表示为“使和议不至中梗，应饬该员（李鸿章——引者）尽力为之”。这就等于给李在此问题上做出妥协留下活口。李鸿章毕竟是一个久经宦海的清朝显要疆臣，他仍然未敢完全顺从于对手。但是，正当李鸿章与伊藤博文对此问题争执不下欲予搁置时，李鸿章遇刺。面对违犯国际公法刺伤使臣的重大事件，日本侵略者既唯恐由此引发欧洲列强的干涉；又怕清政府以此为由撤使中止谈判。于是，他们为了缓解气氛，在三月初三日（3月28日）陆奥宗光表示接受停战。三月五日（3月30日），两国全权代表正式签订了《停战协定》。

这个所谓“无条件”的停战协定，其实施范围只限于奉天、直隶和山东，把澎湖、台湾排除在外。而澎湖刚被日军侵占，日本的下一步侵略目标就是台湾。所以，在停战协定中明显地体现了日本侵略者的这一险恶用心。然而，对于这样充满明枪暗箭的“停战”条款，正在日本养伤的李鸿章得知后竟“流露出十分高兴的神情”，并对日本天皇“表示感谢”。从而，充分暴露出他所潜伏的要求停战的阴暗心理。三月初六日（3月31日），当清廷枢臣就停战协定商讨向李鸿章发电旨时，翁同龢对“停战节目，止［只］停奉、直、东三处，而台、澎不停”表示“可恨已极”，认为难以接受。但“秉笔”电文的孙毓汶，却“直欲以海疆（台、澎——引者）拱手让人”。后党骨干孙毓汶，竟公然与李鸿章内外勾结，屈从于敌。

当议和进入谈判和约的实质阶段后，已决意对日降服的李鸿章，在三月初七日（4月1日）看到了日方亮出的勒索清单，令他不禁目瞪口呆了。在其中除规定朝鲜“自主”之外，巨额的赔款；台湾与奉南的“让地”，包括了两大片领土和南北辽阔的海疆，此外还有“通商”等一系列特权。由于日本要价过高，特别是“让地”与赔款两条，更是大大超出了主降派的预料，所以使李鸿章也慌了手脚。但当他冷静之余，似乎又回到其“角色”中来了。不过要因此承担弥天大罪，他还缺乏这种胆量，仍“不敢擅允”。于是，李鸿章便将日方提出的这些议和条件电达清宫，把“球”踢给了朝廷。

三月初九日（4月3日），清廷收到李鸿章的和约条件电之后，朝廷上下，一片哗然。连日来，在前场的枢臣围绕着“让地”问题再次展开了激烈的论争，而争论的核心又回到战与和的问题上。当时，翁同龢针对原来李鸿章与孙毓汶及奕䜣等企图以台湾换和局的预谋，“力陈台不可弃”。认为如放弃台湾，将“从此失天下人心”。在群臣之中，除李鸿藻与翁持有同见之外，余者皆大谈“陪都（沈阳）重地，密迩京师，孰重孰轻，何待再计”！主张弃台保奉。在三月初十日（4月4日），孙毓汶竟扬言“战字不能再提”！此时以病唯唯的奕䜣，立即执孙之手称“是”；而庆亲王奕劻与礼亲王世铎遂即到奕䜣处商电旨。这些主降派的干将，紧密配合，力图实现原与李鸿章的合谋。从而，围绕以“让地”为主的议和条件，使清廷统治集团核心中的战、和之争又再度激化。并形成了一场守土与让地的尖锐斗争。

到此地步，光绪帝与西太后在公开场合却都表现反常。在清廷接到李鸿章报告议和条件电的次日，当翁、孙就“让地”与战、和问题进行激烈争论时，光绪帝虽未公开表态，但对议和却流露出欲求“速成”的意向。的确，当时的内外形势，较前有了变化。在清廷统治集团的内部，主降势力已越发明显地占据了控制局面的地位。当时，不甘与主降派合流的翁同龢与李鸿藻（已年老体衰），虽时而出面周旋一番，但在主降势力的包围之中，他们“亦不敢尽其辞”。至于被皇太后和后党权贵夹在其中的光绪帝，他更已无能为力。尤其是议和已就，势难逆转。另外，原来光绪帝对辽东一线的反击战曾寄予厚望，他为此做出过巨大的努力。但随着清廷的转向加上军内存在的诸多弊端，刘坤一统率的湘、楚、皖各军，除在局部取得点转机，在整体上不仅未改变战局，反而又连续战败、失地。到议和开场前，辽阳以南的重镇、要地已基本均沦为敌手，使锦、山暴露在日本侵略者的面前。在这种情况下，出于对严酷现实的证实或怀有对未来的计议，希望尽快战息和成，似可理解。但如何在不损伤王朝“元气”的条件下使议和速成？光绪帝又确无良策。

与此时光绪帝的态度又形成一种反差的是，三月十四日（4月8日），在枢臣就“保台”还是“保奉”之争达到不可开交的程度时，恭亲王奕䜣传西太后的懿旨声称：

"两地皆不可弃，即撤使再战亦不恤也。"这个从乞和到求降丑剧的导演者西太后，到此，其态度似乎又强硬起来了。当然即使已决意降敌的西太后，当她感到尚未完全碰壁时，也未免还存有一点儿幻想或侥幸心理。但当降局已定时，西太后说出此话的主要用意，无非是给他人听听罢了。这同样是嫁祸于人的伎俩。

在此之间，李鸿章在日本确也施以各种招数与伊藤、陆奥进行讨价还价。但对手的态度越发骄横，甚至向中方下达了最后通牒，李鸿章已被逼到绝路。与此同时，李鸿章又在致总理衙门电中，不时地宣扬"停战期迫""日由广岛运兵"，甚至说日本已"预备兵马粮械齐足，必欲分道直攻北京"。②极力渲染紧张气氛。同时，来自总理衙门电的语气也步步降调。在三月十九日（4 月 13 日），李鸿章收到由孙毓汶起拟的电旨云："倘事至无可再商，应由该大臣（李鸿章——引者）一面电闻，一面即与定约"，并又命其"放心争论"。从中表明，清廷对议和条件的态度在逐步软化。不过，随着议和内容的泄露，在列强中又引起波动。因此，日本侵略者为了减少外来的干预，对赔款数额和其他次要条件作了一些让步，但在主要方面仍咬住不放。到三月二十一日（4 月 18 日），总理衙门又向李鸿章发来电旨，无可奈何地说："如竟无可商改，即遵前旨（即 4 月 13 日电旨——引者）与之定约"。至此，清廷已被迫完全就范了。于是，李鸿章在接此电旨之后，又据奕劻等炮制的"宗社为重，边徼为轻"的卖国谬论，于三月二十三日（4 月 17 日），在创丧权辱国新纪录的《马关条约》上签了字。同时，又根据日方的要求，规定条约经两国皇帝批准后，于四月十四日（5 月 8 日）在中国烟台互换正式生效。从而，历经近 9 个月的中日甲午战争，便以中国被迫签订屈辱和约而告终。

（六）蒙辱批约

1. 难言之隐

李鸿章在日本马关签订了中日"和约"（即《马关条约》）之后，于次日（4 月 18 日）便率团乘船回国了。当他刚踏上国土大沽，就立即派出专人，命其携带条约文本星夜兼程直趋北京。李鸿章本人由此回到天津署邸后，表面称病不出，实际他在密切地注视着清宫的动向。尽快使条约得到光绪帝的批准并按时互换生效，成为当时李鸿章的最大心事。

在北京清宫的后党骨干、投降派官僚孙毓汶与徐用仪等，早已与李鸿章串通在一起以速降为快。原在三月二十二日（4 月 16 日），当他们从李鸿章自日本的来电中得知次日即将签约时，都来了精神，立即凑在一起谋划策应。到三月二十七日（4 月 21 日），李鸿章派出的专人将《马关条约》文本送到清宫后，孙毓汶、徐用仪便迫不及待地在第二天即“捧约逼上（光绪帝）批准”。原来光绪帝已对“倭人要挟无厌”而气愤至极，并且当时在场的翁同龢又“力争请缓”，李鸿藻还连连叩头要求缓批，尤其是连日来已疏争不断。从而光绪帝便鼓起勇气，由“迟疑”到“不允”，顶住了孙、徐的迫批。

孙毓汶、徐用仪逼迫批约的无耻行径败露后，《马关条约》的真相也随之大白于天下。于是，空前丧权辱国的约款，深深地刺伤了中国各阶层人们的民族感情。举国上下为之震撼，拒绝呼声此伏彼起。

早在《马关条约》签订前后，一些关心国家命运的朝臣和其他忧国之士，出于对“和谈”的不安及有关割地、赔款等传闻，已就马关议和产生了日益强烈的反响。仅自签约前的三月二十一日（4 月 15 日）以来，翰林院代编修丁立钧、给事中余联沅、褚成博及总理衙门章京等成批的清廷官员，均纷纷上奏。他们既愤怒谴责日本侵略者的狡诈与贪婪，又进一步揭露李鸿章等人的“媚敌之心”，对流传中的屈辱条款表露了无比愤慨和深重忧虑。吏部给事中褚成博，在三月二十二日（4 月 16 日）的奏折中，对传说的割地、赔款极为愤怒。他指出，对于贪狡的日寇，“我欲弭衅而适启无穷之衅，欲偷安而并无一日之安。薄海内外，凡有血气者，皆知为万不可行”。他坚信，“圣（光绪帝——引者）心既已坚定，众志自克成城。”从而褚成博要求光绪帝宣示天下，激励将士，整饬戎行，继续抗争。在祖国将被宰割之际。要求坚持抗战的呼声又重新活跃起来。主持山东防务、参预过威海保卫战的山东巡抚李秉衡，在闻知和约条款后便“忧愤填膺”，他立即于三月二十一日、三月二十二日（4 月 18、19 日）连续电奏朝廷，强烈反对割让辽、台。李秉衡在三月二十一日（4 月 18 日）电中说，如此割地“则天下大势不堪设想，万万不可曲从”。他在次日的奏折里又对此前的抗战挫败进行反思，以事实驳斥了“战必败”的谬论。从而建议“皇上乾纲独断，如彼族（日本——引者）要挟过甚，则绝其和议，勿为虚声所恫吓，勿为浮议所摇惑。”应统一指挥，任用得力将领，严明纪律，拒和再战。并且李秉衡还怀着激愤的心情庄重表示：“臣虽老惫，愿提一旅之师，以伸积愤，即捐糜顶踵亦所不惜。”当时，李秉衡作为一名地方的抚臣，在紧要时刻也向光绪帝积极献策并倾吐了拒约抗敌的决心。在此之时，帝党官员文廷式，又把约款“录之遍示同人”。于是，随着《马关条约》内容的广泛传开，反对这一屈辱和约的声浪亦日益高涨，在全国上下迅速形成了一场声讨《马关条约》的怒潮。自王公贝勒、部院大臣、科道翰林到督抚将军、前敌将领及各省举人学子等，都“痛心疾首”地投入这一斗争的洪流中了。沉寂的中华大地，顿时均沸腾起来了。在光绪帝拒绝孙毓汶、徐用仪迫批马约的次日（4 月 23 日），翰林院编修李桂林等 83 人连衔呈文，对于“所定条约”进行了怒斥。他们从保存“国脉”出发极力反对割让辽、台，主张拒绝批约以便“审议详筹”。同日，侍讲张仁黼等亦愤起奏陈：

"近日都下人情汹惧，奔走骇汗，转相告语，谓所有条款，皆扼我之吭，制我之命，阻我自强之路，绝我规复之机，古今所未有，华夷所未闻。"对《马关条约》表露了冲天之恨。国家与民族的危难，却又激发了爱国之士的觉醒。张仁黼等在该奏折中还指出，"天下大事当与天下共谋之，西国议院人人得抒其所见，是以广益集思，驯跻富疆；从未闻大计大议，屏弃群策，维持此二三臣密谋臆决，而遂能计出万全者也。"在尖锐、严酷的中外斗争实践中，出于忧国之心、救亡之忱，使一些官员也逐步扩大了视野，增强了对国家的责任感。接着，内阁大学士额勒和布等，又为侍读奎华等155名内阁官员代奏抗议马约的条陈折。其中在揭露日本侵略者"藉端要挟"等罪恶行径的同时，又一针见血地指出，订立"割台湾、割辽东"的条款，如同昔六国被秦所灭，是由于六国"君臣苟求旦夕之安，不顾灭亡之祸"的结果。在此，他们不仅痛斥了日本侵略者和投降派权贵，也鞭挞了光绪帝。连日来，包括一些王公在内的各级官员继续上奏，"有请廷议者，有驳条款者，有劾枢臣者"，总之"言者大率谓和约当毁"。对此，翁同龢虽然表示不完全赞成，但他却感到"公论不可诬，人心不可失"。随后，翁同龢等在代表南、北两书房肄业生的奏请折中，"恳皇上明降谕旨，驳罢和议，以款夷之费筹兵，以乞和之耻激将，严赏罚，振纪纲，扼要以图亡，持久以待之"。显然，这种态度与主张同主战诸臣的呼声及要求，在拒约这一基点上完全一致。当然，他们的具体见解并非完全相同。在此奏折中提出"持久以待之"的思想，与先前刘坤一认为对日应采取"持久"的战略主张相吻合，是其可贵之处。同时，署两江总督张之洞也接连致电朝廷，指出"和约"使"神人共愤，意在吞噬中国"，同样强烈要求废约。但他提出完全依靠列强废约的建议，是不可取的。

清军中的各级将领，更是"一闻和约，义愤填膺"。辽东前线的清军将领得知和约后，立即"环集帐前涕泣求战"。一些天来，诸将"号泣谏言，愿决死战，不肯以寸土与人"。帮办军务宋庆，在四月初一（4月25日）的电奏中，对日本侵略者迫使签约"索巨款，复思侵地"亦无比愤慨。他在认真总结了抗战以来的失败教训之后，又提出救急之策。并发出"愿与天下精兵舍身报国"的誓言。当时率兵镇守辽沈的黑龙江将军依克唐阿，也会同裕禄电奏朝廷反对《马关条约》。随后他在四月初三（4月27日）的奏折中，又"情迫意切"地表示，为了重整抗敌"虽粉身碎骨亦所甚甘"。固然，在整个的抗战中清军接二连三地战败、失地，这些将领固有其责，因此他们之中的多数人均受到朝廷的处分。但这种局面的造成，却是源于清政权的腐败与主和势力的断送，致使广大将士"不能杀敌致果"。在此期间，无论是李秉衡还是宋庆都提出应"慎简将帅"，统一兵权，显然这涉及清政府的病源。事实上，除了李鸿章的亲信将领叶志超等人之外，依克唐阿、聂士成、宋庆等"皆倭人所畏"，都有坚决地抗敌之志，而且作战亦为英勇。时至此刻，面对奇耻大辱，他们即使从身为将领的使命出发，要求整军再战的热情也是可嘉的。

受害尤深的台湾省，早在李鸿章签订只停北不停南的所谓《停战协定》时，即激起台民的“愤骇”。后当割台消息传来，台湾“男女老少痛哭愤激，不甘自外于中国。”在三月二十三日（4月17日）李鸿章签约的当天，台湾巡抚唐景崧接连3次致电总理衙门，指出对于割台“万民愤骇，势不可遏”，认为“此约断不可从。”到三月二十五日（4月19日），唐景崧收到主降派官僚发来的“总理衙门电”，宣布将“交割台湾”和要求当地官民限期“内渡”。

当此电传布后，“台民不服闭市，绅民拥入署，哭声震天。”与此同时，台湾爱国志士丘逢甲又沉痛地向朝廷呈文声讨和约。

丘逢甲（1864-1912年），字仙根，台湾苗栗人。光绪年进士，授工部主事。因其不喜仕途，返台先后在台南、嘉义书院讲学。签订《马关条约》的消息传来后，他对“以台让日大愤”，遂于三月二十四日（4月18日）写出向朝廷的呈文，请台抚唐景崧代奏。丘逢甲在文中对“和议割台”同样怒火满腔，认为“让台”是对“列圣”的背弃。他为了维护国土台湾，宣告“桑梓之地义与存亡，愿与抚臣（唐景崧）誓死守御”。这件充满血与泪的呈文电到达清宫时，立即使翁同龢羞愧地感到“无面目立于人世”。

在京城，前来应试的各省举人，成为揭露和声讨《马关条约》的中坚。自三月二十八日（4月22日）以来，继广东、湖北数十名举人上书拒约，其他各省举人也都在积极串联筹议救亡之方，并相继通过都察院向光绪帝上书。连日去都察院的路上“衣冠塞途”，足见“士气愤勇”的豪壮情景。

在《马关条约》签订后的短短期间内，反对这一屈辱“和约”的爱国浪潮迅速席卷神州。一切具有民族情感的人们，共同发出了一个气壮山河的呼声——废约。正当这时，远东上空亦起风云。

自中、日议和以来，西方列强更密切地注视着日本的动向。当日方的议和条件披露（李鸿章在马关期间随时将议和情况通报欧美各强国）后，对于割辽一节，立即引起极欲在远东夺取一个“立足点”的德国的“忧虑”。并且这又与沙俄向远东扩张的计划发生冲突；法国也有进一步染指中国的企图（在欧洲它又与沙俄结盟）。侵华势力最大的英国亦非对日毫无顾虑，但它另有图谋。在这种情况下，特别是俄、德、法三国当政者感到，日本割据辽东的“危险不仅在威胁中国，而且也威胁着西方各国在中华帝国的既得地位、事业和各项利益。”因此它们便结成联盟，在《马关条约》签订后的三月二十九日（4月23日），俄、德、法三国通过外交渠道正式向日本政府发出“劝告”。要求其放弃辽东半岛，并派出海军舰队施加压力。从而，发生了俄、德、法三国干涉“还辽”事件。

光绪帝，在"连日疏争者不绝"的推动下，尤其是看到反对割台的呼声"万口交腾"，使他越发觉得"台割则天下人心皆去，朕何以为天下主?"其"意颇为动"。即在此时（4月23日），徐用仪向光绪帝透露了他从俄使喀希尼处得知的三国干涉"还辽"事。光绪帝似乎又从中感到一种鼓舞，他遂即"乾刚一振，气象聿新"，在当即命孙毓汶等往见喀希尼"传感谢之意"的同时，又"意欲废约颇决"。

显然，废约意味着再战。而再战又与西太后的意图相悖，并且关系着大局，光绪帝对此还不敢自行决断。因此在四月初一日（4月25日），他命枢臣偕同庆亲王奕劻"请见皇太后面陈和战事"，并将近日的有关奏折一并呈递给太后。但西太后当即以太监传懿旨声称："今日偶感冒，不能见，一切请皇帝旨办理。"把决定和、战的难题又推给了光绪帝。其实她的主意未变，仍在幕后操纵。而处于为难之中的光绪帝，为了摸清再战的可能性和欲从廷外争取支持力量，于当日（4月25日），向握有关内外军政大权的钦差大臣刘坤一及署直隶总督王文韶发出电谕，征求他们的意见。谕曰：

"新定和约条款，刘坤一、王文韶谅皆知悉。让地两处，赔款二万万，本皆万难允行之事。而倭人恃其屡胜，坚执非此不能罢兵；设竟决裂，则北犯辽沈，西犯京畿，皆在意中。连日廷臣章奏甚多，皆以和约为必不可准，持论颇正（重点号引者加），而于沈阳、京师两地，重大所关，皆未计及。如果悔约，即将决战；如战不可恃，其患立见，更将不可收拾。……惟目前事机至迫，和战两事利害攸关，即应立断。著刘坤一、王文韶体察现在大局，安危所系，及各路军情战事，究竟是否可靠，各抒所见，据实直陈"。

光绪帝在等待刘、王回奏的期间，围绕废约再战在清宫的斗争仍在激烈地进行着。

刘坤一在中、日开战之初即主张以"持久"战略对付日本侵略者。到日军侵入辽东，攻陷旅顺，中国的抗战越发危机时，这种"持久"的思想主张又引起一些人的重视。到此，在声讨《马关条约》的怒潮中，随着要求废约再战的呼声日益强烈，有些官员又从中外战史中探索"持久以敝敌之法"。当时，文廷式即认为"不顾恋京师则倭人无所挟持"，把"持久"与迁都联系起来了。河南道监察御史易顺鼎在其献策折中也指出，日本是越国图远，既不敢深入中国内地，又"不能持久"。而中国"地大物博，饷足兵多"，可以持久以待之。因此，他认为，要废约必须坚持抗战；要继续抗战只有持之以久；要持久必须"以迁为战"。从而又进一步把废约、迁都与开展"持久"战结合在一起了，而以迁都进行"持久"战作为达到废约目的手段。翁同龢等代两书房肄业生的奏折，基本体现了这种思想主张。事实上，光绪帝决欲废约时也接受了"西迁"之策。随后，他所以在和、战问题上征求刘坤一、王文韶的意见，主要是反映了光绪帝的以战废约的意向。

显然，这种"持久"战略，并不是建筑在发动和依靠人民群众之上的人民战争战略，实际上他们也不可能提出这种思想见解。在文廷式等人的思想中，其“持久”的主张还包括消极固守的含意。然而，当民族矛盾已成为主要矛盾，国内各阶层人们已形成同仇敌忾、一致对敌的局面的时候，光绪帝及翁同龢试图利用“人心”所向，力争以长期坚持抗战来达到废约的目的，无疑是值得肯定的。

何况，当时的日本侵略者也已“精疲力竭，它的财源以及军事物质（资）的供应已相当枯竭”。清政府通过驻日公使王之春也探知，“倭财竭疲甚，必难久”。特别是日本的兵源已明显不足，原在其集中兵力侵犯威海时，它从国内调来的号称“精锐”师团就已“内有四二内外人，非尽精锐”。这说明日本正面临征兵的难题。侵略者已是强弩之末，它除了正在集中力量要侵占我国台湾之外，已无力再进行全面的侵华战争了。因此，如中国以己之长，在辽阔的国土内坚持长期抗战，在客观上是有可能的。很明显，当时的关键是朝廷的决策者是否都有此远见与胆略。

然而，清廷的实权仍然操在以西太后为首的主降派手中。这些人只求“旦夕之苟安”，根本不顾臣下的呼声与正当要求。光绪帝虽对廷臣的奏请认为是“持论颇正”意欲采纳，翁同龢的态度也向这方面靠拢，但他们在群奸之中又孤掌难鸣。在刘、王回奏之前，当枢臣议论迁都时，“翁尚书（同龢）主迁，孙尚书（毓汶）则主和”，两人对此曾争于养心殿。后来，孙毓汶声称“岂有弃宗庙社稷之理。翁亦不敢尽其辞”。在四月初三（4 月 27 日），由于廷臣的奏请和举人的上书越发踊跃，西太后经与奕劻策谋装腔作势地表示，“外论（要求废约再战的奏疏与舆论——引者）如此，只可废约议战”。但当光绪帝欲顺水推舟“宣布”她的这个“废约议战之懿旨”时，西太后的亲信奕劻竟又以一个“权威”者的面孔出来反驳，说什么光绪帝是在发“诳语”。同时孙毓汶也与奕劻“相和”，哭哭咧咧地叫嚷：“战万无把握，而和则确有把握。”本来是光绪帝在传达西太后的懿旨，竟又引起一场风波。“以和约事徘徊不能决，天颜憔悴”的光绪帝，遂即亲自向西太后“敷陈西迁之议”，力求全力争取废约。但是，西太后听罢竟冷冷地说“可不必”，接着她又扬言“和战之局汝主之，此（指迁都——引者）则我主之。”显然如不迁都，再战就失去了前提，废约便无从谈起。其实，西太后是拒绝了迁都之议。

四月初六日（4 月 30 日）晨，刘坤一、王文韶的回奏电到达清宫。

刘坤一以钦差大臣统率关内外各军之后，不仅未扭转辽东抗战的颓势，反而又接连战败失地。因此直到这时，他受到的非议不断，不满的传闻纷纭。刘坤一是在军、政均陷入积重难返的困境中接任帅职的，对其功与过，尚应做出全面和深层次的考查。当时，连了解些军情的袁世凯也说，刘坤一督师后的清军所以仍然接连败退，主要“在于军制冗杂，事权分歧，纪律废弛，无论如何激厉［励］亦不能当人节制之师。”此言，在一定程度上说出了清军连续战败的症结。而这又是刘坤一难以改变的。

至此，刘坤一在回奏电中，首先表示强烈反对马关和约。接着，明确指出，现在是“宜战不宜和，利害轻重，事理显然”。随后他具体分析了敌我态势。刘说，我军尚有一批“得力”战将，除在关内外备有10余万大军，在沿海还部署大批“游击之师”，特别是广大将士“一闻和约，义愤填膺”，激发了高昂的斗志，完全可以“坚忍苦战”。相反，敌人是“远道来寇，主客之形，彼劳我逸”而且新来日军“多以老弱充数，饷亦不继。”刘坤一做出的上述判断，基本是符合实情的。随即他又强调了“持久”的战略主张，指出“持久二字，实为现在制日要着”。最后表示“坤职在兵戎，宗社所关，唯有殚竭血诚，力任战事，此外非所敢知。”当然，就刘坤一来说，他对当时的宫中内幕也不会一无所闻。因此，他在最后又留了个活口。

王文韶，字夔石，浙江仁和人。咸丰进士，历任郎中、湖北安襄郧荆道、按察使、湖南布政使、巡抚等职，光绪十五年（1889年）授云贵总督。曾因在镇压捻军中颇为得力，督师的左宗棠和时任湖广总督的李鸿章“皆荐其才”，称他为“中外难得之员”。光绪二十年（1894年）初，西太后以值六旬庆典赏戴花翎，给予优叙。当年九月（10月）初奉召来京，受命帮办北洋事务，又成为李鸿章的得力助手。次年春李鸿章赴日议和前，以其署直隶总督、北洋大臣。王文韶既得到李鸿章和西太后的器重，恭亲王奕䜣又“素赏其能”。连当时的法国驻华公使施阿兰也说“王文韶是恭亲王的朋友和受宠者之一”，成为后党的一员干将。王文韶所以扶摇直上，又由于他为官圆滑，故有“柔媚无风节，罕持正义”之评说。到此关键时刻，王文韶虽在回奏电中也声称事前曾与刘坤一“晤商”过，并谓其彼此“意见大略相同。”但其回电的内容与倾向，却与刘电大相径庭。他在电文里固然也表示了对和约之愤和愿遵旨之意，并又提出聂士成等军“必可一战（此话在光绪帝的电谕中已提到——引者）”。但其语锋一转便针对光绪帝的指令说，“究竟是否可靠，臣实不敢臆断。”把光绪帝急切要听到的意见给予避开。接着王文韶又以含沙射影的手法力陈：“现在事可胜不可败，势成孤注”，其倾向已十分明显。最后，他只以建议“军机大臣、督办军务处、总理衙门通盘筹议，请旨定夺”，结束其回奏。显而可见，这件空洞的回奏电，既是对光绪帝之命的敷衍塞责，也隐约地否定了以战废约的意向。他最终把球又踢给清廷枢臣和皇上，其用意当然可想而知了。

主降派权贵似乎有所预料。孙毓汶已为光绪帝拟好批约后向群臣的宣示词。而且原来请病假的奕䜣又露面了，并对孙拟的宣示词示以“为是”。他们要利用刘、王的回电之机，强行“定和战之议”了。即在四月六日（4月30日）上午，奕䜣出面（无疑已得到西太后的授意），在他的王府召来了军机大臣翁同龢、李鸿藻及孙毓汶、徐用仪和步兵统领太后之亲信荣禄等，“商讨”和、战之事。会商中，直接集中在刘、王两电上。对于刘坤一的复电，主降派官僚抓住其中的“一二活字”大做文章，他们断章取

义地说，刘之复电虽言“可战”却“非真有把握”。说到王文韶的电复，孙毓汶便得意地狂笑曰：“我说如何！”面对如此情景，翁同龢、李鸿藻在“相顾失色”之余，已无可奈何了。于是，“批准之议已定矣。”事后，光绪帝虽就孙毓汶拟的所谓宣示词，怒斥他“奉养有阙，不能稍展微忱”，但也无济于事了。

到四月八日（5月2日），以西太后为首的主降派，似乎认为条件已经具备，到了向光绪帝最后摊牌的时刻。对此，河南道监察御史易顺鼎在其《盾墨拾余》一书中，提供了一些值得重视的情节。他记述道：

“初八日（5月2日），恭邸（奕䜣）销假（太后命其此日销假——引者），四小枢（恭亲王奕䜣、庆亲王奕劻、军机大臣孙毓汶、徐用仪4人——引者）劫之上（光绪帝），合词请批准。上犹迟疑，问各国回电可稍候否？（这是光绪帝又为争取点回旋余地试图以等待俄、德、法三国的回电来摆脱逼签——引者）济宁（孙毓汶）坚以万不可恃为词，恭邸无语，乃议定。众枢在直立候，上绕殿急步约时许，乃顿足流涕，奋笔书之。……初九日（5月3日），和约用宝。”

就这样，光绪帝怀着极为沉重的难言之隐，被迫批准了屈辱的《马关条约》。随后，他与自己的唯一信臣翁同龢，也只能以“相顾挥涕”来倾泻自己的满腔忧愤了。

2. 换约的苦衷

原来，中、日议和代表草签《马关条约》时即已据日方要求确定，此条约经两国皇帝批准后，于四月十四（5月8日）双方代表在中国烟台互换（即换约）生效。

光绪帝虽然被迫批约，但仍在寻求得以挽救的机遇。同时，内外臣工和举人、士大夫的救亡斗争出现了新的势头。一些忧国之士在继续控诉马约、抨击降臣和要求废约再战的同时，又积极为挽救危局而献计献策。在批约的前一天（5月1日），都察院左都御史裕德等，即上奏向光绪帝提出“申明公法”“借助邻国”“团结台民”“请交廷议”“激励将士”“坚持定见”等6条挽救之策。希望光绪帝坚持“西迁”“勿为所摇”，并对军政进行整顿。这些廷臣认为，“根本既固，胜算必操”。随后，福州将军庆裕和兵部主事方家澍、朱梁济及山西举人常曜宇等，亦相继递上折文提出各种“挽回”的建议。救亡运动在继续向前推进。光绪帝在批约的当天，总理衙门即“奉旨”请田贝转电日本政府，提出“现闻俄、法、德三国与日本商改中日新约，须候定议。十四日换约之期太促，拟暂缓十数日，再行互换，望即转商”。这时，光绪帝力图通过美国驻华公使田贝从中斡旋，争取缓期换约，希望能从三国干涉的结果中得到某种转机。与此同时，光绪帝也做了按期换约的准备。于当日任命二品顶戴道员伍廷芳与道员联芳为换约使臣，但却命其到烟台后“候旨遵行”。采取了待机而行的姿态。

然而在此前后，三国干涉事件出现了变化。当初，日本统治者不甘心使将要到口的肥肉丢掉，企图抵制三国干涉。但鉴于军事上他们已无力与三国对抗，于是日本的

决策者经过在外交上的窥探和反复商讨，于四月初七日（5月1日）向三国表示接受“劝告”。随后它们之间又经过一番讨价还价，日本决定采取“对俄、德、法三国完全让步，但对中国一步不让”的方针。后于四月十一日（5月5日），日本政府便正式通知俄、德、法三国政府，宣布日本决定放弃辽东半岛。但要求“在退还领土以前要互换（《马关条约》）批准书”，并要“偿付日本一笔补加赔款。”在此，日本把中、日交换《马关条约》批准书也作为与三国协议的一项条件，无疑是企图首先使《马关条约》生效，然后再以从条约上得到的辽东半岛与三国做交易和另行勒索中国。至于俄、德、法三国联合发动干涉“还辽”事件，它们的目的并“不是对中国的利益的考虑”，这些国家关心的是“自己的攫夺品”。所以，当德国外交大臣马沙尔得知日本做出退还辽东半岛的决定时，他立即于四月十二日（5月6日）致电其驻华公使绅珂。电中说，中国“皇帝不欲批准（指互换——引者）条约。我说批准是绝对不可避免的；如果不批准，我们将听中国自己决定其命运。”随后，在华的德使绅珂便改变腔调促使中国换约。原来出于“自为计”劝说中国不要急于批约的俄使喀西尼，到这时对换约的态度也向后退缩了。

其实，俄、德、法三国对日本做出如此妥协的决定已基本心满意足了。因为这既阻扼了日本在远东的扩张尤其对俄有利；又为他们在日后对中国的索求留下了口实，可谓达到了一箭双雕的目的。在剩下的还辽条件等问题上，尤其是沙俄与日本尚有分歧，但也无关紧要。由于日本对三国的妥协开始奏效，使它即将摆脱一场危机。所以，日本统治者对中国更强硬起来了。当伊藤博文收到田贝转来的清政府要求延缓换约电时，他当即给李鸿章回电宣称，“无论因何情况，互换批准必不能缓”，断然拒绝了清政府的要求。接着，伊藤又继续电促换约，并命其换约专使伊东已代治来华赴烟台。在天津的李鸿章也与其同步运作，他既与伊藤保持联系又极力为伍廷芳出使做准备，可谓是费尽了心机。

这时的光绪帝与翁同龢，对日本反对延期换约已经清楚，并也得知一些三国的反应，但就俄、德、法三国对日态度的变化还并不完全了解。因此四月十二日（5月6日），当翁同龢获悉在“还辽”问题上俄、日仍在交涉时，他提议应直接照会日本坚持延期换约。但翁同龢的主张又立即遭到孙毓汶、徐用仪的强烈反对。当时孙毓汶大叫，如果延期换约“日人必破京师，吾辈皆有身家，实不敢也。”对此翁同龢厉声反驳说：“我亦岂不知爱身家，其如国事何?”在此，进一步暴露了孙毓汶之辈主降的丑恶嘴脸。他们的争论持续到次日时，翁同龢又与到场的诸臣展开论争，进而达到白热化的程度，致使“声彻户外”。结果，翁同龢的激昂申辩，竟被投降派权贵的叫嚷声所淹没了。

帝、翁欲待三国干涉结果再相机而行的策略，在日方和内部降臣的竭力抵制下而受阻了。从而，他们又无可奈何地准备利用换约的机会，随同朱笔批文，另加“暗言辽事，明告台（湾）难交”的两附件一并交给日方代表，以备在此后与日本交涉时作为依据。为此，光绪帝当即命总理衙门大臣以此拟成两件照会，电达李鸿章转交伍廷芳。照会之一是：

“中国政府为照会事，前由头等全权大臣李奏请批准换约一折，奉旨依议。该衙门知道，唯闻俄、法、德三国现与日本商改中日新约（即‘暗言辽事’——引者），将来如有与此约（《马关条约》——引者）情形不同之处，仍须随时修改，钦此。”

照会之二：

“中国政府为照会事，前接美国田大臣（即美国驻华公使田贝——引者）复信述贵国政府云：按期互换和约最为紧要，如谓因俄、法、德三国所商改之事，若系须照办者，互换以后较未换以前更为容易等语，与中国之意相同。届时如有改易情形，自须另立专条，以资遵守。再，现在台湾各色人等，万分惊扰，势将变乱，互换以后，应将台湾一事重为虑及，另作办法（即‘明告台湾难交’——引者）”。

据与清廷枢臣联系频繁的法国驻华公使施阿兰记述，当时的光绪帝与翁同龢等，“直到最后一分钟还存在着不安与怀疑”。上述两照会，无疑是体现了他们的“不安”与“怀疑”的两大突出点；同时也包含了光绪帝及翁同龢君臣的深重苦衷。

到四月十四日（5月8日）规定换约的当天，光绪帝在最后时刻召见枢臣时，徐用仪手持德国驻华公使绅珂的来函声称，“不换约则德国即不能帮”；孙毓汶等人则说“各国均劝换”，并扬言“若不换则兵祸立至”。同时，驻俄使臣徐景澄的来电又报告俄外交部倾向换约。至此，庆亲王奕劻与恭亲王奕䜣，也分别在前场和幕后为孙、徐等人捧场助威。当然这些人传达的各国态度并非虚言，而且这时列强促使换约的意图也十分明显。对此，翁同龢虽曾左拦右挡力求缓解，但他也不得不承认已是“覆水难收”了。最后哀叹，“穷天地不塞此恨矣”！在这种情况下，光绪帝亦无选择的余地了。于是他只得“幡然定计”，遂即“催令即刻电伍廷芳，如期换约。”这时，他所有的只是两件空头照会了。但是，即使这两件空文，在伍廷芳接到电旨后，即于当日晚10时许与日本代表伊东已代治在烟台换约时，虽然几经周折交予对方，最后还是给退回来了。到此，屈辱的《马关条约》正式生效了。留给光绪帝只是一场犹如噩梦般的悲痛记忆。

但是，光绪帝仍然遗恨未消。直到当年六月九日（7月30日），李鸿章入京时，光绪帝还当面斥责他“身为重臣，两万万之款从何筹措；台湾一省送予外人，失民心，伤国体。”

光绪帝反对《马关条约》，但这一屈辱条约又是经其亲手批准并在他的指令下换约生效的。这一活生生的历史矛盾现象，既体现了外敌及内奸的险恶与无耻，又反映了光绪帝的虚弱；更集中地暴露了在西太后控制下的清政权已彻底腐朽。

综观光绪帝在甲午战争中的表现及其思想脉络，充分地体现了他力图有所作为但又无法摆脱封建专制桎梏的矛盾心态。由于光绪帝怀有一定的进取心，所以他对外来侵略具有较强烈的反抗性。作为一个封建王朝的君主，从维护其“社稷”出发坚决抵抗侵略，这在当时的历史条件下，显然是反映了中华民族不甘屈服于外国侵略者的民族气节，其爱国性是鲜明的。所以，在甲午中日战争期间，帝、后之间的矛盾与斗争，在性质上已超出了统治集团内部争权夺势的派系之争，成为如何对待侵略者与侵略战争的两种不同立场的对立。然而，光绪帝坚持的反侵略立场，又与其在清廷所处的实际地位（傀儡地位）极不协调。而且他的支持者，也多是些不操实权的文职官员。其使命与实力的反差，不仅限制了他的作用的发挥；而且也影响了事态的发展。另外，他这个皇帝即是封建专制制度的产物，从而光绪帝亦无勇气摆脱这一陈腐的桎梏。因此，他与他的支持者，在对内、对外的斗争中，虽曾基本站在正义的一边，但其斗争结果又都在这个王朝的框架里被消磨了。

甲午中日战争，是年轻的光绪帝自“亲政”以来所经历的一场最大的中外战争风暴。在此过程中，侵略者的凶残与贪婪和清王朝的虚弱与腐朽均暴露无遗。这一切，对颇有进取心的光绪帝来说，与许多同时代的民族精英一样，从中受到了极为强烈的触动与刺激。因此，中日甲午战争又成为光绪帝思想变化的转折点。

变法图强

（一）噩梦惊醒

中日战争的惨败和《马关条约》的签订，中华民族面临亡国危险。中日战争对于当时的中国人，是一次大震动，大刺激，它向中国人民敲响了警钟，促进了民族的觉醒。中国是一个古老的宗法帝国，人们的观念长期来依附于以家族为单元的宗法社会的古老范畴。自鸦片战争以后，随着资本主义的侵入，给中国社会的陈腐观念增添了一些新的思想内容，中国人的思想开始有所转变。然而，这种意识形态上的转变，因为受到传统文化惰力的重重束缚，其步伐是非常缓慢的。只有在外部和内部的强烈冲击之下，才有可能使这个古老民族从长期沉睡中惊醒过来。中日战争对中国人猛击一掌，它的冲击力远远超过两次鸦片战争和中法战争，中国人的近代民族意识在甲午战争以后才明显地萌发出来了。

甲午战争败得太惨，日本提出的条件太苛刻，而这次战争的对手，并不是英吉利、

红地粉彩牡丹花纹碗

法兰西那样的超级大国，而是历来被中国人视之为“倭寇”的弹丸岛国日本。这就使得中国的各个阶级和各阶层感到震惊、愤慨和困惑。稍有头脑的中国人都在反省，都在思考中国战败的根本原因何在。大风暴洗刷了空气中的污浊，人们的头脑显得格外清醒，视野更加清晰宽广，此时可以说是近代民族觉醒的真正发端。它的标志，一方面是战后资产阶级作为政治势力在中国出现，代表资产阶级意识、观念的知识分子，无论是革命派还是改良派，他们关怀祖国的前途和民族的命运，热烈地投身到救亡图存的洪流中去。为中国带来了新的希望，另一方面，以光绪皇帝为代表的清朝统治集团中的主战派，他们冷静地反省战争失败的症结在哪里？今后怎么办？是否还是同以往历次战争那样，随着战火烽烟的暂时平息，依旧文恬武嬉、歌舞升平。严酷的现实，做出了无情的答复，不行了！现在不行了！中日战争以后帝国主义瓜分中国，中华民族面对殖民主义者严重威胁。一种亡国灭种的危机感，救死不遑的紧迫感和难于立足世界民族之林的耻辱感紧扣着中国人的心灵。中国近代知识群体为中华民族救亡图存呼号呐喊，部分清朝官僚对国家命运产生无限忧虑，促进了光绪帝萌发维新变法思想。这是在塌天的亡国之灾即将临头的严重时刻，在漫漫长夜里闪烁出耀眼的曙光。

作为一朝之主的光绪帝没有因甲午惨败而恢心丧志，也没有因签订《马关条约》含恨受怨而消极后退，却是在失败中冷静反省，重新振作精神，继续进击，不做亡国之君。这就是光绪帝同他以前几位清朝皇帝品格的根本区别所在，也是值得被后世称颂的一个方面。他在《马关条约》换约的当天，四月十四日（5月8日）在张之洞奏折的批谕中做了如下的表示：

嗣后我君臣上下，唯其坚苦一心，痛除积弊，于练兵筹饷两大端实力研求、亟筹兴革。毋生懈志，毋骛虚名，毋忽远图，毋沿积习，务期事事核实，以收自强之效。朕于内外诸臣有厚望焉。

际上是中日战争失败后的反省，其精神是奋发向上的，态度是务实的，反映了战后光绪帝的思想面貌。

上面所述，中日战争的失败，对中国人是一次大震动、大刺激。在这场大震动中，必然有人一筹莫展，消极颓废，有人在失败中猛醒，奋发进击，清朝走向何去？关键在于作为一朝之主的皇帝态度。安定人心，重新建树皇帝的权威，这是中日战争以后光绪帝首先所要反省的问题。安定人心之首要者是重整抗战派的士气，形成以皇帝为核心的近臣亲信圈子，进而增强对清政府整个官僚集团的凝聚力。为此，光绪帝于四月十七日（5月11日）向军机大臣等发了开诚布公的上谕，解释主战派提出的“废约”“迁都”，“持久战”等积极主张未能实施的缘由，明确表示了战后积极进取的态度。

谕军机大臣等：日本觊觎朝鲜，称兵犯顺，朕膝怀藩服，命将出师，原期迅扫敌氛，永弭边患。故凡有可以稗益军务者，不待臣工陈奏，皆以主见施行。……

……乃尔诸臣工于所议章约，或以割地为非，或以偿银为辱，或更以速与决战为至计，具见忠义奋发，果敢有为。然于时局安危得失之所关，皆未能通盘筹划，万一战而再败，为祸更难设想。今和约业已互换，必须颁发照行，昭示大信。……自今以后，深者惩尤，痛除积弊，……切实振兴，一新气象，不可因循废弛，再蹈前辙。诸臣等均为朕所倚畀，朕之艰苦；当共深知，朕之万不得已而出于和，当亦为天下臣民所共谅也。

在光绪帝周围的一些近臣中有人因中日战争的惨败而气馁，皇帝权威的失灵也使一些人寒心。光绪帝在谕旨中开诚布公，希望诸臣“深知”他的“艰苦”，“共谅”他出于万不得已批准《马关条约》的做法，坦诚之心公布于众，对于维系人心，有极为重要的作用。中国人有句俗语所谓“皇帝不急急太监”，而光绪帝急人民之急，他告诫臣工“不可因循废弛，再蹈前辙”，战后的光绪帝颇有卧薪尝胆之心态，无疑是对于企望中兴清朝，而被光绪帝视为“所倚”的诸臣，是莫大的鼓舞。

中日战争结束以后，光绪帝对清军从将领到士卒的腐败无能痛首恶疾，他在好几处的上谕中反省到这一问题。四月十四日的上谕指出：

朕办此事熟筹审处不获已之苦衷有未深悉者。自去岁仓卒开衅，征兵调饷不遗余力，而将少宿选，兵非素练。纷纷招集，不殊乌合，以至水陆交绥战无一胜。

又在四月十七日给军机大臣等的上谕里说；

何图将不知兵，士不用命，畀以统之任而愤事日深，予以召募之资而流民麇集，遂至海道陆路无不溃败，延及长城内外，险象环生。

封建社会的募兵制腐败不堪，导致流民麇集，尽是乌合之众，这样素质低劣之士兵，在战场上必然是风声鹤唳，一挫即溃。更为严重的是募兵制之将帅把家族、同乡的宗法制度移植到军队建制，成了地方军阀和高级将领的私兵，曾国藩募湘军，李鸿章募淮军便是他们实力的基础。在中日战争中李鸿章敢于抵制光绪帝的战略指令，除了有慈禧太后作为靠山之外，另一个原因，就是他所控制的北洋海军和淮军是他的私兵，唯李鸿章命令是从，只知李相而不知皇帝。殊不知，清朝军事制度的腐败，战斗功能的丧失仅是清朝封建统治制度腐败的一个缩影，这是作为清朝封建这段批谕，实制度的最高统治者的光绪皇帝当然是不可能反省到这一根本点子上去的，他只能从具体的，一个方面去反思，去考虑加以纠正与克眼，他反复指出，要从“练兵筹饷两大端实力研求。”“咸知练兵筹饷为今日当务之急”，尽管对练兵筹饷的“实力研求”是治标不治本的措施，但总算涉及制度的外圈，再深一层下去必将促使从制度上加以改革，所以改革军事制度也是后来戊戌变法中的一个方面。

《马关条约》的签订，李鸿章成了全国上下同声唾骂的众矢之的，“疏弹合肥章以百计。”把中日战争的失败和《马关条约》的签订，归罪于李鸿章一身，光绪帝也是这样反省的。六月初八日，李鸿章回京请安，光绪帝当面指责他“失民心，伤国体”，这样“词甚骏厉”的斥责，不仅指的是他没有在日本为拒绝割台而据理力争，而是对他在中日战争中一意主和，贻误战机铸成败局而发出的愤怒。李鸿章一意避战求和的错误方针，成为战争失败的关键，这是历史事实。战前坐视日军在朝鲜布置阵营，占据有利形势而不采取相应对策，造成丰岛、成欢初战失利，战后平壤陷落、辽东败北；旅大拱手让敌，威海卫北洋舰队全毁。战局败定后，李鸿章竭力主张向日本屈辱求和，不惜巨额赔款和割地签订《马关条约》，所有这一切确实是他避战求和的错误方针所铸成的结果。然而，李鸿章所以始终推行这一错误方针，并非偶然，一是为了保存他的政治资本——淮军和北洋海军，视军事为私事，结果碰上了凶恶的对手日本军国主义，他苦心经营几十年的军事力量尽付东流。二是，避战求和是慈禧太后在中日战争时期总的旨意，李鸿章在战争中的一切重大决策都按慈禧太后这一旨意运行，所以平心而论，李鸿章还不能算是导致这次战争失败的罪魁祸首，真正的罪魁祸首是掌握清朝最高实权的太上皇慈禧太后。战前挪用海军经费建造颐和园的是她。据考证这笔挪用总数达 1200 万至 1400 万两之巨，影响北洋海军 1888 年后未购一新船、未添一新炮。而日本当时拥有的二十一艘战舰，其中有九艘是 1888 年后新添购的，时速和炮火威力远胜中国海军，致使黄海激战时，败于敌手。战争爆发前后一心于寿辰庆典的筹划，力主避战唯恐寿辰扫兴的也是她。中日战争的关键时刻，光绪二十年的九、十月间，正是清廷以慈禧太后六十大寿的筹备和庆典压倒一切的重要时期。当日军已在花园口登岸正向旅顺逼近的时候，慈禧太后还在大事做寿，京内外王公大臣、督抚疆吏贡献寿礼，举行隆重的庆祝仪式，粉饰太平，极大地牵制和分散了清廷的精力和财力，涣散了军民斗志。九月初九日寿辰大典即将举行，官寿宫里演戏三天，从枢臣到部院京堂都要陪着她听戏，光绪帝对此极为反感。当天战情十万火急，光绪帝召枢臣指示战略，“审谕极急，并云不可早散，又云听戏三日，诸事延阁，仅可不到也。”后期力主屈辱求和的更是她。李鸿章官复原职，并召京面授机宜，作为清政府全权代表赴日本议和，都是由慈禧太后抛开光绪帝而独自做出的决定，最后她还支使孙毓汶、徐用仪逼着光绪帝批准和约。慈禧太后是避战求和方针的最高决策者，而李鸿章则是慈禧太后旨意的具体执行者，在某种程度上讲他遭举国唾骂，为众矢之的，是做了慈禧太后的替罪羔羊。光绪帝心里很明白，但又不敢公开谴责，这就是康有为所说的“皇上之苦衷迫逼之故，有难言之隐矣。”光绪帝的难言之隐，后来他在答复张之洞关于“迁都再战”

的奏章中做了隐约的透露，他说：“廿余年来，慈闱颐养，备极尊崇，设使徒御有惊，则藐躬何堪自问。”因为二十余年来光绪帝一直是西太后手中的傀儡，这次更是害怕“有惊”皇太后六十庆典，所以光绪帝只得忍气吞声，听任她的独断专行，他在战后的反省中粗浅地触及了清朝全部症结的要害。

在甲午战争中清朝统治集团内部在做出一些重大决策时发生了分歧，清廷重臣要员都在主战与主和两大问题上亮了相，有的还做了淋漓尽致的表现。就是一些原先附和主战的枢臣也在关键时刻倾倒在主和派一边。战争初期光绪帝调整了军机处班子，把它改变成为抗战联合阵线，在战争中发挥了指挥部和参谋部的积极作用。由于战争屡屡败北，军机处成员思想发生了动摇，在签订《马关条约》的时候，中枢机构为顽固派所把持，成了贯彻慈禧太后避战求和方针的策源地，光绪帝对中枢处于失控状态。战争结束以后，整顿军机处调整中枢班子是光绪帝反省过去，吸取教训的重要课题。军机大臣中对光绪帝抗战部署干扰最大，鬼点子最多的要算孙毓汶和徐用仪两人，他们一唱一和，压制主战派逼迫光绪帝，慈禧太后通过这两个亲信向李鸿章传递她的旨意，所以光绪帝在中日战争以后采取了不同的方法把他们驱逐出军机处。光绪二十一年五月给孙毓汶“病假”一月，“以徐桐兼署兵，部尚书”，先革去他的兵权，后又“称疾乞休”令他退出政治舞台，光绪二十五年孙毓汶怏怏死去，在中枢机构中拔去了一枚钉子。一个月以后，光绪帝又向徐用仪开刀，光绪二十一年六月乙酉：“谕内阁，吏部左侍郎徐用仪退出军机处，并毋庸在各国事务衙门行走，”把他从重要岗位上撤了下来。在军机大臣中还有恭亲王奕䜣和庆亲王奕劻，虽在后期倒向主和，秉慈禧太后旨意逼光绪帝签约，然逐出顽固派铁捍孙毓汶和徐用仪之后，这两位满洲亲王留在中枢暂时亦无大的威胁，所以未做更易。光绪帝在驱逐异己的同时，“命礼部左侍郎钱应溥在军机大臣上行走”钱应溥其人，长期入值军机司务，笔下敏捷，“每承旨缮召，顷刻千言，曲当上意”，在中日战争时期他已任礼部左侍郎，“廷议主战，应溥造膝敷陈，多人所不敢言。”光绪帝慧眼识才，把这样一位有才气而又能直言的廷臣不仅提拔任军机大臣，而且“再迁工部尚书”加以重用，无疑增强了帝党力量。总理各国事务衙门的地位越来越显得重要，军机处决策，“总署”贯彻，在中日甲午战争时期为李鸿章及慈禧太后的亲信所把持，光绪帝的亲信成员几乎无一人涉足，经过中日战争的反思，光绪帝为了加强对“总署”的控制，命“户部尚书翁同龢，礼部尚书李鸿藻在总理各国事务衙门行走。”把两位最忠于皇帝最得力的重臣进入“总署”，今后内政外交的各个脉络君权皇命不致梗塞，光绪帝的谕旨可得以畅通。至于李鸿章虽然光绪帝在甲午战争中对他的两次处分都被慈禧太后一次吹掉。战后又作为清政府全权代表派往俄国，祝贺沙皇尼古拉二世加冕典礼，是时还秘密地同俄国签订了《中俄御敌互相援助条约》又称《中俄密约》。光绪帝在李鸿章身上饱含怨恨，并对他有所限制不可。李鸿章集军、政、外交于一手，又有慈禧太后为后盾，故对他的权力限制，光绪帝采取十分慎重的处置办法。光绪二十一年七月初八日（8 月 28 日），“命李鸿章入阁办事。调王文韶为直隶总督兼办理通商事务北洋大臣。”王文韶在中日战争期间，他的立场基本上倾向主战，在签约关键时刻，态度也无突出表现，然王文韶其人颇有外交、理政之才能。故光绪帝以王代李，把李鸿章调离天津留京入阁，实际上是名升实降，一定程度上削去了他的部分军权和外交之权，但一调动也为李鸿章同慈禧太后的直接联络提供了方便。为了削弱李鸿章的影响，光绪帝即着上谕王文韶整顿直隶地方。

直隶地方，积弊已深，凡吏治军政一切事宜均应极力整顿，至外洋交涉事件，尤关紧要，如从前有办理未协，应行更改之处，务当悉心筹划，不避嫌怨，因时变通，……洗从前积习，方为不负委任，将此谕令知之。

这道谕旨，要王文韶“不避嫌怨”，“洗从前积习”，很显然是针对着李鸿章而发的，实际上全盘否定了他任直隶总督、北洋大臣期内的“政绩”，这不能不是对李鸿章的一个重大的打击，某种意义上讲，比过去对他两次处分更为有力，为以后剪除李鸿章势力埋下伏笔。

甲午战后，光绪帝犹如在一场噩梦中惊醒过来，从反省中得到有益的教训；从反省中理顺思路振作精神，充实了他的抱负，为后来在历史舞台上演出的那出有声有色的维新变法活剧迈出了可贵的第一步。

（二）决心变法

梁启超在《戊戌政变记》一书中指出：“吾国四千余年大梦之唤醒，实自甲午战败割台偿二百兆以后始也。我皇上赫然发愤，排众议，冒疑难，以实行变法自强之策，实自失胶州、旅顺、大连湾、威海卫以后始也。”中、日战争的失败和《马关条约》的签订，把中国人民投入更深的苦海，四万万同胞陷入巨大的悲愤之中。此时此景，正如谭嗣同在诗文中描绘的那样：“四万万人齐下泪，天涯何处是神州？”然而，中华民族在“齐下泪”的悲愤中觉醒起来了，图存救亡的意识与日俱增。空前高涨的爱国呼声惊动了清朝统治阶级中一部分人的思想，他们从不同的角度感受到“时势所逼”，“国事艰难”，纷纷向朝廷“竞言自强之术”。洋务派所陈“自强之术”仍以“洋务救国”为宗旨，以“开矿、练兵、筹饷、通商、制械”为要务。可是也有一些官僚，他们陈奏“自强之术”，突破了洋务派已经鼓吹了二十余年的“自强新政”框架，向着维新变法贴近。最先以日本明治维新和法国资本主义制度的活力鼓励清廷变法的是顺天府尹胡橘棻，他在光绪二十一年闰五月（1895 年 7 月）上了一道题为《条陈变法自强事宜》的奏折，其主要内容是：

日本一弹丸岛国耳，自明治维新以来，力行西法，亦仅三十余年，而其工作之巧，出产之多，矿政、邮政、商政之兴旺，国家岁入租赋，共约八千余万元，此以西法致富之明效也。……然时势所逼，无可如何，则唯有急求雪耻之方，以坐致强之效耳。昔普法之战，法之名城残破几尽，电线、铁路处处毁裂，赔偿兵费，计五千兆佛兰克，其数且十倍今日之二万万两。然法人自定约后，上下一心，孜孜求治，从前弊政，一体蠲除，不及十年，又致富强，仍为欧洲雄大之国。……今中国以二十二行省之地，四（百余）兆之民，所失陷者不过六七州县，而谓不能复仇洗耻，建我声威，必无是理。但求皇上一心振作，破除成例，改弦更张，咸与维新，事苟有益，虽朝野之所惊疑，臣工之所执难，亦毅而行之，事苟无益，虽成法之所在，耳目之所习，亦决然而更之。实心实力，行之十年，将见雄长海上，方驾欧洲，旧邦新命之基，自此而益巩，岂徒一雪割地赔费之耻而已。……

纵观世运，抚念时艰，痛定思痛，诚恐朝野上下，高谈理学者，狃于清议，鄙功利为不足言，习于便安者，又以为和局已定，泄沓相仍。……今日即孔孟复生，舍富强外，亦无立国之道，而舍仿行西法一途，更无富强之术。用敢不揣冒昧，就管见所及，举筹饷练兵，重工器，兴学校数大事，敬为我皇上缕析陈之。……

胡橘棻认为仿效日本明治维新力行西法是清朝唯一的“富强之术”。他所奏的具体仿效内容虽然仍是开铁路、筹钞币银币、开民厂以造机器、开矿产、折南漕、减兵额、创邮政等洋务范畴，然而，他赞扬明治维新，仿行西法，并向光绪帝提出：“一心振作，破除成例，改弦更张，咸与新法”的变法要求，反映了统治集团内部确有一些官僚已经萌发出朦胧的维新变法的新思想。

其时，刑部侍郎李端棻在光绪二十二年五月（1896年6月）上了名为《请推广学校折》的奏折，他从办学校这个侧面，向光绪帝提出了维新企图，这是清朝官僚中典型的从洋务运动中脱颖而出的变法图强思想。他在奏折中说：

夫二十年来，都中设同文馆，各省立实学馆、方言馆、水师武备学堂、自强学堂，皆合中外学术相与讲习，所在皆有。而臣顾谓教之道未尽，何也？诸学皆徒习西学、西语、西文，而于治国之道，富强之原一切要书多未肆及。

……在李端棻看来，洋务派兴办西学，治标不治本，“治国之道，富强之原”均未“肆及”，所以他在奏折中提出；设官书局于京畿，自京师及省、府、州、县皆设学堂，并设藏书楼，创仪器院、开译书局、广立报馆，选派游历等五个方面，“有官书局大学堂之经，复有此五者以为之纬”。尽管李端棻的教育思想还深深地保留着洋务教育的痕迹，而他的主张已向近代学校靠近了一步。由于萌发出维新思想，所以他后来积极支持康有为、梁启超的变法主张，并向光绪帝推举，成为维新派同清廷建立联络的媒介。

知识分子阶层中，在甲午战争的刺激下维新变法的热潮也澎湃掀起。“自中东一役我师败绩，割地偿款，创巨痛深，于是慷慨爱国之士渐起，谋保国之策者，所在多有。”正像著名史学家陈旭鹿先生所指出的那样，甲午战败是对“维新运动的动员，而《马关条约》也可以说是动员令。”不久就掀起了知识分子的《公车上书》运动，他们作为一支资产阶级的政治力量登上了历史舞台。

处在“卧薪尝胆”苦境中的光绪帝，“甲午、乙未兵败地割，求和偿款，皇上日夜忧愤，益明中国致败之故，若不变法图强，社稷难资保守，每维新宗旨商询于枢臣。”甲午兵败促进了光绪帝政治思想的新转变，在这以前，光绪帝初登皇位，其主要精力放在熟悉处理朝政事务，考察臣工的办事效率。虽然对慈禧太后的严密控制极为反感，但基本上还是“小心翼翼”地在皇太后手掌上做傀儡皇帝，对于“垂帘听政”时期的既定方针不敢有所逾越和偏离。尔今，光绪帝经过甲午战争的洗礼，中兴祖宗基业之心更加强烈了。继甲午之役以后，赔款割地，面临帝国主义列强的瓜分豆剖，亡国之君的危险日复一日地向他逼近，因而在他的思想上奋起了难以抑止的“图强雪耻”的紧迫感。美国作家卡尔女士对甲午战后光绪帝的心态有过生动的叙述：

自日一战而后，中国割地赔款，蒙莫大之耻辱。光绪帝方如梦之初觉，慨然以发愤自强为己任。故中日战前与战后之光绪帝不啻判若两人也。

甲午战争结束不久，光绪帝连连发出上谕，要求臣工“上下一心，图自强而弥祸患”，并表示“惩前毖后，唯以蠲除积习力行实政为先。”他所说的实政，具体的就是“修铁路、铸钞弊，造机器、开各矿、折南漕、减兵额、创邮政”等等，“大约以筹饷练兵为急务，以恤商惠工为本源。”光绪帝的“图强”观和寻找的“雪耻之方”仍在洋务派“自强新政”的圈子里。所以甲午战争以后，光绪帝对洋务运动中的民用工业和民办企业倍加关注，以推进洋务运动的新发展。

光绪帝政治思想发展的新起点是在运用洋务手段图强的同时，萌发了维新变法的意向。他维新变法思想的萌芽，是受到朝野变法图强热流的启迪所致。有些官僚上书言事的视野比洋务派“自强新政”的框架有了新的拓宽，对于这方面疏奏，光绪帝均“详加披览”，他强烈地意识到“强邻狡焉思启，合以谋我”，同臣工奏疏中所阐发的图强要求发生了共鸣。清朝官僚关于维新变法的呼吁，尽管他们开出的维新内容还很笼统肤浅，但其实际效果却是把光绪帝的目光引向执意探索欧美各国的治国之道。曾经出使外洋，不久前从日本回国的户部侍郎张荫桓，被光绪帝召见进宫，请他讲述欧美、日本的治国之道。张荫桓“晓然欧美富强之机”，“每为皇上讲述，上喜闻之”，“启秀圣聪。多赖其力”。清朝官僚朦胧地向光绪帝介绍西方资本主义制度和日本明治维新运动，列国变政的春风不断地吹进了他的心坎，扩大了他的视野，开启了他向西方国家讨教自强之术的心扉。

光绪帝维新变法思想的萌芽，最重要的触发剂是受康有为等维新派的影响。

甲午战争刚结束，光绪帝多次发上谕，提出了一揽子的“新政项目”，虽然其主要内容还没有超出洋务派所策划的范围，可是在很短的时间里什么修铁路、铸钞币、造机械、开矿产、创邮政、练陆军、整海军、立学校、整顿厘金、严核关税等等，如此繁多的新政一齐泉涌在光绪帝脑子里，并加以积极催办，可见他“图强”的迫切心情已经升华到如饥似渴的程度。久旱逢滋雨，康有为等的维新主张一旦直接为光绪帝所见，必然使他发生浓厚的兴趣。

1895年5月《马关条约》签订时刻，康有为发动一千二百多个举人联名“公车上书”，主张拒和、变法、迁都，震动了海内外，由于顽固派的封锁，光绪帝没能看到这份“公车上书”。二十多天以后，康有为又写了一万三千多字的上皇帝书即第三次上书。新近从中国第一历史档案馆发现了康有为《上清帝第三书》的呈进本，又称《请及时变法富国养民教士治兵呈》。这次上书比《公车上书》的内容更加具体和广泛，备陈变法着手之方和先后缓急之序，条理清楚考虑周密。他向光绪帝建议，《马关条约》刚签订，朝野图强雪耻之志有不可遏止之势，此时即下哀‘痛之诏，以鼓士民之气，举贤士参政，以备顾问，转败为胜，重建国基为时未晚。康有为写道：

伏乞特诏行海内，令士民公举博古今。通中外，明政律，方正直言之士，略分府县，约十万户而举一人，不论已仕未仕，皆得充选。因用汉制，名曰议郎。皇上开武英殿，广悬图书，俾轮班入值，以备顾问。并准其随时请对，上驳诏书，下达民词。凡内外兴革大政，筹饷事宜，皆令会议，三占从工，下部施行。所有人员，岁一更换，若民心推服，留者领班，著为定例，宣示天下。上广皇上之圣聪，可坐一定而照四海，下启天下之心志，可同忧乐而忘公私。

康有为除了建议光绪帝广选贤才之外，他还提出了自强雪耻的大方案：即富国，养民、教士、练兵四策。这次上书在光绪二十一年五月十一日（1895年6月3日），由都察院转呈，冲破了许多阻力，光绪帝终于第一次看到了康有为的上书。他读了以后，思想上得到了很大的启迪，耳目为之一新。光绪帝对康有为的建议极为重视，即命誊录副本三份，一份是送慈禧太后，一份发军机处，一份放存乾清宫，原件留勤政殿以备参考。这一次上书使光绪帝透过紫禁城的封建禁区，在思想上同朝野维新力量开始沟通。不久于闰五月初八日（6月30日）康有为又以工部主事的名义，第四次向光绪帝上书。提出了“设议院以通下情”的主张，变法建议又深入了一层，触及政治体制的改革。可惜这次上书又横遭顽固派的阻格，未能呈至光绪帝手中，康有为投书无门只得离京返回广东。

光绪二十三年（1897年）冬，德国强占胶州湾，瓜分豆剖，危机四伏，康有为于十一月十三日（12月5日）赶到北京，向光绪帝进呈第五次上书。这次上书又被工部尚书淞溎压扣下来，康有为上书受挫，准备启赴回籍，给事中高燮曾“乃抗疏荐之”

军机大臣翁同龢得到消息，立即赶到他的住舍南海会馆，会见康有为说："毋行，吾今晨力荐君于上矣，谓'康有为之才过臣百倍，请举国以听'。上将大用君矣，不可行。"康有为第五次上书经高燮曾、翁同龢转呈，总算到了光绪帝眼前。《光绪朝东华录》载：

光绪二十三年十一月间康有为抗论德据胶州亟宜变法自强呈请工部堂官代奏之书进。

《东华录》还详录其内容。在这次上书里康有为向光绪帝提出变法三策："第一策曰采法、俄、日以定国是"；"第二策曰大集群才而谋变政"；"第三策曰听任疆臣自行变法"。"凡此三策，能行其上则可以强，能其中则犹可以弱，仅行其下则不至于尽亡，惟皇上择而行之，宗社存亡之机，在于今日，皇上发愤与否在于此时。"康有为坦然直言曰："职（康氏自称）诚不忍见煤山前事也。"看了康有为的上书，光绪帝的心为之打动，"上嘉纳之"，准备召见面论变法机宜。可是恭亲王奕䜣以"本朝成例，非四品以上官不能召见，今康有为乃小臣，皇上若欲有所询问，命大臣传语可也，"阻止了光绪帝亲见康有为。结果，光绪帝只好"命总理各国事务衙门大臣接见康有为询问天下大计，变法之宜。并令如有所见及有著述论政治者，由总理各国事务衙门进呈"。又"命总理各国事务王大臣进工部主事康有为所著日本变政考、俄皇大彼得变政考等书"。此间，康有为先后向光绪帝呈进的论著有："缀成《俄皇彼得传》《日本变政考》《英国变政记》，《普国作内政寄军令考》，《列国统计比较表》，《列国官制宪法表》《法兰西革命记》，《波兰灭亡记》等等。"光绪帝读了康有为呈进变法新著，茅塞顿开，拓阔了政治视线，于是他广购新书，企望变法维新之举能在外国变法的历史经验中得到借鉴。据梁启超说，光绪帝"昔岁无事，旁及宋之版本，皆置懋勤殿左右，以及汉学经说，并加浏览。及胶旅变起，上怒甚，谓此皆无用之物，命左右焚之，太监跪请不许。大购西人政书，遂决变政。"光绪帝自见到康有为第三次，上皇帝书以后，萌发了维新变法思想，尔后又多次接到康有为的上书，变法之念越来越强烈。又是命总理衙门问话康有为，又是阅读日本、欧美各国变法著作；又是焚烧宋元版本的汉学经书；又是广购西人政书，维新变法之举的开场锣鼓已经敲响，并且一阵阵地传至在颐和园静养的慈禧太后耳中。"在廷守旧诸臣"，"恶新政"之辈不断地谗言新法，"将不利颐和园激太后之怒"。这时，光绪帝已"锐意变法"，当他得悉西太后不欲，就对顽固派庆亲王奕劻说："太后若仍不给我事权，我愿退让此位，不甘作亡国之君。"奕劻便向慈禧太后报告光绪帝变法决心，西太后怒气冲冲地说："他不愿坐此位，我早已不愿他坐之。"一语道出杀机，把光绪帝逼到了破釜沉舟的地步。

寻求"图强之术"，萌发维新变法思想是光绪帝政治生涯中可贵的转变，因而他"不仅是满洲皇族中比较能接受新思想的人，也是清朝统治的上层人物中比较能接受新

思想的人。”新思想从何而来？从康有为的上皇帝书中和他上呈的论著中来；从西人政书中来，说明光绪帝是一位怀着寻求新知识的强烈要求而勇于向西方学习的年轻皇帝，为了变法，他必须从慈禧太后手中争得事权，“不甘作亡国之君”，反映了光绪帝的无畏情怀，因此他也是一位有所作为的青年皇帝。

（三）发布谕旨

甲午战争的惨重失败和《马关条约》的屈辱签订使年轻而倔强的光绪帝感受到了从未有过的奇耻大辱。“皇上日夜忧愤，益明中国致败之故，若不变法图强，社稷难资保守”。中国的瓜分危机，迫在眉睫。光绪帝深知，要想使中国富强，就必须变法。而要想进行富有成效的变法，就必须有熟知西方的人才。为此，光绪帝于光绪二十三年十二月二十五日（1898年1月17日）发布上谕：

“现值时局孔艰，需材尤亟。各省督抚……其各举宅心正大，才识闳通，足以力任时艰者，列为上选”。

详细具陈，以备擢用。光绪帝需才若渴，他在焦灼地寻找推动变法的人才。

恰在此时。出现了资产阶级维新派康有为。

康有为，又名祖诒，字广厦，号长素，广东南海人。5岁能诵唐诗数百首。从小受到严格的封建正统教育。22岁时曾到香港旅游，受到西方文明熏陶。34岁时在广州万木草堂讲学，“讲中外之故，救中国之法”。后来写成重要著作《新学伪经考》和《孔子改制考》。这是两部冲击封建势力提出改制变法的理论著作。37岁时，他趁入京应考之机，联合各省应试举人1300余人于光绪二十一年四月初八日（1895年5月2日）发动“公车上书”，联名请愿。不久，康有为中进士，授工部主事。于同年五月十一日（6月29日）呈送《上清帝第三书》。这次上书送到了光绪帝面前。光绪帝认真阅后，甚为满意，“皇上嘉许”。并命人将其另行抄录三份，一份呈送慈禧，一份留在乾清宫，一份发往各省督抚会议。这说明光绪帝对康有为的上书极其重视。以后康有为又上《第四书》《第五书》，但均为守旧派大臣阻格，没有送达光绪帝。

但这时光绪帝师翁同龢发现了康有为。翁同龢深知甲午战败的根本原因是没有变法，因此他到处搜求有关变法的书来读，“见康之书大惊服”。以后又见到了康，同康反复讨论时务，“乃益豁然”，从此“专主变法”，与从前比判若两人。他诚恳地向光绪帝推荐康有为：“康有为之才，过臣百倍，请皇上举国以听。”同时给事中高燮曾亦抗疏推荐，请皇上召见。光绪帝也极想召见，不料为恭亲王奕䜣所阻。奕䜣谏道：“本朝成例，非四品以上官不准召见。今康有为乃小臣，皇上若欲有所询问命大臣传语可也。”奕䜣总算找到了一个变通的办法。

遵照谕旨，总署五大臣李鸿章、翁同龢、荣禄、廖寿恒、张荫桓于光绪二十四年正月初三日（1898 年 1 月 24 日）在总署西花厅接见了康有为。

荣禄先发制人，态度冷傲地说："祖宗之法不能变！"

康有为早有准备，面色从容地驳道："祖宗之法，以治祖宗之地也。今祖宗之地不能守，何有于祖宗之法乎？即如此地（总理衙门——引者）为外交之署，亦非祖宗之法所有也。因时制宜，诚非得已。"

廖寿恒不失时机地追问："那么，应该怎样变法呢？"

康有为胸有成竹地答道："宜变法律，官制为先。"

李鸿章阴阳怪气地问道："然则六部尽撤，则例尽弃乎？"

康有为毫不犹豫地答道："今为列国并立之时，非复一统之世。今之法律官制，皆一统之法，弱亡中国，皆此物也，诚宜尽撤。即一时不能尽去，亦当斟酌改定，新政乃可推行。"

翁同龢十分关切地询问："如何筹款呢？"

康有为爽朗乐观地回答："日本之银行纸币，法国印花，印度田税，以中国之大，若制度既变，可比今十倍。"

接着康有为又侃侃而谈，介绍了西方国家有关法律、度支、学校、农商、工矿、铁路、邮信、会社、海军及陆军等方面的法制情况，并分析了日本的维新变法，推崇日本"仿效西法，法制甚备"，认为日本"与我相近，最易仿摹"。同时自荐了他编辑的《日本变政考》和《俄大彼得变政记》，极有参考价值，可供皇帝"采鉴"。

这次召见，从午后 3 时直到黄昏。荣禄对康有为抱有极大的政治偏见，没等接见完毕，他便先行退出。

第二天，光绪帝迫不及待地召见了军机大臣和总署大臣，垂询五大臣接见康有为的有关情况。军机大臣、总署大臣翁同和上奏了接见的全过程。光绪帝很感欣慰，总算找到了一个理想的变法人才。他想立即召见，但奕䜣认为不妥。奕䜣认为可以让康有为条分缕晰地上奏陈述自己的变法主张，如果皇帝认为有可取之处，再命召见不迟。

光绪帝很尊重奕䜣的见解，便下谕让康有为条陈所见，进呈《日本变政考》和《俄大彼得变政记》。

西花厅的接见是一次引人注目的重要接见。五位重臣集体接见一位小官这个事情的本身便非同寻常。更何况这五位重臣又分属洋务派、维新派和守旧派呢！由于有了这次考察兼考试性质的接见，才使得光绪帝与康有为的进一步联系有了可能。

必须指出的是，据可靠的记载，这次接见是依据慈禧的懿旨进行的。光绪帝本有此意，但如没有懿旨，他是不敢做此安排的。退一步讲，即使他单独发下这个上谕，五大臣也不会俯首帖耳地照办的。别人不说，守旧派荣禄就不会听命。

《清廷戊戌朝变记》记道：

“正月，康初上之书，上呈于太后。太后亦为之动。命总署王大臣详询补救之方、变法条理，曾有懿旨焉。否则王大臣未见，未虚心下问也。”

如果没有懿旨，就不会有这次“虚心下问”的接见。这是显而易见的。

光绪帝读了《日本变政考》和《俄大彼得变政记》，越发感到必须立即着手变法，否则社稷难保。但他却没有真正的皇权，处处受制于慈禧，寸步难行。不得已，他找到了庆亲王奕劻说：“太后若仍不给我事权，我愿退让此位，不甘作亡国之君。”奕劻把这话转呈慈禧。慈禧一听便大怒道：“他不愿坐此位，我早已不愿他坐之。”奕劻耐心劝说，慈禧才说：“由他去办，俟办不出模样再说。”奕劻把慈禧的意思转告光绪帝。光绪帝心中有了底，便到颐和园面见慈禧，慈禧对光绪帝说：“凡所施行之新政，但不违背祖宗大法，无损满洲权势，即不阻止。”

慈禧答应光绪帝在“不违背祖宗大法”的前提下可以实行变法。这是政治改革方面的重大许诺。

慈禧为什么允许光绪帝实行变法呢？我认为，大体应该有三点原因。

一是列强的环逼。甲午战后，中国面临被列强瓜分豆剖的危机。在失掉显赫的皇权的威胁面前，慈禧与列强之间的矛盾便异常尖锐起来。她不能不顾及他的祖业、她的江山和他的皇位。她想到了“自强”。光绪二十五年九月初二日（1899 年 10 月 6 日）她在召见盛宣怀时即谈到了“自强”：“奏对：所以此刻联交（取得列强的帮助——引者）要想他们帮助，断做不到，只得讲究自强。请皇太后还在自强的自字上面打算。上问：你说得甚是，必要做到自强。但是现在外国欺我太甚，我所以十分焦急。”慈禧深感到“外国欺我太甚”，因此她也认为“必要做到自强”。同时，她在后来同她的侍卫女官德龄也谈道：“我希望我们中国将来会强大。”变法是自强之一途，为此，她同意变法。据载：“后尝告德宗，变法乃素志。同治初，即纳曾国藩议派子弟出洋留学，造船制械，凡以图富强也。”慈禧表白自己“变法乃素志”，而且举出同治年间派人留洋、造船制械等新政都是经她旨准而得以实行的实例来证明确实如此。

二是臣下的奏陈。甲午战败，外衅危迫，四邻交逼，分割立至。当此之时，上自朝廷，下至士民，都在酝酿变法。康有为发动的“公车上书”最具代表性。据载，康有为的上书曾感动过慈禧。苏继祖记道：“恭邸（奕䜣——引者）薨逝，康复见用，太后亦为所上之书感动，乃极力排挤谗谤皇上及康也。”

三是皇帝的坚请。光绪帝信任翁同龢，翁同龢主张变法，对光绪帝颇有影响。光绪帝很喜欢“浏览新书”。他读过刘瑞芬的《英法政概》、宋育仁的《采风记》和黄遵宪的《日本国志》。这些书都介绍了西方的体制和日本的变法。他把阅读所得讲给慈禧听，即“遂为后言”。同时明确地申明了自己的观点：“徒练兵制械，不足以图强。治国之道，宜重根本。”而且进一步把冯桂芬的《校邠庐抗议》“进后览”。《校邠庐抗议》初作于1861年。当时虽未正式刊印，但其主张被洋务派的高官显宦们广为传播，已为人们所熟知。1885年正式刊印，流播更广。这部书不是洋务思想的一般启蒙读物，而是新兴的“学西方、谋自强”的时代精神的论纲。慈禧读过后，“亦称其剀切”。慈禧同意光绪帝变法，“第戒帝毋操之过蹙而已”。并且明确表态：“苟可致富强者，儿自为之，吾不内制也。”让光绪帝自行变法，她不加以牵制。

四月二十七日（6月15日）康有为赴颐和园，暂住户部公所。四月二十八日（6月16日）晨去仁寿殿朝见光绪帝，先到朝房等候。在这里，同荣禄不期而遇。

荣禄轻蔑地看了看康有为，傲慢而挑衅地说：“以子之槃槃大才，亦将有补救时局之术否？”

康有为面对荣禄的无礼，斩钉截铁地答：“非变法不可。”

荣禄以为康有为软弱可欺，进一步逼问：“固知法当变也，但一二百年之成法，一旦能遽变乎？”

康有为忍无可忍，愤然地斥道：“杀几个一品大员，法即变矣。”

荣禄闻听此言，猛然一惊，心想：“这小子太狂悖了，等着瞧，早晚要除掉你！”

光绪帝先召见荣禄，荣禄奏劾康有为“辩言乱政”。荣禄奏毕出来，康有为才进去奏对。光绪帝早就急切地想一见康有为，康有为亦渴望拜谒光绪帝，今天终于如愿以偿，两人都格外激动。

光绪帝问康有为的年岁出身。康有为答后即切入主题：“四夷交迫，分割洊至，覆亡无日。”

上言：“皆守旧者致之耳。”

康对：“上之圣明，洞悉病源。既知病源，则药即在此。既知守旧之致祸败，则非尽变旧法与之维新，不能自强。”

上言：“今日诚非变法不可。”

康对：“近岁非不言变法，然少变而不全变，举其一而不改其二，连类并败，必至无功。譬如一殿，材既坏败，势将倾覆，若小小弥缝补漏，风雨既至，终至倾压。必须拆而更筑，乃可庇托。然更筑新基，则地之广袤，度之高下，砖石楹桷之多寡，窗门槛棂之阔窄，灰钉竹屑之琐细，皆须全局统算，然后庀材鸠工，殿乃可成。有一小缺，必无成功，是殿终不成，而风雨终不能御也。”

光绪帝认为说得有道理。

康对：“今数十年诸臣所言变法者，率皆略变其一端，而未尝筹及全体。又所谓变法者，须自制度法律先为改定，乃谓之变法。今所言变者，是变事耳，非变法也。臣请皇上变法，须先统筹全局而全变之，又请先开制度局而变法律，乃有益也。”

光绪帝颔首称是。

康对："臣于变法之事，尝辑考各国变法之故。曲折之宜，择其可施行于中国者，斟酌而损益之，令其可施行。章程条理，皆已备具。若皇上决意变法，可备采择，但待推行耳。泰西讲求三百年而治，日本施行三十年而强。吾中国国土之大，人民之众，变法三年，可以自立，此后则蒸蒸日上，富强可驾万国。以皇上之圣，图自强，在一反掌间耳。"

上曰："然，汝条理甚详。"

康对："皇上之圣既见及此，何为久而不举，坐致割弱？"

光绪帝听到这，胆怯地瞅瞅帘外，长叹一声，无可奈何地说："奈掣肘何？"

这个举动被敏锐的康有为看在眼里，知道光绪帝畏惧慈禧。康有为灵机一动，巧妙地答道："就皇上现在之权，行可变之事，虽不能尽变，而扼要以图，亦足以救中国矣。惟方今大臣，皆老耄守旧，不通外国之故，皇上欲倚以变法，犹缘木以求鱼也。"

上曰："伊等皆不留心办事。"

康对："大臣等非不欲留心也。奈从资格迁转，至大位时，精力已衰，又多兼差，实无暇晷。无从读书，实无如何。故累奉旨办学堂，办商务，彼等少年所学皆无之，实不知所办也。皇上欲变法，唯有擢用小臣，广其登荐，予之召对，察其才否，皇上亲拔之，不吝爵赏，破格擢用。方今军机总署，并已用差，但用京卿、御史两官，分任内外诸差，则已无事不办。其旧人且姑听之，唯彼等事事守旧，请皇上多下诏书，示以意旨所在。凡变法之事，皆特下诏书，彼等无从议驳。"

上曰："然。"

就这样，一问一答，君臣无间，就八股、办学、铁路、矿物、购舰、练兵、游学、译书、用人等方方面面的问题交换了看法，时间不知不觉间溜走，已用了两个半小时，"从来所少有也"。

光绪帝随即命康有为在总理衙门章京上行走。并授予他专折直奏权，以后如有奏言不必由大臣代转。

这是光绪帝对康有为的第一次，也是唯一的一次召见。这次召见为百日维新定下了基调。此后，百日维新便大张旗鼓地开展起来了。

光绪帝加快了变法的步伐。

四月十三日（6月1日）御史杨深秀奏，请定国是。四月十八日（6月6日）杨深秀奏，请告天祖，誓群臣以变法。这个奏折是康有为代拟的。四月二十日（6月8日）侍读学士徐致靖奏，外患已深，请速定国是。在臣下的一再请求下，光绪帝命翁同龢拟旨明发。四月二十三日（6月11日）是一个重要的日子。这一天光绪帝发布谕旨，明定国是，变法自强。四月二十五日光绪帝命工部主事康有为于本月二十八日预备召见。

（四）明定国是

当光绪皇帝迫使西太后做出了一定程度的“让步”，取得有限的事权之后，就不失时机地在1898年6月11日（光绪二十四年，戊戌，四月二十三日）颁布了《明定国是》诏，正式向中外宣布，进行变法革新。诏曰：

“数年以来，中外臣工讲求时务，多主变法自强。迩者诏书数下，如开特科，裁冗兵，改武科制度，立大小学堂，皆经再三审定，筹之至熟，甫议施行。惟是风气尚未大开，论说莫衷一是，或托于老成忧国，以为旧章必应墨守，新法必当摈除，众喙哓哓，空言无补。试问今日时局如此，国势如此，若仍以不练之兵，有限之饷，士无实学，工无良师，强弱相形，贫富悬绝，岂真能制梃以挞坚甲利兵乎？

朕惟国是不定，则号令不行，极其流弊，必至门户纷争，互相水火，徒蹈宋明积习，于时政毫无禅益。即以中国大经大法而论，五帝三王，不相沿袭，譬之冬裘夏葛，势不两存，用特明白宣示，嗣后中外大小诸臣，自王公以及士庶，各宜努力向上，发愤为雄，以圣贤义理之学，植其根本，又须博采西学之切于时务者，实力讲求，以救空疏迂谬之弊。专心致志，精益求精，毋徒袭其皮毛，毋竞腾其口说，总期化无用为有用，以成通经济变之才。

京师大学堂为各行省之倡，尤应首先举办，著军机大臣，总理各国事务王大臣，会同妥速议奏，所有翰林院编检，各部院司员，大门侍卫，候补候选道、府、州、县以下官，大员子弟，八旗世职，各省武职后裔，其愿入学堂者，均准入学肄业，以期人才辈出，共济时艰，不得敷衍因循，徇私援引，致负朝廷谆谆告诫之至意，特此通谕知之。”

在对这份诏书做出必要的评价之前，应当提到的是，它的颁布，是经历了一个复杂的过程的，起码是取得了西太后的“允准”。因而，这个诏书的内容，必然要以西太后能够允准为限。

另外，就《明定国是》诏的缘起来说，它又是光绪帝采纳了康有为等人的建议，决心起来进行变法的产物。它的出现，是光绪帝和以康有为为首的资产阶级维新派，在变法图强的轨道上，从思想到行动进一步合拢的集中表现。

康有为早在《公车上书》当中，即公开提出“乞皇上下诏鼓天下之气”。不过在当时，康有为还没有把要求光绪帝下诏作为推行变法的前提。到了当年（1895年）6月30日（光绪二十一年闰五月初八日），康有为在他的第四次上书里，就比较明确地提出，要变法，必须由光绪皇帝首先“召问群臣，讲明国是”。后于1897年（光绪二十三年）冬，在康有为的第五次上书中，又进一步要求光绪帝“下发愤之诏，先罪己以励人心，……明定国是，与海内更始”。在这里，康有为更加明确地把光绪帝下诏“定国是”，视为进行变法维新的首要条件。进入1898年6月（光绪二十四年四月）以来，当康有为看到通过光绪帝进行变法的条件已经接近成熟，他又连续草拟了两份直接请求光绪帝颁诏“定国是”的奏折，分别让同情变法维新的山东道御史杨深秀和翰林院侍读学士徐致靖上奏光绪帝。光绪皇帝的《明定国是》诏，正是由此而发。

康有为究竟为什么把光绪帝颁布《明定国是》诏看得这样重要？对于此事，他在其《自编年谱》里，利用中外变法的历史情况做了说明。他说，在当时鉴于清廷上下“门户水火，新旧相攻，当此外患交迫，日言变法，而众论不一，如此皆由国是未定故。昔赵武灵之胡服，秦孝公之变法，俄彼得及日本维新之变法，皆大明赏罚，定国是而后能行新政”。另在他草拟的《请告天祖誓群臣以变法定国是摺》里，说得更为具体详尽。为便于对照，比较，以便做出切实的评述，兹将该奏折的基本内容录下：

“奏为决行变法，请上告天祖，大誓群臣，以定国是，而一人心……窃自东事败后，近者胶、旅继割，国势凌夷，瓜分日闻，几不国矣。所以至于此者，一统闭关之治，与列国竞争之治，若冬夏冰炭之相反，水陆舟车之异宜也。今我国处竞争之新世，而行闭关之旧法，安得不危败乎？夫秋扇必捐，堂裘无用，五月之裘难披，岸上不船不住，物之公理也。礼以时为大。而孔子时圣，逆天不祥，违时必败，若当变不变，必有代变之者矣。与其人为变之，何如己自变之之为安适……

比年以来，皇上有意变法，而盈朝汹汹，不可向迩，亲贵抗违，耆旧力诤，群僚面从而后言，举政始行而中废，乃至奉旨发议，乃推延而不仪，明诏施行，乃束阁而不行，人心众论，缉缉仳仳。譬行船驾驶，宜定方针，乃船主指之于南，而柁手推之于北，以此而求登彼岸，不亦难哉？臣愚窃窃忧之，又窃反复为皇上计之。若令守旧不变，而土地可保，宗社无恙，可长此终古也，则臣愚亦谓勿变也。然守旧不变之危败，成事已见矣。故徇守旧亲贵之意，则宗社土地不保，试问守旧亲贵，与宗社国土孰重乎？皇上受祖宗之付托，为国民所托命，爱宗社土地而保之乎？抑爱守旧亲贵而保之乎？但以此比校，皇上今之行政若何，可以立断矣。故今兹大变百度，非皇上乾刚睿断不可，即皇上能奋乾刚，而非大举誓礼，明定国是，昭示圣意，俾万众回首，改视易听，不足以一人心而定步趋也。

日本明治之初，决行变法，大集群臣，以五事誓于太庙，盖变法者必行之途径阶级也。皇上上法滕文公、魏文帝之英明，外采俄彼得、日本明治之政术，气明诏天下，择日斋沐，大集群臣，无小无大，誓于天坛太庙，亦如日本以五事上告天祖，采万国之良规，行宪法之公议，御门誓众，决定国是，以变法维新，为行政方针，有违此誓，罚兹无赦。若行乎此，雷霆震厉，万物昭苏，人心乃一，群疑乃释。然后群臣恪恭震动，同奉圣意，力行维新，天下更始，新政之行，当如流水，……”

从上可见，康有为所以如此急切地要求光绪帝颁布《明定国是》诏，主要是力图以皇帝的“权威”来正式肯定变法维新的必要性，并以变法维新作为国家的“行政方针”公布于天下。康有为认为，这样一来就能解除“群疑”，摆脱守旧势力的干扰，达到“人心乃一”，“群臣”就可有所遵循而“力行”变法维新了。因此，康有为把光绪帝颁布《明定国是》诏，是作为“天下更始”，具有战略性的变法维新的行动纲领来看待的。

光绪皇帝颁布《明定国是》诏，既是顺应了以康有为为首的资产阶级维新派的迫切要求；又通过了西太后的“关卡”，这就决定了它的内容必然要带有矛盾的印痕。光绪帝在这个诏书里，既强调今后必须“博采西学”，并且指出采用“西学”，毋徒袭其皮毛，毋竞腾其口说”，必须脚踏实地地认真提倡，在这方面他比康有为草拟的上述奏折强调得尤为突出。但同时光绪帝又说，仍要“以圣贤义理之学，植其根本”，这与以上的主张似乎又不协调了。不过应当看到，在十九世纪末叶，即使在那些强烈地向往进取、希望祖国得到振兴的人们当中，在如何处理“中学”与“西学”的关系问题上基本都处于探索的阶段。在当时，就是站在时代潮流前面的康有为，在他的维新思想中仍然夹杂着浓厚的封建思想的糟粕。显然，我们不能要求这时期的人们就必须解决好采用“西学”和继承本国历史遗产的关系问题。再说作为一个身为皇帝的光绪（而且他的政治思想尚处于继续演化的过程中），在其思想中还存在着原阶级的——即使是多么浓重的印记，显然是不足为奇的。何况西太后已经有言在先：推行变法新政，必须以“不违背祖宗大法”为前提。在这种情况下，如果光绪帝不打出“圣贤”的旗帜，即有使变法在刚要起步时就遭到扼杀的可能。因此，在这个宣布变法的诏书里，反映一些思想和现实的矛盾是可以想见的。

就《明定国是》诏的中心内容及其基本的思想倾向来看，它是与康有为的上述奏折一脉相承、紧相呼应的。在这个诏书里，也鞭挞了那些“以为旧章必应墨守，新法必当摈除”的昏庸守旧势力；并以同样尖锐的语气道出：“今日时局如此，国势如此”，无非是那些“空言无补”的守旧之徒造成的。从而，光绪帝在这里用了与康有为用的相似的比喻，以针对性鲜明的坚定语言郑重地宣告：“既以中国大经大法而论，五帝三王，不相沿袭，譬之冬裘夏葛，势不两存。”这就清楚地阐明了，“变”是不可违抗的必然趋势。于是，诏令“嗣后中外大小诸臣，自王公以及士庶，各宜努力向上，发愤为雄”，力行变法图强。同时提出，今后上下诸臣“不得敷衍因循，徇私援引”，阻挠新政。就这样，光绪帝把推行变法维新提到清政府的施政“宗旨”和基本国策的地位。

当然，康有为的这种设想和要求及光绪皇帝的这一举动，在当时的情况下，即不能从根本上捆住形形色色的反对变法维新的人的手脚，也不可能损伤那些顽固的亲贵

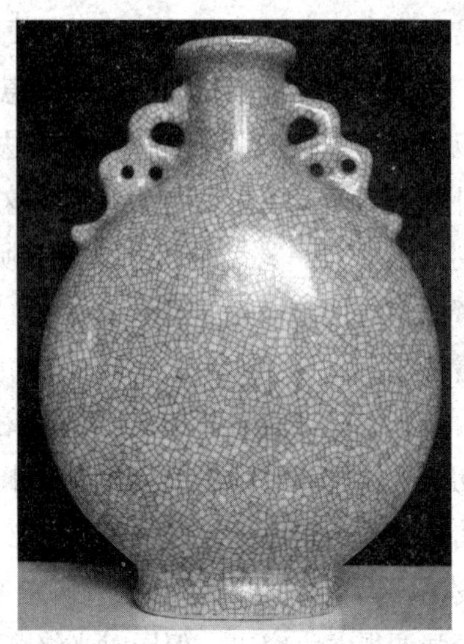
开片釉瓷瓶

们的一根毫毛。但是，光绪帝颁布的《明定国是》诏，既然是作为国策公之于世，这一行动的本身，便使维新变法取得了合法的地位。这种局面的出现，势必对西太后之辈公开、直接破坏变法维新产生一定的约束力，为资产阶级维新派和光绪皇帝把变法维新的主张付诸实践开辟了道路。可以说《明定国是》诏的颁布，是以康有为为首的资产阶级维新派和光绪皇帝历经曲折的斗争，又取得的一个具有决定意义的重大成果。康有为说："奉明定国是之谕，举国欢欣。"山东道监察御史宋伯鲁亦云，《明定国是》诏颁下，"臣民捧读感泣，想望中兴"。梁启超说得更为具体，他指出，光绪帝"召军机全堂下此诏书，宣示天下，斥墨守旧章之非，著托于老成之谬，定水火门户之争，明夏葛冬裘之尚，以变法为号令之宗旨，以西学为臣民之讲求，著为国是，以定众向，然后变法之事乃决，人心乃一，趋向乃定。自是天下响风，止自朝廷，下至人士，纷纷言变法，盖为四千年拨旧开新之大举，……一切维新，基于此诏，新政之行，开于此日。"梁启超对光绪帝颁布《明定国是》诏的评说，或有过分渲染的地方，然而，光绪皇帝依照康有为等人的要求，把变法维新作为基本国策公开诏示群臣，布告天下，无疑将使那些希望祖国振兴的人们看到了希望，受到鼓舞。在群顽环绕的形势中，光绪帝采取了这一断然行动，犹如披荆斩棘，对进一步冲开因循守旧的壁垒，把变法维新付诸实施，具有无可否认的积极作用。事实上，以康有为为首的资产阶级维新派发动和领导的变法维新运动，从宣传、组织到进入实际推行阶段，恰恰是通过光绪帝颁布的《明定国是》诏实现的。光绪皇帝的这一举动，是他在支持和推进变法维新的道路上，又向前迈出了具有决定意义的一步。

光绪皇帝颁布了《明定国是》诏之后，西太后和那些顽固派官僚鉴于形势的压力，明目张胆地抵制、阻挠变法维新的活动在表面上不得不有所收敛。可是他们对变法维新的敌视心理并没有消除。在苏继祖的《清廷戊戌朝变记》里，记载了一段西太后与其心腹官僚，在《明定国是》诏颁布前后的密谋情况颇有些参考价值。其中说：

"四月二十日后太后召见庆邸（奕劻）、荣相（荣禄）、刚相（刚毅），询及皇上近日任性乱为，要紧处汝等当阻之。同对曰：皇上天性，无人敢拦。刚伏地痛哭，言奴才婉谏，屡遭斥责。太后又问，难道他自己一人筹划，也不商之你等？荣、刚皆言曰："一切只有翁同龢能承皇上意旨。刚又哭求太后劝阻。太后言，俟到时候，我自有法。"

从当时这些人的思想和活动情况来看，苏继祖的这些记载应当说是反映了一定的事实。另外梁启超也有所透露，他说，当《明定国是》诏发布后，自“归政”以来已“不见臣工”的西太后又开始“见大臣”了。各种迹象表明，围绕着《明定国是》诏的颁布和变法新政的开始推行，西太后等人确实加紧了密谋活动。通过精心策划，一个阻挠和准备破坏变法维新的周密阴谋便日见端倪。

在光绪帝颁布《明定国是》诏，正式宣告推行变法新政后的第五天，即在6月15日（四月二十七日是）的一天里，西太后就“勒令上（光绪帝）宣布”了三道谕旨和一个任命：一，以“渐露揽权狂悖”的“罪”名，将协办大学士、户部尚书翁同和革职逐出京城；二，规定嗣后凡有赏项或补授文武一品及满汉侍郎之臣工（梁启超及有他材料中均说是补授二品以上的大臣）均须具折后再到西太后前“谢恩”。各省将军、都统、督抚、提督等官，亦须一体向西太后具折“奏谢”；三，宣布于当年秋由光绪帝“恭奉”西太后到天津“阅操”；四，将王文韶调进清中央，任命荣禄署直隶总督。

梁启超认为，西太后迫不及待地采取这些举动，是“篡废之谋”，这种说法显然不能认为是捕风捉影。十分明显，西太后在关键时刻采取了这一连串的行动，实际是企图控制和准备进而扼杀变法维新（包括迫害光绪帝）所做的周密部署，这四者互相关联构成了一个巨大阴谋。

翁同龢在当时的清廷统治集团中，居于举足轻重的特殊地位。一些顽臣们说的“一切只有翁同龢能承皇上意旨”，确实道出了真情。多少年来，翁同龢与光绪帝不仅存在着在历史上形成的“亲密”情谊，而且他又是光绪帝的一个最为得力的依靠力量。甲午战后，在清廷统治集团内部，他又成了支持光绪帝变法维新、筹议图强方略的主要推动者和谋划者。同时，他还是光绪皇帝与资产阶级维新派及与顽臣之间沟通、周旋的中心人物。因此，翁同龢成了西太后和顽固派官僚们的眼中钉、肉中刺是必然的。很清楚，在变法新政开始推行的时候，赶走翁同龢，这就等于切断了光绪帝的臂膀和活动渠道，使其“失听倚”，进一步把光绪帝孤立起来。有的材料说，当光绪帝见到革职翁同龢的懿旨时，顿时“惊魂万里，涕泪千行，竟日不食”，陷入万分的悲痛之中，显然是不言而喻的。在光绪皇帝颁布推行变法新政的诏书墨迹未干之时，西太后就把他在内部的积极支持者除掉，犹如冷水浇头，对变法革新事业不能不是一个极为沉重的打击。

与此同时，西太后又重新揽去对重要官员的赏赐和授任权，从而限制了光绪帝任用新人推行变法新政的活动余地；西太后对其班底做了调整，以填补翁同龢的空缺，把顽固官僚王文韶调入清廷中枢，加强了她在清中央的实力地位，将其嫡系亲信荣禄安插在显要的直隶总督的位置上，并以他来统辖警卫京津的北洋三军，以便进一步控制兵权，提前放出准备于当年秋让光绪帝“陪”她到荣禄的辖区天津阅兵的空气，又是设下的一大陷阱。总之，这些都是西太后给光绪皇帝推行变法所设置的重重障碍，

也是向他发出的危险信息。

事实表明，当光绪皇帝发布《明定国是》诏，开始进行变法维新的时候，以西太后为首的封建顽固势力也未坐视。不过，光绪皇帝是站在了时代潮流的正面，并且他又力图把变法活动纳入正常的施政轨道。在这种情况下，阴险狡猾的西太后及其亲信们，还不愿立即冒天下之大不韪公开对变法维新的本身大下毒手。他们宁愿把线拉得长一点，“俟到时候”再算“总帐”，好像这对他们更为有利。因此，西太后一伙便以在暗中部署和施放冷枪暗箭的方式来窥测时机。

对于来自西太后的这些咄咄逼人的阴谋活动，光绪帝已“有所闻”。但可谓“明知山有虎，却向虎山行”。决意进行变法维新的光绪帝，并没有在西太后的暗算和威胁面前而动摇，他在颁诏宣布推行变法新政之后，又冒着西太后煽起的阵阵阴风，坚持准备召见康有为。看来，他要不顾一切地把变法维新推向前进了。

召见康有为，使光绪帝与维新派建立起直接的联系，是这场变法运动能不能沿着资产阶级维新派的指向展开的又一个必不可少的重要环节。早在1897年末，已趋向支持变法的光绪帝就想召见康有为，但由于受到当时恭亲王奕䜣等人的阻挠，未能实现。时至此刻，由于内外形势的变化，光绪帝的这个意愿终于在颁布《明定国是》诏之后的第六天，即6月16日（四月二十八日）实现了。

这次被召见的，除康有为之外还有张元济。当时康有为的官衔是工部主事，张元济是总理衙门章京，他们二人都是数不上流的“小人物”。康有为早就引起了以西太后为首的封建顽固势力的特别注意。很明显，光绪帝同时召见康有为和张元济二人，不过是为了减少顽固派的“疑忌”而做出的精心安排。尤其是引起人们回味的是，光绪帝召见这两人的地点，并未在离开西太后的紫禁城里，而是选在西太后眼皮底下的颐和园仁寿殿。如上所说，这时正是西太后放出四支毒箭的第二天，当时的紧张气氛是可以想见的。并且光绪帝召见康有为又是以西太后为首的封建顽固派最为敏感的事。在这样的形势中，只能说明，光绪帝的这种做法，无非是试图把他的召见活动，尽可能使之染上堂堂正正的色彩，以便消除西太后等人的“猜忌”。

在新政伊始之际，光绪帝亲自召见资产阶级维新派领袖康有为，具有特别的重要意义。在召见过程中，光绪帝的态度和表现如何，又是考察他的变法去向等问题的重要依据之一。故此，将康有为在其《自编年谱》中复记的与光绪帝之对话部分就要录下：

“二十八日早入朝房，……吾入对，上（光绪皇帝）问年岁出身毕，吾即言；‘四夷交迫，分割洊至，覆亡无日。’上即言；‘皆守旧者致之耳。’吾即称：‘上之圣明，洞悉病源，既知病源，则药即在此，既知守旧之致祸败，则非尽变旧法与之维新不能自强。’

上言：‘今日诚非变法不可。’吾言：‘近岁非不言变法，然少变而不全变，举其一而不改其二，连类并败，必至无功。……’上然之。

吾乃曰：‘今数十年诸臣所言变法者，率皆略变其一端，而未尝筹及全体，又所谓变法者，须自制度法律先为改定，乃谓之变法。今所言变者，是变事耳，非变法也。臣请皇上变法，须先统筹全局而全变之，又请先开制度局而变法律，乃有益也。’上以为然。

吾乃曰：‘臣于变法之事，尝辑考各国变法之故，曲折之宜，择其可施行于中国者，斟酌而损益之，令其可施行，章程条理，皆已备具，若皇上决意变法，可备采择，但待推行耳。……’上曰：‘然，汝条理甚详。’吾乃曰：‘皇上之圣既见及此，何为久而不举，坐致割弱？’上以目睨帘外，既而叹曰：‘奈掣肘何？’

吾知上碍于西（太）后无如何，乃曰，‘就皇上现在之权，行可变之事，虽不能尽变，而扼要以图，亦足以救中国矣。惟方今大臣，皆老耄守旧，不通外国之故，皇上欲倚以变法，犹缘木以求鱼也。’

上曰：‘伊等（指守旧权贵一引者）皆不留心办事。’对曰：‘大臣等非不欲留心也，奈以资格迁转，至大位时，精力已衰，又多兼差，实无暇晷，无从读书，实无如何，故累奉旨办学堂，办商务，彼等少年所学皆无之，实不知所办也。皇上欲变法，唯有擢用小臣，广其登荐，予之召对，察其才否，皇帝亲拔之，不吝爵赏，破格擢用。……其旧人且姑听之，唯彼等事事守旧，请皇上多下诏书，示以意旨所在，凡变法之事，皆特下诏书，彼等无从议驳。’

上曰：‘然。’对曰：‘昨日闻赏李鸿章、张荫桓宝星，何不明下诏书。’上一笑。‘自割台后，民志已离，非多得皇上哀痛之诏，无以收拾之也。’上曰；‘然。’吾乃曰；‘今日这患，在吾民智不开，故虽多而不可用，而民智不开之故，皆以八股试士为之。学八股者，不读秦汉以后之书，更不考地球各国之事，然可以通籍累致大官。今群臣济济，然无以任事变者，皆由八股致大位之故。……’上曰，‘然，……’

对曰：‘上既知八股害，废之可乎？’上曰：‘可。’对曰：‘上既以为可废，请上自下明诏，勿交部议，若交部议，部臣必驳矣。’上曰：‘可。’

上曰：‘方今患贫，筹款如何？’……乃略言：‘中国铁路矿务满地，为地球所无，若大举而筹数万万，遍筑铁路，练民兵百万，购铁舰百艘，遍开郡县各种学堂，水师学堂船坞，则一举而大势立矣，但患变法不得其本耳。中国地大物博，藏富于地，贫非所患也，但患民智不开耳。’于是言译书、游学、派游历等事，每终一事，稍息以待上命，上犹不命起。……因谢保国会被劾，上为保全之恩，上皆点首称是。又条陈所著书及教会事，久之，上点首云：‘汝下去歇歇。’又云，‘汝尚有言，可具折条陈来。’乃起出，上目送之。”

这次光绪帝对康有为的召见，对他们两人来说，都有着迫切地需要。而这种需要，又直接关系着刚刚开始的变法维新如何进行。在被召见的过程中，康有为充分地利用了这上难得的机会，又进一步向光绪皇帝面陈了在列强围逼之下，必须奋起变法维新方可求存的道理，同时也为光绪帝筹划了推行变法新政的具体方针、步骤，以及应变的主要内容和方式等等。

在颐和园和光绪帝的周围，早已布满了西太后的耳目。就在光绪皇帝接见康有为的时候，西太后的心腹荣禄，也突然来到颐和园的仁寿殿。而且他还抢先一步，向光绪帝“面劾”康有为“辩言乱政”。荣禄在此刻采取的这一行动，无非是企图通过继续攻击康有为的变法维新主张，来达到离间光绪帝和康有为的目的，同时也是对光绪帝发出的一种警告。因此，在召见康有为的过程里，光绪帝还不断地注意“帘外”的动向，并不时地流露出为难的神情。有人说，当时的光绪帝“惴惴如防大敌”，显然是道出了当时光绪帝面对的实际情景。或者是出于顾忌，在他们的对话当中，光绪帝的谈吐不多。尽管如此，对于康有为的提出的所有对变法维新的看法和建议，光绪帝还是都一一地表示了肯定或赞成的态度。在诸如变法方可图存，守旧必致误国，以及应该果断地废除“八股之害”等重大问题，光绪帝的态度同样是明确而坚定的。事实上，光绪帝通过这次与康有为的面谈，他们在对待变法维新的认识和态度上，取得了完全的 致。

他们两人的对话，突出了如何对待守旧势力的问题。在这方面，光绪皇帝鉴于自己的实际处境，的确表露出无可奈何的苦衷。实际上，摆在他面前的阻挠变法的势力既顽固而又强大，这是活生生的事实。对此，就康有为来说，他也是无法回避的。在对话之初，康有为曾一再强调必须“全变”，但当光绪皇帝谈到充塞宫廷权臣“多因循守旧，罚不及众”而感到苦恼时，他也不得不改变主意，又提出“就皇上现在之权，行可变之事，虽不能尽变，而扼要以图”的“渐变”方针。至于说，如何处理新、旧势力的关系，采取怎样的变法方式，康有为也只得面对现实，建议“皇上欲变法，唯有擢用小臣，广其登荐，予之召对，察其才否，皇上亲拔之，不吝爵赏，破格擢用”。与此相应的是，为了避开守旧官僚对变法的抵制和干扰，康有为又要求光绪帝“凡变法之事，皆特下诏书”，采取公开推行的方式。可是，对这些“小臣”怎样具体的“不吝爵赏，破格擢用”呢？梁启超作了清楚的说明。他说，当时康有为看到群顽难驯，便“请皇上勿去旧衙门，而唯增置新衙门，勿黜革旧大臣，而唯渐擢小臣，多召见才俊志士不必加其官，而惟委以差事，赏以卿衔，许其专折奏事足矣”。对于这种“渐变”的方针和对维新人士只给提供参与变法新政的活动条件而不公开加以高官，以及通过颁布明诏来推行变法的方式，光绪帝均“然其言”。并且在此之后，光绪皇帝也确实基本是按照这一方针、方式推行变法新政的。

从康有为和光绪皇帝议定的这种变法维新的方针和策略本身来看，无疑是对守旧势力的一种妥协的产物。然而在新旧力量对比悬殊的政治环境中，要对中国进行改革，对根深蒂固的守旧势力在一定的条件下作某种程度的妥协，也是不可避免的。十分明显，他们准备做出的这种让步，其根本的立足点，还是为了推进变法维新事业。康有为、光绪帝议定采取的这种具有妥协气味的对策，既有其现实性，也有无可否认的策略意义，它的内涵是积极进取的。

体现这一方针策略的第一个实际表现，就是在召见康有为之后的当天，光绪皇帝即命康有为“在总理各国事务衙门章京上行走”。并许其有“专折奏事”的权力。本来，按当时康有为的地位和作用来说，光绪帝授予他较高的衔位应是顺理成章的事，可是光绪帝为什么却仅仅授予他一个六品卿衔的小小章京？原来，在光绪帝准备“赏官”给康有为的时候，荣禄和刚毅又串通一气竭力阻挠。当他们感到硬顶不行时，又按其欲谋力主“予微差以抑之”。正是在这种情况下，光绪帝在“嗟叹再三”之余，为了避免引起群顽的过分“怨谤”，才不得不按着康有为的计议做出了这一决定。但是，从另外一个角度看来，正如梁启超所说，“康有为以主事（被）召见，已为咸丰以来四十余年未有之创举。若以主事专折奏事，尤为国朝旷典所无。”鉴于当时的特定情况，对于已成为顽固势力众目睽睽的维新派领袖康有为，关键不在于衔位的高低，而在于是否使他取得筹划变法新政的活动权。何况刚刚还被权臣荣禄指控为“辩言乱政”的人，现在竟被光绪皇帝加衔授权。就此而言，这也是具有突破性的举动。

光绪皇帝通过召见康有为，在进一步统一了思想认识的前提下，又共同议定了推行变法新政的具体方针、步骤和方式、方法，并从中摆脱了顽固势力的纠缠，使资产阶级维新派领袖康有为通过“专折奏事”，在事实上取得了对变法维新具有决策性的参议权。这样一来，就为光绪帝的图强活动纳入资产阶级维新派铺设的革新轨道奠定了坚实的基础。从此以后，通过光绪皇帝推行的变法新政，也就展现出越发明显的新面貌。

到了1898年（光绪二十四年）的初夏，多年来试图有所作为的光绪皇帝，终于被变法图强的滚滚潮流推到了历史的前台。固然，从当时的客观环境和光绪皇帝自身的境况来说，这种局面的出现，似乎是一种很不协调的历史安排。然而，它却深刻地体现了历史发展的合理性。

光绪皇帝从颁布“决意”变法的《明定国是》诏和继而召见康有为共商变法大计以来，资产阶级维新派的革新建议和其他一些图强要求，都通过他的诏旨像雪片一样传向全国上下。于是，在短短的二、三个月的期间里，即在死气沉沉的清王朝的政治思想界，卷起了一个“除旧更新”的波澜。到此，从甲午中日战争后兴起的奋发图强的呼声，迅速地汇集成一个冲动全国的革新热潮。衰弱落后、任人欺凌的近代中国，

迎来了一场前所未有的变革洗礼。这一革新热潮，虽然首先是在清王朝统治机体的内部展开的，但其影响却很快地冲破了这个王朝的政界围堰，成为十九世纪末叶中国政治生活的轴心。

以1898年6月11日（光绪二十四年四月二十三日），光绪皇帝颁布《明定国是》诏正式宣告推行变法新政为起点，到当年9月21日（八月六日），西太后重新“训政”，宣布变法维新为非法时为止的“百日维新”期间，光绪帝先后发布的有关改革的各种诏令，计有一百八十条左右。按一百零三天计算，平均每天颁发1.7条，最多者，如在9月12日（七月二十七日）的一天中，即颁发了十一条维新谕旨，可见这场变法维新的来势何其迅猛！这种盛况的出现，当然是资产阶级维新派适应时代的要求，历经多年的艰辛努力所促成的；但是它也体现了光绪帝“深观时变，力图自强”的急迫心情。

为了展示这次变法维新的场面，观其改革的深度、广度，兹将光绪帝颁发的变法维新诏令，举其要者分类列下：

选拔、任用“通达时务”和有志维新的人才

6月11日（四月二十三日），谕各直省督抚保荐品学端正、通达时务，无论官职大小数人，以备“考验”通使各国。

6月12日（四月二十四日），谕令宗人府在该王公贝勒中，选拔“留心时事，志趣向上者”听候任用。

6月27日（五月初九日），降谕重申，“用人一道，最为当务之急”。要求各大臣等“尤须举贤任能”，罢斥“瞻顾因循”者。

7月13日（五月二十五日），谕，“以广登进而励人才”’命三品以上京官及各省督抚学政，在三个月内各举人才数名，随请随试，“用副朝廷侧席求贤至意”。

同日，令京外人员保荐精专制造及驾驶声、光、化，电诸学之才，考验得实，因材器使。

7月30日（六月十二日），命刘坤一、张之洞，立即饬令维新人士黄遵宪、谭嗣同来京引见。

8月29日（七月十三日），谕命通达时务的维新人士杨锐、刘光第、严复、林旭等，一体预备召见。

9月5日（七月二十日），授杨锐、刘光第、林旭、谭嗣同四人四品卿衔，在军机章京上行走，参与新政事宜。

9月7日（七月二十二日），命各直省督抚，留心访察，如有通达时务勤政爱民之员，随时保送引见，以备录用。

9月16日（八月初一日），为采用西法，振兴中国商务，推广制造，电谕出使各国大臣，在寓居外国的华侨中，无论士商工匠，选其可用者，随时送回国内“以备任使”。

发展近代教育，培养新人

6月11日（四月二十三日），命筹办京师大学堂。所有各部院司员及候补、候选道、府、州、县各官之子弟等等，愿入学堂者，“均准入学”。

6月20日（五月初二日），谕总理衙门议设矿务学堂，并现有学堂一律增设矿务学。拟由各省督抚选派“年，幼聪颖学生”赴日本学习矿务。

6月23日（五月初五日），谕令自下科为始，乡会试及生童岁科各试，废除八股文，一律改试策论。

6月30日（五月十二日），令将经济岁举归并正科，同样改试策论。

7月3日（五月十五日），颁谕宣布，为“广育人才讲求时务”，参用西方学规正式创办京师大学堂，派孙家鼐管理大学堂事务。

7月10日（五月二十二日），谕各省府、厅、州、县之大小书院及民间的祠庙，“一律改为兼习中学西学之学校”。省会设高等学校；郡城设中等学校；州县设小学校。各地方捐办之义学、社学，也一并“中西兼习”。各地绅民如能捐建学堂，给予奖励，“实力振兴”教育。

7月13日（五月二十五日），颁谕重申，各省士民“捐办学堂各事，给予奖励”，准予对上述士民“给予世职实官虚衔”。“鼓励人才，不靳破格之赏”。

7月19日（六月初一日），公布科举新章，乡会试仍分为三场：一场试历史及清代政治；二场试时务策；三场试四书五经。并决定，“嗣后一场考试，均以讲求实学实政为主，不得凭楷法之优劣为高下”。

8月4日（六月十七日），以期与京师大学堂“相辅而行”，大力造就新式人才，谕令京师广立小学堂。

8月19日（七月初三日），颁谕正式宣布，“各项考试，改试策论”，并废朝考之制。又决定“一切考试诗赋，概行停罢”，“造就人才，惟务振兴实学”，以期使天下翕然向风，讲求经济。

8月21日（七月初五日），命驻外使臣，在国外华侨集居各埠设华侨学堂，兼学中西文字“以广教育”。

8月30日（七月十四日），再次颁谕宣告，开办“学堂造就人才，实为急务”，命切实劝导。

9月9日（七月二十四日），准设医学堂，“考求中西医理”，发展近代医学事业。

9月12日（七月二十七日），命改各省中小学堂的任教职称为教习。

同日，谕令，奖励试办速成学堂，逐步推广，以期尽速“收效”。

9月19日（八月初四日），应请，命内务府，将该处官房拨给顺天府设立中学堂，并准予在顺天府属各州县选拔学生就学，以便“广育人才”。

改革行政规则，裁减机构、冗员，整顿吏治

7月29日（六月十一日），为改变各衙门堂官司员藉繁琐之旧则例“因缘为奸，舞文弄法”，故命将各衙旧则中“实多窒碍者，概行删去，另定简明则例”。

8月2日（六月十五日），电谕伍廷芳，“博考各国律例”，拟制条款，送总理衙门“覆办”。

8月10日（六月二十三日），再谕各臣工，强调“舍旧图新”之关要，严斥“墨守旧章”阻挠改革庶政之言行。

8月30日（七月十四日），旨令各督抚，认真清理吏治，杜绝“种种殃民之事”，以利“民生”。

同日，因“旧制相沿”，造成国家各级机构重叠，冗员充塞。诏令裁撤中央的詹事府、通政司，光禄寺，鸿胪寺，太仆寺，大理寺等衙门。地方督，抚同城的湖北、广东、云南三省巡抚，闲置的东河总督，不办运务的粮道及无盐场的盐道均予裁并。至于其他应裁、减，归并的机构和官员，命大学士，六部及各省督抚，陆续“切实”议定办理。同时申明，各级官员“不准藉口体制攸关，多方阻格，并不得以无可再裁，敷衍了事”。

9月1日（七月十六日），旨令已裁撤的詹事府、通政司、光禄寺等衙门的一切事宜，均并归内阁六部分办，并归的具体事项，由大学士及六部尚书、侍郎于五日内具奏。

9月2日（七月十七日），谕令所有各衙门，均当依照吏部，户部删定的则例办理“以归划一”。

9月9日（七月二十四日），为使无官职的“通才”参与议政，准予作为定制设散卿、散学士之职。

9月10日（七月二十五日），再次谕令大学士和六部尚书、侍郎及各省督抚，对尚未进行裁、减、归并的事宜，尽速切实筹议。

9月20日（八月初五日），旨令各省督抚，“必当以吏治民生为重”，不得出自于私，滥任州县等官吏。

鼓励上书言事，广开言路

8月2日（六月十五日），谕大小臣工广泛言事“以备采择”；并宣告，“士民”有上书言事者，由都察院呈递．“毋得拘牵忌讳”。

9月1日（七月十六日），命将“藉端”阻挠主事王照条陈言事的礼部尚书怀塔布、许应骙等交部议处，并命嗣后代递条陈，原封呈进，堂官不得拆开。

9月2日（七月十七日），降谕宣布，“士民有上书言事者，亦应按原封进呈”，并“随到随递，不准稽压，倘有阻格，即以违旨惩处”。

9月4日（七月十九日），颁朱谕宣告，礼部尚书怀塔布、许应骙及侍郎堃岫、徐会沣、溥颋页、曾广汉等六堂官，因一再阻挠主事王照言事予以革职。同时决定，由于王照“不畏强御”勇于进言，给予嘉奖，赏三品顶戴，以四品京堂候补，激励言事。

9月12日（七月二十七日），为进一步冲破守旧势力的阻陷，连降两谕，命将推行新政之谕旨和鼓励上书言事的诏令一并照样抄录，悬挂各省督抚衙门大堂，以期“家喻户晓”，破除“壅隔”。

9月13日（七月二十八日），电谕各省督抚及藩臬道府官员，凡有上书言事者，均可自行专折具奏，“毋庸代递”；州县等官言事者，仍由督抚将原封呈递；士民有上书言事者，由本省道府随时代奏。对于所有奏疏“均不准稍有抑格，如敢抗违或别经发觉，定将该省地方官严行惩处”。

提倡办报、译书和出国游学

6月12日（四月二十四日），为“开通风气”，选派宗室王公出国“游历”。

6月28日（五月初十日），谕令筹款兴办译书局。

7月3日（五月十五日），授梁启超六品衔，管理译书局事务。

7月6日（五月十八日），准予奏请，在南洋公学内设立译书院，翻译各国书籍。

7月17日（五月二十九日），准将上海时务报改为官报。

7月26日（六月初八日），正式改上海时务报为官报，命康有为督办其事。同时宣布，各报“自应以胪陈利弊，开广见闻为主，中外时事，均许据实昌言，不必意存忌讳，用副朝廷明目达聪，勤求治理”。

8月2日（六月十五日），谕令从同文馆和各省学堂选派学生“出洋游学”。并宣布，各部院“如有讲求实务愿往游学人员”，亦可一并咨送。

8月9日（六月二十二日），谕令各省督抚，积极筹拨银款资助官报。重申，各报馆立说，“总以昌明大义，抉去壅蔽为要义，不必拘牵忌讳，致多窒碍。”

8月16日（六月二十九日），谕令，对于梁启超主办的译书局，要立足于“经久之计”，必须“宽筹经费”速见成效。

8月18日（七月初二日），命各省督抚，从各学堂中挑选“聪颖学生，有志上进”者去日本留学。

8月26日（七月初十日），准梁启超所请，在上海设立翻译学堂，承认学生出身，编译之书籍报纸一律免税。

9月12日（七月二十七日），准请，作为上海官报之续，在京城设立报馆，翻译新报，并提倡各地“官绅士民”一律举办，以期开风气而扩见闻。

9月17日（八月初二日），谕准“推广游学办法”。应请，准令“绅富之家，各选子弟”送往外国就学。各生毕业后回国“引见录用，以期选拔真才”。

振兴近代工、农、商业及交通事业，奖励发明创造

6月12日（四月二十四日），谕申“商务为富强要图，自应及时举办”。命各省会设商务局，公举“殷实绅商，派充局董”。

6月26日（五月初八日），命盛宣怀立即“兴工赶办”芦汉铁路，并命承办各员加速开办粤汉，宁沪各铁路。

7月4日（五月十六日），谕令各地方官劝谕绅民，兼采中西各法振兴农业；并倡导设立农学会，翻译外国的农学诸书。

7月5日（五月十七日），颁谕宣布，为鼓励私人发明制造，各省士民著有新书、创行新法、制成新器确有“实用者”，给予奖赏，并“准其专利售卖”。有兴造枪炮者“给予特赏，以昭激励”。

7月12日（五月二十四日），颁布奖励振兴工艺章程十二条。

7月13日（五月二十五日），为发展工商，颁布经济特科六条。

同日，对于筹办中国通商银行，谕令应以“振兴商务”为本。

7月14日（五月二十六日），谕令各直省将军督抚，严饬各该地方官，“务须体察商情，尽心保护。”严禁胥吏勒索商贾，凡有铺商倒闭、亏空，“应即讯明察追断还”。

同日，谕，“振兴商务，为富强至计，必须讲求工艺，设厂制造，始足以保我利权。”

7月25日（六月初七日），谕称，中国地大物博，极宜讲求制造“不致利权外溢”。命先在沿海、沿江一带试办商务局，商会及出版商报，促进设厂兴工，逐渐推广。

7月29日（六月十一日），谕令总理衙门事务大臣，“鼓励”各省商办铁路、矿务。

8月2日（六月十五日），谕各省督抚“认真劝导绅民，兼采中西各法”，振兴农政。

同日，宣布于京师设矿务铁路总局，各省开矿，筑路事宜“俱归统辖”，大力推广开矿、筑路。

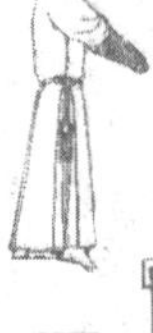

8月10日（六月二十三日），谕云在“强邻环伺”之下，欲使商务流通“隐杜觊觎”，只有广开口岸。命沿江、沿海、沿边各将军督抚咨商总理衙门详定节目，在口岸“不准划作租界，以均利益，而保事权”。

同日，应杨深秀奏请将津镇（江）铁路招商承办，谕令矿务铁路总局督办王文韶、张荫桓“酌覆办理”。

8月21日（七月初五日），宣布在京师设立农工商总局，各直省设分局，总理全国及各省农工商事宜。各省府、州、县皆办农务学堂，广开农会，创办农报，购置农器。“考求新法”改革和发展农工商业。

8月31日（七月十五日），为使农工商总局“以持久远”，命端方等认真筹办经费。

9月8日（七月二十三日），再次旨令各省督抚积极筹集款项，迅设局所，广兴机器制造“以扩利源而资民用”。

9月10日（七月二十五日），命胡燏芬筹款兴办京西煤矿至卢沟桥的运煤铁路。

9月11日（七月二十六日），谕令通商口岸及出产丝茶省份的督抚，迅速筹设茶务学堂及蚕桑公院，大力发展供出口的丝茶业，以阜民生而保利权。

同日，谕令将与各国签订的通商约章汇编成书，以备酌改和遵行。

同日，对黄思永建议铁路矿务由国家设立公司任听外国商人入股一事。降谕指出，“现时国家不特无此财力，且流弊百出”，未予采纳。

9月12日（七月二十七日），为便于“商民”“以广流通”，谕令裁撤驿站，在京师和各省、府、州、县广设邮政分局。

9月13日（七月二十八日），再次颁谕重申“农务为中国大利根本”，必须参用西法、购置机器、多设农会、广出农刊、讲求农学，“劝富民集资”切实兴办，发展新式农业。又强调，为维护“中国利权”，对商务之大宗丝茶，亦应“广置机器，推广种植制造，以利行销”。

整顿民事，改革财政

8月13日（六月二十六日），康有为上折请禁止天下妇女缠足，命各督抚等推行。

9月5日（七月二十日），谕称“国家振兴庶务，尤以通达民隐为先”。旨令各省、州、县及时清理各种积案，严禁各级官吏“藉端讹索”百姓，“以除积弊而恤民隐”。

同日，为改变京师道路泥泞、沟渠壅塞，命工部会同管理河道大臣等，修整疏通京师街道、沟渠。

9月7日（七月二十二日），为制止地方官吏通过发行“昭信股票”而“苛派扰民”，旨令在民间现办之“昭信股票”立即停止，“与民休息”。

9月8日（七月二十三日），鉴于过去遇到灾荒，只以拨款救济，致使经办官吏“侵渔冒领，弊窦百出”，灾民得不到“实惠”。谕令仿效外国加以改革，实行“以工代赈”，既可“养赡穷民”，又能振兴工业。

9月14日（七月二十九日），诏准八旗人“各习四民之业”，自谋生计。并旨令，改订旗民“徙户开屯计口授田成案”。

同日，命两江、湖广、浙江各督抚，彻底清理已成虚悬的卫所屯田旧制，改行征税，以充国用。

同日，谕令各海关制定约章，严禁兴安岭一带金砂及各省制钱流入外洋。

同日，鉴于厘金行久，“遂致弊端丛集”，“徒滋纷扰”，命户部速筹“兴利除弊”之策。并云“理财之道，取之农不若取之商，用吏役不若用士人”，以达“裕国阜民”之效。

9月16日（八月初一日），为仿照外国“豫筹用度之法”，命户部编制每年的财政预算表，按月刊报，公诸于天下。

整建陆、海军，以期富国强兵

6月27日（五月初九日），谕令军机大臣及督办军务王大臣等，参用西法编练军队。

7月9日（五月二十一日），谕命对八旗及绿营练勇进行裁并，汰弱留强，仿照西方兵制，改习洋枪，加以编练。

7月16日（五月二十八日），谕促各省将军督抚，切实裁兵整军，力行保甲，整顿厘金，严杜中饱，以达富国强兵。

7月28日（六月初十日），颁谕重申，“力求振作，思御外侮，则整军经武，难再视为缓图”。再次责令各将军督抚，剔除中饱，集中财力，“添设海军、筹造兵轮”。

8月10日（六月二十三日），谕称，欲整建水师，以达“制胜”之效，“必以学堂为根本”。谕令南、北洋大臣及沿海各将军督抚，应设各类专门学堂“预备人才”。

8月30日（七月十四日），责成专办之员，出洋采办军火。

9月2日（七月十七日），命兵部妥议改定武科事宜。

9月6日（七月二十一日），恽毓鼎奏请于京师设武备大学堂，旨令孙家鼐妥议。

9月16日（八月初一日），应请，谕令刘树堂，将据实削减河工之款“创办海军”。

通常所说的“百日维新”，显然只是这场变法维新运动的初期阶段。在此期间里，如梁启超所说，“因皇上无权，不敢多所兴举。”明显地看出，光绪帝是按照康有为原先提出的“就皇上现在之权，行可变之事”的、逐步改革的方针进行的。这时光绪帝颁发的革新诏令，诸如废八股改试策论、兴学出洋造就选拔“通达时务”的新式人才、发展近代农工商及交通事业、奖励发明创造、倡译外国书刊、裁撤闲散机构和冗员、淘汰腐败的绿营兵和编练新式陆海军以及编造财政预算、修整京师道路等方面的革新措施，都是采纳或是以康有为的建议为基础制订颁诏推行的。当然，其他官员提出的革新要求，光绪帝也采取了兼收并蓄的态度。不过，就是在这些官员当中，如山东道御史杨深秀和宋伯鲁、翰林院侍读学士徐致靖、江西道御史王鹏运等人，提出的一些要求改革的奏疏，或是为康有为“代递”的；或是“受命”于康有为上呈的。至于其他官员奏请的革新建议，也基本上没有超出资产阶级维新派主张的范围。因此，光绪帝推行的这些维新措施，“大多为康有为先生之政治主张”。康有为自己也证实，在戊戌维新当中，“皇帝已经采取了很多我的奏折中的建议。”

在光绪皇帝推行的改革措施中，诸如设厂，开矿、兴商，修筑铁路、编建近代海军以及办学、译书等等，曾是洋务运动进行过的内容；引进“西学”，也是洋务派官僚早就提倡过的。但是人们知道，所有这些又都是近代中国人要搞近代化所离不开的，显然不能把从事这些事业的活动都一概镶在洋务运动的框子里。前曾说过，以李鸿章为首的老洋务派，搞了些有限度的近代建造，却是紧紧服务于封建统治的。到这时，后起的洋务派官僚张之洞，对“西法”“西学”喊得更响亮了，可是他仍然认为“今朝政清明”，好像封建统治制度根本没有改革的必要。从而，他针对资产阶级维新派和光绪帝的变法改革，提出了一个“可变”与“不可变”的严格界限。张之洞认为，“夫不可变者伦纪也，非法制也，圣道也非器械也；心术也非工艺也”。这就是说，在他看来可以仿效外国加以变通的只不过是“法制（统治方式）”“器械”“工艺”之类，至于封建专制主义的道统及其政治体制，那是完美无缺的，绝不可以弃而变之。另一个后起的洋务派官僚刘坤一，也对维新派宣传的西方资产阶级的“平等、民权”说斥之为“伤理害道”，对在当时具有反封建作用的西方政治学说，表露了切齿之恨。显而易见，张之洞等洋务派大官僚的“西学”观，与顽固派官僚荣禄、王文韶提出的“富强之道，不过开矿、通商、练兵、制械，其他大经大法，自有祖宗遗制，岂容轻改”的观点是同出一辙的。他们都把借用“西法”、引进“西学”限定在一个固定的框框之中，唯恐封建专制制度及其思想基础受到冲击。

如前所说，光绪皇帝是在甲午惨败之后，出于“忧国伤时”，对封建的传统观念发生了怀疑，感到不得不另外寻求出路。他在了解到一些国外的情况之后，便产生了仿照外国来革新中国的愿望。当他被历史的潮流推到变法维新的前台以来，其胸怀又得到了进一步的扩展。于是，一方面，光绪帝深切地感到，在当时的形势下，要维新“讲求时务，勿蹈宋明积习”，意识到不应再走回头路了；另方面，他又看到，只有那些“昧于域外之观者”，才“不知西国政治之学，千端万绪”，觉得要学习外国的领域是十分广阔的。光绪帝在《明定国是》诏里就强调指出，必须“博采西学”“毋徒袭其皮毛”，也可以说这种思想主张是对洋务派有限度地引进“西法”“西学”的一种批判性的发展。因此，他在采取或准备采取的各方面的改革措施中，都贯穿了向外国学习的线索，而且又都把这种学习提到了国策的高度。所以如此，固然是体现了资产阶级维新派的作用，但从根本上来说，还是反映了时代的必然趋势。正如毛泽东同志指出的，在世界上“只有西方资本主义国家是进步的”历史条件下，灾难深重的中国人，“要救国”，“只有学外国”。而在这一学习的过程中，是要模仿先进的资本主义国家来改造落后的中国；还是只图栽植一些外国的“皮毛”技艺以维护自己的统治地位？越来越明显地成为近代中国各阶层的人们学习外国的两种不同的走向。应当说，这时的光绪帝已经被纳入了前者的行列。

正因为这样，就光绪帝明诏推行的维新改革措施来说，无论其广度和深度，都远远地超出了洋务运动的范围。光绪皇帝不仅也大力提倡仿效外国在中国发展近代的工、矿、交通，商务、邮政，编练陆海军和办学、译书等，还把这种改革扩展到农业、财政、思想舆论，社会风情、民政吏治以及政治规制等各个方面。有些改革，如裁撤绿营兵，废弃驿站，尤其是取缔八旗人的寄生制等等，都是直接触犯其“祖制”的变革措施。

以前，洋务派官僚曾在福州、天津等地创办过新式学堂，也派出一些人出国留学。李鸿章等在上海的江南制造局设立了翻译馆，译出一些西方近代数理矿务等科学著作，对国内外都产生过一定的影响。但是所有这些，都是在几个洋务派大官僚牢牢地控制下，仅仅是为他们从事的洋务事业（主要是为办海军）服务的，根本没想把它们推广到全社会。

康有为以及梁启超，要模仿日本的明治维新来革新中国，对培养各种新式人才都极为重视。光绪帝也“以为改革之事，全赖人才，故首注意教育”，并把发展近代教育视为变法维新之急务，同时也是以此作为学习外国的重要渠道。事实上光绪帝进行变法改革，就是以促进创办京师大学堂作为着眼点的。

此后，光绪帝在改革科举考试制度的同时，又接连颁发了大量谕旨，采取“奖励”等各种方式，旨令全国各地广泛设立新式的高、中，小学堂“中外兼习”。甚至他为了克服经费的困难以便尽速推广，又鼓励各地私人“自行筹款”创办速成中学。此外，光绪帝还频繁旨令在国内各处设立矿务、农学以及医学等专业学校，以培养各种专门人才。与此同时，光绪皇帝并反复降旨，号召上自宗室王公下至各地的“聪颖学生”，都可到日本等国考察和就学，把派出员生出洋考察、学习，亦列为变法维新的重要内容。编译西书，光绪帝也不是仅仅立足于吸取外国的先进技艺，他还试图“藉以考证政治得失”，试图把仿照外国的改革扩展到政治领域（实际有些改革已经涉及政治方面了）。光绪帝在十分重视发展近代工、商，交通和编练军队之外，又大力提倡“参用西法”振兴中国的农业；“仿用西法”发展中国的丝、茶业；模仿西方各国“预筹用度之法”编制财政预算，以及“仿西法”修整京师道路。同时，光绪帝还参照各国的情况倡导在各地设立商会、农会和蚕桑公院等群众性团体；鼓励“士民”上书言事；出版各种报刊，“胪陈利弊，开广见闻”，给人们一定的结社和言论自由。以及整顿吏治，改革民政，采取与民休息的政策等等，这都是在洋务运动中所不可想象的。从而足见，这次改革已具有较为广泛的社会性。也表明，光绪帝在仿照外国来改革中国的道路上，已走出了相当可观的一段路程。

并且，光绪皇帝的这种向外学习，依然体现了挽救民族危机和维护国家、民族权益的鲜明特色。他在推行变法新政的过程中，除继续提醒人们注意列强环视的严重局面之外，还反复强调了“近来中国利权，多为外人所夺”的严酷现实。从而他指出，“讲求工艺，设厂制造，始足以保我利权”；发展商务、开发矿藏和振兴农业、丝茶业等，亦应以防止“利权外溢”为首要。为此，光绪帝申明，在发展商务开拓商埠时，要“详定节目，不准划作租界，以均利益，而保事权”。仅据上述事实即可说明，光绪帝学习外国的基本立足点，还是为了“以强中国”。

即使从光绪皇帝推行的这些革新措施的整体来说，仍然是侧重于吸取外国先进的生产技术、商品流通方式和培养与此相应的新式人才等方面，但也不可否认，光绪帝却在极欲改变中国陈旧落后的面貌。正如马克思所说：

“随着新生产力的获得，人们改变自己的生产方式，随着生产方式即保证自己生活的方式的改变，人们也就会改变自己的一切社会关系。手推磨产生的是封建主为首的社会，蒸汽磨产生的是工业资本家为首的社会。”

光绪皇帝固然没有明确提出在中国发展资本主义的主张；然而，在他进行的这种较为广泛的改革中，也没有设置不可导向资本主义的高墙壁垒。恰恰相反，如果光绪帝能够沿着这条改革道路走下去，必将给在挣扎中发展的中国资本主义以新的推动，产生他可能想象不到的社会变革。可以认为，光绪帝适应资产阶级维新派的要求，仿照日本的明治维新制订的这一整套维新改革措施，是近代中国第一个已通过国家政权的力量要付诸实现的、较为全面、系统的近代化蓝图。

因此，在变法新政推行的过程中，当改革的“诏书每下，薄海有识之士，皆感激零泣，私相劝奋”，使那些渴望祖国得到复兴的人们受到莫大的鼓舞，在一些地区，出现了“争言农商之学，争译农商之书，……上行下效，风气大开”的新局面。变法新政的推行，在沉睡的神州大地，闪射出希望之光。

（五）深化改革

这时的光绪皇帝，据梁启超说，他已“知守旧大臣与己小两立，有不顾利害，誓死以殉社稷之意，于是益放手办事”。在胡思敬的《戊戌履霜录》中也有这样一段记述，大致在礼部六堂官被革职之后，当光绪皇帝照例到颐和园向西太后“问安”时，西太后面责光绪帝：“九列重臣，非有大故，不可弃；今以远间亲、新间旧，徇一人（似指康有为——引者）而乱家法，祖宗其谓我何？”对此，光绪帝斩钉截铁地回答说，“祖宗而在今日，其法必不若是；儿宁忍坏祖宗之法，不忍弃祖宗之民，失祖宗之地，为天下后世笑也。”

青花釉里红雀梅盘

把光绪皇帝在这期间的言行表露对照起来可以清楚地看出，他确实被反对派势力逼迫得横下了一条心，为了不失去“祖宗之民”，维护“祖宗之地”，以免给“天下后世”留下笑柄，宁可玉碎不为瓦全，甘愿“坏祖宗之法”，也要将变法新政推行下去。而且他的这种信念，竟然达到敢于向历来望而生畏的“老佛爷”公开摊牌的地步。因此，当他罢掉礼部的顽固官僚之后，果真又“不顾利害”向变法的纵深推进了。

就在罢礼部堂官事件发生后的第二天，即9月5日（七月二十日）的一天当中，光绪帝又采取了两项关系重大的措施。其一，任命署汉军都统裕禄、仓场侍郎李端棻署礼部尚书；内阁学士寿耆、原詹事府少詹事王锡蕃署礼部左侍郎；翰林院侍读学士徐致靖、原通政司通政使萨廉署礼部右侍郎（以上六人的新任官职于9月7日经请西太后实授。同日又补任内阁学士阔普通武为礼部左侍郎）。其二，经分别召见颁谕宣布，内阁侍读杨锐、刑部候补主事刘光第、内阁候补中书林旭、江苏候补知府谭嗣同“均著赏加四品卿衔，在军机章京上行走，参预新政事宜。”

这两项措施既有联系（都是为了便于深入推行变法新政），但又有所不同。前者是对清中央政府原有官署官员的更换；后者是光绪帝“以辅新政”而自行任用的官员。

更换官员，当然要按照清廷的惯例进行，而且尚书、侍郎通常属于二品以上的高级官员，对于这些职官的任用权已被西太后重新揽去。正如梁启超所说，光绪帝“无授二品官之权，须请命太后也”，十分明显，光绪帝要能使他的这一任命得到西太后的批准，对在这些新任官员的搭配上自然要动些脑筋。在光绪帝任命的这七个礼部尚书、侍郎之中，李端棻，字苾园，贵州贵筑（今贵阳）人。同治二年（1863年）考中进士，累擢学政、御史，内阁学士，刑部侍郎，后调任仓场侍郎（又说仓场总督）。他长年担任乡试考官，累操“文柄”，“喜奖拔士”。李端棻在广东担任主考官时，“赏梁启超才，以从妹妻之，自是颇纳启超议，娓娓道东西邦制度”，与梁启超在思想上互有影响，关系甚密。在变法维新期间，他积极支持康有为、梁启超以及谭嗣同的变法活动，尤其在兴学、译书、办报和派员到外国考察等方面多有建议，他是唯一的一个“二品以上大臣，言新政者”。徐致靖，字子静，江苏宜兴人。光绪二年（1876年）考中进士，自此进入官场，后任翰林院侍读学士。甲午中日战后，见“外侮日深，思变法图存”。在变法之初，徐致靖是清廷官员之中推荐康有为的人之一。在光绪帝颁布《明定国是》诏，废八股改试策论和议设制度局等重大改革的举动中，徐致靖均站在维新派一边，成为改革的积极促进者。在推行变法的风风雨雨的过程里，他一直与维新派为伍，使康有为倚为“知己，一日三往叩谢”，康有为的很多奏疏、建议是通过徐致靖进呈给光绪帝的，并且他个人亦有建树。徐致靖是康有为的得力助手和维新派的可靠同盟者。王锡蕃与徐致靖同样，皆是常为康有为代呈奏议，“频言新政”的人。内阁学士阔普通武，满族正白旗人。在变法期间，力主“舍旧图新”，建议“仿泰西设议院”，他是在满族高官当中唯一的一个与康有为等维新派人士关系密切，积极支持变法维新者。总之，以上四人，均可谓是维新官员。至于其他三人，都是守旧势力方面的人物。不过，寿耆与萨廉，既不属于西太后的嫡系，在维新变法时亦未见有多么露骨的抵制活动。说起来，只是裕禄虽对变法维新还没有大露锋芒，但他却有点来头。裕禄，自同治末年和进入光绪年间以来，历任安徽巡抚及湖广、两江总督、盛京将军等要职。在其任总督期间，廷议修建卢汉铁路时，他“力陈不可”，思想十分守旧。后在甲午中日战争中，因其辖地半失“数被议”，受到参劾。其时“德宗（光绪皇帝）将罢之，荣禄说于孝钦，强帝调之福州兼理关税”。裕禄正是得到西太后以及荣禄的庇护终未丢掉乌纱帽，他可说是受到西太后宠信的一个顽固派官僚。光绪帝对这样一个原要对其罢职、后又得到西太后赏识的人，现在竟任其为礼部尚书，显然是有其特殊用意的。并在这新任的七个礼部堂官当中，有四个（占多数）是始终站在维新派方面、积极支持维新变法的官员。就此安排，对于没有任用二品以上高官全权的光绪帝来说，无疑也是一个果敢的举动。其实，在当时的情况下，就光绪皇帝而言，在将礼部六个顽固派官僚革职之后，又立即任用新人，其重要的意义在于，由此表明，这时的光绪帝不仅敢于罢掉阻挠变法新政的高级官员，即使是西太后的亲信，也勇于擢用他人。这种影响是巨大的，也是极为必要的。事实上，光绪帝采取的这种措施，也确实产生了深刻的积极影响（具体情况下面再说）。

光绪皇帝为了建立“辅佐维新”的班子所选用的这四个人（一般所说的戊戌四卿），当然也各有自己的特点和不同的经历、不同的社会联系，但他们却有其明显的共性。

杨锐（1857~1898 年），字叔峤，四川绵竹人。初“受学其兄”，十九岁应童子试为诸县之“冠”。后在张之洞督学四川时“奇其才”，受“奖拔”，继续在其门下受业。此后多年，又随张之洞“任奏牍文字，佐幕府”。光绪十五年（1889 年）考中举人，授内阁中书（后任内阁侍读），他从这时起即到北京做官。张之洞“爱其谨严”，所以直到在北京任职期间，他们之间仍保持着密切的联系。可是，当《马关条约》签订后，杨锐也“益慷慨谈时务”，并与康有为“过从极密”，在康有为、梁启超于北京创立强学会，大力宣传、组织变法维新的初期，他“起而和之，甚力”。后来强学会被顽固派封禁，维新派人士将遭镇压，气氛愈显紧张的时候，杨锐又“奋然率诸人以抗争之”。

后来康有为又到北京继续从事上书活动时，杨锐仍然“日与谋”，并且利用自己身为清廷官员的便利条件，又在给事中高燮曾面前“极称”康有为。高燮曾“疏荐康（有为）先生，君（杨锐）之力也”。到1898年春，康有为在北京倡立保国会之际，他又率先署名加入该会为会员。

刘光第（1859~1898年），字裴村，四川富顺人，家境“奇贫”。其人在家读书刻苦，学之有成。光绪九年（1883年）考中进士，被授任刑部候补主事，仍“闭户读书”，是一个能文诗善书法、注重“实学”的“博学”者。刘光第为人较为“廉洁”，不媚权势，除与其本省人杨锐相近而外不善交往。在甲午中日战后，亦鉴于“时危民困，外患日迫”产生了“虚怀图治”的思想要求，后在康有为开保国会时，他也“翩然来为会员”。其人乃为文人官员，“性端重”，公开表露无多。

林旭（1875~1898年），字暾谷，福建侯官（今闽侯）人，在四卿当中数其年轻。林旭也可谓才华横溢，本省乡试第一名。林旭于1895年到北京应试时，正值《马关条约》签订，为挽救国家的危机，“发愤上书，请拒和议”。当他被任为内阁候补中书之后，继续投身于救亡运动之中。康有为、梁启超创立强学会鼓动变法图强时，林旭亦“奔走其间”。以后便频繁接近康有为、梁启超，议论“国事”，对康有为“所论政教宗旨，大心折”，遂拜其为师。1898年春，他在北京首先倡立闽学会，与其他各省在京人士相继成立的学会密切配合，推动变法图强运动的发展。在开保国会时，林旭又是“会中倡始董事”。正在这期间，到天津任直隶总督的荣禄，欲网罗林旭入其幕府。为此，他特地请命于康有为“问可就否”？康有为说，“就之何害，若能责以大义，怵以时变，从容开导其迷谬，暗中消遏其阴谋，亦大善事也。”于是，林旭便应聘入荣禄幕府，直到被光绪帝召见任用时止。

谭嗣同（1865~1898年），字复生，湖南浏阳人。他出身于官僚家庭，但在多灾多难的社会条件下，从少年时代起就胸怀“大志”。从而他与一般的求学者不同，“鄙科举”，注重经世致用，接触西方近代科学知识，思想要求进取。后便远离家乡，到新疆入巡抚刘锦棠幕，继而为“察视风土，物色豪杰”踏遍新疆、陕甘、东南沿海和大江南北、黄河之滨。甲午中日战后，空前的国难，更加激发了他的爱国热忱，进一步“提倡新学”，积极探索救国之道。当他得知康有为鼓动变法图强，他就历经周折亲到北京访求。但因是时康有为已经离京南下，经梁启超的介绍，他对康有为的思想主张“感动大喜跃，自称私淑弟子”。从此，谭嗣同对从父命入赀的江苏候补知府弃而不做，集聚在康有为、梁启超高举的变法维新的旗帜下，踏上了革新祖国的征程。继发愤著出向封建伦理道德挑战的《仁学》一书，开辟了一条反封建主义的新战线之后，便返回湖南，与当地的黄遵宪等维新人士一起开展了轰轰烈烈的宣传、组织变法维新的活动。自光绪帝宣布推行变法新政以来，他们又支持巡抚陈宝箴大加兴举，使湖南成为在全国推行变法新政的最力者（当然也成为新旧势力斗争最剧烈的地区之一）。正是在这个过程中，谭嗣同的名字也就和黄遵宪一样广泛传开，引起光绪帝的重视，一再旨令引进召见。后来黄遵宪受命出使日本（实际因病未能成行），谭嗣同怀着对“国事大有可为”的热望，应诏入觐，被委以辅助新政。

以上四卿，杨锐与洋务派官僚张之洞的关系极为密切，早年即从张之洞门下就学，当然对杨锐的思想不无影响。或许与此有关，他在被光绪帝委任之后，一方面，当他获悉其兄死去的“凶耗”时，鉴于任事紧急不忍回归；另方面，他又对谭嗣同等人存有某种异见，感到“积久恐渐不相能”。刘光第，书生气十足，或许还有其他缘故，后来对变法的形势产生疑虑，他既感激“圣恩高厚，急切不忍去”，又抱着“于政事，无新旧畛域”之分的折衷态度，并且他还时而思念“归田”，幻想躲避新旧势力的“互争”。杨锐、刘光第二人在辅理新政期间，思想并不稳定，然而对于这些情况，当时的光绪皇帝是难以觉察的。不过，刘光第在有的紧要时刻还确曾表现了一定的献身精神。谭嗣同、林旭，对于变法新政事业却是始终坚定不移的。尤其谭嗣同，经过尖锐斗争的锤炼，竟成为一个激进的维新志士。后来在康有为的心目中重谭、林，而轻刘、杨，是不无其源的。但这四个人，在甲午中日战后国势衰微的情况下，又都产生了程度不同的救亡思想，并在康有为、梁启超宣传、组织变法维新的过程中，都有大小不同的作为，除谭嗣同最突出之外，杨锐、林旭的表现亦为明显。就此而言，他们既可称为“通达时务”，又与维新运动有缘，显然这是符合光绪帝的任人原则的。再者，谭嗣同一直活跃在变法维新的第一线，但是他在地方，虽曾遭到一些守旧人物的忌视，可是他却没像康有为、梁启超那样成为王朝上下所有敌对势力攻击的焦点。其余三人，在光绪帝正式推行变法新政以来，均没有突出的维新活动了。这种情形，抑或成为光绪帝任用他们辅佐新政的原因之一。康有为在其《自编年谱》中提出了这样一个情况，他说，“时李苾园（端棻）尚书奏荐甚力，上以忌西后未敢显然用，故用谭、林、杨、刘代之，上之意极苦矣。”我们从康有为的这段记载，也可作为光绪帝酌用四卿时思想活动的佐证。说到主要的缘由，还是因为杨锐、刘光第，是由光绪帝在地方贯彻变法诏令最为得力的湖南巡抚陈宝箴出面推荐的；谭嗣同是与光绪帝关系密切的维新官员徐致靖所保；林旭是康有为的弟子，故而“信之”。对于这方面的情况，康有为说，光绪帝曾于事后在命林旭传给他的一份“密谕”中做了具体地说明：“用林旭，以其奏折称（康有为）师，知为吾门生。上之用谭嗣同，以其与我同为徐学士（致靖）及李苾园尚书所荐，皆吾徒也，故拔入枢垣。杨（锐）、刘（光第）为楚抚陈宝箴所荐，而陈宝箴曾荐我，杨漪川（深秀）又曾保陈宝箴，上亦以为皆吾徒也，而用之。”由此可见，光绪帝是把杨、刘、林、谭四人，均视为维新派方面的人而予以信任和提拔重用的。

由于光绪皇帝把杨锐、刘光第，林旭，谭嗣同都作为自己的信臣选入中枢，所以他在颁谕宣布了任命之后，又向他们分别授予朱笔谕，命其“凡有所见，及应行开办等事，即行据实条陈”，并又强调说，“万不准稍有顾忌欺饰”，其用意显然是让他们放手经理变法新政。梁启超说，此后“所有新政奏折，皆令阅看，谕旨皆特令撰拟……以国政系于四卿，名为章京，实则宰相也”。这是对四卿的地位和作用的具体概括。另外，原来“皇上欲大用康（有为）先生，而上畏西后，不敢行其志”，致使光绪帝与康有为等维新派人士虽近在咫尺，但却犹如隔着万重山，彼此难以相通。而今，在光绪帝身边终于有了一个辅佐自己的班子，便于贯彻个人的意图了；并如康有为所说，自此以来“上意有所欲传，吾有所欲白，皆藉谭、林通之”。从翁同龢被革职后，在光绪皇帝和维新派之间又重新搭起了一座互通的“桥梁”，这就为光绪帝的变法继续沿着资产阶级维新派指引的方向前进提供了新的保证。可见，光绪皇帝采取这一前所欲为而不敢为的重大举动，以公开颁谕的方式宣布任用“辅佐”自己推行新政的官员，既等于宣告他要冲破重重阻力“欲行大改革”；也表明，到这时他又敢于按照自己的意志来选拔任用维新人才了。这对光绪皇帝来说，无疑是难能可贵的进步。

如上所说，在这期间，光绪皇帝是把回击顽固势力排除变法障碍和聚结力量推进改革结合起来进行的。就在他任命礼部堂官和任用“辅佐”新政的四卿之后，又紧接着于9月7日（七日二十二日）降谕宣布，对在浑水摸鱼的老洋务派首领李鸿章和昏庸腐败的宗室官僚敬信“均著毋庸在总理各国事务衙门行走”，把他们一并赶出清廷中枢，又踢开了两块绊脚石。当然这也同样是打在反对派势力身上的两大闷棍。同时，对来自守旧势力方面的反扑，他也采取了更加坚定的态度予以无情地回击。也就是在这一、二天之内，有些守旧官僚打着为筹集军饷的幌子，反复奏请继续实行“捐官”的弊政。对此，光绪帝毫无所动，最后愤怒地指出，“一面裁官，一面捐官，有此政体否？勿多言!”坚决地给予驳回。再有，湖南的劣绅（举人）曾廉竟又罗织“罪名”，上疏诬告梁启超在湖南时务学堂讲学时宣传的民权、自由说是“大逆不道”，恶狠狠地“请杀康有为、梁启超”。光绪皇帝见其奏折后便当机立断，遂即命谭嗣同对曾廉的奏折“按条驳斥”。在此斗争急剧紧张的时刻，光绪皇帝又一面回击守旧势力的挑战；一面保护维新派的核心力量。事实充分说明，光绪帝对推进变法、革新中国的毅力和斗争性有了明显的加强。

当光绪皇帝大煞了反对派势力的嚣张气焰和组建起辅佐新政的班子后，他便以一种新的态势来推进变法维新了。大致到9月中旬（七月下旬），光绪帝即从下列两大方面下手，力图把变法维新向纵深推进。

一方面，光绪帝紧紧抓住鼓励天下臣民上书言事的渠道，试图把这场维新改革引向社会，以摆脱权势者干扰。在这方面，继为勇于上书言事的王照伸张了正义之后，又在9月12日（七月二十七日）的一天里，先后颁布了两个深有影响的上谕，其一说：

“国家振兴庶政，兼采西法，诚以为民立政中西所同，而西人考究较勤，故可以补我所未及。今士大夫昧于域外之观者，几若彼中全无条教，不知西国政治之学，千端万绪，主于为民开其智慧，裕其身家……。朕夙夜孜孜，改图百度，岂为崇尚新奇，乃眷怀赤子，皆上天之所畀，祖宗之所遗，非悉使之康乐和亲，朕躬未为尽职。加以各国环处，陵迫为忧，非取人之所长，不能全我之所有。朕用心至苦，而黎庶犹有未知，职由不肖官吏，与守旧之士大夫，不能广宣朕意，乃反胥动浮言，使小民摇惑惊恐，山谷扶杖之民，有不获闻新政者，朕实为叹恨。今将变法之意，布告天下，使百姓咸喻朕心，共知其君之可恃，上下同心，以成新政，以强中国，朕不胜厚望。著查照四月二十三日以后（即颁发《明定国是》诏以后——引者），所有关乎新政之谕旨，各省督抚，均迅速照录，刊刻誊黄，切实开导。著各州县教官，详切宣讲，务令家喻户晓。各省藩臬道府，饬令上书言事，毋事隐默顾忌。其州县官，应由督抚代递者，即由督抚将原封呈递，不得稍有阻格，总期民隐尽能上达，督抚无从营私作弊为要。此次谕旨，并著悬挂各省督抚衙门大堂，俾众共观，庶无壅隔。”

在另一上谕中又重申：

“振兴庶务，首在革除壅蔽，当（经）谕令各衙门，代递事件，毋得拘牵忌讳。……第恐大小臣工，狃于积习，不能实力奉行，用再明白宣谕：以后各衙门有条陈事件者，次日即当呈进，承办司员，稍有抑格，该部院堂官，立即严参惩办，不得略予优容。所有六月十五日、七月十六日谕旨，七月十九日朱谕，七月十七日及二十四日交片谕旨（即所有鼓励天下臣民上书言事的谕旨——引者），均令各衙门录写一通，同此件谕旨，一并悬挂，俾得触目惊心，不至复萌故态，以示朕力除壅蔽之至意。”

在这里，光绪皇帝在重申了通过鼓励天下臣民广泛上书言事来“革除壅蔽”的基础上，又特别指出，必须让“百姓咸喻朕心”，使变法维新做到“家喻户晓”，以期“上下同心，以成新政，以强中国”。把实现变法的目标与取得社会上人们的支持联系起来了。光绪帝不断完善这一重大决策，虽然是从“大小臣工，狃于积习，不能实力奉行”变法诏令出发的，但也表露出他对变法维新的坚定志向和在一定程度上意识到利用社会力量的必要性。这与历代“明君”仅在臣子当中的“举贤纳谏”，显然是不能同日而语的。在专制乌云笼罩大地，社会上的人们对国家事务毫无发言权的历史条件下，光绪帝为进一步冲破阻力，推进变法而大力提倡“广开言路”，并采取了一系列的保证措施，则更使“海内臣民，莫不欢欣兴起”，纷纷上书议论国家的振兴大计。在9月上、中旬的几天之内，通过各衙门呈递的封奏，即有“一日多至数十件者”，在社会上引起了强烈的反响。自各级官吏到各地读书的生员以及一些“士民”都踊跃上书，

为变法献策或评议国家的兴衰得失，甚至一些所说的“野民”“渔人”，也加入上书言事的行列。这些上书者，固然主要还是在政界和知识界，但也波及社会的其他阶层，因而“闸门”一经打开，必然会造成川决之势。在他们当中，如，在户部候补主事聂兴圻的奏折中说，“方今敌患日亟，朝廷变法自强，举行新政，此乃中国图存之命脉”，对光绪帝力行变法寄予了莫大的期待；在贵州大定府毕节县拔贡周培棻的呈文里，与称赞“皇上以大有为之君，值如万难措手之时”奋起变法图强的同时，又尖锐地指出，“当皇上之身，而变法不能遂，中国四万万人民尚可望室家之乐，埋骨之所哉?”他爱憎分明地表达了中国人民对变法的期望和对破坏者的憎恶。此外，有的人要求清政权“保护”本国的工商业（户部主事宁述俞呈）；有的强烈主张改变由外人控制中国海关的制度，希望由“本国官员”管理关税以护“国体”（浙江绍兴府山阴县举人何寿章呈）；还有人要求仿照泰西“设立议院上下相通”（镶白旗蒙古生员诚勤呈），如此等等。就这样，在光绪帝大力倡导和强有力地推动下，使要求变法图强的声音迅速地冲破了由反对派设下的重重壁障而传向中国的四面八方，而且提出改革的方案也愈加丰富，在死气沉沉的清廷政坛出现了活跃的景象。从而，给这场变法改革带来了新的生机，为把它引向深入提供了十分有利的条件。

但是，这种大好局面的出现，又引起了敌视革新的势力的恐惧。在这之前，洋务派官僚张之洞，就对光绪帝鼓励士民上书言事的主张大唱反调，说什么“变法者，清廷之事也，何为而与士民言”？又暴露了洋务派官僚极端仇视人民的心理。在这时，一些顽固派权臣，又抓住有的平民在上书中因不懂官场行文的规矩，称“皇上”不抬头等漏洞大做文章。他们煞有介事地叫嚷，这是“变乱祖法，自称开创，置祖宗于何地者”！在他们看来，这也是大逆不道的行为，要加罪于这些上书的人。但是光绪皇帝对于这种上书的情形仅以“一笑置之”，并对这些顽臣说，“当广开言路之时，不必有所谴责以塞之”，又压下了这股邪风。由此说明，光绪帝鼓励上书言事是认真的。在这方面，他也与顽固派和洋务派官僚形成了多么明显的对比！光绪帝的政治思想又踏进了一个新的境界。

另方面，当光绪帝的目光在逐渐向下、向社会注视的同时，他又试图把刚刚出现的开放气流引向清政权本身。

原来，光绪帝在任命新的礼部堂官和组建辅佐新政班子之后，又紧接着在9月9日（七月二十四日），应康有为草拟、由徐致靖出面呈进的奏折所请，颁谕宣布，为了“妙选才能；以议庶政”，在清中央特置三、四、五品卿和三、四、五、六品学士各职；并决定对这些新设的“卿”和“学士”，“按品给予俸禄”和待“缺出”对品“录用”。这就是所说的“散卿”“散学士”。实际上，这是对康有为在改革官制方面，为避免守旧官员的反对而提出只增新不裁旧和对擢用人员只委差事不加官的主张的发展。

光绪皇帝增设的“散卿”“散学士”，是运用了他的最大权限（可不经西太后批准）而设置的一种过渡性的官员。这种官员与四卿的明显区别，在于“散卿”，“散学士”的名额，可以无限扩大，并逐步作为正式官员安排到各衙门当中。这一措施，从现实来说，为更多的维新人士（当然也没有严格的界限）参与清廷政事又敞开了一扇大门；从未来而言，可以逐步改变旧臣一统天下的局面。它具有深刻的政治改革意义。

在9月上、中旬（七月下旬），光绪皇帝又在酝酿采取两项直接改革清政权的重大措施。

其一，就是准备模仿西方国家设立“议院”。资产阶级维新派，在宣传、组织变法时，曾把“兴民权”“设议院”作为变法维新的重要内容之一。但是到光绪帝决定推行变法新政以来，康有为、梁启超等鉴于守旧势力顽而又强，变法改革步履维艰的现实，便放弃了这一主张。但在推行变法新政的过程中，内阁学士阔普通武于8月19日（七月初三日）上的奏折中，又提出请仿泰西设立议院的主张。随后镶白旗蒙古生员诚勤也提出了这一要求。阔普通武的具体建议是“请设立上下议院，无事讲求时务，有事集群会议，议妥由总理衙门代奏，外省由督抚代奏。可行者，酌用；不可行者，置之。事虽议于下，而可否之权仍操之自上，庶免泰西君民争权之弊”。可见阔普通武要求设立的这种议院，只不过是一种辅助皇帝的谘询机构，它仅有议事的义务，但没有任何否决权，还起不到立法作用。然而在封建专制时代，设立这么一种评议国事的常设机构，在清廷当中不免具有一定的影响作用。特别是这一建议的要点，又在于选用议员的条件上，阔普通武说：“惟议院之人实难其选，必须品端心正，博古通今，方能识大体，建高议。此泰西议员，必由学堂出身者，一取其学贯中西，一信其风有操守，亦防弊之深意也。”按照这种条件，显然是为维新派、资产阶级人士和通过新式学堂培养出来的新人物进入清政权开辟了道路。所以这一改革主张，虽然在基本上还是停留于形式上的变革，但也涉及改变清王朝统治体制的问题。不言而喻，这种议院，在当时的中国毕竟是一个具有资产阶级民主气味的新事物，也可以说它是一种“兴民权”的低级形式。正因如此，当这一改革主张由维新派提出之后，便遭到了一切维护封建专制体制的人的拼命反对。张之洞在其《劝学篇》中竟以骂街的口气对“兴民权”“设议院”之说进行了恶毒的攻击；湖南的守旧势力也借此来诽谤维新派人士，抵制变法运动。从来自反面的强烈反应，也可见设议院问题所具有的分量。

对于设立议院，光绪皇帝无疑是有个认识过程的，也定然会有一个酝酿阶段。可能就在酝酿的过程中，光绪帝逐渐“决欲行之”。于是大学士孙家鼐出来说：“若开议院，民有权而君无权矣”，极力阻止。对此，光绪帝做了这样的回答：“朕但欲救中国耳，若能救民，则朕虽无权何碍?”表示宁愿使大权旁落也要坚持这一改革。

到了9月中旬（七月下旬），当光绪帝在政治领域进行大刀阔斧的改革时，他对设

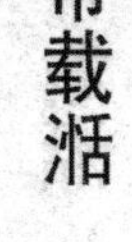

议院的态度也越发坚决。但在这时，康有为等鉴于“今守旧盈朝”，认为“万不可行，上然之”，乃作罢。但是，光绪皇帝却未因此而放弃设议院的念头，他在接受了康有为的建议后仍然表示“待后数年乃行之”，表明光绪帝对设议院是坚定的。而这种坚定性显然是来自对变法维新的决心和对世界大势的认识。

其二是，议定开懋勤殿以议制度。说起光绪皇帝决定开懋勤殿的由来，在《康南海自编年谱》中有这样一段较详细的记载：

“于时（康有为劝止光绪帝设议院后——引者）复生（谭嗣同）、暾谷（林旭）又欲开议院，吾以旧党盈塞，力止之。而四卿亟亟欲举新政，吾以制度局不开，琐碎拾遗，终无当也，故议请开懋勤殿以议制度，草折令宋芝栋（宋伯鲁）上之，举黄公度（黄遵宪，时因病未出国——引者），卓如（梁启超）二人。王小航（王照）又上之，举幼博（康广仁）及孺博（麦孟华）、二徐并宋芝栋。徐学士（徐致靖）亦请开懋勤殿，又竞荐我。复生、芝栋召对，亦面奏请开懋勤殿。上久与常熟（翁同龢）议定开制度局，至是得诸臣疏，决意开之。乃令复生拟旨，并云：康熙、乾隆、咸丰三朝有故事，饬内监捧三朝圣训出，令复生查检，盖上欲有可据以请于西后也。……是日拟旨枢垣传出，京师咸知开懋勤殿矣，是日七月二十八日（9月13日）也。”

关于开懋勤殿的用意，除康有为说“以议制度”之外，梁启超又做了具体说明。他说：

“上既广采群议，图治之心益切，至七月二十八日，决意欲开懋勤殿选集通国英才数个人，并延聘东西各国政治专家，共议制度，将一切应兴应革之事，全盘筹算，定一详细规则，然后施行。”

另据王照记述，当开懋勤殿事宜议定之后，康有为前来见他时“面有喜色”，并向他透露，开懋勤殿初用的“顾问官”“业已商定”，其中，包括了康有为和梁启超。

懋勤殿，位于清宫内的乾清宫西廊，原是一所供清朝历代皇帝“燕居念典”的宫殿。到同治以后便已虚废。自从议设制度局流产、拟开议院作罢之后，经康有为等维新派人士的策动，光绪帝决意要重开懋勤殿，这实际是想用旧瓶装新酒的办法，以设“顾问官”的方式把康有为、梁启超等维新派的领袖、骨干人物集聚起来，组成一个最高的筹划、指导变法维新的核心班子。虽然从康有为等人和光绪帝来说，要开懋勤殿都想使之起到制度局的作用。但从其组成人员和赋予它的使命来看，开懋勤殿、设“顾问官”，既与他们设计的“议院”不同，也较原议的制度局有所区别。这个班子不仅包括了维新派领袖康有为、梁启超，而且还具有了一定的独立议定权，显然这是为适应当时光绪帝要大举新政的需要而设计的。同时，这次准备开懋勤殿的筹议，根本没有通过原来的王公大臣，而是由光绪帝和维新人士单独议定的。所以，无论从哪个角度来说，决定开懋勤殿，也是力图进取的举动，具有无可否认的积极意义。可是，就在光绪帝于次日到颐和园向西太后“禀请”时发现有变，他为筹划应急措施，匆忙返回紫禁城，开懋勤殿一事就此搁浅。

自八月末以来，光绪皇帝以破釜沉舟之势，在维新改革的征途中采取的一系列重大举动和措施，都基本是在政治领域中进行的，从而把这场变法维新引入新的深度。历史事实说明，在当时要改变落后的中国面貌，无论是自觉的还是不自觉的都必然要触及社会的核心部位，这是在激烈进行中的变法与反变法、维新与守旧斗争发展的结果。在此尖锐的斗争实践中，坚持革新的光绪皇帝，其思想又得到了新的升华。他不仅增长了斗争的勇气和才干，而且在严酷现实的逼迫和时代潮流的导发下，又使他在思想中隐伏的政治离心倾向得到进一步的伸展，他在这期间采取或准备采取的一些带有民主色彩的措施显然不是偶然的。可是，正当光绪帝思想在向一个新的境界转化的关键时刻，却被以西太后为首的封建顽固势力伸出的魔掌给遏阻了。

（六）全面受阻

光绪帝在推行变法新政之前，虽然已从西太后那里得到可“办事”的承诺。但在实际上，到其主持变法维新之后，他依旧处于“上扼于西后，下扼于顽臣”不能完全自主的状态中。并且自甲午中日战争以来，光绪帝在清廷的坚定支持者相继均被西太后除掉：志锐被发遣，文廷式遭革职，继而翁同龢又被逐出清宫，使原来就十分脆弱的帝党基本瓦解。另外，原在帝、后之间尚能起些缓冲作用的军机大臣李鸿藻，也于光绪二十三年六月二十五日（1897 年 7 月 24 日）死去。到这时，虽然又有如御史杨深秀、宋伯鲁及翰林院侍读学士徐致靖等人积极支持光绪帝变法维新，但他们都是职位较低的文职官员，起不到参与决策的作用。再没有出现像翁同龢那样的人物了。在清廷中枢，已几乎都是清一色的西太后亲信和顽固官僚。因此，光绪帝在清廷统治集团中的处境更加孤立。对于这种情况，光绪帝自己是十分清楚的。所以他在召见康有为时，就流露出唯恐顽臣“掣肘”的苦衷。因而，接受了康有为提出的必须另外“擢用小臣”的建议。光绪帝在颁布《明定国是诏》之后，便接连降谕指出，要“切实图维，用人一道，最为当务之急，尤须举贤任能”。此后，他又连续颁谕，指令上自京官下至督抚学政，都要迅速推举“通达时务”又“志趣向上者”随时“引见”，以备录用。光绪帝力图通过选拔、任用有志变法维新的人来改变自己被孤立的处境。又想在学习外国的过程中以广设学堂、派员出国游学的途径，再于全国造就一批基础力量。然而，封建守旧势力根深蒂固，光绪帝要实现这一愿望谈何容易！所以在事实上，仍然造成以“旧人”“委以新政”的局面。

在清中央，那些手握实权的顽固派大臣，鉴于其统治地位的危机，对于栽植一些外国的皮毛技艺并不是决然反对的。但是，他们都唯恐变法运动脱缰危及其所谓的"祖制"，因为这是维护他们统治地位的护身符。在光绪帝颁布《明定国是诏》时，西太后即对她的心腹官僚奕劻、刚毅、荣禄等人交了底，并向他们发出了暗示：对光绪帝变法的"要紧处"，要力行"阻之"。随后，他们便采取了一系列的防范措施。当变法刚刚起步时，在光绪帝的身边，便设下了层层围扼变法维新的明碉暗堡。

至于全国各地的督抚等地方实力派人物，只有如湖南巡抚陈宝箴等个别人还有些进取的志向，尚能遵旨进行一些兴举。

陈宝箴（1831—1900年），字右铭，江西义宁州（今修水）人。陈宝箴原以举人从湘军将领席宝田治军，后以"功"保知府。历任浙江、湖北按察使，在甲午中日战后的光绪二十一年八月（1895年9月），升任湖南巡抚。值此，陈宝箴愤于国难日迫，遂意欲"创兴"。自光绪二十三年（1897年）以来，他就积极响应光绪帝的图强号召，率先在湖南联合倾向变法图强的学政江标等，在当地"提倡振兴之法"。陆续在湖南开办矿务、设置电报与轮船，并为"讲求实学"，支持维新之士谭嗣同等在长沙创办中外兼习的时务学堂。后又请梁启超前来讲学，宣传变法培养新式人才。由于陈宝箴、江标等"皆以'变法开新'为己任"，所以，他们不仅聚结了一些维新力量，还使湖南走在全国各地维新之前。

光绪帝颁诏定国是之后，陈宝箴仍继续在湖南"力行新政"，保荐人才"锐意整顿"。虽然他曾迫于守旧势力的"胁制"与"恫喝"在兴举中有过波折，但在全国各地的变法维新中其尚可称为一个出众者。至于多数地方官吏，皆是些"庞然自大""贪劣昏庸者"。他们只图谋取"高爵厚禄"，"置国事于不问"，终日"如梦如醉，"花天酒地、养尊处优。这些人，对于频频而下的新政诏令"置若罔闻"，无动于衷。另外，有很多人还在地方制造事端，公开阻挠维新措施的贯彻，甚至有些地方官吏居然"藉新政以扰民"。在其中，身为封疆大吏的两广总督谭钟麟，就是一个透顶的守旧官僚。谭钟麟，湖南茶陵人。咸丰进士，历任御史、知府等，光绪元年（1875年）任陕西巡抚。期间，因得到陕甘总督左宗棠的器重，经左荐举"遂膺疆寄"。后调任浙江巡抚，升为陕甘总督，继任侍郎、尚书，光绪二十一年（1895年）调任两广总督。此前，他在逢灾赈济等方面尚且有些作为，尤其在抚浙期间重建文澜阁并"延文儒校刊群籍"，从而"治闻一时"。但其思想极端守旧，为官"唯知奉行案例"。而且后来他又受到西太后的赏识，于光绪二十年（1894年）初降"懿旨赏加太子少保衔"。变法维新展开后，谭钟麟对光绪帝颁发的大量变法诏令不仅长时间毫无动作，且又"无一字复奏"，一直"置若罔闻"，死心塌地地对"抗变法"。因此，他的顽固态度，直接干扰了东南门户的维新进程。另外，就是以"新人物"著称的洋务派官僚、湖广总督张之洞，在新政进行的紧要时刻，他抛出了《劝学篇》打出维护"圣道"的旗号，以纠偏、辟

"邪说"的面目，对资产阶级维新派的主张大肆抨击，极欲把变法维新运动引向更加温和的轨道。与张之洞相通的另一个洋务派大官僚两江总督刘坤一，在变法进行中与张之洞、谭钟麟相呼应，也在暗中抱定，凡是光绪帝"责成各督抚者，可办办之，否则静候参处"。对变法维新采取了观望、放任的态度。当时已失去实力地盘的老洋务派首领李鸿章，其内心并非毫无改革之意，但由于他已声名败坏，只是在西太后的庇护下寄于清廷总理衙门。这个洋务派大官僚，为了收买人心和给自己打圆场，有时在暗地里向康有为传递点小话，搞点小动作，但其维护清王朝统治地位的基本立场和态度依然如故。总之，在来势迅猛的这场大变革面前，洋务派官僚以一种"新人物"的面孔，怀着复杂的心态游动于新、旧势力之间。但在政治上，他们却与封建顽固派始终保持着联盟关系，体现了在半殖民地半封建社会土壤中成长起来的这个新势力的特有性格。正因为这些人具有半"土"（在当时这是其基本方面）半"洋"的特点，所以他们在朝野便具有一种特殊的影响力。尤其是刘坤一、张之洞，他们不仅都是现实中的地方实力派人物，而且又共同控制着富饶的长江流域。因此，其态度与动向，势必影响着变法维新运动。

在当时，像张之洞这样的疆臣大吏可算为"有闻于时"的"佼佼"者，尚且对变法维新投以保留、轻蔑、抵触甚至仇视的目光。从全国上下手操大小实权的官僚心理状态来说，梁启超把它分为3种类型："其一瞢然不知有所谓五洲者，告以外国之名，犹不相信，语以外患之可危急，则曰此汉奸之危言耸听耳，此一种也；其二则亦知外患之忧矣，然自顾已七八十之老翁矣，风烛残年，但求此一二年之无事，以后虽天翻地覆，而非吾身之所及见矣，此又一种也；其三以为即使吾及身而遇亡国之事，而小朝廷一日尚在，则吾之富贵一日尚在，今若改革之论一倡，则吾目前已失舞弊之凭藉，且自顾老朽不能任新政，必见退黜，故出死力以急之。"从而他指出，"全国握持政柄之人，无一人能出此三种之外者。"可见，通过这些人来推行变法新政，如同与虎谋皮。至于来自社会上的因循守旧的传统习惯势力，更是触目惊心。因此，当光绪帝按照维新派的指向推行变法新政时，从一起步就遇到了来自各方面的重重阻力，被笼罩在深沉的阴影之中。而且随着变法改革的深入，它所遇到的阻力也越来越大。

光绪帝在向科举制度发起挑战，断然废除八股改试策论之后，又力图把文化教育方面的改革进一步推开。原来，早在光绪帝颁诏定国是的前后，他便频频"降旨谕令各省开办学堂"，主张大力发展新式教育。当变法正式开始后，光绪帝又一面继续谕令广泛创办各种新式学堂；一面命各省选派聪颖学生出国游学，作为培养人才的另一途径。在其促使之下，经总理衙门交涉，日本方面亦表示对中国留学生给予"从优相待"，只等中国学生前往。然而，清廷枢臣却由于"厌言新政，请缓行"。并且大多数各地的督抚亦对此漠不经心，一再"延缓"。就加湖广总督张之洞这个"新人物"，也

出来指责光绪帝倡导办学育人是“求之于仓卒，尤不树林木，而望隆栋”的过激行为，对之投以冷漠的目光；两广总督谭钟麟等顽固官僚，居然公开予以抵制。对于这样一个有关国家与民族兴衰的大计，也遭到反对派势力的漠视与抗拒。面对如此情形，光绪帝坚定不移，屡颁“严旨”，于五月十五日（7月3日）终于办起京师大学堂；命吏部尚书、大学士孙家鼐为管学大臣，主管京师大学堂事务。

孙家鼐，字燮臣，安徽寿州（今寿县）人。咸丰进士，授修撰，从此致仕清廷。光绪四年（1878年），受命与翁同龢授读于毓庆宫。后任内阁学士及工、户、兵、吏部侍郎，并历任学政与主考官等，升工部尚书。光绪二十四年五月（1896年）初，北京强学会被查封后命其管理官书局。光绪二十二年（1898年6月），以吏部尚书赏协办大学士。光绪帝颁布《明定国是诏》变法启动后，遂被命为管学大臣、主管京师大学堂的筹建。

孙家鼐为人“简约敛退，闭门齐居”，思想闭塞、抱残守缺。因此，其“当官碌碌”，固能“恪谨奉职”，但却“无所表见”。早在甲午日本肆意启衅时，朝议主战，而孙家鼐却“力言衅不可启”，力求维持现状。战后，在康有为鼓动变法和一些朝臣士大夫亦争言自强之际，他又“独以为是”，对变法图强采取了保留与观望的态度。孙家鼐与康有为素有过从，并承认其“才华甚富”，却又认为康有为“学术不端”，变法主张“诞妄”。尤其对维新派宣传反封建的“民权”“平等”思想，他认为这是“破三纲等不经之说”，与之势不两立。固然，孙家鼐对创办学堂、倡导“西学”并无抵触，且曾为此而尽其力。但却认为变法应“次第施治，谋定后动”，主张缓变，仍在竭力“巩固皇室，维护专制”。在光绪帝颁诏定国是后，他有向维新倾斜的趋向，然而其在政治上的立足点还依然站在顽固派一边。

筹建京师大学堂之议，原于光绪二十二年七月（1896年8月）由刑部左侍郎李端棻奏请后，当时管理官书局的孙家鼐即意欲将其附于官书局，并为大学堂制订了“以中学为主，西学为辅；中学为体，西学为用”的宗旨。这比张之洞在《劝学篇》中提出的“旧学为体，新学为用”口号既提前两年多又更为明确。说明在这一问题上，他与洋务派的观点是同出一辙的。因此，在创办京师大学堂之初，一些维新之士和部分官员曾主张请康有为任总教习，而且孙本人亦曾前往“面请”。但随后他又唯恐其管学大权旁落，反而“大怒”于康。其实是反映了他与康在政治观点上的严重分歧。在守旧势力包围中而且经费难筹、中小学堂尚未广泛建起的情况下，创办一所“统辖各直省学堂”的最高学府固非易事。

显然，这一开创之举，由一个尚徘徊于新、旧之间而且为官平平的人来承办，势必又增加了不利因素。这种状况的形成，亦是光绪帝还不能完全摆脱旧势力的一种体现。正因为如此，决定创办京师大学堂之后，长时处于筹议之中，进展十分缓慢。至于谕令在各地创办各式学堂，亦由于遇到各方面的阻力而举动寥寥。所以光绪帝颁发的大量兴学育人诏旨，在实际上也多成为具文。

在经济方面的改革，照样是阻力重重。固然从甲午战败之后，在清朝统治阶层当中，主张设厂、开矿、筑路、兴商的人确实多起来了。可是如前所说，那些顽固派权贵的目的，也仅仅是为维护其统治而欲开阔财源罢了，并不是要以此来改造整个社会。洋务派官僚确实是“西学”的积极倡导者，然而如张之洞仍在竭力强调所谓“官权”的重要性。在他看来，“华商素鲜钜资，华民又无远志”，好像中国商民根本没有创办工商的能力。因此，张之洞认为，要开矿设厂、发展工商，离开“官权”必然“无益”。张氏之此见，固然反映了近代中国在资本积累方面的一些特点。但他限制商办工商，却是有碍于国家富强。事实上，张之洞还是在继续维护“官办”或“官督商办”的老路；并且他的这种观点，在洋务派中是有代表性的。

资产阶级维新派，强烈要求仿照外国发展近代农、工、商、交通等事业，其目的是力图以此来改造衰弱的中国。因此他们特别强调“商办”或“民办”，力求普及，为民族资本主义的发展开辟道路。

光绪帝在经济方面的改革，虽然也基本是通过其原来的国家机构及各级官吏来推行的，但是，他对民间著书、制器和商办工、矿、交通、商业等却给予了充分的重视。在推行变法新政初期的五月十七日（7月5日），光绪帝即颁谕号召破除“旧习”，宣布“各省士民著有新书，及创行新法，制成新器，果系堪资实用者，允宜悬赏以为之劝”。并且又决定，凡“所制之器，颁给执照，酌定年限，准其专利售卖”。此后，他又多次降谕“奖励”“各省士民著书制器”。同时还谕令各省将军督抚“严饬各该地方官，务须体察商情，尽心保护”商贾。当他得知粤人爱国华侨张振勋在烟台创办酿酒公司、道员吴懋鼎在天津筹款设厂制造时，便颇为关注。

张振勋（1840或1841~1916年），字弼士，广东大埔人。张振勋自幼“家贫”，为了谋生于咸丰六年（1856年）漂洋过海到了时称“南洋”的荷兰属地巴达维亚（今印尼雅加达）。他在此艰辛创业，后来成为一个“南洋巨富”。张振勋在国外致富之后，仍对“振兴祖国实业，尤具热忱”。因此，从光绪十七年（1891年）起，张振勋就利用回国探亲之便，到山东烟台考察葡萄的种植情况。到甲午中日战争后，他便在国难日深之际于烟台筹办“张裕酿酒公司”。

吴懋鼎，安徽人。早年曾为上海汇丰银行副买办，后在洋务运动期间被李鸿章任为道员，督办关内外铁路。他从光绪二十三年（1897年）起在天津筹资建毛织厂。变法新政推行后，吴懋鼎便积极地向光绪帝建议“在中国各地筹办商会”，参与了变法维新。

当时光绪帝认为，中国人建厂制造，既可“不致利权外溢”；又能“渐开利源”。

于是，他当即命直隶总督荣禄令张振勋、吴懋鼎“切实筹办以收成效”；并责成荣禄将办理情形“随时奏报”。在六月十一日（7月29日），光绪帝对宋伯鲁提出“各省举办铁路矿务，官不如商，亟宜及时鼓励”的建议，给予了明确而及时的支持。后来，光绪帝又采纳康有为的要求，指令在民间停办“昭信股票”。实际上，这是“以惠民困”，为了促进民间农工商业的发展而采取的另一项具体措施。

总之，光绪帝对“士民”发明制造给予奖励，授予专利权；对于向资本家转化的“官绅”和一些上升的商人力行保护。说明他对私人投资发展近代农工商交通事业，采取了鼓励的政策。

同时，光绪帝又据康有为等人的建议，在六月六日（7月24日）降谕指出，“振兴商务，为目前切要之图。……泰西各国，首重商学，是以商务勃兴，称雄海外。”从而命刘坤一、张之洞“拣派通达商务、明白公正之员绅，试办商务局事宜。先就沿海沿江如上海、汉口一带，查明各该省所出物产，设厂兴工，使制造精良，自能销路畅旺，日起有功。应如何设立商学、商报、商会各端，暨某省所出之物产，某货所宜之制造，并著饬令切实讲求，务使利源日辟，不会货弃于地，以期逐渐推广，驯致富强”。可见，光绪帝的此谕令，说得十分明确，即要大力发展近代工商业。到六月十五日（8月2日），光绪帝又以康有为的《请兴农殖民以富国本折》的奏请，为了统一“倡导”与“振兴”农、工、商业，决定在京师设农工商总局。命各省、府、州、县“一体认真举办”。然而，在经济改革方面，亦由于光绪帝所走的道路与维新派的主张脉脉相承，因而它便超出了顽固派和洋务派设下的界限。正是由于这种缘故，在经济改革的过程中，光绪帝不仅与顽固派也与洋务派发生了正面的冲突。因此，直到在北京设立了农工商总局之后的七月十三日（8月29日），对于光绪帝要求先在长江流域一带试办商务局大兴工商的一系列改革诏令，张之洞一直在“观望”；刘坤一也“藉口部文未到，一味塞责”；两广总督谭钟麟对此更是“置若罔闻”。他们都一致的既无行动又不回复。至于距北京近在咫尺的直隶总督、西太后的亲信官僚荣禄，更是静坐“迟玩”，蓄意顽抗，尤其是，这些地方的权势者虽一再受到光绪帝的“诘责”，但他们却仍然“藉词宕延”，无动于衷。这些身居要职、高唱“西学”“西法”的洋务派官僚和也曾鼓吹过“开矿”“制械”的荣禄等人尚且如此，其他地区（除湖南的陈宝箴略有动作之外）的情况，更是可以想见的了。

康有为为发展近代工商业排除障碍，曾极力要求废漕运、裁厘金。对此，遇到的难题更为复杂。梁启超说，本来康有为提出的“请裁漕督”的建议，“上（光绪帝）知而决行之”；在其他材料中也说康有为要求“裁厘金”等“帝皆嘉纳之”。光绪帝在颁发的许多上谕中，也一再指出过“厘差，勒索工商”，厘金“弊端丛集”，则多次谕令要“整顿厘金，严杜中饱”。关于废漕，光绪帝后来又降谕指出，“漕督一缺，究竟是否应裁”，命两江总督、江苏巡抚“详议具奏”。在这期间，光绪帝已经清楚地知道厘金危害工商的严重“弊端”，可是他只提出“整顿厘金”；对于废漕，他在后来的态度似乎也不明朗了。

其实，康有为提出这两项建议都在七月（8月末），已经到了“百日维新”的末期。这时光绪帝已经发现西太后“不愿将法尽变”，正在策划绞杀变法维新的阴谋。他们之间已进入了“决战”阶段。当时，光绪帝确已无力兼顾“其他”了。再者，漕运“宦竖旗人，多食于此”。因此，废弃漕运牵动颇大。厘金，虽已“积弊日深”，但由于新开财路的改革均未见成效，所以它却仍是清政府的重要财源之一。而且在这期间，一方面清政府的“帑藏奇绌”；另方面，还要大加兴举，“需饷浩繁”。显然，光绪帝所以未能断然废漕、裁厘，除反映了他在当时还缺乏果断性之外，也有其切实之难。

此外，光绪帝为了挽救国家的危亡，力图把中国引向“富国强兵”的道路，又频频颁谕指出，“思御外侮，则整军经武、难再视为缓图”。故命各地将军、督抚应迅急整顿武备，对海陆各军“裁弱留精”仿照外国“勤加训练”以成“劲旅”。可是，各将军、督抚亦无视光绪帝的“诰诫谆谆，仍复掩饰支吾，苟且塞责”，“不肯实力奉行”。从而，光绪帝的军事改革与整建计划，也未得到切实的贯彻和实施。

青花喜字罐

光绪帝要整顿吏治，杜绝“吏胥因缘为奸，舞文弄法”，命所有衙门删减繁琐的治事“规则”，另订新章。结果，各衙门“藉口无例可援，滥引成案”加以抵制。甚至有些地方督抚，竟借口整顿吏治而营私舞弊。因此，到六月末（8月初）光绪帝又就此降谕严肃指出，“朝廷于整顿吏治，不啻三令五申，乃各省大吏，往往粉饰因循，于所属各员，不肯认真考察，以致贤者无由各尽其长；不肖者得以自匿其缺，甚至案关吏议，尚不免巧为开脱。误国病民，皆由于此。著各省督抚，嗣后于属员中，务当详加考核。……振奋精神，秉公举劾，以期吏治日有起色”。但各地方官，依然对此置若罔闻。

另方面，已实施改革的废八股改试策论等，两广总督谭钟麟仍在图谋复旧；其他地区的守旧势力也在伺机反扑。新、旧势力之间的对立与斗争，在日益加剧。

大量事实表明，光绪帝推行的变法新政，在反对派势力越发强烈的干扰与抵制下，出现了全面的颓势。

慈禧同意变法，但这时却出现了意外，即恭亲王奕䜣的病逝。暮年的奕䜣对变法持慎重的态度。“䜣持祖宗旧制不可尽更，新进之士不可遽用，帝亦听之”。由于奕䜣的特殊地位，慈禧亦让其三分。但奕䜣更多的是约束光绪帝。光绪帝要召见康有为，亦为奕䜣谏阻，“不能行其志”。奕䜣于四月十日（5月29日）病卒。这就为光绪帝实行变法提供了方便。奕䜣"上及太后皆严惮之，亦多赖其调和。王死，而翁同龢独持朝政，两宫之声气始隔矣"。奕䜣之死，使得慈禧与光绪帝之间失去了另一个重要的中间调解人。这就使他们之间的矛盾更为激化了。

既然得到慈禧首肯，光绪帝便着手实行变法。在中央，他依靠的是主张变法的翁同龢。光绪帝经常单独召见翁同龢，一起商讨变法事宜。这就引起守旧派大臣的嫉恨。他们群起而攻之，恶人先告状，到慈禧面前告翁同龢，说"一切只有翁同龢能承皇上意旨"。慈禧咬牙切齿地答道："俟到时候，我自有办法。"暗下决心除掉翁同龢。

与此同时，慈禧同荣禄密谋胁迫光绪帝于二十七日连发四道谕旨。

第一道谕旨是罢免翁同龢。谕旨："协办大学士户部尚书翁同龢近来办事多未允协，以致众论不服，屡经有人参奏。且每于召对时，谘询事件，任意可否，喜怒见于词色，渐露揽权狂悖情状，断难胜枢机之任。本应查明究办，予以重惩。姑念其在毓庆宫行走有年，不忍遽加严谴。翁同龢著即开缺回籍，以示保全。"翁同龢时任协办大学士、军机大臣、总理大臣、户部尚书并会办军务，最为光绪帝宠信。光绪帝事前并不知道慈禧要罢免翁同龢，慈禧完全是突然袭击，令光绪帝措手不及。据说"皇上奉此谕后，惊魂万里，涕泪千行，竟日不食，左右近臣告人曰：'可笑皇上必叫老翁下了镇物了。'"这一天恰好是翁同龢的生日，情绪颇佳，"喜而不寐"，突聆宣诏，真如五雷轰顶。第二天，翁同龢到得官门同光绪帝告别，在道右碰头，上回顾无言，臣亦黯然如梦。光绪帝竟然没敢召见翁同龢。就这样，光绪帝在大臣中最亲密的助手被削掉了。

第二道谕旨是重申收回二品以上大臣的任命权。谕曰："嗣后在廷臣工，仰蒙慈禧端佑康颐昭豫庄诚寿恭钦献崇熙皇太后赏项及补授文武一品暨满汉侍郎，均著于具折后，恭诣皇太后前谢恩。各省将军都统督抚提督等官，亦一体具折奏谢。"谁任命的向谁谢恩。向慈禧谢恩，即昭示二品以上高级官吏的任免权由慈禧收回。慈禧向大小臣工晓示人权是掌握在我的手里。

第三道谕旨是慈禧准备秋天到天津阅操。谕曰"本年秋间，朕恭奉慈禧端佑康颐昭豫庄诚寿恭钦献崇熙皇太后銮舆，由火车路巡幸天津阅操。所有海光寺、海防公所两处屋宇著荣禄迅即修饰洁净，预备一切。并著胡燏棻将火车铁路一并料理整齐，毋得延误。""阅操"即阅兵之意。阅兵是兵权所属的示威性举措。只有真正握有兵权的人才有资格检阅军队。慈禧让光绪帝陪着她到天津检阅在全国最有战斗力的北洋诸军，其目的就是向军内外传播一个重要信息，即兵权掌握在我慈禧的手里，全国的军队都必须听我慈禧一人指挥。这道谕旨，通过光绪帝的口告知朝廷内外，虽然已归政光绪帝，但兵权却仍然操纵在我慈禧手中。

第四道谕旨是任命荣禄。谕曰："命直隶总督王文韶迅即入觐，以大学士荣禄暂署直隶总督。"王文韶入京后不再担任直隶总督，而任军机大臣，仍兼总理大臣，很受信任。但荣禄此次受到极大重用，由署直隶总督而为正式直隶总督，并任军机大臣，管兵部事，同时节制北洋海陆诸军，成为慈禧最为信任的握有军事实权的显宦。

荣禄（1843~1903 年），字仲华，别号略园，瓜尔佳氏，满洲正白旗人。咸丰二年（1852 年）初任主事，后升工部员外郎。同治元年（1862 年），醇亲王奕譞调他任神机营翼长。后因镇压人民起义有功，升任副都统、总兵、内务府大臣。他善观风色，长于逢迎，后来投靠慈禧。光绪四年（1878 年）升任步军统领、工部尚书，后因病免职。光绪十七年（1891 年）外调为西安将军。二十年（1894 年）入京祝慈禧 60 大寿，又授步军统领。二十一年（1895 年）升兵部尚书。二十二年任命协办大学士。二十三年他上奏折，称："外交之进退，视其兵之多寡强弱以为衡。强则公法所不能拘，弱则盟约皆不可恃。"因此，他主张整顿军备，大练新兵。他的主张很得慈禧的赏识，而且采纳了他的建白。

荣禄很会察言观色，并懂得兵权的重要。慈禧罢免了翁同龢，很想让荣禄入军机处。但荣禄极力推辞，他冠冕堂皇地说，"去一汉员，仍宜补一汉员"。而荣禄的真实用意却是"揽握兵柄"，因此，他"自求北洋大臣"。

在这之前，荣禄已商请慈禧垂帘听政。这很得慈禧好感。这次得到任命，在出北京之前，他又再三恳请慈禧垂帘。

慈禧心有顾忌地说："非图安逸，恐又招揽权之讥。"

荣禄谄媚讨好地答："揽权者，臣下之谓也，非所论于太后。明事人，断无是言；不明事者，何足重轻。"荣禄曾遍邀王公大臣联衔恳请慈禧垂帘听政。其目的是造成一个声势煊赫的吁请慈禧垂帘的运动，以便上下勾结，夺取光绪帝的皇权。但当时慈禧与光绪帝的矛盾并没有达到水火不相容的地步，慈禧感到没有必要直接垂帘，还是退居幕后指挥的好。然而，由于荣禄这些示忠的举动，使慈禧更加宠信他了。

这四道谕旨是在四月二十七日（6 月 15 日），即光绪帝决定召见康有为的前一天公布的。这四道谕旨体现的是慈禧的意图，而且是针对光绪帝的。皇权集中体现在谕旨权、用人权和军事权三方面。这四道谕旨的公布即表明了谕旨权、用人权和军事权都在慈禧的掌握之中，光绪帝的权力是极其有限的。这就使慈禧处于左右逢源、进退裕如的有利地位。慈禧弓弦张满，待机而发。

从四月二十三日（6 月 11 日）光绪帝"诏定国是"开始，到八月六日（9 月 21 日）慈禧发动政变为止，光绪帝实行变法 103 天，史称"百日维新"。

百日维新期间，光绪帝发下的道道谕旨像雪片一样飞向了社会，产生了巨大的影响。维新派欢欣鼓舞，守旧派神色沮丧。

对光绪帝的变法谕旨，守旧派们或是模棱不奉，或是阳奉阴违，或是避重就轻，或是造谣阻格。当时谣言盛行："京中已有裁撤六部九卿，而设立鬼子衙门，用鬼子办事之谣。"

七月十四日（8月30日）光绪帝发下一个重要谕旨，裁撤詹事府等六衙门及三省巡抚。主要内容；一是裁撤詹事府、通政司、光禄寺、太仆寺、鸿胪寺、大理寺等六个闲散衙门，分别归并内阁及礼部刑部办理。二是裁撤督抚同城之湖北、广东、云南三省巡抚，及东河总督。三是裁撤各省不办运务之粮道及向无盐场之盐道等。

这道谕旨显示了光绪帝意图改革官制的决心。但这一举动造成“京师惶恐”，且“正符将欲裁九卿六部之谣”。这就使变法遇到了更大的阻力。

七月十九日（9月4日）光绪帝发下了百日维新以来的一个最重要的谕旨，即罢免礼部六堂官。被罢免的六位堂官是：礼部尚书怀塔布、许应骙、左侍郎堃岫、右侍郎溥颋、署左侍郎徐会沣、署右侍郎曾广汉。而礼部主事王照著赏给三品顶戴，以四品京堂候补。

为什么光绪帝要罢免这六位高级官吏？因为礼部主事王照的条陈上奏，根据光绪帝的指示，本应由该衙门的各堂官代递。但由于王照条陈大多为新政，遭到许应骙的阻格。光绪帝了解实情后，十分气愤，反问道：“似此故意抑格，岂以朕之谕旨为不足遵耶？若不予以严惩，无以警诫将来。”光绪帝的目的是杀一儆百，以利后来。

这是光绪帝在忍无可忍的情况下，自亲政以来第一次行使自己的官吏罢免权。作为拥有至高无上权力的皇帝，罢免其手下的官吏，对错与否，本无足轻重。但是光绪帝此举却触犯了慈禧在四月二十七日所做的二品以上高官到其面前谢恩的谕旨。慈禧的那道谕旨是在暗示二品以上高官的任免权只掌握在她的手里，光绪帝无权涉足其间。光绪帝罢免的礼部六堂官正是一二品大员。很显然，这就触犯了天条。这是慈禧绝对不能允许的。梁启超说：“皇上于二品以上大员，无进退黜陟之权。彼军机大臣及各省督抚等屡抗旨，上愤极而不能黜之。此次乃仅择礼部闲曹、无关紧要之人。一试其黜陟，而大变已至矣。”这个分析是很有道理的。

礼部尚书怀塔布兼管内务府，他的妻子和女儿经常入宫陪伴慈禧，很得慈禧欢心。怀塔布被罢职后，他的妻子向慈禧哭诉冤枉，求慈禧为其做主。慈禧很恼怒光绪帝办事“操切”，并召怀塔布赴颐和园“详询本末”。怀塔布率内务府人员数十人“环跪于西后前，痛哭而愬皇上之无道”。慈禧倒颇为冷静，“令其暂且忍耐”，她要再看看光绪帝能走多远。

这时的光绪帝已感到守旧派对自己的切齿痛恨。但他“有不顾利害，誓死以殉社稷之意”，把个人安危置之度外，所以“益放手办事”。

七月二十日（9月5日）光绪帝发布谕旨，任命内阁候补侍读杨锐、刑部候补主事刘光第、内阁候补中书林旭、江苏候补知府谭嗣同均赏加四品卿衔，在军机章京上行走，参与新政事宜。参与新政，“犹唐之参知政事，实宰相之任也”。这四人实则成了四位新宰相，以后凡有章奏，都由四人阅览；凡有上谕，皆由四人拟稿。而原来的军机大臣形同虚设，被冷落在一旁，“不能赞置一词，咸愤愤不平，怒眦欲裂于此四臣

矣”，

七月二十二日（9月7日）光绪帝又命李鸿章、敬信无庸在总理衙门行走，罢免了他们的总署大臣之职。

四天来，光绪帝连发三道上谕，罢免大臣，任命小官，引起慈禧的不满。时值光绪帝赴颐和园向慈禧请安。

慈禧责备光绪帝说：“九列重臣，非有大故，不可弃；今以远间亲，新间旧，徇一人而乱家法，祖宗其谓我何？”

光绪帝痛哭流涕地谏道：“祖宗而在今日，其法必不若是；儿宁忍坏祖宗之法，不忍弃祖宗之民，失祖宗之地，为天下后世笑也。”

光绪帝的不屈服的态度益发引起刚愎自用的慈禧的憎恨。慈禧本来想通过自己的劝阻，使光绪帝有所收敛。但是，此时的光绪帝在执行自己的政治路线上表现得异常坚决，不想轻易地听命慈禧。在慈禧的眼里，光绪帝简直是一意孤行。

慈禧感到只是口头上的劝阻已不能使光绪帝就范，她要付诸行动。于是，她密派内务府大臣怀塔布、立山等七人同往天津拜谒荣禄，密商对策。“是日（七月二十二日），天津有人见自京乘火车来督署者数人，势甚耀赫，仆从雄丽。有言内中即有怀公塔布、立公山也”。怀塔布、立山是慈禧的亲信。他们是以慈禧特派代表的身份，亲奉“太后的密谕”，同荣禄商讨如何对付光绪帝的谋略的。

七月二十二日（9月7日）后，慈禧进入了政变的准备阶段。在这之前，慈禧是在冷静地默观光绪帝的变法。

那么，慈禧对光绪帝的变法到底持什么态度呢？梁启超在《戊戌政变记》里说：“西后与荣禄等既布此天罗地网，视皇上已同釜底游魂，任其跳跃，料其不能逃脱，于是不复防闲，一听皇上之所为。”又说：“盖彼之计划早已定，故不动声色也。”总之，梁启超认为，慈禧允许光绪帝实行变法是企图废掉光绪帝的一个“隐谋”。用荣禄的话说：“姑俟其乱闹数月，使天下共愤，罪恶贯盈，不亦可乎？”即到时候再算总账的意思。

光绪帝先罢礼部怀塔布等六位大员，后又免去李鸿章、敬信的总署大臣之职，引起守旧大臣一片惊恐，“旧臣惶骇”。内务府诸大臣赴颐和园，在慈禧面前跪了一地，告光绪帝的罪状，说光绪帝“妄变祖法”，请慈禧立即训政。但此时的慈禧并没有马上跳起来，“后不许”，没有答应他们的请求，她还要看一看再说。

那么，到底是什么事情触动了慈禧敏感的神经，使她决心发动政变呢？

大体有三件事：

第一件是立山的造谣。

内务府大臣立山跪请慈禧训政，慈禧没有马上答应。于是他向慈禧造谣说：“上派太监往各使馆，请去西后。”慈禧最担心的是外国列强迫使她下台。听到这个消息，她是不能容忍的，“西后大怒”，于是，她便发动了政变。

第二件是光绪帝召见伊藤博文。

伊藤博文（1841~1909 年）自光绪十一年起，四任日本首相。十四年起三任枢密院院长。被世人目为“明治国家权力的象征”。伊藤曾以日方全权代表的身份与李鸿章进行议和谈判，以强硬态度逼签《马关条约》。光绪二十四年七月二十三日（1898 年 9 月 8 日）由朝鲜来到中国。二十六日至天津，次日谒荣禄。荣禄在北洋医学堂设宴为其接风，袁世凯、聂士成作陪。但荣禄心中有事，“神色惨沮不欢，未遑终席，借事辞去”荣禄对伊藤的到来十分戒备。因为当时御史李岳瑞等上书，请皇帝用外国人为客卿，朝臣们斥李岳瑞卖国，骂他为汉奸。正当此时，伊藤到津，朝廷上下一片流言，说伊藤是康有为勾引来的，将入军机处。恰好光绪帝又拍来电报，询问伊藤可否在津多留几天，伊藤回电答可以呆两星期。这似乎又进一步印证了光绪帝要用外国人为顾问官的流言，使“守旧者皆惶悚不安”。二十九日抵京。八月初一日谒总署王大臣。同日，康有为赴日本大使馆会见了伊藤。伊藤问：“然则贵国数月以来，着意变法，而未见推行之效，何哉？”康有为答以慈禧之掣肘、德宗之无权、顽固守旧大臣之阻挠，并请伊藤觐见慈禧“剀切陈说”，以使“回心转意”。伊藤答道：“既如此，仆谒见皇太后，谨当竭尽忠言。”初二日，又赴张荫桓宅夜宴。至此，伊藤来华后的一举一动都在慈禧的掌握之中。而荣禄“盖将借此发难，以惑太后听耳”。光绪帝下令于八月初五日召见伊藤。这使慈禧十分紧张，所以八月初四日慈禧于酉刻（下午 5 时至 7 时）匆忙还宫，目的是想监视光绪帝召见伊藤。因此，有人评说：“而借口发难，实由于伊藤之来也。”果然，当初五日光绪帝于勤政殿召见伊藤时，慈禧坐在屏风后监听，光绪帝不能畅所欲言，“仅能与照例数语而退”。光绪帝与伊藤寒暄了几句，没谈任何实质性问题，就匆促结束了接见。不管怎么说，光绪帝接见伊藤确实引起了慈禧的警觉。这促使慈禧下决心发动政变。

第三件是对慈禧到天津阅兵的误解。

史学界流行的说法是，光绪帝于四月二十七日发的四道谕旨之一是说本年秋间慈禧到天津阅兵，其目的是借阅兵之机废掉光绪帝。

这种说法最早见于梁启超的《戊戌政变记》。梁说，“外人不谙朝事，或疑因维新之急激，遂以致败。由未知废立之局早定，西后荣禄，预布网罗，听其跳跃，专待天津阅兵以行大事耳。”这个“以行大事”就是借机废掉光绪帝。《慈禧外纪》说：“西历一千八百九十八年之八月，即中历七月之末，太后与守旧党已联成一气，但深密而未发表，欲俟九月同帝到天津后始行之。”这个“到天津后始行之”的含义即是废掉光绪帝。康有为在《康南海自编年谱》里说：“谋定于天津阅兵而行废立。”

他们都认为秋天到天津阅兵是慈禧借机废掉光绪帝的一个阴谋。果真如此吗？我却以为不然。到天津去废掉光绪帝，这是高看了光绪帝，低估了慈禧。此时的慈禧虽然退居二线，但她实际上仍然牢牢地控制着皇权。光绪帝只不过是一个傀儡而已。她要想废掉光绪帝，只要下个懿旨就可以了，不用举手之劳。实际上也确实如此。她发动政变之时，也只是由颐和园还宫，宣布一下，光绪帝便束手就擒。而当天，她又返回了颐和园，根本没在皇宫继续监视光绪帝。这说明她压根儿没把光绪帝视为平等的对手。夺取他的表面上的皇权真是易如反掌。在北京可以轻易解决的问题，为什么要大动干戈非到天津不可呢?

而实际上到天津阅兵是荣禄为了迎合慈禧喜欢游玩的心理而上的奏折。当时北京的大臣们听说太后、皇帝“竟欲冒险以坐火车”，纷纷上言，认为“大非帝王尊贵之道”，且“相顾惊骇”，然而“太后则甚以为乐”，并“谓己从未坐过火车，今初次乘坐，视为有趣之事”。

苏继祖也持这个看法：“恭邸初薨，太后欲往天津阅兵，皇上谏止，太后甚怒其阻挠。此举荣相迎合者也。据云：连日召对所商，即游览天津之事。此说甚合。尚有人说，此亦荣属人奏请者，盖以阅兵为名耳。”这就是说，荣禄为迎合慈禧奏请太后与皇帝同赴天津阅兵，皇帝认为太后出行不妥，谏言阻止，不想让慈禧到天津游览，“太后怒甚”。看起来，当时的争论主要是以太后和皇帝之尊出京远行是否适宜，而不是别的。

但是，随着百日维新的深化，帝后两党矛盾的加剧，到天津阅兵之举却逐渐变得复杂化了。

先是后党官僚有意放风，说到天津阅兵之时对光绪帝如何如何。帝党的一些年轻的维新派们听到信号，十分惊惶，便千方百计为光绪帝出谋划策，以摆脱窘境。

幼稚的维新派落入了老辣的守旧派设置的圈套。

直到此时，维新派们才感到有抓军权的必要。康有为“虑九月天津阅兵即行废立，夙夜虑此”。为此，他连上奏折，提出四条建议：

第一条，设参谋部。他建议仿效日本设立最高军事领导机关参谋本部，由皇帝亲自掌握。“选天下虎罴之士、不二心之臣于左右，上亲擐甲胄而统之”。

第二条，改变年号。建议把光绪二十四年改为维新元年，“以新天下耳目”。

第三条，变更服制。“请变衣服而易旧党心志”。

第四条，迁都上海。“借行幸以定之，但率通才数十人从办事，百官留守，即以弃旧京矣”。北京暮气太沉，只有迁都上海，才能有利于变法。

对康有为的四条建议，“上皆然之”，光绪帝都表赞同。但是，很明显，这四条建议基本属乌托邦性质，在当时的条件下，是不能够实行的。远水解不了近渴。

于是，他们把目光移向了袁世凯。他们认为，袁世凯曾经率兵远驻朝鲜，了解外国情形。同时，又积极参与强学会的活动，不同于武夫董福祥和聂士成，是个有头脑的人。他们的结论：“拥兵权，可救上者，只此一人。”但是，他们又担心袁世凯与荣禄关系密切，怕袁世凯不听从光绪帝的指挥，所以，派人进行试探。

这个人就是康有为的亲信弟子徐仁禄。徐仁禄试探袁世凯，袁世凯十分机警地夸赞康有为是"悲天悯人之心，经天纬地之才。"

徐仁禄用话激他，试探他对荣禄的态度："我与卓如（梁启超）、芝栋（宋伯鲁）、复生（谭嗣同）屡奏荐于上，上言荣禄谓袁世凯跋扈不可大用。不知公何为与荣不洽？"

袁世凯深知此话的用意，便好像恍然大悟似地答道；"昔常熟（翁同龢）欲增我兵，荣禄谓汉人不能任握大兵权。常熟曰；'曾、左亦汉人，何尝不能任大兵？'然荣禄足不肯增也。"

书生气十足的康有为们根本不是老于世故的袁世凯的对手。

徐仁禄把对话情形告之康有为们，认为"袁为我所动"，决定向光绪帝推荐。先由徐致靖上奏推荐，又由谭嗣同递密折，请光绪帝召见加官优奖，以备不测。光绪帝即于七月二十六日（9月11日）发出上谕：

"电寄荣禄，著传知袁世凯，即行来京陛见。"

这是一道明发上谕。是经慈禧的亲信荣禄单独传见握有兵权的袁世凯。袁世凯正在天津东南70里的小站练兵。平地一声雷。袁世凯的被传见引起了慈禧及后党的警觉。慈禧们在密切注视着事态的发展。

光绪帝此举不算明智，但舍此，他又有什么办法呢？

到天津阅兵将行废立之说，时人苏继祖持完全不同的看法。他认为，如果慈禧欲行废立，"必在宫中调兵入卫，决不及出京到天津，行此大举动也"。废掉光绪帝只是宫内之事，不必行"大举动"。这话很有道理。他又进一步分析道："况今日京师之臣民，不知有是非久矣。苟行废立，尚有敢谓其不然者乎？不待兵力以压制之耳。所以蓄意五年不敢遂行者，恐天下不服，外人干预也。天津一区北洋数军，能抗天下，能拒外人乎？太后、荣相宁不知之，故知断非来天津行废立也。"这个分析是很有见地的。

在这个分析的基础上，他又进一步推论道："一念之差，又不择人，贸然以刀柄付之，致我圣主有倒悬之危，谁之咎哉"他认为由于错误地分析了形势，草木皆兵，上了圈套。以致授人以柄，招致失败。

综上三件事，即外人干涉、召见伊藤和天津废立都引起慈禧的极大不满，慈禧于是决定发动政变。但她在伺机寻找更为恰当的理由。

七月二十六日（9月11日）发生了两件非同寻常的事，一是光绪帝明发上谕召见袁世凯，二是日本首相伊藤博文抵达天津。这两件事荣禄都是当事者。前者荣禄是负责转达谕令，后者是荣禄曾宴请伊藤。荣禄为慈禧的亲信。他把所掌握的有关情报完全电告慈禧。从这一天起，慈禧态度大变。

光绪帝敏感地注意到了此点。二十八日（9月13日）光绪帝赴颐和园请安，欲乘机向慈禧请示开懋勤殿一事。但当他向慈禧请安时，慈禧没有像往常一样答话，而是一言不发，“太后不答，神色异常”。把个光绪帝吓得没敢说话，“惧而未敢申说”。光绪帝自颐和园回宫，回想“太后神色迥异寻常，自知有变”，便于当日召见杨锐，授以密谕：

“朕惟时局艰难，非变法不能救中国。非去守旧衰谬之大臣，而用通达英勇之士，不能变法。而皇太后不以为然。朕屡次几谏，太后更怒。今朕位几不保。汝康有为、杨锐、林旭、谭嗣同、刘光第等，可妥速密筹，设法相救。朕十分焦灼，不胜企望之至。特谕。”

杨锐接读密诏，因没有任何思想准备，十分“震恐”，乱了方寸，“不知所为计”，迷迷糊糊地把十万火急的密诏压了下来。

而此时后党干将荣禄却十分清醒。“荣禄见袁世凯被召”，马上调兵遣将预为防备。“即调聂士成守天津，以断袁军入京之路。调董福军密入京师，以备举大事”。

八月初一日（9月16日），光绪帝于颐和园的毓兰堂召见袁世凯。光绪帝“垂询军事甚详”。召见后，上谕升袁为候补侍郎。这是破格提拔。

八月初二日（9月17日）光绪帝第二次召见袁世凯，笑着说：“人人都说你练的兵、办的学堂甚好，此后可与荣禄各办各事。”这个“可与荣禄各办各事”的话就明确挑明了袁世凯不必听荣禄指挥，而应直接听命于皇上。但老练的袁世凯装聋作哑。

自七月二十八日给杨锐一密诏，至今日已是五天了，但迟迟没见回音。光绪帝焦急异常。他担心康有为的安危，又无法取得联系，只得冒险明发上谕：

“工部主事康有为，前命其督办官报局，此时闻尚未出京，实堪诧异。朕深念时艰，思得通达时务之人，与商治法。康有为素日讲求，是以召见一次，令其督办官报。诚以报馆为开民智之本，职任不为不重。现筹有的款，著康有为迅速前往上海，毋得迁延观望。”

这是用明发上谕的方法，告诉康有为迅速离京，否则凶多吉少。看到上谕，“国人骇悚，知祸作矣”。

同时又急召林旭，由他带出另一密诏，给康有为：

“朕今命汝督办官报，实有不得已之苦衷，非楮墨所能罄也。汝可迅速出外，不可延迟。汝一片忠爱热肠，朕所深悉。其爱惜身体，擅自调摄，将来更效驰驱，共建大业，朕有厚望焉。特谕。”

一明谕，一密诏，都是敦促康有为尽快出京。

但是当天康有为没有见到密诏，只于晚间回家时看到了明谕。他们这帮文人不是积极想办法，而是在宋伯鲁家饮酒唱曲，“曲终哀动，谈事变之急，相与忧叹”。唉声叹气，束手无策。

八月初三日（9月18日）早林旭持密诏来，康有为跪诵后才感到事态极其严重。林旭不仅带来了促康出京之密诏，还带来了在杨锐手中搁了五天的密诏，也交给了康有为。康有为急找来谭嗣同一起读研密诏，“跪读痛哭”。他们从密诏中分明清晰地听到了光绪帝垂危的呼救声。于是，急找来梁启超、康广仁等商量对策。大家想到了袁世凯，决定由谭嗣同抵其寓所，说袁勤王。

当日晚，袁世凯接到荣禄电报，说有英兵船多只游弋大沽海口，传令袁世凯迅速回津听候调遣。荣禄在注视着袁世凯的举动。

夜色已深，谭嗣同突然来访。

周旋之后，针对袁告以现有英船游弋海上，要尽快回津的话，谭云：“外侮不足忧，大可忧者，内患耳。”

袁急询其故。

谭云：“公受此破格特恩，必将有以图报，上方有大难，非公莫能救。”

袁谓：“予世受国恩，本应力图报称，况己身又受不次之赏，敢不肝脑涂地，图报天恩，但不知难在何处？”

谭云，“荣某近日献策，将废立弑君，公知之否？”

袁认为这一定是谣言，断不足信。

谭云：“公磊落人物，不知此人极其狡诈。”语意一转，又说：“公如真心救上，我有一策，与公商之。”

此时谭拿出一个行动草稿，袁世凯初五请训时，请光绪帝面付朱谕一道，令其带兵赴津，见荣某出朱谕宣读，立即正法。即以袁世凯为直隶总督，迅速载袁某部兵入京，“派一半围颐和园，一半守宫”，大事可定。

袁追问道；“围颐和园欲何为？”

谭云：“不除此老朽，国不能保，此事在我，公不必问。”

袁谓：“皇太后听政三十余年，迭平大难，深得人心。我之部下，常以忠义为训诫，如令以作乱，必不可行。”

谭云：“我雇有好汉数十人，并电湖南召集好将多人，不日可到。去此老朽，在我而已，无须用公。但要公以二事，诛荣某，围颐和园耳。如不许我，即死在公前。公之性命在我手，我之性命亦在公手。今晚必须定议，我即诣宫，请旨办理。”

袁世凯摸到全部底细，心中有了数，知道明显拒绝是愚蠢的，只好设词推宕。

袁道：“天津为各国聚处之地，若忽杀总督，中外官民，必将大讧，国势即将瓜分。且北洋有宋、董、聂各军四五万人，淮练各军又有七十多营，京内旗兵亦不下数万。本军只七千人，出兵至多不过六千，如何能办此事？恐在外一动兵，而京内必即设防，上已先危。”

谭云：“公可给以迅雷不及掩耳，俟动兵时，即分给诸军朱谕，并照会各国，谁敢乱动?”

袁谓：“本军粮械子弹，均在天津营内，存者极少。必须先将粮弹领运足用，方可用兵。”

谭云：“可请上先将朱谕交给存收，俟布置妥当，一面密告我日期，一面动手。”

袁谓：“我万不敢惜死，恐或泄露，必将累及皇上，臣子死有余辜，一经纸笔，便不慎密，切不可先交朱谕。你先回，容我熟思，布置半月二十日方可覆告你如何办法。”

谭云：“上意甚急，我有朱谕在手，必须即刻定准一个办法，方可覆命。”

于是，谭出示朱谕，袁阅后发现为墨笔所书，不是原件，认为有假。

袁谓：“此非朱谕，且无诛荣相围颐和园之说。”

谭云：“朱谕在林旭手，此为杨锐抄给我看的。确有此朱谕，在三日前所发交者。林旭等极可恶，不立即交我，几误大事。谕内另议良法，即有二事在其内。”

袁谓：“青天在上，袁世凯断不敢辜负天恩。但恐累及皇上，必须妥筹详商，以期万全；我无此胆量，绝不敢造次为天下罪人。”接着又转移话头说：“九月即将巡幸天津，待至伊时军队咸集，皇上下一寸纸条，谁敢不遵，又何事不成?”

谭云：“等不到九月即将废弑，势甚迫急。”

袁谓：“即有巡幸之命，必不至遽有意外。必须至下月方可万全。”

谭云；“如九月不出巡幸，将奈之何?”

袁谓：“现已预备妥当，计费数十万金。我可请荣相力求慈圣，必将出巡，保可不至中止。此事在我，你可放心。”

谭云：“报君恩，救君难，立奇功大业，天下事入公掌握，在于公；如贪图富贵，告变封侯，害及天子，亦在公，唯公自裁。”

袁谓：“你以我为何如人？我三世受国恩深重，断不至丧心病狂，贻误大事，但能有益于君国，必当死生以之。”

谭嗣同被袁世凯信誓旦旦的花言巧语所欺骗，起来作了个揖，并赞扬袁世凯为“奇男子”，然后告退。

袁世凯静夜独坐，反复筹思，如痴如病，冀得良方。他深知自己已临深渊，稍一不慎，便会摔个粉身碎骨。经认真比较，思路愈益清晰。很明显，优势在慈禧及后党一方，光绪帝及帝党只不过是慈禧的掌上玩物而已。他决定把宝押在慈禧身上。

八月初五日（9月20日），光绪帝第三次召见袁世凯。此时的光绪帝已被慈禧严密监视。袁世凯进言：“古今各国变法非易，非有内忧，即有外患，请忍耐待时，步步经理，如操之太急，必生流弊。”光绪帝“为动容”。但是一言没发。

袁世凯退下后急忙回津，到天津时已是黄昏，直奔荣禄府第，谒荣禄，迫不及待地尽泄内情。荣禄当夜电告慈禧。慈禧勃然大怒，于翌晨匆匆返宫。召光绪帝愤怒地斥责道："我抚养汝二十余年，乃听小人之言谋我乎？"光绪帝吓得浑身战栗，说不出话来，良久嗫嚅道："我无此意。"慈禧高声地骂道："痴儿，今日无我，明日安有汝乎？"

这一天，即八月初六日，慈禧御便殿召庆王奕劻、端王载漪、军机大臣、御前大臣，这些王公大臣跪于案右。光绪帝跪于案左。同时设竹杖于座前。

慈禧疾声厉色地讯问光绪帝：

"天下者，祖宗之天下也，汝何敢任意妄为！诸臣者，皆我多年历选，留以辅汝，汝何敢任意不用！乃竟敢听信叛逆蛊惑，变乱典型。何物康有为，能胜于我选用之人？康有为之法，能胜于祖宗所立之法？汝何昏愦，不肖乃尔！"

皇帝战栗不已，不知所对。

慈禧把如剑的目光转向跪在地上的王公大臣们．看着这一群老迈昏愦的亲信，她气不打一处来，怒气冲冲地训斥道：

"皇帝无知，汝等何不边谏！以为我真不管，听他亡国败家乎？我早已知他不足以承大业，不过时事多艰，不易轻举妄动，只得留心稽查管束。我虽人在颐和园，而心时时在朝中也。我唯恐有奸人蛊惑，所以常嘱汝等不可因他不肖，便不肯尽心国事。现幸我还康健，必不负汝等也。今春奕劻再四说，皇上既肯励精图治，谓我亦可省心。我因想外臣不知其详，并有不学无术之人，反以为我把持，不许他放手办事。今日可知其不行矣。他是我拥立者。他若亡国，其罪在我，我能不问乎？汝等不力诤，是汝等罪也。"

王公大臣们匍匐在地，默默承受，不敢应对。

慈禧又把犀利的目光移向了皇帝，恶狠狠地质问道：

"变乱祖法，臣下犯者，汝知何罪？试问汝祖宗重，康有为重，背祖宗而行康法，何昏愦至此？"

一言不发的皇帝觉得应该做点申辩，便战战兢兢地说：

"是固自己糊涂，洋人逼迫太急，欲保存国脉，通用西法，并不敢听信康有为之法也。"

竟敢申辩，嚣张已极！慈禧益发愤怒，声音更加冷厉地说：

"难道祖宗不如西法，鬼子反重于祖宗乎？康有为叛逆，图谋于我，汝不知乎？尚敢回护也！"

皇帝吓得魂飞天外，只顾战抖，不知如何应对。

慈禧穷追不舍，厉声问道：

"汝知之乎？抑同谋乎？"

皇帝听不太清，又不敢问，又不能不答，便胡乱地答道：

"知道。"

慈禧不依不饶：

“既知道还不正法，反要放走?”

皇帝随口应道：

“拿杀。”

这其实是一场不准辩白的审判。法官是慈禧，罪犯是光绪帝。

当天，以光绪帝名义发布谕旨，昭示朝廷内外，慈禧实行“训政”。旨曰：

“现在国事艰难，庶务待理。朕勤劳宵旰，日理万机。兢业之余，时虞丛脞。恭溯同治年间以来，慈禧端佑康颐昭豫庄诚寿恭钦献崇熙皇太后两次垂帘听政。办理朝政，宏济时艰，无不尽美尽善。因念宗社为重，再三吁恳慈恩训政。仰蒙俯如所请，此乃天下臣民之福。由今日始，在便殿办事。本月初八日，朕率诸王大臣在勤政殿行礼。一切应行礼仪，著各该衙门敬谨预备。”

同日，又发谕旨，捉拿康有为和康广仁。旨曰：

“工部候补主事康有为，结党营私，莠言乱政，屡经被人参奏，著革职。并其弟康广仁，均著步军统领衙门拿交刑部，按律治罪。”

八月初七日，慈禧又单独审问皇帝一次。

八月初八日，光绪帝率百官在勤政殿恭贺慈禧训政。慈禧又把勤政殿变成了审判庭。这一次，慈禧变了招数，让群臣质讯皇帝。皇帝成了名副其实的被告，威风扫地。慈禧将从皇帝书房中及康有为寓所中查抄的奏章、说帖等件，命群臣质询，逐条审讯。其中有杨锐、林旭依据皇帝的旨意催促康有为迅速出京的信函，慈禧大怒，追问皇帝。皇帝不敢承认，推托说这是杨锐的主意，与已无涉。慈禧又追问围园弑母之谋，皇帝推到了康有为、谭嗣同身上。慈禧极为愤恨，当即下旨，捉拿维新党人。旨曰：

“张荫桓、徐致靖、杨深秀、杨锐、林旭、谭嗣同、刘光第，均著先行革职，交步军统领衙门拿解刑部审讯。”

同时禁皇帝于瀛台。瀛台，位于北京三海，即北海、中海、南海之一的南海。四面环水，北架一桥以通往来。瀛台多树，主体建筑涵元殿位于瀛台的中心。瀛台本是皇室避暑和游览的胜地，但自此以后却变成了囚禁光绪帝的囹圄。光绪帝除了每天被拉去早朝外，便不得自由出入了。慈禧把原来皇帝身边的太监一律撤走看押，另派其心腹太监20余名监视皇帝。皇帝成了被软禁的囚徒。

慈禧以训政之名，行亲政之实。形式上太后与皇帝并排坐着，像二位君主。但奏对时，皇帝不许说话。有时太后示意皇帝说话，他才勉强说上一二句。光绪帝成了真正的木偶。这次第二次训政，实则是慈禧太后的第三次垂帘。

那么，维新派是否有谋围颐和园、劫制皇太后的计划呢?

梁启超说：“当时北京之人，咸疑皇上三密诏中，皆与诸臣商废西后之事。而政变之时，贼臣借此以为谋围颐和园之伪诏以诬污皇上者也。”他认为，政变之时慈禧发布的谋围颐和园的诏旨是诬污皇帝的“伪诏”。康有为在《康南海自编年谱》里曾写道：“乃属谭复生入袁世凯所寓，说袁勤王，率死士数百扶上登午门而杀荣禄，除旧党。”只字未提围颐和园、劫西太后事。这是考虑到被囚的光绪帝的安危，避而不谈此事。苏继祖则认为：“若云有围园弑母之谋，吾敢以身家性命相保。欲加之罪，何患无辞，真千古奇冤也。”他以身家性命担保，没有围园弑母之谋。

以上是否定说。

但也有承认说。

胡思敬记道，“（谭嗣同）引有为入卧室，取盘灰作书，密谋招袁世凯入党。用所部新建军，围颐和园，以兵劫太后，遂锢之。”写了策划围园劫后的过程。费行简书曰；“（康有为）奋然曰：与其逐禄，曷若禁后。吾保国会会友袁世凯，方治兵小站，是人敏锐敢任事，可引其以兵守颐和园，然后谏后勿干外政。”这里写了康有为提议兵谏皇太后。此外，就是袁世凯所写的《戊戌日记》。这里记载了维新派试图游说袁世凯围园劫后。很多人认为袁的日记是在美化自己，诋毁帝党，因而，其内容是不可信的。

其实，这一争论目前已完全解决了。中国社会科学院近代史研究所的杨天石研究员的两篇文章《康有为谋围颐和园捕杀西太后确证》《康有为“戊戌密谋”补证》，就用新发现的史料有力地证明了维新派确实曾计划围园弑后。

杨天石在日本立命馆大学教授松本英纪的帮助下，借阅了日本外务省档案缩微胶卷，从中发现了康有为策划围园弑后的确证。最可靠的确证是毕永年的《诡谋直纪》。

毕永年，湖南长沙人，号松甫。少年时读王船山遗书，渐有兴汉灭满的民族革命思想。少时与谭嗣同、唐才常相友善，共商救国大计，并从事联络会党的活动。戊戌政变前夕抵京，谭嗣同将其引荐给康有为，康欲命其领兵围园便宜行事。1899 年初，他把当时的活动写成了日记《诡谋直纪》，并交给了日人平山周。现摘示于后：

七月二十九日（9 月 14 日）夜九时，（康）召仆（毕永年）至其室，谓仆曰：

“汝知今日之危急乎？太后欲于九月天津大阅时弑皇上，将奈之何？吾欲效唐朝张柬之废武后之举，然天子手无寸兵，殊难举事。吾已奏请皇上，召袁世凯入京，欲令其为李多祚也。”

八月初一日（9 月 16 日），仆见谭君，与商此事，谭云：

“此事甚不可，而康先生必欲为之，且使皇上面谕，我将奈之何！我亦决矣。兄能在此助我，甚善。但不知康欲如何用兄也。”

午后一时，谭又病剧，不能久谈而出。

夜八时，忽传上谕，袁以侍郎候补。康与梁正在晚餐，乃拍案叫绝曰：

“天子真圣明，较我等所献之计尤觉隆重，袁必更喜而图报矣。”

康即起身命仆随至其室，询仆如何办法。仆曰：

“事已至此，无可奈何，但当定计而行耳，然仆终疑袁不可用也。”

康曰："袁极可用，吾已得其允据矣。"

乃于几间取袁所上康书示仆，其书中极谢康之荐引拔擢，并云赴汤蹈火，亦所不辞。康谓仆曰：

"汝观袁有如此语，尚不可用乎?"

仆曰："袁可用矣，然先生欲令仆为何事?"

康曰："吾欲令汝往袁幕中为参谋，以监督之何如?"

仆曰："仆一人在袁幕中何用，且袁一人如有异志，非仆一人所能制也。"

康曰："或以百人交汝率之，何如？至袁统兵围颐和园时，汝则率百人奉诏往执西后而废之可也。"

初三日（9月18日），但见康氏兄弟及梁氏等纷纷奔走，意甚忙迫。午膳时钱君告仆曰：

"康先生欲弑太后，奈何?"

仆曰："兄何知之?"

钱曰："顷梁君谓我云：先生之意，其奏知皇上时，只言废之，且俟往颐和园时，执而杀之可也。未知毕君肯任此事乎？兄何不一探之等语。然则此事显然矣，将奈之何?"

仆曰："我久知之，彼欲使我为成济也，兄且俟之。"

毕永年自有主见。他认为袁世凯与康有为本无关系，此举绝不可恃。于是拒绝了康有为的请求，并致书谭嗣同陈说利害，劝他尽快出走，谭嗣同不听。毕永年径赴日本，在横滨拜谒了孙中山，并参加了兴中会。

豆青粉彩花果蝴蝶纹盘

光绪二十四年八月十三日（1898年9月28日）慈禧下令杀害了杨深秀、杨锐、林旭、谭嗣同、刘光第、康广仁。史称"六君子"。次日，慈禧以光绪帝的名义发布上谕：

"主事康有为，首倡邪说，惑世诬民。而宵小之徒，群相附和，乘变法之际，隐行其乱法之谋。包藏祸心，潜图不轨。前日竟有纠约乱党，谋围颐和园，劫制皇太后，陷害朕躬之事。幸经觉察，立破奸谋。又闻该乱党私立保国会，言保中国不保大清，其悖逆情形，实堪发指。朕恭奉慈闱，力崇孝治。此中外臣民之所共知。康有为学术乖僻，其平日著述，无非离经叛道非圣无法之言。前因讲求实务，令在总理各国事务衙门章京上行走，旋令赴上海办理官报局。乃竟逗遛辇下，构煽阴谋。若非仰赖祖宗默佑，洞烛几先，其事何堪设想。"

这个上谕气急败坏地指责康有为谋围颐和园、劫制皇太后的策划，下令追捕康有为。康有为一再否认此事。但究其实际，康有为确实曾谋划围园弑后。应该不折不扣地恢复这个历史的本来面目。

慈禧太后把刚刚兴起的戊戌维新运动扼杀在摇篮之中。守旧派进行了血腥的反攻倒算，对维新派或降、或关、或流、或杀。“六君子”的殷红的鲜血撒在了菜市口的粗蛮的硬土上。已在实行的或未及实行的变法谕令几乎一风吹。维新派噤若寒蝉，守旧派弹冠相庆。偌大的中国又重新陷入了黑暗、麻木及愚昧之中。

等待老迈而破旧的中国的是更大的历史灾难。

自戊戌政变后，慈禧进行了第三次垂帘，直到光绪三十四年（1908 年）驾崩。

而戊戌政变后，慈禧是怎样一种心态呢？这从她召见近代大实业家盛宣怀的对话可见一斑。

（七）说法种种

见于史籍记载，光绪帝先后在“百日维新”的后阶段，七月二十九日和八月初二日（9 月 14 日、17 日）向维新派人士发出四道谕旨，三道是密诏（也称衣带诏）分别由杨锐、林旭两人带出。三道密诏中有二道是赐给康有为的，一道是给杨锐、林旭、谭嗣同、刘光第四人的。另一道上谕内阁，通过“明发”给康有为。在戊戌政变后流亡海外的康有为声称他奉有光绪帝的两道密诏（“衣带诏”），令他“迅速外出”，“设法相救”云云。但陈少自在《兴中会革命史要》一书中指出，密诏是康有为之伪作，他说：康有为“说是奉了光绪帝衣带诏，他又说临出京时，因某事之必要，已经烧掉了。”考释史料，陈少白关于康有为伪作密诏之说，有一定的道理。

据康有为自称，第一道密诏是光绪帝召见杨锐时赐给的，由杨锐带出转给康有为，时间一说为八月初一日，一说为七月二十九日，其内容见于《康南海先生墨迹》谓：

朕惟时局艰难，非变法不足以救中国，非去守旧衰谬之大臣，而用通达英勇之士，不能变法。而皇太后不以为然，朕屡次几谏，太后更怒。今朕位几不保，汝康有为、杨锐、谭嗣同、林旭、刘光第等可妥速密筹，设法相救。朕十分焦灼，不胜企望之至。

说其此诏伪作，首先是光绪帝交给杨锐的日期，康有为，梁启超在不同的著作里有不同的说法，不能自圆其说。《康南海先生墨迹》云，“（八月）初一日交杨锐带来朱笔密谕”，在《康南海自编年谱》中又说：“（七月）召袁世凯二十九日至京师，而是日上召见于颐和园，交密诏与杨锐带出。”梁启超在《戊戌政变记》第二卷中说，“七月廿八日谕康有为、杨锐、林旭、刘光第五人，由杨锐带出。”在《谭嗣同传》中则说，“二十九日，皇上召见杨锐，遂赐衣带诏。”康有为是衣带诏的直接接受者，而且事关重大，时间应该是绝对清楚的。然他几处所说不一，显然是后来见到光绪帝赐给杨锐，谭嗣同等四人密诏而伪托。梁启超则以康著为依据，故也说不准确切日期。

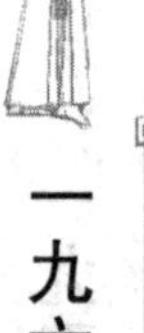

其次，更重要的是在衣带诏中所反映出光绪帝当时的心情同光绪帝当时仍在大力推进变法的进取精神不符。“密诏”云“今朕位几不保”，“汝等”可妥速密筹，设法相救，朕十分焦灼，不胜企盼之至。”似乎光绪帝已乱了手脚准备逃跑退却，可是当时的实际情况是光绪帝仍一日数谕，大力推进变法。如果说他准备逃亡时刻装出镇定自若姿态来麻痹慈禧太后，那光绪政治上还未达到如此老练地步。下面辑几段上谕与“密诏”比较之。

七月二十八日（交密诏前一日）上谕：

督抚膺一方重案，粤省地滨海疆，弹压抚绥，尤关紧要。谭钟麟久历封圻，受恩深重，若如奏种种昏谬情形，实属大负委任，著陈宝箴按照所指各款严密访查，如果属实，速即参奏。

同日又谕：

农务为中国大利根本，业经谕令各行省开设分局，实力劝办，惟种植一切，必须参用西法，购买机器，聘订西师，非重资不能猝办。至多设支会，广刊农表，亦讲求农学之要端，应于省会地方筹款试办，逐渐推行，广为开导。或借官款倡始，或劝富民集资，总期地无余利，方足以收实效。著各直省督抚饬属各就地方情形，妥筹兴办，毋得视为迂图，以重农政。同日又谕：

电寄各省督抚，昨已明降谕旨，令各省藩臬道府，均得上书言事，其州县条陈事件，应由督抚将原书代递。即著各省督抚，传知藩臬道府，凡有条陈，均令其自行专折具奏，毋庸代递，其州县等官言事者，仍由督抚将原封呈递。至士民有上书言事者，即径由本省道府随时代奏，均不准稍有抑格，如敢抗违，或别经发觉定将该省地方官严行惩处。仍将遵办情形，迅速电奏。

梁启超对光绪帝这道谕旨予以极高的评价，他在按语中指出：

上之明目达聪，求通下情而恶壅蔽至矣。州县递折，本朝已无，至于士民上书，由道府代递，盖犹恐诣阙太远，士民不易，犹伏小人之箴而野有遗贤也。古人命众至庭嘉石肺石，皆待伏阙，此则中国四千年尧舜禹汤文武所未有者矣。呜呼！非圣主而能如是乎？

从上面三道谕旨中可以认为光绪帝在赐密诏前一二天的心态，同康有为所谓的“密诏”“设法相救”，“十分焦灼”云云大相径庭。

那么再比较一下光绪帝在七月二十九日（9月14日）赐给杨锐，林旭，谭嗣同，刘光第的那份密诏的内容，就可鉴别出康氏所称“衣带诏”之真伪。密诏见罗惇曧《宾退随笔》一书，据罗氏所称：宣统元年（1909年），杨锐之子杨庆昶曾将光绪帝朱笔谕旨（赐给杨锐之密诏）呈缴都察院，为其父申冤，遭奕劻拒绝未成。当时任京畿道监御史的赵炳麟为之草拟“请昭雪折”而抄录谕旨全文，后编入《赵伯严集》《光绪大事汇鉴》，因而此诏书当为可信。其内容谓：

近来朕仰窥皇太后圣意，不意将法尽变，并不愿将此辈老谬昏庸大臣罢黜，而登用英勇通达之人，令其议政，以为恐失人心。虽经朕屡降旨整饬，而并且有随时几谏之事。但圣意坚定，终恐无济于事。即如十九日之朱谕（即关于处分礼部尚书怀塔布和许应骙等人的上谕——著者）皇太后已以为过重，故不得不徐留之，此近来实在为难之情形也。朕亦岂不知中国积弱不振，至于阽危，皆由此辈所误，但不必欲朕一早痛切降旨，将旧法尽变而尽黜此辈昏庸之人，则朕之权力，实有未足。果使如此，则朕位且不能保，何况其他？今朕问汝，可有何良策，俾旧法可以渐变，将老谬昏庸之大臣尽行罢黜，而登进英勇通达之人，令其议政。使中国转危为安，化弱为强，而又不致有拂圣意。尔等与林旭，谭嗣同、刘光第及诸同志等妥速筹商，密善封奏，由军机大臣代递，候朕熟思审处，再行办理：朕实不胜紧急翘盼之至。特谕。

此诏较确切地反映了“百日维新”后期清朝统治集团内部的斗争实况以及光绪帝当时的处境。光绪帝发此密诏的用意，一是向维新派征求“将老谬昏庸之大臣尽行罢黜，而登进英勇通达之人，令其议政”的良策。看来光绪帝还是准备在中枢机构中进行吐故纳新的大刀阔斧的改革，二是向维新派示意“朕之权力，实有未足，果使如此，则朕位且不得保”的处境，形势趋向恶化。可是光绪帝没有估计到即刻发生政变的可能性，所以他还是要求维新派通过正常途径“由军机大臣代递”他们的“良策”，“候朕熟思审处，再行办理”。显然，光绪帝要求维新派献计献策还未达到“设法相救，十分焦灼”的程度。

两诏相比，可见康有为所云“衣带诏”实属伪作，是康氏依据光绪帝赐给杨锐、林旭等四人的密诏作了以下几个方面的篡改炮制而成。

一是转变密诏的主要对象。密诏分明是赐给杨锐等四章京的，并未提到康有为，而他却篡改为“汝康有为、杨锐、林旭，谭嗣同，刘光第等”，四人变了五人，而康有为作为赐诏的主要对象。既另有一诏赐给其中四人，为何此诏还要列上名字呢？专诏赐康有为讲更为重要内容那不是更符合常情吗？

二是删去原诏罢黜和登进必须以“不致有拂圣意”为前提，即不触慈禧太后权威，因为当时光绪帝不想太过分地刺激西太后的神经。而康有为则不然，他已流亡海外，光绪帝被幽禁，六君子被杀害，所以他把保皇活动矛头首先指向慈禧太后，口口声声地骂她“妖后”，删去这一前提是为他在海外的政治活动张目。

三是把原诏“朕位几不保”的提法改为“设法相救”，那就加重了语气，而且还能体现出康氏与光绪帝的亲密关系，显然是为了他在海外的保皇活动披上“身受重托”的合法外衣。

至于第二道“密诏”据康氏宣称，是在八月初一日光绪帝召见林旭时交下的。见《康南海先生墨迹》，内容谓：

朕今命汝督办官报，实有不得已之苦衷，非楮墨所能罄也。汝可迅速出外，不可迟延。汝一片忠爱热肠，朕所深悉。其爱惜身体，擅自调摄，将来更效驰驱，共建大业，朕有厚望焉。

据实录所载，次日（八月二日）光绪帝通过“明发上谕”催促康有为离京（见本章第三节），密诏除了催促康有为“迅速出外”，无别的机密重托，尽是一些美言康有为“一片忠爱热肠”和“共建大业”之“厚望”，用密诏表彰康有为大可不必。在“戊戌政变”一年之后，当时直接参与变法活动曾受到光绪帝嘉奖的礼部：主事王照，亡命日本时就指出此诏乃康氏伪作。

八月初二日，袁到京，太后已知之，皇上密谕章京谭嗣同等四人，谓朕位今将不保，尔等速为计划，保全朕躬，勿违太后之意云云。此皇上不欲抗太后以取祸之实在情形也。

另谕康有为祇令其速往上海，以待他日再用，无令其举动之文也。……

今康刊露布之密诏，非皇上之真密诏，乃康所伪作也。

王照所述合情合理，因此，第二道密诏也是伪作，昭然若揭。

康有为所以要伪作衣带密诏，因为在海外活动，要寻求英、日，美等国的援助，而他只是六品工部主事的微职小官，难以在外交上发生影响。为了提高身份，伪作光绪帝密诏，奉清朝合法皇帝“设法相救”的命令，并且光绪帝还期于他“共建大业”的“厚望”，这样康有为就由流亡海外的清廷“官犯”，俨然成为身怀密诏，奔走“救驾”的重臣，为他在海外的活动争得了有利地位和合法身份。

应该指出的是虽然人们自然会理解康有为处心积虑地伪作“密诏”是反映了拯救光绪的真切心情。可是，康氏为了抬高身份，却损害了光绪帝的形象，密诏里呈现出光绪帝乞求康有为“设法相救”，“朕十分焦灼，不胜企盼之至”的可怜相，这种做法，对于一位有影响的政治活动家来讲是不足取的。因而，本章专题讨论“衣带诏”之真伪，目的就是要如实现反映光绪帝在戊戌政变发生前夕的处境和心境。尽管顽固势力咄咄逼人，而光绪帝仍在为推进变法做最后努力，他面临顽敌，毫无畏缩退却之意，而且安排对策，勇于进击，为维新运动奋斗到终点。

明谋废立

变法失败后，慈禧与德宗已成水火不能相容之势，必欲除之而后快。慈禧曾以德宗的名义颁发谕旨，称自己患上重病，令各省选派名医为其治病，借机会毒死德宗。两江总督刘坤一上《太后训政保护圣躬疏》，明确反对加害德宗，又致书慈禧亲信荣禄，称“君臣之义已定，中外之口难防”。在京的英国公使及其他外交使团官员，也对

德宗表示同情。在内外舆论压力下，慈禧暂时放弃杀害德宗的计划。一年之后慈禧宣布：立端王载漪之子溥儁为大阿哥。适值义和团运动兴起，利令智昏的慈禧和载漪想利用义和团驱逐洋人废掉德宗，结果招致了八国联军的大规模入侵。

1. 义和团“扶清灭洋”

义和团最初称“义和拳”，据说源于秘密社会组织八卦教。嘉庆年间，山东、直隶、河南各省，人教民众极多，由于清朝公开禁止，入教之人遂以练习拳术为名，故称为“义和拳”。

中日甲午战争后，帝国主义加紧瓜分中国，外国教会势力也随之膨胀起来，给普通百姓的日常生活带来了无穷的灾难。据当时人记载：“自耶教传入中国，地方莠民，辄挂名教籍，倚外势横乡里。教士藉口保护，以袒庇为招徕，动辄挺身干预。官吏但求省事，遇有民教讼案，往往屈民而佑教。教民骄纵滋甚，乡闾良儒，十九受鱼肉，因之衔恨刺骨，则相率投入八卦教与之相抗，因该教中稍有组织，冀以众为势，缓急可资援助也。”传教士与教民倚仗帝国主义势力，横行霸道，欺压百姓，是义和团运动兴起的根本原因。

八卦教分为八大团，每团各以一卦为旗帜，义和拳“源出八卦教乾坎两系”。“乾”字团叫作黄团，悉用黄巾包头，身系黄带、黄抹胸，黄布缠足，头巾上皆画一乾卦。“坎”字团叫作红团，巾、带皆为红色，头巾上画一坎卦。义和团的成员，基本上都是这两种装扮。

光绪二十四年（1898）九月，赵三多、阎书勤等率义和拳在山东冠县梨园屯首举义旗，以“扶清灭洋”为策略口号，不抗官府，专打教堂。起义军先打冠县、临清交界之黑刘村教堂及红桃园教堂。继有朱红灯、本明和尚率在平、高唐、长清等地义和拳起义。新任山东巡抚毓贤奏称：“东省民教不和，由来已久……每因教民肆虐太甚，乡民积怨不平，因而酿成巨案。该国主教只听教民一面之词，并不问开衅之由，小则勒索赔偿，大则多端要挟，必使我委曲迁就而后已。近年情形如此，委无虐待教民情事。”毓贤起初执行清朝保护教堂政策，派兵镇压义和拳起义。后见义和拳深受群众拥护，屡次重挫官军，遂改为招抚。

光绪二十五年（1899）夏天，毓贤承认义和拳的合法性，并为之改名义和团。山东义和团取得合法地位，“团建旗帜，皆署‘毓’字，教士乞保护，置勿问”。后来毓贤调任山西巡抚，继任巡抚袁世凯改变政策，血腥镇压义和团，迫使义和团转移到直隶地区。在裕禄等同情义和团官员的支持下，迅速扩展到北京、天津地区。义和团领袖张德成、曹福田还被裕禄请到官署中，信任有加。

是年十二月二十四日，慈禧立端王载漪之子溥儁为“大阿哥”。以德宗的名义公开颁发上谕说：自上年以来，身体不适，因入继之初，曾奉皇太后懿旨，待生有皇子，即承穆宗皇帝为嗣，因此恳求太后恩准，“以多罗端郡王载漪之子溥儁继承穆宗毅皇帝

为子。钦奉懿旨，欣幸莫名，谨敬仰遵慈训，封载漪之子溥儁为皇子，将此通谕知之”。按照慈禧拟定的计划，明年元旦即为溥儁举行登基大典，甚至连德宗被废掉之后的封号都想好了，按照慈禧的想法，明朝英宗复辟之后，景泰帝降封为王，德宗可照此加封。而向来仇视变法的大学士徐桐则提出：可以仿照历史上金朝封宋徽、钦二帝之例，封德宗为昏德公，慈禧予以认可。

令慈禧没有料到的是，立溥儁为大阿哥谕旨一出，举国哗然。上海电报局总办经元善联合章炳麟、唐才常等一千多人签名致电总理衙门，反对废黜德宗。其电文说：“请太后仍归政于皇帝，不必以小病为妨，更不必有让位之举。”又有“江苏民情愤激，若不速定大计，或有不测之事，则外人必将干涉”。上海工商界还集会抗议，其他各省纷纷响应。面对举国上下的反对浪潮，慈禧被迫中止废黜计划。

然而，端王载漪急不可待，想借用义和团的力量驱逐洋人，把溥儁捧上皇位。他向慈禧说义和团民气可用。慈禧将信将疑，遂派军机大臣刚毅、赵舒翘实地查看。刚毅是满人，秉承端王旨意，极力宣称义和团有神术，赵舒翘随声附和，慈禧因此相信义和团可用。据后来慈禧对怀来知县吴永回忆说：

刚毅、赵舒翘误国，实在死有余辜。当时拳匪（义和团）初起，议论纷纷，我为是主张不定，特派他们两人前往涿州去看验。后来回京复命，我问他义和团是否可靠，他只装出拳匪样子，道是两眼如何直视的，面目如何发赤的，手足如何抚弄的，絮絮叨叨，说了一大篇。我道：“这都不相干，我但问你，这些拳民据你看来，究竟可靠不可靠?”彼等还是照前式样，重述一遍，到底没有一个正经主意回复。你想他们两人都是国家倚傍的大臣，办事如此糊涂；余外的王公大臣们，又都是一起劲儿敦迫着我，要与洋人拼命地……我本来是执定不同洋人破脸的，中间一段时期，因洋人欺负得太很（狠）了，也不免有些动气。

慈禧上述这番话，是她后来西逃途中所说，因此可信度非常高。慈禧并不相信义和团，但是在废掉德宗一事上，觉得自己被“洋人欺负得太狠了”，便想利用义和团泄愤。在如此重大的问题上，刚毅和赵舒翘当然不敢明确表态，所以最后下决心利用义和团“扶清灭洋”，只能是她本人。

光绪二十六年（1900）四月，义和团进入北京城，一时声势浩大，到处挑铁路，砍电线，焚毁教堂，驱逐教士教民，打击教会及外国侵略势力。

2. 联军入侵，慈禧宣战

义和团运动兴起之后，西方列强即要求清朝严厉镇压。光绪二十六年（1900）初，英国、美国、德国、意大利公使联合前往总理衙门，督促清朝取缔义和团。三月初七，四国公使又照会清朝：请在两个月之内，将义和团剿灭，否则将派海陆军进入山东、直隶，替清朝剿灭义和团。至四月二十二日，以英国为首的11国驻京公使团召开会议，商讨如何对待义和团。第二天，由外交团首席公使、西班牙人葛络干向总理衙门

提出镇压义和团的六条要求。

清廷迫于列强压力，发布上谕称：“乃近来京城地面，往往有无赖之徒，三五成群，执持刀械，游行街市，聚散无常，若不即行严禁，实属不成体统。”清朝虽然下令步军统领与顺天府官员严行缉拿义和团，但实际上已经无力控制义和团的行动。义和团焚毁京津铁路各车站，砍断电线，乘势占领涿州城。由于铁路、电报均告中断，在驻北京各公使要求下，总理衙门允准各国可以派使馆卫队前来。至五月上旬，英、俄、日、法、德、意、美、奥匈军队数百人进入北京使馆。

五月十四日，英将西摩率英、俄、日、法、德、意、美、奥匈军队 2000 余人由天津开赴北京。第二天，日本驻华使馆书记生杉山彬为董福祥部士兵所杀，使形势发生突变，“各使馆外人，尤大哗愤，群起向总署诘责，问我政府究竟有无保护外人能力。当局支吾应付，仍不闻有何等措置”。英将西摩所率洋兵在途中遇到义和团和清军的联合阻击，至五月十八日与驻在大沽口外联军失去联系，联军将领召开会议，决定扩大侵略，于五月二十一日攻占大沽炮台，大批援军随后开始登陆作战。而直隶总督裕禄隐瞒了大沽口清军战败的消息，“且上天津团民杀敌状，于是朝廷以团民为可恃”。裕禄又谎报大捷，夸大义和团神功，“发帑金十万犒团，更荐（张）德成、（曹）福田于朝，饰战状，获赏头品秩、花翎、黄马褂”。

正是前线传来的这些虚假消息，导致慈禧相信义和团能够抵御洋人，因此决定不惜一战。据《景善日记》记载：五月二十四日，端王载漪、启秀、那桐进呈外交团照会，内有“请太后归政，以大权让与皇帝，废大阿哥，并许洋兵一万入京”等语。慈禧下令召开御前会议，讨论与外国宣战事宜。慈禧在会议上不听荣禄等人的劝阻，厉声说道：“洋人此次欺侮太甚，我不能再为容忍！我始终压制义和团，不欲开衅。直至昨日，看了外交团致总理衙门的照会，竟敢要我归政，始知此事不能和平解决。皇帝自己承认，不克执掌政权，岂外国所能干预！天津法国领事，索大沽炮台，业已无礼至极。若此次各公使之照会，凌辱中国主权，其为悖谬尤甚。”据此可知，迫使慈禧与列强开战的真正原因，是她不肯放弃手中权力。就在当天，德国公使克林德前往总理衙门交涉途中，被董福祥属下甘军士兵所杀，在慈禧的默许下，义和团和董福祥部清军开始进攻东交民巷各国使馆和西什库教堂。

五月二十五日，慈禧正式向各国宣战。德宗在宣战诏书中首先肯定了义和团反洋教斗争的正义性：“彼等负其凶横，日甚一日，无所不至，小则欺压平民，大则侮慢神圣，我国赤子仇怨郁结，人人欲得而甘心，此义勇焚毁教堂屠杀教民所由来也。”接着讲到开战的原因足“昨日公然有杜士兰照会，令我退出大沽口炮台，归彼看管，否则以力袭取。危词恫吓，意在肆其披猖，震动畿辅”，表明列强挑衅在先，“自取决裂”。最后动员全国人民踊跃参战，“近畿山东等省义兵，同日不期而集者不下数十万人，下至五尺童子，亦能执干戈以卫社稷。彼仗诈谋，我恃天理，彼凭悍力，我恃人心，无论我国忠信甲胄，礼义干橹，人人敢死，即土地广有二十余省，人民多至四百余兆，何难剪彼凶焰，张我国威”。随后，又连发数道谕旨：嘉奖义和团，不费国家一兵一饷而卫社稷；命令各地方官招集义和团，与官军共同抵御外侮；命令总兵英年、载澜会同刚毅办理义和团事宜；任命支持义和团的载勋为步军统领。从这些谕旨可知，慈禧确实把抵抗侵略的希望押在了义和团身上。

3. 进退失据仓皇出逃

慈禧对外宣战后，义和团在北京城内围使馆、教堂，烧杀事件时有发生，延及普通居民，京城秩序大乱。据慈禧回忆说：当时宫内宫外，纷纷扰扰，满眼看去，都是一起儿头上包着红布，进的进，出的出，也认不出谁是义和团，谁是宫中太监和卫兵来了。太监、宫中卫兵与义和团混在一起，“就是载澜等一班人，也都学了他们的装束，短衣窄袖，腰里束上红布，气势汹汹，呼呼跳跳，好像狂醉一般，全改了平日间的样子。载滢有一次居然同我抬杠，险些儿把御案都掀翻过来。这时我一个人，已做不得十分主意，所以闹到如此田地”。

为了稳定北京城内秩序，慈禧下令湖广总督张之洞等官员派兵驰援京师，张之洞反而联合部分督抚致电总理衙门，希望能与列强议和。他又与两江总督刘坤一、两广总督李鸿章等江南大吏与列强达成妥协，共同镇压义和团，史称“东南互保”。清廷内部也出现了反对之声，许景澄、徐用仪、袁昶、联沅、立山五大臣，认为义和团不足恃，攻使馆不可取，使节不能杀，“甲午之役，一日本且不能胜，况八强国乎？倘战而败，如宗庙何？”开战之后，清朝事实上已经陷入了分裂状态。

面对来自朝廷内外的指责，造成慈禧进退失据。以进攻使馆为例，自五月二十四日义和团开始围困，到七月二十日联军攻入北京，前后近两月时间，始终未能攻下。其原因是“荣相见大势弗顺，已纡回改道，隐与使署通消息；或称奉诏送瓜果蔬菜，至东交民巷口，听洋人自行取入；一面设法牵连兵匪，使不得急攻。是时主战主和，朝议颇纷纭不一”。后来连慈禧也承认，如果清军全力进攻，打下使馆是没有问题的。

至六月初三，慈禧即谕令驻外使臣向各国解释：“中国即不自量，亦何至与各国同时开衅，并何至恃乱民以与各国歼衅，此意当为各国所深谅”。谕旨中将义和团称为“乱民”，摆出准备议和的姿态，但为时已晚。联军已经增加到数万之众，于六月十八日攻下天津，直隶提督聂士成在保卫战中阵亡。七月十二日，联军陷杨村，直隶总督裕禄战败自杀。七月二十日，以德国瓦德西为统帅的联军攻入北京城，下令侵略军抢劫三天，北京城内的宫中及百姓财物，被洗劫一空，损失无法统计。

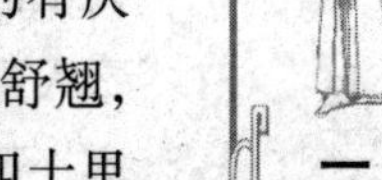

七月二十一日清晨，慈禧身穿蓝布大褂，携德宗由西直门逃出城外。随行的有庆亲王载勋、蒙古亲王那彦图，辅国公载澜、载泽、志钧、定昌，大学士刚毅、赵舒翘，侍郎溥兴等人，另有兵勇数千护驾。七月二十二日，慈禧一行“过居庸关，经四十里关沟，迄晚至岔道，山路坎坷难行，骑者均下马。在一小山村驻跸。除两宫及宫眷住民房，现煮小米粥充饥外，余众多随地露宿，忍饥挨冻，情形相当凄惨”。第二天，进入怀来县城，知县吴永前来接驾，“吴永见慈禧、隆裕均未带御寒衣物，即以眷属较好棉、夹衣贡奉。慈禧而服汉人衣裳，恐尚系破天荒第一次”。此后，慈禧才摆脱衣食之忧，经山西进入西安，重新控制政局。

4. 俄国占领东北地区

正当八国联军向北京发动进攻之际，沙俄出动17万军队，分数路侵入东北。《清史稿》记载俄国入侵的情形说：“各国联军入北京，俄乘势以兵占东三省，藉口防马贼、保铁路。初，奉大土匪先攻俄铁道警卫兵，乱兵烧天主教堂，破毁铁岭铁道，掠洋库；旋攻辽阳铁道，俄铁道员咸退去，同时黑龙江亦炮击俄船。俄闻警，遣军分道进攻，山瑷珲、三姓、宁古塔、珲春进据奉天，乃迫将军增祺订《奉天交地约》，拟在东三省驻兵，政赋官兵均归俄管辖。”在占领东北之前，俄军曾将山关至天津的铁路全部控制，把持了由关内通往关外的交通孔道，准备一举吞并辽阔的东北地区。

光绪二十六（1900）七月，沙俄制造了骇人听闻的“海兰泡大屠杀”和“江东六十四屯惨案”，屠杀黑龙江以北中国人达20余万。从七月至十二月，沙俄侵略军先后占领并洗劫了哈尔滨、齐齐哈尔、吉林、盛京、营口、锦州、安东等主要城市，东北全境沦陷。

关于盛京地区的战况，据将军增祺向清朝奏报：七月初二以后，俄侵略军先将驻守金州的副都统、同知、协领等官员全行拘去，既而熊岳城失守；清军分统承顺等会攻大石桥阵亡，马队溃散。初七日，盖平县失守，初十日，营口失守，当值盛京戒严，无兵可拨，帮办奉天军务副都统晋昌亲往布置，未几，海城失守。晋昌退至辽阳，收拾溃军，后经添拨新练各军共五十余营，寿长到奉，亦即委为全营翼长，驰往扼防。八月三十日傍晚，俄队200余名袭牛庄。次日黎明，俄大队五六千人便来攻扑，清军经统带瑞禄等督队奋力血战一日之久，击毙俄兵七八百名，我兵亦阵亡官六七员、兵300余名。俄军以快炮连环排击，清军支持不住，退守大望台。九月初二之后，清军退至刘二堡，初四日，清军退至沙河南八卦沟与俄军展开决战，“无如敌人炮多力猛，伤亡过多，退至首山铺一带扼守”，九月初五，辽阳失守，两天后，盛京将军增祺离城出走。

沙俄攻陷盛京城后，九月十七日，沙俄占领军总司令阿列克赛耶夫强令盛京将军增祺派已革道员周冕为代表，在旅顺谈判“交还”奉天问题。九月二十日，俄方诱使周冕在事先拟好的《奉天交地暂且章程》上签字，该章程共九条，主要内容为：奉天设俄国总管一员，办理盛京将军与俄“辽东总理大臣”往来交涉事件；留俄军驻防；奉天清军一律缴械遣散；俄军未占领的炮台、营垒、火药库一律拆毁；奉天如设立警察，要“转请俄带兵官，尽力帮同办理”。次年（1901），沙俄逼迫增祺签订章程事败露，清政府将增祺革职，宣布此约作废。

光绪二十七年（1901）七月，“各国和约成，李鸿章乃手拟四事：一，归地；二，撤兵；三，俄国在东三省，除指定铁路公司地段，不再增兵；四，交还铁路，偿以费用”。以后，清朝训令驻俄公使杨儒向俄国交涉，希望俄军退出东北。但杨儒往返数十次谈判，俄国始终不允退兵，直到爆发日俄战争。

5. 骇人听闻的《辛丑条约》

慈禧在西逃途中，假惺惺地下诏罪己，但进入山西之后，却腐败照旧。据随扈的吴永记载：“地方承应，官门上已不免行需索使费之事。予为一一规定股份数目，凡各项首领太监，如内奏事处、茶房、膳房、司房，大他坦，及有职掌之小内侍，约十数金或数金不等，惟总管太监分位较高，不便点缀。到处均由予一手代为开销，按份俵散，不使有一处空漏，亦不令额外取盈，至多不过一百余金，少或八九十金。”太监们刚能满足温饱，就肆无忌惮地伸手要钱，这样的朝廷还会有什么希望？

在联军未打进北京之前，慈禧就任命李鸿章为直隶总督兼北洋大臣，让他兼程来京，以便与侵略者停战议和。至八月初三，慈禧又下令因病滞留怀来的庆亲王奕劻回京，与李鸿章共同主持和谈。慈禧为逃避开战责任，将义和团斥为祸首，谕令直隶地方官剿杀义和团。而李鸿章与刘坤一等人联名上疏，认为若想谈判顺利，必须惩办支持义和团的载勋等大臣。

闰八月初二，清朝被迫发布上谕，称“致祸之由，实非朝廷本意，因诸王大臣等纵容拳匪，启衅友邦”，因此下令将庄亲王载勋、怡亲王溥静、贝勒载濂、载滢革去爵位，端郡王载漪从宽革去一切差使，辅国公载澜、都察院左都御史英年、协办大学士兼吏部尚托刚毅、刑部尚书赵舒翘严加议处。后来，又逼迫载勋自杀，将山西巡抚毓贤处死。次年（1901）正月初三，在列强从重惩办祸首的干预下，清朝不得不将载漪、载澜判处斩监候，充军新疆永远监禁；刚毅拟定为斩立决，因病故不再追究；英年、赵舒翘赐令自尽；启秀、徐承煜被日本兵逮捕，待交涉送回后即行正法。上一年十一月初，李鸿章与列强达成议和大纲 12 条。慈禧见其中并没有让德宗亲政条款，立即无条件地加以承认。

光绪二十七年（1901）七月二十五日，由清朝全权代表与德、奥匈、比、西、美、法、英、意、日、荷、俄等 11 国全权代表共同签订和约 12 条，因该年为农历辛丑年，故名为《辛丑条约》。主要内容如下：

（1）派亲王、大臣分别前往德国、日本，就德国公使克林德与日本书记生杉山彬被杀之事，予以致歉，并在德国为克林德立碑。

（2）惩办伤害外国人士的祸首。

（3）外国人遇害之城镇，停止文武各等考试五年。

（4）不准将军火及制造军火器材运入中国境内，禁止进口二年。

（5）赔偿各国海关银四亿五千万两，分三十九年还清（本息合计为九亿八千万

两）。

（6）划使馆区专供外国人居住，允许各国驻兵保护。

（7）拆毁大沽及北京沿海地区的所有炮台。

（8）各国在黄村、廊坊、杨村、天津、军粮城、塘沽、芦台、唐山、滦州、昌黎、秦皇岛、山海关驻兵，以控制京城至海的交通。

（9）在各府、厅、州、县颁行布告，凡仇视外国人的行为一律禁止，地方官员负有保护弹压之责，有违约事即行革职，永不叙用。

（10）总理各国事务衙门更名为外务部，班列六部之首。

清朝在《辛丑条约》中丧失的权利达到了骇人听闻的程度，天文数字的战争赔款，使每个中国人平均二两左右，加速了百姓的贫困和社会经济的破产。外国驻军和炮台被平毁，严重破坏了中国的主权和国防安全，使清政府变成了帝国主义在中国的代理人。

饮恨而终

1. 倾吐夙愿"振兴中国"

光绪帝苦心缔造的变法图强事业，被以西太后为首的封建顽固势力毁灭了，"然其改造中国之观念，并未因此而消灭"。有人说，当光绪帝被囚禁以后，在他的"心底上，始终确认那些新政的策划是绝对合理的，绝对可以推行的。但须等到老佛爷（西太后）撒手西归（即死去——引者）的时候，他一定就可以很顺利地干一番"。的确，在戊戌政变后，光绪帝革新祖国的愿望并未消失。他只不过在西太后的强大压力下，把它埋藏在心里罢了。在义和团运动期间，光绪帝所以反对向列强宣战，以及后来又欲留京以便摆脱西太后的控制。除了为抵制西太后的祸国阴谋之外，又因为他始终怀有待机重建维新"大业"的缘故。当然，光绪帝没有成功。但其维新图强之志，在此之后仍未动摇。即使在光绪帝被西太后挟持出走的途中，他终日郁郁寡言，说明在其心中还存有种种难言之隐。然而，光绪帝深怀的满腔忧国之愤和强烈的图强之念却依然时有表露。在当时，光绪帝每到一地总好独自"坐地作玩耍，尤好于纸上画成大头长身各式鬼形无数，仍拉杂扯碎之。有时或画成一龟，于背上填写项城（即袁世凯——引者）姓名，粘之壁间，以小竹弓向之射击，即复取下剪碎之，令片片作蝴蝶飞，盖其蓄恨于项城至深"。在这里，光绪帝画的那些各式"鬼形"，如果说可能是比作破坏变法维新的大小顽固派权势者，这只是出于推测，但他痛恨袁世凯却是确凿无疑的。这时的光绪帝所以如此，既表明他对袁世凯在戊戌政变中的出卖行径仍深恶痛绝之外，

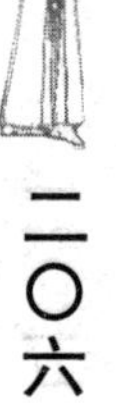

也反映出他还在怀念变法维新的往事。光绪帝采取这种动作，无非是在抒发自己的郁愤之情。直到光绪二十七年八月末至九月中（1901 年 10 月），当光绪帝又被西太后带着自西安返回北京之际，他还在设想回京以后能够继续“大行新政”呢。但是，光绪帝的这一念头，同样只不过是一种幻想罢了。

翌年初，光绪帝在随从西太后从西安回到北京时，当他沿途看到被帝国主义联军蹂躏后的惨景，便使其“立刻感到一种不能形容的耻辱”。进而，光绪帝“见外患日逼，大局垂危，宵旰忧劳，遂撄心疾”，不断地自言自语：“外国人如此闹法，怎么了？怎么了？”又激起他深深地忧思。按照《辛丑条约》的规定，仅就清政府向列强各国的赔款而言，即达创纪录之巨。当时以中国 4 万万人口计算，从刚生下来的娃娃到尚有一息的老人，平均每人承担 1. 1 两多白银；如加上利息便人均 2. 4 两多了。当时，清政府国库空虚，全国广大劳苦群众更是挣扎在饥寒交迫的死亡线上。即使在这种情况下，西太后仍旧沉醉于穷奢极欲之中。而且她为了粉饰其建筑在人民的血与泪之上的罪恶统治，到京不久，又下令筹集款项修建被八国联军破坏了的正阳门城楼。但光绪帝却认为，“何如留此残败之迹，为我上下儆惕之资”！这个被敌炮火摧毁了的城楼，既已变成八国联军侵华的罪证，也是西太后等祸国行径给京城带来的伤痕。它确也具有启示后人不忘国耻的作用。

西太后及光绪帝，在庚子事件后回到北京时，其在心情和表现上形成的反差，可以说是体现了他们对当时的国难和国家的未来所怀有的不同心态。

如前所述，戊戌政变后，已被剥夺了一切权力、变成囚徒般的光绪帝，竟然成了一个在国内外颇有影响力的人物。直到庚子事件发生后，一些帝国主义国家出自它们的需要，仍在关注着光绪帝的去向。在中国人当中，那些希望通过变法维新来振兴祖国的人，对光绪帝的不幸遭遇更深为同情。至于流亡到日本的康有为、梁启超，于光绪二十五年五月（1899 年 6 月）在日本成立了“保皇会”，打起了保卫光绪帝（即“保皇”）的旗号。他们所以又把光绪帝高高地抬出来，除具有在感情与理想上的联系之外，在实际上康、梁也主要是为适应在新形势下的政治需要。他们力图以此作为继续推行改良路线，以抵制日益发展中的民主革命运动服务的。到光绪二十六年（1900 年庚子年）夏，在义和团反帝爱国运动进入高潮、八国联军大举侵入中国及西太后在施展政治阴谋之际，康有为、梁启超企图利用国内空前动荡的局面，策动唐才常等回国发动营救光绪帝的起义。唐回国后，即运动会党（后来又想争取洋务派官僚张之洞的支持）成立“自立会”、组织自立军，准备在长江中游一带发动反清的武装起义。在这时，唐才常等便在国内揭起了“讨贼勤王”的旗帜，并以让“光绪帝复辟”作为起义的“宗旨”之一。由于这些人仍站在广大劳动人民的对立面要另起炉灶，所以他们的失败同样是不可避免的。与此同时，已把立足点转移到革命方面的章太炎，认为唐才常“一面排满一面勤王，既不承认满清政府，又称拥戴光绪皇帝，实属大相矛盾”。

从而，章太炎为反对“保皇”、力争实现推翻清王朝的政治目标，把光绪帝也列为革命的对象，当然是可以理解的。除此之外，在当时正与英国进行政治交易中的刘坤一等，也想利用光绪帝的名号来与英国等列强搞“东南互保”。十分明显，这些内外的各种势力对光绪帝采取的不同态度，除了在社会一般人中具有感情因素之外，其他无不怀有各自的政治目的。而这种情况的出现，只能说明光绪帝影响的扩大。

由于光绪帝的影响不断扩大，既给西太后增加了对光绪帝存在的威胁感；又对她产生了较大的牵制作用。因此，西太后的“废帝”棋子更不敢轻易落下了。事实上，随着国内外形势的演变，光绪帝既成为西太后的一大政敌；也变成了她的一个不可缺少的政治筹码。再说，西太后原来准备取代光绪皇帝而立起来的大阿哥溥儁，自从被接入宫内以后，在她的庇护下其行为愈形不经。就是溥儁在随同西太后逃到西安期间，他仍然“顽劣日甚，时与宦官等私出冶游，甚至在宫中拔取皇后之簪珥以为戏乐”，在宫内时而激起风波。尤其是在光绪二十六年末（1901 年 2 月），西太后为了满足帝国主义提出的“惩凶”要求，以便尽快完成新的卖国交易来保住自己的地位，又采取了“舍车马保将帅”的手法，把她原来的追随者载漪、载澜等也给予了“惩治”。于是在西太后看来，载漪已经没有用了，那么他的儿子溥儁，在清廷也就失去了存在的价值。此外，刘坤一、张之洞等地方实力派官僚，也越发感到光绪帝的名位不可弃，并为此而反复向西太后疏通。正是鉴于上述各种缘由，西太后在从西安返京的途中，于 1901 年 11 月 30 日光绪二十七年十月二十日，降懿旨颁谕宣告：“已革端郡王载漪之子溥儁，前经降旨立为大阿哥，……宣谕中外。慨自上年‘拳匪’之乱，肇衅列邦，以致庙社震惊……。推究变端，载漪实为祸首，得罪列祖列宗。既经严谴，其子岂宜膺储位之重。……自应更正前命，溥儁著撤去大阿哥名号，立即出宫”。就此，西太后借“惩治”载漪之名废去了大阿哥。其实，这是她在内外不断增强的压力下，不得不放弃其原来的“废立”企图。从而，西太后改变了手法，又以光绪帝作为纯粹的傀儡，继续牢牢地控制着清廷。当西太后 1902 年初回到北京后，为了进一步给自己装潢门面，在表面上“稍给”光绪帝一些行动“自由”。每当其临朝或有接见事宜时，也把光绪帝拉去作为陪衬；凡是发布政令继续利用光绪帝的名义。但是，西太后对光绪帝的“监视仍严”。在此后的多年里，光绪帝不仅依旧对朝政根本没有发言权；就是在平日的言行也照样受到严密的监视和控制。特别是西太后唯恐光绪帝与外界发生联系，又命其亲信太监严戒外人“跟皇帝说话”。庚子事件以后，光绪帝的皇位虽然保住了，但他的实际处境并未改变。事实上，光绪帝完全成了西太后的一个会说话的工具。原来，西太后在逃到西安期间，当她看到与帝国主义列强进行的一场空前的卖国交易即将有序，为了掩饰其卖国求荣的丑恶嘴脸，改变一下统治方式，笼络浮躁不安的那些在向资产阶级转化中的上层人士，尤其是想给帝国主义露一手，以便博得其主子的信赖。于是，在光绪二十六年十二月初十日（1901 年 1 月 29 日）颁谕宣布，她也要起来“改

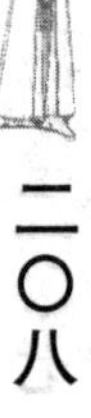

弦更张”、利用“西法”，采取“补救”措施了。那么怎样“改”和如何“补救”呢？西太后在这个谕旨里说得也很明白，那就是“世有万祀不易之常经，无一成不变之治法，……不易者三纲五常，昭然如日星之照世；而可变者令甲令乙，不妨如琴瑟之改弦”。这就清楚地道破了西太后高唱的改革论调，不过是张之洞之《劝学篇》的翻版，还是洋务运动的那一套。因此，她在此后四五年间进行的这种改革，除了为帝国主义列强掠夺中国的矿藏、进一步控制中国的财政等大开绿灯之外，确也加上了一些新的花样儿，如奖励商办实业、废除科举等等。在经济、文化领域采取了一些较为宽松的措施，对社会的发展具有一定的积极作用。但对于封建专制体制和维系它的思想链条，还是拉得紧紧的。从而可见，西太后推行的这种改革，确是洋务运动在新条件下的继续。其根本的目的，是为了适应帝国主义的需要和“修补”她的封建统治躯体。至于较之戊戌维新，可谓有进（如废科举制）有退（在政治思想上仍严密封锁）。尤其在目的与导向上，两者截然不同。总之，从20世纪开始以后，随着民主革命运动的勃兴，西太后进行的这种改革，越发明显地露出了它的欺骗性。对于西太后的改革，光绪帝是有自己的看法的。光绪二十九年（1903年），他曾在私下向对其怀有同情感的德龄说：“我不信太后有力量有本领能够改变中国的情形。就是太后有本领，也不情愿做。恐怕离真正改革的时候远得很呢。”到光绪三十年（1904年），光绪帝又对德龄言：“你说劝太后推行新政，我没有看见甚么效验。”当然，光绪帝对西太后的改革持以否定态度，是出于他对西太后顽固劣性的认识。其实，就在西太后“更张”期间，光绪帝每天都抽出一定时间坚持“阅视时宪书”，表明他依然有着自己的追求。从上可见，直到这时，光绪帝与西太后在政治见解上仍然存在着相当大的距离。他们都要改革，但其所走的道路和想以此达到的目标却大相径庭。所以西太后在贩卖自己的货色时，却又不忘诋毁康有为、敲打光绪帝和诬蔑变法维新。因此，每当她在发布“更张”诏令之前，总要逼迫“皇上先自骂两句，曰：‘康有为之变法，非变法也，乃乱法也；夫康有为一小臣耳，何能尸变法之名？’”就这样，光绪帝对西太后的假改革，却又不得不被迫说些违心的话。

当时的光绪帝，为什么对西太后仍如此屈从？从光绪二十九年至光绪三十年（1903至1904年）到清宫为西太后画像，并趁机见过光绪帝的美国人卡尔女士的口中，我们知道光绪帝所以这样“非帝之懦弱无能，盖彼处于万钧压力之下，固不得不尔，以为自全之计”。在光绪帝身上的确具有明显的懦弱性，这是由于他的特殊成长过程及其所处的具体环境造成的一个致命弱点。如说光绪帝在西太后面前的屈从表现并非出于无能，可以说是基本符合实际的。在当时的情况下，对于光绪帝来说，只要还想保存自己，以备东山再起重建维新大业，他也确实不可能有别的选择了。

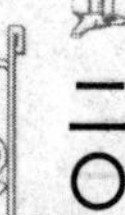

就在深陷逆境的岁月里，光绪帝仍在“朝夕研求”古籍时书，在其中“于西学书尤留意”。同时光绪帝还每日坚持以一定的时间“学习英文”，并“日昃不遑”，持之

以恒。对此，德龄有一段记述："每早见皇帝（即光绪帝——引者），当余有暇时，光绪帝必问英文，所知甚多。余见皇帝，极有趣味。在太后面前，面容肃默，或有时如一呆子。若离开时，全然又是一人。"而且，光绪帝又常常通过德龄和利用其他途径，不断了解外洋的各方面情形，从而对"西邦文化"等情"无不知之"。光绪帝虽然被禁于高墙之中，但却未阻塞住他那面向世界的目光。

除此之外，透过一些蛛丝马迹的现象，又可见光绪帝对20世纪初年帝国主义对中国的激烈争夺亦深感忧虑。在光绪三十年至光绪三十一年（1904至1905年）的日俄战争期间，无视国家和民族利益的西太后，竟然宣布中立、划定战区。让日、俄两个帝国主义者在我国的神圣领土东北地区任意火并、厮杀，给自己的同胞带来无尽的苦难。与此同时，她依旧在宫中"极度挥霍"，不断地大摆戏台，终日拉着光绪帝在成群的宫女、太监陪伴下寻欢作乐。可是，在这当中"唯皇帝一人，总无笑容"。大致就在日、俄开战后的这一期间里，据卡尔女士记述，一次当她外出后回到清宫画室时，"则见有戏单多面，在予桌上，上有红朱笔迹，显为皇上手笔。……予即揣知昨日皇上乘予外出之时，必曾在此小作盘桓。继以皇上手笔，细为谛视，则见所画者非他，乃一幅日俄在满洲交战之地图也。此可见皇上之留心外事，宵旰深宫。"从而卡尔女士又说，光绪帝所以在公开场合"默无所言，若不介然于怀，斯岂光绪帝之本意哉！然而不知光绪帝者，则诚将以光绪帝为不识不知之庸主矣。安能见其操心虑危，实有不得已之苦衷，存于其间耶"。可以认为，这是一个比较客观的评说。

被长期软禁的光绪帝，所以还在埋头攻读、密切注视外洋动向、关心国家的危亡，仍在不断的追求，其原动力，无非是来自他的忧国之忧和从未动摇的复兴祖国之志。然而，随着时代的前进和国内政治形势的变化，尤其是民主革命的波澜到光绪三十一年（1905年）已形成汹涌澎湃的滔滔洪流，清王朝完全陷于摇摇欲坠之中。在这样的历史情况下，光绪帝还在恋恋重新操政，继续走他的维新治国之路。显然，至此已失去变法的光泽。并且就光绪帝自身的处境来说，他也根本无力再扬起政治风帆了！因此到后来，光绪帝只得无可奈何地通过即将离开清宫的德龄，倾吐自己的夙愿和无法解脱的苦衷，作为其最后一次地对世表白：

"我没有机会把我的意思宣布于外，或有所作为，所以外间都不大知道我。我不过是替人做样子的，后来再有外人问你，只告诉他我现在所处地位实在的情形。我有意振兴中国（重点号引者加），但你知道我不能做主，不能如我的志。"

光绪帝在政治上的行迹早已消失。自从德龄离开清宫后，他连在私下流露一点个人情怀的余地也没有了。所以在此后的数年间，光绪帝除了作为西太后的陪衬参加一些祭祀、接见等活动之外，他自己在瀛台唯以录书"表明心迹"了。光绪皇帝的末年，其存在的价值，更是仅仅体现于西太后的需要了。

2."驾崩"之谜

长期缠绵于无限悲愤与忧伤之中的光绪帝，到光绪三十四年十月二十日（1908 年 11 月 13 日），在西太后患病之后他也“疾甚”。遂于次日（11 月 14 日），光绪帝便饮恨逝于瀛台涵元殿，终年（虚龄）38 岁。时隔 20 小时，清王朝在实际上的最高当权者、统治中国将近半个世纪的“女皇”西太后，亦相继病死。

由于“宫掖事秘”，对于光绪帝的神秘之死，从事发起即连宫内的一些大臣也“莫知其详”。因而死后，便对光绪帝的死因众说不一，成为晚清史的又一大疑案。前些年，我国从事医学、医药学研究工作的同志，据中国第一历史档案馆收藏的光绪帝临终前之脉案、药方等原件的验证与研究，确认光绪帝“死于结核病”。当然，就这一新的研究角度而言，是值得欢迎的。但在封建专制时代的宫廷，脉案及药方，并非均为御医对患者诊治的真实记录（书中已述）。据在当时给光绪帝治病的医师记述，他患有“遗泄（即遗精）”，“头痛（神经衰弱等）”“发热”“脊骨痛”“无胃口（无食欲）”“痨症（结核）”等多种疾病。另在其他有关资料中，亦有说光绪帝患“虚痨”等记载。因此认为光绪帝身患“结核病”，当是无误的。但从光绪帝临终前的脉案来看，却未见结核病恶化的症状。所以，仅据清宫的脉案、药方，还难以揭示光绪帝的真实病情，更不能探明与此相关的内幕。

据《清史稿·德宗本纪》记载，在西太后患病期间，十月初二日（10 月 26 日），光绪帝接见日使伊集院彦吉于勤政殿；十月初六日（10 月 30 日），赐达赖宴于紫光阁；十月初十日（11 月 3 日）西太后寿辰，光绪帝又亲“率百官晨贺太后万岁寿”。就在当日“突传圣（光绪帝）躬不豫”，但“入诊者佥云六脉平和无病也。”另据《清宫琐记》载，太（御）医周景濂亦曰，初“帝无大症，诸臣皆以平和剂进之”。再参照此间光绪帝的活动情况，可见他即使发病，但其病情也不会严重，何况光绪帝患的均为慢性病。不过，从此之后，光绪帝的病，却引起西太后的格外关注。她在病中，还命其亲信、庆亲王奕劻为光绪帝寻医。西医师屈桂庭，就是在奕劻授意下由袁世凯推荐进宫为光绪帝治病的。另外，在帝身边任职近 20 年的起居注官、翰林院侍讲恽毓鼎记云，在此之间“有谮上者，谓帝闻太后病，有喜色。太后怒曰：‘我不能先尔（指光绪帝——引者）死’”。唯恐在其死后光绪帝重新上台操政，无疑是西太后的最大顾忌。到十月十八日（11 月 11 日），当屈桂庭再次进宫护理光绪帝时，他发现其“忽患肚痛，在床上乱滚”，而且当时的光绪帝“面黑，舌黄黑”。这时，屈桂庭亦感不解，认为“此系与前病绝少关系”。但是，他见此情况后却匆匆离开了清宫。遂即在光绪帝死去的前一天十月二十日（11 月 13 日），西太后在授意公布帝“病甚”的同时，又降懿旨宣布，醇亲王载沣之子溥仪“在宫中教养，复命载沣监国为摄政王。”对光绪帝的继承人及其之后的执政者，均作好了安排。因此笔者认为，光绪帝之死的确切原因，尚有进一步探究的必要。据西太后的亲信“侍从”说，“皇帝宾天之后，（西）太后闻之，不但不悲愁，而反有安心之状。”帝、后相继而死，难道真的又是清宫中的一次“巧合”吗？

不过，无论光绪帝究竟死于何因，他在清廷遭受的控制与打击；在精神与志向上受到的压抑与摧残；在身心上经受的折磨，甚至其骨肉亲情也被人拆毁，真可谓，光绪帝的一生“未尝一日展容舒气也”！其实，这也就是他“多病柔弱”的根源。因此可以认为，年轻的光绪帝之死，与西太后控制下的清王朝黑暗腐败密切相关。如果说光绪帝入座清宫，是出于一种政治需要；那么他的死去，也未必不是清廷政治腐败的必然。

随着光绪帝与西太后的皇冠相继落地，清王朝的末日也即将到来。

附录：光绪大事记

公元	年号	大事记
1875	光绪元年	正月初一日，以吏部尚书英翰、兵部尚书沈桂芬为协办大学士。
1875	光绪元年	正月初十日，废除内地民人渡台禁例。
1875	光绪元年	正月初十日，沈葆桢奏请在台湾府为明末延平郡王朱成功（郑成功）建立专祠，以使“台民知忠义之大可为”。
1875	光绪元年	正月十二日，准在台湾琅峤添设恒春县。
1875	光绪元年	正月十六日，英国驻华使馆翻译官马嘉理于云南永昌府（今保山市）被杀死。
1875	光绪元年	正月十六日，命督办新疆军务景廉、前宁夏将军金顺务当规划全局，收复乌鲁木齐。
1875	光绪元年	正月十七日，内阁学士广安奏，请饬廷臣会议，颁立铁券，明定将来光绪帝若生皇子即承继同治帝为嗣。
1875	光绪元年	正月二十日，光绪帝登基典礼行于紫禁城太和殿。翌日，颁诏大赦天下。
1875	光绪元年	正月二十九日，总理衙门请饬在廷诸臣会议海防事宜。
1875	光绪元年	二月初三日，密谕陕甘总督左宗棠就海防、塞防之争奏陈意见。
1875	光绪元年	二月十二日，英使威妥玛就马嘉理案照会总理衙门，提出六点要求。
1875	光绪元年	二月十四日，命云南巡抚岑毓英查办马嘉理案，并防英人藉此寻衅。
1875	光绪元年	二月十八日，颁赏琉球国入贡使臣毛精长等缎匹，并赏赐该国王缎匹文绮如例。
1875	光绪元年	二月二十日，同治帝后嘉顺皇后卒。
1875	光绪元年	二月二十七日，礼亲王世铎等奏报会议海防事宜情形，认为海防为最要之图。
1875	光绪元年	三月初七日，左宗棠复奏海防塞防意见，认为二者不可偏废。
1875	光绪元年	三月十八日，云南巡抚岑毓英奏报，派员护送缅甸贡使来京。
1875	光绪元年	三月二十日，命东三省整顿驻防旗兵。
1875	光绪元年	三月二十一日，总理衙门请饬滇省持平办理马嘉理案。

公元	年号	大事记
1875	光绪元年	三月二十八日，命左宗棠为钦差大臣督办新疆军务。
1875	光绪元年	四月十二日，山东巡抚丁宝桢代奏候补同知薛福成所上条陈“治平六策”及“海防密议十条”。
1875	光绪元年	四月二十四日，命浙江学政胡瑞澜复审杨乃武与葛毕氏案。
1875	光绪元年	四月二十六日，派李鸿章为督办北洋海防大臣、沈葆桢为两江总督兼南洋大臣。
1875	光绪元年	四月二十六日，令在台湾、磁州（今河北磁县）试办煤铁之矿业。
1875	光绪元年	四月，北洋大臣李鸿章与税务司赫德议定向英国订购炮艇四艘。
1875	光绪元年	五月初一日，福州船政局所造第十六艘木壳蒸汽推进轮船“元凯”号下水。
1875	光绪元年	五月初六日，命前江苏巡抚丁日昌赴天津，帮同李鸿章办理海防事务。
1875	光绪元年	五月十三日，寄谕督办新疆军务左宗棠当一意西征。
1875	光绪元年	五月十四日，准总理衙门保荐陈兰彬、李凤苞、何如璋、徐建寅、许钤身、许景澄等“才堪出使”。
1875	光绪元年	五月十六日，派湖广总督李瀚章赴云南查办马嘉理案。
1875	光绪元年	五月十七日，岑毓英奏报所查马嘉理案情形。
1875	光绪元年	六月初四日，命两广总督英翰、广东巡抚张兆栋查禁“闱姓赌局”。
1875	光绪元年	六月初十日，总理衙门拟每年为南北洋海防经费拨银四百万两。
1875	光绪元年	六月十三日，派丁日昌为中秘（秘鲁）换约大臣，并与该国再商华工保护事宜。
1875	光绪元年	六月二十七日，命黑龙江练兵一万名，由山东等省每年拨给地丁等银八万四千两。
1875	光绪元年	七月初三日，威妥玛于天津和李鸿章谈马嘉理案。
1875	光绪元年	七月初八日，英使威妥玛派使馆汉文正使（翻译参赞）梅辉立（William Frederick Mayers，1831~1878）来见李鸿章，表示愿在天津商议滇案，并提出六点要求。
1875	光绪元年	七月初九日，左宗棠奏与俄人订立购粮合同。
1875	光绪元年	七月初十日，命自明年开始，每年由户部拨银七十万两，作为“东三省练饷”。

公元	年号	大事记
1875	光绪元年	七月初十日，命两广总督英翰等严禁澳门等处以招工名义拐骗华人贩卖出洋。
1875	光绪元年	七月十四日，准沈葆桢雇用洋人开采台北鸡笼煤矿（基隆煤矿），并谕以务须委员妥为经理，即有需洋人之处，仍当权自我操，勿任彼族搀越。
1875	光绪元年	七月二十八日，派郭嵩焘为出使英国大臣，许钤身为副使。
1875	光绪元年	七月二十八日，沈葆桢奏台湾不宜另设一省。
1875	光绪元年	八月初二日，命将两广总督英翰开缺来京（因擅自弛禁粤省闱姓赌局），交部议处。
1875	光绪元年	八月初二日，以刘坤一为两广总督、刘秉璋为江西巡抚。
1875	光绪元年	八月初八日，派前江苏巡抚薛焕赴云南，帮同李瀚章查办马嘉理案。允明发派郭嵩焘等出使英国之上谕。
1875	光绪元年	八月初八日，沈葆桢奏，拟将船政局造第十七、十八号轮船名“艺新”及“登瀛洲”。
1875	光绪元年	八月十九日，英使威妥玛照会总署，称中国办理滇案“丝毫未见实心”，“本大臣现当陈明本国，不日将带同僚属南下”。
1875	光绪元年	八月二十一日，“江华岛事件”发生。
1875	光绪元年	八月二十九日，准各部院大臣与外国驻京公使有所往来。
1875	光绪元年	九月十一日，命各省督抚对持有总署所给护照之外国人，必须妥为保护。
1875	光绪元年	九月十六日，第四批留美幼童三十名由上海出洋。
1875	光绪元年	九月十七日，光绪帝与慈安太后、慈禧太后送同治帝及孝哲皇后灵柩赴东陵。
1875	光绪元年	十月初一日，山东巡抚丁宝桢奏筹设机器局，制造子弹弹药。
1875	光绪元年	十月十九日，刘坤一奏江苏有“安清道友”“哥老会”两大会党。
1875	光绪元年	十月三十日，定福建巡抚“冬春驻台湾，夏秋驻福州”之制。
1875	光绪元年	十一月初一日，准以济咙呼图克图阿旺班垫曲吉坚赞代办商上事务。
1875	光绪元年	十一月初五日，以广西巡抚刘长佑为云贵总督，严树森为广西巡抚。
1875	光绪元年	十一月十二日，李瀚章、薛焕奏报查办马嘉理案情形，请将地方官吴启亮革职。

公元	年号	大事记
1875	光绪元年	十一月十四日，命陈兰彬、容闳均加二品顶戴，允出使美国、日国（西班牙）、秘鲁三国钦差大臣。
1875	光绪元年	十一月十四日，以丁日昌为福建巡抚，并督办福州船政局事务。
1875	光绪元年	是年，丁宝桢在济南创办山东机器局。
1876	光绪元年	十二月十二日，两宫太后懿旨，派署侍郎内阁大学士翁同龢、侍郎夏同善于明年三月在毓庆宫授读光绪帝。
1876	光绪元年	十二月十四日，命将杨乃武与葛毕氏案提交刑部审讯。
1876	光绪元年	十二月二十日，准于台湾添设台北府、淡水县、宜兰县，将原淡水厅改设新竹县，噶玛兰厅通判一缺改为台北府分防通判，移扎鸡笼，台湾南路同知驻扎卑南（今台东）。
1876	光绪元年	十二月二十二日，予盛京将军以总督体制。
1876	光绪元年	十二月二十八日，日使森有礼与李鸿章在保定会谈中朝、中日、日朝关系等问题。
1876	光绪二年	正月初七日，命南洋大臣沈葆桢筹借洋款一千万两作为西征军饷。
1876	光绪二年	正月二十八日，刘锦棠统兵往肃州准备出关收复新疆。
1876	光绪二年	二月初二日，日本与朝鲜签订《江华条约》。
1876	光绪二年	二月初三日，准送两只“四不像”（麋鹿）给德国，以示友好。
1876	光绪二年	二月十八日，威妥玛照会总署，要求允许上海英商修造吴淞铁路。
1876	光绪二年	三月初一日，左宗棠奏报西征粮运、关外敌情及进兵布置方略。
1876	光绪二年	三月初四日，李鸿章函告总署拟派卞长胜等七人赴德国学习军事。
1876	光绪二年	三月初七日，命顺天府府尹吴赞诚开缺充督办福建船政大臣。
1876	光绪二年	三月十五日，命景廉在军机大臣上学习行走、涂宗瀛为广西巡抚。
1876	光绪二年	三月十八日，命沈葆桢等阻止英商在上海擅造铁路。
1876	光绪二年	三月二十八日，擢四川布政使文格为云南巡抚。
1876	光绪二年	四月初十日，准直隶将军减免税厘。
1876	光绪二年	四月十二日，准廓尔喀（尼泊尔）按期呈进表贡。
1876	光绪二年	四月二十五日，太和殿传胪。
1876	光绪二年	五月初四日，大学士文祥卒，予谥“文忠”。
1876	光绪二年	五月十一日，威妥玛提出议结滇案“六条办法”。

公元	年号	大事记
1876	光绪二年	五月十五日，威妥玛于议结滇案“六条办法”之外又提出“划定口界”等苛刻条件。
1876	光绪二年	闰五月初五日，因英使罢议出京有意要挟，命南北洋大臣等布置防务。
1876	光绪二年	闰五月十五日，命四川预行筹拨西藏军饷，嗣后作为定章。
1876	光绪二年	六月初八日，派大学士直隶总督李鸿章为全权大臣，往烟台与威妥玛会商事务。
1876	光绪二年	六月二十八日，刘锦棠、金顺两军攻克古牧地，随后收复乌鲁木齐。
1876	光绪二年	七月二十六日，《中英烟台条约》签字。
1876	光绪二年	八月初九日，以曾国荃为山西巡抚，调闽浙总督李鹤年为河东河道总督。
1876	光绪二年	八月十三日，命许钤身为出使日本国大臣，何如璋为出使日本国副使。
1876	光绪二年	八月十五日，命刘锡鸿为出使英国大臣（副使）。
1876	光绪二年	九月初八日，吴淞铁路案议结。
1876	光绪二年	九月十一日，以何璟为闽浙总督，丁宝桢为四川总督，李瀚章为湖广总督，文格为山东巡抚，实授潘鼎新为云南巡抚。
1876	光绪二年	九月十二日，总理衙门奏呈《出使章程》。
1876	光绪二年	九月十二日，令成都将军魁玉等妥查川省教案。
1876	光绪二年	九月十八日，谕实录馆将自咸丰十一年七月十七日至同治十三年十二月初五日期间与外国交涉事件照咸丰朝实录撰写之例，另为一书。
1876	光绪二年	九月二十一日，金顺等军攻克玛纳斯南城，北疆除伊犁之外全部收复。
1876	光绪二年	十月十二日，自英定购之两炮舰“龙骧”“虎威”号驶抵大沽。
1876	光绪二年	十月二十六日，命李鸿藻、景廉在总理各国事务衙门行走。
1876	光绪二年	十月二十六日，署盛京将军崇实卒。
1876	光绪二年	十月二十八日，命金顺为伊犁将军，英翰为乌鲁木齐都统。
1876	光绪二年	十月二十八日，因江北地方旱灾严重，命从江苏、安徽、山东粮道库存项下提款各五万两，解交漕运总督文彬。
1876	光绪二年	十一月初十日，命左宗棠筹划新疆旗丁屯田事。
1876	光绪二年	是年，求志书院在上海县创办。
1876	光绪二年	是年，开平矿务局创立。
1877	光绪二年	十一月二十五日，准左宗棠于明春进兵南疆。
1877	光绪二年	十二月初二日，派何如璋为出使日本国钦差大臣，知府张斯桂为副使。

公元	年号	大事记
1877	光绪二年	十二月初五日，命湖北、江西、浙江拨银一百万两收购美国旗昌洋行船产。
1877	光绪二年	十二月十六日，因葛品莲案余杭知县刘锡彤革职。
1876	光绪二年	是年，长江以北各省普遍旱灾。
1877	光绪三年	正月初四日，赏济咙呼图克图“达善”名号。
1877	光绪三年	二月初八日，郭嵩焘奏请严禁鸦片。
1877	光绪三年	二月初九日，孚郡王奕譓卒，谥曰“敬”。
1877	光绪三年	二月十六日，杨乃武与葛毕氏案审结，浙江巡抚杨昌濬等革职。
1877	光绪三年	二月十八日，湖北宜昌、安徽芜湖、浙江温州开埠。
1877	光绪三年	二月十九日，广西北海开埠。
1877	光绪三年	二月二十二日，盛京将军崇厚奏，拟于奉省添设宽甸、怀仁、通化三县，请将昌图厅改设府治，添设奉化厅、怀德县。
1877	光绪三年	二月二十八日，派驻英副使刘锡鸿为驻德国使臣，停设驻英副使。
1877	光绪三年	二月，福州船政局学生郑清濂等十六人赴法学习制造，刘步蟾、方伯谦、严宗光（严复）等十二人赴英学习驾驶，马建忠随同赴欧。
1877	光绪三年	三月初六日，刘锦棠率老湘军二十九营克复达坂城。
1877	光绪三年	三月初八日，张曜、徐占彪两军收复吐鲁番城。
1877	光绪三年	三月十六日，刘锦棠收复托克逊。
1877	光绪三年	三月二十五日，台湾鸡笼老寮坑井看见煤层。
1877	光绪三年	三月二十六日，命吉林将军铭安随时监视“韩边外”等聚众淘金者。
1877	光绪三年	四月初三日，福州船政局所造第一号铁胁轮船“威远”号下水。
1877	光绪三年	四月十二日，左宗棠覆奏京师旗人移驻新疆屯田之议。
1877	光绪三年	四月，山西、河南旱灾严重，粮价昂贵。
1877	光绪三年	四月二十五日，太和殿传胪。授王仁堪、余联沅、朱赓扬分别为翰林院修撰、编修，赐进士及第。
1877	光绪三年	五月初十日，密谕左宗棠奏陈英人为阿古柏伪政权游说意见。
1877	光绪三年	五月十四日，命驻日使臣何如璋相机办理日本阻止琉球入贡事。
1877	光绪三年	五月，阿古柏自杀，其长子伯克胡里西走喀什噶尔。
1877	光绪三年	六月初四日，免予十二世达赖喇嘛之呼毕勒罕（转世灵童）金瓶掣签。
1877	光绪三年	六月初六日，伊犁将军金顺奏，与俄订立合同，购粮一千万斤。

公元	年号	大事记
1877	光绪三年	六月十一日，令毁郭嵩焘所著《使西纪程》书版。
1877	光绪三年	七月初二日，左宗棠因英人为阿古柏伪政权游说事，强调地不可弃，兵不可停。
1877	光绪三年	七月初四日，命李鸿章借拨北洋海防军费赈济山西。
1877	光绪三年	七月初五日，令布政使葆亨暂署福建巡抚。
1877	光绪三年	七月十七日，刘锦棠军进兵库尔勒等地，开始收复南疆东四城之行动。
1877	光绪三年	七月二十日，明谕不准前藏已革额尔德蒙诺们罕再行转世。
1877	光绪三年	八月三十日，命云南巡抚潘鼎新来京候用，云南布政使杜瑞联署理巡抚。
1877	光绪三年	九月初一日，刘锦棠军收复库尔勒、喀喇沙尔。
1877	光绪三年	九月初四日，派翰林院编修吴大澂赴津，帮同办理晋豫赈灾事。
1877	光绪三年	九月初六日，派阎敬铭为稽查山西赈务大臣，令其迅速启程。
1877	光绪三年	九月初九日，命将山东省本年冬漕拨山西、河南各八万石。
1877	光绪三年	九月十二日，刘锦棠收复库车。
1877	光绪三年	九月十四日，李鸿藻丁忧解任，以都察院左都御史贺寿慈为工部尚书。
1877	光绪三年	九月十五日，派河东河道总督李鹤年（后袁保恒代之）周历河南灾区、稽查赈务。
1877	光绪三年	九月十五日，令陕西巡抚谭锺麟查明陕西各属灾区轻重。
1877	光绪三年	九月十八日，刘锦棠收复拜城、阿克苏、乌什，南疆东四城全告收复。
1877	光绪三年	九月二十五日，驻英使臣郭嵩焘请于新加坡设立领事馆，以道员胡璇泽充之。
1877	光绪三年	十月初二日，令沈葆桢劝谕各商捐输。
1877	光绪三年	十月十三日，《古巴华工保护条约》订立。
1877	光绪三年	十一月十一日，降河南巡抚李庆翱三级，以涂宗瀛为河南巡抚，杨重雅为广西巡抚。
1877	光绪三年	十一月十三日，刘锦棠军收复喀什噶尔。
1877	光绪三年	十一月十七日，刘锦棠军收复叶尔羌、英吉沙尔等城，南疆各城全部收复。
1877	光绪三年	是年，直隶保定、河间等处遭蝗、旱灾。
1877	光绪三年	是年，台湾基隆八斗煤矿建成投产，为中国第一座以西法开采之近代化煤矿。

公元	年号	大事记
1877	光绪三年	是年，英商创办台湾樟脑压制厂。
1878	光绪三年	十一月二十八日，川督丁宝桢奏，拟设四川机器局制造枪炮。
1878	光绪三年	十二月二十三日，令将记名提督左宝贵交军机处记名，待机简放。
1878	光绪四年	正月二十一日，以出使英国大臣郭嵩焘兼充出使法国大臣。
1878	光绪四年	正月二十三日，两广总督刘坤一奏，拨解山西、河南、陕西赈银各五万两。
1878	光绪四年	正月二十八日，浙江巡抚梅启照奏光绪三年该省共一千一百四十六万五千七百丁口。
1878	光绪四年	二月初一日，川督丁宝桢奏筹款修都江堰水利。
1878	光绪四年	二月初一日，诏命丁宝桢复核四川东乡滥杀无辜案，并令前两江总督李宗羲查明具奏。
1878	光绪四年	二月初五日，调湖南巡抚王文韶署兵部左侍郎，在军机大臣上学习行走。
1878	光绪四年	二月十二日，命予左宗棠晋为二等侯爵，刘锦棠晋二等男爵，提督余虎恩等备赏叙有差。
1878	光绪四年	二月十四日，总理衙门奏，各省洋枪队教练所用口号宜全用中国语文。
1878	光绪四年	二月十四日，命各省购买外洋军火须划一办理。
1878	光绪四年	二月十九日，命户部再拨库款银二十万两并续拨南漕十六万石赈济晋豫。
1878	光绪四年	三月初九日，因湖南巡抚卫荣光丁忧解任，调湖北巡抚邵亨豫为湖南巡抚，湖北布政使潘霨署湖北巡抚。
1878	光绪四年	三月十三日，谕令江苏、安徽等十省筹银协济山西、河南。
1878	光绪四年	四月初七日，以督办船政大臣吴赞诚署理福建巡抚。
1878	光绪四年	四月初十日，令苏、皖等十省各筹拨银六万两解赴山西。
1878	光绪四年	四月十三日，刑部左侍郎、稽查河南赈务袁保恒卒，诏命从优赐恤，予谥“文诚”。
1878	光绪四年	四月二十一日，宣示山西得雨。
1878	光绪四年	四月二十九日，因购办西征军火出力并捐款赈灾，命予道员胡光墉交部议叙并赏穿黄马褂。
1878	光绪四年	五月初二日，因赈济有功，命予翰林院编修吴大澂赏加侍读学士衔。
1878	光绪四年	五月十九日，调万青藜为吏部尚书，徐桐为礼部尚书，翁同龢为都察院左都御史。

公元	年号	大事记
1878	光绪四年	五月十九日，命沈桂芬兼任翰林院掌院学士。
1878	光绪四年	五月十九日，福州船政局第二号铁胁船“超武”建成下水。
1878	光绪四年	五月二十二日，派崇厚为出使俄国钦差大臣，办理索还伊犁等事。
1878	光绪四年	六月初二日，奕山卒，命照例赐恤。
1878	光绪四年	六月初五日，总理衙门奏，议定日本阻止琉球入贡事交涉办法。
1878	光绪四年	六月二十一日，诏予出使俄国大臣崇厚作为全权大臣，便宜行事。
1878	光绪四年	六月二十五日，开平矿务局正式开局。
1878	光绪四年	七月初四日，命各省裁革陋规。
1878	光绪四年	七月初四日，实授潘霨湖北巡抚；实授杜瑞联云南巡抚。
1878	光绪四年	七月二十三日，命王文韶、周家楣在总理各国事务衙门行走。
1878	光绪四年	七月二十七日，派曾纪泽为出使英、法两国钦差大臣。
1878	光绪四年	七月二十七日，命李凤苞署理出使德国钦差大臣。
1878	光绪四年	八月初九日，严饬备省整顿吏治。
1878	光绪四年	八月十七日，黑龙江呼兰城守尉惠安与法国传教士斗殴案发生。
1878	光绪四年	八月二十九日，命闽省妥办福州教堂被毁案。
1878	光绪四年	九月十二日，清廷驻日使臣何如璋照会日本外务省，抗议其阻止琉球入贡。
1878	光绪四年	九月十四日，准左宗棠借洋款，用于新疆裁勇改饷、兴办善后事宜。
1878	光绪四年	九月十七日，命续拨漕粮十二万石、银二十万两赈济山西。
1878	光绪四年	九月三十日，命鄂督李瀚章于湖北樊口兴修闸坝。
1878	光绪四年	十月初六日，命提督冯子材率兵赴越南平定李扬才起事。
1878	光绪四年	十月十六日，刘锦棠于玉都巴什大败阿古柏残匪。
1878	光绪四年	十月二十一日，以裕宽为福建巡抚。
1878	光绪四年	十月二十二日，派吉林将军铭安、刑部左侍郎冯誉冀查办惠安与法国传教士斗殴案。
1878	光绪四年	十一月初九日，左宗棠奏在新疆宜设行省，并请三年之内拨银五百万两。
1878	光绪四年	十一月十五日，驻日使臣何如璋奏，于横滨、神户、长崎等处分设领事。
1878	光绪四年	十一月二十四日，令各省督抚讲求吏治。
1878	光绪四年	十二月初七日，命盛京将军切实筹划防务，以防俄人窥伺东三省。
1878	光绪四年	是年，陕甘总督左宗棠倡办兰州织呢局。

公元	年号	大事记
1879	光绪四年	十二月十四日，命户部及各省停止捐纳，以肃吏治。
1879	光绪四年	十二月十五日，命各省协征西征饷银（每年七百余万两）解交左宗棠。自光绪五年起，三年内均按十成报解，俾资应用新疆善后事宜。
1879	光绪四年	十二月二十八日，以崇厚为都察院左都御史。
1878	光绪四年	是年，薛福成上《创开中国铁路议》。
1878	光绪四年	是年，海关设“华洋书信局”，江海关发行“海关大龙票”。
1879	光绪五年	正月十二日，刘锦棠再次大败阿古柏残匪。
1879	光绪五年	正月二十一日，裁撤京捐局。
1879	光绪五年	正月二十四日，调裕宽为广东巡抚，李明墀为福建巡抚。
1879	光绪五年	正月二十五日，贵州巡抚黎培敬降三级调用，张树声为贵州巡抚。
1879	光绪五年	正月二十七日，以翁同龢为刑部尚书，潘祖荫为都察院左都御史。
1879	光绪五年	二月初七日，令驻藏大臣松淮抚恤哲孟雄（锡金），以安边圉。
1879	光绪五年	二月初八日，命将山西吉州知州段鼎耀（侵贪赈款）正法。
1879	光绪五年	二月十二日，丁宝桢因“率更成法，致堤被水冲刷”，降为三品顶戴留任。
1879	光绪五年	三月初三日，日本侵入琉球。
1879	光绪五年	三月初四日，命将工部尚书贺寿慈（张佩纶、黄体芳参其交结商人）降三级调用。
1879	光绪五年	三月初六日，吴元炳署两江总督。
1879	光绪五年	三月十一日，以潘祖荫为工部尚书，童华为都察院左都御史。
1879	光绪五年	三月十三日，日本宣布废灭琉球王国，改为日本国冲绳县。
1879	光绪五年	三月十五日，命李凤苞为出使德国大臣。
1879	光绪五年	三月十六日，嘉奖济咙呼图克图（办理西藏商上事务妥善），并令其照看十二世达赖喇嘛之呼毕勒罕（转世灵童）。
1879	光绪五年	三月二十一日，光绪帝赴东陵举行同治帝及皇后下葬典礼。
1879	光绪五年	三月二十八日，因日本吞灭琉球，命南洋大臣沈葆桢等筹办南洋防务。
1879	光绪五年	闰三月初二日，兵部尚书广寿奏所查山东巡抚文格收受礼物事，文格等三人降三级。
1879	光绪五年	闰三月初五日，命出使日本大臣何如璋仍留日本。
1879	光绪五年	闰三月十一日，周恒祺为山东巡抚，薛允升为山东布政使。

公元	年号	大事记
1879	光绪五年	闰三月十七日，命王大臣等会议吴可读遗疏“明降懿旨，预定将来大统之归”。
1879	光绪五年	闰三月二十日，总署照会日使，抗议日本改琉球为县。
1879	光绪五年	闰三月二十二日，令李鸿章认真整顿北洋海防，丁日昌赏加总督衔专驻南洋会同沈宝桢筹办海防（丁因病未到任）。
1879	光绪五年	闰三月二十三日，命丁日昌充兼总理各国事务大臣。
1879	光绪五年	四月初三日，恩承等奏，审结四川东乡滥杀无辜案。
1879	光绪五年	四月初八日，美国前总统格兰特（Ulysses Simpson Grant，1822 — 1885）到天津晤见直隶总督李鸿章。
1879	光绪五年	四月初十日，两宫太后懿旨：吴可读所请预定大统之归，实与本朝家法不合。皇帝将来诞生皇子，其继大统者即为穆宗嗣子。
1879	光绪五年	四月十二日，恭亲王会见并宴请格兰特，请其调处中日两国琉球争端。
1879	光绪五年	四月二十九日，调翁同龢为工部尚书，潘祖荫为刑部尚书。
1879	光绪五年	四月三十日，正式允四川盐务官运商销。
1879	光绪五年	五月十二日，甘肃阶州（今陇南市武都区）、四川西北、东南，陕西汉中、凤翔等地发生地震（震级达里氏八级），人口伤亡严重。
1879	光绪五年	五月十四日，琉球紫巾官向德宏向李鸿章乞援，请救琉球“倾覆之危”。
1879	光绪五年	六月初二日，福州船政局第三号铁胁轮船“康济”建成下水。
1879	光绪五年	六月初七日，赏丁宝桢四品顶戴，署理四川总督。
1879	光绪五年	六月十七日，翰林院侍讲王先谦奏请“谨防前明朋党之祸”。
1879	光绪五年	六月二十三日，派令济咙呼图克图阿旺班垫曲吉坚赞等二人为达赖喇嘛（十三世）之教经师傅。
1879	光绪五年	七月初十日，总理衙门奏呈俄人所绘伊犁分界地图。
1879	光绪五年	八月初八日，崇厚赴黑海签订返还伊犁条约。
1879	光绪五年	八月初九日，刘锦棠率军歼灭入寇之境外阿古柏残匪两千余人。
1879	光绪五年	八月十七日，崇厚与俄国签署《里瓦几亚条约》。
1879	光绪五年	九月初三日，广西提督冯子材平定李杨才之乱。
1879	光绪五年	九月初八日，以黎兆棠为督办福建船政大臣，邵友濂署出使俄国大臣。
1879	光绪五年	九月初八日，琉球耳目官毛精长来京吁请天朝救存。

公元	年号	大事记
1879	光绪五年	九月二十三日，派户部左侍郎麟书、内阁学士崇礼在总理各国事务衙门行走。
1879	光绪五年	九月三十日，翰林院侍读王先谦以日本灭琉球事，奏请审敌情，振士气，筹经费，备船械。
1879	光绪五年	十月十五日，命将阿古柏子孙四名于甘肃省城牢固监禁。
1879	光绪五年	十月十八日，广西西林白苗王公起事，自称苗王。
1879	光绪五年	十一月初一日，命驻藏大臣松溎来京，以色楞额为办事大臣，维庆为驻藏帮办大臣。
1879	光绪五年	十一月初六日，两江总督兼南洋大臣沈葆桢卒，谥“文肃”。
1879	光绪五年	十一月十五日，调刘坤一为两江总督兼南洋大臣。
1879	光绪五年	十一月十五日，册封醇亲王世袭罔替。
1879	光绪五年	十一月十八日，李鸿章函总署谓西北军心不固，外强中干，主依崇厚约早日了结。
1879	光绪五年	是年，商人卫省轩在广东佛山创办巧明火柴厂。
1879	光绪五年	是年，官督商办企业天平寨银矿在广西创立。
1879	光绪五年	是年，英国马根济在天津建立马大夫医院。
1880	光绪五年	十一月二十五日，《穆宗实录》及《圣训》成书，光绪帝至保和殿，行受书礼。
1880	光绪五年	十一月二十七日，《内港江河行船免碰及救护赔偿审断专章》签订于北京。
1880	光绪五年	十一月二十九日，荣禄因病解职，以礼部尚书恩承兼任步军统领。
1880	光绪五年	是年，李鸿章在天津至大沽、北塘炮台成功设置电报线路。
1880	光绪六年	正月初三日，以曾纪泽为出使俄国大臣。
1880	光绪六年	正月初三日，令亲王、郡王等会议崇厚罪名。
1880	光绪六年	正月二十一日，命沿海沿边各督抚严密布置防务。
1880	光绪六年	正月二十一日，命东三省各将军悉力经营练兵事宜，并谕户部筹拨东北边防经费，调宋庆一军赴奉天驻扎。
1880	光绪六年	二月初一日，命曾纪泽力持定见，慎重办理与俄事务。
1880	光绪六年	二月二十一日，订立《中德续修条约》。
1880	光绪六年	三月十二日，总署电示曾纪泽以改订伊犁条约要旨。

公元	年号	大事记
1880	光绪六年	四月十八日，左宗棠率兵赴哈密，以就近布置新疆防务。
1880	光绪六年	四月二十五日，太和殿传胪。授一甲黄思永、曹诒孙、谭鑫振翰林院修撰、编修，赐进士及第。
1880	光绪六年	五月初一日，左宗棠奏预拟新疆改设行省建置大要。
1880	光绪六年	六月初五日，巴西公使喀拉多（Eduardo Callado）到天津与李鸿章商议定约。
1880	光绪六年	六月初八日，命李鸿章为全权大臣与巴西使臣议约。
1880	光绪六年	六月二十四日，派曾国荃督办山海关防务，葆亨护理山西巡抚。
1880	光绪六年	六月二十四日，派总理各国事务衙门王大臣与日本使臣商办琉球案。
1880	光绪六年	七月初六日，命湖南提督鲍超带兵于天津、山海关择要扼扎。
1880	光绪六年	七月初七日，命开释崇厚。
1880	光绪六年	七月，戈登来华与李鸿章及总理衙门谈中俄之事。
1880	光绪六年	八月初一日，李鸿章在天津与巴西专使喀拉多订立《中巴通商条约》。
1880	光绪六年	八月十二日，因俄人调集兵轮，意图挟制，命前直隶提督刘铭传速来京。
1880	光绪六年	八月十四日，李鸿章请设天津至上海间电报线。
1880	光绪六年	八月二十二日，谕刘锦棠署理钦差大臣督办新疆军务。
1880	光绪六年	八月二十八日，中俄彼得堡谈判重新开始。
1880	光绪六年	九月初三日，李鸿章创立天津电报学堂。
1880	光绪六年	九月初四日，命吴长庆赴山东驻防，加紧海防。
1880	光绪六年	九月初六日，两宫太后召见军机大臣、醇亲王、惇亲王、翁同龢、潘祖荫论俄事。
1880	光绪六年	九月十七日，曾纪泽断然拒绝俄方“伊犁永交俄国管辖”之图谋。
1880	光绪六年	九月二十五日，总署奏请签押与日本所议定琉球条约。
1880	光绪六年	十月初四日，命李鸿章妥筹与日本议结琉球案。
1880	光绪六年	十月初九日，李鸿章奏议结琉球案事，认为“利益均沾”条款不宜轻许。
1880	光绪六年	十月十五日，《中美续修条约及续补条约》在京订立。
1880	光绪六年	十一月初一日，以许景澄为出使日本国钦差大臣。
1880	光绪六年	十一月初二日，刘铭传奏请试办铁路。
1880	光绪六年	十一月十一日，曾纪泽赴俄晤俄外务大臣格尔思，该臣称“今本国已答应交还帖（特）克斯川，在中国已属十分光彩”。

公元	年号	大事记
1880	光绪六年	十一月二十九日，李鸿章奏，拟派丁汝昌、邓世昌、林泰曾等赴英验收并驾驶所订两快船“超勇”“扬威”号来华。
1880	光绪六年	是年，天津电报总局设立。
1880	光绪六年	是年，中兴煤矿公司建立。
1880	光绪六年	是年，王文韶在昆明设经正书院。
1881	光绪六年	十二月初八日，曾纪泽晤驻俄法使商犀（Chanzy），申明越南为中国藩属。
1881	光绪六年	十二月十五日，曾纪泽电告总署，与俄改订条约业已告成。
1881	光绪六年	十二月二十九日，协办大学士军机大臣总署大臣沈桂芬卒，谥“文定”。
1880	光绪六年	是年，两广总督张树声创建广东实学馆。
1881	光绪七年	正月初三日，以署吏部尚书李鸿藻为兵部尚书。
1881	光绪七年	正月十六日，不从刘铭传试办铁路之请。
1881	光绪七年	正月二十五日，准由北洋大臣及驻日使臣与朝鲜函商该国洋务要事，不必经由礼部。
1881	光绪七年	正月二十六日，曾纪泽与俄外务大臣格尔思等签署《中俄改订条约》《中俄改订陆路通商章程》。
1881	光绪七年	正月二十九日，命大学士左宗棠管理兵部事务，在军机大臣上行走并在总理各国事务衙门行走。
1881	光绪七年	二月初一日，以曾国荃为陕甘总督，实授卫荣光为山西巡抚。
1881	光绪七年	二月初二日，李鸿章奏，派马建忠等代拟朝鲜与各国通商章程底稿。
1881	光绪七年	二月初六日，命彭玉麟加意防备长江，以防日本要挟生事。
1881	光绪七年	二月初九日，帮办吉林边防吴大徵请开朝鲜薄老滕港为口岸，以防俄制日。
1881	光绪七年	二月十三日，四川总兵剿平雷波里夷乱。
1881	光绪七年	二月十八日，设驻檀香山领事宫（陈国棻）。
1881	光绪七年	三月初七日，命出使德国大臣李凤苞兼充驻意大利、荷兰、奥斯马加（奥地利）三国使臣，命黎庶昌为出使日本大臣。
1881	光绪七年	三月初十日，慈安太后崩。
1881	光绪七年	三月二十一日，慈安太后尊谥曰“孝贞显皇后”。
1881	光绪七年	四月初八日，命将山东烟台防务归北洋大臣节制。
1881	光绪七年	四月初八日，命吴大澂督办吉林三姓、宁古塔、珲春等边防事宜。

公元	年号	大事记
1881	光绪七年	四月初八日，调岑毓英为福建巡抚，以办理台湾防务，勒方琦为贵州巡抚；喜昌为库伦办事大臣，桂祥为乌里雅苏台参赞大臣。
1881	光绪七年	四月十八日，实授丁宝桢为四川总督。
1881	光绪七年	四月二十五日，禁止垦种明代皇陵附近土地。
1881	光绪七年	四月二十九日，福建台北府属淡水、新竹二县地震。
1881	光绪七年	五月初九日，准加收税厘以严禁鸦片。
1881	光绪七年	五月十二日，准裁撤“出洋肄业总局”，撤回留美学生。
1881	光绪七年	五月十三日，直隶开平至胥备庄轻便铁路开通。
1881	光绪七年	五月十四日，调黎培敬为江苏巡抚，周恒祺为漕运总督，任道镕为山东巡抚。
1881	光绪七年	五月十六日，命锡纶、升泰办理伊犁接收及分界事宜。
1881	光绪七年	五月二十日，台湾地震。
1881	光绪七年	五月二十一日，福建地震。
1881	光绪七年	五月二十八日，命郑藻如为出使美国、日国（西班牙）、秘鲁三国钦差大臣。
1881	光绪七年	六月初一日，以张之洞为内阁学士兼礼部侍郎。
1881	光绪七年	六月初五日，越南使臣至北京乞援。
1881	光绪七年	六月十六日，李鸿章请准商人在香港设洋药（鸦片）公司。
1881	光绪七年	六月二十五日，甘肃阶州（今武都）等处地震，死四百余人。
1881	光绪七年	六月二十九日，以兵部尚书李鸿藻为协办大学士。
1881	光绪七年	七月初四日，准于吉林开垦围场之地，兴办矿务。
1881	光绪七年	七月，李鸿章创建天津水师学堂。
1881	光绪七年	七月十一日，以大理寺少卿曾纪泽为都察院左副都御史。
1881	光绪七年	七月十七日，与英所订两只蚊炮船抵大沽，名曰“镇中”“镇边”。
1881	光绪七年	七月，彗星现于北斗七星之斗柄下，尾长至丈许。
1881	光绪七年	闰七月初九日，派伊犁将军金顺督办接收伊犁，以锡纶为特派接收大臣。
1881	光绪七年	八月初三日，鲁迅出生于浙江绍兴。
1881	光绪七年	八月十一日，李鸿章与巴西公使喀拉多订立《中巴和好通商条约》。
1881	光绪七年	八月二十四日，实授刘锦棠钦差大臣督办新疆军务。
1881	光绪七年	九月初六日，以大学士左宗棠为两江总督兼南洋大臣。

公元	年号	大事记
1881	光绪七年	九月初九日，光绪帝与慈禧太后送孝贞显皇后灵柩往东陵。
1881	光绪七年	九月二十六日，购于英国之快舰“超勇”“扬威”抵大沽口。
1881	光绪七年	十月二十九日，津沪电线通报。
1881	光绪七年	是年，商人黄佐卿在上海创办公和永缫丝厂。
1881	光绪七年	是年，吴大澂创办吉林机器局。
1881	光绪七年	是年，英商创办上海自来水公司。
1881	光绪七年	是年，大沽船坞始建于天津。
1881	光绪七年	是年，美国监理会传教士林乐知（Young JohnAllen，1836—1907）筹建上海中西书院。
1881	光绪七年	是年，英商创办上海熟皮公司。
1881	光绪七年	是年，美商创办上海华章纸厂。
1881	光绪七年	是年，朱其诏在热河平泉创办平泉铜矿。
1882	光绪七年	十一月十二日，法外长刚必达（Leon Gambetta）照会曾纪泽谓法对越南有完全自由处置权。
1882	光绪七年	十一月二十九日，法军赴北圻，为刘永福黑旗军所阻。
1882	光绪七年	十二月初八日，命出使英、法两国大臣曾纪泽留任三年。
1882	光绪七年	十二月初八日，以黑龙江副都统文绪为署将军。
1882	光绪七年	十二月，准于吉林省添设宾州厅、五常厅。
1882	光绪八年	正月初四日，命湖广总督李瀚章兴修洞庭湖堤坝。
1882	光绪八年	正月二十四日，调李鸿藻为吏部尚书，阎敬铭为户部尚书，毛昶熙为兵部尚书，庆裕为漕运总督，倪文蔚为广西巡抚。
1882	光绪八年	正月二十七日，准吉林将军升吉林厅为府治，添设双城厅、伊通州。
1882	光绪八年	二月十二日，兵部尚书毛昶熙卒，予谥“文达”，以张之万为兵部尚书。
1882	光绪八年	二月十六日，命左宗棠酌办御史陈启泰所奏上海《申报》捏造事端事。
1882	光绪八年	二月二十八日，丁日昌卒，赐祭葬。
1882	光绪八年	三月初一日，李鸿章改电报局为官督商办。
1882	光绪八年	三月初二日，调两广总督张树声署理直隶总督兼北洋大臣（李鸿章回乡探母）。
1882	光绪八年	三月初二日，派陈兰彬在总理各国事务衙门行走。
1882	光绪八年	三月初九日，黑旗军进驻越南山西。

公元	年号	大事记
1882	光绪八年	三月十九日，曾纪泽照会法外部，抗议法军占领东京（河内）。
1882	光绪八年	三月二十八日，朝鲜国王照会美国总统，申明朝鲜为中国属邦。
1882	光绪八年	四月初六日，《朝美通商条约》十四款签字。
1882	光绪八年	四月初十日，张佩纶、陈宝琛奏请派左宗棠或李鸿章前往广东督师，并慎择两广总督，以解法、越之事。
1882	光绪八年	四月十四日，命前陕甘总督曾国荃为两广总督。
1882	光绪八年	四月二十九日，准中朝两国商民自由贸易。
1882	光绪八年	五月初七日，以法越事急，调福建巡抚岑毓英为云贵总督，命刘长佑进京陛见。
1882	光绪八年	五月二十五日，上海领事团裁判所成立。
1882	光绪八年	六月十二日，上海公共租界电灯公司成立。
1882	光绪八年	七月初五日，派军赴韩。
1882	光绪八年	七月十三日，吴长庆等拘执朝鲜大院君来华。
1882	光绪八年	七月二十三日，“云南报销案”发生。
1882	光绪八年	八月二十日，《中朝商民水陆贸易章程》八条在津议订。
1882	光绪八年	八月二十二日，李鸿章奏添练水师不容迟缓。
1882	光绪八年	九月初一日，明谕奖赏平定朝鲜事件有功人员。
1882	光绪八年	九月十四日，命将河南“胡体安”案交刑部。
1882	光绪八年	九月十八日，《中俄伊犁界约》订立。
1882	光绪八年	九月十九日，张佩纶奏陈“朝鲜善后六策”。
1882	光绪八年	九月二十三日，命驻藏大臣色楞额前往扎什伦布寺祭奠八世班禅额尔德尼。
1882	光绪八年	十月二十二日，中法《越事协议》（即李宝协议）在津订立。
1882	光绪八年	十月二十七日，《中俄喀什噶尔界约》订立。
1883	光绪八年	十二月初三日，福州船政局自制新式快船“开济”号下水。
1883	光绪八年	十二月初九日，调浙江巡抚陈士杰为山东巡抚。
1883	光绪八年	十二月十一日，命将礼部侍郎宝廷革职（主持典试归途买妾）。
1882	光绪八年	是年，李松云创办上海均昌船厂（后名发昌机器厂）。
1882	光绪八年	是年，李文耀、朱其诏创办热河承德三山银矿。
1882	光绪八年	是年，英商创办上海玻璃公司、上海电光公司。

公元	年号	大事记
1882	光绪八年	是年，上海电报学堂成立。
1882	光绪八年	是年，夏秋间山东境内黄河四处决口，“淹毙人口不可胜计”。
1883	光绪九年	正月十二日，派曾纪泽办理洋药税厘并征事务。
1883	光绪九年	正月二十四日，调张之万为刑部尚书，彭玉麟为兵部尚书。
1883	光绪九年	二月初八日，李鸿章派道员袁保龄、汉纳根兴建旅顺船坞。
1883	光绪九年	二月初十日，设纽约领事官（欧阳明）。
1883	光绪九年	二月十五日，派广西布政使徐延旭出关布置防务，以保北圻。
1883	光绪九年	二月二十三日，《中英会商上海至香港电报办法合同》订立。
1883	光绪九年	二月二十九日，“胡体安”案审结，河南巡抚李鹤年等革职。
1883	光绪九年	二月二十九日，调庆裕为河东河道总督，以杨昌为漕运总督，鹿传霖为河南巡抚。
1883	光绪九年	三月初一日，法国人在海防扣押招商局运米船。
1883	光绪九年	三月初四日，法兵没收海防招商局存米并占码头。
1883	光绪九年	三月二十五日，命李鸿章往广东督办越南事宜，广东、广西、云南防军均归节制。
1883	光绪九年	三月二十七日，云南浪穹县（今洱源县）发生教案，乡民焚毁法国教堂、杀死张若望。
1883	光绪九年	四月初一日，《中英续订上海香港电报章程》签于上海。
1883	光绪九年	四月十三日，中丹（麦）《收售上海吴淞旱线合同》订立。
1883	光绪九年	四月十三日，“纸桥大捷”。
1883	光绪九年	四月二十五日，太和殿传胪。授一甲陈冕、寿耆、管廷献为翰林院修撰、编修，赐进士及第。
1883	光绪九年	五月初二日，命李鸿章仍回北洋大臣署任。
1883	光绪九年	五月初四日，李鸿章在上海与法特使德理固（即脱利古，Arthur Tricou，1837-?）会谈越南事。
1883	光绪九年	六月初十日，命李鸿章署理直隶总督兼北洋大臣。
1883	光绪九年	六月十七日，李鸿章奏，拟将津沪电线由天津暂展至通州。
1883	光绪九年	六月十八日，两江总督左宗棠奏，添设上海至汉口电线。
1883	光绪九年	六月二十二日，以唐炯为云南巡抚。
1883	光绪九年	六月二十四日，派河南候补道陈树棠赴朝，充办理商务委员。

公元	年号	大事记
1883	光绪九年	六月，山东黄河决口。
1883	光绪九年	七月初十日，命滇督岑毓英经营云南矿务。
1883	光绪九年	七月初十日，《中俄科塔界约》议定。
1883	光绪九年	七月初十日，广州海关英人罗根（Logan）枪杀中国儿童，逃入英领事馆。
1883	光绪九年	七月二十三日，法越订立《顺化条约》，法声明以武力驱逐黑旗军出境。
1883	光绪九年	七月，永定河决口，顺天府、直隶省发生大水灾。
1883	光绪九年	八月初一日，法军大举进攻丹凤，刘永福退山西城。
1883	光绪九年	八月初三日，都察院奏请续修《大清会典》。
1883	光绪九年	八月初三日，令滇、粤防严密扼守，与刘永福互为声援。
1883	光绪九年	八月初十日，广州发生“沙面事件”。
1883	光绪九年	八月十七日，命张树声阻法国兵船入广州黄埔。
1883	光绪九年	八月十八日，李鸿章在天津与法特使德理固会谈。德理固提出另定中法边界等三事。
1883	光绪九年	九月初三日，中俄《塔尔巴哈台西南界约》订立。
1883	光绪九年	九月初九日，调倪文蔚为广东巡抚，徐延旭为广西巡抚。
1883	光绪九年	九月初九日，派何如璋督办福建船政事宜。
1883	光绪九年	十月十七日，总理衙门照会法驻华署使谢满禄（Vicomte de Marie Joseph Claude. Edouarld Roberlt Semallé）并各国公使，声明越南为中国属邦。
1883	光绪九年	十一月初四日，命张佩纶在总理各国事务衙门行走。
1883	光绪九年	十一月十五日，越南山西失守。
1883	光绪九年	十一月十九日，命左宗棠派员增防台湾。
1883	光绪九年	十一月二十一日，粤省向汇丰银行订立借款合同（一百万两）。
1883	光绪九年	十一月二十三日，命各省严禁邪教（白莲教）。
1883	光绪九年	十一月二十八日，以张凯嵩为贵州巡抚。
1883	光绪九年	十一月二十八日，以阜康商号倒闭，亏空公款，将胡光墉革职。
1883	光绪九年	是年，商办企业西山煤矿创立。
1884	光绪九年	十二月初四日，令彭玉麟专驻琼州（今琼山），以防法犯。
1884	光绪九年	十二月二十一日，曾纪泽告英外相，如中法发生战争，望英中立。
1884	光绪十年	正月初四日，以曾国荃署礼部尚书。
1884	光绪十年	正月十一日，以裕禄署两江总督兼南洋大臣。

公元	年号	大事记
1884	光绪十年	正月二十日，以曾国荃署两江总督兼南洋大臣。
1884	光绪十年	正月二十七日，左宗棠到吴淞口布防。
1884	光绪十年	二月初八日，前福建布政使王德榜率新募湘军八营（号定边军）、提督方友升率粤省防军五营（号威远军）抵达广西龙州。
1884	光绪十年	二月十五日，北宁失守。
1884	光绪十年	二月二十二日，太原失守，广西关外军退守谅山一带。
1884	光绪十年	二月二十九日，调湖南巡抚潘鼎新署广西巡抚，广西巡抚徐延旭、云南巡抚唐炯革职。
1884	光绪十年	二月二十九日，命冯子材赴镇南关外接统黄桂兰部。
1884	光绪十年	三月初九日，法水师提督利士比率兵船由香港北上，往上海而来。
1884	光绪十年	三月十二日，王德榜暂署广西提督。
1884	光绪十年	三月十三日，恭亲王奕䜣退出军机处，免去一切差使。
1884	光绪十年	三月十三日，令礼亲王世铎、户部尚书额勒和布、阎敬铭、刑部尚书张之万在军机大臣上行走。
1884	光绪十年	三月十五日，以徐桐为吏部尚书。
1884	光绪十年	三月十六日，黄桂兰因北宁兵败自杀于谅山。
1884	光绪十年	三月十七日，以郡王衔贝勒奕劻管理总理各国事务衙门。
1884	光绪十年	三月十七日，实授潘鼎新广西巡抚。
1884	光绪十年	三月十七日，法军占兴化。
1884	光绪十年	三月十八日，以云南边防紧要，命户部解银一百万两送滇省。
1884	光绪十年	三月二十二日，命湖南提督苏元春赴广西前敌。
1884	光绪十年	三月二十五日，准李鸿章与法谈和。
1884	光绪十年	四月初四日，派许景澄为出使法、德、意、荷、奥国大臣。
1884	光绪十年	四月十二日，法代表福禄诺到津面交李鸿章《简明条约》草案。
1884	光绪十年	四月十四日，命吴大澂、陈宝琛、张佩纶分别会办北洋、南洋、福建海疆，人称“海疆三会办”事宜。
1884	光绪十年	四月十四日，《点石斋画报》在上海创刊。
1884	光绪十年	四月十六日，命李鸿章为全权大臣与法福禄诺办理条约事务。
1884	光绪十年	四月十七日，《中法会议简明条款》（又称《李福协议》）在天津签订。

公元	年号	大事记
1884	光绪十年	四月二十三日，福禄诺交法文节略一件（包括法保护越南等三条件）于李鸿章。
1884	光绪十年	四月二十七日，李鸿章奏添设大沽、北塘至山海关电线以速军报。
1884	光绪十年	四月二十八日，以张之洞署理两广总督，张树声开缺专办广东防务。
1884	光绪十年	五月初十日，中俄订立《续勘喀什噶尔界约》。
1884	光绪十年	五月十三日，订立《法越和平条约》，越方在签约仪式上“销毁清国封册玉玺”。
1884	光绪十年	五月十四日，以额勒和布、阎敬铭为协办大学士。
1884	光绪十年	五月十五日，命徽宁池太广道张荫桓在总理各国事务衙门行走。
1884	光绪十年	五月十七日，命中外大臣保举人才。
1884	光绪十年	五月二十五日，命左宗棠仍在军机大臣上行走并管理神机营。
1884	光绪十年	闰五月初一日，观音桥事件（北黎事件）发生。
1884	光绪十年	闰五月初一日，以记名提督苏元春署理广西提督。
1884	光绪十年	闰五月初四日，派刘铭传督办台湾事务。
1884	光绪十年	闰五月初十日，命广西防营全部撤至谅山老营。
1884	光绪十年	闰五月十七日，命闽省督抚拨银四十万两交刘铭传办理台湾防务。
1884	光绪十年	闰五月二十三日，法使谢满禄照会总署请中国立即刊登京报速从北圻退兵，并向中国索赔至少二亿五千万法郎。
1884	光绪十年	闰五月二十三日，法国兵舰二艘驶入闽江口。
1884	光绪十年	闰五月二十七，派曾国荃与巴德诺谈判。
1884	光绪十年	闰五月二十七日，谢满禄照会总署，赔款数目分毫不能改。
1884	光绪十年	闰五月二十八日，法国兵舰又有两艘驶入闽江口。
1884	光绪十年	六月初五日，因广东水师提督吴长庆卒，予谥“武壮”，宣付国史馆立传，准建专祠。
1884	光绪十年	六月初六日，李鸿章令将招商局轮船（恐被法劫掠）暂售美旗昌洋行。
1884	光绪十年	六月十六日，基隆大捷。
1884	光绪十年	七月初二日，实授张之洞两广总督。
1884	光绪十年	七月初三日，马尾之战。
1884	光绪十年	七月初六日，清政府对法宣战。
1884	光绪十年	七月初七日，福州将军穆图善在长门轰沉法舰两艘。

公元	年号	大事记
1884	光绪十年	七月十一日，自德订购“南琛”“南瑞”两快船来华。
1884	光绪十年	七月十八日，以左宗棠为钦差大臣督办福建军务，张佩纶以会办大臣兼署船政大臣。
1884	光绪十年	八月初二日，命刑部右侍郎许庚身在军机大臣上行走，鸿胪寺卿邓承修在总理衙门行走。
1884	光绪十年	八月初五日，实授李鸿章直隶总督兼北洋大臣及文华殿大学士。
1884	光绪十年	八月初九日，法国请美国政府转告清廷，赔款八千万法郎否则将北上攻打。
1884	光绪十年	八月十七日，派道员徐承祖为出使日本国大臣。
1884	光绪十年	八月二十日，沪尾大捷。
1884	光绪十年	八月二十六日，命总理衙门采择译刻西洋各类书籍。
1884	光绪十年	八月二十九日，《中英福州电线合同》订立。
1884	光绪十年	九月初二日，法国远东舰队司令孤拔封锁台湾各海口，要求所有船只三日内离开。
1884	光绪十年	九月初四日，命赏刘永福军饷银五万两。
1884	光绪十年	九月初六日，前两广总督张树声卒，谥“靖达”。
1884	光绪十年	九月初八日，命南北洋大臣拨兵船运送兵、械援台。
1884	光绪十年	九月十一日，刘铭传补授福建巡抚，仍驻台湾督办军务。
1884	光绪十年	九月十三日，李鸿章电奏，由长芦运库提银十万两，设法托怡和洋行英商汇台湾。
1884	光绪十年	九月十四日，命南北洋大臣派兵轮载杨岳斌一军设法渡台。
1884	光绪十年	九月十七日，以德馨为江西巡抚。
1884	光绪十年	九月十八日，免盛宣怀津海关道一职，留直隶另行任用。
1884	光绪十年	九月二十六日，云南普洱府地震，伤亡约百人。
1884	光绪十年	九月三十日，诏命设立甘肃新疆行省，裁撤原天山南北两路参赞、办事大臣。
1884	光绪十年	九月，鲍超在四川募勇成军二十六营。
1884	光绪十年	十月初二日，以刘锦棠为首任甘肃新疆巡抚。
1884	光绪十年	十月初九日，李鸿章电告总署，法国欲占基隆煤矿、淡水海关若干年。
1884	光绪十年	十月十七日，朝鲜甲申事变。

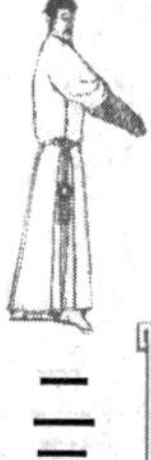

公元	年号	大事记
1884	光绪十年	十月二十三日，朝鲜国王回宫，袁世凯带队护卫。
1884	光绪十年	十月二十三日，我军与日军接仗。
1884	光绪十年	十一月初九日，以天津水师学堂办有成效，命奖叙有差教习严宗光（严复）、游击下长胜等。
1884	光绪十年	十一月十三日，江南防营六百人乘英国商轮“威利”号于台湾卑南（今台东）登岸。
1884	光绪十年	是年，云贵总督岑毓英创设云南机器局。
1884	光绪十年	是年，李善兰卒。
1885	光绪十年	十二月初七日，李鸿章派记名提督聂士成率直隶防军八百七十人乘英国商轮“威利”号赴台湾。
1885	光绪十年	十二月初八日，准暂时开捐实官。
1885	光绪十年	十二月，法国大举增兵北圻。
1885	光绪十年	十二月，赫德托金登干与茹费理议和。
1885	光绪十年	十二月二十八日，谅山失守。
1885	光绪十年	十二月二十八日，在浙江台州洋面南洋援闽二轮“澄庆”“驭远”被法舰击沉。
1885	光绪十一年	正月初三日，令广西关外各军归潘鼎新调遣，冯子材帮办军务。
1885	光绪十一年	正月初五日，命刘铭传等克日收复基隆。
1885	光绪十一年	正月初九日，镇南关失守。
1885	光绪十一年	正月，李鸿章设天津武备学堂，以德国人为教官。
1885	光绪十一年	正月二十五日，派李鸿章为全权大臣与日本使臣伊藤博文商议中日两军冲突事。
1885	光绪十一年	二月初五日，允与法军议和。
1885	光绪十一年	二月初七日，法军大举进攻镇南关内。
1885	光绪十一年	二月初八日，镇南关大捷。
1885	光绪十一年	二月初八日，岑毓英督率覃修纲、汤聘珍等大败法军于临洮（临洮大捷）。
1885	光绪十一年	二月初八日，命将潘鼎新革职，以李秉衡为广西巡抚。
1885	光绪十一年	二月初十日，冯子材克复文渊。
1885	光绪十一年	二月十三日，谅山大捷。

公元	年号	大事记
1885	光绪十一年	二月十三日，孤拔率舰队攻陷澎湖港。
1885	光绪十一年	二月十五日，曾纪泽电总署主张乘胜议和。
1885	光绪十一年	二月十九日，金登干与法国代表毕乐（Billot）在巴黎签订《中法议和草约》。
1885	光绪十一年	二月二十一日，宣示中法言和，停战撤兵。
1885	光绪十一年	二月二十五日，命卞宝第为湖南巡抚，以裕禄署湖广总督，菘骏为漕运总督，调吴元炳为安徽巡抚，鹿传霖为陕西巡抚，边宝泉为河南巡抚。
1885	光绪十一年	三月初四日，李鸿章与伊藤博文签署《中日天津会议专条》。
1885	光绪十一年	三月初六日，派李鸿章为全权大臣与法国使臣商定条约事宜。
1885	光绪十一年	三月十一日，准刘永福军驻扎广东思州、钦州一带。
1885	光绪十一年	三月十四日，派吴大澂、依克唐阿为勘界大臣，与俄国会勘吉林东段边界。
1885	光绪十一年	三月，日本人提出“脱亚论”。
1885	光绪十一年	三月二十日，李鸿章致书朝鲜国王劝练新兵、勿许英占朝鲜巨文岛。
1885	光绪十一年	三月二十三日，曾纪泽照会英外部，劝英勿占巨文岛。
1885	光绪十一年	三月二十四日，命冯子材督办广东钦廉一带防务，苏元春督办广西边防。
1885	光绪十一年	四月初三日，丁汝昌带“超勇”“扬威”二舰抵朝鲜巨文岛查看情形，并赴日晤英远东舰队司令官。
1885	光绪十一年	四月二十三日，日本外务卿约见徐承祖，欲阻止俄国对朝鲜之保护。
1885	光绪十一年	四月二十七日，李鸿章与法使巴德诺在天津订立《中法新约》（又称《越南条款》）。
1885	光绪十一年	五月初九日，法军撤出基隆。
1885	光绪十一年	五月初九日，诏示大治水师。
1885	光绪十一年	五月十五日，赏苏元春三等轻车都尉并“额尔德蒙额巴图鲁”名号，赏冯子材太子少保、三等轻车都尉。
1885	光绪十一年	五月十六日，浙江台州仙居哥老会党二千余人攻城（被击散）。
1885	光绪十一年	五月二十日，日本提出“井上八条”。
1885	光绪十一年	六月初五日，李鸿章覆函朝鲜国王，望不可曲意洵从俄国。
1885	光绪十一年	六月初七日，中英订立《烟台条约续增专条》。
1885	光绪十一年	六月初十日，全部收回暂售美商之招商局船产。

公元	年号	大事记
1885	光绪十一年	六月十三日，命将台湾道刘璈革职、查抄家产。
1885	光绪十一年	六月十六日，以刘瑞芬为出使英、俄大臣（曾纪泽回京），张荫桓为出使美、日（西班牙）、秘三国大臣。
1885	光绪十一年	六月十六日，命孙毓汶、沈秉成、续昌在总理各国事务衙门行走。
1885	光绪十一年	六月十八日，刘铭传奏陈台湾善后事宜。
1885	光绪十一年	六月十九日，准拨银十万两修建广西边防炮台。
1885	光绪十一年	六月二十三日，以闽浙总督杨昌濬兼署福建巡抚，刘铭传专办台湾善后事宜。
1885	光绪十一年	七月初八日，宣付国史馆为病故湖南提督周盛传立传，设立专祠，谥“武壮”。
1885	光绪十一年	七月二十日，派周德润、邓承修分往云南、广西与法办理中越边界事。
1885	光绪十一年	七月二十四日，在美国洛士丙冷（Rock Springs）发生排华惨案。
1885	光绪十一年	七月二十七日，左宗棠逝世，谥“文襄”，宣付国史馆立传。
1885	光绪十一年	八月十一日，派李鸿章为全权大臣，与法商议中越边界通商章程。
1885	光绪十一年	八月十一日，黄河决口，山东历城、章丘等被灾。
1885	光绪十一年	八月十二日，开释、派人护送朝鲜大院君回国。
1885	光绪十一年	九月初五日，设总理海军事务衙门，命醇亲王奕譞总理海军事务。
1885	光绪十一年	九月初五日，命将福建巡抚改为台湾巡抚常川驻扎，以刘铭传为首任台湾巡抚，是为台湾建省之始。
1885	光绪十一年	九月十八日，命曾纪泽预筹布置英缅之事。
1885	光绪十一年	九月二十三日，派袁世凯为驻朝鲜通商委员。
1885	光绪十一年	九月，“定远”“镇远”“济远”三舰抵大沽口。
1885	光绪十一年	十月初一日，朝鲜请中国派兵镇抚内患。
1885	光绪十一年	十月初十日，李鸿章奏请续派第三批（福州船厂）学生出洋。
1885	光绪十一年	十月十一日，命将库伦办事大臣桂祥革职。
1885	光绪十一年	十月二十二日，派福州将军穆图善为钦差大臣，会同办理东三省练兵事宜。
1885	光绪十一年	十月二十四日，以谭钧培为湖北巡抚。
1885	光绪十一年	十一月初九日，准接展奉天至吉林珲春电线。
1885	光绪十一年	十一月二十一日，命张曜筹划治理山东黄河。

公元	年号	大事记
1885	光绪十一年	十一月二十一日，派文硕为驻藏办事大臣，调色楞额为库伦办事大臣。
1885	光绪十一年	是年，刘铭传创设台湾机器局。
1885	光绪十一年	是年，张之洞建立广东机器局。
1885	光绪十一年	是年，李宗岱等在山东集资创办平度金矿。
1886	光绪十一年	十一月二十八日，日人朝比奈密报日廷筹议对华战争。
1886	光绪十一年	十一月二十九日，命岑毓英、张凯嵩商榷云南边防防英国事。
1886	光绪十一年	十一月二十九日，以阎敬铭为大学士，翁同龢为户部尚书，张之万为协办大学士，潘祖荫为工部尚书。
1886	光绪十一年	以刑部右侍郎许庚身署兵部尚书。
1886	光绪十一年	十二月初二日，命接续自吉林珲春至三姓（今黑龙江依兰县）、黑龙江（即瑷珲）等处线路。
1886	光绪十一年	十二月十二日，命粤海关为三海工程筹款一百万两。
1885	光绪十一年	是年，第三批学习海军之留学人员赴欧洲。
1886	光绪十二年	正月初三日，法使戈可当（Ceorges Cogordan，1849-1904）为勘界事于天津晤李鸿章。
1886	光绪十二年	正月二十日，两广总督张之洞奏美国华人受攻击事。
1886	光绪十二年	正月二十六日，谕令邓承修与法勘界仍照约结束。
1886	光绪十二年	二月初六日，命将邓承修、李秉衡（因坚持索还谅山等处）严加议处。
1886	光绪十二年	二月十三日，再谕曾纪泽与英辩论，保存缅祀。
1886	光绪十二年	二月十五日，谕令不得将黄宗羲、顾炎武从祀文庙。
1886	光绪十二年	二月，闽浙总督杨昌濬巡视台湾防务。
1886	光绪十二年	三月初九日，命陈士杰截留本年漕米六万石以赈灾（山东黄河决口）。
1886	光绪十二年	三月十五日，曾纪泽电告总署，英外部覆照言允中国在伊江航行通海，不允八蓦（新街）归中国。
1886	光绪十二年	三月二十一日，命曾纪泽回国。
1886	光绪十二年	三月二十二日，《中法越南边界通商章程》在津订立。
1886	光绪十二年	三月二十四日，再命粤海关速解三海工程款一百万两。
1886	光绪十二年	四月初一日，谕派李鸿章办理西安门内蚕池口教堂迁移事（三海工程需要）。
1886	光绪十二年	四月十一日，醇亲王奕譞巡阅北洋海防。

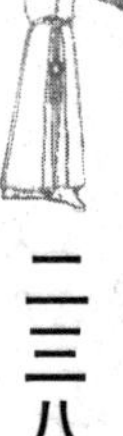

公元	年号	大事记
1886	光绪十二年	四月二十一日，四川总督丁宝桢卒，谥“文诚”，入祀贤良祠，赠太子太保衔。
1886	光绪十二年	四月二十五日，太和殿传胪。授一甲赵以炯、邹福保、冯煦为修撰、编修，赐进士及第；二甲彭述、徐世昌等一百三十人，赐进士出身；三甲王文毓等一百八十六人，赐同进士出身。
1886	光绪十二年	五月初一日，调湖北巡抚谭钧培为广东巡抚，以奎斌为湖北巡抚。
1886	光绪十二年	五月初八日，调卫荣光为浙江巡抚、崧骏为江苏巡抚，以卢世杰为漕运总督。
1886	光绪十二年	五月十四日，以恭镗署理黑龙江将军。
1886	光绪十二年	五月二十日，吴大澂、依克唐阿与俄国大臣立中俄图们江土字石界碑，在长岭子中俄交界处添立铜柱，勒铭其上曰：“疆域有表，国有维，此柱可立，不可移”。
1886	光绪十二年	五月二十六日，刘铭传奏台湾饷银每年由福建厘金项下每年协济银二十四万两，闽海关仍每年协银二十万两。
1886	光绪十二年	五月，日本为击沉“定远”“镇远”舰决定建造“三景舰”等兵船。
1886	光绪十二年	六月十四日，定于次年正月十五日行光绪帝亲政典礼。
1886	光绪十二年	六月二十三日，中英《缅甸条款》签署。
1886	光绪十二年	六月，发生重庆教案。
1886	光绪十二年	七月初五日，醇亲王接见各国驻京公使。
1886	光绪十二年	七月初七日，诏赠伊犁将军金顺太子太保衔，谥“忠介”。
1886	光绪十二年	七月十六日，“长崎事件”发生。
1886	光绪十二年	八月初二日，以库伦办事大臣色楞额为伊犁将军。
1886	光绪十二年	八月初六日，命续修《大清会典》。
1886	光绪十二年	九月初二日，俄国驻华署使晤李鸿章，谓俄愿与中国立约，永不取朝鲜土地。
1886	光绪十二年	九月初五日，命李鸿章即劝令英人速将巨文岛退还朝鲜。
1886	光绪十二年	十一月初十日，调广东巡抚谭钧培为云南巡抚，以都察院左副都御史吴大澂为广东巡抚。
1886	光绪十二年	十一月十八日，派兵部左侍郎曾纪泽在总理各国事务衙门行走。
1886	光绪十二年	十一月，英国允将巨文岛退还朝鲜，英兵陆续撤出该岛。
1886	光绪十二年	是年，张之洞设立广东黄埔鱼雷学堂。

公元	年号	大事记
1887	光绪十二年	十二月二十二日，李鸿章饬津海关道周馥等代海署与德商签订五百万马克借款合同。
1887	光绪十二年	十二月二十七日，“万年青”号轮船在吴淞口外被英国商船撞沉。
1887	光绪十二年	十二月二十八日，命李鸿章派员勘办黑龙江漠河金矿。
1886	光绪十二年	是年，唐山至胥各庄铁路展修至阎庄。
1886	光绪十二年	是年，开平铁路公司建立。
1886	光绪十二年	是年，曾纪泽以英文在伦敦发表《中国先睡后醒论》。
1886	光绪十二年	是年，台湾巡抚刘铭传在新加坡设招商局。
1886	光绪十二年	是年，台湾巡抚刘铭传在台北大稻埕开设商埠，与林维源等合建“千秋”“建昌”两街经营茶叶、樟脑、食糖等。
1887	光绪十三年	正月十二日，张之洞请依照就地正法章程，从重办理掠卖人口出洋。
1887	光绪十三年	正月十五日，光绪帝亲政礼成。
1887	光绪十三年	正月二十七日，命拨银五十万两交云南筹办铜矿。
1887	光绪十三年	二月初四日，张荫桓电总署，洛士丙冷一案美国愿赔十四万七千七百四十元。
1887	光绪十三年	二月初七日，穆图善奏，东三省每省各有四千五百人点验成军，设立支应、军械、转运诸局。
1887	光绪十三年	二月初七日，四川泸州至云南蒙自电报线路竣工。
1887	光绪十三年	二月初八日，派英员琅威理、邓世昌等往英、德验收“致远”“靖远”“经远”“来远”四船。
1887	光绪十三年	二月十八日，命各省整顿保甲。
1887	光绪十三年	二月二十二日，准开平矿务局铁路展至天津、山海关。
1887	光绪十三年	二月二十三日，命唐炯督办云南矿务。
1887	光绪十三年	三月初二日，中葡《里斯本议定书》签订。
1887	光绪十三年	三月，以河南布政使邵友濂为福建台湾布政使。
1887	光绪十三年	三月，“开平铁路公司”改名“中国铁路公司”（又称天津铁路公司）。
1887	光绪十三年	三月，张之洞创办“广东水陆师学堂”。
1887	光绪十三年	三月初九日，粤海关之九龙、拱北分关开始办公。
1887	光绪十三年	四月初十日，刘铭传请准台湾招集商股兴办铁路。
1887	光绪十三年	四月二十六日，总理衙门奏准《出洋游历人员章程》。

公元	年号	大事记
1887	光绪十三年	四月二十八日，准将明习算学人员归入正途考试，量予科甲出身。
1887	光绪十三年	闰四月十六日，表彰刘铭传开发台湾前后山业绩。
1887	光绪十三年	五月初二日，以倪文蔚为河南巡抚。
1887	光绪十三年	五月初三日，派内阁学士洪钧为出使俄、德、奥、荷国大臣，刘瑞芬为出使英、法、意、比国大臣，李兴锐为出使日本国大臣（因病黎庶昌代之）。
1887	光绪十三年	五月初六日，《中法续议界务专条》《中法续议商务专条》签订。
1887	光绪十三年	五月十八日，以冯子材为云南提督（因病未赴任）。
1887	光绪十三年	五月二十日，命户部为光绪帝大婚典礼先行拨银二百万两。
1887	光绪十三年	六月初六日，张之洞奏在广州创建枪弹制造厂并开设电报学堂。
1887	光绪十三年	六月初八日，朝鲜国王咨谢代为索还巨文岛。
1887	光绪十三年	七月初九日，命以吴宏洛补授新设福建澎湖镇总兵。
1887	光绪十三年	七月，永定河决口四十余丈，潮白河在通州决口数十丈，黄河在直隶开州大辛庄漫溢，灾区甚广。
1887	光绪十三年	七月十九日，调裕禄署两江总督。
1887	光绪十三年	七月二十八日，以沈秉成为广西巡抚。
1887	光绪十三年	八月十三日，刘长佑卒，谥“武慎”。
1887	光绪十三年	八月十四日，黄河在郑州下汛南岸决口七八百丈，造成自咸丰五年以来最大的水灾。
1887	光绪十三年	八月，台湾铁路台北至基隆段开工兴建。
1887	光绪十三年	八月二十二日，命将河东河道总督成孚革职。
1887	光绪十三年	八月，福州至沪尾海底电线竣工。
1887	光绪十三年	九月初三日，朝鲜请派使西国。
1887	光绪十三年	九月初三日，以李鸿藻为礼部尚书。
1887	光绪十三年	九月十一日，命提银二百万两解往“郑州河工”（郑州决口堵筑工程）。
1887	光绪十三年	九月十五日，蒋介石生于浙江奉化溪口镇。
1887	光绪十三年	九月十六日，上海“同文书会”成立。
1887	光绪十三年	九月二十九日，以李鹤年为河东河道总督。
1887	光绪十三年	十月十六日，穆图善卒，予谥“果勇”，准国史馆立传，诏赏骑都尉世职，建立专祠。

公元	年号	大事记
1887	光绪十三年	十月十七日，中葡《和好通商条约》订立。
1887	光绪十三年	十一月初二日，以定安为钦差大臣办理东三省练兵事宜。
1887	光绪十三年	十一月初九日，命文硕撤回隆吐山卡兵（以免与英人生衅）。
1887	光绪十三年	是年，刘铭传在台北设台湾西学馆。
1887	光绪十三年	是年，沪尾一川石山海底电线工程开工。
1887	光绪十三年	是年，顾松泉在上海创办中西大药房股份有限公司。
1887	光绪十三年	是年，英商在上海创办亚古船厂，专事修理船舶。
1887	光绪十三年	是年，道员杨宗濂创办“天津自来火公司”（我国第一家火柴厂）。
1887	光绪十三年	是年，黄遵宪著书《日本国志》。
1887	光绪十三年	是年，蜚英馆石印局在上海创办。
1887	光绪十三年	是年，张之洞在广东试铸银圆。
1887	光绪十三年	是年，新疆俄文馆建立。
1888	光绪十三年	十二月初五日，命礼部尚书李鸿藻督办郑州河工事宜。
1888	光绪十三年	十二月十一日，两广总督张之洞奏报查看新加坡等处华民情形并请饬总署与日国（西班牙）驻京使臣商议设领事。
1888	光绪十三年	十二月十七日，命优恤记名提督吴兆有。
1888	光绪十三年	十二月十八日，云南石屏、建水一带地震，死伤四千余人。
1888	光绪十三年	十二月，北京昆明湖水师学堂设立。
1887	光绪十三年	是年，改台湾府为台南府（今台南市），台湾县改为安平县，裁鹿港厅，另设台湾府。
1888	光绪十四年	正月初八日，英军攻毁我藏边隆吐山营房。
1888	光绪十四年	正月初九日，岑毓英奏请电报线自蒙自接至广西南宁，并由昆明接至腾越（今腾冲）。
1888	光绪十四年	正月初十日，张之洞奏，添设电线广西梧州至桂林六百四十五里、琼州至黎岗各处一千九百零一里、岸步至高州二百四十里、南宁至云南剥隘八百多里。
1888	光绪十四年	正月十五日，驻藏大臣文硕在布达拉宫以金瓶掣签选定八世班禅之转世灵童，是为九世班禅，法名曲结玛尼。
1888	光绪十四年	正月十七日，慈禧太后令户部添拨一百万两皇帝大婚用款。
1888	光绪十四年	正月二十一日，总署奏请将文硕免职（因文硕不欲撤退藏兵）。

公元	年号	大事记
1888	光绪十四年	正月二十六日，清廷命驻藏帮办大臣升泰先撤兵，再议边界。
1888	光绪十四年	二月初一日，明谕改清漪园为“颐和园”。
1888	光绪十四年	二月初八日，隆吐山之战。
1888	光绪十四年	二月十七日，江西地震。
1888	光绪十四年	二月，中美《华侨事宜草约》订立。
1888	光绪十四年	二月二十五日，调杨昌濬为陕甘总督，以卞宝第为闽浙总督，王文韶为湖南巡抚。
1888	光绪十四年	三月初五日，东南夜空见彗星。
1888	光绪十四年	三月十二日，江苏地震。
1888	光绪十四年	三月二十九日，以陶模为陕西布政使，周馥为直隶按察使，王之春为浙江按察使。
1888	光绪十四年	四月二十八日，因帮办海军事务、福州将军善庆卒，命赐恤，谥“勤敏”。
1888	光绪十四年	四月二十八日，调吉林将军希元为福州将军，以长顺为吉林将军。
1888	光绪十四年	四月三十日，慈禧太后懿旨，山东巡抚张曜帮办海军事务。
1888	光绪十四年	五月初四日，京师、奉天、山东等处地震。
1888	光绪十四年	五月十五日，令表彰陆心源捐献家藏旧书于国子监。
1888	光绪十四年	五月，奥国赏使臣许景澄头等宝星。
1888	光绪十四年	六月二十四日，命升泰与英妥议隆吐山界务。
1888	光绪十四年	七月初二日，张荫桓奏，拟在旧金山筹建中华医院，并设立中西学堂。
1888	光绪十四年	七月初二日，以吏部右侍郎许庚身为兵部尚书。
1888	光绪十四年	七月初十日，派吴大澂为河东河道总督（李鹤年革职）。
1888	光绪十四年	八月初一日，江苏学政王先谦奏《皇清经解续编》竣事。
1888	光绪十四年	八月十九日，英军侵入藏南（后退出）。
1888	光绪十四年	八月二十六日，奕譞奏呈《北洋海军章程》。
1888	光绪十四年	九月初一日，伊犁将军色楞额奏，宁远城（今伊宁市）俄人殴毙兵民三人，伤一人。
1888	光绪十四年	九月初六日，以张煦为陕西巡抚。
1888	光绪十四年	九月初六日，以薛福成为湖南按察使。
1888	光绪十四年	九月初九日，李鸿章函致海军衙门请续造天津至通州铁路。

公元	年号	大事记
1888	光绪十四年	九月二十六日，以李瀚章为漕运总督。
1888	光绪十四年	九月，康有为在京上万言书请变法（未达于朝廷）。
1888	光绪十四年	九月，津沽铁路通车。
1888	光绪十四年	十月初二日，升泰奏印、英兵在隆吐山日渐增多。
1888	光绪十四年	十月初五日，慈禧太后懿旨，立桂祥之女叶赫那拉氏为皇后。谕令长叙之两女封为瑾嫔、珍嫔。
1888	光绪十四年	十月十四日，颁总理海军事务衙门关防。
1888	光绪十四年	十月十四日，（因报效海军经费）赏前长芦盐运同知沈永泉等。
1888	光绪十四年	十月十六日，湖南提督周盛波卒，谥“刚敏”，诏交国史馆立传。
1888	光绪十四年	十月二十三日，升泰奏江孜守备萧占先紧扎帕隘（今帕里）不退，英军撤回。
1888	光绪十四年	十一月初六日，李鸿章进呈小火车供西苑内紫光阁铁路之用。
1888	光绪十四年	十一月初十日，洪钧奏请选新科庶吉士出洋，以择优述职。
1888	光绪十四年	十一月十五日，以丁汝昌为北洋海军提督，林泰曾为北洋海军左翼总兵，刘步蟾为北洋海军右翼总兵。是为前朝《会典》规定之外新设海军官缺。
1888	光绪十四年	十一月二十五日，张曜奏，调嵩武军马步十一营驻扎烟台以固海防。
1888	光绪十四年	十一月二十九日，河东河道总督吴大澂奏，试用西洋塞门德土（水泥）修筑坝垛。
1888	光绪十四年	是年，美国长老会传教士哈巴（Andrew Patton Happer，1818-1894）创设广州格致书院。
1888	光绪十四年	是年，张之洞在广州创办广雅书院。
1888	光绪十四年	是年，张之洞筹设湖北枪炮厂。
1888	光绪十四年	是年，华新纺织新局在上海成立。
1888	光绪十四年	是年，张之洞向英国订购机器拟设棉纺织厂。
1888	光绪十四年	是年，九龙商民筹划广九铁路。
1888	光绪十四年	是年，武训在山东创办“崇贯义塾”。
1889	光绪十四年	十二月初八日，以礼亲王世铎等为平定陕甘及天山南北方略馆总裁官。
1889	光绪十四年	十二月十五日，海军衙门请将所筹款项以海军经费名目正式立案、存天津。是为“海军巨款”。
1889	光绪十四年	十二月十九日，黄河南岸决口合龙，“郑州河工”竣工。

公元	年号	大事记
1889	光绪十五年	正月初四日，以刘瑞芬为广东巡抚。
1889	光绪十五年	正月初六日，因印度巡捕打死华人引起群忿，江苏镇江英租界烧毁洋行及英、美领事署。
1889	光绪十五年	正月十四日，以张之万为大学士管户部事，徐桐为协办大学士，孙毓汶为刑部尚书。
1889	光绪十五年	正月十五日，以徐桐兼任会典馆总裁官。
1889	光绪十五年	正月十七日，调恭镗为杭州将军，以依克唐阿为黑龙江将军。
1889	光绪十五年	正月十九日，亲王奕譞卒，谥“勤”。
1889	光绪十五年	正月二十一日，御史屠仁守革职，永不叙用。
1889	光绪十五年	正月二十二日，赏总税务司署之赫德“三代一品封典”。
1889	光绪十五年	正月二十二日，宣示海军巨款由来及用途。
1889	光绪十五年	正月二十六日，册封叶赫那拉氏·隆裕为皇后。
1889	光绪十五年	正月二十七日，光绪帝大婚典礼。
1889	光绪十五年	二月初三日，慈禧太后归政、光绪帝亲政礼成。
1889	光绪十五年	二月十八日，册封瑾嫔、珍嫔。
1889	光绪十五年	二月十八日，朝鲜派使臣来贺归政、亲政。
1889	光绪十五年	二月二十二日，护理江苏巡抚黄彭年奏请修东北、西北铁路。
1889	光绪十五年	二月二十九日，命户部右侍郎曾纪泽管理同文馆事务。
1889	光绪十五年	三月初一日，命翰林院侍讲崔国因为出使美、日（西）、秘国大臣，以陈钦铭为出使英、法、意、比国大臣（后改为薛福成）。
1889	光绪十五年	三月初二日，张之洞奏请兴建芦汉铁路。
1889	光绪十五年	三月初五日，刘铭传奏，全台“生番”一律归化。
1889	光绪十五年	三月二十二日，升泰奏，第穆呼图克图已撤退藏哲边界藏兵。
1889	光绪十五年	三月二十八日，命添铸新设北洋海军提督、总兵等缺印信关防十八颗。
1889	光绪十五年	四月十六日，命薛福成为出使英、法、意、比国钦差大臣。
1889	光绪十五年	四月二十日，派恩承、徐桐、李鸿藻、许庚身、潘祖荫等为殿试读卷官。
1889	光绪十五年	四月二十五日，太和殿传胪，授一甲张建勋、李盛铎、刘世安分别为翰林院修撰、编修，赐进士及第。
1889	光绪十五年	五月初八日，岑毓英卒，谥“襄勤”，赠太子太傅，入祀贤良祠，宣付国史馆立传。

公元	年号	大事记
1889	光绪十五年	六月初三日，以王文韶为云贵总督，以邵友濂为湖南巡抚，调湖北布政使蒯德标为福建台湾布政使。
1889	光绪十五年	六月十一日，海军衙门奕劻等奏，自本年始可每年拨银三十万两用于建颐和园。
1889	光绪十五年	六月十八日，编修王懿荣呈请续修《四库全书》。
1889	光绪十五年	七月初十日，调裕禄为盛京将军。
1889	光绪十五年	七月十二日，调张之洞为湖广总督，李瀚章为两广总督。
1889	光绪十五年	八月初二日，海军衙门奏兴建芦汉铁路办法。
1889	光绪十五年	八月初六日，以马丕瑶为广西巡抚。
1889	光绪十五年	八月初七日，不准刘铭传将台湾基隆煤矿交由英商承办。
1889	光绪十五年	八月二十四日，天坛祈年殿因雷击失火。
1889	光绪十五年	九月初一日，令总理衙门修书致谢英国君主捐银赈济江南灾民。
1889	光绪十五年	九月初六日，杨昌濬奏，拟开办西安至嘉峪关电报线。
1889	光绪十五年	九月初七日，以游智开署理广东巡抚。
1889	光绪十五年	九月二十五日，海军衙门请创开印花税，以备海军经费。
1889	光绪十五年	十月十五日，命拨“宫中节省内帑银”十万两赈济江苏、浙江。
1889	光绪十五年	十月十七日，以豫山为山西巡抚。
1889	光绪十五年	十一月初四日，李鸿章奏，拟将关陇电线接至保定作为商线。
1889	光绪十五年	十一月二十日，以左宝贵为广东高要镇总兵。
1889	光绪十五年	十一月二十五日，以叶志超为直隶提督。
1889	光绪十五年	十二月初一日，调奎斌为察哈尔都统，以谭继洵为湖北巡抚。
1889	光绪十五年	是年，《日报特选》杂志在香港创刊。
1889	光绪十五年	是年，《平回志》刊行。
1890	光绪十五年	十二月十四日，调张煦为湖南巡抚，以鹿传霖为陕西巡抚。
1890	光绪十五年	十二月二十八日，命旗人不准出售田产。
1890	光绪十六年	正月二十六日，光绪帝因本年二旬整寿命赏王公大臣。
1890	光绪十六年	二月初九日，以许振祎为河东河道总督。
1890	光绪十六年	二月初十日，以昆冈为礼部尚书，熙敬为工部尚书。
1890	光绪十六年	二月十七日，北洋海军总教习琅威理因升旗事件辞职。

公元	年号	大事记
1890	光绪十六年	二月二十四日，派奕劻、孙毓汶为全权大臣与英订立《烟台条约续增专条》。
1890	光绪十六年	二月二十七日，《中英会议藏印条约》订立。
1890	光绪十六年	闰二月初九日，以刘瑞祺为山西巡抚。
1890	光绪十六年	闰二月十五日，光绪帝赴东陵谒陵。
1890	光绪十六年	闰二月二十五日，曾纪泽卒，命赏加太子少保衔，谥“惠敏”，宣付国史馆立传。
1890	光绪十六年	闰二月二十六日，刘铭传奏台湾田亩清丈完竣，请将六十七万两作为定额征银。
1890	光绪十六年	闰二月二十九日，命刘铭传帮办海军事务。
1890	光绪十六年	闰二月二十九日，以卞宝第兼管船政事务。
1890	光绪十六年	三月十六日，彭玉麟卒，谥“刚直”，赏加太子少保衔，宣付国史馆立传。
1890	光绪十六年	三月二十二日，光绪帝颁“二旬万寿恩诏”，在太和殿受百官朝贺。
1890	光绪十六年	三月二十三日，李鸿章（为修关东铁路）向奥国银行借定库平银三千万两。
1890	光绪十六年	四月初七日，以李鸿章兼署广东巡抚。
1890	光绪十六年	四月，开始兴建汉阳铁厂。
1890	光绪十六年	四月二十日，以董福祥为喀什噶尔提督。
1890	光绪十六年	四月二十一日，派徐桐、福锟、麟书、翁同龢、汪鸣銮为殿试阅卷大臣。
1890	光绪十六年	四月二十五日，太和殿传胪，授一甲吴鲁、文廷式、吴荫培为翰林院修撰、编修、赐进士及第。
1890	光绪十六年	五月初六日，倪文蔚奏，豫省黄河全图测绘三月完工。
1890	光绪十六年	五月初七日，以升泰为驻藏大臣，长庚为伊犁将军。
1890	光绪十六年	五月二十三日，张曜请修《大清会典》，重修《山东通志》。
1890	光绪十六年	五月二十九日，永定河及南北运河、大清河多处决口。
1890	光绪十六年	六月初九日，命李鸿章派员勘察吉林三姓金矿。
1890	光绪十六年	六月十九日，四川大足教案。
1890	光绪十六年	六月二十三日，以裕宽为河南巡抚。
1890	光绪十六年	七月初六日，命直隶及顺天府各处烧锅停一年（以平粮价）。

公元	年号	大事记
1890	光绪十六年	七月二十六日，派许景澄为驻俄、德、奥、和（荷兰）国大臣，李经方为出使日本国大臣。
1890	光绪十六年	八月十五日，令刘铭传革职留任（因将台湾基隆煤矿招商承办）。
1890	光绪十六年	八月十五日，户部奏请提前报解来年“甘肃新饷”四百八十万两。
1890	光绪十六年	八月二十八日，赠杨岳斌太子太保衔，宣付国史馆立传。
1890	光绪十六年	九月初二日，派续昌、崇礼往朝鲜吊祭王太妃。
1890	光绪十六年	九月，日本人荒尾精在上海开办“日清贸易研究所”，实为日本在华间谍培训学校。
1890	光绪十六年	十月初二日，两江总督曾国荃卒。命赠太傅，入祀京师昭忠祠、贤良祠，建立专祠，宣付国史馆立传，谥“忠襄”。
1890	光绪十六年	十月十四日，云南省城至腾越厅电线工程竣工。
1890	光绪十六年	十月十四日，以刘坤一为两江总督兼南洋大臣。
1890	光绪十六年	十月十九日，命塔尔巴哈台参赞大臣所辖军政事务移交甘肃新疆巡抚管理。
1890	光绪十六年	十月三十日，工部尚书潘祖荫卒，谥“文勤”。
1890	光绪十六年	十一月初五日，诏命优恤李金镛并建立专祠。
1890	光绪十六年	是年，江南水师学堂建立。
1890	光绪十六年	是年，广州电灯公司建立。
1890	光绪十六年	是年，两湖书院设立。
1890	光绪十六年	是年，英商创办天津煤气公司。
1890	光绪十六年	是年，美国传教士林乐知等人筹办上海中西学塾。
1890	光绪十六年	是年，华商在台北创办台湾制糖厂。
1890	光绪十六年	是年，上海机器织布局正式建成投产。
1891	光绪十六年	十一月二十一日，醇亲王奕譞卒，谥“贤”。
1891	光绪十六年	十二月十六日，慈禧太后与光绪帝赴醇王府行大祭礼。
1891	光绪十六年	十二月十九日，杨昌濬奏陕甘电线竣工。
1891	光绪十七年	正月二十五日，各国驻京公使、参赞等递交国书，光绪帝亲政后首次接见外国使臣。
1891	光绪十七年	二月十一日，不准恢复“日讲”。
1891	光绪十七年	二月十三日，准大阪、筑地添设副领事各一员。

公元	年号	大事记
1891	光绪十七年	二月十五日，吉林将军长顺奏，三年内正法一千三百多名“马贼”。
1891	光绪十七年	二月十六日，奕劻奏，请由海防捐输项挪垫颐和园工程用款。
1891	光绪十七年	二月十七日，准为乾隆朝名臣陈宏谋建立专祠。
1891	光绪十七年	二月二十三日，刘锦堂丁忧开缺，以陶模为甘肃新疆巡抚。
1891	光绪十七年	二月二十三日，俄国皇太子尼古拉到达广州来华游历。
1891	光绪十七年	二月二十八日，准在广西开局刊书。
1891	光绪十七年	三月初九日，山西汾阳、平遥、孝义等地地震。
1891	光绪十七年	三月十三日，派李鸿章、裕禄办理关东铁路事宜，由户部每年拨二百万两款。
1891	光绪十七年	三月，开平煤矿罢工。
1891	光绪十七年	三月二十七日，准福建台湾巡抚刘铭传开缺，并开去帮办海军事务差使。
1891	光绪十七年	四月初二日，以邵友濂为福建台湾巡抚。
1891	光绪十七年	四月初六日，安徽发生芜湖教案。
1891	光绪十七年	四月十六日，李鸿章、张曜校阅北洋海军并巡视防务。
1891	光绪十七年	四月二十五日，俄国西伯利亚大铁路开工典礼在海参崴举行。
1891	光绪十七年	四月二十六日，准暂借出使经费以资颐和园工程。
1891	光绪十七年	四月二十九日，湖北发生武穴教案。
1891	光绪十七年	四月三十日，准黄体芳因病乞休。
1891	光绪十七年	五月十九日，赏山东登青道盛宣怀头品顶戴。
1891	光绪十七年	五月二十二日，丁汝昌应邀率定远等六舰抵马关访日。
1891	光绪十七年	五月二十五日，马丕谣奏，请拨银十八万两修广西中越边防炮台。
1891	光绪十七年	六月十三日，郭嵩焘卒。
1891	光绪十七年	六月二十日，命将乌里雅苏台将军托克湍革职。
1891	光绪十七年	六月二十四日，派汪凤藻暂任出使日本使臣。
1891	光绪十七年	七月初七日，以张荫桓为都察院左副都御史（后改礼部右侍郎）。
1891	光绪十七年	七月二十三日，山东巡抚张曜卒，谥“勤果”，赠太子太保，入祀贤良祠，宣付国史馆立传。
1891	光绪十七年	七月二十四日，以福润为山东巡抚。
1891	光绪十七年	七月二十九日，湖北发生宜昌教案。

公元	年号	大事记
1891	光绪十七年	八月初二日，命奕劻总理海军事务，正白旗汉军都统定安（东北练兵大臣）、两江总督刘坤一帮办海军事务。
1891	光绪十七年	八月初八日，宝鋆卒，谥“文靖”。
1891	光绪十七年	八月，康有为《新学伪经考》刊刻发行。
1891	光绪十七年	九月十六日，准各国使臣觐见场所改为承光殿。
1891	光绪十七年	九月十九日，《吉林通志》创修。
1891	光绪十七年	九月二十一日，赐恤马如龙。
1891	光绪十七年	九月，英籍税司梅生（Charles Welsh Mason，1866-?）偷运军火案审结。
1891	光绪十七年	十月初三日，以奎俊为山西巡抚。
1891	光绪十七年	十月初十日，热河金丹教起义，推李国珍为“扫北武圣人”，攻占朝阳县城。
1891	光绪十七年	十月十一日，命赏班禅额尔德尼外祖父期美德布以本身辅国公衔。
1891	光绪十七年	十月十二日，令张之洞缉拿李洪（李世忠之子，哥老会成员）。
1891	光绪十七年	十月二十日，命裕禄、李鸿章派兵剿灭金丹教。
1891	光绪十七年	十一月初三日，科尔沁亲王伯彦纳谟祜卒。
1891	光绪十七年	十一月十五日，派崇礼、洪钧在总理各国事务衙门行走。
1891	光绪十七年	十一月十五日，金丹教李国珍被擒斩。
1891	光绪十七年	十一月二十八日，以荣禄为西安将军。
1891	光绪十七年	是年，北洋官铁路局设于山海关。
1891	光绪十七年	是年，曹善谦、郑观应在上海创办伦章造纸厂。
1891	光绪十七年	是年，邹代钧所著《西征纪程》刊印。
1891	光绪十七年	是年，英国基督教伦敦会在上海创办华英书院。
1891	光绪十七年	是年，华新纺织新局在上海正式开工。
1891	光绪十七年	是年，康有为创办万木草堂。
1891	光绪十七年	是年，商办企业上海棉利公司成立。
1891	光绪十七年	是年，英商创办上海洋灰公司。
1892	光绪十七年	十二月初三日，赏卫汝贵、胡燏棻等头品顶戴。
1892	光绪十七年	十二月初五日，定亚东互市为藏印边界通商地。
1892	光绪十七年	十二月初九日，准将“新海防捐”再延期一年。
1892	光绪十七年	十二月十一日，赏直隶提督叶志超穿黄马褂并云骑尉世职。

公元	年号	大事记
1892	光绪十七年	十二月二十九日，颁赐西藏万寿寺“祇树长春”、大昭寺“福资万有”、吉绷寺“慈云普佑”匾额。
1892	光绪十八年	正月初三日，九世班禅坐床典礼于后藏扎什伦布寺举行。
1892	光绪十八年	正月初八日，会典馆开馆，开始续修《大清会典》。
1892	光绪十八年	正月十二日，喀什噶尔设通商局。
1892	光绪十八年	正月十九日，龙文彬进呈《明会要》。
1892	光绪十八年	正月二十九日，以张联桂为广西巡抚。
1892	光绪十八年	二月初五日，命桂祥、文秀管理神机营事务。
1892	光绪十八年	二月初九日，前户部尚书、大学士阎敬铭卒。
1892	光绪十八年	二月，黑龙江省创设电线。
1892	光绪十八年	二月，辅仁文社在香港创立。
1892	光绪十八年	三月十八日，续修《两淮盐法志》。
1892	光绪十八年	三月二十一日，令李鸿章与俄使商议中俄边界电报线。
1892	光绪十八年	四月十一日，调刚毅为广东巡抚，奎俊为江苏巡抚，阿克达春为山西巡抚。
1892	光绪十八年	四月二十日，醇贤亲王安葬于妙高峰陵园。
1892	光绪十八年	四月二十四日，陕甘总督请拨银两修肃州（酒泉）至乌鲁木齐电线。
1892	光绪十八年	四月二十六日，保和殿策试。
1892	光绪十八年	五月初一日，太和殿传胪，授一甲刘福姚、吴士鉴、陈伯陶分别为翰林院修撰、编修，赐进士及第。
1892	光绪十八年	五月，天津至热河（承德）创办电线。
1892	光绪十八年	五月初七日，以聂士成为山西太原镇总兵。
1892	光绪十八年	五月二十八日，以谭锺麟为闽浙总督。
1892	光绪十八年	五月，俄兵占领中国设有卡伦之苏满塔什、让库尔、阿克塔什。
1892	光绪十八年	六月十六日，以汪凤藻为出使日本国大臣。
1892	光绪十八年	六月十六日，命薛福成与英外部商议滇缅界务。
1892	光绪十八年	六月二十四日，永定河决口，顺天、保定、天津等地受灾。
1892	光绪十八年	六月二十六日，《中俄电报接线条款》议定。
1892	光绪十八年	闰六月十二日，以张煦为山西巡抚，吴大澂为湖南巡抚。

公元	年号	大事记
1892	光绪十八年	闰六月，黄河在山东利津、济阳、惠民县决口百余丈。
1892	光绪十八年	七月二十八日，江苏巡抚德馨镇压武功山哥老会于萍乡。
1892	光绪十八年	八月初四日，驻藏大臣升泰卒。
1892	光绪十八年	八月十七日，以孙家鼐为工部尚书兼顺天府尹，调张荫桓为户部左侍郎，徐用仪为吏部左侍郎。
1892	光绪十八年	八月二十九日，命张之万管理吏部事务，授协办大学士，福锟为大学士。
1892	光绪十八年	九月十四日，华商“同顺泰号”与朝鲜订立合同，借给朝鲜银十万两以归还德商债务。
1892	光绪十八年	十月初二日，湖北机器织布局在武昌开机生产。
1892	光绪十八年	十月十五日，甘肃新疆巡抚陶模奏，新疆设立俄文学馆，酌拟章程，请饬立案。
1892	光绪十八年	是年，英商美查兄弟公司创办上海榨油厂。
1892	光绪十八年	是年，山西北部旱灾严重。
1892	光绪十八年	是年，陈虬著成《治平通议》。
1893	光绪十八年	十一月十八日，《惩治会匪章程》颁行各省。
1893	光绪十八年	十二月初一日，《平定陕甘新疆回匪方略》编辑完工。
1893	光绪十八年	十二月初九日，重庆开办火柴厂。
1893	光绪十八年	十二月二十二日，以杨儒为出使美、日（西）、秘国大臣。
1893	光绪十九年	正月初一日，英国人在上海创刊《新闻报》。
1893	光绪十九年	正月二十一日，俄人请以新疆色勒库尔大分水岭为界。
1893	光绪十九年	正月二十九日，令拨银十万两备赈山西，暂停征收山西、直隶采运粮石税厘。
1893	光绪十九年	二月十五日，光绪帝接见德驻华公使巴兰德。
1893	光绪十九年	二月二十日，调“靖远”“来远”两舰赴仁川以防东学党。
1893	光绪十九年	三月二十日，李鸿章致电袁世凯敦促朝鲜与日本解决“防谷令”一事。
1893	光绪十九年	三月二十七日，令速派快船二只到仁川以防东学党。
1893	光绪十九年	四月十八日，张之洞、谭继洵奏，鄂省引进桑苗，兴办蚕桑事业。
1893	光绪十九年	五月十四日，理藩院请赈济伊克昭盟。

公元	年号	大事记
1893	光绪十九年	五月，日本参谋总部次长川上操六到津观察防务并试射上海机器局新造快枪。
1893	光绪十九年	五月二十三日，《中美上海新定虹口租界章程》订立。
1893	光绪十九年	六月初二日，以卫汝贵为甘肃宁夏镇总兵。
1893	光绪十九年	六月二十三日，永定河漫口，北京地区水灾严重。
1893	光绪十九年	八月初四日，准由驻外使臣或领事发给海外华民护照，以便随时回国或出洋。
1893	光绪十九年	八月初五日，四川泰宁（今康定县西北）地震，惠远庙倒塌。
1893	光绪十九年	八月初七日，河道总督许振祎请根除黄河修治工程冒支经费问题。
1893	光绪十九年	八月二十三日，兵部左侍郎洪钧卒。
1893	光绪十九年	九月初三日，中俄订立《交收巴尔鲁克山文约》。
1893	光绪十九年	九月初四日，授贝勒载漪为御前大臣，松溎为刑部尚书，怀塔布为工部尚书。
1893	光绪十九年	九月初十日，上海机器织布局失火焚毁。
1893	光绪十九年	九月二十一日，命为孙开华建祠，宣付国史馆立传，谥“壮武”。
1893	光绪十九年	十月初四日，派龚照瑗为出使英、法、意、比国大臣。
1893	光绪十九年	十月二十六日，许景澄奏甘肃新疆省多有金矿。
1893	光绪十九年	十月二十八日，《中英藏印条款》订立。
1893	光绪十九年	十月，令户部每年添拨内务府经费银五十万两。
1893	光绪十九年	十一月初一日，李鸿章设立天津西医学堂（北洋医学堂），以欧士敦为总教习。
1893	光绪十九年	十一月初五日，户部预拨东北边防经费，共银一百八十六万两。
1893	光绪十九年	十一月初十日，新疆库车地震。
1893	光绪十九年	十一月十九日，毛泽东出生于湖南省湘潭县韶山冲。
1893	光绪十九年	十一月二十日，汉阳铁厂建成。
1893	光绪十九年	十一月二十日，湖北开办“自强学堂”。
1893	光绪十九年	是年，礼和永轧花厂在上海创办。
1893	光绪十九年	是年，华商在广州创办义和火柴公司。
1893	光绪十九年	是年，美国烟草公司在上海建立。
1893	光绪十九年	是年，道员郑观应撰成《盛世危言》，主张兴学校、使人尽其才。

公元	年号	大事记
1893	光绪十九年	是年，陈炽著成《庸书》。
1894	光绪十九年	十二月初二日，许庚身卒，赠太子太保衔，谥“恭慎”。
1894	光绪十九年	十二月初二日，命徐用仪在军机大臣上行走，廖寿丰为浙江巡抚。
1894	光绪十九年	十二月初九日，调孙毓汶为兵部尚书，薛允升为刑部尚书。
1894	光绪十九年	十二月十七日，准驻美使臣杨儒与美国签订《华工保护条约》。
1894	光绪二十年	正月初一日，封瑾嫔、珍嫔为瑾妃、珍妃。
1894	光绪二十年	正月初十日，汉阳铁厂开炉冶炼。
1894	光绪二十年	正月二十四日，《中英续议滇缅界、商务条款》订立。
1894	光绪二十年	二月二十二日，韩人金玉均在上海美租界被刺。
1894	光绪二十年	三月十八日，命于本月二十六日在保和殿考试翰詹。
1894	光绪二十年	四月初三日，李鸿章校阅北洋海军。
1894	光绪二十年	四月二十五日，太和殿传胪，授一甲张謇等为翰林院修撰、编修，赐进士及第。
1894	光绪二十年	四月三十日，朝鲜请派兵助韩围剿叛军。
1894	光绪二十年	五月初一日，派叶志超、聂士成率军前往朝鲜牙山。
1894	光绪二十年	五月初七日，日军强行进入汉城。
1894	光绪二十年	五月初七日，《平定陕甘新疆回匪方略》《平定云南回匪方略》《平定贵州苗匪方略》完成。
1894	光绪二十年	五月十八日，汪凤藻照会日本外务省，驳其所谓“共改韩政”之说。
1894	光绪二十年	五月十九日，日本御前会议决定，单独进行“朝鲜内政改革”并派出第二批赴韩陆军。
1894	光绪二十年	五月，孙中山上书李鸿章，提出培养人才、发展实业等变法自强主张。
1894	光绪二十年	六月十八日，日本照会韩廷，要求华军退出朝鲜并废止中韩《贸易章程》。
1894	光绪二十年	六月十九日，薛福成卒。
1894	光绪二十年	六月二十一日，日军攻入朝鲜王宫，解除韩军武装，立大院君主政。
1894	光绪二十年	六月二十三日，日舰在丰岛海面攻击我济远等舰，击沉高升号运兵船，中日甲午战争爆发。
1894	光绪二十年	六月二十三日，朝鲜大院君在日军胁迫下，宣布废止中韩《贸易章程》。
1894	光绪二十年	六月二十七日，聂士成一军与来犯日军战于成欢驿。

公元	年号	大事记
1894	光绪二十年	六月二十八日，命驻日使臣汪凤藻即行撤回国内。
1894	光绪二十年	七月初一日，清政府对日宣战。
1894	光绪二十年	七月初七日，左宝贵率兵抵平壤。
1894	光绪二十年	七月十二日，调神机营驻扎通州，以卫京畿。
1894	光绪二十年	七月十六日，调李秉衡为山东巡抚。
1894	光绪二十年	七月二十六日，命叶志超为平壤各军总统。
1894	光绪二十年	七月二十六日，命丁汝昌即行革职。
1894	光绪二十年	八月初一日，李鸿章奏请勿轻易换丁汝昌。
1894	光绪二十年	八月初四日，刘锦棠卒，宣付国史馆立传，建立专祠，谥“襄勤”。
1894	光绪二十年	八月十三日，马玉昆退敌于平壤。
1894	光绪二十年	八月十六日，日军大举进攻平壤，左宝贵殉国。
1894	光绪二十年	八月十八日，黄海海战。
1894	光绪二十年	八月二十二日，命四川提督宋庆帮办北洋军务。
1894	光绪二十年	九月十五日，免叶志超、卫汝贵统领职务。
1894	光绪二十年	九月十五日，调邵友濂署湖南巡抚，唐景崧署理福建台湾巡抚。
1894	光绪二十年	九月二十六日，日军在花园口登陆，侵入辽东半岛。
1894	光绪二十年	九月二十七日，鸭绿江大战。
1894	光绪二十年	十月初五日，命恭亲王奕䜣督办军务，设立“督办军务处”。
1894	光绪二十年	十月初五日，成立“京师巡防处”，以恭亲王等办理“巡防”事宜。
1894	光绪二十年	十月初五日，清政府命胡燏棻驻津办理粮台，并会同汉纳根筹办“西法练兵”（新军始建）。
1894	光绪二十年	十月初六日，补授翁同龢、李鸿藻、刚毅为军机大臣。
1894	光绪二十年	十月初九日，金州失守。
1894	光绪二十年	十月初十日，大连湾失守。
1894	光绪二十年	十月初十日，慈禧太后六旬生辰。
1894	光绪二十年	十月十三日，命丁汝昌将定远、来远两舰带出旅顺。
1894	光绪二十年	十月十五日，派湖北布政使王之春为专使，赴俄国贺尼古拉二世（Nicholasll，1868-1918）嗣位。
1894	光绪二十年	十月二十二日，调谭锺麟为四川总督，边宝泉为闽浙总督。
1894	光绪二十年	十月二十三日，令叶志超革职。

公元	年号	大事记
1894	光绪二十年	十月二十四日，旅顺失陷，日军大屠杀。
1894	光绪二十年	十月二十五日，以聂士成为直隶提督，马玉昆为太原镇总兵。
1894	光绪二十年	十月二十八日，依克唐阿率部血战草河岭。
1894	光绪二十年	十月二十九日，聂士成率部一举收复连山关要隘。
1894	光绪二十年	十月二十九日，降瑾妃、珍妃为贵人。
1894	光绪二十年	十月，孙中山在檀香山创立兴中会。
1894	光绪二十年	十一月初八日，令撤满汉书房。
1894	光绪二十年	十一月初八日，奕䜣补授军机大臣。
1894	光绪二十年	十一月初十日，聂士成率军夺回分水岭，同日复州失守。
1894	光绪二十年	十一月十四日，凤凰城战役。
1894	光绪二十年	十一月十七日，海城失陷。
1894	光绪二十年	十一月十九日，依克唐阿部反攻凤凰城失利，侍卫永山阵亡。
1894	光绪二十年	十一月二十三日，宋庆率军血战缸瓦寨。
1894	光绪二十年	十一月二十五日，以刘步蟾暂署海军提督。
1894	光绪二十年	十一月二十六日，以松蕃署理云贵总督兼署云南巡抚。
1894	光绪二十年	十二月初二日，命刘坤一为钦差大臣，节制关内外防剿各军。
1894	光绪二十年	十二月初四日，调依克唐阿军移往辽阳一带。
1894	光绪二十年	十二月初四日，道员刘含芳奏，旅顺被杀民众达二千六七百人。
1894	光绪二十年	是年，三姓金矿建立。
1894	光绪二十年	是年，朱鸿度于上海创办裕源纱厂。
1894	光绪二十年	是年，祝大椿在上海创办源昌缫丝厂。
1894	光绪二十年	是年，陕西巡抚鹿传霖创设陕西机器局。
1895	光绪二十年	十二月十二日，董福祥率陕甘防军八营抵京。
1895	光绪二十年	十二月十五日，盖平失守。
1895	光绪二十年	十二月二十一日，命宋庆、吴大澂帮办关内外军务。
1895	光绪二十年	十二月二十二日，反攻海城失利。
1895	光绪二十年	十二月二十五日，荣成失守。
1895	光绪二十年	十二月二十八日，派王文韶为北洋帮办事务大臣。
1895	光绪二十年	十二月二十八日，聂士成击退金家河日军。
1895	光绪二十一年	正月初五日，威海卫之战。

公元	年号	大事记
1895	光绪二十一年	正月初九日，丁汝昌在刘公岛击退日本舰队。
1895	光绪二十一年	正月十一日，定远舰沉毁。
1895	光绪二十一年	正月十二日，拟向汇丰银行借库平银一千万两，又英金三百万镑。
1895	光绪二十一年	正月十二日，来远舰被击沉。
1895	光绪二十一年	正月十五日，靖远舰毁。
1895	光绪二十一年	正月十六日，刘步蟾自尽。
1895	光绪二十一年	正月十八日，丁汝昌自尽。
1895	光绪二十一年	正月十九日，派李鸿章为全权大臣，与日本商议条约。
1895	光绪二十一年	正月二十日，“威海卫降约”议定。
1895	光绪二十一年	正月二十日，北洋海军左翼总兵、镇远舰管带杨用霖自尽。
1895	光绪二十一年	正月二十三日，日军舰队进入威海港。
1895	光绪二十一年	正月二十七日，宋庆军克复大平山。
1895	光绪二十一年	正月三十日，大平山血战。
1895	光绪二十一年	正月，（香港）兴中会建立。
1895	光绪二十一年	二月初二日，张锡銮收复宽甸城。
1895	光绪二十一年	二月初八日，牛庄血战。
1895	光绪二十一年	二月初十日，营口失陷。
1895	光绪二十一年	二月十二日，田庄台之战。
1895	光绪二十一年	二月十六日，准裁撤海军衙门。
1895	光绪二十一年	二月二十日，日军大本营决定成立“征清大总督府”。
1895	光绪二十一年	二月二十一日，免吴大澂帮办军务职。
1895	光绪二十一年	二月二十七日，澎湖列岛失陷。
1895	光绪二十一年	二月二十八日，李鸿章日本遇刺。
1895	光绪二十一年	三月初五日，《中日停战协议》签署。
1895	光绪二十一年	三月十二日，派李经方为全权大臣赴日。
1895	光绪二十一年	三月十四日，旨令辽东、台湾不可失。
1895	光绪二十一年	三月二十一日，李鸿章与伊藤博文第五次会谈，被迫同意日方条款。
1895	光绪二十一年	三月二十二日，以鹿传霖为四川总督。
1895	光绪二十一年	三月二十三日，中日《马关条约》签字。
1895	光绪二十一年	三月二十三日，中日《停战展期另款》订立。

公元	年号	大事记
1895	光绪二十一年	三月二十八日，“公车上书”。
1895	光绪二十一年	三月二十九日，俄、德、法照会日本外务省，要求不得割取辽东半岛。
1895	光绪二十一年	四月初五日，命李鸿章告知伊藤博文台民誓死不从割让台湾。
1895	光绪二十一年	四月十一日，日本照会俄、德、法，谓“放弃对辽东半岛之永久占领”。
1895	光绪二十一年	四月二十一日，台湾民众致电张之洞誓拒割让，死守台湾岛。
1895	光绪二十一年	四月二十四日，派李经方前往台湾，与日本派出大臣商办事件。
1895	光绪二十一年	四月二十五日，太和殿传胪。
1895	光绪二十一年	四月二十六日，令唐景崧解职来京，并令台省大小文武官员内渡。
1895	光绪二十一年	五月初二日，台湾绅民宣布成立“民主国”。
1895	光绪二十一年	五月初四日，以吏部尚书徐桐兼署兵部尚书。
1895	光绪二十一年	五月初六日，日军在台湾澳底登陆。
1895	光绪二十一年	五月初十日，《交接台湾文据》签署。
1895	光绪二十一年	五月十一日，日军进攻基隆。
1895	光绪二十一年	五月十五日，台北陷落。
1895	光绪二十一年	五月十七日，沪尾陷落。
1895	光绪二十一年	五月十九日，义军徐骧、吴汤兴等军与道员林朝栋等部清军于新竹顽强抵抗日军。
1895	光绪二十一年	五月二十五日，日本在台北成立“台湾总督府”，宣布殖民统治政权建立。
1895	光绪二十一年	五月二十八日，中法订立《续议中越界务、商务专条附章》。
1895	光绪二十一年	五月三十日，新竹失陷。
1895	光绪二十一年	闰五月初九日，准裁撤东三省练军。
1895	光绪二十一年	闰五月十三日，南疆色勒库尔（今塔什库尔干县）地震。
1895	光绪二十一年	闰五月十四日，《中俄四厘息借款合同》及《借款声明文件》订立。
1895	光绪二十一年	闰五月十五日，日本驻华公使林董觐见光绪帝于文华殿。
1895	光绪二十一年	闰五月十八日，命裕庚为出使日本国大臣。
1895	光绪二十一年	六月十一日，古田教案发生。
1895	光绪二十一年	六月十六日，命钱应溥在军机大臣上行走，翁同龢、李鸿藻在总理衙门行走。
1895	光绪二十一年	六月十六日，授麟书为大学士，以昆冈为协办大学士。

公元	年号	大事记
1895	光绪二十一年	六月十八日，张之洞请与俄订立密约，以结强援。
1895	光绪二十一年	六月十九日，命各省保护教堂。
1895	光绪二十一年	六月十九日，苗栗失陷，吴彭年卒，杨载云牺牲。
1895	光绪二十一年	六月二十一日，命将各省机器、制造等局招商承办。
1895	光绪二十一年	六月二十一日，以荣禄为兵部尚书。
1895	光绪二十一年	六月二十七日，康有为、梁启超在京创办《万国公报》。
1895	光绪二十一年	七月初二日，以翁同龢兼管同文馆事务。
1895	光绪二十一年	七月初九日，台北、台中失陷。
1895	光绪二十一年	七月初九日，实授王文韶直隶总督兼北洋大臣。
1895	光绪二十一年	七月十一日，命优恤徐邦道。
1895	光绪二十一年	七月十一日，以松蕃为云贵总督，魏光焘为云南巡抚。
1895	光绪二十一年	七月，黄河与山东利津决口。
1895	光绪二十一年	八月二十日，日与俄、德、法议定交还辽东办法，由中国增添三千万两赔款。
1895	光绪二十一年	八月二十一日，台湾嘉义陷落。
1895	光绪二十一年	八月二十五日，以依克唐阿为盛京将军，调裕禄为福州将军。
1895	光绪二十一年	八月二十六日，派李鸿章为全权大臣，办理归还辽东事宜。
1895	光绪二十一年	九月初四日，台南陷落，台湾军民大规模反日斗争暂告结束。
1895	光绪二十一年	九月，广州起义失败。
1895	光绪二十一年	九月二十二日，《辽东半岛收还条约》签署。
1895	光绪二十一年	九月二十九日，广东潮州府地震。
1895	光绪二十一年	十月初四日，以陶模为陕甘总督，饶应骐为甘肃新疆巡抚。
1895	光绪二十一年	十月初十日，准俄国水师轮船暂泊胶州口澳停泊过冬。
1895	光绪二十一年	十月，“强学会”成立。
1895	光绪二十一年	十月，中德签订《汉口租界条约》及《天津租界条约》。
1895	光绪二十一年	十月二十日，派广西按察使胡燏棻督修津芦铁路，并令集股筹办芦汉铁路，一切为商办。
1895	光绪二十一年	十月二十二日，派袁世凯督练天津新建陆军。
1895	光绪二十一年	十一月十二日，复瑾妃、珍妃封号。
1895	光绪二十一年	十一月十五日，林大北等以“驱逐倭奴，恢复中华”为号进攻台北。

公元	年号	大事记
1895	光绪二十一年	是年，华俄道胜银行在上海设分行。
1895	光绪二十一年	是年，湖南浏阳算学社（维新派学术团体）成立。
1895	光绪二十一年	是年，张之洞设立江南陆师学堂。
1895	光绪二十一年	是年，张之洞设立江南储才学堂。
1895	光绪二十一年	是年，商人楼景辉在浙江萧山创办合义和缫丝厂。
1895	光绪二十一年	是年，张謇创办大生纱厂于江苏南通。
1896	光绪二十一年	十一月十七日，令广东南澳镇总兵刘永福开缺回籍。
1896	光绪二十一年	十一月二十七日，刘铭传卒，谥“壮肃”，命赠太子少保衔，宣付国史馆立传。
1896	光绪二十一年	十二月初三日，江南创办新军（即“自强军”）。
1896	光绪二十一年	十二月初七日，命查封强学会。
1896	光绪二十一年	十二月，孙中山在日本横滨设立兴中会分会。
1896	光绪二十二年	正月初五日，署两江总督张之洞奏请选派江南陆军学堂等学堂学生赴海外留学。
1896	光绪二十二年	正月初五日，署两江总督张之洞奏请在苏州、镇江、通海设立商务局。
1896	光绪二十二年	正月十三日，慈禧太后下谕裁撤上书房。
1896	光绪二十二年	正月二十日，李鸿章出使沙俄，名义为沙皇尼古拉二世行加冕礼，顺访德、法、英、美等国。
1896	光绪二十二年	正月二十一日，总理衙门奏请设立官书局，由孙家鼐任管理大臣。
1896	光绪二十二年	正月三十日，户部和总理衙门准奏，允许民间招商采矿。
1896	光绪二十二年	二月初七日，清廷设邮政局，隶属户部，由海关总税务司英国人赫德直接管理。
1896	光绪二十二年	二月初十日，中、英、德签订《英德借款详细章程》，清朝政府向英国汇丰银行、德国德华银行借款一千六百万英镑。
1896	光绪二十二年	二月初十日，清廷任命贵州按察使文海为驻藏大臣。
1896	光绪二十二年	二月十七日，清廷将翰林院侍读学士文廷式革职查办，逐回原籍，永不叙用。
1896	光绪二十二年	二月二十二日，湖南巡抚陈宝箴奏请设立湖南矿务总局，试行开矿。
1896	光绪二十二年	二月二十六日，盛宣怀奏请设立南洋公学（上海交通大学的前身）。

公元	年号	大事记
1896	光绪二十二年	三月十八日，直隶提督聂士成呈请从淮军中挑选精兵组成武毅军，仿德国军制，尝试新式练兵。
1896	光绪二十二年	三月二十一日，李鸿章与沙俄开始谈判。
1896	光绪二十二年	四月初一日，袁世凯在天津的新建陆军设德文、炮、步、马四学堂，招学生二百八十余人。
1896	光绪二十二年	四月初二日，汉阳铁厂改为官督商办，张之洞委任盛宣怀为督办。
1896	光绪二十二年	四月十二日，总理衙门议定教案处分办法。
1896	光绪二十二年	四月二十一日，俄、法汉口租界地条约签字。
1896	光绪二十二年	四月二十二日，李鸿章与俄国签订《御敌互相援助条约》（即《中俄密约》）。
1896	光绪二十二年	四月二十四日，护理山西巡抚张汝梅奏，创建格致实学书院。
1896	光绪二十二年	四月二十五日，调工部尚书怀塔布为礼部尚书，升户部侍郎刚毅为工部尚书。
1896	光绪二十二年	五月初八日，光绪帝生母叶赫那拉氏（慈禧太后之妹）病逝。
1896	光绪二十二年	五月十六日，《苏报》在上海创刊，创办人胡璋（铁梅）。
1896	光绪二十二年	五月十八日，黄河在山东利津县决口。
1896	光绪二十二年	五月，江苏、山东大刀会起事。
1896	光绪二十二年	六月十一日，《中日通商行船条约》签订，日本取得领事裁判权和片面最惠国待遇。
1896	光绪二十二年	六月十八日，清廷谕命福州将军裕禄为船政大臣，负责整顿福州船政局。
1896	光绪二十二年	七月初一日，《时务报》在上海创刊，创办人为汪康年、黄遵宪、梁启超、吴德潇、邹凌瀚五人，主笔是梁启超。
1896	光绪二十二年	七月初九日，江西巡抚德寿奏准设立蚕桑局，以广开利源。
1896	光绪二十二年	八月初二日，清政府与沙俄签订《合办东省铁路公司合同章程》。
1896	光绪二十二年	八月二十八日，追赠前陕甘总督杨岳斌太子太保衔。
1896	光绪二十二年	九月初四日，张之洞于湖北设立武备学堂。
1896	光绪二十二年	九月十三日，总理衙门与日本签订《公立文凭》。
1896	光绪二十二年	九月十四日，清政府设立铁路总公司。
1896	光绪二十二年	九月，孙中山先生在伦敦被清政府诱捕，史称“孙中山伦敦被难”。
1896	光绪二十二年	十月十六日，总理衙门奏定预筹朝鲜通商办法。

公元	年号	大事记
1896	光绪二十二年	十一月初二日，清政府准奏于京师、上海设立大学堂，各省设学堂。
1896	光绪二十二年	十一月初三日，翰林院侍读学士陈兆文奏请停止捐纳道府州县实官，以利于整顿吏治。
1897	光绪二十二年	十二月十五日，上海美商鸿源纱厂开工。
1897	光绪二十三年	正月初十日，夏瑞芳等创办商务印书馆，此为国人自办近代出版事业之始。
1897	光绪二十三年	正月初十日，康有为在广西创办圣学会，宣传维新。
1897	光绪二十三年	正月二十一日，《知新报》在澳门创刊，创办人有康有为、康广仁、何廷光。
1897	光绪二十三年	正月二十二日，山东历城、章丘黄河因凌汛决口。
1897	光绪二十三年	正月，美国传教士李佳白在北京创办尚贤堂（英文名称为“中国国际学会”）。
1897	光绪二十三年	二月二十二日，义和拳拳民在山东冠县亮拳比武，首领是赵三多、阎书勤。
1897	光绪二十三年	三月二十一日，《湘学新报》（后改为《湘学报》）创刊。.
1897	光绪二十三年	是年春，谭嗣同完成《仁学》。
1897	光绪二十三年	四月二十日，浙江巡抚廖寿丰于杭州创办求是书院，传授中西之学。
1897	光绪二十三年	四月二十六日，盛宣怀与比利时公司签订芦汉铁路借款合同。
1897	光绪二十三年	四月二十六日，中国通商银行在上海成立。
1897	光绪二十三年	四月，罗振玉在上海创办农学会，发行《农学报》。
1897	光绪二十三年	六月二十五日，协办大学士、吏部尚书李鸿藻卒。
1897	光绪二十三年	六月二十八日，大刀会围攻江苏砀山县砦庄之教堂。
1897	光绪二十三年	六月，上海成立不缠足会，反对封建礼教。
1897	光绪二十三年	七月初五日，《经世报》于杭州创刊。
1897	光绪二十三年	八月初一日，《实学报》在上海创刊，王仁俊主办。
1897	光绪二十三年	八月二十四日，授予甲午海战中英勇献身的邓世昌母亲一御匾，上书：教忠资训。
1897	光绪二十三年	九月初二日，四川总督鹿传霖因办理川省边务不利调回北京。
1897	光绪二十三年	十月初一日，严复、夏曾佑、王曾植在天津创办《国闻报》。
1897	光绪二十三年	十月初，康广仁等在上海创办大同译书局。

公元	年号	大事记
1897	光绪二十三年	十月初七日，山东营州巨野发生教案。
1897	光绪二十三年	十月二十日，德国强占胶州湾。
1897	光绪二十三年	十一月初六日，湖南时务学堂正式开学。
1897	光绪二十三年	十一月二十一日，沙俄军舰强行驶入旅顺港。
1897	光绪二十三年	十一月，康有为第五次上书光绪帝。
1898	光绪二十三年	十二月十二日，德国驻华公使向总理衙门提出租借胶州湾的要求。
1898	光绪二十三年	十二月十三日，康有为于北京南海会馆创立粤学会。
1898	光绪二十三年	十二月二十三日，清廷因巨野教案惩处山东官员，并谕令各省保护教堂教士。
1898	光绪二十三年	十二月二十四日，清政府与德国就教案事件达成解决办法。
1898	光绪二十三年	十二月二十五日，兵部尚书荣禄奏请设立武备特科。
1898	光绪二十三年	十二月二十五日，清政府决定在内地筹办制造局，并准备将上海制造局内迁。
1897	光绪二十三年	是年，湖南乡绅王先谦等创办两湖轮船公司。
1897	光绪二十三年	是年，梁启超主编《西政丛书》，介绍西方政治制度。
1898	光绪二十四年	正月初三日，李鸿章、翁同龢、荣禄、廖寿恒、张荫桓等大臣召见康有为。
1898	光绪二十四年	正月初五日，清政府允许湖南、湖北、广东三省绅商自行承办粤汉铁路。
1898	光绪二十四年	正月初六日，诏令设立经济特科，考试内容为内政、外交、理财、军事、格物等实际学问。
1898	光绪二十四年	正月初十日，林旭、张铁君等创办闽学会于京师福建会馆，宣传变法维新。
1898	光绪二十四年	正月十四日，户部奏准颁发“昭信股票”。
1898	光绪二十四年	正月二十一日，清政府覆照英国驻华公使窦纳乐，允许英国将长江流域划为其势力范围。
1898	光绪二十四年	二月初一日，长沙南学会开始讲学。
1898	光绪二十四年	二月初九日，总理衙门与英德签订第二次借款合同（《英德续借款合同》）。
1898	光绪二十四年	二月十四日，清政府与德国签订《中德胶澳租借条约》。
1898	光绪二十四年	二月十五日，《湘报》创刊。熊希龄创办，唐才常为主编。

公元	年号	大事记
1898	光绪二十四年	二月十九日，总理衙门将康有为的上清帝第六书上呈光绪帝。
1898	光绪二十四年	二月二十八日，湖南周汉因反洋教被清政府逮捕。
1898	光绪二十四年	三月初六日，清政府与俄国签订《旅大租借条约》。
1898	光绪二十四年	三月十四日，法国公使照会总理衙门，将云南、两广划为其势力范围。
1898	光绪二十四年	三月二十七日，保国会在北京粤东会馆召开第一次会议，康有为在会上慷慨陈词。
1898	光绪二十四年	三月二十八日，张之洞奏请筹办江西萍乡煤矿。
1898	光绪二十四年	闰三月初二日，日本公使照会总理衙门，将福建划为其势力范围。
1898	光绪二十四年	闰三月，张之洞撰写《劝学篇》。
1898	光绪二十四年	闰三月，康有为等人再次发动公车上书。
1898	光绪二十四年	四月初十日，恭亲王奕䜣卒。
1898	光绪二十四年	四月，梁启超等人上书请废八股。
1898	光绪二十四年	四月二十一日，中英签订《展拓香港界址专条》。
1898	光绪二十四年	四月二十三日，光绪帝下“定国是诏”，宣布变法，百日维新开始。
1898	光绪二十四年	四月二十七日，户部尚书翁同龢奉旨开缺回籍。
1898	光绪二十四年	四月二十八日，光绪帝召见康有为、张元济。
1898	光绪二十四年	四月，严复翻译的《天演论》正式出版。
1898	光绪二十四年	五月初一日，康有为进呈《孔子改制考》。
1898	光绪二十四年	五月初五日，清政府废八股改试策论。
1898	光绪二十四年	五月十三日，中英签订《订租威海卫专条》。
1898	光绪二十四年	五月十五日，军机大臣会同总理衙门王大臣会奏京师大学堂章程及筹办办法。
1898	光绪二十四年	五月十五日，四川余栋臣第二次反洋教起义爆发。
1898	光绪二十四年	六月初六日，《女学报》于上海创刊。
1898	光绪二十四年	六月初八日，清廷将《时务报》改为官办，派康有为督办。
1898	光绪二十四年	六月十五日，谕命设立矿务铁路总局。
1898	光绪二十四年	六月十八日，广西全州山洪暴发，淹死三百多人。
1898	光绪二十四年	七月十四日，清政府大力裁撤冗官冗员。
1898	光绪二十四年	七月十六日，农工商总局成立。
1898	光绪二十四年	七月二十九日，日本前首相伊藤博文访华。

公元	年号	大事记
1898	光绪二十四年	七月三十日，光绪帝托杨锐传出密诏。
1898	光绪二十四年	八月初一日，光绪帝召见袁世凯。
1898	光绪二十四年	八月初三日，慈禧太后取消光绪帝独立处理政事的权力。
1898	光绪二十四年	八月初四日，慈禧太后将光绪帝软禁于瀛台。
1898	光绪二十四年	八月初六日，慈禧太后发动戊戌政变，宣布垂帘听政。
1898	光绪二十四年	八月十三日，清廷在菜市口杀害“戊戌六君子”。
1898	光绪二十四年	八月十六日，汉口大火灾，延烧五千多户，死三百多人。
1898	光绪二十四年	八月二十一日，湖南巡抚陈宝箴被革职，另有相当支持变法的官员受到处分。
1898	光绪二十四年	八月二十五日，清政府与英国签订《关内外铁路借款合同》。
1898	光绪二十四年	九月二十六日，日照教案发生。
1898	光绪二十四年	十月初，赵三多率领义和团在山东冠县蒋家庄起义，打出“扶清灭洋”的口号。
1898	光绪二十四年	十月二十一日，清政府再次严厉处置翁同龢，即行革职，永不叙用。
1898	光绪二十四年	十一月十一日，梁启超在日本横滨创办《清议报》。
1898	光绪二十四年	十一月十九日，京师大学堂正式开学。
1899	光绪二十四年	十一月二十六日，安徽涡阳饥民起义。
1899	光绪二十四年	十二月初八日，余栋臣率部投降，四川反洋教运动终止。
1899	光绪二十四年	十二月十八日，按惯例授予班禅额尔德尼之弟扎喜汪结公爵职衔。
1899	光绪二十四年	十二月，刘坤一奏报于上海设立商务总局，选举丝茶各业巨商严信厚等为商务总董。
1899	光绪二十五年	二月初四日，清政府颁布地方官与教士往来事宜五条。
1899	光绪二十五年	二月十八日，德军占领日照并拘禁日照新任知县。
1899	光绪二十五年	三月十九日，英俄换文划分在中国的势力范围。
1899	光绪二十五年	三月十九日，日本强迫清政府在福州签订《福州口租界条款》。
1899	光绪二十五年	四月初九日，许景澄、张翼与英德银行签订《津镇铁路借款草合同》。
1899	光绪二十五年	四月十二日，谕命刚毅南巡，考察地方财政税收，加强中央财政收入。
1899	光绪二十五年	四月十四日，张謇创办的大生纱厂试生产成功。
1899	光绪二十五年	五月十九日，山东日照教案议结，向德国赔款七万七千八百二十两。
1899	光绪二十五年	六月十三日，康有为在加拿大成立保皇会。

公元	年号	大事记
1899	光绪二十五年	六月二十三日，总理衙门与矿务铁路总局奏定《增订矿务章程》。
1899	光绪二十五年	七月初九日，山东大刀会首领刘赞虞率众进入直隶境内活动。
1899	光绪二十五年	八月初二日，美国宣布对中国实现门户开放政策。
1899	光绪二十五年	八月初七日，中韩订立《和好通商条约》。
1899	光绪二十五年	八月十三日，山东平原县杠子李庄拳民李长水等与教民发生冲突。
1899	光绪二十五年	九月初七日，朱红灯率义和拳与官府发生冲突。
1899	光绪二十五年	九月二十一日，四川总督奎俊奏准派道员、提督各一人赴日本考察学制兵制。
1899	光绪二十五年	十月十四日，清政府与法国签订广州湾租借条约。
1899	光绪二十五年	十月十九日，清政府突发上谕，要求各省督抚抵御外侮。
1899	光绪二十五年	十月十九日，义和拳首领朱红灯在山东茌平祷捕。
1899	光绪二十五年	十一月初四日，山东巡抚毓贤替义和团辩护，事后清政府以袁世凯代毓贤。
1899	光绪二十五年	十一月初五日，清政府加入保和会。
1899	光绪二十五年	十一月十七日，命李鸿章署理两广总督。
1899	光绪二十五年	十一月二十二日，毓贤离任前，下令处死义和团领袖朱红灯和心诚和尚。
1899	光绪二十五年	十一月二十五日，以户部尚书王文韶为协办大学士。
1900	光绪二十五年	十二月初二日，山东高密民众聚众阻挠德国修筑胶济铁路。
1900	光绪二十五年	十二月二十四日，慈禧太后立端郡王载漪之子溥儁为皇子，又称“大阿哥”。
1900	光绪二十五年	十二月二十五日，兴中会在香港创刊《中国日报》，陈少白任社长。
1900	光绪二十五年	十二月二十六日，上海电报局总办经元善联合知名人士章炳麟、唐才常等一千二百三十一人签名致电总理衙门，反对废黜光绪帝。
1899	光绪二十五年	是年，清国子监祭酒王懿荣发现甲骨文。
1899	光绪二十五年	是年，林纾翻译的《巴黎茶花女遗事》出版发行，乃国人较系统译介西洋文学之始。
1900	光绪二十六年	正月十二日，谕命两广总督李鸿章掘毁康有为、梁启超本籍祖坟，并于随后悬赏十万两捉拿康、梁二人。
1900	光绪二十六年	二月初二日，英、美、德、意四国公使和法国驻华代办要求清政府严厉取缔义和团和大刀会。

公元	年号	大事记
1900	光绪二十六年	三月十三日，英、美、法、俄四国舰队进逼大沽口，强迫清政府镇压义和团。
1900	光绪二十六年	四月二十三日，列强驻京外交公使团照会清政府，要求镇压义和团。
1900	光绪二十六年	四月二十四日，总理衙门大臣奕劻奏请保护使馆教堂，惩办拳民。
1900	光绪二十六年	四月二十八日，道士王圆箓整理敦煌石窟洞室时，发现敦煌经卷。
1900	光绪二十六年	五月十四日，英将西摩尔率八国联军由津赴京。
1900	光绪二十六年	五月十五日，义和团与八国联军在廊坊激战。
1900	光绪二十六年	五月十九日，义和团开始攻打西什库教堂，并焚烧其他教堂。
1900	光绪二十六年	五月二十日，慈禧太后召集第一次御前会议，此后连续三天召集四次御前会议，筹议应对义和团和八国联军。
1900	光绪二十六年	五月二十一日，八国联军攻陷大沽炮台。
1900	光绪二十六年	五月二十四日，德国公使克林德为清兵所杀。
1900	光绪二十六年	五月二十四日，清兵和义和团围攻东交民巷使馆。
1900	光绪二十六年	五月二十四日，八国联军从杨村撤退，义和团取得杨村大捷。
1900	光绪二十六年	五月二十五日，清廷发布正式宣战诏书。
1900	光绪二十六年	五月三十日，上海道余联沅与各国驻上海领事议定《东南保护约款》及《保护上海城厢内外章程》，史称“东南互保”。
1900	光绪二十六年	六月初七日，美国发布第二次“门户开放”照会。
1900	光绪二十六年	六月十三日，直隶提督聂士成力战殉国。
1900	光绪二十六年	六月十八日，清军退守北仓，天津失陷。
1900	光绪二十六年	六月二十一日，沙俄军队在海兰泡大肆屠杀中国和平居民，史称“海兰泡惨案”。
1900	光绪二十六年	六月二十一日，沙俄军队又酿“江东六十四屯惨案”。
1900	光绪二十六年	七月初一日，唐才常等人在上海愚园成立中国议会。
1900	光绪二十六年	七月初五日，列强在天津成立“天津都统衙门”，作为暂时占领机构。
1900	光绪二十六年	七月十五日，秦力山率自立军在安徽大通起义。
1900	光绪二十六年	七月十七日，清廷杀反对同列强开战的兵部尚书徐用仪、内阁学士联元、户部尚书立山。
1900	光绪二十六年	七月二十日，八国联军总攻北京，慈禧太后召集大臣议定出京暂避。
1900	光绪二十六年	七月二十一日凌晨，慈禧太后携光绪仓皇出逃，八国联军占领北京。

公元	年号	大事记
1900	光绪二十六年	七月二十三日，列强接受德国元帅瓦德西为八国联军统帅。
1900	光绪二十六年	八月十四日，清廷谕令围剿义和团。
1900	光绪二十六年	闰八月初六日，俄军攻陷辽阳。
1900	光绪二十六年	闰八月初八日，俄军攻占盛京，至此俄军基本占领东北三省重要城市和交通线。
1900	光绪二十六年	闰八月十三日，兴中会会员郑士良在广东惠州发动起义失败。
1900	光绪二十六年	九月初四日，慈禧一行逃至西安。
1900	光绪二十六年	九月十七日，沙俄强迫清政府地方官员签订非法的《奉天交地暂且章程》。
1900	光绪二十六年	九月二十七日，八国联军侵入张家口。
1900	光绪二十六年	十一月初三日，十一国公使将议和大纲草案交奕劻。
1900	光绪二十六年	十一月初六日，清廷允准议和大纲。
1901	光绪二十六年	十一月十二日，授驻俄公使杨儒为全权大臣，与俄国谈判接收东三省事宜。
1901	光绪二十六年	十一月二十五日，奕劻、李鸿章在议和大纲上正式画押。
1901	光绪二十六年	十二月初十日，清政府在西安下诏变法，清末新政开始。
1901	光绪二十六年	十二月二十六日，清廷“颁自责之诏”。
1901	光绪二十七年	正月二十五日，上海各界人士二百余人于张园集会，抗议沙俄侵略我国东北，主张坚拒俄约。
1901	光绪二十七年	二月初一日，美国教会所办东吴大学在苏州成立。
1901	光绪二十七年	二月初五日，俄国强迫全权大臣杨儒接受俄国单方面提出的条约，杨儒坚决拒绝。
1901	光绪二十七年	三月初一日，各国列强提出赔款总额为银四万万五千万两。
1901	光绪二十七年	三月初三日，清政府设立督办政务处。
1901	光绪二十七年	三月二十二日，流亡日本之爱国志士和留学生创办《国民报》。
1901	光绪二十七年	四月二十一日，台湾苏澳附近发生六级地震。
1901	光绪二十七年	四月二十五日，罗振玉创办的《教育世界》在上海发行。
1901	光绪二十七年	五月二十七日，醇亲王载沣起程赴德，为在义和团运动中遇难的德国公使克林德向德国政府道歉。
1901	光绪二十七年	五月，张謇创办的通海垦牧公司成立。

公元	年号	大事记
1901	光绪二十七年	六月初九日，清廷谕命改总理衙门为外务部，班列六部之前。
1901	光绪二十七年	六月中旬，两江总督刘坤一、湖广总督张之洞联衔上呈《江楚会奏变法三折》，此三折被视为清末新政的指导性文献。
1901	光绪二十七年	七月初一日，清政府定于八月二十四日自西安回銮。
1901	光绪二十七年	七月初二日，清政府决定停征漕粮，一律改征折色（即将漕粮折合银价或钱价，改征银或钱）。
1901	光绪二十七年	七月十六日，清廷决定科举考试废除八股，改试策论。
1901	光绪二十七年	七月二十五日，《辛丑条约》签订。
1901	光绪二十七年	七月二十九日，清廷命各省建立武备学堂。
1901	光绪二十七年	八月初二日，谕命将各省书院一律改设学堂，此谕为清末新政中教育改革之正式开端。
1901	光绪二十七年	八月初四日，谕命各省选派学生出国留学，并鼓励自费留学，此谕为清末大批学生出国留学之开端。
1901	光绪二十七年	八月初五日，最后一批八国联军从北京撤退。
1901	光绪二十七年	八月十九日，谕命盛宣怀为办理商税事务大臣。
1901	光绪二十七年	八月，兴中会成员谢缵泰联络洪秀全侄子洪全福预谋在广东策划起义，建号“大明顺天国”。
1901	光绪二十七年	九月二十七日，李鸿章卒于北京，谥号“文忠”，追赠太傅。
1901	光绪二十七年	十月二十日，清廷谕令废除溥儁大阿哥名号，并命立即出宫。
1901	光绪二十七年	十月，袁世凯在山东创办山东大学堂（今山东大学前身）。
1901	光绪二十七年	十一月十四日，清政府为李鸿章在京师建立专祠，此为汉大臣在京师建专祠之第一人。
1902	光绪二十七年	十一月二十五日，《外交报》在上海创刊，创办人张元济。
1902	光绪二十七年	十一月二十九日，慈禧太后发布懿旨，追赠珍妃为贵妃。
1902	光绪二十七年	十二月初一日，清廷命张百熙为管学大臣，负责管理京师大学堂。
1902	光绪二十七年	十二月初二日，谕令将同方馆并入京师大学堂。
1902	光绪二十七年	十二月二十一日，第一次《英日同盟条约》签字。
1902	光绪二十七年	十二月二十三日，谕准满汉通婚，并提倡汉族妇女去除缠足陋习。
1901	光绪二十七年	是年，日本人在北京创办《顺天时报》，这是外国人在北京出版的第一份中文报纸。

公元	年号	大事记
1902	光绪二十八年	正月初一日，梁启超在日本横滨创办《新民丛报》。
1902	光绪二十八年	正月初一日，梁启超的《新民说》和《新史学》在《新民丛报》首刊上发表。
1902	光绪二十八年	正月初十日，驻俄公使杨儒病逝于俄国。
1902	光绪二十八年	正月十五日，上海商业会议公所成立。
1902	光绪二十八年	正月十七日，裁撤河东河道总督。
1902	光绪二十八年	正月二十四日，直隶广宗联庄会首景廷宾率众与官兵发生冲突。
1902	光绪二十八年	正月二十七日，清政府谕将詹事府并入翰林院，并裁撤通政司。
1902	光绪二十八年	二月初十日，清廷为直隶提督聂士成恢复名誉，并将其生平事迹交国史馆立传。
1902	光绪二十八年	三月初一日，清廷与俄国签订《中俄交收东三省条约》。
1902	光绪二十八年	三月十九日，章炳麟在日本东京组织“支那亡国二百四十二年纪念会”。
1902	光绪二十八年	三月二十日，中国教育会在上海成立，事务长为蔡元培。
1902	光绪二十八年	四月初六日，清廷着派沈家本、伍廷芳悉心考订、编纂现行律令。
1902	光绪二十八年	四月十二日，以肃亲王善耆为步军统领。
1902	光绪二十八年	五月初二日，英国传教士李提摩太提议，将其议设的中西学堂并入晋省大学堂，作为西学专斋。
1902	光绪二十八年	五月初四日，实授袁世凯为直隶总督兼北洋大臣。
1902	光绪二十八年	五月十二日，满族人英华在天津创刊《大公报》。
1902	光绪二十八年	六月十三日，驻京各使臣照会清廷同意裁撤“天津都统衙门”。
1902	光绪二十八年	六月二十三日，谕命张之洞充督办商务大臣。
1902	光绪二十八年	六月二十四日，东京留日学生与清廷驻日公使蔡钧发生冲突，事后学潮首领吴稚晖被日本警方驱逐出境。
1902	光绪二十八年	七月初五日，袁世凯奏设京师师范学堂（今北京师范大学前身）。
1902	光绪二十八年	七月十二日，张百熙奏学堂章程，候旨颁行，此即钦定学堂章程。
1902	光绪二十八年	七月十二日，湖南辰州发生教案。
1902	光绪二十八年	八月初四日，盛宣怀与英国签订《马凯条约》。
1902	光绪二十八年	八月，湖南邵阳贺金声起义，未遂。
1902	光绪二十八年	九月初五日，两江总督刘坤一卒。

公元	年号	大事记
1902	光绪二十八年	九月十四日，督办铁路总公司大臣盛宣怀与俄国华俄银行签订《正太铁路借款详细合同》。
1902	光绪二十八年	十月初五日，政务处大臣奕劻奏请特设商部，以振兴商务。
1902	光绪二十八年	十月十七日，上海南洋公学退学学生受中国教育会资助，成立爱国学社。
1902	光绪二十八年	十月，梁启超在日本创办《新小说》月刊。
1902	光绪二十八年	十一月十三日，清政府谕将电信收归国有。
1903	光绪二十八年	十二月，洪全福起义失败。
1902	光绪二十八年	是年，康有为完成《大同书》。
1902	光绪二十八年	是年，严复所译《原富》出版。
1903	光绪二十九年	正月初一日，留日湖北学生创办《湖北学生界》，后改名《汉声》。
1903	光绪二十九年	正月二十日，浙江留日学生创办《浙江潮》。
1903	光绪二十九年	二月二十二日，袁世凯拟筹建北洋陆军武备学堂。
1903	光绪二十九年	三月十四日，大学士、军机大臣荣禄卒，予谥文忠。
1903	光绪二十九年	三月二十一日，以锡良署四川总督；以李兴锐署闽浙总督。
1903	光绪二十九年	三月二十一日，俄军从中国第二次撤军期限已过，但俄军拒不撤退，反提出七项要求。
1903	光绪二十九年	四月初一日，张謇创办的南通师范学堂开学。
1903	光绪二十九年	四月初一日，上海各界绅商、民众千余人集会于张园，抗议沙俄侵略，史称“张园拒俄会议”。
1903	光绪二十九年	四月初三日，留日学生在东京锦辉馆召开大会，成立拒俄义勇队，蓝天蔚为队长。
1903	光绪二十九年	四月初四日，京师大学堂学生开会拒俄。
1903	光绪二十九年	四月，邹容《革命军》在上海出版。
1903	光绪二十九年	四月，章炳麟撰成《驳康有为论革命书》。
1903	光绪二十九年	四月，袁世凯重建天津中西学堂校舍，改名北洋大学。
1903	光绪二十九年	五月初五日，以王文韶为武英殿大学士；昆冈为文渊阁大学士；崇礼为东阁大学士。
1903	光绪二十九年	五月初九日，清廷命铁良会同袁世凯办理京旗练兵事宜。
1903	光绪二十九年	闰五月初五日，“苏报案”发生。
1903	光绪二十九年	闰五月初六日，章炳麟被捕；龙泽厚自动投案。

公元	年号	大事记
1903	光绪二十九年	闰五月十五日，盛宣怀与英国中英公司签订《沪宁铁路借款合同》。
1903	光绪二十九年	闰五月二十日，沙俄修建的东三省铁路竣工通车。
1903	光绪二十九年	六月初五日，日俄就中国东北和朝鲜问题举行谈判。
1903	光绪二十九年	七月十六日，清政府设立商部，以载振为尚书，班列外交部之次。
1903	光绪二十九年	七月二十九日，中法战争名将冯子材卒。
1903	光绪二十九年	八月初六日，准商部奏议各省设立路矿农务工艺各项公司。
1903	光绪二十九年	八月，袁世凯创办直隶工艺局，委周学熙为总办。
1903	光绪二十九年	八月，王锡彤率浙江海宁民众焚烧教堂。
1903	光绪二十九年	九月十六日，华兴会在长沙成立，黄兴为会长。
1903	光绪二十九年	十月十四日，清廷准商部订铁路简明章程二十四条。
1903	光绪二十九年	十月十六日，清政府设练兵处，以奕劻为练兵大臣。
1903	光绪二十九年	十月二十七日，蔡元培组织“对俄同志会”。
1903	光绪二十九年	十一月初一日，《中国白话报》在上海创刊。
1903	光绪二十九年	是年，陈天华的《猛回头》《警世钟》相继出版。
1903	光绪二十九年	是年，李宝嘉的《官场现形记》出版。
1903	光绪二十九年	是年，吴沃尧的《二十年目睹之怪现状》出版。
1903	光绪二十九年	是年，刘鹗的《老残游记》出版。
1903	光绪二十九年	是年，曾朴的《孽海花》出版，谴责小说盛极一时。
1903	光绪二十九年	是年年底，英军自印度大举入侵我西藏。
1904	光绪二十九年	十一月二十六日，张之洞、张百熙上奏学堂章程，由清政府颁布施行，是为中国首次施行正规学制。
1904	光绪二十九年	十二月，《女子世界》在上海创刊。
1904	光绪二十九年	十二月二十三日，日俄战争爆发。
1904	光绪二十九年	十二月二十七日，清政府宣布对日俄战争守局外中立，并公布局外中立条规。
1904	光绪三十年	正月二十四日，“上海万国红十字会”成立。
1904	光绪三十年	正月二十五日，《东方杂志》在上海创刊。
1904	光绪三十年	正月二十八日，奕劻等奏请设立户部银行。
1904	光绪三十年	二月初一日，商部奏，拟订《矿务暂行章程》三十八条。
1904	光绪三十年	二月二十六日，日军侵占西藏江孜，大肆屠杀我藏胞。

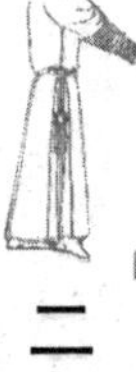

公元	年号	大事记
1904	光绪三十年	二月，北洋已练成新军三镇，各镇翼长分别为王英楷、吴长纯、段祺瑞。
1904	光绪三十年	三月初一日，谕以张謇为商部头等顾问官，加三品卿衔。
1904	光绪三十年	三月初十日，清政府批准加入国际红十字会条约和荷兰保和会公约。
1904	光绪三十年	三月十六日，日军第一军渡鸭绿江攻占九连城，日俄战争转入中国境内。
1904	光绪三十年	三月十八日，日军第三次沉船封堵旅顺军港，俄海军无法出海，日本获制海权。
1904	光绪三十年	是年春，黄兴会见会党首领马福益，商议起义计划。
1904	光绪三十年	是年春，湖北、湖南两省分别设立图书馆。
1904	光绪三十年	四月初一日，沈家本、伍廷芳所设的法律馆开馆。
1904	光绪三十年	四月初四日，清廷以“倡言革命，刊布逆诗”为由，斥革陕西三原县举人于伯循（即于右任）。
1904	光绪三十年	四月初七日，上海租界当局判章炳麟监禁三年，邹容二年，期满逐出租界，“苏报案”完结。
1904	光绪三十年	四月二十九日，《时报》于上海创刊。
1904	光绪三十年	五月二十日，吕大森、刘静庵等在武昌成立反清革命团体科学补习所。
1904	光绪三十年	五月二十日，翁同龢卒。
1904	光绪三十年	六月初一日，胶济铁路青岛至济南干线竣工。
1904	光绪三十年	六月，协和医学堂创办。
1904	光绪三十年	六月二十二日，英军侵占西藏拉萨，达赖喇嘛外逃。
1904	光绪三十年	七月十六日，清廷电谕暂行革去达赖喇嘛名号，惩罚其畏敌脱逃。
1904	光绪三十年	七月十六日，商部奏准授予耀徐玻璃公司专利十年，并请地方官员实力保护。
1904	光绪三十年	七月二十一日，孙中山先生用英文撰成《中国问题的真解决》。
1904	光绪三十年	七月二十五日，日俄辽阳会战俄军开始败退。
1904	光绪三十年	七月二十八日，英国强迫西藏地方官员签订《拉萨条约》（又称《西藏条约》）。
1904	光绪三十年	九月初三日，张之洞奏准扩建湖北枪炮厂，并改名为“湖北兵工厂”。
1904	光绪三十年	九月初八日，严修、张伯苓创办敬业中学堂，后改名南开中学。
1904	光绪三十年	九月十六日，华兴会起义计划泄密，清吏搜捕黄兴，起义未发而败。
1904	光绪三十年	九月二十三日，署两江总督李兴锐卒，以山东巡抚周馥署两江总督。

公元	年号	大事记
1904	光绪三十年	九月二十七日，清外交部宣布：英军强迫西藏地方当局签订的《拉萨条约》无效。
1904	光绪三十年	九月二十九日，台湾嘉义地震，死亡一百四十五人，伤一百五十八人。台湾全岛均有震感。
1904	光绪三十年	九月，陈去病、柳亚子在上海创办《二十世纪大舞台》，为中国最早之戏剧杂志。
1904	光绪三十年	十月初五日，签订《中葡通商条约》，随后又签《中葡广澳铁路合同》。
1904	光绪三十年	十月十三日，万福华于上海租界刺杀主张联俄抗日的广西巡抚王之春未遂，被捕。
1905	光绪三十年	十一月二十六日，日俄旅顺之战，俄军投降。
1905	光绪三十年	十二月十八日，直隶总督袁世凯奏准于直隶试办公债。
1905	光绪三十年	十二月，户部奏请严禁鸦片烟。
1905	光绪三十年	是年冬，光复会在上海成立。
1905	光绪三十一年	正月初九日，授予实业家张振勋头品顶戴。
1905	光绪三十一年	正月十二日，清廷谕命达赖喇嘛回藏，并希望其“善抚众生，毋负德意”。
1905	光绪三十一年	正月十二日，《国粹学报》于上海创刊。
1905	光绪三十一年	正月二十六日，张翼在英国伦敦高等法院诉讼开平矿权一事，获得胜诉。
1905	光绪三十一年	二月初五日，日俄战争日军占领奉天，俄军惨败。
1905	光绪三十一年	二月二十三日，黄遵宪卒。
1905	光绪三十一年	二月二十九日，山海关内外铁路竣工，詹天佑因筑路有功而受到嘉奖。
1905	光绪三十一年	二月二十九日，邹容病逝于上海租界中。
1905	光绪三十一年	二月，张謇、汤寿潜、许鼎霖等创设上海大达轮步股份有限公司。
1905	光绪三十一年	三月二十日，伍廷芳奏请于京师设立法律学堂；并奏请废除凌迟、枭首、戮尸及其他苛酷刑罚。
1905	光绪三十一年	三月二十二日，御史黄昌年奏请将各衙门折件刊布晓示，以广传布，开近代文件公开之先河。
1905	光绪三十一年	三月，川藏交界巴塘地区喇嘛寺及土司暴动，杀驻藏帮办凤全及其随从人员百余人。
1905	光绪三十一年	四月初五日，吕海寰奏请博采欧美律例，以收回治外法权。

公元	年号	大事记
1905	光绪三十一年	四月初七日，上海总商会开会，讨论美国排斥华工的对策，会后一致决定总商会抵制美货。
1905	光绪三十一年	五月初四日，盛宣怀奏芦汉铁路南北干线告成，黄河大桥亦告竣工。
1905	光绪三十一年	五月二十二日，《二十世纪之支那》在日本出版，日后成为同盟会的机关报。
1905	光绪三十一年	五月，张之洞、袁世凯、周馥联衔奏请于十二年后实现立宪政体。
1905	光绪三十一年	六月初三日，谕命张之洞督办粤汉铁路。
1905	光绪三十一年	六月十四日，派载泽等大臣出洋考察政治。
1905	光绪三十一年	六月十七日，孙中山先生抵达日本，与革命党人商议成立革命政党事宜。
1905	光绪三十一年	六月十八日，上海总商会召集各帮商董会议，决定将抵制美货扩大到全国三十五个商埠。
1905	光绪三十一年	六月二十八日，爱国志士召开同盟会筹备会议。
1905	光绪三十一年	七月初九日，经美国调停，日俄双方于美国朴茨茅斯议和。
1905	光绪三十一年	七月二十日，中国共盟会召开正式成立大会。
1905	光绪三十一年	八月初四日，清政府决定自明年起废除科举。
1905	光绪三十一年	八月初六日，马相伯创设的复旦公学（即复旦大学）开学。
1905	光绪三十一年	八月初七日，日俄签订《朴茨茅斯和约》，俄国竟然将我国东北的权益转让给日本。
1905	光绪三十一年	八月二十六日，出洋五大臣于出京时在火车站遇袭击，载泽、绍英受伤。组织者是反对立宪，主张革命排满的革命党人吴樾。
1905	光绪三十一年	八月二十九日，外务部与十一国驻华公使签订《修浚黄浦河道条款》，稍后清政府任命辜鸿铭为总办。
1905	光绪三十一年	九月初十日，清政府谕设警部，以徐世昌为巡警部尚书。
1905	光绪三十一年	九月十七日，清政府拟派员赴日考察律例。
1905	光绪三十一年	九月，北洋军队于直隶河间举行秋操（即大规模军事演习），清政府军队改革初见成效。
1905	光绪三十一年	十月初六日，日本文部省颁布《关于准许清国人入学之公私立学校之规程》，即一般所称的“取缔清国留日学生规则”。
1905	光绪三十一年	十月十二日，班禅额尔德尼在英军挟持下赴印谈判，但班禅并没有丧失民族立场，及时向当局报告相应动态。

公元	年号	大事记
1905	光绪三十一年	十月二十一日，中日东三省善后事宜谈判开始。
1905	光绪三十一年	十月二十九日，清政府设立考察政治馆。
1905	光绪三十一年	十月三十日，同盟会机关报《民报》发刊，孙中山先生在发刊词上正式提出“民族、民权、民生”的三民主义。
1905	光绪三十一年	十一月初三日，谕命奕劻选派宗室出洋学习武备。
1905	光绪三十一年	十一月十二日，陈天华于东京大森海湾蹈海自杀。
1905	光绪三十一年	十一月二十六日，中日签订《会议东三省事宜条约》及附约十二款。
1906	光绪三十一年	十二月三十日，两广总督发布示谕自明年正月开始，两广官员一律免除跪拜礼，见面用长揖。
1905	光绪三十一年	是年，张謇创办南通博物苑。
1905	光绪三十一年	是年，北洋六镇新军全部练成。
1905	光绪三十一年	是年，简氏兄弟（简照南、简玉阶）于香港创办“广东南洋烟草公司”。
1906	光绪三十二年	正月初一日，梁启超于《新民丛报》发表《开明专制论》。
1906	光绪三十二年	正月初四日，日本政治家伊藤博文会见考察日本律例的载泽等出洋大臣。
1906	光绪三十二年	正月初十日，以日本在韩国设立总监（即吞并韩国）为由，英美法等国驻韩使臣撤离。
1906	光绪三十二年	正月二十九日，江西南昌知县江召棠被传教士逼迫自杀。
1906	光绪三十二年	正月，刘静庵等在武汉创立反清革命团体日知会。
1906	光绪三十二年	二月初三日，因江召棠被逼自刎一事激起众怒，南昌数万民众烧毁教堂三所，打死外国人九人。此即轰动一时的南昌教案。
1906	光绪三十二年	二月初六日，考察大臣载泽抵美考察。
1906	光绪三十二年	二月十三日，考察政治大臣戴鸿慈、端方抵达德国首都柏林，开始在德之考察。
1906	光绪三十二年	三月初八日，芦汉铁路正式通车，改称京汉铁路。
1906	光绪三十二年	四月初二日，商部会同修订法律大臣制订“破产律”，颁布实施。
1906	光绪三十二年	四月初二日，沈家本拟就刑事诉讼法和民事诉讼法。
1906	光绪三十二年	四月初四日，中英签订《续定藏印条约》，清政府有条件承认《英藏条约》。
1906	光绪三十二年	四月十四日，日本明治天皇谕命设立南满洲铁路株式会社，简称满铁，专门负责在我东三省筑路。

公元	年号	大事记
1906	光绪三十二年	四月二十五日，戴鸿慈、端方乘火车到达俄国，开始在俄国的考察。
1906	光绪三十二年	闰四月初七日，禹之谟等率湖南学生公葬陈天华、姚宏业于岳麓山。
1906	光绪三十二年	闰四月二十九日，袁世凯奏请设立保定军官学堂。
1906	光绪三十二年	五月初八日，章太炎刑满出狱，同盟会派人到沪，将其迎至日本，日本留学生二千余人开会欢迎。
1906	光绪三十二年	六月初七日，袁世凯奏北洋创办无线电报。
1906	光绪三十二年	六月十一日，日本于我国东北设“关东都督府”，作为日本侵华的大本营。
1906	光绪三十二年	六月二十一日，清政府抓捕禹之谟，后将其绞杀。
1906	光绪三十二年	六月，端方、戴鸿慈、载泽等考察大臣纷纷上奏，请求立宪变法。
1906	光绪三十二年	七月十三日，清廷宣布“预备仿行立宪”，预备立宪开始。
1906	光绪三十二年	八月初三日，谕令十年内将鸦片禁绝，清末新一轮禁烟开始。
1906	光绪三十二年	八月二十一日，御史赵炳麟奏请先设责任内阁。
1906	光绪三十二年	九月初一日，日本东亚同文会于奉天创办《盛京时报》。
1906	光绪三十二年	九月初六日，前考察政治大臣戴鸿慈、端方进呈所编《欧美政治要义》。
1906	光绪三十二年	九月十六日，庆亲王奕劻等将所核定之新官制进呈，设责任内阁，裁撤军机处和原内阁。
1906	光绪三十二年	九月二十日，清政府宣布改革官制。
1906	光绪三十二年	九月二十日，在改制中宣布组建度支部。
1906	光绪三十二年	九月二十日，清政府预筹地方自治。
1906	光绪三十二年	秋冬间，同盟会领袖在东京制订《革命方略》。
1906	光绪三十二年	十月初五日，直隶总督袁世凯奏请开去各项兼差。
1906	光绪三十二年	十月十九日，萍浏醴起义爆发。
1906	光绪三十二年	十一月初一日，上海及江浙商绅成立预备立宪公会。
1906	光绪三十二年	十一月初二日，直隶总督袁世凯创办滦州煤矿。
1906	光绪三十二年	十一月十六日，同盟会会员刘道一被害。
1907	光绪三十二年	十一月二十五日，湖北日知会策应萍浏醴起义失败，刘静庵被捕遇害。
1907	光绪三十二年	十二月初一日，秋瑾等在上海创办《中国女报》。
1907	光绪三十二年	十二月初七日，杨度于日本东京创办《中国新报》，宣传立宪。
1907	光绪三十三年	正月初一日，康有为改保皇会为帝国宪政会。

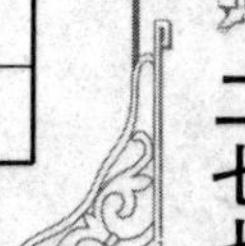

公元	年号	大事记
1907	光绪三十三年	正月二十三日，外务部与英国中英有限公司签订《广九铁路借款合同》。
1907	光绪三十三年	二月初六日，两江总督端方奏准筹建南洋大学。
1907	光绪三十三年	二月二十日，于右任、杨毓麟于上海创办《神州日报》。
1907	光绪三十三年	二月，袁世凯在天津试办独立审判。
1907	光绪三十三年	三月初八日，清廷改盛京将军为东三省总督。
1907	光绪三十三年	四月十一日，同盟会发动黄冈起义失败。
1907	光绪三十三年	四月，斯坦因窃取敦煌石室宝贵文物。
1907	光绪三十三年	四月二十二日，同盟会于广东惠州府归善县发动七女湖起义，再败。
1907	光绪三十三年	四月三十日，刘师培在日本创办《天义报》。
1907	光绪三十三年	春夏间，宪政讲习所于东京成立。
1907	光绪三十三年	五月初九日，京奉铁路全线通车。
1907	光绪三十三年	五月十二日，张静江、吴稚晖、李石曾在巴黎创办《新世纪》，宣传无政府主义。
1907	光绪三十三年	五月二十六日，徐锡麟率安徽巡警学堂学生于安庆起义，刺杀安徽巡抚恩铭。
1907	光绪三十三年	五月二十七日，清政府试行新编地方官制。
1907	光绪三十三年	六月初四日，女革命家秋瑾被捕。
1907	光绪三十三年	六月二十一日，《日俄密约》签订。
1907	光绪三十三年	七月初十日，天津县议事会成立，为试办地方自治之始。
1907	光绪三十三年	七月二十三日，英俄签订《英俄协定》。其中的《西藏专约》承认中国对西藏的“宗主权”。
1907	光绪三十三年	七月，革命团体共进会成立。
1907	光绪三十三年	七月二十四日，同盟会发动广东钦廉防城起义。
1907	光绪三十三年	八月十三日，谕命设立资政院。
1907	光绪三十三年	八月十八日，都察院都御史陆宝忠等奏请改都察院为“国议会”，作为将来设立的议院基础。
1907	光绪三十三年	九月初四日，谕命重申严禁官员吸食鸦片。
1907	光绪三十三年	九月十一日，梁启超在日本东京组织政闻社。
1907	光绪三十三年	九月十三日，慈禧太后懿旨命设咨议局。
1907	光绪三十三年	九月二十日，宪政编查馆负责编纂的《政治官报》刊行。

公元	年号	大事记
1907	光绪三十三年	十月十四日，广东粤商自治会成立。
1907	光绪三十三年	十月二十七日，同盟会镇南关起义爆发。
1907	光绪三十三年	十月二十七日，修订法律馆开馆。
1907	光绪三十三年	十一月初四日，邮传部奏请设交通银行获准。
1907	光绪三十三年	十一月初五日，京师诉讼厅成立。
1907	光绪三十三年	十一月十八日，派梁士诒为邮传部铁路总局局长。
1908	光绪三十三年	十二月二十四日，海关总税务司赫德退休，清廷授予尚书衔。
1908	光绪三十三年	是年，荣德生、荣宗敬创办振新纱厂，此为荣氏兄弟投资纺纱业之始。
1908	光绪三十三年	十二月，盛宣怀将汉阳铁厂、大冶铁矿、萍乡煤矿合为汉冶公司。
1908	光绪三十四年	二月二十五日，黄兴亲率革命军发动钦州起义，后因寡不敌众退守越南。
1908	光绪三十四年	三月初一日，沪宁铁路通车，自上海至南京下关，全长三百一十一公里。
1908	光绪三十四年	三月二十八日，农工商部奏请设立京师自来水公司。
1908	光绪三十四年	四月初一日，同盟会发动云南河口起义。
1908	光绪三十四年	四月初三日，理藩部带领朝贡的廓尔喀使臣觐见光绪帝。
1908	光绪三十四年	五月初八日，光绪病重，命各地官员精选良医，来京会诊。
1908	光绪三十四年	五月十九日，邮传部决定将电报收归官办，由官出资将商股买收。
1908	光绪三十四年	六月十五日，美国驻华公使照会清政府外务部，告知美国已决定将庚子赔款部分返还中国，并主张庚款办学，资助中国学生出国留学。
1908	光绪三十四年	六月二十一日，清廷准达赖喇嘛来京陛见。
1908	光绪三十四年	六月二十四日，清廷颁布《各省咨议局章程》和《咨议局议员选举章程》。
1908	光绪三十四年	六月，法国人伯希和（Paul Pelliot，1878-1945）盗走敦煌经卷六千余卷。
1918	光绪三十四年	七月初三日，内阁学士文海、载昌因烟瘾未除而被革职。
1908	光绪三十四年	七月十七日，清廷谕命查禁政闻社。
1918	光绪三十四年	八月初一日，清廷颁布《宪法大纲》，同时宣布立宪筹办清单，定九年后召开国会。
1908	光绪三十四年	九月初二日，将明末清初的大儒顾炎武、王夫之、黄宗羲从祀孔子庙。
1908	光绪三十四年	九月初十日，立宪团体贵州自治学社成立。
1908	光绪三十四年	九月二十日，达赖喇嘛觐见慈禧太后和光绪帝。

公元	年号	大事记
1908	光绪三十四年	九月二十五日，日本政府禁止《民报》第二十四号发行，《民报》停刊。
1908	光绪三十四年	十月二十一日，光绪帝去世，在位三十四年，终年三十七岁。
1908	光绪三十四年	十月二十一日，摄政王载沣之子溥仪，着入承大统为嗣皇帝。

大清十二帝

宣统帝溥仪

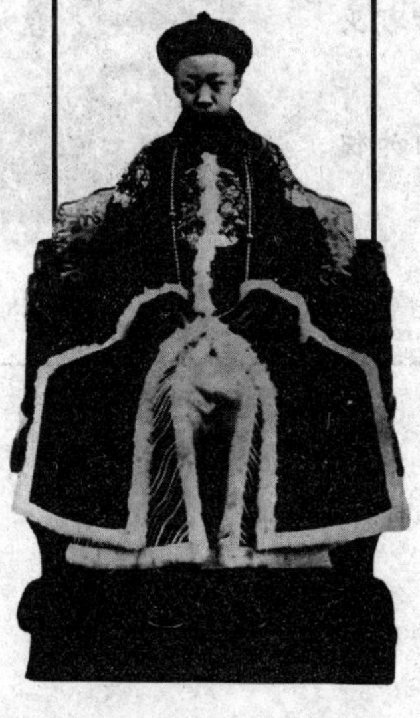

线装书局

名人档案

宣统帝：名爱新觉罗·溥仪。光绪帝侄，醇亲王载沣长子。属马。性格软弱。光绪死后即位。在位3年，辛亥革命后逊位，是清王朝和中国历史上的末代皇帝。中华人民共和国成立后，改造成为新人。患肾癌而死，终年62岁。

生卒时间：公元1906年～公元1967年

安葬之地：火葬，骨灰先葬于八宝山，后迁于清西陵（今河北易县光绪陵附近的华龙皇家陵园）。

历史功过：宣布退位，清朝灭亡；投靠日本，背叛国家。

名家评点：三次称帝，均为傀儡；脱胎换骨，晚年新生。

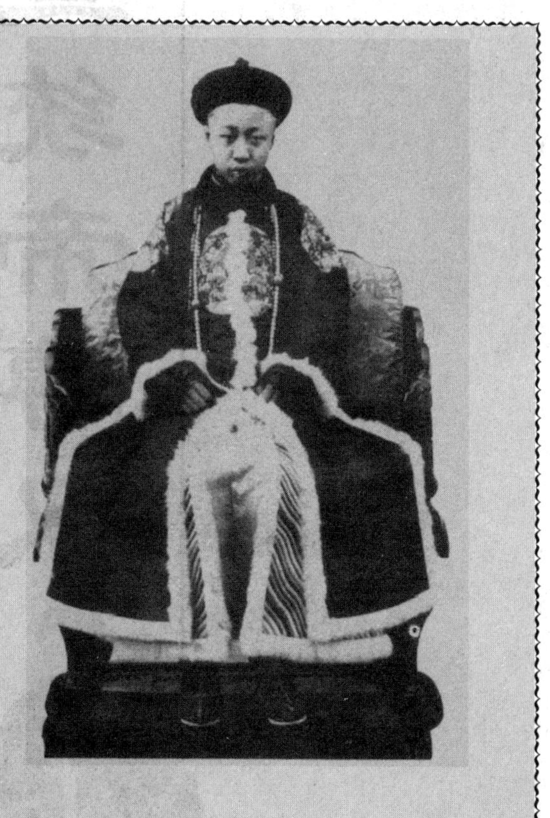

宣统登极

（一）溥仪即位

《清宣统政纪实录》卷首郑重记载："光绪三十四年戊申冬十月癸丑朔。癸酉酉刻，德宗景皇帝崩，钦奉慈禧端佑康颐昭豫庄诚寿恭钦献崇熙皇太后懿旨，摄政王载沣之子溥仪着入承大统为嗣皇帝。又钦奉懿旨，前因穆宗毅皇帝未有储贰，曾于同治十三年十二月初五降旨，大行皇帝生有皇子，即承祧穆宗毅皇帝为嗣。现在大行皇帝龙驭上宾，亦未有储贰，不得已以摄政王载沣之子溥仪承继穆宗毅皇帝为嗣，并兼承大行皇帝之祧。"这年为光绪三十四年（1908）。十月二十一日，光绪皇帝病逝，十一月九日，不满三岁的溥仪，在太和殿登极，承祧他的两位伯父光绪帝和光绪之前的同治帝，当了皇帝。

溥仪

皇帝拥有全国至高无上的权力，主宰着一国的命运和前途。如果要人民选举，除非选民都成了疯子，是不会推举一个不满三岁儿童当这个家的。对于这件事溥仪谈得一针见血，认为这原因要分两个方面说，一是他的祖母叶赫那拉氏是西太后的妹妹，再就是三岁的孩子当皇帝慈禧可以继续"垂帘听政。"但当时，这件事在人们心目中似乎不感到特别奇怪。两千多年来，中国一直在封建制度下统治着，向来谁当皇帝由朝廷决定，老百姓无权过问，除了盲从地呼喊万岁、万万岁之外，多说一句话都要被问罪的。在封建制度寿终正寝之后，人们才可以公开探讨其中奥妙。

在中国历史上，幼年皇帝不罕见。有史以来，见诸文字者，十五岁以下登极的小皇帝，溥仪是第七十七位。清王朝立国二百九十六年，共十一代、十二任君，内一可汗、十一帝。其中，小皇帝五位，均不出十岁。

中国封建社会皇位继承，有子继、兄继、弟继、妹继、侄继，叔伯继、孙继、曾孙继、妻继、母继、婿继，及其他。溥仪继承伯父帝位，虽为清代仅有，但其他朝代并非无先例可循。

小溥仪继帝位，从根本上说是根据封建主义家天下。

中国自公元前二二一年秦统一全国，把中央集权的封建君主专制制度确立下来，为其政治制度的主体。以后两千多年，历朝历代顽固地沿袭不变，成为中国政治制度的一大传统。到了封建社会晚期，高度集权的君主专制制度进一步走上极端化道路。它的反动性、腐朽性、残暴性更加暴露无遗，成为中国社会前进的严重障碍。溥仪当小皇帝是当时这种黑暗政治的产物。

中国封建君主专制制度，政权属于皇帝的宗族，王朝与宗族合一。皇帝是皇族的宗主，又是全国之君，国家、政权、全国的人与物都是皇帝一家的私有财产。皇帝是大家长，拥有主宰万物的绝对权力。是所谓家天下。因此，皇帝必须出自这个家族，必须以血缘为依据，以继承“家业”，保卫江山。既然如此，皇嗣的人选，首要条件是血缘关系，皇帝无子则由皇帝的侄子或孙子或兄弟或叔伯……继承，至于年龄大小、能力高低、品德优劣均居其次。清王朝统治中国时期，政权属于爱新觉罗氏皇族，凡努尔哈赤的父亲塔克世的男姓后代，都有条件被立为皇嗣，溥仪属于范围之内。

所特别的是，清王朝自努尔哈赤于天命元年（1616）建立后金政权，第一代至第九代皇帝，都是父死子继。至第十代同治帝载淳死，无皇子，不立下一代溥字辈子侄继位，而立堂弟光绪帝载湉为帝，两位皇帝同辈。至第十代皇帝光绪死，才又立下一代的子侄溥仪为帝。这位娃娃比任何一位皇帝都富有，是两位皇帝的继承人，两位伯父做他的皇爸爸。

这是慈禧的杰作。慈禧对于传统、祖制的遵守，向来具有超人的“创造”精神和“发展”功劳。咸丰十一年辛酉（1861），她的丈夫咸丰皇帝病死热河，遗诏六岁幼子载淳继位，为同治帝，由八位顾命王大臣赞襄政务。她勾结恭亲王奕䜣举行宫廷政变，废八赞襄政务大臣，由两宫“垂帘听政”。此后，慈禧一步步大权独揽，说一不二。中国最卑劣的封建统治者大多长于伪装。辛酉政变是“破清室家法，废文宗遗命”的违制行为，没有争辩余地，慈禧却要掩饰一番，有钦差大臣胜保《奏请皇太后亲理大政并简近支亲王辅政折》、大学士贾桢等《奏请皇太后亲操政权以振纲纪折》《谕内阁奉皇太后懿旨将历代帝王政治及垂帘事迹汇纂进呈》、礼亲王世铎等《奏遵旨会议皇太后亲理大政事宜折》在先，造出群臣劝进的局面；又有《谕内阁皇太后亲理庶政中外文武臣工务各忠赤为怀》在后，奉两宫之命倾述“两宫皇太后不得已之苦衷”，说什么两宫“垂帘之举，本非意所乐为，唯以时事多艰，该王、大臣等不能无所秉承，是以姑允所请，以期措施各当，共济艰难。一俟皇帝典学有成，即行归政。王、大臣仍当届时具奏，悉复旧制。”如此，并非两宫要掌权，实在是国家需要这两位不出宫门、不知天下事的青年女子掌大权、办大事。

口说“一俟皇帝典学有成，即行归政”，事实并不那么容易。权力，是一种具有特种功能的工具，属于什么人，便为什么人服务。权力公有，为公众办事；权力私有，谋取私利。清王朝政权属于爱新觉罗氏皇族，已经是代表极少数人利益的政权；慈禧掌握这个大权之后，专制独裁，一手遮天，所有欲望无不满足，任何举措无人敢反对，普天之下以一人意志为转移。慈禧不能不把权力看成高于一切，而爱不释手。两宫“垂帘听政”十四年，撤帘归政。因慈禧在政治上不甘寂寞，同治帝又不欲以国政受制于他的母亲，母子有所不睦。同治十三年十二月，同治帝病逝，慈禧迫不及待地再次“垂帘听政”，故在皇嗣人选上大做文章。清有史以来，传统的帝位承续为父终子继。同治帝无子，理应为其从宗室近支中过继一子，即从下一辈——溥字辈中选皇嗣。故有主张立溥伦为同治帝嗣子，继承皇位的。溥伦是道光长子之孙，合乎长支继嗣之正理。但遭到慈禧的反对。很显然，立溥字辈人为帝，同治后为太后，慈禧为太皇太后，不便隔着太后干预政事。不为之立嗣，而为咸丰帝立子，实即为慈禧立子，又违背了清朝历来“传子”的祖制家法，与法与理均属不合，为舆论所不容。吏部主事吴可读，以死疏言，要求为同治帝立嗣。同治帝是慈禧的儿子，为她儿子立嗣的疏言，只能说是忠诚之举，不能不接受。但慈禧根本不想接受，而坚持从同治帝同辈即载字辈中，为咸丰过继一位嗣子，入承大统；同时又有新皇帝有了儿子承祧同治帝为嗣之旨。这是一个巧妙的搪塞舆论的花招。从载字辈选嗣帝，可算作兄死弟继，虽清朝无，而其前历朝有，也说得通。问题是载字辈有年龄大一些的，如奕䜣长子载澂，十七岁，立为帝，很快可以学会掌管朝政。慈禧又偏偏不肯用他，而选中了年方四岁的小载湉，为光绪帝。慈禧的用心不难看出。据载，当时“群臣纷论，兄终弟及，虽历朝所有，然不闻特继弟，使之承统者。今若此，文宗多一继子，而大行绝嗣矣。且继皇犹未成童，安能理政务。”议论中有人领悟，说：“主少，则仍当乞太后垂帘，如辛酉时事。”这才是问题的实质。

果然，同治十三年（1875），不满四岁的载湉，承继文宗显皇帝为子，入承大统，为嗣皇帝，慈禧再度“垂帘听政”，再度弹起老调自欺欺人：“垂帘之举，本属一时权宜，唯念嗣皇帝此时尚在冲龄，且时事多艰，王大臣等不能无所秉承，不得已姑如所请，一俟嗣皇帝典学有成，即行归政。”这次听政一听又是十二年。至光绪十三年（1887），皇帝亲政，仍由慈禧“训政”；光绪十五年（1889），光绪帝亲政，慈禧“撤帘归政”，光绪帝基本上是个傀儡，大事必听命于慈禧。光绪二十四年（1898），光绪帝颁行新政，主持“百日维新”。慈禧则发动政变，重新“训政”，而将堂堂大清皇帝幽禁于瀛台。这个女人的权力欲达到了疯狂的程度。

戊戌运动失败后，以慈禧为首的清朝统治集团谋废光绪帝，另立新帝，故意散布光绪病重消息。但洋人保护维新派，反对废光绪，慈禧的阴谋被察觉，洋人要求给光绪看病，病看了，废光绪的阴谋也就未能实现。于是又拟先以端郡王载漪的儿子溥儁为同治立嗣，再除光绪帝。慈禧认为她要做的事，除了洋人外没有什么人能阻挡得了。为了不惹怒洋人，在戊戌政变中立过功的军机大臣荣禄为慈禧出谋划策："上春秋已盛，无皇子，不如择宗室近支子，建为大阿哥，为上嗣，兼祧穆宗，育之宫中，徐承大统，则此举为有名矣。"己亥年，即光绪二十五年（1900）十二月二十四日，慈禧召集近支王、贝勒、大臣会议，做出决定，二十五日皇帝降旨以端郡王载漪之子、十五岁的溥儁继承穆宗毅皇帝为子。"患外人为梗，用荣禄言改称大阿哥"，这样，溥儁的名分隐讳一些。溥儁的母亲，即载漪福晋是慈禧的侄女。本拟于光绪二十六年（1900）正月初一，溥儁代表光绪帝于大高殿、奉先殿行礼，光绪让位。是谓"己亥建储"。后因未得到洋人支持，废立之事不能实行。光绪二十七年（1901）十月，以载漪纵义和拳，获罪祖宗，其子不宜膺储位为由，废大阿哥名号。

光绪三十四年（1908），光绪病重，立嗣一事又提上日程。光绪无子，此时，不便再从同治同辈物色皇帝继承人，而溥字辈，有爵位者溥伟为恭亲王，溥伦为贝勒，皆可当选。但慈禧竟又选一个不满三岁的儿童溥仪为同治帝立嗣，并独出心裁，创"兼祧"之举。至此，已不难理解其中原因了。

首要者，仍然是慈禧不肯交出政权。慈禧虽已七十有三，这一年夏，病痢久而不愈，但长生欲望和信心丝毫不减。仍认为自己能高寿，如英国的维多利亚。有一个道士在慈禧面前讨好，预言她必享高寿，深得信任。光绪帝病重，慈禧虽病体不支，但"勉自镇定"，主持王大臣会等会议，"说话仍如往日，声音洪亮坚厉，其坚强不改常度"。光绪死，她先主持料理后事，不曾料到光绪死后她亦跟随死去。她兴致勃勃地准备开始新的"训政"。在降旨立溥仪为嗣皇帝的同时，又旨曰："现值时事多艰，嗣皇帝尚在冲龄，正宜专心典学，着摄政王载沣为监国，所有军国政事，悉秉承予之训示，裁度施行。俟嗣皇帝年岁渐长，学业有成，再由嗣皇帝亲裁政事。"她这是第三次因皇帝小，不得已而准备替小皇帝掌握政权了。虽其圣旨中再三表示出于不得已，但事实说明这是她的意愿，她的追求。

溥仪当皇帝与前两帝不同，有一位摄政王为监国。但这并不妨碍她这位皇祖母训示。正如溥仪所说：

"她在确定了光绪的最后命运之后，从宗室中单单挑选了这样一个摄政王和这样一个嗣皇帝，也正是由于当时她还不认为自己会死得这么快。在她来说当了太皇太后固然不便再替皇帝听政，但是在她与小皇帝之间有个听话的摄政王，一样可以为所欲为。"

慈禧掌政，政权仍属于宗室，因为她是替小皇帝们掌理朝政。但从家族与政权的关系来说，却有了某种变化，那就是她极力在把政权和叶赫那拉氏家的女性连接起来。

慈禧得势，以婚姻关系为纽带在皇族中扩大自己的势力。自她开始，那拉氏三代女子皆嫁到皇族。她的父亲嘉湖道惠征有二子二女。长女为慈禧；次女为醇亲王奕譞的福晋；长子桂祥、次子兆祥。桂祥有三女，一为隆裕皇后，一为端郡王福晋，一为载泽镇国公夫人。兆祥女为载澍贝勒夫人。桂祥子佛佑，其女为溥伦贝子夫人。这些福晋、夫人，是慈禧在皇族的耳目唇舌，并支配她们丈夫的政治态度。载澍贝勒不满慈禧专横，为光绪事内心不平，夫妇便不和睦，慈禧将载澍贝勒圈禁起来，直至宣统初年始释。载泽、溥伦“皆缘妻宠，出而任事。”“载泽夫人与隆裕为同胞姐妹，时往来宫中，私传隆裕言语，以挟制监国也。”嫁到爱新觉罗氏家族的这些那拉氏家的女子，有一种把丈夫们变成木偶的势头。如其势力发展起来，很难说清王朝名与实是否相符，很难说爱新觉罗氏家族男系的“江山”不落到那拉氏家的女系手中。

慈禧不给同治帝立嗣，而为他招进一个弟弟，同治皇后孝哲既非皇后又非太后，而是皇嫂，在宫中无立足之地，不堪忍受慈禧的虐待，自杀身死。孝哲被慈禧逼上绝路的事实说明，慈禧绝不会让这位阿鲁特氏皇后有机会过问朝政。而她，除了把持政权外，还要创造让她侄女参政的机会。隆裕没有她姑妈的才能。慈禧明知其平庸无才，在光绪去世的第二天，即十月二十二日下午，慈禧病情加重，自知不久于人世，又降旨：“现予病势危笃，恐将不起，嗣后军国政事，均由摄政王裁定，遇有重大事件，必须请皇太后懿旨者，由摄政王随时面请施行。”此时太后即隆裕。“如此办法，则可维持叶赫族永久之权势，而巩固其所占之地位，设监国摄政王及余人有仇视之举动，则新太后可本此谕以说话也。”

慈禧的安排，从大体上说，并没超出封建家天下，即政权属于统治者家族所有的制度体系。清王朝是爱新觉罗氏宗室的王朝，但内部已起了某种变化，那拉氏的分量加重。从某种意义上说，自同治朝起，爱新觉罗氏宗室的政权一半已被叶赫那拉氏篡夺，皇帝是爱新觉罗氏家族的，但年幼无知，徒有皇帝之名，而无皇帝之权；掌权的是叶赫那拉氏女子。爱新觉罗氏的儿皇，叶赫那拉氏的母后，构成清王朝最高统治者的结合体。这就是慈禧的创举。如果慈禧不死，溥仪将是这位皇祖母手中的小傀儡。慈禧、隆裕娘家住方家园，恭忠亲王奕䜣曾说：“我大清宗社乃亡于方家园。”爱新觉罗氏皇族人虽察觉家族大权旁落，亦无可如何。

（二）为何是他

溥仪当皇帝不仅因为他是醇亲王的后代，从某种意义上说，沾他外祖父荣禄的光也很重要。

荣禄（1843~1903），苏完瓜尔佳氏，字仲华，一生忠于慈禧，为她立过“奇功”。他出身于满洲贵族之家，头脑灵活而有才气，是清朝末年一位长于钻营的官僚。咸丰二年（1852）任主事，后升工部员外郎，又调户部银库员外郎，因贪污几乎被杀，“不知他用什么方法摆脱了这次厄运”。第二次鸦片战争期间，咸丰帝出逃热河，恭亲王奕䜣奉旨设巡防处，荣禄“总其事”。十一年（1861），“捐输军饷”，即花钱买官，得候补道员官衔。同治三年（1864），醇亲王奕譞建皇家军队神机营，荣禄被调去当差，任翼长兼专操大臣。曾率兵镇压奉天人民起义和直隶捻军张宗禹部。大学士文祥疏荐称其“忠节之后，爱惜声名，若畀以文职，亦可胜任”。累迁副都统、总兵，改工部侍郎，调户部，兼总管内务府大臣。咸丰帝死后，宫中争权夺利，矛盾尖锐复杂，荣禄看风使舵，投机取巧，既投靠慈禧一派，又不忘左右逢源，故仕途通畅。同治帝死，荣禄以内务府大臣，与御前大臣、军机大臣同被顾命。奉两宫懿旨迎光绪帝于醇邸，入承大统，而又“独吁请嗣皇帝生有圣子即承继大行皇帝为嗣子，时两宫为之感痛，允如所请。”因光绪帝即位，初年，其父醇亲王奕譞得势，荣禄极力取悦之，曾献“先世所遗阵图”，得奕譞赏识。补步军统领，擢工部尚书。光绪六年（1880），因纳贿被告发，降二级调用，不准抵销。但十一年（1885）“以报效枪支，奉懿旨开复降二级调用处分”。两年后，授都统，又充领侍卫内大臣。十七年（1891），任西安将军。二十年（1894），恭亲王出办军务。慈禧六十寿辰时，荣禄入京祝寿，钻营到恭亲王身边，被授步军统领，会办军务。次年，授总理各国事务大臣。二十一年（1895）任兵部尚书。翌年，以兵部尚书协办大学士。巴结慈禧的亲信太监李莲英，关系非同一般；又因妻子常被召入宫中陪伴慈禧，故了解宫中许多帝后不和内幕，也熟知慈禧好恶心态。积极为慈禧献计谋，慈禧多有依赖，遂成为后党摇鹅毛扇子的人物。戊戌变法期间，光绪帝与翁同龢商议改革方案；慈禧与荣禄谋废光绪帝、由太后“垂帘听政”计策。荣禄阴险地主张：“欲废皇上，而不得其罪名，不如听其颠倒改革，使天下共愤，然后一举而擒之”。二十四年（1898）任文渊阁大学士。

荣禄给慈禧立的大“功劳”，正是历史的大罪恶。那是光绪二十四年（1898）四月二十三日，光绪帝颁布“明定国是”诏书，宣布变法。慈禧按照同荣禄等预谋的计策，令光绪帝连下三道谕旨，将支持变法的帝党翁同龢开缺回籍；二品以上大臣授新职须到皇太后前谢恩；命荣禄署理直隶总督，统率三军。荣禄假惺惺地与翁同龢挥泪握别，说：“您怎么把皇帝给得罪了？”接着，以文渊阁大学士兼直隶总督和北洋大臣。以首辅之位，谋用六部九卿联名上疏的办法，废光绪帝，由慈禧听政，但未得到响应。又谋慈禧与光绪帝到天津阅兵时举行政变，废掉光绪帝。维新派得知这一阴谋后，打算通过袁世凯在阅兵时救光绪帝并杀掉荣禄，结果被袁世凯出卖。荣禄于八月初五夜在天津得到袁世凯密报，专车北上进京，在丰台下车径往颐和园，报告慈禧，并帮助慈禧发动戊戌政变。镇压了维新派，慈禧再度临朝“训政”，荣禄入任军机大臣，受命管兵部，节制北洋海陆各军。廷旨屯重兵于近畿，以资“镇慑”，这项重任又非荣禄莫属，“于是始设武卫五军，而以公总中军兼节制各军”。“军国事一倚公为襄理”，身兼将相，权倾举朝，一人之下，万人之上。慈禧议废光绪帝，立端王载漪子溥儁为同治帝嗣，因恐洋人干涉，荣禄建议改称“大阿哥”。

光绪二十六年（1900），义和团运动爆发，他以熟练的两面派手法，赢得新的奖赏。当时，清廷内部有主“剿”、主“抚”之争。慈禧决定利用义和团时，惩处了主“剿”的官员；八国联军打进北京，慈禧逃往西安，为了向洋人表示，让义和团打洋人的不是她，又抓替罪羊，惩处主抚的官员，端王载漪被革职削爵发配新疆，“大阿哥”也废了。荣禄本是主“剿”的，但看着慈禧的颜色行事，见廷议决定“抚”，他便同声附和，由主“剿”到主“抚”；暗中仍努力于“剿”的活动，向慈禧揭发端王伪造各国要慈禧归政照会，慈禧于是怒责端王，对荣禄更加信任。奉命率武卫中军围攻使馆时，指挥甘军董福祥部“向空发枪，使宫中闻之可矣”，并以瓜果馈赠使团，以示慰问。八国联军进北京，慈禧出逃，命李鸿章、奕劻负责议和，荣禄授计掌握一条原则：只要不追究慈禧的责任，不让慈禧归政给光绪，一切条件都可答应。这样，慈禧主“抚”时，他是拥护者，主“剿”时，他又是先知者和有功者，与洋人议和时，他是慈禧尊严与权力、地位的忠实维护者，至于民族的利益可置之不顾，因为那与他的高升没有关系。果然，事后奉慈禧懿旨：现在时局渐定，回京有期。“荣禄保护使馆，力主剿拳，复能随时赞襄，匡扶大局。”“着赏戴双眼花翎，并加太子太保衔。”

总之，荣禄得慈禧的信仗，“眷顾之隆，一时无比。事无巨细，常待一言决焉。”

但慈禧的年岁毕竟大于光绪帝很多。戊戌政变得罪了光绪帝，终是荣禄的一块心病。他找李莲英商量，求李莲英在慈禧前进言，把女儿配光绪帝为妃。李莲英向慈禧提及此事，“老佛爷他顾而不答”；又出主意让荣禄在慈禧诞辰时，把女儿带进宫朝贺，以便相机进言。荣禄如期“盛妆饰女入宫”。此女“齿牙伶俐，朝贺陈对之间，颇娴礼制，孝钦大为称许”，从此，常被召入宫，慈禧认为养女。李莲英又提起荣禄请太后为女指婚事，慈禧想指给恭亲王的孙子溥伟，李莲英提醒她：溥伟年龄太小了，接着说：荣禄功劳很大，“而皇上常露不慊之意”，要设法“保全勋臣”。他认为给光绪帝的兄弟、醇亲王之子载沣指婚为好。慈禧说：“吾已知若之意，可告荣禄，由吾指配载沣，以敦两家之睦谊。”为此事荣禄先后贿李莲英数十万。由于这笔交易成功，荣禄的女儿成了载沣——第二代醇亲王的嫡福晋。

正因为溥仪是慈禧的忠臣荣禄的外孙子，慈禧格外高看他一眼。据说，光绪帝生命垂危，慈禧力主立溥仪为嗣帝时，曾对人言：“以前我将荣禄之女说与醇王为福晋，即定意所生长子，立为嗣君，以为荣禄一生忠诚之报。”此话可以作为一种分析问题的参考。

慈禧信任荣禄，考虑对他一生忠诚图报时，对醇亲王家已深怀戒备。有位为慈禧择定万年吉地的内务府大臣对慈禧说，妙高峰醇贤亲王园陵上有一棵大白果树（银杏树），罩在墓上，“按地理非帝陵不能当”。“白”字和“王”字合起来是“皇”字。这是出皇帝的陵地，应当早日把树伐掉。光绪二十二年（1896），慈禧派人把树锯掉，光绪帝闻之，曾前往陵园，遥望树已被砍倒，在舆中失声痛哭。慈禧不愿意醇王府中出皇帝，又担心无法排除这种可能性；一心想废掉光绪帝，又不能不考虑诸多方面的牵制，亦疑亦惧。戊戌政变，把光绪帝囚在瀛台，名存实废，不能干净利落地废，主要怕洋人有异议。慈禧注意到了“洋人对于光绪和光绪兄弟的兴趣。”在她与光绪之间的矛盾斗争中，洋人显得倾向光绪帝。为克林德公使在华被杀之事，德国指定要皇帝的兄弟代表皇帝去德国道歉，而且载沣那次去德国，受到了德国皇室的隆重礼遇。这更“加深了她心里的疑忌：洋人对光绪兄弟的重视，这是比维新派康有为更叫她担心的一件事。为了消除这个隐患，她终于想出了办法，就是把荣禄和醇亲王府撮合成为亲家。”就这样，载沣于光绪二十七年（1901），在德国赔礼回来，在开封迎上回京的銮驾，奏复在德国的情况，十一月随驾走到保定，就奉到了“指婚”的懿旨。

至于“指婚”当时的用意，是否就是为了荣禄的女儿和第二代醇亲王载沣生的长子做皇位继承人，即使是，也是后话，是设想，最现实的是通过这桩婚事，给醇王府掺进“砂子”，在醇亲王的枕边安上耳目和手臂，起监视作用、支配作用。醇亲王的确是顺从于慈禧的，对哥哥所受的苦尽管心里同情，却毫无不满的表示。到溥仪当选为皇嗣的时候，慈禧已经对醇亲王府没有那么大的恐惧和疑虑，可以放心了。这时，荣禄已入土，立溥仪为嗣皇帝，一举数得，其中也包括慈禧对荣禄这位老“忠臣”的报答与怀念。但最最主要的，还是慈禧的统治权，首先必须有利于巩固慈禧的统治权。

（三）家庭生活

溥仪有一个富贵而温暖的家。

他的祖父奕譞，醇亲王，是道光皇帝的第七个儿子。奕譞的次子、溥仪的伯父载湉继同治帝入宫嗣位为光绪帝，优诏赐醇亲王以世袭罔替待遇。清朝惯例，一般世袭爵位是降一等承袭，如：亲王之子袭郡王。“世袭罔替”者需有特殊功劳，为数很少。除了参加开国战争的以外，由皇子分封出来，以“功”特封世袭罔替爵位的只有：乾隆三十九年封“恰贤亲王”（康熙的第十三子允祥）、同治十一年封恭忠亲王（道光第六子奕䜣）、光绪元年封醇贤亲王（道光第七子奕譞）、光绪三十四年封庆亲王（乾隆第十二子之孙奕劻）世袭罔替。满洲贵族在清王朝统治中国期间，是全国各阶级、各民族中为数不多的显贵，而醇亲王府又是这群显贵中为数更少的显贵。

溥仪有四位祖母，第一位祖母是奕譞的嫡福晋、慈禧的妹妹叶赫那拉氏。她一共

生了五个孩子：长女六岁夭折；长子死时不满两周岁；次子载湉即光绪帝；三子只活一天半；四子不到五岁又死了。据说因为这位母亲恐怕孩子消化不良，不给孩子吃饱，孩子们患营养不良症而死。第二位祖母是奕譞的侧福晋颜札氏，系慈禧所赐，去世很早，生一女，夭逝。第三位祖母是奕譞的第二侧福晋刘佳氏，是溥仪的亲祖母。她共生四个孩子：女儿两岁夭折，儿子：载沣，是溥仪的父亲；载洵，是溥仪的六叔；载涛，是溥仪的七叔。第四位祖母是奕譞的第三侧福晋李佳氏，生一女，奉命嫁给世袭一等忠勇公松椿为妻，二十八岁死。

溥仪有两位母亲：生母苏完瓜尔佳氏，名幼兰，是载沣的嫡福晋，光绪二十八年（1902）八月结婚。庶母邓佳氏，是载沣的侧福晋，民国二年（1913）结婚。两位母亲生溥仪兄弟姐妹十一人：溥仪为长兄，瓜尔佳氏生；二弟溥杰，光绪三十三年（1907）生，与溥仪同母；三弟溥淇，庶母民国四年（1915）生，三岁殇；四弟溥任，民国七年（1918）庶母生；长妹韫媖与溥仪同母，宣统元年（1909）生，十八岁死；二妹韫龢（金欣如），同母宣统三年（1911）生，三妹韫颖（金蕊秀），同母民国二年（1913）生；四妹韫娴，庶母民国三年（1914）生；五妹韫馨（金蕊洁），庶母民国六年（1917）生；六妹韫娱，庶母民国八年（1919）生；七妹韫欢（金志坚），庶母民国十年（1921）生。

溥仪的父亲载沣不但政治上随和，愿意图清静，而且生活上也求安闲，家务由他的母亲、溥仪的祖母刘佳氏主持，自己闭门读书。他性情平和，对子女、佣人都不严。当然，子女、佣人也不怕他。有一次天已昏黑，太监还不上窗户，经他责问，太监竟敢回答："因为今天奶奶（载沣福晋）不在家。"他没有特别嗜好，不吸烟，不喝白酒，更不吸鸦片。他的生活呆板而单调，一切"照老例"办，如：春节吃干菜馅煮饺，立春吃春饼，是必须的；到什么时候吃黄花鱼、榆钱和野菜、饭包、火锅，也一成不变。喝茶，春夏秋冬有别，夏喝碧螺春，春秋用香片，冬天饮红茶。穿衣更是老套子。理发，在剪掉辫子后，按季节变发式，"立夏依例推平头"，不管这天多么凉，"立秋依例留分头"，不管那天多么热。但对于新知识、新事物又满有兴趣，如：对天文学，不但读不少书，还在夜晚给子女们指认星座，有日蚀、月蚀出现，他把玻璃片熏黑领着子女观看，并记到日记里。其他如：买汽车，安电灯、电话，穿西服及剪辫子等，都是王公大臣中最早的。对于孩子的家庭生活来说，这样的父亲不是最理想的，但还是不错的。

溥仪的母亲瓜尔佳氏，却是另外一种人。她从小受宠，高傲任性；很会享受，花起钱来连富有的王爷载沣都头痛。溥仪在《我的前半生》中说："父亲的收入，不算田庄；亲王双俸和什么养廉银每年是五万两，到民国时代的小朝廷还是每年照付。每次俸银到手不久，就被母亲花个精光……花得我祖母对着账房送来的账条叹气流泪"。由于瓜尔佳氏对人严厉，佣人和孩子都怕她。

但父母的性格是刚是柔，都不会给溥仪带来什么不幸。他是醇亲王的长子，嫡出，依例，理所当然是醇亲王的继承人，因此，地位非同一般，而且，他从降生到三岁离开醇亲王府，一直在祖母的抚育下。因为醇亲王府的惯例，头生的孩子过了满月就离开母亲归祖母抚育，第二个孩子由母亲抚育，第三个仍归祖母，第四个仍归母亲……余依此类推。因此，溥仪生下来归祖母刘佳氏抚养。这位祖母对自己的儿孙感情十分深厚，溥仪在她温暖的怀抱中长到三岁，每分钟都是甜美的。这大概是溥仪前半生家庭生活中最最值得玩味的了。他说："祖母是非常疼爱我的。听乳母说过，祖母每夜都要起来一两次，过来看看我，她来的时候连鞋都不穿，怕木底鞋的响声惊动了我。这样看我长到三岁"。

让一个不满三岁儿童离开自己的家，独自到一个陌生的地方去，这种痛苦是溥仪本人和醇亲王府都难以承受的。

醇王府中，载沣最早得知慈禧要溥仪进宫当皇帝的消息。他在光绪三十四年（1908）十月二十日的日记中写道：

"庆王到京，午刻同诣即携溥仪骞殿面承召见，钦奉懿旨：醇亲王载沣着授为摄政王，钦此。又面承懿旨：醇亲王载沣之子溥仪着在宫内教养，并在上书房读书，钦此。叩辞至再，未邀俞允，即命携之入宫。万分无法，不敢再辞，钦遵于申刻携溥仪入宫。"

这里"叩辞至再"，"万分无法，不敢再辞"，是实在的。载沣本来就没有载漪那么大的政治野心，认为多一事不如少一事，愿当"无事小神仙"。况且，同治，光绪两帝的命运，举朝皆知，把不满三岁幼子送到火坑里去，载沣舍不得，完全在情理之中。他会预料看到，儿子当上小傀儡，自己将陷入困境，前景凶多吉少。但他不敢违抗懿旨。十月二十日傍晚，摄政王载沣和军机大臣、内监一起，带着慈禧要溥仪进宫的懿旨回府。

最难以接受这种安排的是溥仪的祖母。他的两个儿子已被慈禧强行过继出去，为此她哭得死去活来，精神受了强烈刺激时有失常。溥仪是她最疼爱的长孙，自降生朝夕不离，突然听说慈禧要溥仪进宫，不等听完慈禧的懿旨，就昏厥过去。溥仪在《我的前半生》中描绘当时的情景：

"光绪三十四年旧历十月二十日的傍晚，醇王府里发生了一场大混乱。这边老福晋不等听完新就位的摄政王带回来的懿旨，先昏过去了。王府太监和妇差丫头们灌姜汁的灌姜汁，传大夫的传大夫，忙成一团，那边又传过来孩子的哭叫和大人们哄劝声。摄政王手忙脚乱地跑出跑进，一会儿招呼着随他一起来的军机大臣和内监，叫人给孩子穿衣服，这时他忘掉了老福晋正昏迷不醒，一会儿被叫进去看老福晋，又忘掉了军机大臣还等着送未来的皇帝进宫。”

小皇帝溥仪说不出是一种什么心理状态，只是连哭带打地不让内监过来抱他。这是小孩痛苦、不满和反抗的表示。最后还是乳母给溥仪喂奶，哄住了他，帮王爷和大臣收了场，当即军机大臣和摄政王决定，让乳母抱溥仪进了宫。

溥仪到中南海，由内监抱着去见慈禧。那是慈禧死亡的前三天。本来就凶恶的面孔又加上病容。据溥仪说他脑子里留下了由于强烈地刺激造成的一点模糊地记忆：“我记得自己忽然处在许多陌生人中间，在我面前有一个阴森森的帏帐，里面露出一张丑得要命的瘦脸——这就是慈禧”。他立即嚎啕大哭，浑身发抖，慈禧令人拿冰糖葫芦给他，被他摔到地上。慈禧很是不悦。

（四）大祸将临

清朝十二帝，登极多数是在“国丧”中进行的。因为父死子继，兄终弟继，都是一个死了，另一个马上即位。只有两位例外，一是努尔哈赤，是开国皇帝；一是嘉庆皇帝继承乾隆帝位。其时乾隆并没死，在位已六十一年，因为不想超过祖父康熙帝在位时间，让位给儿子，自己当太上皇。宣统帝登极时要办双份丧事，这是前所没有的。溥仪进宫的第二天（十月二十一日），光绪帝死，第三天（十月二十二日）慈禧太后死。丧事一起接一起。实录上记载着：“光绪三十四年戊申冬十月癸丑朔，癸酉酉刻，德宗景皇帝崩。”甲戌“慈禧端佑康颐昭豫庄诚寿恭钦献崇熙太皇太后遘疾大渐，未刻崩。”刚把光绪的灵驾奉安乾清宫，皇帝、亲王以下文武大臣官员，各按位次，齐集举哀，行殓奠礼，又安奉慈禧梓宫于皇极殿，行殓奠礼，皇帝、亲王以下文武大臣官员齐集举哀。当然，一切由朝廷官员们办，不需要溥仪操心。溥仪绝不会为此哀伤和哭泣。虽“群臣哭临三日，皆无戚容”，毕竟宫中被哀声丧气笼罩着。皇帝也同样被置于其中严格管束着，欢乐是不被允许的，何况他离开了亲爱的祖母和熟悉的家，正在惊恐，痛苦之中呢。

光绪三十四年（1908）十一月初九，宣统皇帝登基大典，“易礼服，诣庆寿堂皇太后前行礼毕，御太和殿登极，王以下大臣文武百官，行庆贺礼，乐设而不作。”登极礼成，颁诏天下，以农历明年（1909 年）为宣统元年。

小皇帝对大典的活动反感到难以忍受的地步。因为大典之前，照章要先到庆寿堂隆裕皇太后处行礼，然后在中和殿接受领侍卫内大臣的叩拜，再到太和殿受文武百官朝贺。向别人叩头，接受别人叩头，溥仪都不觉得好玩。这样折腾的时间不算短，时值严冬，那天的天气奇冷，溥仪说：“当他们把我抬到太和殿，放到又高又大的宝座上的时候，早超过了我的耐性限度”。他大哭大闹起来。摄政王载沣侧身单膝跪在宝座下面，双手扶着儿子，不许乱动。溥仪却挣扎着哭喊：“我不挨这儿，我要回家，我不挨这儿！我要回家！”

载沣急得不知所措。文武百官三跪九叩，没完没了。因为正在“国丧”期间，丹陛大乐设而不奏，溥仪的哭叫声显得特别响。载沣尽一切努力哄溥仪，说出了“别哭别哭，快完了，快完了！”这样不吉利的话，引起纷纷议论，满朝文武垂头丧气，认为是一种不祥之兆。

后来这话果然应验，溥仪登基不到三年，爆发了辛亥革命，又过四个月，宣统皇帝退了位，真的是很“快”就完了，要“回家”就回了“家”。

其实，并不是溥仪的哭声和载沣的话语使朝廷官员们不安，是清朝统治末日已出现种种不祥的兆头，使他们内心深处已预感到大祸将临。

溥仪当皇帝之后，除了是醇亲王载沣之子以外，还是同治帝、光绪帝的儿子。这样，他有三位父亲。当时，这三位父亲有六位妻子健在，后又来了一位。于是他便有了七位母亲。她们是：生母瓜尔佳氏、庶母邓佳氏；同治帝的瑜贵妃赫舍里氏、珣贵妃阿鲁特氏、瑨妃西林觉罗氏；光绪帝的皇后叶赫那拉氏、瑾妃他他拉氏。

溥仪尊慈禧为太皇太后；尊光绪皇后、他的“兼祧母后”为皇太后，光绪三十四年（1908）十一月二十五日上徽号为隆裕皇太后。在此之前，于十月二十五日，封瑜贵妃为瑜皇贵妃，封珣贵妃为珣皇贵妃，晋封瑨妃为瑨贵妃，晋封瑾妃为瑾贵妃。溥仪既然继承同治兼祧光绪，正统理应是同治帝。但因隆裕太后想效法慈禧，不承认同治帝的三位妃的地位，光绪的瑾妃也得不到溥仪庶母的待遇。一家人同座吃饭时，隆裕、溥仪坐着，而瑾妃却站着。总之，她根本不把先帝这四位妃算作溥仪的母亲。直到隆裕去世，四位太妃联合起来找王公讲理，终于承认她们的太妃身份，溥仪从此才称她们为“皇额娘”。民国初，袁世凯当政，他向清室内务府提出给同、光四妃晋封上徽号。民国二年（1913）三月十二日举行仪式，给瑜皇贵妃上徽号敬懿；给珣皇贵妃上徽号庄和；晋封瑨贵妃为皇贵妃，上徽号荣惠；晋封瑾贵妃为皇贵妃，上徽号为端康，据袁世凯意见，将其列为首席。溥仪在举行婚礼前，将敬懿、荣惠、端康尊为“皇贵太妃。”庄和在此前已去世。

溥仪说：“我虽然有过这么多的母亲，但并没有得过真正的母爱。”她们都关心他，甚至争先表示这种关心。溥仪入宫之初，慈禧将他交给隆裕教养，瑜贵妃哭着争教养之权，理由是：嗣皇入继穆宗，她应有权教养。瑜贵妃自幼入宫，侍奉慈禧四十余年，知书达理，聪敏伶俐，深受慈禧喜爱。慈禧觉得她说得有理，允许她与隆裕共同负责。因为溥仪是皇帝。他对每位母亲的亲疏，都至关重要，直至决定她们的地位和命运。也因为他是皇帝，并不是她们的儿子，她们也不可能用母亲的情怀对待他。她们对他关怀和期待的目光里没有亲爱、柔和与温暖。溥仪入宫被交给隆裕太后教养，住在长春宫，一直到他七岁那年隆裕去世。之后，名义上他归四太妃养育。

隆裕（1868~1913）叶赫那拉氏，慈禧之弟都统桂祥之女。光绪十四年（1888）十月初五，慈禧指配光绪帝，翌年正月二十七日立为皇后。她比光绪大三岁。做过慈禧侍从女官的德龄女士，描绘隆裕的风度时，这样写道：

“在正殿的门口，我们碰着一个女人，穿着和庆王一样的装束，不过在她的珠冠中央多了一只凤。这女子走出来和我们招呼，微笑着和我们握手，态度之自然，就是欧洲的贵妇也不过如此。后来人家告诉我们说这就是皇后，光绪皇帝的妻子。皇后态度温雅有礼，虽然容貌不十分美丽，却使人觉得可爱。”

光绪帝和隆裕皇后的感情淡薄，没有子女。隆裕对溥仪，以清宫太后对皇帝的教养方式常规行事，每餐将自己膳房做的菜送给溥仪。餐后，由一名领班太监向太后禀报：“万岁爷进了一碗老米膳（或者白米膳），一个馒头（或者一个烧饼）和一碗粥。进得香!”不论溥仪吃的是什么，禀报时都是这一套。据说“后与宣统颇疏隔。养侍之事，一以委之按班（即奉派服侍之太监），故颇起居无节，饮食不时，按班常挟水果袋相随，日食水果无数云。”这一点，我们可从溥仪的回忆中得到印证。他说他从小就有胃病，他六岁时一次吃栗子吃多了，此后一个多月时间，隆裕只许他吃糊米粥。他饿得难以忍受，吃过喂鱼的馒头，抢吃过王府送给太后的贡品。曾经暴饮暴食，一次吃过六个春饼，领班太监恐吃这么多消化不良，命两个太监左右提起溥仪的双臂，象打夯似的在砖地上蹾。这些都给溥仪留下了极坏的印象。

隆裕死于民国二年（1913）二月二十二日（农历正月十七）。死前心境不佳。皇帝退位是她决定和颁诏的。退位后，情况不像她想象的那么好。她本性节俭，宣统退位后，为了节省开支，裁撤一些宫人太监，“颇遭怨谤”，瑜皇贵妃借机“收拾人心，宫中益恶隆裕。”临终，只溥仪、总管内务府大臣世续及宫女在身边。病危之前对世续说：“孤儿寡母，千古伤心，睹宫宇之荒凉，不知魂归何所。”对溥仪说：你生帝王家，“一事未喻，而国亡、而母死，茫然不知。”我死后，今后的路，“听汝自为”了。

四位太妃接过隆裕那一套毫无情感的模式：给溥仪送菜，领班太监汇报溥仪“进得香!”溥仪则每天早晨到各位太妃面前下跪请安。这时，太监正给太妃梳头，一边梳，太妃一边问：“皇帝歇得好?”“天冷了，要多穿衣服。”“书念到哪儿啦?”等等，有时给一些泥人之类的玩具，最后说一句：“皇帝玩去吧!”这就是每天母子的会面。溥仪说：“我和四位太妃平常很少见面。坐在一起谈谈，象普通人家那样亲热一会，根本没有过。”敬懿太妃面部表情严肃，说话总带着教训人的口气，一说起来就没个完。孩子们在她面前很拘束。惠荣和庄和两太妃老实，体弱多病，面带忧伤抑郁的神情，整日念佛。端康讲究吃喝，对人比较开通。但无论他们当中的哪一位，溥仪都没有亲切感。

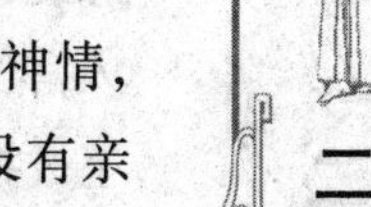

得到过母爱的人，常回忆起幼年病中母亲的焦虑和爱抚。溥仪的回忆正好相反。他提起生病时太后、太妃们来探望的情景，流露着厌恶情绪，写道：

“我在幼时，一到冷天，经常伤风感冒。这时候太妃们便分批出现了。每一位来了都是那几句话：‘皇帝好些了？出汗没有？’不过两三分钟，就走了印象比较深的，倒是那一群跟随来的太监，每次必挤满了我的小卧室。在这几分钟之内，一出一进必使屋里的气流发生一次变化。这位太妃刚走，第二位就来了，又是挤满一屋子。一天之内就四进四出，气流变化四次。好在我的病总是第二天见好，卧室里也就风平浪静。”

隆裕死后，太妃们争着拉拢溥仪，实际是争夺对他的支配和控制权。这些太妃在慈禧、隆裕在世时，本是不得志的。同治帝的三个妃子，在同治帝死后，封闭在宫中，为太后做些针黹等工作，极少同外人接触。其中瑜贵妃有一定的文化教养，长于诗文演奏，向往新知识，但如同被关在鸟笼里一样，只能哀伤厌世，毫无出路。光绪的瑾妃，在光绪二十年，因妹妹珍妃触犯慈禧太后，同降贵人，翌年复封瑾妃。其境遇与同治三妃一样悲惨。倒是清朝倒台后，隆裕不在了，载沣对权力早已失去兴趣时，太妃们打起精神，作威作福，派头越来越大。因为端康被列居首位，她似乎忘了在慈禧和隆裕面前吃的苦头，也忘了妹妹珍妃的惨死，竟模仿慈禧的专横毒辣，打太监，斥王爷，把亲信太监派到溥仪身边，每天向她报告溥仪的言行举动，像慈禧监视光绪一样监视溥仪。溥仪对此异常反感。敬懿的言语举止，也处处仿效慈禧。据太监们回忆，她一个人使用二百六十多个太监，外加一部分宫女。穿衣穿鞋袜，洗漱梳头、吃饭、喝茶、吸烟、散步、沐浴、大小便……全都有人服侍。闷了，让太监们讲故事，学猫狗叫。睡着了，还有两个宫女、六个太监给她守夜，直到天亮。

太妃们都梦想有一天登上“太后”的宝座，争夺溥仪的钩心斗角活动日益增多。四位太妃分为两派，同治的三妃为一派，以敬懿（瑜妃）为首。庄和（珣妃）、荣惠（瑨妃）没有什么手腕，随和敬懿。端康自己一派。敬懿为了笼络溥仪，对溥仪的大总管张谦和借机嘉奖。为了同样的目的，她破例传溥仪的祖母、母亲带着溥杰、韫媖进宫会亲。这倒给溥仪造成了与亲人团聚的机会。

按照清室家法，溥仪入宫当了皇帝，亲生父母退居臣下，不能以父母身份到宫中去见儿子。光绪帝一入宫，便与生母永别。宣统退位，一切祖制家规照常。敬懿敢于破例，固然与进入民国时代有关，不过，还是令人惊奇的。

那是民国五年（1916）春天。得到突如其来的入宫会亲通知，又勾起溥仪祖母想念爱孙的心病，她眼圈红了。瓜尔佳氏也一时有些忙乱。他们整整准备两三天，按时入宫，在体元殿向敬懿磕头请安，献贡物。敬懿对他们很和气，赏溥仪祖母、母亲绿玉戒指，赏溥杰兄妹玉佩。然后，到长春宫，溥仪由一群太监簇拥着走来，向祖母、母亲请跪安，“祖母几乎哭出声来，母亲也茫然地呆在那里，溥仪站着也显得很拘束。”

溥杰看到“皇上哥哥”竟是一个穿着长袍马褂的小孩子”，根本不是自己想象中的“头戴冠冕、身穿大袖黄袍、五绺长髯的威武形象”，觉得很意外、新奇。溥仪见了自己的亲人“觉得很生疏，一点不觉得亲切。”但他能看出祖母的眼睛总离不开他，“而且好像总是闪着泪光。”而对母亲则是另一种印象，“我见了她的时候，生疏之外更加上几分惧怕。”亲人们住了些时，到各太妃宫中都去请了安。白天，祖母、母亲到敬懿处交谈，溥仪和弟弟妹妹玩耍。他觉得在祖母、母亲跟前玩不自由，把弟弟妹妹带到养心殿。他那时仍住长春宫，白天到养心殿。小兄弟（妹）在一起玩得比较开心，捉迷藏，说笑，同桌吃晚饭。但照例溥杰、韫媖须向溥仪磕头请安。有一次，溥杰袖头露出黄色的衣里，以黄色为皇帝专用，溥仪对其弟严加斥责。这时，同胞间的亲密无间，少年儿童的纯洁天真又被森严的“君臣”关系吞没了。溥杰规规矩矩地站着，韫媖吓得要哭。

瓜尔佳氏

由于溥仪的祖母、母亲与敬懿来往，端康不悦，态度冷淡。过了三年，端康也请他们去会亲，而且次数多，招待得更热情，敬懿又流露出醋意，逐渐与他们疏远了。

端康与溥仪母亲瓜尔佳氏在更深一层的政治关系上结合。溥仪的生母瓜尔佳氏，在儿子当了皇帝之后，满心追求第一流的荣华，辛亥革命后，时刻梦想追回失去的天堂。她与端康合谋，通过端康的大总管刘承平和瓜尔佳氏的亲信太监张金，利用荣禄的旧部、民国步兵统领衙门左翼总兵袁得亮，与奉系勾结，企图借助奉系力量复辟。奉系于冲汉的儿子于静远溜入宫中，由刘承平负责接待，端康赏给丰盛佳肴等。她们不惜把自己小金库里的银两、首饰，拿出去做活动费，结果白白受骗。她们还策划让溥杰和张勋的女儿订婚，因“命相不合”作罢。端康则借机把最宠爱的二侄女配给溥杰。

瓜尔佳氏这根紧张的政治神经，把她那本来就缺少慈爱温和的性格进一步强化起来。她多次进宫，见到溥仪总是板着面孔说：“皇上要多看些祖宗的圣训”，“皇上别贪吃，皇上的身子是圣体，皇上要早睡早起……”尽管充满母亲的关心和期望，溥仪还是觉得都是些硬梆梆的官话，听了不舒服。

母亲们没给溥仪留下美好的回忆。还有一位庶母邓佳氏，溥仪没有机会与她在一起生活，更谈不上母爱。

溥仪在母亲众多，又没有母爱的环境中长大。直接照顾他生活的除太监外，还有

一位他最尊敬和亲爱的乳母。这位乳母王焦氏，光绪十三年生于直隶河间府任丘县农村，有父、母、哥哥，靠种佃来的地生活，无法维持温饱，遇灾荒经常外出讨饭。十六岁嫁给北京一个姓王的差役，刚生一个儿子，丈夫就死了。她上有公婆，下有幼子，生活陷入绝境。溥仪出生，她入醇王府当乳母，用工钱养活公婆和儿子。第三年，她的儿子因营养不良而死。醇王府为保证她乳汁的质量，封锁了这个不幸的消息。慈禧要溥仪入宫时，溥仪拼命哭闹，死活不去，唯有抱在乳母怀中不哭，只好连同乳母一起接入宫中。她一直用乳汁喂养着宣统皇帝。到他九岁那年，她被太妃赶出宫去。这时，她才发现自己的儿子已经早就离开了人世。

这些，溥仪当时并不知道。他称她二嬷，他和二嬷特别亲，觉得一时一刻也不愿离开她。他特别愿意看她端正的脸上常常浮现着的笑容。她的那颗处处为别人着想的善良的心，给溥仪一种特别的影响。在宫中，只有她的话令溥仪信服。

溥仪对王焦氏的感情胜似四位太妃；王焦氏对待溥仪就像一个慈祥的母亲对待自己的亲生儿女一样。儿时的溥仪只要听说王焦氏来了，便什么都放下，扑到她身上撒娇；玩累了，要够了就找她要“咂儿”吃。如果说溥仪有过母爱的话，那就是乳母王焦氏对他的爱。因此，溥仪也就最听乳母的话，他的恶作剧也只有乳母能够阻止。

有一次，有个会玩木偶戏的太监李长安，给溥仪表演了一场精彩的木偶戏，逗得溥仪大笑不止，喝彩不断。溥仪一高兴，便问李长安想要点什么。李长安诚惶诚恐，急忙趴在地上，说：“万岁爷手边的什么都行。”溥仪环视一下身边，看到一盆鸡蛋糕，便说：“我赏你吃块鸡蛋糕吧！”恰巧王焦氏走了过来，她见溥仪从条桌上拿块蛋糕，但不立即给李长安，而是东瞅瞅，西看看地找什么。最后来到练腿功的铁砂袋前，撕开铁砂袋，掏出一些铁砂子，又掰开蛋糕……王焦氏慌忙走到溥仪身旁，在他耳边说：“老爷子！那怎么行？铁砂子放在蛋糕里，那不崩坏他的牙吗？”溥仪则毫不在乎地说：“我要看看他咬蛋糕崩了牙的模样。”王焦氏进一步劝导说：“崩了牙，他以后怎么吃东西呀？老爷子不吃东西能行吗？”溥仪一想，这话也对，但却不能取乐了，便央求说：“我就看这一回，行吗？”王焦氏笑了笑说：“那就换绿豆，咬绿豆也挺逗乐的。”

绿豆救了李长安。李长安咬绿豆蛋糕时故意装出的怪象，果然逗得小皇上哈哈大笑，别的小太监也直乐。而李长安则内心十分感激王焦氏，使他免去了一次灾难。

还有一次，溥仪玩气枪来了兴致，便装上铅弹向太监的窗户打。当时的窗户都是用纸糊的。窗户纸被打出一个个小洞。屋里的太监全吓得趴在炕岸下，一个也不敢站起来，生怕打破了脑袋，而心里却在嘀咕：“万岁爷这样打下去，什么时候才算完呢？”不知是谁，搬来了救兵——王焦氏。离得很远，王焦氏便大喊：“老爷子，屋里有人哪！往屋里打，这要伤了人哪！”溥仪这才想起了屋里有人，才明白人是会被打伤的，于是收起了气枪。

儿时的溥仪没有人告诉他这些道理。只有乳母王焦氏告诉过他，别人和他同样是人。不但他有牙，别人也有牙；不但他的牙不能咬铁砂，别人也不能咬；不但他要吃饭，别人也要吃饭；别人也有感觉，别人的皮肉被铅弹打了同样会痛。这些用不着讲的常识，溥仪是不容易想到的。只有乳母朴素的言语，才使溥仪想到过别人同他一样是人的道理。溥仪后来回忆说：如果九岁以前我还能从乳母的教养中懂得点“人性”的话，那么这点“人性”在九岁以后也逐渐丧尽了。

溥仪九岁时，太妃们将王焦氏赶出了皇宫。溥仪大哭大闹，“我宁愿不要太妃，也要嬷嬷！”

载沣摄政

（一）父子当朝

溥仪当了三年多皇帝，按今日入学年龄算，还只是一个学龄前儿童，当然不能亲政。代掌皇权的是他的父亲醇亲王载沣。慈禧为了让载沣替儿子掌权，任命他为监国摄政王。

摄政王载沣监国期间，清王朝权力不集中。载沣力不胜任，更不可能是一个铁腕人物；统治集团派系林立，干政者、擅权者、另起炉灶者，均有相当能量。至于这个王朝的最后几个月，大权完全旁落于袁世凯之手。载沣一方面吃力地代儿子主持国政；一方面软弱地应付着争权夺利斗争。

关于载沣被任命为监国摄政王之事，慈禧事先与张之洞商量过。据《国闻备乘》载：

“孝钦病危，张之洞请定大计，孝钦颔之。翌日，出奕劻勘易州陵工，密召世续及之洞入内，谕以立今上为穆宗嗣。今上，醇亲王载沣子也，生四年矣，视德宗嗣位时龄尤弱。国难方殷，连三世临以幼主。世续、之洞恐皇后再出垂帘，因合词奏曰：国有长君，社稷之福，不如径立载沣。孝钦戚然曰：‘卿言诚是，然不为穆宗立后，终无以对死者。今立溥仪，仍令载沣主持国政，是公义私情两无所憾也。’之洞曰：‘然则宜正其名。’孝钦曰：‘古有之乎？’之洞曰：‘前明有监国之号，国初有摄政王之名，皆可援以为例。’孝钦曰：‘善，可两用之。’”

策遂定。光绪三十四年（1908）十月二十日，慈禧命载沣为摄政王。二十一日懿旨：“嗣皇帝尚在冲龄，正宜专心兴学，着摄政王载沣为监国”。二十二日，宣统帝奉慈禧懿旨：“特命摄政王为监国”。

摄政王是因皇帝年幼，由其族系最近、最有声望之长者代君听政。如：周成王年幼，由周公旦摄政；春秋时鲁惠公卒，太子轨立，隐公摄政；汉平帝时王莽摄政，都是这种制度。清初世祖福临六岁为帝，叔父多尔衮摄政。监国，也是一种代理朝政的制度。如：周天子外出，太子守而代领国事，为监国；南明弘光政权垮台后，鲁王朱以海在浙东沿海建立新的南明小朝廷，主持国政，不称帝，称监国。

多尔衮摄政而不监国。载沣既为摄政王，并为监国。论者以为"今体制较昔尤尊严也。"然而，在清朝末年皇权遭到严重抑制的情况下，代行皇权的监国、摄政王，当然也不能不受到同类限制和干预。十月二十一日，慈禧任命载沣为监国摄政王时，以为自己还能继续活在世上，故规定："着摄政王载沣为监国，所有军国政事，悉秉承予之训示，裁度施行"。如此，载沣权力不是至高，不过是把慈禧决定了的事情付诸实施，充其量相当于内阁总理。第二天，慈禧病势危笃，自知回天无术，"恐将不起"，又令"嗣后军国政事，均由摄政王裁定，遇有重大事件，必须请皇太后懿旨者，由摄政王随时面请施行。"一日之间，载沣的权力突然增大到可以"裁定"一切军国政事的程度，但遇有重大事件，仍要面请皇太后隆裕。这是慈禧留给她侄女的一份权力。慈禧死后，十月二十七日，用宣统帝谕旨解释慈禧的懿旨，进一步明确监国摄政王的职权：

"本月二十二日，钦奉大行太皇太后懿旨，军国政事，均由监国摄政王裁定。是即代朕主持国政，黜陟赏罚，悉听监国摄政王裁度施行。自朕以下，均应恪遵遗命，一体服从。"

关于监国摄政王代皇帝主持朝政的体制和礼节，参照周朝和清初多尔衮摄政的办法，于光绪三十四年（1908）十一月二十日制订了十六条：

1、告庙。"监国摄政，典礼崇隆，应请谕旨，择期派员告祭太庙。并由摄政王于大行太皇太后几筵前，祗领监国摄政王册宝、册文，应恭录十月二十日、二十二日，两次大行太皇太后懿旨"；

2、诏旨。"军国政事及黜陟赏罚，悉由监国摄政王裁定，仍以谕旨宣示施行。凡重大事件，有必须请皇太后懿旨者，由监国摄政王面请施行，他人不得擅请、擅传"；

3、称号。"监国摄政王在皇太后前称臣，行臣礼。谕旨内称监国摄政王时，不书名。监国摄政王称皇上，曰皇帝。王对众自称，日本摄政王"。"贝勒以下文武大小臣工，皆称摄政王"；

4、代行祀典。"皇上未亲政之前，所有坛庙大祀，及现在丧祭，均由监国摄政王代诣行礼"；

5、军权。"皇上有统率全国海陆军之权。凡宪法纲要内所定皇上大权关系军事者，即属之于摄政王。其京外旗绿各营、海陆各军，应归摄政王节制、调遣"；

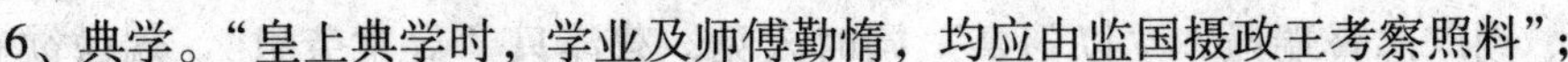

6、典学。“皇上典学时，学业及师傅勤惰，均应由监国摄政王考察照料”；

7、朝会班次。“凡遇皇上升殿受贺，及万寿圣节，监国摄政王皆不与列，在宫中行家人礼。如遇皇太后庆贺大典，监国摄政王另班行礼，毋庸随班。王公百官于朝贺后，分班诣监国摄政王前致贺”；

8、朝见座位。“拟请于养心殿中设御座，并设案，东侧设监国摄政王座，座前亦设案。王公百官遇有应行跪安、谢恩各礼节，皆向御座恭行。每日召见王公百官，该员先向中设御座跪安，起，入东暖阁启对。”“王公百官遇有升赏之事，仍照旧制，具摺恭谢皇上天恩，毋庸向摄政王叩谢”；

9、钤章署名。“凡有谕旨，均请摄政王钤章，由军机大臣署名，然后遵奉施行。至摄政王如有面奉之懿旨，一并由王署衔钤章，军机大臣仍均署名”；

10、文牍款式。“凡臣工章奏，仍书皇上圣鉴字样”；

11、代临议院。“议院成立时，监国摄政王应代行莅会之礼。”“资政院开院时，亦由监国摄政王代行莅院”；

12、外交。“凡与各国订约遣使，均由监国摄政王主持”；

13、舆服护卫。“监国摄政王于乾清门外升舆降舆”。其舆服、护卫、从官，比照多尔衮摄政时体制；

14、用度经费。“摄政王用度经费，每年由度支部拨银十五万两，交内务府支应”；

15、邸第。“拟请于中海迤西集灵囿地方，建监国摄政王府第。另于东华门内三所，为监国摄政王随时起居休息之所”；

16、复政。“俟皇上年长学成，届举行大婚典礼时，大小臣工集议，合词陈请皇上亲裁大政。”

以上各条，经内阁、部院各衙门会议具奏，并由监国摄政王呈请皇太后御览，最后以皇帝名义降谕：“应照所议办理，着各该衙门一体遵行。”

上述十六条，是慈禧十月二十二日懿旨的具体发挥。它一方面赋予监国摄政王裁定军国大政之权力；另一方面仍保留皇太后干政的权力。在这种情况下，如果载沣是一位像多尔衮那样精明强干、勇于进取之人，仍会排除干扰，有所作为。然而，他既没有多尔衮那样的雄心，又不具备掌理朝政的才能，遇事没有主意，优柔寡断。莅任后，每天到乾清宫听政，章奏亲自批阅，颇勤奋。召见臣工并赐座，“与四军机同席议事，一切不敢自专”，谨慎谦逊。但处理朝政，往往不得要领，“有人觐者，常坐对无言”；有请示机宜者，“嗫嚅不能主断”；有进言者，分不清是非曲直，或竟采纳，或“似颇许可，旋复茫然如无闻焉。”出使德国的李经迈，赴任前向监国摄政王请示，他既没有做出像样的指示，也不了解一下对方的打算，只说了三句与派遣使者这种重要事项不相关的话：“你哪天来的?”“你哪天走?”“好好，好好地干，下去吧！”东三省总督锡良、湖广总督瑞徵，“以疆事”同时入见，载沣只“寻常劳慰”。瑞徵欲有所陈，载沣说：“汝疾病尚未愈乎？”’除了问病情如何外，别无他言。出使日本的大臣汪大燮，报告日本阴谋，情绪激昂，但载沣“默无语”，并以时间提示汪大燮，“已十钟矣”，麾之退。

宣统朝，大清帝国早已衰落，呈现一派暮日景象。载沣面临的问题，纷乱如麻，他一个也解决不了。

外患，各帝国主义继续在中国瓜分掠夺。东北三省，“久成日俄分据之势”，近“大局益危”，“蔑视中国主权”，视东北“若己国领土”。英、美、法、德等国亦不示弱，铁路、矿山、关税……均其掠夺对象。本国国力贫弱，受各国歧视，国外华侨受害，屡屡告急。清廷在帝国主义面前奴颜媚骨，一让再让。

各地人民反抗清朝统治的斗争，此伏彼起，载沣一味下令镇压，结果，越压反抗越甚。

政治腐败，朝廷内部派系林立，你争我夺；官员结党营私；自上而下，贪污受贿成风。不重公事重交结，下级对上级，揣摸意图，投其所好。载沣夫人瓜尔佳氏爱钻戒，竟出现在某大臣的情报函件上。举报官场此类恶风的奏折接连不断，不见朝廷的果断措施。御史胡思敬奏：两广总督袁树勋，在湘潭侵吞捐款“二三十万”；任上海道，以官款放债，盘剥私利，岁获“七八十万”；在五大臣出洋经费内买镑汇兑，吞没“数万”；及升任山东，临行在善后快径提“十八万”；初在广东，扬言禁赌、得赌商贿“三十万”，因以全省盐务交赌商包办，事成许再酬“二百万”。御史饶芝祥奏：袁树勋设门丁，属僚晋见，“未纳门包”者，“逾日不面”；犹任用私人，虚报业绩。两御史均要求查办。载沣派人查的结果是：“贪黩营私并无实迹”，袁树勋已开缺，“从宽免议”。胡思敬并请载沣之兄载泽作证。载沣说：“既确有此事，则不必交查可矣。”意思可直接议处。但并不查办，袁仍署两广总督，逍遥法外。胡思敬又劾奏两江总督端方侵吞赈款、公行贿赂、营私、纵匪殃民、抗谕旨、枉法、欺蒙、冒案滥保、挟娼淫宴等十罪二十四款。载沣交两广总督张人骏查复。不久，调端方任直隶总督兼北洋大臣；张人骏为两江总督兼南洋大臣。安葬慈禧时，端方派人沿途照相；焚化冠服时，端方乘舆“横冲神路而过，又于风水墙内借行树为电杆”。由于冒犯了“老佛爷”，才予革职。对端方被参之事，载沣代皇帝谕内阁说，其“尚无罔利行私实迹”，所以两年后又重新起用。

载沣对手下官员贪劣行为容忍，也许有难言之苦衷。俗话说：正人先正己。他的夫人瓜尔佳氏不本分，经常介入政事，外界有“鬻爵纳贿”之说。六弟载洵，宣统元年（1909）赴欧洲考察各国海军事务，回来“造筑西式楼一座，共需十余万金。”款从何来？自家不干净又怎能限制别人？

赌博、吸毒两大公害，流行于朝廷内外、城市乡村。三令五申，禁吸、禁种、禁运鸦片，禁止赌博，均不能止。陕西一地种烟约在五十三万亩，至宣统元年减种二十万亩，尚有三十三万亩。广东“无贫、无富、无老、无少，群陷溺于赌博之中，荡产倾家，强壮者散为贼盗，老弱者流为饿莩”。京师各衙门禁烟，虚报蒙混，“前后册报不符者，共有数百余员。”

财政更是一大难题。国库空空，生财无道，而河工、筑路、宪政、军需、救济华侨、地方拨款、赈灾……都向中央要钱。唯有举借外债，至宣统二年（1910）借外款“合之庚子赔款”，“已达十万万之数”。

……

载沣当政三年，内外交困，一筹莫展。

若说载沣心里没有自己的施政纲领，什么事也不力争，倒也不是事实。诸如：初期抓军权，用皇族，抵制行宪，镇压革命等等，他不但有目标有主意，而且相当顽固。

（二）注重军事

载沣上任伊始就注重军事。之所以如此，据其七弟载涛说，与他出使德国受到的影响有关。光绪二十七年（1901），他以光绪帝兄弟身份，任专使赴德谢罪。德皇命胞弟亨利亲王专任招待，并陪同参观军队。载沣鉴于德国皇族之威势及近卫军之精良，特请教于亨利。亨利告诉他，德皇室制度，皇帝皇子等，无不自陆军学校毕业，以至入联队当兵，由低级军官以至将领，因而皇族军事力量强大。认为皇族应以揽握兵权、革新武备为第一要着。光绪三十一年（1905），亨利衔德皇之命来华，将德皇照片及礼品赠送慈禧及光绪帝。载沣奉命招待，两人又谈论创建皇族武装问题。“从此，载沣即有模仿德国，实行掌握兵权之意”。但因慈禧太后总揽大权，光绪帝被囚禁，自己身为光绪兄弟，为避嫌疑，不敢提出建立皇族武装之意见。载沣监国后狠抓军事，除实现原有夙愿外，还有现实需要，即内为抑制袁世凯，外为镇压革命党，以巩固清王朝统治。

载沣整军经武，先着手创建皇族武装禁卫军。光绪三十四年（1908）十二月初三下诏：禁卫军专归监国摄政王统辖调遣，命郡王衔贝勒载涛、贝勒毓朗和陆军部尚书铁良，为专司训练禁卫军大臣。后因铁良筹办海军，开去此职，续派载捕为训练大臣。规定所有练兵规划等奏请事件，均径行封奏密陈，硃批特准发下，始行录咨陆军部备案，与近畿六镇不同。宣统元年（1909）正月，训练处开始办公。按编制，禁卫军分步、骑、炮、工、辎重，及警察队。翌年二月，载涛奉命出洋考察陆军，学习外国建军经验，并在德国延揽留德学生锦铨（改名张铨）回国任教练。至宣统三年（1911）

七月二十四日，成立禁卫军两协，监国摄政王亲往德胜门外黄寺教场校阅并亲授标旗。不久，武昌起义爆发，陆军编成三个军，禁卫军与一部分陆军编入第三军，由载涛督率，驻守近畿。

在创建禁卫军同时，清廷于宣统元年（1909），重提振兴海陆军之议，于是年正月二十九日，命肃亲王善耆、镇国公载泽、尚书铁良、提督萨镇冰等筹办海军基础。五月二十八日，任命郡王衔贝勒载洵、提督萨镇冰为筹办海军大臣。成立海军筹办事务处。度支部筹拨开办费七百万两。先将南北洋舰队归并统一，以程璧光为巡洋舰队统领，沈寿堃为长江舰队统领，辟象山为海军军港。同年八月，载洵、萨镇冰带随员等乘轮先赴欧洲各国考察海军，并选派廖景方、曾以鼎等往英国学习海军，又派马德骥、伍大名等赴英学习造船。载洵、萨镇冰等先后到意大利、奥国、德国、英国等考察海军。宣统二年（1910）七月，载洵与萨镇冰等又到美国、日本考察海军，十一月返国。十一月初三，清政府成立海军部，载洵任海军大臣，谭学衡为副大臣。在国外考察期间，向各国订造舰艇：鲸波、龙湍、同安、建康、豫章、江鲲、江犀、肇和、应瑞、飞鸿、永丰、永翔等。

光绪三十三年（1907）八月十六日，清政府决定全国陆军建新军三十六镇。宣统朝继续，并在军费上予以保证，下令不许挪用。但直到武昌起义前，全国只编成十四个镇，十八个混成协，四个标及前述禁卫军。总计新军共约十三万一千八百余人，其中北洋六镇兵力有七万四千五百余人。

载沣整军经武，竭力把军权集中于朝廷，由皇族掌握。开缺袁世凯，固然有戊戌年旧账；而削其军权更是不可忽视的因素。为了集中军权，采取了一些措施：

从前各省督抚均兼陆军部尚书、侍郎，对于新旧军队，在名义上都是直辖长官。载沣为把各省兵权收归中央，在中央进行了官制改革，将此项兼衔一律取消，各省督抚指挥调遣陆军，须先电达军谘府。

在中央，由他和他的亲兄弟、皇族其他成员担任最高和重要军事职务，掌军事大权。光绪三十四年（1908）十一月二十日制订的监国摄政王体制礼节“十六条”中，明文规定，摄政王代皇帝掌握军权，统率全国海陆军；凡宪法纲要属皇帝军事大权，皆归摄政王；京外旗绿各营、海陆各军，均归摄政王节制调遣。创办禁卫军时，明定禁卫军专归监国摄政王统辖调遣。宣统元年五月二十八日，据宪法大纲，下诏宣示：皇帝为大清帝国统率陆海军大元帅，监国摄政王代理大元帅一切权任事宜；设军谘处赞佐，统筹全国陆海各军事宜。凡关涉国防用兵一切命令、计划，由该处拟案奏请，由皇帝亲裁之后，饬下陆海军部遵办。贝勒毓朗管理军谘处事务，六弟载洵掌海军，七弟载涛掌禁卫军，并管理军谘处事务。宣统三年（1911）四月初十，军谘处改为军谘府，载涛、毓朗为军谘大臣。军谘府是秉承诏命，襄赞军谋的军事总参谋机构。其特定奏事章程为：奏事均面奏，或用奏片，不具正折；所奏之事，以军机、军令为限；军务报告，均由“督师大臣”会同“军谘大臣”奏报；奏事均不登报。张之洞曾以亲贵独揽军国大权“固争以为不可，监国不纳。”

除此之外，还任用一些留学生等懂现代军事的人物，力图代替袁世凯的北洋势力。如：以留德的廕昌为陆军部尚书；以留日土官生良弼为禁卫军第一协统领兼镶白旗都统，使之参与清廷改军制、练新军、建军校等事；以熟悉海军的萨镇冰为筹办海军大臣，授海军副都统，并赏海军正都统衔。还不断选派留学生出国学军事。

“整军经武”的愿望不无道理，但它没有能挽救清王朝的败亡命运。禁卫军的创建成绩较佳，但袁氏内阁成立后，皇族解除兵柄，摄政王退位，军权随之解除。宣统三年（1911）十月十九日，将禁卫军两协单独编成一军，派袁世凯心腹冯国璋任总统官，载涛交代工作离任。新建陆军中，除了禁卫军外，北洋六镇是主力，其他新军仿北洋六镇之制，是六镇的扩大，故伴随新军的增编，袁世凯的势力不断发展。而且，未如数建成预计的三十六镇。海军尚未见成效，向各国订造的舰艇，民国初年才交货，均为北洋政府接收。建军的这些成果，在关键时刻被袁世凯窃取，成为胁迫清朝和革命党的资本。

宣统朝，载沣和他的兄弟、皇族其他成员，虽然掌握军事最高领导职务，但已经完全不具有他们祖先的军事本领，尤其是丧失了清朝上升时期那种骁勇善战的传统和艰苦创业的拼搏精神。武昌起义后，清军曾夺回汉口、汉阳。在御前会议讨论要不要一鼓作气攻下武昌时，多数人态度淡漠，载涛是总参谋长，隆裕问他：“载涛，你管陆军，知道我们的兵力怎么样？”载涛回答说：“奴才没有打过仗，不知道。”根本不像努尔哈赤后代的回答。不过，从历史发展的角度说，载沣等人的软弱无能，客观上对革命有利。

（三）派系繁多

宣统朝统治集团内部的派系很多。胡思敬在《国闻备乘》中，将亲贵归结为八党：1、载洵总持海军，兼办陵工，与毓朗合为一党；2、载涛统军谘府，侵夺陆军部权，收用良弼等为一党；3、肃亲王好结纳勾通报馆，据民政部，领天下警政为一党；4、宣宗长曾孙溥伦，阴结议员为一党；5、隆裕以母后之尊，宠任太监张兰德为一党；6、载泽为隆裕妹夫，掌度支部，握财政全权，创设监理财政官盐务处为一党；7、监国福晋瓜尔佳氏，联络母族为一党；8、庆邸别树一帜。故政出多门，互相掣肘。上述皇族内部各派多权利之争，主要不是政见分歧。载沣无力统一或驾驭各派，多采取退让之策，只在万不得已时方与之争。

这之中，隆裕与众不同，她在宣统朝是“兼祧母后”，尊为皇太后。依慈禧懿旨监国摄政王代掌国政时，遇有大事须请示皇太后。摄政王在她面前须称臣。隆裕的才智与其姑母慈禧不能相比，却总想仿效慈禧进行“听政”“训政”。因摄政王监国之制与其想象不合，权力欲未能满足，即往往与载沣为难。其人既庸碌无识，又不甘寂寞，常无端干涉朝政。

隆裕无才，又要干政，必受制于人。众所周知，太监张兰德绰号小德张，是隆裕的心腹，经常为之出谋划策。

张兰德河北人，先后在慈禧、隆裕宫中当太监，由小太监一年年爬上大总管地位，属上层太监。人虽残缺不整，生活之豪华却不亚于帝王主子。又狗仗人势，媚上压下，有些朝廷官员对其亦有所求。光宣两朝，大总管每月公开列出名目的是饭银一百两。吃山珍海味，穿绸缎狐裘，由太监多人侍候，滥施淫威。张兰德作为隆裕的大总管，和隆裕吃一个灶，每餐和隆裕一样，菜四十品。役使太监二十七人，生活奢侈有余。在原籍静海县置地十余顷，在南苑置地数十顷。在天津英租界置楼房十二座，模仿故宫御花园养性斋的样式，在北京永康胡同建筑一所宏伟的大宅第。另外，在北京前门外鲜鱼口、北沟沿开设永庆、永存两个当铺，资金达十万多两；与人合伙在北京大栅栏开设祥益绸缎庄，资金总共二十万两，他占十四万两。还在天津开设粮店及其他大小买卖。“据当时的估计，他约有二千万元的财产”。他有四个老婆，过继的儿子也娶三房女人。

大太监掌握一般太监的升迁、调补和责罚的特权。小德张对普通太监非常狠毒，责打致残、致死，毫不在乎。为了逢迎主子欢心，挑选四、五十名小太监学戏，这些小太监时常被打得皮青肉紫，直至腰断骨折。“首领太监一天到晚，除了在主子面前献殷勤，讨主子的欢心，是没有什么具体的事做的。闲下来的时候，戏弄哈巴狗儿，找下边人陪着他们玩骨牌、说笑话；再不，就是琢磨怎样同别人争宠，耍弄别人；计算买房子买地，开买卖赚钱；同当朝的文武大员怎样勾打连环，舞权弄势；或者无缘由地责打手下人取乐。”

小德张利用隆裕的大太监地位之便，交结王公大臣，互相利用。他与张勋是换帖兄弟，和西北马福祥是把兄弟，和袁世凯更不一般。与袁的一位姓李的管家换了兰谱，李从事张袁间的联络，袁逼宫即利用这一线索。与袁的儿子是换谱兄弟。抱着“广交结，多受益”的宗旨，各省大员到京觐见，只要对他有表示就帮忙。回过头来，他又以见多识广，社会联系广泛而挟制隆裕。

隆裕对小德张言听计从。生活方面，隆裕也要听小德张摆布。他说：“太后应忌生冷”，隆裕便不吃生冷；他说：“太后得多遛一遛”，隆裕外出便不敢坐轿，有时累得满头大汗；他说：“太后宜少食”，隆裕便不敢吃饱；他让太后多吃，隆裕不饿也勉强加餐。他说买什么，就买什么；说建什么，就建什么。“水晶宫殿”便是他怂恿隆裕修的，他从这项工程中发了一笔大财。

隆裕性本节俭。尊为太后之后，追求排场、豪华。宣统三年，听信小德张主意，命度支部拨巨款，在皇宫大内御花园东兴修水殿，“四围浚池，引玉泉山水环绕之，殿上窗棂承尘金铺，无不嵌以玻璃”。隆裕自题匾额曰“灵沼轩”，俗称水晶宫，作为新的娱乐场所。时值“国服”期间，依清代制度，不得兴修宫殿；又正兴建海陆新军，用费颇巨，国库已不胜负担，“水晶宫”之建尤为不当。隆裕心无大局，载沣虽反对，不敢多言，只得听之任之。

宣统二年（1910）七月十三日，载沣委任协办大学士徐世昌、贝勒毓朗为军机大臣。隆裕迫令载沣撤此二人军机大臣职。载沣为人本极谦和，在太后面前更要让步几分，婉言请稍从缓，隆裕仍以言语相逼。载沣只得申明职责所系，“以太后不应干预用人行政之权为对”，才得以维持原议。“其对载沣无理取闹，颇多类此。”

辛亥革命起，袁世凯重新出山，阴谋夺取最高统治权。利用小德张为内线，左右隆裕。袁氏主持内阁，以监国摄政王为障碍，欲去之。小德张引袁见太后，并备膳，“袁脱手万金”。“小德张大喜过望”，以为事成“富贵何可限量”，故劝太后采纳袁世凯意见，“撤监国而复训政”。隆裕以为只是把政权从载沣手中移到袁世凯手中而已，于是依袁世凯要求，撤了监国摄政王。载沣立即退回醇王府。

袁世凯逼隆裕宣布皇帝退位、拥护共和时，小德张随时观测隆裕动态，威胁利诱。说袁世凯如何忠心，各省独立，军饷无着，若不同意民军要求实行共和，太后性命难保；倘让位，则有优待，可安居宫闱长享尊荣富贵等等。隆裕根本不懂什么是共和，什么是君主立宪，只想保命、保优待条件。她亲手签署了宣统的退位诏书，让袁世凯组织临时政府，却等着袁世凯们向她请示工作。有人告诉她，不会有人奏报请旨了，她才知大势已去，不胜哀伤。由此可知，她连保留皇帝尊号是什么意思也不明白。而此时载沣谨言慎行，静候尘埃落定。

内有糊涂太后，外有狡诈的袁世凯，载沣很伤脑筋。从载沣上台一天起，就面对着一个对清朝构成严重威胁的袁世凯。在光绪末年，袁世凯身为军机大臣、外务部尚书，对戊戌出卖光绪帝的那段历史的严重后果有所考虑，曾想取得外国支持，巩固自己的地位。光绪病重，他也曾在嗣君问题上想过办法。慈禧临终安排皇位继承人时，没找他商量，而且有意避开他和庆亲王、军机大臣奕劻，密召另外两位军机大臣世续和张之洞入内，才得以议定立溥仪为嗣帝，载沣为监国摄政王。“袁世凯不预定策之功，自知失势，伪称足疾，两人扶掖入朝。”但袁世凯毕竟是有军事实力的人物。通过编练新军，他掌握了北洋六镇新军，这是他最重要的资本，也是他政治野心的基础和支柱。袁世凯不仅掌握军权，而且插手交通、商务、矿务、金融、外交等部门，并控

制了直隶、山东、河南、苏北等地盘。在他经营的这些领域里，以他为中心，结合了一批文武官员，形成清末统治阶级中最强有力的派系——北洋集团。而且所据位置重要，近畿陆军将领及几省督抚，均为袁所提拔，或与袁勾结甚密。其动态对清廷影响非同寻常。袁是汉官，但在满洲贵族中有靠山。这个靠山便是庆亲王奕劻。

奕劻（1838～1917）乾隆帝第十七子永璘孙，属皇室远支，但光绪三十四年（1908）十一月，以亲王世袭罔替，成了清朝获得世袭罔替封号的少数亲王之一，为同治以来皇室远支所独有，享有特殊的恩宠。他在相当长的时间里负责对外事务，在同洋人议和中保全过慈禧，因而有"功"。光绪二十九年（1903）入值军机处，继荣禄后成为最有实权的领班军机大臣。三十三年（1907）兼管陆军部事务。此人昏庸无道，是有名的大贪官。袁世凯因得罪光绪帝，"乃结庆亲王奕劻为奥援，排斥异己，偏树私人，包藏祸心，觊觎非望"，与其长子载振"结拜弟兄"，并投其所好，"拿金钱喂饱"他，而他也就"完全听袁支配"，实际朝政"皆袁世凯言之，奕劻行之"。此二人勾结，政权、军权在握，不可一世。朝廷内外以得罪庆邸、项城为惧，"如得罪二公，恐不可收拾。"

袁世凯的野心不断发展，在清廷"预备立宪"中，相当活跃和积极。他建议派王公大臣出国考察政治，并筹集款项予以资助。端方出国前，多次到天津与袁筹商；回国后，先与袁商量，决定促朝廷宣布立宪和设立责任内阁。"总之，袁则非立宪不可，曾言'官可不做，宪法不能不立'。"这当然不是袁世凯对西方立宪政治真正热心，而是想通过立宪夺取清廷大权。

即使慈禧不死，袁世凯亦已构成了对清朝统治的巨大威胁。早在他编练新军，扩编北洋六镇，掌握重要兵柄时，慈禧就注意到他，而于光绪三十三年（1907）用明升暗降办法，将其调中央任军机大臣，慈禧"心焉忌之"，"名为优礼，实为监视，同时即夺其兵"。慈禧立宣统帝，事先不让袁世凯与闻，与此也不无关系。载沣完全了解袁世凯的情况，"他感到，即使没有光绪帝往日仇恨，自己这个监国摄政亦必大权旁落，徒拥虚名。"

关于载沣摄政后谋划去袁的原因，另有一些传说。如：说光绪临危时，拉着载沣的手，叫他杀袁世凯；又说光绪去世后，隆裕在他的砚台盒内，发现有光绪亲用朱笔写的"必杀袁世凯"手谕，即交给载沣处理。是否有其事，目前尚不能证实。连载涛也没听载沣讲过。

不论如何，载沣降谕罢免袁世凯势在必行。肃亲王善耆、镇国公载泽向载沣进言，促其早除祸患。载沣用蓝笔（大丧百日之内不动朱笔）写好谕旨，拟将袁世凯革职拿交法部治罪。但给奕劻看后，奕劻说："此事关系重大，请王爷再加审度。"他与张之洞商量，张之洞则说："主少国疑，不可轻于诛戮大臣。"因谕旨须军机大臣副署，既然军机大臣有异议，载沣只得另拟谕旨，最后改成："开缺回籍养疴"。于光绪三十四年（1908）十二月十一日，以袁世凯"现患足疾，步履维艰，难胜职任"为名，谕令："着即开缺，回籍养疴，以示体恤之圣意。"

袁世凯虽去职，回河南彰德洹上村，戴笠垂钓，形似清闲，但仍伺机而动，并通过他的朝中党羽，暗中操纵朝政。为时不到三年，借辛亥革命后清廷危难之机卷土重来，逼皇室交权给他。故人们责怪载沣手软，"纵虎归山，养痈成患"。

袁世凯开缺，朝中的奕劻既不能轻易免职，又不堪信任。载沣根据其兄弟、孙儿们的建议，把奕劻亲信之军机大臣、陆军部尚书铁良开缺，派为江宁将军。然而，奕劻的能量仍很大，宣统元年任军机大臣的那桐、次年任军机大臣的徐世昌，均与奕劻瀣一气。奕劻与那桐都是大贪官，故有"庆那公司"之称。后奕劻出任皇族内阁总理大臣，徐、那为协理大臣，操用人行政大权。用他们手中的权力，继续安插袁世凯之人。所以，袁世凯、奕劻一派，始终是宣统朝内部的隐患。辛亥革命爆发后，他们乘机采取攻势，载沣就向他们投降了。

至于载沣的同曾祖大哥载泽、同胞兄弟载涛和载洵，及乾隆后代孙儿辈毓朗等，在与袁世凯、奕劻一派的斗争中，因有共同利益，故一致维护清室权力，帮助载沣。载沣对他们也比较信任、忍让。载泽大哥有经验，经常给他出主意。他命大哥掌度支部、管财政，也比较放手。载泽与盛宣怀主持商办铁路干线国有，载沣支持。他的两位亲兄弟，依仗母亲——老醇亲王福晋之势，"肆意要求，监国不能制也。""从中总机关尚在八姑奶奶"（载沣福晋瓜尔佳氏），"两介弟结好于八姑，而能使其乃兄之言听计从。"载洵要管海军，载涛要管军谘府，都如愿以偿，载沣亦视之为膀臂。

皇太极第十代后裔肃亲王善耆略有不同，宣统元年任民政部尚书，并与毓朗、载泽、载洵、载涛等主持建军，参与军民两政。他对奕劻的腐败固然不肯同流，与袁世凯不共戴天，对载涛一派也貌合神离，因而独树一帜，与立宪派、革命党联系较多，对立宪主张表示热心。载沣不愿立宪，恐立宪后由内阁对国会负责，架空皇帝。宣统三年（1911），各省谘议局代表孙洪伊等联合提请提前立宪，载沣震怒，各衙门大员对孙等避不敢见，而善耆却在民政部大堂迎见各代表，谈话中流露出他对立宪赞成之意。善耆并不赞成革命，但对革命党宽容，以缓和关系。汪精卫、黄复生图谋炸载沣被捕入狱，善耆为使之免死，得优遇和释放，均甚出力。同盟会员白逾桓与景定成所办《国风日报》，鼓吹革命，揭露清政府官吏丑恶，未被查封，因京师巡警厅属民政部管，不经善耆同意，不敢封闭报馆。载沣有察觉，虽令其参与建军，而不给予军权。宣统三年，又免其民政部大臣职。

还有一位恭亲王奕䜣的孙子溥伟，袭恭亲王爵，为溥字辈年长者，在内廷行走，人亦精明能干。庚子废大阿哥溥儁时，即有继统之望。光绪病重，溥伟跃跃欲试，以为自己最有希望继承皇位，在宫内一夜未出，等候立嗣消息。慈禧决定立三岁的溥仪，由载沣摄政。她知道溥伟有能力，故当载沣“叩头力辞”时，责骂之余，又提醒说：如果觉得力不胜任“溥伟最亲，可引以为助。”溥伟闻之很高兴。但遗诏中未写此事，溥伟为此大骂张之洞等军机大臣，要求修改遗诏。后又搅闹内务府工作。载沣有些恐慌，与奕劻入见隆裕。随后，以隆裕懿旨，严肃宫禁，除值班外，任何人不得在内住宿；又以宣统帝谕旨，令监国摄政王“代朕主持国政”，“自朕以下，均应恪遵遗命，一体服从，懿亲宗族，尤应懔守国法，矜式群僚。嗣后王公百官，倘有观望玩违及越礼犯分，变更典章，淆乱国是各情事，定即治以国法，断不能优容姑息。”这两道命令都是针对溥伟的。对溥伟，载沣不予重任，只派为禁烟大臣。

总之，载沣在派系斗争中，心中有数，但措施欠果断；内外有别，对皇族亲贵容忍多于限制，军政中枢机关尽力安插；去袁决心虽大，但办法和力量不足；对袁的同谋及内线奕劻，明知其拉帮结伙，图谋不轨，一直不敢触动，也无力解决，甚至御史奏报，不但不予鼓励，反而呵斥其不实，掩耳盗铃，姑息养奸。

立宪运动

20世纪初，随着清政府推行“新政”，资产阶级爱国运动和革命运动的兴起，民族资产阶级上层的政治代表也积极行动起来，重新议论起开国会、立宪法的问题。他们认为要发展资本主义，就必须改良封建专制主义的政治组织，开国会，立宪法，实行君主立宪。只有这样，才能使本阶层参加政权，以保障自身的经济利益；才能缓和阶级矛盾，消弭革命；才能抵御外侮，争得资本主义发展的有利条件。用他们自己的话来说，就是只有这样才能“安上全下”。因此，要求清王朝实行君主立宪制度，就成了这一时期改良派的政治纲领及其活动的中心内容，故改良派也被称立宪派。为此，他们开展了一场延续八九年之久的立宪运动。由于活动地区的不同，立宪派又分为海外和国内两个部分。海外以康有为、梁启超为代表。戊戌变法失败，他们受清政府通缉，成为“国事要犯”，在国内无立足之地，逃往国外，在华侨中建立保皇会，宣传保皇、立宪，反对革命，在国内外有相当的影响。这部分人也被称为保皇派。国内立宪派以较大的商办企业主、商办路、矿公司的主持人以及与他们在政治上、经济上有联系的知名人士为代表，如大生沙厂和通海垦牧公司的主办人张謇、浙江铁路公司总理汤寿潜、湖北铁路协会首脑汤化龙、倡首湖南“铁路股东会”的谭延闿等，都是立宪派里声名显赫的人物。同身居国外的立宪派比较起来，他们有较强的政治、经济实力，是国内立宪运动的发起者和组织者。

立宪运动的酝酿，起于光绪二十九年（1903）。这一年，广西会党举起了反清义旗，同时又先后发生了“拒俄”“拒法”运动和《苏报》案事件，资产阶级领导的民主革命运动也得到迅速的发展。在此形势下，“而立宪之说以起”。接着，日俄战争和光绪三十一年（1905）的俄国革命，又给立宪派的要求提供了最新的例证。从此“立宪之声，洋洋遍全国矣”。在立宪派的鼓动下，一部分汉族官僚出于同满洲贵族争夺权力的目的，也先后向清廷奏请立宪；他们并不属于立宪派，但其活动却壮大了立宪运动的声势。从此，立宪运动也就从酝酿逐渐进入实行的阶段。

光绪三十二年七月（1906 年 9 月），清政府正式宣布“预备立宪”。对此，立宪派欢欣若狂，认为多年来倡导的宪政终于有了实现的征兆。为了准备参与政权，立宪派在各地相继建立起了自己的团体。在国外，康有为于三十三年二月（1907 年 3 月）改保皇会为国民宪政会；九月（10 月），梁启超在日本东京成立政闻社。在国内，有江浙地区的预备立宪公会、湖北的宪政筹备会、湖南的宪政公会、广东的自治会等。这些团体的共同目标，就是要求清政府召开具有制定法律、监督政府职权的国会，建立有实权的责任内阁。可是，通过清政府的官制改革，他们很快发现，清廷并无立宪的诚意，只不过是“假立宪之名，以行专制之实”。于是为了迫使清政府实行真立宪，立宪派联合起来，采取“匍匐都门，积诚罄哀”的方式，举行了轮番的国会请愿，从而把立宪运动推向了高潮。

首先提出国会请愿问题的是宪政讲习所的实际主持人杨度。光绪三十三年（1907）秋，宪政讲习所的主要成员领衔给清廷上了第一份要求速开国会的请愿书。三十四年（1908），全国各省的立宪派陆续派代表入京请愿；一些留学生、海外华侨以至清廷的驻外使节、官僚也纷纷电请或奏请开国会。一时全国上下，形成了一股要求速开国会的高潮。对此清政府一方面以查禁政闻社的严厉措施，压制立宪派的请愿；另一方面则继续玩弄骗术，宣布定期九年召集国会，公布了《钦定宪法大纲》和“九年筹备清单”。此后各省立宪派都投入筹开咨议局的活动，请愿运动遂暂告沉寂。宣统元年九月（1909 年 10 月），各省咨议局同时开幕，立宪派取得了合法活动的讲坛。于是他们决定以咨议局为阵地，再度发起国会请愿。同年底，江苏咨议局议长张謇召集十六省咨议局代表在上海开会，决定组成赴京请愿代表团。宣统元年十二月六日（1910 年 1 月 16 日），“请愿国会代表团”33 人向都察院呈递请愿书，要求一年内即开国会。清政府以“筹备即未完全，国民知识程度又未画一”为理由，拒绝了提前召开国会的要求。第一次请愿失败后，请愿代表团遵照“诚不已，则请亦不已”的方针，立即部署第二次请愿。他们在北京组织国会请愿同志会；在各省召开大会、募集捐款、征集签名，推选入京代表。据说各省参加签名请愿的竟达 30 万人之多。在此基础上，宣统二年五月十日（1912年6月16日），请愿代表以全国各种社会团体名义向都察院递了10份请愿书，结果又遭到拒绝，清廷并警告立宪派“毋得再行渎请”。第二次请愿失败，立宪派“决为第三次准备，誓死不懈”。七月（8月），各省咨议局联合会在北京召开，决议向即将开会的资政院提出要求速开国会的提案。八月（9月），资政院开会后，立宪派正式发动第三次请愿。在立宪派的敦请下，资政院通过请求速开国会的提案；各省督抚也联电军机处，提出速开国会和责任内阁的要求。在各方面压力下，清政府被迫允许缩短“预备立宪”的期限，将9年改为5年，在国会召开前两年先成立新内阁，同时下令遣散各地请愿代表。这时，以张謇为代表的江、浙上层分子决定奉命停止请愿，其他各省仍然要求再缩短预备期限，但步调已不一致，无法组织起统一的行动。十一月（12月），奉天省第四次请愿代表启程赴京，天津学界群起响应。清政府感到形势紧迫，即下令将正在北京活动的东三省请愿代表押送回籍，接着又下达镇压学生请愿运动的命令，并将天津学界请愿运动的组织者温世霖遣戍新疆。至此各省立宪派代表纷纷失望而去，各地请愿活动被迫停止。

保路运动

清宣统三年（1911），湖南、湖北、广东、四川人民掀起一场声势浩大的反对清政府向帝国主义出卖路权的爱国运动。

保路运动

在收回利权运动中，粤汉、川汉铁路已收回商办，铁路所经省份绅商以至人民群众已经筹集相当数量的股金，有的路段且正在修筑。但帝国主义不甘心失去对中国铁路的控制权，千方百计要夺回已归商办的铁路，其主要方式就是迫使清政府借债筑路。而清王朝为解决严重的财政危机，以图苟延残喘，也只有以路作抵，举借外债。光绪三十四年（1908），英、德即分别要挟张之洞签订粤汉、川汉铁路的借款合同。次年英国汇丰银行、德国德华银行、法国东方汇理银行组成三国银行团，与张之洞签订湖广铁路借款草合同。美国不甘落后，一方面与英、德交涉，一方面对清政府施加压力，要求参与借款；英、德在相互对抗中，都想争取美国的支持，于是经过多次谈判，三国银行团变成四国银行团，并于宣统二年四月十五日（1910年5月23日）与清政府订立协定，规定清政府向四国银行团借款六百万英镑，修筑粤汉、川汉铁路。宣统三年三月（1911年4月），清邮传部尚书盛宣怀与四国公使议定了借款合同细节，俟各该国政府批准后正式签字。但要批准这个出卖路权的合同，清廷必先将商办铁路收归官办。于是清政府在四月十一日，（5月9日），即皇族内阁成立次日，正式下达铁道干路国有的“上谕”，规定“干路均归国有，定为政策。所有宣统三年以前，各省分设公司，集股商办之干路，延误已久，应即由国家收回，赶紧兴筑”。二十四日（5月22日），盛宣怀与四国银行团正式签订《湖北湖南两省境内粤汉铁路、湖北省境内川汉铁路借款合同》，首先劫夺了粤汉、川汉两大干线。清政府所谓“官办”即是官卖，“国有”实为帝国主义所有的真面目暴露在全国人民面前，因而激起了人民的极大愤怒和反抗。

首先起来反抗的是湖南人民。“铁路国有”的消息传到长沙，湖南商办铁路公司即致电军机处、外务部、度支部、邮传部，表示湘路“力能完全自办，毋庸另借外债”。此后，长沙各界连日集会，一致反对“铁路国有”政策，要求湘抚杨文鼎代奏，望清政府收回成命，否则将“全力抵抗”。湖北咨议局紧接湖南之后，召开了有数千人参加的大会，与会者纷纷演说路权丢失之利害关系，“大呼救国”。革命党人詹大悲主编的《大江报》发表以《大乱者，救中国之妙药也》为题的“时评”，揭露清政府的卖国罪行，鼓吹革命。湖北境内数万名川汉铁路工人也群起响应保路斗争。在广东，粤汉铁路公司于五月十日（6月6日）召开有千余人参加的股东大会，议决“万众一心力争商办”，在公司内设立争路机关部，致电邮传部要求“撤销国有令，以昭大信”。为抗议广东地方当局的阻挠破坏，市民采取拒用官发纸币挤兑现银的办法，以示抗议。海外华商会馆致函粤路公司，声明“粤路国有，誓死不从”，“政府虽欲卖国，我粤人断不能卖国”。

争路斗争最为激烈，规模也最大的是四川。起初立宪派绅商还试图通过护理四川总督王人文奏请清廷收回铁路“国有”成命，但清廷不仅置若罔闻，反而于五月五日（6月1日）由邮传部尚书盛宣怀和督办粤汉、川汉铁路大臣端方联衔致电王人文，声称川汉铁路公司已用之款和现存之款，一律换发国家铁路股票，拟不退回现款，若川省表示异议则“必复借外债，必以川省财产作抵”。这不仅是剥夺商办铁路的权利，甚至连商办公司的股金也要加以吞并，因而深深地激怒了四川广大人民。五月二十一日（6月17日），川汉铁路股东代表1000余人集会成都，决定组织四川保路同志会，推举立宪派蒲殿俊、罗纶为正副会长，确立以“破约保路”为根本宗旨，并派员分赴各州县进行宣传鼓动，发起成立保路同志分会。此后四川保路运动便蓬勃地发展起来。

当时全川142州县的工人、农民、学生和市民纷纷投身于运动之中。不到半月，保路同志会会员已逾10万人，及至夏秋间，保路同志会已遍布全川。立宪派力图将斗争局限在集会请愿的“文明争路”范围内，规定了诸如“防止暴动”“不可自由行动”“不应怨望朝廷”“不必集矢外人”等种种清规戒律。但是，在同盟会影响下，群众的广泛斗争很快冲破了这些禁令，不断将运动推向深入。闰六月（8月），对保路运动持同情态度的王人文被清廷革职，素有刽子手之称的赵尔丰接任四川总督。他不顾四川人民的强烈反对，刚一上任即强行收回川汉铁路宜（昌）万（县）段路权。消息传开，群众异常激愤。七月一日（8月24日），保路同志会在成都举行大会，通过全城罢市罢课的决定。传单一出，成都万众一心，百业停顿；接着，南自邛雅，西迄绵州，北近顺庆，东抵荣隆，千里内外，府县乡镇，一律闭户，风潮所播，势及全川。与此同时，捣毁经证局、自治局、巡警分署、外国教堂等事件也接连发生。初九（9月1日），四川人民开始宣布不纳正粮、不纳捐税、不负担外债。在铁路公司股东大会上，有人发出《川人自保商榷书》，提出川人“共同自保”，“共挽时局之危”的口号。在清廷一再严责下，赵尔丰以《川人自保商榷书》中有“隐含独立”的思想，乃于七月十五日（9月7日）将蒲殿俊、罗纶等人诱捕。两天后又查封了保路同志会、铁路公司、铁路学堂和鼓吹保路的报刊。赵尔丰的蛮横手段，激起了成都人民的强烈反对。就在蒲、罗等人被捕的同一天，数万群众有的头顶光绪牌位，有的手握香炷，潮水般涌向总督衙署，要求放人。面对手无寸铁的人民群众，赵尔丰竟然命令卫队开枪扫射，当场打死群众30余人，伤者不计其数，制造了著名的“成都惨案”。为了向全川人民揭露清朝的残暴行径，号召人民起义，同盟会员龙鸣剑等裁制数百木片，上书：“赵尔丰先捕蒲、罗，后剿四川，各地同志速起自救自保。”然后在木板上涂以桐油，制成“水电报”置入锦江。水电报乘秋潮顺流，不一日几传遍川西南。各地群众闻警，旋即纷纷揭竿而起。

本来保路运动兴起后，革命党人即积极投入运动，并乘机加速革命在四川的发展。六月十日（7月5日），同盟会员龙鸣剑等邀哥老会各路首领在资州罗泉井召开秘密会议，决定组织武装起义，改同志会为同志军。“水电报”传警之后，各地同志军相继响应，只有几天，逼近成都周围的起义军已达一二十万之众。赵尔丰惊慌失措，连电中央求救；清廷急调鄂、湘、陕、黔、滇、粤六省军队援川，命端方率鄂军迅速兼程西上，加派两广总督岑春煊会同赵尔丰“剿抚兼施”。但是已成燎原之势的烈火，再也无法扑灭了。同志军围攻成都十余日，因装备不足，缺乏统一的组织，最后决定从成都撤围，转而分兵攻略各州县。八月五日（9月26日），哥老会著名首领侯宝斋率南路同志军自成都回师，与反正倒戈的新军周鸿勋部在新津会合，在这里坚持战斗半个多月，抗击和牵制了四川清军主力，推动了全川革命形势的发展。哥老会首领、同盟会员秦载赓统帅的东路军从成都转向华阳中和场一带，有众20余万，与新津遥相呼应。除这两支主力同志军外，整个四川几乎处处有同志军起义。从而汇成了推翻清廷在四川统治的巨流，其中同盟会员吴玉章在荣县宣布独立，成为全川独立的先导。

吴玉章（1878~1966），原名永珊，字树人，四川荣县人。光绪二十九年（1903）赴日留学，先后参加拒俄义勇队、同盟会和共进会，创办《四川》杂志。当荣县同志军向成都进军时，吴玉章在荣县发动群众，训练民团，筹集粮饷，为夺取荣县政权打下了基础。当同盟会员四川东路民军副统领王天杰从成都转战返回荣县后，吴玉章不失时机地提出了推翻旧政权的建议。八月四日（9月25日），王天杰召集各界开会，吴玉章发表演说，宣告荣县独立，是为革命派在全国建立的第一个县级政权。此后各州县纷纷效法，从而促进了全省的光复。保路运动最终导致了武装推翻清王朝的革命运动。

保路运动揭露了清政府媚外卖国的罪行，有力地推动了革命运动的发展；鄂军入川，削弱了湖北的兵力，有利于革命党人在武昌举义，促成了辛亥革命高潮的到来。

武昌起义

义和团运动失败后，国内外矛盾进一步激化。遍及全国的各族人民反抗斗争，以孙中山为首的革命党人连绵不断的反清起义，动摇了清朝的统治基础。宣统三年，“皇族内阁”的建立和铁路国有政策的宣布，使清朝政府在全国人民面前彻底孤立。这年春，广州黄花岗起义及其失败，既鼓舞了革命党人，又坚定了两湖志士在长江中游地区发难的信念。接着，广东、湖南、湖北、四川相继爆发的保路风潮，为党人在武昌举义提供了有利条件。

武汉地处长江中游，向称“九省通衢”，是政治、经济、文化、军事重镇。自咸丰十一年春汉口开埠后，帝国主义列强陆续侵入湖北及武汉地区。20世纪初，帝国主义在武汉设立的各种企业多达180余家，贸易额仅次于上海，居全国第二。19世纪末20世纪初，张之洞督鄂，大兴“洋务新政”，先后创办汉阳兵工厂，汉冶萍钢铁公司，纱麻布丝四局及造纸、制革等十余厂。为培养“洋务人才”，他大力兴办近代教育，光绪三十四年（1908），湖北新式学堂已达1972所，在校生72634人；湖北出国留学生远赴欧、美、日本，仅在日本一地最多时即达1000多人。同时，张之洞还编练一镇

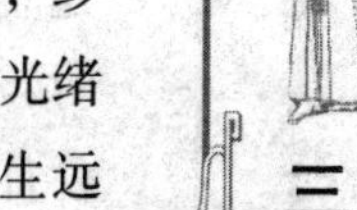

(师)又一混成协(旅)新军,吸收大量小知识分子入伍。

在帝国主义侵略和"洋务新政"刺激下,湖北民族工商业也得到较快发展。从光绪二十八年至宣统二年(1902~1910),武汉设立纺织、水电、面粉、火柴、机器等民办企业二十四家,成为仅次于上海的中国近代第二大工商业中心。湖北革命党人在此优越物质基础上,进行了艰苦踏实、深入持久的革命准备。从光绪二十九年(1903)开始,一批批革命小知识分子纷纷投笔从戎,以普通士兵身份,在新军中宣传革命,发展组织。宣传方面,他们自办印刷所、图书室、学校、书报社等,翻印传播《革命军》《猛回头》等革命书籍,促使新军士兵迅速革命化。组织方面,他们以顽强不屈精神,坚持不懈地开展工作。

光绪三十年五月二十日(1904年7月3日),湖北党人在武昌建立革命组织科学补习所;不久因华兴会长沙起义失败,科学补习所受株连,无形瓦解。接着,党人刘静庵、曹亚伯利用美国基督教中华圣公会武昌分会所附设阅报室日知会,进行革命活动,三十二年(1906),建立正式组织亦称日知会,尔后即为同盟会湖北分会。日知会遭破坏后,革命党人以新军为基地,又相继建立军队同盟会、群治学社、振武学社。振武工作进展顺利,成员很快发展至千人。其活动为第21混成协协统黎元洪侦知,但为避免事态扩大,他仅将其领导人杨王鹏、李六如开除出营了事。后蒋翊武代为主持社务,且决定暂停活动,静观待变,宣统二年底,在各标营党人催促下,蒋翊武约集部分党人在阅马场集贤酒楼集会,考虑到"振武"二字易引起清廷注目,遂将团体名称更名为文学社。宣统三年正月初一(1911年1月30日),各标代表在黄鹤楼畔之风度楼举行会议,宣告文学社成立,推蒋翊武为社长、詹大悲为文书部长、刘复基为评议部长。会后,文学社组织得到迅速发展。

与文学社同时在武汉开展革命活动的另一较大组织是共进会。光绪三十三年七月(1907年8月),为促进长江流域各省起义活动,湖北、四川、湖南、江西、浙江、广西、云南、安徽等省部分同盟会员,在日本东京集会,决定成立共进会;四川人张百祥、江西人邓文翚、湖北人刘公先后任会长,湖南人焦达峰、湖北人孙武分任各部负责人。次年秋,共进会主要成员分别从日本回归本省活动;孙武等人即在汉口设立共进会机关部,在湖北会党中积极吸收会员。但会党散漫难治,行动不易统一,因此,湖北共进会联络重点亦很快转向新军。到宣统三年(1911)夏秋间,武汉新军参加文学社者达两三千人,参加共进会者亦达1500多人。这两个组织均在新军队(连)一级建立基层组织,一旦举义,各级党人代表即为各级指挥官,具有较完备指挥系统。同时,他们在学生、会党和其他社会阶层,也争取到大量革命者和同情者。起义主观条件日趋成熟。

随着革命形势发展,文学社、共进会领导人及广大成员普遍感到应当而且必须联

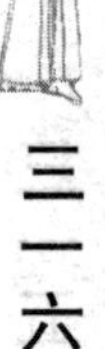

合，认为“合则力量聚而大，分则力量散而小”。起初只是少数人私下交换意见，继而正式开会商讨，但因双方互争雄长，未能达成具体协议。这时历经一年酝酿，同盟会中部总会于宣统三年闰六月初六（1911 年 7 月 31 日）在上海成立。在中部总会促进下，双方于八月初三（9 月 24 日）召开联合大会，成立起义临时总指挥部，推蒋翊武为总指挥，孙武为参谋长，刘公为总理部总理；下设军务、参议、内务、外交、理财、调查、交通六个部；确定以刘公、孙武等 20 人为政治筹备员，设政治筹备处于汉口长清里 98 号（后迁至俄租界宝善里 14 号），以蒋翊武、刘复基等为军务筹备员，设军事指挥部于武昌小朝街 85 号；决定于中秋节（后延至八月二十日）起义。

会后，指挥部在对新军各标、营、队党人进行具体部署同时，分别派人到上海迎接同盟会领导人前来主持大计，并联络邻省响应。不料八月十八日（10 月 9 日）发生意外事件。这天，孙武在汉口俄租界宝善里秘密机关配置炸弹，失慎爆炸，受伤入院。沙俄巡捕闻声赶来，将革命文告、名册符号、旗帜全部搜去，并转交清朝官府。湖广总督瑞徵下令紧闭城门，按名册搜捕党人。是日上午，随新军移防岳州的蒋翊武刚好赶回武昌，与刘复基、王宪章、彭楚藩等在武昌小朝街总指挥部召集各标营代表会议，根据黄兴关于各省准备工作尚未完成，起义日期宜于推迟的意见，代表们同意将起义日期展延至九月底，与 10 余省同时并举。下午散会后，蒋、刘留下续议。这时，邓玉麟等来报宝善里出事消息，并转达孙武入院后希望立即起义意见。处于危急关头的革命者感到“与其坐而被捕，不如及时起义”，以图“死中求生”。蒋翊武等遂决定当晚 12 时以南湖炮队鸣炮为号，城内外同时起事；起义部队以左臂系白布为标志，分别按计划行动。

命令拟定后，总部即派同志向各标营传递。晚十时，城内各营通知完毕，邓玉麟遂偕徐万年等各持炸弹一个，拟出文昌门至炮队八标，不料城门戒严，清军搜缉甚紧，待辗转抵达南湖，夜 12 时已过。南湖炮声未响，各标营不敢贸然行动。在此期间，党人杨宏胜再运炸弹至工程营时，被清军警追踪；杨掷弹受伤被执。临近夜 12 时，清军警突入小朝街 85 号革命机关部，逮捕刘复基、彭楚潘等人；蒋翊武因是乡村学究打扮，未引起军警注意，乘隙逃脱。是夜清军在武昌贼内大事搜捕查抄，党人被捕者达 40 余人。各机关部成员连夜遁走避匿，指挥中枢陷于瓦解。清总督瑞徵立命组织军法会审。彭楚藩、刘复基、杨宏胜等临危不惧，视死如归，于八月十九日（10 月 10 日）凌晨五时相继英勇就义。三烈士死难噩耗传出，全城震动。而当日上午清方继续搜捕革命党人，各处机关相继被抄，被捕人数不断增加。革命士兵即迫于激愤，又断绝退路，决心拼死一战。

十九日（10 日）夜七时许，驻扎武昌城外西北塘角的混成协辎重队、工程队和炮队首先举火起义，向城内进发。接着，驻守在武昌中和门内、紫阳湖旁的第八镇工程第八营的革命士兵也打响了首义的枪声。该营党人总代表熊秉坤于十九日白天仍按总部计划在本营作了布置，并与其他标营党人相约同时发难。晚八时半，工八营第二排排长陶启胜带护兵巡棚查哨，见金兆龙、程正瀛等正持枪而待，即指为图谋不轨，且命护兵将金逮捕。金则大呼："众同志再不动手更待何时！"程正瀛当即举枪猛击陶首，陶负痛急逃，程继开一枪将其击伤。全营士兵听到枪声，立即持枪出棚，并击毙前来镇压的代理管带阮荣发、队官黄坤荣、司务长张文涛。熊秉坤鸣笛集合，率队直扑楚望台军械库。此时守库革命士兵也开始行动。听到枪声，驻库监守纪堪颐、李克果等即集合士兵，分发子弹，命令抵御。守库工八营士兵领到子弹后，却鸣枪起义；李克果等官佐越墙逃走。熊秉坤率队到来，双方会合，胜利占领楚望台，从而保证了起义部队的弹药供应。

接着，蔡济民率29标起义士兵、吴醒汉、徐达明率32标起义士兵、方兴、李翊东率测绘学堂学兵也相继来到楚望台。南湖炮八标对起义早有准备，当城内响起枪声后，党人徐万年、王鹤年、蔡汉卿等即一跃而起，燃炮响应，旋拖炮十余尊向中和门进发，在长虹桥击溃清军伏击，并与城内派来迎接的金兆龙部、绕城而来的第21混成协辎重、工程两队起义者汇合，一同进达楚望台。当时驻扎武昌城内外清军总兵力约20个营，计9000人。各标营陆续参加起义者达3000人，集中在城东南角，占据有利地形，且有充足弹械。清方虽名义上仍控制5000兵力，但不少人同情革命且分散各处，已丧失战斗力，实际能调动者仅有守卫督署和第八镇司令部的2000余人。因此，革命军要夺取武昌，必须全力攻占居于城西南角的督署和第八镇司令部。

起义士兵多数齐集楚望台，熊秉坤由于级别较低，已无力实施指挥。正当革命军处于混乱之际，巡哨士兵找到工八营左队队官吴兆麟。他曾参加过日知会，军事知识丰富，平时威望较高，因而被推为临时总指挥。吴兆麟接任后，即要求士兵服从指挥，下达进攻督署命令。熊秉坤、马荣、邝杰各率兵分三路进攻督署；程国真指挥炮队，在中和门城楼及蛇山等处布设阵地，炮击督署及第八镇司令部；其余部队分别执行巡查、策应、防守等任务。接近午夜，进攻督署战斗开始，革命军第一次进攻，由于兵力较弱，又未掌握敌方分布状况，一、三两路分别受阻，只有少数部队逼近督署。夜12时，革命军发起第二次进攻时，炮队已按要求布好阵地，发炮助战，三路人马奋勇向前，均取得进展。唯第三路任正面主攻，遭清军顽抗，在保安门一带受阻；革命军迅速组成敢死队，击退清军。二十日（11日）凌晨2时，第三次进攻开始，时天气阴雨，炮队不能准确测定目标。为此，革命军决定于督署附近放火照明，居民得知后，主动引火助焚。火光指示下，炮弹准确击中目标。革命军乘势猛攻，一举夺占第八镇司令部。总督瑞徵命张彪固守，自己则令差弁将署后围墙穿凿一洞，带领卫队逃往"楚豫"兵舰。张彪亲自督队，从望山门城上窜下反扑，迫使革命军第三路退守保安门。但这时熊秉坤率敢死队已攻抵督署辕门。张彪见大势已去，下令教练队留下死守，自率卫士和辎重八营退往汉口刘家庙。守军从辕门退往大堂，凭恃几挺机枪负隅顽抗。敢死队员王世龙、纪鸿钧等冒着密集弹雨，携带煤油冲进门房和钟鼓楼放火，壮烈牺牲。火势蔓延，守军无法存身，纷纷逃散。拂晓，革命军占领督署，武昌光复。

清军21混成协所属42标一营、二营驻守汉阳、汉口。该部党人事先未得任何消息，十九日没有采取行动。次日下午，文学社42标书记王缵承派人过江探询，始知武昌已光复，遂决定当晚发难，汉口二营党代表赵承武相约响应。入夜，标党人代表胡玉珍鸣枪集队，宣布起义；管带汪炳山逃走，队官宋锡全被推为指挥。同时，赵承武在汉口亦率新军起义，标统赵永汉等人逃走。二十一日（12日），起义军与汉阳援军汇合后，迅速占领全城。革命首先在武汉三镇取得胜利。

八月二十日（10月11日）上午，革命军才占领武昌，党人代表即齐集省咨议局，筹商组织军政府问题。当时，革命派主要领导人都不在武昌，起义具体组织者又均感资望太浅，不足以担当重任，于是与会者首先决定请省咨议局正副议长和驻会议员前来开会商讨。会上，先有人提议推举咨议局议长汤化龙出任都督，被汤婉言谢绝。接着有党人提议推黎元洪为都督，获多数赞同，遂决定派党人蔡济民、咨议局议员刘赓藻为代表前往寻迎。

黎元洪（1864~1928）字宋卿，湖北黄陂人。20岁入天津北洋水师学堂，卒业后到海军供职，甲午战役后，得张之洞赏识，在湖北参与训练新军事宜，先后三次被派往日本考察军事。光绪三十二年夏，黎任21混成协统领。在新军中，他以军务娴熟、为人厚重著称。湖北保路运动兴起，黎以军界代表资格签名参加铁路协会，在进步分子里赢得好感。十九日夜工八营起义后，他坐镇第41标三营，阻止士兵响应；该营共进会员邓玉溪夺门欲出，党人周荣堂前来约三营会攻督署，均先后遭黎杀害。后见形势不妙，黎遂离营逃至参谋刘文吉家，随即转至黄土坡三营管带谢国超家。约于革命军攻克督署不久，党人马荣、程正瀛在巡查中得知黎的下落，吴兆麟即命马、程等将黎请出，拥至楚望台。蔡济民、刘赓藻遂由楚望台迎黎到咨议局与会。蔡济民同吴兆麟交换意见后，正式提出推黎任都督，汤化龙负责民事，众鼓掌赞成；但黎坚辞。争执中，党人李翊东持笔在已拟就的安民布告上代书一“黎”字，然后将布告贴遍全城。黎任都督的消息传出，军中士兵“鼓掌欢呼”，市民则“奔走相告”，起到了分化清廷反动营垒、扩大革命影响的作用。然而黎任都督后，开始两天不言不语，活像一个“泥（黎）菩萨”。于是党人即以军政府参谋部作为行使军政大权机关，并马上做出如下决议：一、湖北革命领导机关定名为中华民国军政府湖北都督府，设于咨议局；二、称中国为中华民国；三、改纪元，以该年为黄帝纪元四千六百零九年；四、以都督黎元洪名义，布告地方及通电全国；五、定革命军旗为十八星旗。这样，全国第一个地方共和政权就正式建立起来了。虽然随着革命形势的发展，政权内部夺权斗争日趋激烈起来，但武昌起义的成功和湖北军政府成立初期所施行的革命政策，对革命在全国取得胜利，无疑具有重大意义。

临时约法

《中华民国临时约法》，1912 年 3 月中华民国南京临时政府颁布的具有资产阶级共和国宪法性质的国家临时大法。依据资产阶级“自由、平等、博爱”的精神和三权分立的组织原则，拟定国家的根本大法，是巩固资产阶级共和国的根本大计。对此，资产阶级革命党人是十分重视的。早在同盟会建立时，孙中山就在其政纲中明确规定了未来国家的资产阶级共和国的体制和政权组织方案。武昌起义后，宋教仁从上海抵武昌，首先为湖北军政府拟定了一部根本法——《中华民国鄂州约法》；后来各省都督府代表会议通过的中华民国临时政府组织大纲，即以此约法为依据，南京临时政府颁布的临时约法，也是在这部约法的基础上拟定的。以孙中山为首的中华民国南京临时政府的成立，标志着资产阶级共和国的诞生。为了用法律的形式把资产阶级共和国的国体和政体确立起来，巩固国基，维护和发展资产阶级的利益，从 1912 年 2 月 7 日起，在孙中山的主持下，南京临时参议院召开了制订约法的会议。经过两次起草，32 天的讨论，通过二读、三读手续，于 3 月 8 日获得通过。3 月 11 日，即袁世凯在北京就任临时大总统的第二天，孙中山正式公布了《中华民国临时约法》。

《临时约法》分总纲、人民、参议院、临时大总统、副总统、国务员、法院、附则七章，计 56 条。它确立了资产阶级民主共和国的国家制度：“中华民国，由中华人民组织之”；“中华民国之主权，属于国民全体”；“中华民国领土，为二十二行省，内外蒙古，西藏，青海”。这就用根本法的形式否定了“朕即国家”的封建君主专制制度，向全世界明确宣布中国是一个领土完整、主权独立、统一的多民族国家。关于人民，《约法》规定：“中华民国人民一律平等，无种族、阶级、宗教之区别”；人民享有人身、居住财产、言论、出版、集会、结社、通信、信仰等自由；有请愿、诉讼、考试、选举及被选举等权利；也有纳税、服兵役等项义务。体现了资产阶级民主精神，对于促进人民觉醒、废除封建等级制度，有着积极作用。《约法》确定以资产阶级“三权分立”的原则建立政府组织机构：“中华民国以参议院、临时大总统、国务员、法院行使其统治权。”参议院为最高立法机关，行使中华民国之立法权，由各地方选派之参议员组成。它有权议决一切法律案、预算决算、税法、币制及度量衡之准则；公债的募集

及国库有负担之契约；选举产生临时大总统、副总统；弹劾临时大总统和国务员；对临时大总统行使的某些权力具有同意权和最后决定权。临时大总统和内阁为行使行政权的最高行政机关。临时大总统代表临时政府总揽政务，拥有公布法律、统率全国海陆军队、制定官制官规、任命文武职员、宣战媾和、缔结条约、宣布戒严、大赦、特赦、减刑、复权等权力。内阁由国务总理及各部总长组成，为临时大总统以下的中央行政机关。国务总理及各部总长称国务员，辅佐临时大总统负其责任。法院为行使审判权的司法机关，由临时大总统和司法总长分别任命的法官组成；法官独立审判，不受官厅的干涉，且一般实行公开审判。法官为终身制。

从实际情况考虑，《约法》在国家机构的体制上，特意将原来《临时政府组织大纲》规定的总统制改为责任内阁制，确定内阁总理由议会的多数党产生；总理对总统要办的事项，如不同意，可以驳回；总统颁布命令须由总理副署才能发生效力。它的目的就是用缩小总统权力、增大总理职权的办法，来限制袁世凯实行专制独裁，从而保卫民主共和制度。《约法》附则规定：该约法施行后，限10个月内，由临时大总统召集国会，制定中华民国宪法，“宪法未施行以前，本约法之效力，与宪法等”。为防止对《约法》随意改动，它规定增修《约法》必须“由参议院三分之二以上，或临时大总统之提议，经参议员五分之四以上出席，出席员四分之三可决，得增修之”。

《约法》的各项规定充分表明它是依据美、法等资本主义国家的宪法原则而订立的。这部具有资产阶级共和国宪法性质的文件，是辛亥革命的硕果，也是1840年鸦片战争以来中国人民长期革命斗争的积极成果。它集中体现了资产阶级的意志，反映了资产阶级的利益和愿望，在中国民主宪政史上具有划时代的意义。但是，由于资产阶级并未取得政权，所以这部资产阶级的《约法》很快就被袁世凯废除了。

宣统逊位

光绪三十四年十月二十日（1908年11月13日），光绪帝病情加剧，慈禧太后以其无子，命光绪帝载湉胞弟、醇亲王载沣之3岁幼子爱新觉罗·溥仪（1906~1967）进宫内教养，授载沣为摄政王。二十一日（14日），光绪帝逝于瀛台之涵元殿，慈禧太后正式确定溥仪承继帝位，命摄政王载沣监国。二十二日（15日），慈禧太后病逝。十一月九日（12月2日），举行登基大典，溥仪正式即皇帝位，以明年为宣统元年；尊光绪帝皇后叶赫那拉氏（1868~1913）为皇太后，上徽号隆裕，且袭慈禧以行“垂帘听政”；实际军政大权掌握在监国摄政王载沣之手。此时，反抗斗争遍及全国，资产阶级

革命派的武装起义此伏彼起，立宪派掀起的立宪运动日益高涨。面对四面楚歌的严峻形势，以载沣为首的皇族亲贵继续采取对内集权、对外投靠帝国主义的措施。宣统三年（1911），“皇族内阁”的建立和铁路国有政策的宣布，终于点燃了武昌起义的烽火。在资产阶级领导的民主革命运动的打击下，清王朝的统治迅速土崩瓦解。

但是，中外势力不甘心失败，决不允许在中国建立真正的资产阶级共和制度。为抵制革命，缓和内外矛盾，清政府很快抛出了“十九信条”（全称《宪法内重大信条十九条》）。武昌起义后，革命烈火迅速燃遍全国。尤其使清政府感到震惊的是，继湖南、陕西、江西宣布独立后，九月初八（10月29日）山西宣布独立，革命烽火已燃到北方。同一天，驻滦州的陆军20镇统制张绍曾（1879~1928）、协统蓝天蔚等在袁世凯的指使下，通电清廷，提出在本年内召开国会、组织责任内阁、制定宪法、特赦国事犯、削除皇族特权等12项要求，表示如果清廷不允，就要率军进攻北京。载沣见到电报后，大惊失色，其他皇族亲贵也均感“大势去矣”。在这种形势下，清廷被迫让步，并继续玩弄欺骗伎俩。九月初九，载沣以宣统帝名义下诏“罪己”，承认三年来“促行新治，而官绅或借为网利之图；更改旧制，而权豪或只为自便之计；民财之取已多，而未办一利民之事；司法之诏屡下，而实无一守法之人”。表示从即日起，“誓与我国军民维新更始，实行宪政”。接着便宣布解散皇族内阁、解除党禁，命资政院起草宪法。第二天清廷又任命袁世凯为内阁总理大臣，全权筹组新内阁。九月十三日，清政府颁布了由资政院草拟的《宪法内重大信条十九条》。在确认中国要继续保持清王朝的君主制，大清帝国皇统万世不易，皇帝神圣不可侵犯的前提下，仿照英国资产阶级宪法，规定“皇帝之权以宪法所规定者为限”，“宪法由资政院起草，议决后皇帝颁布之”，“宪法改正提案权属于国会”。国会具有宣战、媾和及决定财政预决算的权力。宣布实行责任内阁制，总理大臣由国会公举、皇帝任命，皇族不得担任总理大臣、其他国务大臣以及各省行政长官。与光绪三十四年（1908）清政府颁布的《钦定宪法大纲》相比较，“十九信条”对君主至高无上的权力有所削减，加强了议会的权力。然而，形势已经急速地向前发展了，革命党人以武器的批判，不仅宣告了君主专制的垮台，而且君主立宪制也为全国多数人所唾弃。因此，清王朝企图以此达到消弭革命、阻挡民主共和潮流的目的，自然是无法实现的。

为剿杀革命，摄政王载沣在内外压力下，不得不重新起用北洋军阀头子袁世凯。惯于玩弄两面派手法的袁世凯，一方面利用革命势力迫使清政府让出全部政权，另一方面则依靠帝国主义的支持和手中掌握的北洋军，利用尚存的清朝廷，压迫革命派向他妥协。袁世凯在出任清内阁总理大臣、夺得清王朝的实权之后，他便立即命北洋军先后攻占汉口、汉阳，接着便派代表与南方革命势力举行“南北议和”。迫于多方压力，中华民国南京临时政府大总统孙中山于辛亥年十一月二十五日（1912年1月13

日）再次明确表示："如清帝实行退位，宣布共和，则临时政府决不食言，文即可正式宣布解职，以功以能首推袁氏。"至此，摆在袁世凯面前的，关键问题在于如何使清帝退位。

十一月二十八日（1月16日），袁世凯接到孙中山保证电次日，立即率全体内阁成员上奏隆裕太后，指出：自武昌起义，旬月之间，军民响应几遍全国，清军"战地范围过于广阔，几于饷无可筹，兵不敷遣，度支艰难，计无所出"。而"民军之意，万众一心，坚持共和，别无可议"。"人心涣散，如决江河，已莫能御"。"若其久事争持，则难免（外国）不无干涉，而民军亦必因此对于朝廷感情益恶，读法兰西革命之史，如能早顺舆情，何至路易之子孙靡有孑遗也"。"臣会同国务大臣，筹维再四，于国体改革，关系至重，不敢滥逞兵威，贻害生灵。又不敢妄事变更，以伤国体"，只得要求"皇太后，皇上召集皇族，密开果决会议，统筹全局，速定方针，以息兵祸而顺民心"。在危言恫吓之后，他又代表内阁全体向隆裕辞职。就在这一天，当袁世凯从皇宫出来行至东华门外丁字街拐角处时，突遭革命党人杨禹昌、黄之萌、张先培等投弹袭击，不幸未中，党人被捕牺牲。袁受此虚惊后，即乘机称病不再入朝，在幕后加紧指挥"逼宫"。

在内外威逼下，隆裕于十一月二十九日（1月17日）召开第一次御前会议。会上，被袁世凯收买的贝子溥伦首先发言，提出清帝"自行逊位"，而由袁世凯任总统的主张。庆亲王奕劻则说：清帝除在优待条件下退位，别无其他安全办法。恭亲王溥伟、镇国公载泽等反对退位。双方驳诘甚久，无结果而散。次日再议，仍无结果。十二月一日（1月19日），袁世凯派民政大臣赵秉钧、邮传大臣梁士诒等为代表，邀集载沣、奕劻及满蒙王公亲贵至内阁会议。会上除溥伟重弹对南方革命势力要予"痛剿"外，其余群臣皆沉默无言。外务大臣胡惟德与赵、梁等联衔上奏："人心已去，君主制度，恐难保全，恳赞同共和，以维大局。"同日，隆裕召开第三次御前会议，又无结果而散。此时，为维护清王朝，部分王公亲贵逐渐结合在一起，组成所谓"宗社党"，强烈反对退位，反对共和。他们以"君主立宪维持会"名义，发表措辞激烈的宣言，要求清廷"齐同振作，与革匪决战"，以巩固"圣清万万年邦基"。他们又致书袁世凯，声言要与他"同归澌灭"，甚至公然创议"南北分立"。有些蒙古封建王公且回归本旗，图谋武装反抗。在一片反对退位的声浪中，十二月四日（1月22日），隆裕召开第四次御前会议。会上，赵秉钧等提出内阁解决时局办法，拟将北京清政府与南京中华民国临时政府同时取消，由袁世凯在天津另设临时政府。此议遭到王公亲贵的一致反对。载泽、溥伟等要求隆裕坚持君主立宪，拒绝民主共和。隆裕左右为难，但又不愿自动退位，遂决定采纳溥伟的意见，仍由国民会议解决国体问题。十二月六日（1月24日），清廷谕令袁世凯内阁，与南方筹商召集所谓"国民会议"问题，以最后确定国体。

袁世凯见清廷仍不同意退位，即向隆裕复奏："如改为国会议决国体，则优待皇室条件，似亦应由国会决定，能否照前优隆，臣未敢预决。"实际以取消优待条件相威胁。接着，他又指使北洋军人和各省督抚通电要挟。十二月八日（1月26日），以段祺瑞为首的五十名北洋将领致电内阁、军咨府、陆军部及王公大臣，极言局势万分危急，如"政体仍待国会公决"而迁延时日，即"有兵溃民乱，盗贼蜂起之忧。寰宇糜烂，几无完土，瓜分惨祸，迫在目前"，因此强烈要求"明降谕旨，宣示中外，立定共和政体，以现内阁及国务大臣等暂时代表政府"，否则将"率全军将士入京，与王公剖陈利害"。此后，直隶总督张镇芳、署两江总督张勋、署湖广总督段祺瑞、安徽巡抚张怀芝、山西巡抚张锡銮、河南巡抚齐耀林、吉林巡抚陈昭常、署山东巡抚张广建等封疆大吏，也分别电奏清廷，要求"速降明谕，宣布共和"。恰在北洋军将领通电清廷的当天，又发生了彭家珍炸毙良弼的事件。川籍革命党人彭家珍认为除掉良弼这个"宗社党"骨干，即可导致共和，故于十二月八日乘良弼返归私宅时，在其红罗厂家门前投掷炸弹；彭家珍当场牺牲，良弼受重伤亦于两天后毙命。经此惊吓，皇族亲贵纷纷逃离北京，潜居青岛、大连、天津等地租界中。隆裕太后知大势已去，于十二月十六日（2月3日）授袁世凯全权与南京临时政府商酌退位条件。

经双方反复讨论，十二月二十二日（2月9日），南京临时政府向袁世凯转交三项文件：（一）《关于大清皇帝辞位后之优待条件》八款，主要内容为：（1）大清皇帝尊号仍存不废，中华民国以待各外国君主之礼相待；（2）民国每年拨400万元供皇帝支出；（3）皇帝暂居宫禁，日后移居颐和园，侍卫人等，照常留用；（4）其宗庙陵寝，永远奉祀，由中华民国设卫兵，妥慎保护；（5）德宗崇陵未完工程，如制妥修，其奉安典礼，仍如旧制，所有实用经费，均由民国支出；（6）以前宫内所有各项执事人员，可照常留用，唯以后不得再招阉人；（7）其原有之私产，由中华民国特别保护；（8）原有之禁卫军，归中华民国陆军部编制；额数俸饷，仍如其旧。（二）《关于清皇族待遇之条件》四款，主要内容为：（1）清王公世爵，概仍其旧；（2）清皇族对于中华民国国家之公权及其私权，与国民同等；（3）清皇族私产，一体保护；（4）清皇族免兵役之义务。（三）《关于满蒙回藏各族待遇之条件》七款，主要内容为：（1）与汉人平等；（2）保护其原有之私产；（3）王公世爵，概仍其旧；（4）王公有生计过艰者，设法代筹生计；（5）先筹八旗生计，于未筹定之前，八旗兵弁俸饷，仍旧支放；（6）从前营业居住等限制，一律蠲除，各州县听其自由入籍；（7）满、蒙、回、藏原有之宗教，听其自由信仰。十二月二十四日（2月11日），隆裕太后接受优待条件，决定退位。二十五日（12日），隆裕携6岁的宣统皇帝溥仪在养心殿举行清王朝最后一次的朝见仪礼。外务大臣胡惟德、民政大臣赵秉钧、邮传大臣梁士诒代表袁世凯入朝，向隆裕和溥仪行了首次改用的三鞠躬礼。随后由内监将三道诏书放在隆裕面前。隆裕将退位诏书交胡惟德，使布告全国。从此，统治中国 268 年的清王朝连同在中国延续 2000 多年的君主专制制度正式宣告结束了。

张勋复辟

（一）清朝遗老

1912 年改朝换代，有名无实的民国代替了大清帝国的统治。躲在紫禁城中的爱新觉罗氏的皇室宗族，仍然度着无名有实的“帝王”岁月。表面上，故宫内外好似一片死寂的平静，但是在这里的每个皇室宗族、太监宫娥和清王朝的遗老遗少的内心世界，却充满了复仇和复辟的愿望。这种愿望，就像幽灵一样，在紫禁城内外到处游荡着。

溥仪“逊位”后，皇室宗族和死保“皇上”的王公遗老，并不甘心他们的失败，确信“大清帝国不会亡国的”，甚至“皇上是真龙天子”，不可能就这样结局的陈腐观念在作祟。更使他们信心十足的是，有利于复辟的国内外局势。外有表面倾向民国政府的帝国主义，在暗中仍然与清王朝复辟派勾勾搭搭，尤其是英、日、美、德等帝国主义，一直支持清王朝搞复辟。因为他们懂得只有清王朝才能“量中华之物力，结与国之欢心”。对内来讲，不仅国内有相当数量的复辟力量，这就是遗老遗少、各地军阀、政客等等大有人在；而且还有一个最大的野心家。这个人就是骗取隆裕太后交出清王朝政权，又窃得民国大权的袁世凯。他表面上对清王朝毕恭毕敬，暗地里为自己当“皇帝”一直在搞阴谋诡计。

1912 年 2 月 15 日，袁世凯被推选为临时大总统代替了孙中山，并没有满足他的欲望。于是，他又在定都问题上打算了主意。他心中非常清楚要是按革命党人意见建都于南京，他就变成光杆临时大总统，不仅不能调动一兵一卒，而且很快使他自己孤立于革命派之包围中。他打定了主意坚持在北京宣誓就职，并用诡计迫使南京专使就范。最后参议院不得不同意袁在北京宣誓就职，但必须遵守《临时约法》，袁满口答应。4 月 1 日南京临时大总统孙中山宣布解职。4 月 5 日，参议院决定迁都北京。

袁世凯在北京就职后，大要两面派手法。一方面，对退位的“小朝廷”假献殷勤，表示不忘“旧主”的龙恩。1913 年元旦，他派朱启钤为礼官代表民国政府给皇上拜年。这一出乎人们意料之举，使“小朝廷”的皇室宗族受宠若惊。元旦这天，9 岁的溥仪又被打扮一番，穿上皇帝龙袍褂，戴上珠项冠，挂了朝珠，坐在乾清宫的宝座之上，两侧站立御前大臣和御前侍卫，准备接待大中华民国的礼官到来。果然，迎来了朱启钤。由朱宣称：“大中华民国大总统敬向大清皇帝问好……”俨然有如特使呈递国书。这一举动，虽是袁世凯的一点诱惑的表示，但对皇室宗族和那些遗老遗少来讲，无疑是一次极大欣慰。溥仪的老师陈宝琛满意地说：“优待条件，载在盟府，为各国所公认，连他总统也不能等闲视之……”至于其他人员更不屑说了。

袁世凯不仅在元旦派礼官去朝贺，而且逢有“皇帝”生日、隆裕太后生日，无不派人前往祝贺一番。特别是隆裕太后去世时，袁世凯的举动更加动人。他带着黑色臂纱致哀，并通令全国下半旗一天，文武官员服丧27天；又动员了全体国务员前往致祭，在太和殿举行所谓国民哀悼大会，由参议员吴景濂主祭，有如国丧。不久他又调动军警包围国会，强迫议员选他为正式大总统。当他镇压所谓“二次革命”之后，更加得意忘形，给“小皇帝”溥仪写了一份如下报告：

“大清皇帝陛下：中华民国大总统谨致书大清皇帝陛下，兹于宣统三年十二月二十五日奉大清隆裕皇太后懿旨，将统治权公诸全国，定为共和立宪团体，命袁世凯以全权组织临时共和政府，合汉满蒙回藏五族完全领土为一大中华民国。旋经国民公举为中华民国临时大总统。受任以来，两稔于兹，深虞陨越。今幸内乱已平，大局安定，于中华民国二年十月六日经国民公举为正式大总统。国权实行统一，友邦皆已承认，于是年十月十日受任。凡我五族人民皆有进于文明，跻身于太平之希望。此皆仰荷大清隆裕皇太后暨大清皇帝天下为公、唐虞揖让之盛轨而克臻此。我五族人民感戴兹德，加日月之照临，山河之涵育，久而弥昭，远而弥挚。维有薰督国民，革新郅治，恪守优待条件，使民国巩固，五族协和，庶有以慰大清隆裕皇太后在天之灵。用特报告，并祝万福。

中华民国二年七月十九日

袁世凯”

这份报告不仅稳定了皇室宗亲，而且给清王朝的遗老遗少带来很大希望和幻想，溥仪老师陈宝琛很得意地说：“我早说那个优待条件里的“辞”字有意思。为什么不用退位逊位，袁宫保单要改成个辞位呢？辞者，暂别之谓也。……”遗老们是越来越兴奋了。

在这复辟的年代里，清遗老的复辟活动，极为嚣张。这群人都是赤手空拳的清官僚，他们很清楚要复辟就得依靠拥有实力的军阀；而拥有军权的军阀，其中个人野心家、复辟派，比比皆是，大有人在。这群遗老主要是凭他们的三寸不烂之舌，旁敲侧击，游说军阀，利用矛盾，从中起到穿针引线作用，以进行复辟活动。

为复辟而奔走的人，在行动上也有他们一定的路线和策划。这就是：在争取北洋军阀方面走的是冯国璋路线和辫帅张勋的路线，希望利用各方面的矛盾，拉拢冯、张

合二而一的兵力来实现复辟的企图。他们的分工是，对冯的工作，主要由胡嗣瑗去做；对张的工作，主要由刘廷琛去做。结果因为冯、张各有自己的打算，始终无法联系。

前清遗老胡嗣瑗，曾任过翰林院编修，也曾当过幕僚。辛亥革命后，为了进行复辟活动，曾任直隶都督冯国璋的幕僚。他利用一切工作之便对冯进行拉拢，离间冯国璋与袁世凯关系的同时，千方百计调和冯、张之间的关系。但是，老奸巨猾的冯国璋，并不上钩。他虽有复辟打算，但不轻举妄动，而是待机而动。这时有位前清翰林院编修、御史，名叫温肃的，想去说服冯国璋，冯以"时机未到"为开脱，拒绝与张一道进行军事行动。此后，他们便将一切希望都集中在辫帅张勋身上了。

（二）张勋复辟

清遗老张勋，字少轩，号松寿，江西人。辛亥革命前曾任江防营统领、江南提督。张勋不是北洋派的嫡系，也不是袁世凯实行帝制的支持者，而是一个极其顽固的复辟头子。民国成立后，他为向清廷表示"忠心"誓意不剪辫子，在当时的有名人物，一文一武，留着长辫子：一个是张勋，一个是辜鸿铭。张对其的部下，不准剪辫子，所有的士兵都留着一条大辫子，所以人们称其为"辫子军"，称张勋为"辫帅"。1913 年他利用参与镇压孙中山"二次革命"之机，重点在南京烧杀抢掠，无所不为。后因误伤外侨，被调往徐州，任长江巡阅使。他公开声称："我在前清受恩深重，君恩难忘。"张勋与宫廷内外复辟派相互勾结，除与胡嗣瑗、陈毅等人策划复辟之外，在他幕后还有以溥伟为首的潜伏在青岛的诸人。溥伟之下最起作用于张勋的是张的同乡，原翰林院编修、陕西提学使、京师大学堂监督、学部大臣刘廷琛。此人经常为张出谋划策，传递消息与张、溥之间。他们为扩大其势力和准备复辟，从 1916 年 6 月至 1917 年 5 月末，由张勋主持前后在徐州开了 4 次会议，会议主要内容是筹措复辟大计。参加会议的有山东督军张怀芝、奉天督军张作霖、吉林督军孟思远、黑龙江督军毕桂芳、江苏督军冯国璋、河南督军赵倜、湖北督军王占元、江西督军李纯、福建督军李厚基、直隶督军曹锟和省长朱家宝、浙江督军杨善德、淞沪护军使卢永祥、第七师师长张敬尧、第五师师长张树元、兖州镇守使施从滨、两广矿务督办龙济光，以及京师警察总监吴炳湘、北京步兵统领江朝宗等等。所谓"督军团"的要人，几乎都参加了这一活动。在第二次徐州会议上，成立了所谓"十三省省区联合会"，推戴张勋为"盟主"。他们打着"以联国防，巩固势力，拥护中央为宗旨"的幌子，暗地里一切都是为复辟做准备。此外，还有安徽督军倪嗣冲，段祺瑞代表徐树铮和靳云鹏、吴光新、曾毓隽、丁士源等人，也都卷入了这一活动之中。进行复辟之势已成，只待时机了。

时机终于到来了。这时北京政府内部矛盾开始尖锐起来，由于黎元洪和段祺瑞发生了所谓“府院之争”。张勋以黎元洪邀他入京“调停”为名，于6月7日应召带着随员140余人及辫子军步、马、炮兵10营5000人由徐州赴京。他启程前一天，先由刘廷琛入京向清宫报信。消息传来，震动清宫男女老少，如饥似渴地翘首等待这一天的到来。

接着，在上海、青岛、天津等地遗老，多如过江之鲫，纷纷云集于北京。同时，各显神通“奉献”复辟大计，从各地赶来的有陈曾寿、沈曾植、王乃徵、郑孝胥、李季高、沈瑜庆、康有为等人。其中有一人在当年是“清觥觥为维新之魁”的沈曾植。他当年曾赞助康有为创立强学会，推动康上“万言书”。可是今天，他与康有为一样，在辛亥革命之后，都从维新派变成了复辟派。而今他为复辟奔走呼号，用心良苦。为即将复辟草拟了“第一月行政大略”，奉献给张勋。其原文如下：

草创时，暂时不设内阁，置议政大臣于外朝（四五六人不拘），置军机大臣于内庭（二三人，宜少不宜多），随时诏授，不必定额。

特诏各部长均设为尚、侍，督军、省长改称督、抚、藩司（其下庶僚，由所司逐渐规复），以改易海内视听。

桓侯统环卫之任，定武军选数营为侍卫军。桓侯（即张勋）仍为议政大臣、军机大臣之首席。

征召遗老，以电旨行之。可分数次，每次数十人。

复翰林院、两书房。修史馆为实录、国史馆。

议院封闭。其诸会不散者，军警监视，不必下明诏。

凡诸措置，皆可以简单谕旨行之。不必事事详言其所以。

凡今日秘书之职，实为政治枢机，必不可诿之他人。诸公不可不置身其间，握其关辖。尚、侍皆虚车耳，以尊有功，以待耆旧。

右第一月行政大略。灯下书此，目眵神疲，不必详委。公是解人，闻一知十可已。

其他复辟诸公，也都纷纷效颦，甚至有的人连复辟“登极诏”都准备好了。这些东西使踌躇满志的张勋更加忘乎所以。他率兵进京后，即在法华寺设宾馆接待诸遗老，自在南河沿公馆，举行最高级会议。参加会议的有刘廷琛、沈曾植、王乃徵、雷震春、张镇芳和胡嗣等人，还有张的参谋长万绳栻等，会议决定7月1日宣布复辟。

6月30日，张勋偕其同党潜入清宫，召开“御前会议”，决定当晚发动政变。叫清宫遗老赶快做好“奉还大政”的准备。会后，忙坏了溥仪的老师陈宝琛、梁鼎芳等人，对一个什么事情也不懂的溥仪，现教导如何接见，说什么，有啥举止，甚至皇帝龙袍、服饰等也得为其准备好。至于宫中4位“太后”更是乐得闭不上嘴了。

6月30日晚，张勋若无其事，应江西同乡会的邀请到宣武门外的江西会馆看堂会戏，看完戏后，午夜12时回到南河沿公馆，用电话将北京政府的陆军总长王士珍、步兵统领江朝宗、警察总监吴炳湘、驻防京畿的第二十师师长陈光远召来。张见到他们，开门见山道："我这次来，是为了复辟，决定明天一早宣布。各位意见怎样？"几人面有难色，张立刻拉下脸说："这件事，我说到做到。各位赞成，请立刻传令开城，让我驻在城外的军队进来。不开城，就请回去调动军队，拼个你死我活。"这几人什么话也不敢再问，匆匆忙忙叫士兵开城，不到几小时的工夫，满城都是辫子兵了。

7月1日凌晨，张勋身着朝服，率文武官员300余人，拥入清宫。这时在"养心殿"内的溥仪，端坐在皇帝宝座上，张勋跪奏称："代表二十二省军民真意，恭请我皇上收回政权……"溥仪照师傅的教导模式，动作一番。于是，就把12岁的溥仪捧上了皇位。从复辟之日起，到7月12日止，先后发下了所谓八道上谕，概括如下：

首先，发布了"登极诏"。这个所谓"登极诏"，据说是遗老陈曾寿草拟后，略加修改公布的：

朕不幸以冲龄继承大业，茕茕在疚，未堪多难。辛亥变起，我孝定景皇后至德深仁，不忍生民涂炭，毅然以祖宗创垂之重、亿兆生灵之命，付托前阁臣袁世凯设临时政府。推让政权，公诸天下，冀以息争弭乱，民得安居。乃国体自改共和以来，纷争无已，迭起干戈；抢劫暴敛，贿赂公行，岁入增至四万万，而仍患不足；外债增出十余万万，而有加无已。海内嚣然，丧其乐生之气，使我孝定景皇后不得已逊政恤民之举，转以重苦吾民。此诚我孝定景皇后初衷所不及料，在天之灵恻痛而难安者；而朕徂居深禁，日夜祷天，彷徨饮泣，不知所出者也。今者复以党争激成兵祸。天下汹汹，久莫能定。共和解体，补救已穷。据张勋、冯国璋、陆荣廷以国本动摇，人心思旧，合词奏请复辟以拯生灵；又据瞿鸿禨等为国势阽危，人心涣散，奏请御极听政以顺天人；又据黎元洪奏请奉还大政以惠中国而拯生民各等语。览奏情词恳切，实深痛惧。既不敢以天下存亡之大责，轻任于冲人微眇之躬；又不忍以一姓祸福之誓言，遂置亿兆生灵于不顾。权衡重轻，无人交迫。不得已，允如所奏，于宣统九年五月十三日临朝听政，收回大权，与民更始。自今以往，以纲常名教为精神为宪法；以礼义廉耻收溃决之人心。上下以至诚相感召，不徒恃法守为维系之资；政事以道德为本原，不得以国脉为尝试之具。况当此创深痛巨、存亡绝续之交，朕临深履薄，固不有乐乎为君，稍自纵逸；尔大小臣工尤当精白乃心，息息以民瘼为念。为民生留一分元气，即为国家延一息命脉。庶几危亡可救，感召天庥。所有兴复初政，亟应兴革诸大端，条举如下：一、钦遵德宗景皇帝谕旨，大权统于朝廷，庶政公诸舆论，定为大清国君主立宪政体。一、皇室经费仍然所定每年400万元数目，按年拨用，不得丝毫增加。一、禀遵本朝祖制，亲贵不得干预政事。一、实行融化满汉畛域。所有以前一切满、蒙官缺已经裁撤者，概不复设；至通婚易姓等事，并着所司条议具奏。一、自宣统九年五月本日以前，凡与东西各国正式签订条约及已付债款合同，一律继续有效。一、民国所行印花税一项，应即废止，以纾民困；其余苛细杂捐，并着各省督、抚查明奏请分别裁撤。一、民国刑律不适国情，应即废除。暂以宣统初年颁定现行刑律为准。一、禁除党派恶习。其从前政治罪犯，概予赦免；倘有自弃于民而扰乱治安者，朕不敢赦。一、凡我臣民无论已否剪发，应遵照宣统三年九月谕旨，悉听其便。凡此九条，誓共遵守。皇天后土实鉴临之。特此通谕知之。

这套冠冕堂皇欺人之谈，岂出之于12岁小皇帝之口，竟然为愚民所信服？

其次，按照沈曾植事先提出的方案，设立内阁议政大臣，各部恢复尚书、侍郎官衔，各省恢复总督、巡抚称号；

第三，诏封张勋、王士珍、陈宝琛、梁敦彦、刘廷琛、袁大化、张镇芳为议政大臣，胡嗣瑗、万绳栻为阁丞；授瞿鸿禨、升允为大学士，张人骏、周馥为协办大学士；另设弼德院，以徐世昌、康有为为正、副院长；后又任命：梁敦彦为外务部尚书，李经迈、高而谦为左、右侍郎；张镇芳为度支部尚书，杨寿枬、黄承恩为左、右侍郎；雷震春为陆军部尚书，田文烈、崔祥奎为左、右侍郎；萨镇冰为海军部尚书；朱家宝为民政部尚书，吴炳湘、张志潭为左、右侍郎；沈曾植为学部尚书，李瑞清、陈曾寿为左、右侍郎；劳乃宣为法部尚书，江庸、王乃徵为左、右侍郎；李盛铎为农工部尚书，钱能训、赵椿年为左、右侍郎；詹天佑为邮部尚书，阮忠枢、陈毅为左、右侍郎；贡桑诺尔布为理藩部尚书。同时发表：张勋为直隶总督，冯国璋为两江总督，陆荣廷为两广总督；曹锟为直隶巡抚，齐耀林为江苏巡抚，杨善德为浙江巡抚，陈炳焜为广东巡抚，谭浩明为广西巡抚，张作霖为奉天巡抚，孟思远为吉林巡抚，许兰州为署理黑龙江巡抚，倪嗣冲为安徽巡抚，李纯为江西巡抚，赵倜为河南巡抚，张怀芝为山东巡抚，阎锡山为山西巡抚，王占元为湖北巡抚，谭延闿为湖南巡抚，刘存厚为四川巡抚，唐继尧为云南巡抚，李厚基为福建巡抚，刘显世为贵州巡抚，陈树藩为陕西巡抚，张广建为甘肃巡抚，杨增新为新疆巡抚。此外，又以冯国璋、陆荣廷并为参预政务大臣。

这些人，只有少数人到位就职，其余，有的拒绝授命，有的未及赴任而复辟已垮台了。

张勋复辟后，立即遭到全国各族人民的强烈反对，各阶层群众纷纷起来声讨。7月4日，孙中山等人，首先发表《讨逆宣言》。这时，卖国能手段棋瑞却乘机在天津马厂组织“讨逆军”，并宣布张勋八大罪状，进行声讨。这时，紫禁城内，以溥仪为首的一群丑类，还在弹冠相庆，欣喜若狂之际，忽然从天上掉下“讨逆军”飞机的炸弹，方才炸醒了他们的复辟之梦。

7月12日，“讨逆军”分3路大军攻入北京，张勋的辫子军不堪一击，纷纷挂起五色旗投降。张勋和康有为分别逃入荷兰和美国使馆。溥仪仅仅当了12天的复辟皇帝，就遭到了彻底的失败。

北京政变

1924年9月，在中国北方爆发了第二次直奉战争。以张作霖为首的奉系军阀和以吴佩孚为首的直系军阀开战。战争一开始，双方即投入激战。

1924年10月，当直、奉两军在榆关一带激战正酣之际，直系将领讨逆军第三军总司令冯玉祥与驻喜峰口的直系援军第二路司令陕军第一师师长胡景翼，联合京畿警备副司令孙岳，秘密计划倒戈驱曹。10月19日，冯玉祥率部由古北口兼行回师。23日凌晨进入北京，包围总统府，软禁了贿选总统曹锟，发动了震动全国的“北京政变”。

冯玉祥，字焕章，安徽巢县人。少入保定练兵营当兵，后历任近卫团军团长、旅长。有正义感，倾向革命，以救国救民为宿志。10月24日，冯将所部改称国民军，后组织以黄郛组阁。11月2日，曹锟被迫宣告退位，由黄郛摄新总统职务。至此，直系军阀控制的北京政权结束了。

当时，北京的政局混乱，而少数保皇党人大肆活动，清帝复辟之谣言四起。冯玉祥遂毅然决定把中国的末代皇帝溥仪驱逐出皇宫。并于11月4日，摄政内阁会议做出修正清室优待条件五条，即日执行。

北京政变消息传入紫禁城，溥仪与王公大臣都感到十分震惊，想不到事情来得如此突然。遂于养心殿召开两次紧急“御前会议”，都认为冯玉祥与其他军阀不同，没有通融余地，讨论结果谁也拿不出主意来，只好静待事态的发展。

北京政变

1924年11月5日晨，冯玉祥派北京警备总司令鹿钟麟、警察总监张璧和知名人士李煜瀛前往皇宫执行任务。他们率领军警40人，进入神武门，首先将清廷护军全部缴械。这时，“小朝廷”的内务府大臣绍英赶忙出来迎接。鹿当即向绍英出示大总统令。只见写道：

大总统指令

派鹿钟麟、张璧交涉清室优待条件修正事宜，此令。

中华民国十三年十一月五日。

国务院代行国务总理黄郛。

绍英看后当即吓得魂不附体，幸好旁有随侍李国雄和严桐江将其扶住。绍英稍稍镇静对李煜瀛说：

“你不是故相李鸿藻的公子吗？何忍出此？”

李笑而不答。

又指鹿钟麟说；

“你不是故相鹿传霖的一家吗？为什么这样逼迫我们？”

鹿说：

“你要知道，我们来此执行国务院的命令，是为了民国，同时也是为了清室，如果不是我们，那就休想这样从容了。”

绍英又说：

“我大清入关以来，宽仁为政，没有对不起百姓的事，况优待条件尚在，怎么能这样办呢？”

鹿接着说：

“你这是替清室说话。可是，满清入关以后的‘扬州十日’和‘嘉定三屠’，老百姓是永远忘不了的。况且张勋复辟，颠覆民国，优待条件早为清室所毁弃……现在宫内外已布满军警，气势汹汹，就要动手，如果不是我们劝阻他们稍等片刻，现在就出乱子了。”

绍英无奈，乃告溥仪，并往返数次，仍希有转圜。鹿钟麟见事不能决，遂大声告诉随员说：“快去告诉外边，时间虽然到了，事情还可商量，先不要开炮放火，再延长二十分钟……”

这时，溥仪见势不妙，实出无奈，才表示愿意接受修正清室优待条件。他见条件上写道：

“今因大清皇帝欲贯彻五族共和之精神，不愿违反民国之各种制度仍存于今日，特将清室优待条件修正如下：

第一条，大清皇帝即日起永远废除皇帝尊号，与中华民国国民在法律上享有同等一切之权利；

第二条，自本条件修正后，民国政府每年补助清室家用五十万元，并特支出二百万元开办北京贫民工厂，尽先收容旗籍贫民；

第三条，清室应按照原优待条件第三条，即日移出宫禁，以后得自由选择居住，但民国政府仍负保护责任；

第四条，清室之宗庙陵寝永远奉祀，由民国酌设卫兵妥办保护；

第五条，清室私产归清室完全享有，民国政府当为特别保护，其一切公产应归民国政府所有。

中华民国十三年十一月”

溥仪看后，无可奈何，不得不答应迁出宫外，随即交出印玺，并收拾私物，在鹿、张、李的监视和保护下一同离开皇宫，将他送到后海甘水桥旧醇王府邸。鹿向溥仪说：

“从此以后，你是愿意当平民呢，还是愿意做皇帝？在我们中华民国不允许。皇帝存在，我们有对待皇帝的办法。”

溥仪答称：

“我现答应接受修改优待条件，当然不能再做皇帝，我愿做一个平民。”

鹿说：

“我们对平民当然要保护”。

溥仪离开皇宫之后，对宫内的宫女和太监等，均限期任其自由迁出宫外。

此后，即由国务院下令成立“清室善后委员会”，任命李煜瀛为委员长，下设委员14人，即汪兆铭、蔡元培、鹿钟麟、张璧、范源濂、俞同奎、陈坦、沈兼士、葛文濬、绍英、耆龄、载润、宝熙、罗振玉等。这个委员会的任务是：对故宫保存的历史文物进行清点、登记、整理、保管，以防遗失或损坏，并由民国政府派兵保护。

至此，真正结束了清王朝在故宫的统治，故宫回到了人民的怀抱！

溥仪被赶出皇宫之后，怀着满腔愤懑和仇恨暂栖居于他父亲载沣的北府，时间虽说是很短促，但他不甘心当“平民”，决心“敝屣一切，还我自由”，又蠢蠢欲动了。

自从溥仪和后妃来到北府之后，北府门外立即变成了有国民军把守，戒备森严的场所，除了王府的人可以出入，其他外人都被拒之门外。一时间，府内上下惊恐万状，不知如何是好。以载沣为首的一家人，特别溥仪本人犹如热锅中的蚂蚁一样，每天在屋内走来走去，拿不出半点主意，又与外面的遗老断绝了联系，呼救无应，焦头烂额，狼狈已极。而载沣急得更是坐立不安，惶惶不可终日，弄得空气格外紧张。在溥仪身边的遗老只有绍英一人，叫他往外打电话，也打不出去。实在没有办法，才叫他出去寻找王公大臣和溥仪师傅等人。过了两天后，守卫的国民军也放宽了尺码，除了外国洋人，其他遗老遗少都允许进入王府探望溥仪。

至此，他才知道外面所有封建孤臣余孽和军阀政客都为他被驱赶出皇宫“鸣不平”。一日傍晚，他的老师庄士敦捎来喜人消息，说是外国人对他被驱赶出宫一事，深表同情，并积极为他想办法。就在这时候，果然有公使团首席公使荷兰的欧登科、英国公使麻克类、日本公使芳泽正式向新摄政内阁外交总长王正廷提出了“抗议”，要求王正廷保证溥仪等人的生命财产的安全。

这一消息传来，就像吃了一粒“定心丸”一样，对王府上下来讲，确实起了镇静作用。

在此同时，溥仪的师傅陈宝琛、朱益藩和冯恕，朱汝真等人，为溥仪奔走呼号求助于异国使馆和刚上台的段祺瑞等人，请求民国政府主持公道，恢复逊帝宣统的自由。并分别向上海、天津、青岛、广州等地的清朝旧臣求得资助，还通过这些人向当地军、政、报界和社会团体进行呼吁，挽救他们的“危急”。

这时，心急如焚的溥仪，又得知罗振玉在天津会见了日本天津驻屯军司令，并得到日本的支持。说司令官已派人游说即将出山的段祺瑞，希望段予以支持。后来段又接到北京日本特务竹本大佐转来郑孝胥的求援电报。于是，这个卖国求荣，帝国主义走狗，立即发出了一封反对冯玉祥“逼宫”的通电。同时，日本竹本大佐通过罗振玉、陈宝琛等人给溥仪打气说：“日本骑兵将在北府附近巡逻，如国民军对北府有什么异样举动，日本兵营会立即采取‘断然措施’，所有消息都给溥仪增加了“敝屣一切，还我自由”的勇气。

这群复辟派的遗老，不仅活动了日本人及其走狗段祺瑞为溥仪张目，而且还策动蒙、藏王公、假借“民意”，向冯玉祥和革命人民施加压力，为溥仪大声疾呼，以摆脱其困境。于是，他们草拟了一篇《满蒙藏人宣言书》，其文谓：

近见公布修正清室优待条件及各报所载强迫移宫情形，有强权，无公理，中外人无不同愤也。优待条件，临时国会议决，与约法同效，是法律也，条约载明“待以外国君主之礼”，且曾通告全国，实与国际条约无异，是条约也。以命令变更法律是危国本也，以私意强改条约是破国交也。法律而可以命令变更也，非特清室一族已受其危也，凡满蒙回藏实同等优待，无不同受其危也，即汉族全体亦将不能受法律之保护而人人自危也。国本危矣！条约而可以私意强改也，非特与条约同等之清室优待条件已破也，凡与东西各国所订条约无不可以私意强改而全破之也。国交破矣！以一二人之私意遂至变乱，法律破坏，国交其失，不已甚乎？是当先请撤销修正案，然而再将原定优待条件明交议会，应否修改，依法议决，如果公议修改，仍须双方同意，并通告各国，始可履行。盖优待条件不尽限于内政，非特案关法律，且亦效等国际条约。此次国民军事以依法为号召，知与革命不同，而冯总司令诸公又皆尊民意，主公理，为中外所共饮，当必能依法据理，维国本而保国交，而有以平中外人之同愤也。公道自在人心，真理岂能久屈，愿与中外人共评之。

这篇所谓代表“民意的宣言”，出于遗老金梁之手，他也居然讲起法律来，无非是用以为溥仪鸣不平，对冯玉祥施加压力而已。实际上在社会舆论中毫无作用。

在此期间，溥仪又接受金梁等人收买人心的建议，叫他“将以后岁费拨办慈善教育及文化事业，庶足以维人心而挽众望。”于是，他们于1924年11月9日，又搞了一个宣言书，即所谓《创办平民工厂学校及文化慈善事业条例》。这个条例的序言，是用溥仪名义撰写的，其实序言和条例都是金梁、孙伯恒、何景齐等人草拟的。其原文摘录如下：

序言

“敝屣一切，还我自由”，予怀此志久矣。今幸得遂初愿，脱去束缚，初不意怀之十年而偿之一旦也。虽有以事出仓促为予不平者，实则我心所安，又何必问缓急乎？予亦一平民耳，既享法律保护，何必更急优待。

民国政府每年补助岁费，不愿独受，当拨办平民工厂、平民学校，先就京城创设，逐渐推广。予愿尽一手一足之烈，专心力于救养平民。此款虽微，愿与平民共之，即应得私产亦当捐充教育、慈善、文化各事业之用。召集中外名流，会议办法。至图书博物馆，予早议设立，曾派员清查、筹备，尤乐观厥成。予毫无成见，但行我心之所安，想必为中外人所共谅也。

一、由清室定期约集中外名流，会议创办平民工厂、学校及文化慈善等事业办法；

一、酌定各项用途如下：平民工厂十万元，京城内外拟先设办十处；平民学校十万元，京城内外，拟先设二十处；慈善事业十万元，如拟设医院于京城及颐和园等处；文化事业十万元，如拟补助北大国学研究古物调查等费；其他备用十万元，如各处赈灾及京城冬赈粥厂等项；

一、创办各事拟先设筹备委员会，俟陆续开办当设董事会，均由中外名流公推组织成之；

一、所有应得私产拟拨充上项议办各项事业之基金，只用利息，不动本金，当设“基金委员会”保管之；

一、常年各项及基金暨年息如何分配，均由公议决定，并得清室之同意行之；

一、第一次会议以在公共处所为宜，能借用北大讲堂礼堂为议场最佳。

一、“清室宣言书”，庶中外皆知；

一、拟设一“平民日报”为所办各项事业作通告，事事公开。

他们煞费苦心搞了这个条例，指望为溥仪收买人心，由于王公遗老意见不一，结果受阻，没有发表就夭折了。

在当时最使溥仪兴奋的是，他听说段祺瑞和张作霖沆瀣一气，要和冯玉祥军队火拼的消息。同时，又见到段祺瑞的密电：“皇室事余全力维持，并保全财产。”更使他充满希望，得意忘形。

此时由日本人办的《顺天时报》，也连篇累牍地为他大嚷大叫，极尽其造谣之能事。说什么“欺凌寡妇孤儿”，这是“泰山压卵”，“逼宫”等词句污蔑摄政内阁和冯玉祥国民军。甚至编造“旗人纷纷自杀”，“蒙藏发生怀疑”等蛊惑人心的谣言。甚至编造出“某太妃流血殉清朝”，说受其凌辱淑妃文绣，“断指血书，愿以身守宫门”和“淑妃散发攀轮，阻止登车”的惊人奇闻，用来煽动群众对国民军的不满。其他帝国主

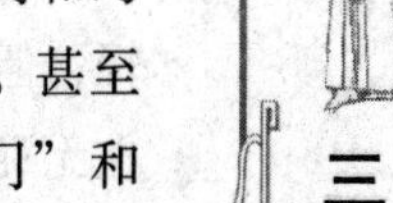

义办的报刊，也都发表许多类似文字，从中为溥仪喊冤叫屈，助纣为虐。

11 月 28 日，国民军从北府大门撤走的第二天。溥仪在北府用清宫内务府的名义发出了致民国政府内务部的一封公函，公开表示“抗议”：

……查法理原则关于刑律之规定，凡以强暴胁迫人者，应负加害之责任，其民法原理凡出于强暴胁迫，欺罔恐吓之行为，法律上不能发生效力。兹特专函声明：所有摄阁任意修正之五条件，清室依照法理不能认为有效。云云。

此时此刻的溥仪，不仅如此嚣张敢于提出“抗议”，而且还通过《顺天时报》记者发表谈话，公开违背自己的诺言，说“此次国民军之行动，以假冒国民之巡警团体，武力强迫余之签字，余决不如外间所传之欣然快诺……”云云。

更使溥仪感到莫大兴奋的是，鼎鼎大名的新文化运动名人洋博士胡适，对他的崇拜和为他的叫屈。原来胡博士自从与溥仪挂上钩之后，对溥仪的一举一动十分关切。溥仪被驱赶出宫后，这位洋博士急得在报纸上发表了致民国政府摄政内阁外长王正廷一封公开信，指责政府，大骂国民军，以表示他对于“以武力胁迫”修改优待条件这种行为的“义愤”。今天正当溥仪处于“三岔路口”之时，洋博士亲自来到北府拜谒溥仪来了。当然受到溥仪的热情欢迎，不免对博士在报上公开发表文章感谢一番。于是，胡适对国民军又骂了一通，说：“这在欧美国家看来，全是东方的野蛮!”并问溥仪今后有何打算。接着，他们又做了如下的对话：

溥仪说：“我希望能独立生活，求些学问。”

胡适说：“皇上很有志气！上次我从宫里回来，就对朋友说过，皇上很有志气。”

溥仪说：“我想出洋留学，可是困难。”

胡适说：“有困难，也不太困难。如果到英国，庄士敦先生可以照料。如果想去美国，也不难找到帮忙的人。”

溥仪说：“王公大臣不放我，特别是王爷。”

胡适说：“上次在宫里，皇上也是这样说过。我看，还是要果断。”

溥仪说；“民国当局也不一定让我走。”

胡适说：“那倒好说，要紧的还是皇上自己下决心。”

这一番对话，对溥仪来讲又增加不少勇气，越发感到自己不是孤立无援的。胡适走后，他正想连日以来一个接一个对自己“复号还宫”的好消息，十分得意的时候，又来了为他复辟效命的郑孝胥。看样子郑十分紧张，拿一张《顺天时报》说：“皇上看看《顺天时报》！报上报道了赤化运动来了，马上要天下大乱了。”溥仪当时虽然很年轻，但他早就听说过，赤化主义的厉害，什么共产共妻，什么有如洪水猛兽等等，现在无疑对他也要下毒手了。

这时，罗振玉也赶来了，他说日本人告诉他，冯玉祥和“过激主义”分子，联合

起来，冯已占领了“颐和园”，劝溥仪说：“出事可能在这一两天，皇上要趁早离开这里，到东交民巷躲避一下才好。”

这时洋人老师庄士敦也来了，他听到的消息，更是骇人听闻，说冯玉祥要第三次对北京采取行动了。

溥仪听到这些消息，早已沉不住气了，不知所措。这时他才开始意识到，“盖自段、张到京后，皆空言示好，实无办法。公为所欺，以为恢复即在目前，于是事实未见，而意见已生。有主张原订条件一定不能动者，有主必还宫复号者，有主改号逊帝者，有主岁费可减必有外人保证者，有主移住颐和园者，有主在东城购屋者。实则主权在人，皆不知所见而云然也。”于是一种恐惧和失望的心情，又在他脑海中活动起来。

寓居天津

溥仪出宫后成了中华民国的一个平民。他面前摆着两条路：

一条，如他自己表示的，做一个自由自在的平民。那就是按“修正优待条件”所示，甘心放弃帝王尊号，打消复辟欲望，做一个拥有大量财宝和田庄的、中国第一富有的“平民”。如求上进，可以用充足的财力求学深造，增长才干，对社会进步有所作为；

溥仪在天津

一条，继续与时代潮流对抗，为复旧做垂死挣扎：谋恢复“优待条件”，争取重返紫禁城，进而谋帝制复辟，那就要寻求支持，为人利用。

溥仪的心里不无矛盾。在他的思想境界里，有青年人向往自由，追求上进，弃旧图新的角落，但仍顽固地保留着一个“恢复祖业”的王国。正如溥仪所说：“在我的思想中，以为祖国是一家一姓帝王的祖国，认为清朝是中国的正统。辛亥革命让政时我岁数还小，那是受了袁世凯的愚弄。恢复祖先的事业是我第一个任务。”

对于被逐出宫，并不像他对鹿锺麟表示的那么开明、理解，而是视为冯玉祥不近人情。他将自己比作“困龙”“蒙尘”，说什么“我当皇上，也是天注定的，是前生修

来的福。我现在是困龙受灾难，等灾难一过，我还回宫当真龙天子。”然而，复辟没有市场，从辛亥革命起，中国人民坚决不要皇帝；谁实行帝制，谁就被抛弃，被打倒。

而这时溥仪身边的人，包围着他。企图影响他、支配他的人，除了王公贵族遗老们之外，又增加了日本帝国主义侵华势力。后者看准了目标，不遗余力地争夺，终于一步一步地把溥仪引入自己设计的圈套。溥仪从一个牢笼出来又钻进一个更黑暗的牢笼，解脱一种控制，又被加上更严酷的控制，生来就不幸的溥仪，进一步陷入更大的不幸和罪恶深渊。

（一）失去自由

溥仪住在北府，门外国民军看管着，他不得自由出入。

民国十三年（1924）十一月八日，鹿锺麟和张璧又到北府，因为他们听说溥仪要出走，以谈善后的名义，前往开导。

载沣出面接待。鹿锺麟提出三件事：第一，北府守卫情况；第二，故宫雇用人员尚不下千人，先遣散一部，然后逐步收缩；第三，国务院决定组织清室善后委员会，办理善后事宜，特来征询溥仪意见。载沣很开通，表示宫中一切听善后委员会主持办理，不必征询溥仪意见，他已是一个新人物，出宫是一件幸事。

鹿锺麟要求与溥仪一见。他俩又有一段交谈。鹿锺麟回忆说：

“我向溥仪说明来意后，问道：‘你对修正清室优待条件还有什么意见?’溥仪答：‘民国政府对清室仍然如此优待，我实在再没有什么意见了。’我继又问：‘你对废除皇帝尊号有何感想?’溥仪答说：‘废除皇帝尊号，我不但完全接受，而且也感觉很轻松，因为我对宫廷生活，早已厌腻，今天能作为中华民国的一个平民，实在是一件幸事。’我接着问：‘你考虑过将来如何打算吗?’溥仪答：‘关于我个人的将来，现在还没有具体打算，只希望在北京能有个住处，多读些书，如有可能，也有个出国深造的愿望。’”

载沣和溥仪都要求门禁放宽，出入给予方便。鹿锺麟答应了，规定醇王府的人可以自由出入，前来会见的人，只要溥仪同意，即准出入；但年轻人，外国人不得自由出入。

溥仪内心隐藏着另一种念头，只有鹿锺麟走后，才对婉容、文绣说出来。他认为“宫中的东西，全是列祖先帝苦心经营起来的，积二百多年的财力，始有今天，应当是我们皇室私财。现在全叫冯玉祥给强霸占去了，天理何容?”

宫中的财物，确实把相当大的一部分作为公物进行处理，其中主要是文物。确认属于私有者都归还了他和他的家庭成员。早在十一月十一日，绍英要求发还宫中所存银两，经国务院批准发还。共有库存十一万五千一百五十二两，多数是元宝、大小银锭，少数为金银钱，有的上面镌有福、禄、寿、喜、财等字样，因有文物价值，善后委员会留出大元宝十三锭、寿字中锭二枚、金银小锞子二枚、金银钱各一枚，用于陈列展出，其余均归还溥仪。至于衣物、生活用品等，均允取出。十一月二十日，敬懿、荣惠两太妃出宫时，她们宫中所存银两二万五千三百两及衣服、用品、家具等，全准带走。清点工作结束后，将属于私人的财产概行归还。

不可忽视的是，“修改清室优待条件”中规定，政府每年补助清室五十万元，并特支二百万元在北京开办贫民工厂，尽先收容旗籍贫民。这是一笔相当不小的收入。

此外，溥仪在京城和外地，还有存款、土地、房产等。但到底有什么、有多少，他这个一家之主说不清楚。鹿锺麟问到他皇室财产情况时，他回答说：皇室私产，一向由内务府管，“我不清楚”。绍英现在也在这里，可以叫他把皇室私产全部交出来。绍英是总管内务府大臣，也就是皇帝的大管家，他也说不清楚皇室有多少财产，对张璧说：内务府所管的皇室私产，除在盐业银行所存的现款可以很快地交出外，还有房产、土地很多，这些年来我们就没清查过。现在有极少数按季交租银的还可以查得出来，不交租的我们连房产、土地等有多少，坐落在什么地方也弄不清楚。问起房地产契约、合同。绍英说：“契约、合同有的是，现在库里存放。如要清查的话，就是每天用筐子来抬也得抬上几天。”这大概是中国头号大富翁，也是第一大糊涂。溥仪也没考虑如何用他的财富从事有意义的事业。

自从溥仪到北府，他周围的人们对冯玉祥没有底，不知将发生什么情况，气氛非常紧张。溥仪的父亲载沣失魂落魄，语无伦次，半点主意也没有。据庄士敦说，溥仪倒很庄严平静。

庄士敦搬出了公使团首席公使荷兰的欧登科、英国公使麻克类、日本公使芳泽。他们向摄政内阁的外交总长王正廷提出“抗议”，王正廷保证溥仪的生命财产安全。得到这个消息，府中气氛和缓了下来。

到北府后，王公和遗老旧臣们开始商讨“营救”溥仪的方案。随着形势变化，“营救”的方式、内容也不断更新。大体以载沣为首的清室王公贵族们，反对溥仪离开北府；幻想争回“优待条件”，重返紫禁城，享受昔日优待。以郑孝胥、罗振玉、庄士敦等为一派，再加上一个胡适，主张溥仪出洋深造，借助外力图恢复。

前者主要是通过社会关系到政界、军界求援，尤其是着眼于北京政变后将对北京政权起主宰作用的奉系、段祺瑞、内阁总理黄郛等。当然得到的答复多半不坏。而且很快奉军入京，段祺瑞出山，冯玉祥受排挤，黄郛内阁结束。这一派的幻想有增无减。特别是段祺瑞，有许诺在先，有行动在后，如果不是社会舆论的强大压力和孙中山北上并明确表态，段祺瑞不会收敛，王爷们还要以胜利者自居呢。

后者要复杂得多，表面上是营救，幕后的内容是溥仪想不到的。这中间的关键性人物是郑孝胥和罗振玉。

郑孝胥（1860~1938），福建人，举人，曾在日本东京任驻日本使馆书记官、日筑领事、神户大阪总领事等职，光绪二十年（1894）归国。后曾任总理各国事务衙门章京、广西边防督办、安徽按察使、广东按察使、湖南布政使。辛亥革命后，以清朝遗老自居，“凡诗文简扎题识，仍用宣统甲子，始终疾恶共和，未尝书民国年号也。”北京政府授官不受。民国十二年（1923）农历七月奉溥仪召入京，“他从盘古开天辟地一直谈到未来的大清中兴”，“说到激昂慷慨处，声泪俱下”，溥仪“大为倾倒”，“立时决定让他留下，请他施展他的抱负。”先任懋勤殿行走，民国十三年（1924）三月三日，溥仪命之为总理内务府大臣，佩带内务府大臣印钥，赏头品顶戴，全权整顿内务府，六月二十五日辞职，仍任懋勤殿行走，进讲资治通鉴。

罗振玉（1866~1940），江苏人，十五岁中秀才，后入京任学部二等谘议官。三年后补参事官，兼京师大学堂农科监督。辛亥革命爆发，亡命日本京都，“虽闭门著书，不问世事，而实际则异常积极，联络友邦朝野，待时而起。”升允、善耆到日本寻求复辟支援时，和罗联系。在日本住九年，民国八年（1919）春回国。离日本前与犬养毅谈政治，强调东西方之不同，东方政教之一致，应及早防赤等。“从日本归国，住在天津租界，因为和日本人的关系较深，和日本驻津的领事馆与驻屯军司令部的首脑都有往来”。民国十三年（1924）农历八月，溥仪诏入直南书房，命审定内府所藏古彝器，查养心殿陈设物品。

这两个人一步一步把溥仪送到日本侵华势力手中去。据溥仪说，民国十二年九月，日本发生大震灾，溥仪拿出估价在美金三十万元上下的古玩字画珍宝赈灾，日本劳泽谦吉公使陪同日本国会代表入宫向溥仪致谢，从此东交民巷的日本公使就和紫禁城的某些人有了交际。罗、郑到紫禁城后，竟又和日本兵营“有了往来”。溥仪被驱逐出宫到北府之后，郑、罗，日本使馆，北京政变后出任执政的段祺瑞，三者之间围绕着溥仪的安排问题，进行着紧锣密鼓的密谋，居间沟通者郑、罗二人。日本方面和郑、罗二人，对于“营救”溥仪出北府，表现出惊人的积极性。他们并不是出于关心和担心，因为段祺瑞掌政后的北京政府，实在没有，也不能对溥仪采取什么比“修正优待条件”更可怕的步骤。只因为溥仪是大清皇帝，“奇货可居”，在日本侵华阴谋中也许用得上，谁把他掌握到手，都是一笔不小的资本。段祺瑞和日本的关系有史可查，当然密切配合。此外，庄士敦是溥仪的老谋士，催促溥仪早日离开，和溥仪研究着出洋深造的事，他还转达了张作霖的“关怀”，张作霖欢迎溥仪到东北去住。金梁鼓动溥仪先出洋留学，“一旦有机可乘，立即归国”，“虚名上之帝号必不可要，而人心中之帝号必不可不要”，亦即“敝屣今日之假（皇帝），始可希望将来之真（皇帝）”。和郑孝胥交了朋友的胡适，先登报表示了对武力胁迫修改“优待条件”的义愤，然后上门劝溥仪下决心出洋。郑孝胥和金梁“几乎每天轮流到北府与溥仪进行密谈，有时也在一起吃饭。”载沣进行监视，溥仪很反感，向父亲明确表示，有来访者不希望他总在场。

溥仪本来就对王公大臣的禁锢、封锁不满，反抗过。出宫以后根本不打算在北府久留，拟购裱褙胡同一处房屋，从北府迁出。十一月二十六日，溥仪写给张作霖的信中说：“数年以来，困守宫中，囿于闻见”，乘此出宫后的机会，“拟为出洋之行”，需准备一段时间，“日内欲择暂驻之所，即行移出醇邸。”在力主出洋派各种人物的推动下，溥仪下决心外逃。

关于出逃计划，最先是郑孝胥和日本使馆卫队司令官竹本多吉大佐商定的：由竹本的副官中平常松大尉穿便衣，带一名医生，假装送溥仪去医院，出北府，进日本兵营。十一月五日夜，郑孝胥带着两个日本人到北府，说出计划，遭到王公大臣和师傅们一致反对，认为太冒险。载沣反对最激烈，他说即使进了东交民巷日使馆，冯玉祥向我要人怎么办？故“阻不得行。”郑孝胥和日本人被送走了。

接着是罗振玉经过奔走天津日本驻屯军、段祺瑞诸方，谋得的有攻有守的方案。还在冯军入城驻兵景山时，罗振玉即赴日本公使馆，谋得通行证，并与竹本大佐取得联系，约定有事以无线电报通知。十一月五日，乘车赴津，“行装甫卸，径赴日本军司令部，见参谋金子氏”，金子告以顷接北京电报，鹿锺麟已率兵入宫，逼改清室优待条件。罗振玉请日司令官出名片介绍见段祺瑞。这时段祺瑞已接到竹本大佐转来的郑孝胥求援电报。罗到段邸，段已就寝，由秘书丁士源代见，段允发电阻止冯军，由罗、丁商定电文，交日本军司令部拍发。罗并请段再发一官报，段允。六日返京，知溥仪已出宫。次日到北府见溥仪。段祺瑞十一月六日（鱼日）已发出反对冯玉祥“逼宫”电报。在天津时日本军司令部的人告诉罗，北京的竹本大佐有办法。所以他返京后去找竹本，竹本说：日本骑兵将在北府附近巡逻，如果国民军有异动，日本兵营立即采取“断然措施”。同时日本兵营转来段祺瑞“皇室事余全力维持，并保护财产”的电报。

十一月二十四日，段祺瑞就任中华民国临时政府执政。二十八日，北府大门国民军受段祺瑞之命撤走，由几名警察站岗守卫。段祺瑞甚至有可考虑恢复“优待条件”的表示，形势已经缓和。如果仅仅为了溥仪的安全，为了索回皇室的利益，就会全力与政府交涉恢复政变前的待遇。奇怪的是，郑、罗等人制造新的紧张空气，因而有最后逃出北府进入日使馆的方案和行动。

十一月二十八日，郑孝胥拿着日本使馆支配下的日商报纸《顺天时报》，大惊小怪地指着上面一条关于“赤化运动之平民自治歌”的消息给溥仪看，上面有“留宣统，真怪异，唯一污点尚未去”之语。郑说天下要大乱，“赤化主义”要对溥仪下毒手了。

罗振玉报告说日本人得到情报，冯玉祥和“过激主义”分子将对溥仪有不利行动，并且说一二天内可能出事，必须马上离开。庄士敦也带来外国报纸上关于冯玉祥要第三次对北京采取行动的消息。溥仪对外界隔膜，听了他们的话，惊慌失措。陈宝琛本来和郑孝胥的关系就很亲密，这时也同意郑孝胥等人的意见，要溥仪赶快躲进东交民巷去。

溥仪与陈宝琛、庄士敦“悄悄地商议了一个计策”。郑孝胥、陈宝琛到庄士敦处“共同磋商”。郑孝胥与陈宝琛、罗振玉“密筹脱出之计”。总之，溥仪及这些谋士们进行了一系列密谋，做出一个四步行动计划。第一步，溥仪和陈宝琛出去探望十一月二十日出宫住在麒麟碑胡同的敬懿、荣惠两太妃。之后，回北府，使府中人们对溥仪外出放心。第二步，借口去裱褙胡同看一所准备租用的房子，从那里去东交民巷，住进德国医院。第三步，住日本使馆。第四步，接眷属到东交民巷。

这个计划既对官方保密，也瞒着王爷。但事先与日本使馆取得联系，得到了支持。郑孝胥说事先议定去日使馆。溥佳说：二十六日晚，郑孝胥带日本使馆武官和翻译到北府，与溥仪密谈，建议溥仪去东交民巷，他们一定帮助安排一个安全的地方居住。

罗振玉在《集蓼编》中记载：他与溥仪、陈宝琛商量好，由陈宝琛借庄士敦的汽车去北府迎溥仪，先到德国医院小憩，然后去日使馆。事先，罗振玉与日使芳泽打过招呼，芳泽的答复是使馆派人去接不方便，如自己来，当竭诚保卫。有了日本使馆的同意，溥仪开始实施行动计划。

第一步，很容易地做到了。

第二步，是关键。定于十一月二十九日进行。行动的前两天，溥仪把从宫中带出的珠宝整理在一个手提箱里，准备带走。二十九日这天，正午稍过，溥仪动身出门，先对溥佳说：“我现在就到东交民巷，住处还没找好，皇后和淑妃先不要去，等我找好了住处之后，再派人接她们来。你们以后再找我去罢。”为了不引起王爷怀疑，溥仪没带行李，只把一包珍宝交给庄士敦，放在庄士敦的皮大衣夹层里带走。但溥仪刚上汽车，载沣的大管家张文治奉王爷之命要求陪同前往，实为监视。溥仪和庄士敦乘第一辆汽车，陈宝琛和张文治乘第二辆汽车。出门时，两名警察踏上溥仪坐的车两旁踏板上同行，是例行公事，没有监视任务。汽车在庄士敦指挥下开往使馆区。为了蒙骗张文治，先到乌利文洋行停一下，装作买东西，溥仪在这里买了一块法国金怀表，又到德国医院。那里的棣柏医生曾入宫看病，认识溥仪。到医院后，庄士敦向棣柏说明来意，溥仪就到一个空病房休息。张文治见状，立即回府报告。庄士敦去使馆交涉，他先后去日本、荷兰、英国使馆，最后在下午近三点钟见到日本公使芳泽，芳泽同意接纳溥仪，并准备把自己的房间腾出来给溥仪用。庄士敦回到德国医院，但这时溥仪已被郑孝胥接走了。

原来郑孝胥去北府时是下午，溥仪已经出走。郑孝胥找到德国医院，见到了溥仪和陈宝琛。庄士敦还没回来。郑说已议定可去日本使馆。溥仪令郑去通报日使馆。郑去日使馆见到竹本，竹本报告公使芳泽，然后说："请皇帝速来。"郑回到医院引溥仪出医院后门，登马车驱日使馆。竹本先把溥仪迎入兵营。庄士敦从医院再返回日使馆，在竹本大佐的司令部见到溥仪、郑孝胥、陈宝琛等人。随后，芳泽把溥仪迎入使馆。张文治回府报告后，载沣等一行前来。

溥仪从他父亲家里逃到日本使馆，是福是祸？在罗振玉传和郑孝胥传里，都把这件事作为营救皇帝的历史功绩来写。溥仪本人急于逃出，当然认为是得救，一则冯玉祥再有什么行动，便无奈何于他；二则以父亲为首的王公大臣们再也管不着他。他当庆幸自己获得了"自由"。但以后的命运并非如此。

溥仪逃到日本使馆后，命郑孝胥往告段祺瑞，命张文治告知张作霖。中国政府认可。芳泽将溥仪来日使馆事告知民国政府外交部并转段执政，"蒙其答复，极为谅解。"虽有"反对优待清室大同盟"发表宣言，谴责段政府放纵溥仪和日本，但政府漠然置之。执政府除向芳泽表态外，又派陆军中将曲同丰，亲自到日本兵营竹本那里，表示执政府极愿尊重逊帝自由意志，并在可能范围内，保护其生命财产及其关系者安全。

日本方面对这件事极为重视。劳芳收留了溥仪之后，发表公开谈话，说"事出突然"，佯做事先不知，欺骗视听。并立即发电报告知其本国；电话通知各国使馆及各公使夫人。芳泽亲自为溥仪打扫住处，命书记官池部政次侍候。溥仪到使馆的第二天，婉容要驱车出北府去使馆，被阻。她给溥仪写了一张便笺，祈求溥仪想办法把她接出去。芳泽得知，派外交秘书带着命令去北府接婉容，又被阻。于是，芳泽亲自去找段执政，要求段下令给北府卫队放行。"不到一小时，秘书先生顺利回到公使馆，带回了皇后。"婉容和文绣到了溥仪身边。

溥仪和他的妻妾，加上太监、宫女、随侍、厨役、南书房行走、内务府大臣等，共几十人，使馆特意腾出一所楼房给他们住。于是宫廷的奏事处，值班房全部恢复。在这里，度过民国十四年春节。春节这天，溥仪坐在坐北朝南的西式椅子（代宝座）上，接受了王公遗老旧臣的朝贺。溥仪生日那天，使馆把礼堂让出来，供祝寿之用，王公大臣、遗老、东交民巷各国的使馆人员，共五六百人，分班贺寿。溥仪借此机会发表演说，大肆攻击冯玉祥"不近人情"、民国"失信"，宣泄"心中抑郁"。日使对溥仪可谓关怀温暖备至。住在使馆，他的父亲及家族其他成员不断到使馆看望，规劝溥仪回府，溥仪不允。实际上他已经成为日本的笼中鸟，想回也回不去了。在日使馆，郑孝胥、罗振玉的态度发生突变，简直视溥仪为他们看管的囚徒。罗振玉对前来看望溥仪的王公遗老们，正言厉色地说："这里不同在北府，每天来的人太多，对于使馆治安上很不相宜。我已和使馆方面谈妥，今后有事要来的，就在星期三、五两日；其他的日子要来，就必须经过使馆方面许可才能进来。”溥仪的情绪很不好，对溥佳说：“我来到日本使馆以后，感觉很不方便，就连院子走走都不随便。”“可是北府也不能再回去了，我一定要想办法离开这里。”他并不知道，去哪里也逃不出日本的手心。

（二）寄居天津

溥仪在日使馆住了近三个月，他决定去日本留学。这时郑孝胥、罗振玉因争夺“营救”溥仪之功，及争夺对溥仪控制权，斗得不可开交。郑孝胥居劣势而回上海。罗振玉出台唱主角，他和日本使馆书记官池部政次策划，并得到芳泽同意，决定把溥仪送到天津去。但他对溥仪说到天津好做出洋准备。溥仪同意了。冯玉祥军队入京后，溥仪曾和他的伴读兄弟溥杰、溥佳秘密商议，如果宫中不能住，即去天津，到早先准备的住处去。那所房子在英租界。

但罗振玉说最好住日租界；住英租界不合适。溥仪后来回答关于这个问题的询问时说：“住在日租界，人家‘保护’起来方便。”

民国十四年（1925）年二月二十三日，溥仪向芳泽公使夫妇辞行、道谢，合影留念。然后由专程来京的天津日本总领事馆的警察署长和便衣警察护送，罗氏父子（福葆）陪同，前往天津。在天津车站迎接溥仪的是日本驻天津总领事吉田茂和驻屯军的官兵，约数十名。溥仪天津之行，对北京政府并不保密，芳泽通知了段执政和外交总长。段祺瑞不但同意，还要派军队护送，芳泽没接受。事后，日本公使馆又发表声明，还是说溥仪“突然”向天津出发，表示他们事先不曾与谋。

溥仪到天津，先在日本大和旅馆住一天，次日，池部夫妇陪婉容文绣及溥仪在日本使馆的一套人马到天津，移居“张园”。张园占地约二十亩，中间一座楼房，主人是前清驻武昌第八镇统制张彪。张彪为了表示忠于清帝，坚决不收房费。溥仪在此住了四年多。张彪死后，民国十八年（1929）七月，溥仪一家搬到陆宗舆的“乾园”。当时蒋介石正和地方实力派混战，溥仪“静观变化，静待时机”，改“乾园”为“静园”。在此住到民国二十年（1931）去东北为止。他做了六年“寓公”。

既然到天津是准备出国留学，为何一住六七年不动身？从溥仪个人的动向来说，是复辟当皇帝的欲望压倒了他那微弱的当自由平民的闪念。一九九一年，日本记者采访张学良时，张学良提到在天津常见溥仪，曾劝溥仪：放弃当皇帝的那一套，到南开大学读书或出国留学，凭你当过皇帝的经历，将来可以竞选大总统。张学良那时风华正茂，年轻有为，是奉系的新派人物，目光比他的父亲远大，比同龄人思想开阔得多。事实证明溥仪没接受他的建议。

溥仪到天津后，摆脱了王公、太妃们的约束。他的父亲醇亲王载沣已经没有力量支配他的行动。在溥仪到天津居住的第四年，即民国十七年（1928），载沣移居天津英租界。溥仪在东北登上伪满洲国皇帝宝座那年的六月，他去看过一次长子。民国二十七年移居天津日租界。次年七月天津水灾，八月迁回北京住什刹后海醇王府内，后将住宅出售，多次搬家。一九五一年二月三日病故。

清朝旧臣、遗老、溥仪的师傅们，还有保皇派康有为，仍然对溥仪的去向参与意见，有主张还宫的，有主张出洋的，最终目标都是借助外国力量复辟，而以依靠日本的呼声最高。

在天津，溥仪和外界接触较多，军阀们对他表示的“忠心”使他产生一种错觉，以为依靠他们可以复辟。溥仪到天津时，奉军占据天津，直隶督办李景林第一个和溥仪见面，以地方官身份拜访，表示予以保护。

最对溥仪有诱惑力的是奉系张作霖。民国十四年（1925）夏天，张作霖派人给溥仪送十万元钱，并要求溥仪到他住的地方见面，因为他不便于进日租界。溥仪在初夏的一个夜晚，来到曹家花园张作霖的“行馆”。张作霖以叩拜礼迎接了溥仪。溥仪描绘当时的情景和心情时说：

“我下了汽车，被人领着向一个灯火辉煌的大厅走去。这时，迎面走来了一个身材矮小、便装打扮、留着小八字胡的人，我立刻认出这是张作霖。我迟疑着不知应用什么仪式对待他——这是我第一次外出会见民国的大人物，而荣源却没有事先指点给我——出乎意外的是，他毫不迟疑地走到我面前，趴在砖地上就向我磕了一个头，同时问：‘皇上好?’

‘上将军好?’我就着劲，扶起他，一同走向客厅门。我心里很高兴，而且多少——虽然这已不像一个皇上的心理——有点感激他刚才那个举动，这把我从‘降贵纡尊’中感到的不自在消除了。当然，我更高兴的是，这个举足轻重的人物看来是并不忘旧的。”

交谈中，张作霖对冯玉祥“逼宫”表示了不满，并责怪溥仪不该在他带兵到了北京之后，逃向日本使馆，声称他是有足够力量尽保护之责的。他表示溥仪缺什么东西，提出来，可以解决；如果愿去奉天，可住在宫殿里；如果受日本人欺侮，也可以告诉他，他说：“我会治他们!”溥仪知道日本是支持张作霖的，因此，在这次会面之后，复辟的希望立即升温。

向溥仪献媚的不只奉系，其他还有吴佩孚上书称臣，段祺瑞请见等。但奉系在溥仪心中分量很重。北方和中央政府在奉系手里，就实力和势力来说吴佩孚在其之下，段祺瑞更与之不能相比，尤其国民革命军北伐以后。因此，溥仪在张作霖叩头、谈话之后，加紧与奉系联络。通过与奉系有联系的载沣大管家张文治、前内城守卫队军乐队长李士奎，以及胡若愚等，引见奉系将领。褚玉璞、毕庶澄、张学良，相继来到

"张园"会面。张宗昌还在溥仪住北府时就化装去看过溥仪，到天津后更是"张园"的常客。

张作霖死后，溥仪和他周围的人认为，日本要取东北，不能管理，必用"皇上"，于是采取"我欲借日本之力，必先得关东之心"的策略。张学良没有他父亲那样的表示，而且劝溥仪趁年轻读书。溥仪找到东北红十字会的商衍瀛，商原是广东驻防旗人，做过翰林，通过商活动奉系将领。他在民国十九年（1930）春给溥仪的奏折中吹嘘说："时局变幻不出三个月内"，让溥仪"待时机之变"。说将在吉林、哈尔滨活动。全是梦话。

奉系不是唯一要依靠的。这时溥仪近于饥不择食。白俄谢米诺夫，在中国满蒙边境从事土匪活动，由升允、罗振玉、郑孝胥推荐，民国十四年十月，溥仪在"张园"和谢米诺夫会面。这位白俄表示，要夺取满蒙建立反赤根据地，交给溥仪统治。溥仪对他也曾寄以很大希望，支持他的活动。

溥仪依靠他们复辟是一种幻想，甚至是一种幻觉。上述这些人中并不都表示支持大清复辟。有的仅仅是交往而已。即使那些说"人心思旧"的话的，如：毕庶澄，没有力量，也不见得有帮助他复辟的打算。还有一些表示矢忠清室，保证能完成复辟大业的，是些类型不一的骗子，他们看中了溥仪的钱财。以下的例子足以证明：

张宗昌，自民国十三年和溥仪来往，并不曾说明如何复辟清室。民国十七年（1928）张宗昌兵败之后，派人、信函吹嘘自己实力如何强大，表示要依附和忠于清室，同时要"壹佰万元"或"叁伍拾万"。那位谢米诺夫，第一次与溥仪见面就拿去五万元，之后溥仪给他办一个存折，第一次存一万元，由郑孝胥经手，随用随取。谢米诺夫究竟拿去了多少钱，溥仪无法计算，直到"九·一八"事变前两三个月，"还要去了八百元。"替溥仪联络奉系的刘凤池，是许兰洲的旧部下。他以联系奉系为名，向溥仪索去古玩、字画、金表、珍珠、宝石、钻石等，甚至指名要十颗朝珠，要珠顶冠上那颗珠子，要端砚、细瓷、"外界不易得之物"。他要去多少珍宝，溥仪没报出数来，但他说：如果刘凤池报告的活动情况都如实的话，差不多奉系的旅长以上，甚至包括团长，以及红枪会首领、占山为王的草莽英雄等，"都拿到了我的珍珠、古瓷、钻石"，"只待我一声令下，就可以举事了。"但只见东西去，不见信息回，溥仪不再那么慷慨。类似人物"可以举出一串名字"，溥仪被骗走的财宝也可以列出一堆单子。但是，谁也不是诚心帮他重登宝座。他们不过是利用溥仪复辟心切，诈骗钱财而已。

溥仪在天津期间，为了复辟，花钱不少，花脑筋也不少。其中值得提出的，是他的目标被引向了东北，而且和日本对东北的侵略意图挂上了钩。溥仪也许只想到了利用日本，而没想到被日本利用的后果。

溥仪到了天津日租界，确切地说是自从到了北京日使馆，就已经失去了出洋留学的自由。对此，庄士敦看得很清楚。还在民国十四年初，即溥仪到东交民巷日使馆之后，庄士敦对溥佳说："他（指溥仪）到了日本人手中，恐怕不会再放他出来了。"

事实上，溥仪自从到了天津日租界，就在日本监视之下。日本总领事派日本人警官一名和日租界内中国人巡捕三四名，借保护为名，经常在溥仪院内巡视。溥仪出门时，日警官跟着，并把他每天出门和见人的情况记载下来报告日本领事馆。溥仪的活动不得出日租界。民国十四年夏去张作霖住处，是第一次出日租界，第二天日本总领事有田八郎就提出警告："陛下如再私自去中国地界，日本政府就再不能保证安全！"溥仪和他周围的人，都认为要复辟必须借助于日本的力量。"故对日本只有联合之诚，万无拒绝之理。"

日本方面极尽拉拢、引诱之能事。日本驻天津总领事馆、天津日本驻屯军司令部、日本黑龙会，都向溥仪伸手，刺探溥仪的动向。他们向溥仪表示尊重、友好、支持、保护，请溥仪参加他们的某些活动，特别向溥仪显示日本的军事力量。例如：请溥仪参观兵舰、阅兵典礼、日本侨民小学；还请他参加日本"天长节"活动，溥仪与日本人同声高呼"天皇万岁"；请溥仪吃饭，为溥仪祝寿等等。同时，日本司令部派人给溥仪讲时事，引申出什么中国混乱是群龙无首，没有皇帝，日本天皇制优越，中国民心唯有宣统帝才能收拾等等结论。这一切使溥仪更忘乎所以，一心想着复辟。溥仪复辟欲望越强，距日本阴谋越近。

（三）潇洒生活

溥仪觉得在天津的生活比在紫禁城里舒适。原因是他摆脱了紫禁城里那些他不喜欢乃至厌恶的东西：太妃、王公的管制，陈规旧制的约束，内务府里那群贪婪的、寄生虫上的寄生虫，笨拙的皇帝龙袍……；但保留着他所需要的及象征着皇帝尊严的虚荣：中国人称他为"皇上"，外国人称他为"皇帝陛下"，他住的地方称为"行在"，园子里使用"宣统"年号，祝寿、贺年依然隆重、排场。最最主要的，他是一位拥有大量财富的贵族，从宫中运到天津的财宝，外国银行里的存款和利息，房产及租金，关内外的大片大片土地……；并得到了紫禁城中没有或稀有的洋楼、暖气、抽水马桶、洋货；还有进行社交活动，逛大街，出入游乐场所、高级餐厅的自由，天津著名的德国"起士林"大餐馆是溥仪经常光顾的地方。他说：

"为了把我自己打扮得像个西洋人，我尽量利用惠罗公司、隆茂洋行等等外国商店里的衣饰、钻石，把自己装点成《老爷杂志》上的外国贵族模样。我每逢外出，穿着最讲究的英国料子西服，领带上插着钻石别针，袖上是钻石袖扣，手上是钻石戒指，手提'文明棍'，戴着德国蔡司厂出品的眼镜，浑身发着密丝佛陀、古龙香水和樟脑精的混合气味，身边还跟着两条或三条德国猎犬和奇装异服的一妻一妾……”。

张园设“清室驻津办事处”，北京有“留京办事处”“陵庙承办事务处”“驻辽宁办事处”“宗人府”“私产管理处”“东陵守护大臣”“西陵守护大臣”等机构，替溥仪管理家产和家务。天津一地的开支每月约需一万多元，那些运动复辟的费用在外。其阔气程度，比紫禁城时差得多，但在中国社会上仍然是少有的；洋气程度则是紫禁城不可能达到的。

“皇帝”头衔随着“优待条件”的修改而取消，但人们仍用好奇的目光看待他，称他为“皇帝”。尤其外国的使节们，不论日本、美国、英国、法国、意大利，这些国家驻天津的总领事、驻军长官、洋行老板，都对溥仪表示恭敬，称他为“皇帝陛下”，请他去参观兵营、飞机、兵舰，参加国庆日阅兵，向他贺年、祝寿。英王乔治五世的儿子过天津时也曾来访。通过有关人员转递，溥仪和英国国王、意大利国王互赠了照片。天津英国人办的“乡艺会”，是一所豪华游乐场所，不许中国人进出，后来允许外国会员带着中国买办资本家去，而溥仪则特殊，可以自由出入，且可携带家属。

所有这一切，使溥仪的虚荣心感到满足。但是，“张园”的生活仍然是空虚、乏味的。复辟是这位主人公的宗旨，而它是不合潮流、没有希望和光明的追求。这个宗旨经常使他陷于鬼鬼祟祟、心惊胆战、迷离惝恍之中。

通常富豪之家，往往物质生活上的豪华与精神世界的空虚并存。这种情况又容易种下家庭不幸的祸根，争吵、倾诈、分裂……随之而来。何况溥仪长期以“皇帝”独尊，我行我素，喜怒无常，家庭夫妻之间难得和谐。

一夫多妻，本身就制造对抗与排他，矛盾和斗争。何况是民国开国十年后组成的一夫两妻家庭。溥仪的婚事，如前述，从订婚、结婚全过程，可以看出，他和婉容、文绣素不相识，都是没有爱情基础的婚姻。在北京宫中，婉容、文绣之间已经产生种种不睦。不过，那时门关得紧紧的，溥仪有“皇帝”尊号，严格执行祖制家法，民国法制进不了紫禁城；婉容、文绣自幼受旧礼教的教育和熏陶；三人年龄都不大。由此种种因素的制约，他们之间的矛盾再深，也不易公开分裂。

婉容、文绣间的争斗是固有的。而溥仪与婉容、溥仪与文绣间的关系，则经历了曲折的变化过程。

文绣之所以为“淑妃”，地位低“皇后”一等，主要因为她的娘家贫穷。订婚当时，太妃们之间争夺，溥仪漫不经心，先圈选文绣为后，又改圈婉容为后，这中间有很大偶然性，与现代青年经过交往、了解，然后确定配偶完全不同。

文绣幼年丧父，母亲蒋氏，生她与妹妹文珊二人。父亲端恭去世后，她母女三人有出无入，生计艰难，蒋氏做些挑花活补贴。文绣从八岁起，白天上学读书，晚间帮母亲挑花。受母亲和环境影响，待人宽厚、善良，性情恬静。虽不具有花容月貌，可也五官端正，举止温文尔雅，落落大方，且头脑聪颖，有才华，善文学，通琴棋书画。入宫后，面对婉容的骄横霸道，她“甚自爱”，除按时请安外，独居长春宫，读书、做针线。

因为文绣能诗善文，溥仪和她很谈得来。婚后的一年多，他对一后一妃基本上能做到一视同仁。出入三人同行。如：民国十二年（1923）四月三十日、六月六日、六月九日，到醇王府探望患病中的祖母，携婉容、文绣同往。同年七月三十一日、八月三日游景山，八月四日探望婉容的父亲荣源，也是三人同往。溥仪与文绣常共同研讨诗文，他亲笔写新体、旧体的言情诗赠文绣。现录其中三首于下：

赠淑妃文绣诗三首

其一

夜坐阶生冷，思君方断肠。

宁同千万死，岂忍两分张。

孰意君至此，悲秋渐若忘。

洗盏相畅饮，欢罢愿连床。

其二

仆本无赖幸逢卿，感激何似老猴精。

最怕一句拉不拢，羞得粉面若深红。

其三

灯闪着，风吹着，

蟋蟀叫着，我坐在床上看书。

月亮出了，风息了，

我坐在院中唱歌。

月亮出来了，

她坐在院中微笑的面容。

忽然她跳起来冲着月亮和我鞠躬；

一面说：好洁净的月儿，弗呢来箇哉！

一九二三，北京，HENRY

诗中充满青年男女间的深情和理解。

在一封溥仪给文绣的信里，情意更浓些。原文如下：

“爱莲吾爱妆次：敬启者，猥以贱质，幸蒙青眼，五中铭感，何可胜言。一日不见，有如三秋。鹣鹣鹣鹣，卿卿我我，恩情密密。月夜花前，携手游伴。柳岸河边，并座谈心。你是一个仙人，我是半个北鸭旦子吗？”

从诗、信及文绣离婚后对娘家亲属所谈情况看，最初溥仪和文绣之间的感情满不错。

溥仪并没因为亲近文绣而冷淡婉容。相反，他在结婚时，就觉得婉容长得很美。婉容与文绣不同，是一位天津贵族小姐，雍容华贵，仪态不凡，不仅有秀美的面庞，而且身段苗条，文才虽不及文绣，但也有知识，谈吐文雅。她对溥仪，除了从男尊女卑、女子应三从四德的意义上，必须服从而外，在许多地方，溥仪需求教于她，尤其到天津之后。这主要指生活方面。溥仪说："我记得我的妻子婉容和我的母亲瓜尔佳氏，就比我和父亲懂得的事多，特别是会享受，会买东西。"岂止是买东西，连吃饭的本领，溥仪也比婉容不如。溥仪原不会吃西餐，第一次吃西餐，是令太监到六国饭店买的。溥仪看见一碟黄油，黏糊糊的，不知怎么吃，让太监尝尝，太监尝了说难吃；有一份乌龟汤，溥仪也觉得难喝。后来是婉容这位"漂亮的贵族小姐"指点他学会吃西餐，而且很喜欢吃。到天津后，时常吃"起士林"的西餐。溥仪和婉容之间也有谈情说爱的书信往还，有时用英文写。

但婉容和文绣之间，一开始关系就不融洽。这首先不是他们三人中哪个人的过错，而是一夫多妻本身造成的。在婉容方面，认为自己是"正宫"，理应高于"妃"；又觉得她和溥仪之间多了一个文绣，分走了本该属于她一个人的溥仪的心。在文绣方面，觉得进入民国时期了，后妃之间应当平等；论才学婉容不如她，不甘心低婉容一等。她俩的这种观念，都是合理的、可以理解并值得同情的，至少在民国时代如此。他们三人各自的缺点和相处中发生的问题，象火上浇油，雪上加霜，使相互关系恶化。

婉容以"正宫"自居，显得比较霸道，处处压文绣。民国十二年（1923）九月，婉容入宫后第一次过生日。因为农历九月二十七日是孝慈高皇后忌辰，改在十七日庆祝。事先赏宫中各处当差人员、太监等每人银洋二元、四元、十元不等，十七日请演员入宫演戏，很热闹。而文绣生日，由于婉容反对，溥仪被迫停止给文绣庆贺寿辰。这在文绣心中自然结了个疙瘩。

文绣和婉容之间有往还书信保留下来。今能见到的文绣给婉容的信，开头竟不写称呼语，这不能说是无意之中造成的疏漏。信中对婉容来信的错字毫不客气地指出："来函笔误甚多，兹特更正还回"。她俩来往信件，字里行间暗含着针刺，即使是相互问候，也缺乏真减，有些表面应酬的味道。

溥仪的夫妻生活不正常。婚后，他住养心殿，婉容住储秀宫，文绣住长春宫。溥仪有时住在婉容的寝宫。他对第五个妻子李淑贤说，大婚后有时到婉容那里去住，不常去长春宫，"偶尔也去看看，呆一小会儿就走了。"宫中大火和驱逐太监之后，他疑神疑鬼，担心有人暗害，晚间找人守夜，挑来挑去，认为婉容最可靠，让婉容守夜；一连几天夜里她不能睡觉。溥仪多半住在自己的养心殿，婉容、文绣都守空房，都以为溥仪厚彼薄己。这更加一层她俩之间的嫉妒。

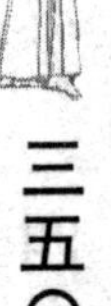

在婉容、文绣的矛盾斗争中，溥仪往往迁就婉容、偏袒婉容。婉容很厉害，为了文绣负责给溥仪梳头，溥仪去长春宫，婉容也要唾骂文绣。溥仪说："婉容很厉害，她不让我接近文绣"。文绣娘家的人根据文绣所谈，也形成这种看法，说："溥仪为了减少和婉容之间的一些无谓的争吵，对文绣就日渐疏远，厚婉容而薄文绣。一天到晚，全是婉容陪着他玩。"大致在离开紫禁城半年之前，溥仪和文绣就不常见面了。公开场合只带婉容不带文绣。如：民国十二年（1923）十二月二十二日，去醇王府探望祖母；民国十三年（1924）一月十三日，赴醇王府参加溥杰的婚礼；二月八日到醇王府为父亲祝寿等，都是携婉容一个人去。在溥仪的心目中，后、妃是两个等级，有贵贱、高低之分，高看"皇后"一眼是必然的。她俩娘家家境、社会地位的差别，也都影响着她们在爱新觉罗家的地位。

文绣独守空房，长年累月，十分凄苦。她对娘家人诉说过，在宫中一个人守在空旷的大宫殿里，点蜡读书（宫中常停电），"燃烧的蜡烛，不知不觉去了一大截"，"莫名的伤感，常常袭击着我。"她的一篇短文描写了那时的心情：

哀苑鹿

春光明媚，红绿满园，余偶散步其中，游目骋怀，信可乐也。倚树稍憩，忽闻囿鹿，悲鸣宛转，俛而视之，奄奄待毙，状殊可怜。余以此鹿得入御园，受恩俸豢养，永保其生，亦可谓之幸矣。然野畜不畜于家，如此鹿在园内，不得其自由，犹狱内之犯人，非遇赦不得而出也。庄子云：宁其生而曳尾于涂中，不愿其死为骨为贵也。

离开紫禁城住北府时，溥仪与文绣、婉容天天见面，又在"患难"之中，溥仪对文绣接近多了一些。北府离文绣母亲蒋氏住的地方不远。那是文绣人宫后，溥仪赐的住宅，在地安门后海南沿大翔凤胡同四十一号，独门独院十一间瓦房。溥仪允许文绣回家探望母亲。有一次，溥仪主动和文绣一起去看望岳母蒋氏，并带去厚礼。蒋氏接待这位高贵的女婿，诚惶诚恐，行跪拜礼，口称"皇上"，连头也不敢抬。尽管溥仪说：我也是国民一分子，不再是皇上了，她还是拘谨不安，不知该和女婿说点什么。不到一个小时，溥仪和文绣双双回北府。

溥仪和文绣关系恶化，是从民国十四年（1925）春节开始的。他们住在日本使馆。大年初一，日本公使芳泽夫妇给溥仪和婉容拜年，溥仪没让文绣露面。文绣不服气，说现在是避难，不能像宫里一样，后妃之分不必那么严。溥仪发了火，认为嫡庶名分是不能更改和逾越的，文绣的要求是越格非分之举。文绣顶撞了他，他打了文绣，并训斥说：

"婉容是我的皇后，你是我的妃子。哪有当小的份儿和皇后平起平坐呢？皇后陪我接见日本公使夫妇，是名正言顺。"

"你这是乘我蒙难，有意和我过不去呀。我从前宠幸你，是赏识你的文才。我早知

婉容

道你这样目无君臣礼法和尊卑之分，不懂规矩，我早就把你废了赶出宫去。”

而这时，婉容一旁幸灾乐祸，添油加醋地说：“大年初一，不取个吉利，就惹皇上生气。”对这件事，文绣很是伤心。

到天津以后，溥仪的家庭关系进一步恶化。溥仪说，由于他不接近文绣，“日久天长，文绣对我的感情自然很坏，后来逼得她非跟我分手不可。”加之，“张园生活上的空虚。其实即使我只有一个妻子，这个妻子也不会觉得有什么意思。因为我的兴趣除了复辟，还是复辟。老实说，我不懂得什么叫爱情，在别人是平等的夫妇，在我，夫妇关系就是主奴关系，妻妾都是君主的奴才和工具。”

在天津，溥仪一家经常出入于商场、餐馆、剧院……这是紫禁城时代没有的。随之，“后”“妃”的矛盾斗争又有了新内容。婉容这位天津的贵族大小姐，用溥仪的话说，她花钱买废物（买了用不着）的门道多。她买了，文绣也要买，为的是争平等；文绣买了，婉容又要买，而且必须花钱更多，为的是争“皇后”特权。如此循环往复，形成花钱比赛。溥仪给她们规定了花钱定额：婉容一千元，文绣八百元；后减到婉容三百元，文绣二百元。

外出活动，多数情况下是溥仪带婉容去。天津的大商店、游乐场所等吃喝玩乐的地方，如：惠罗、正昌、中原、义利等公司，起士林、利顺德等餐馆，以及溜冰场等，都是溥仪和婉容双双出入之处。文绣有时也同溥仪、婉容一起出去，但更多的时间被丢在家里。

溥仪每月用七十元（银圆）薪水聘请一位教师任萨姆教授英文，婉容、文绣一起学。每逢过年、过节、“万寿”“千秋”，以及给祖先做“阴寿”“忌辰”，三人一起从事庆贺或致哀活动。除此之外，溥仪和文绣不接近，文绣的生日照例不庆贺。

婉容得宠，越来越骄横，盛气凌人，不可一世。她与文绣发生争吵，溥仪总是说文绣不对。他对文绣很不客气，甚至用口头的、文字的形式讥讽辱骂文绣。太监、仆人势利眼，见文绣失宠，竟不听从文绣使唤。文绣不堪忍受这种虐待和欺侮，愤然出走。

文绣出走的导火线是一件小事引起来的风波。民国二十年（1931）七月二十一日，文绣外出回来，在院子里吐了一口唾沫，婉容说文绣是针对她的，非要溥仪派人对文绣斥责不可。溥仪照做了。文绣给妹妹文珊的信中说：

“六月初七日在监狱斗室囚坐，讵料大祸临身，彼忽遣随侍男仆李志源、太监李长安，来责我吐痰，诬我骂街。声色俱厉，逼我承认，禁止分辩。余茫然不解，畏惧已极，只得声声哀告，口口乞怜，求皇上、皇后开天高地厚之恩，赦我死罪。后又遣仆人来往数次，指我厉声责道：‘古来无你这等之人！清朝二百多年无你这不知礼之人！’我敬谨听受，又极口服罪，哀告求饶……”

文绣认为情况不实，要找溥仪当面诉说委屈，溥仪拒而不见。文绣悲愤难忍，痛不欲生，而不止一次寻短见，被太监发现阻止。

文绣有两位知心朋友，一位是远房外甥女、冯国璋的大儿媳妇玉芬。冯家在京津两地都有住宅。玉芬从前到醇王府去看过文绣，文绣到天津后，两人交往更密切，几乎无话不谈。一位是亲妹妹文珊，文珊是庆亲王载振的二儿媳妇，住天津英租界，常去看文绣。文绣有了轻生之念后，溥仪传文珊到家开导。这二位是文绣提出离婚的高参和策划者。

玉芬交际广，见识多，有主见。她劝文绣：现在已是民国，男女平等，溥仪没有生杀之权。你可以找律师写状子，告他虐待，和他离婚。并表示可在外面找人帮忙。文珊也认为和溥仪这种人生活在一起没有幸福，不如分开好。三人商量之后，文绣交给玉芬一千元钱，在外面请律师，准备起诉和溥仪离婚；把贵重首饰等交文珊陆续带出去保管。

同年八月二十五日下午，文珊以陪同文绣外出散心为名，取得溥仪同意，乘汽车到国民饭店，直奔预定的房间（三十七号）。事先请的律师如约到达。文绣打发随行的太监回去向溥仪回话，让太监带去三封信，两封是文绣的律师张绍曾、张士骏给溥仪的，一封是文绣的律师李洪嶽代表文珊的发言，说明文绣出走的原因和要求。太监走后，文绣在文珊的陪同下，离开国民饭店，到袁世凯七姨太张氏的亲戚家去住。溥仪得知文绣出走，认为有损于他的尊严，违反祖制家法，大逆不道，大发雷霆；立即派人到国民饭店及文珊家（老庆王府邸）寻找，不见踪影。婉容很得意地说：“找什么，让她跑去吧”。溥仪和他身边的人都认为此事是家族的奇耻大辱，不愿提交法庭解决，由法律顾问、律师林廷琛、林棨出面，私下了结。溥仪要求不起诉，不登报声明。文绣除要求离婚外，并要溥仪支付赡养金五十万元。《北平晨报》报道文绣与林廷琛谈话：

“林廷琛律师前日下午曾在某处晤及文绣，询其真意，彼惟掩面啜泣。告林曰：‘我到现在还是一个老处女，素常受尽虐待，现在惟有请张律师等依法保障我应享的人权罢了！’言下态度颇为决绝。”

文绣为了自由和人权毅然同“皇帝”离婚，是对清制和旧礼教的宣战。历史上，皇帝废皇后、皇妃，比比皆是，如同扔一件穿旧了的衣服；皇妃与皇帝离婚，史无前例。这需要不寻常的勇气，顶住来自四面八方的巨大压力。社会上的陈旧势力诸多非难，他的族兄文绮在天津《商报》上发表一封公开信，满篇陈词滥调，斥责文绣。文绣没有示弱，写了一封回信，驳斥其种种诬蔑、诽谤之词，声明所行不过是不堪忍受难言之苦，而“要求受人道待遇”，完全符合中华民国训政时期约法及法律。

同年十月二十二日，双方议定条件签字。主要之点是双方脱离关系，文绣回母家居住，永不再嫁，溥仪给文绣五万五千元生活费。溥仪根据遗老们的意见，在京津沪三地报纸上，用宣统皇帝身份和年号登了一道“上谕”，谓淑妃擅离行园，“显违祖训”，“撤去原封位号，废为庶人”，放归母家居住反省过错，用以维护不存在的“皇帝”的尊严。

文绣离开，婉容成了“胜利者”。从此她不必担心溥仪与文绣要好，溥仪这个人归她一人所有。但是溥仪的心被这件事分走了。因而到东北后，对婉容一天天冷淡下去。

文绣的行为是果敢的。但那个半封建的社会里，歧视她的人远远超过支持她的人。离婚，被认为是奇闻，是邪恶。她要承受舆论的压力和诽谤、歧视。在宫中养成的娇、懒、铺张习气，影响她对独立的平民生活的适应。因此，离婚后的道路仍然十分艰难，诸多波折和痛苦。溥仪到东北后，她曾托人带信给溥仪，表示愿意回到他身边，他没有那么宽大的胸怀，不同意。她回到北京，母亲已去世，房子被舅父占有卖掉，只好另租房住下。妹妹文珊和溥锐离婚后，到北京和姐姐生活在一起。文绣到私立竞存小学教国语，用傅玉芳名字。她很想把后半生献给儿童教育事业。但客观环境不允许，新闻记者的采访，她接迎不暇。附近一带居民在她上下班的路上、学校门口，围观她……她不得安宁。加之过惯了悠闲生活，每天按时上班，她感到劳累不堪。不得已，辞去教学工作。

溥仪给她的五万五千元赡养费，给玉芬、文珊、律师、中间人及有关开销，共花去二万多元，剩下二万六千元左右。她用这笔钱买了一个单独的小院落，雇佣一个厨师、二个妈子、一个梳头丫头，过起贵妇人生活。吃、穿、用，很讲究，洗一次手要换三盆水，水的温度一次比一次高，而且要适度。“不但衣来伸手，饭来张口，甚至穿衣、洗脚，都要佣人侍候，架子和脾气也很大。对穷困的同族本家人，都不愿意来往。所以和同族以及亲戚之间的关系，都闹得极为生疏。”

可是，这种生活能维持多久呢？她既不会持家，又不善理财，坐吃山空。人们以为她当过溥仪的妃子，一定有很多钱，国民党的、日伪的军官，富商，公教人员等，登门求婚，她不中意。日本占领华北时期，汉奸、特务、伪保长、警察等，敲诈勒索乃至调戏。她的日子很难过，手中的钱花光了，开始卖首饰。最后卖掉房子，辞掉佣人，租一间房住，到崇文门外找挑花活做，维持生活。

日本战败投降后，南京政府收复平津。文绣寄住表哥刘山家。刘山是瓦匠，一家五口，日子过得很紧。文绣和刘妻一起糊纸盒，摆烟摊。她还到华北日报社当过校对。后来和一个在北平行营做事的少校军官刘振东结婚，辞去工作，当上军官太太。刘振东人很朴实，手里有积蓄，于北平解放前退役，买了八辆平板车出租，生活过得不错。解放后，刘振东当清洁工人。一九五三年九月十七日，文绣因心肌梗塞去世。

溥仪任政协文史专员时，见到文绣的族兄傅功清，提起文绣，说："文绣和我在天津提出离婚，当时我思想上很想不通，千方百计地设法阻拦着。幸亏那时是离婚了。否则，她的命运不见得比婉容好。"

政治傀儡

统治了紫禁城三年，下了一道退位诏；统治了紫禁城内宫十二年，被逼出走天津；统治了伪"满洲国"十三年，沦为阶下之囚。这具政治傀儡一生的统治，确实还不如狱中之囚。

（一）恬不知耻当儿皇帝

1932 年 2 月的最后一天，在日本关东军的导演下，在沈阳召开的所谓"全满洲会议"通过决议，宣告东北独立，并拥护溥仪出任新国家元首"执政"。上角利一和郑孝胥通知溥仪，这个会议的"代表"马上要来旅顺，请溥仪前去就职，要准备两个答词，第一个是表示拒绝，等"代表们"第二次恳请，再拿出第二个答词表示接受。

3 月 1 日，"全满洲会议"代表张燕卿、谢介石、冯涵清等九人到达旅顺。虽然一切都按照计划事先安排好了，但肃王府里里外外仍然十分忙乱，准备溥仪出台的一切程序。首先，郑孝胥代表溥仪接见了代表团，并宣读了第一个答词，以阅历途浅，经国术疏为由，婉言拒绝。然后，溥仪出来接见代表团。彼此说了一通全是事先别人已嘱咐好的话，无非是一方"恳请"，一方"婉辞"，历时二十分钟，各自退场。3 月 5 日，按照关东军的计划，代表人数增至二十九人，二次出场"恳请"溥仪就任"新国家执政"。溥仪拿出第二个答词，表示暂任执政一年，一年之后再定去留。傀儡戏的第一幕就此结束。

3 月 8 日下午 3 时，溥仪和全体随行人员到达长春火车站。车还未停，就听见站台上响起军乐声和人们的呼叫声。溥仪在张景惠、熙洽、甘粕、上角等人的簇拥下走上站台，首先映入眼帘的是头戴钢盔、手持上了刺刀的两列日本宪兵。这时，所有的人停止了叫嚷，乐队高奏"满洲国"国歌。礼毕，迎"驾"的人又活跃起来。溥仪这才注意到身穿西服、军服、和服或穿长袍马褂的人们，手中或拿着日本国旗，或拿着“满洲国”国旗，五花八门，无奇不有。溥仪在最前面走着。熙洽忽然指着一队夹在太阳旗之间的黄龙旗的人让溥仪看，并且说：“这是八旗迎銮团，他们盼望皇上盼了二十年。”听了这话，溥仪心潮澎湃，不禁热泪盈眶，甚而觉得复辟大清是大有希望的了。坐上汽车后，溥仪的大脑浮现出紫禁城里的帝王生活，想起了当年被冯玉祥驱逐出宫的狼狈情形，忆起了祖坟被盗，悲愤呼天的窘境……他的心再次被仇恨和欲望点燃，全然没有注意到长春街道的景色，也没有看到街两旁惊恐不安、沉默不语的市民。过了不多时，车子驶进了一个破旧不堪的院落，这就是从前的道君衙门——溥仪的“执政府”。

翌日，在匆忙收拾布置好的一间大厅里，举行了“执政”就职典礼。参加典礼的日本要人有：“满铁”总裁内田康哉、关东军司令宫本庄繁、关东军参谋长三宅光治、参谋板垣等，溥仪的旧臣有郑孝胥、罗振玉、宝熙、胡嗣瑗、陈曾寿、万绳栻、商衍瀛、佟济煦，以及前盛京副都统三多，前绍兴府知府赵景琪，蒙古王公贵福、凌升、齐默特色木丕勒等，旧奉系人物有张景惠、臧式毅、熙洽、张海鹏、张燕卿、谢介石、丁鉴修、于冲汉、袁金铠、冯涵清、赵欣伯、韩云阶等。

这天，溥仪穿的是西式大礼服，行的是鞠躬礼。在日本要人的旁观下，众人向溥仪行了三鞠躬礼，溥仪以一躬相答。然后臧式毅和张景惠代表“满洲民众”献上了黄绫包裹着的“执政印”，郑孝胥代念了“执政宣言”，完毕，全体参列者面向溥仪高呼“万岁”。最后，溥仪率众人来到院中央，在伪满“国歌”的乐曲声中，赵欣伯扯起了红、蓝、白、黑、黄满地的“满洲国国旗”。典礼结束后，溥仪与四五十名参列者合影留念。

下午，溥仪在随侍李体育、祁继忠、霍庆云的簇拥下，来到刚刚布置一新的执政办公室。他刚坐下，郑孝胥便喜形于色地凑到桌案前，双手递上一叠公文说：“皇上，这是特任状暨各部总长的名单，请皇上御览后裁可。”溥仪瞥了郑一眼，生硬地说：“知道了。既然已经定了，照办就是了！”郑轻声说：“皇上，御名是要签的。这可是本庄繁司令官的意思呀！”溥仪这才不情愿地拿起笔，在公文上划了个“可”字然后便离开了执政府。

随着溥仪“可”字的签订，一大批汉奸粉墨登场了，计有国务总理郑孝胥、民政部总长臧式毅、外交部总长谢介石、军政部总长张景惠、财政部总长熙洽……至此，以溥仪为首的伪满汉奸傀儡政权正式建立起来了。这个卖国求荣的汉奸集团，勾结日本侵略者，对我国东北开始了长达十四年之久的血腥的法西斯的统治。东北成为日本侵略者进一步扩大战争规模的战略基地。

（二）立三誓皆成“夜谭”

溥仪当上“满洲国”执政后，心里确实很得意。长春车站上的龙旗和军乐，就职典礼时的仪节，以及外国宾客的颂词，给溥仪留下了深刻的印象，他不禁有些飘飘然了。他认为“执政”和“皇帝”只是形式不同罢了。其内涵都是“一邦之主宰”，何况这“执政”的头衔不久就会更换呢？他想，如果对日本人应付得好，关东军就会支持自己恢复皇帝尊号。由于溥仪专往称心如意的方面想，所以，不仅不再觉得当“执政”是受委屈的事，而且把“执政”的位置看成了通往“皇帝宝座”的阶梯。认为，目前的关键是如何很好地利用这个“阶梯”，顺利地登上“宝座”。他在自我安慰和充满幻想的思想支配下，开始了进一步的思索。

经过几天的冥思苦想，溥仪的脑海里总算有了个大体的轮廓。一天晚上，溥仪把陈曾寿、胡嗣瑗召来，告诉他们自己将好好利用现有的时机和地位，为恢复祖业做准备。他十分兴奋地说：“我现在有三个誓愿，告诉你们：第一、我要改掉过去的一切毛病，陈宝琛十多年前就说过我懒惰轻佻，我发誓从今永不再犯；第二、我将忍耐一切困苦，兢兢业业，为恢复祖业，百折不挠，不达目的誓不罢休；第三、求上天降一皇子，以承继大清基业。此三愿实现，我死亦瞑目。”陈、胡两位老臣听后，激动得眼含泪花，赞不绝口，并祝愿溥仪能够实现夙愿，一展宏图。那么，溥仪自立的三个誓愿到底实现没有呢？

溥仪的第一个誓愿可以概括为，“勤于政事”。其实，溥仪只是一个地地道道的傀儡，根本没有什么政事。溥仪只是名义上的“国家元首”，关东军司令官才是“满洲国”的“太上皇”，郑孝胥是名义上的国务院总理，总务厅长日本人驹井德三才是实际上的总理，总长们（大汉奸）只是名义上的总长，次长（日本人）才是真正的总长，也就是说，伪满的朝政完全掌握在日本人手里，溥仪只是徒设的虚职，只有签字盖印的份了。

溥仪的第二个誓愿可以概括为：恢复祖业。其实，这只不过是他的一枕黄粱美梦罢了。1935 年 5 月，关东军司令部撤换了伪国务总理郑孝胥，并否定了溥仪提出的任命臧式毅为总理的建议，决定由张景惠继任。1936 年春，关东军宪兵队逮捕了溥仪的亲家——兴安省省长凌升，并将凌升处以斩首的极刑，且逼迫溥仪解除四妹韫娴与凌升之子的婚约。此事，大大震惊了溥仪。1936 年 6 月，溥仪精心培养的作为恢复大清的股肱——护军，又被日军完全掌握在手里，从而打碎了溥仪恢复祖业的美梦。其实，溥仪本人也早已变成了一个木偶人。溥仪的一言一行，一举一动，甚至点头微笑，都要在关东军参谋、“帝室御用挂”吉冈安直的指挥下行事。溥仪能见什么人，不能见什么人，见了说什么话，以及他出席什么会，会上讲什么等等，一概听从吉冈的吩咐。甚至，吉冈把日本的“天照大神”移奉满洲，逼迫溥仪天天朝拜，以取代溥仪心目中的列祖列宗的地位。此时的溥仪只有保命的份了，恢复祖业的誓愿早已抛到九霄云外了。

溥仪的第三个誓愿可以概括为：早生皇子。但这只是溥仪的一厢情愿罢了。事实上，溥仪“因少年时长期混迹于宫娥之间，导致性功能障碍，因而也无法与后妃同房。”到了东北后，溥仪无职无权，异常苦闷，带给皇后婉容的是寂寞与痛苦。鸦片烟的麻醉并没有使她沉迷，她忍受着巨大的压力，偷偷地与溥仪的随侍李某来往，寻觅安慰和欢乐，最后生了私生子。这件事，几乎将溥仪击倒。他希望早生皇子的迷梦破灭了。

傀儡溥仪的三个誓愿，恰如天方夜谭，又似空中楼阁，一个个都全部落空了，留给后人的只是一则令人深思的笑料。

（三）“奉先勤民”实卖国

1932 年 4 月 3 日，伪满洲国国务院颁布了“执政府移址”公告。溥仪由位于七马路的临时执政府搬入原为“吉黑盐务稽核所”的伪满执政府。新址院落宽敞，庭院高雅，布局紧凑。院内既有中西合璧的楼阁，又有中国古式宅房，并是当时“新京”城内暖气、卫生等设备最齐全的建筑之一。经过改修装缮，专门为溥仪设置了办公室、觐见室、寝宫、祭祖场所等。还设有专为溥仪起居饮食生活服务的中西膳房、茶房、司帐室、传达室、侍医室、浆洗房，以及太监、侍女、随侍、“妈妈”的居住室。另外，还为溥仪修建了跑马场和“西花园”。

溥仪在乔迁之喜之余，将熙洽、郑孝胥、陈曾寿、胡嗣瑗、宝熙等人召进寝宫，准备为新宫的楼房门室亭廓命名。溥仪赐各位老臣就座之后说：“自从冯玉祥逼宫，朕与众卿流离失所多年，丽今总算有了图谋复辟大清的立足之地。现召众卿来，就是要谨遵祖训为本官的每一建筑予以命名。”众人听罢，无不点头称是。溥仪的心情极为高兴，兴趣极浓，他沉思片刻，首先为其办公楼命名。他说：“大清入关以来，自雍顺起各代先祖都以‘敬天法祖’、‘勤政爱民’为训诫。我欲恢复祖宗伟业，重振大清雄风，必应遵从祖训，故以‘勤民’命名，众卿以为如何？”溥仪话音刚落，只听宝熙称赞道：“善哉，善哉。皇上，不唯心怀祖训，且顺理成章，实是令人敬佩之至。”众人听罢。也都随声附和，熙洽连连叫好道：“好名字，好名字！‘勤政爱民’实乃大清传代之明理，应视为皇上和臣下们的治国之宝，好，好！好!!”

溥仪十分得意地笑了笑，然后问道：“楼名已有，办公之处都如何称呼为好呢？”

宝熙推了推老花镜抢先说道："臣以为，皇上办公处所，除了朝会的'正殿'、'便殿'而外，其日常的办公处亦应取义为名。《易经》载有'天行健，君子以自强不息'之句，如取首句后两字，与'勤民'相应，称作'健行斋'可否？"溥仪听罢，连连赞许道："'健行斋'，妙，妙极了！一谓'勤民'，二曰'健行'，'勤民'者必'健行'也。如此恰当之极，正中朕意，正中朕意！"

郑孝胥一向善于争风吃醋，且自命不凡，他听见溥仪如此夸奖宝熙，便咬文嚼字挑剔道："宝熙，据我所知，先祖之训为八个字，'敬天法祖''勤政爱民'，'天行健'意为'敬天'，'勤民'意为'勤政爱民'，可'法祖'之意何在呀？"宝熙被郑问了个目瞪口呆，但他又明白郑发难之缘由，于是便讥讽道："郑孝胥，挑剔他人总还容易，如轮到你自己，也未必有多少高见？"郑听后，立刻面红耳赤，怒形于色，正欲张口反驳，站在一旁的陈曾寿摆了摆手说："二位不必争执了。所谓'法祖'，也可说'奉先'。老臣以为'正殿'毗邻的北房，正应设为'奉先'殿、二曰'奉先'，岂不是'敬天法祖'双全了吗？"众人一听，纷纷称赞。随后，溥仪与众臣又将其他建筑一一命名：将溥仪和皇后的寝宫命名为"缉熙楼"；将"西花园"北侧带有回廊的两排平房取名为"植秀轩"和"畅春轩"……

那么溥仪真正做到了"奉先""勤民"了吗？否！伪满十四年他所做到的恰恰是违背祖宗、出卖祖宗，无朝无政、蹂躏百姓。1932年9月15日，满洲国国务总理郑孝胥与日本人武藤信义签订了《日满议定书》，其中规定：承认日本国及日本国民在满洲国的既得利益；承认日本国军队驻扎在满洲国境内，维持其治安及国防；国防上必需的铁路、港湾、水运、空运的管理及新建均委托日本承担，日本人可充任满洲国参议及中央和地方的官吏，其选任和解任须经关东军司令官的同意。这些卖国的条款在签约之前，是由溥仪与关东军司令官本庄繁私下拟定的。签约完毕后，溥仪发表了演说词，称这个"议定书"是"旧满辅车相依之议定书"，"对王道乐土之建设，加以绝大之鞭策"，是"世界历史上开一新纪元之创举。"以后，溥仪与日本人又签订了一系列的卖国条约，把大清王朝的"龙兴之地"，拱手献给了日本人，东北成了日本帝国主义的殖民地和发动侵略全中国乃至东南亚各国的战略基地。把祖宗的发祥地出卖给日本人，就是溥仪的"法祖奉先"！

更可悲的是，溥仪本身是有职无权的傀儡，日本人限制了他的人身自由，他还一心媚日，甚至不惜把日本的"天照大神"奉为神灵，代替祖宗。1938年，由日本人设计、监工建造的一幢二层宫殿竣工，溥仪为了讨好日本主子，在瓦当和滴水处烧刻了"一心一德"的字样，并将这幢宫殿命名为"同德殿"，院门根据殿名取名为"同德门"。1942年溥仪第二次访日后，又在"同德殿"前方的假山正东侧，修建了一座专门祭祀日本"天照大神"的白木殿宇，即"建国神庙"。每天溥仪都要面对着"天照大神”一把刀、一块玉和一面镜子顶礼膜拜。那么，溥仪心中的“祖宗”又到哪里去了呢？难道这就是溥仪原来含义上的“法祖奉先”吗？

至于“勤民”那就更谈不上了。日本在东北制造了多少起惨无人道的血腥屠杀惨案，东北又有多少白骨嶙峋的“万人坑”，真是惨不忍睹啊！老百姓种的是稻子，吃的却是橡子面，家里查出一粒大米就是“经济犯”，不死也得扒层皮，穿得则是衣不蔽体，几个人轮穿一条补了又补的裤子，有的大姑娘也只能披个破麻片……这就是溥仪的“勤政爱民”！

一句话，溥仪的“奉先”是出卖祖宗，他的“勤民”就是坑害百姓！

（四）元首却形同狱囚

在《满洲国组织法》里，第一章“执政”计有十三条，条条规定了溥仪的权威。第一条是“执政统治满洲国”，第二至第四条规定由溥仪“行使立法权”“执行行政权”“执行司法权”，以下各条规定由溥仪“颁布与法律同一效力之紧急训令”，“制定官制、任命官吏”，“统帅陆海空军”，以及掌握“大赦、特赦、减刑及复权之权”等等。其实，溥仪是地地道道的傀儡。什么权力也没有。

每天早晨，溥仪准时到勤民楼办公，谒见前来请安的在野旧臣及当朝新贵，而以各部总长、特任级的参议为多。这些当朝新贵见了溥仪，既表示忠心，又献纳贡物，可就是不跟溥仪商谈公事。每当他问及“公事”时，这些人不是说“次长在办着了”，就是答“这事还要问问次长”。原来国务院各部次长均是日本人，大权都掌握在他们手中，薪金也比各部部长高出百分之四十。即使卖国求荣的郑孝胥也是挂名总理，真正的总理是日本人总务厅长驹井德三。这样，溥仪只是名义上的“国家元首”，其实什么事也不能做主。实际上不仅仅如此，溥仪连决定自己出门行走的权力也没有。

由于溥仪无“公事”可办，因而常常烦闷苦恼。一天，溥仪忽然想到外面散散心，便带着婉容和两个妹妹来到“大同公园”。不料，他们进公园不久，日本宪兵队和执政府警备处的人便追来了，请溥仪立即回去。原来，日本人发现溥仪不在执政府里，就告诉了日本宪兵司令部。宪兵司令部立刻出动了大批军警到处搜寻，弄得人心惶惶，满城风雨。溥仪只好扫兴而归。事后，执政府顾问官上角利一向溥仪说，为了“执政”的安全和尊严，希望他今后不要再私自外出。从那以后，除了关东军安排的以外，溥仪再没出过一次大门。

为了便于操纵和利用溥仪这个傀儡，1933 年，即“满洲国”成立一年以后，日本政府决定承认溥仪的“皇帝”身份，然而这位皇帝一开始便被限定了附庸的地位——无论礼仪称谓，都要比日本天皇矮一辈。例如日本天皇住的皇宫，溥仪的住所就只能

称“帝宫”；“满洲国”发表政令文告，学校中使用推广的不是汉语，也不是满语，而是一种中日文混杂的所谓协和语，溥仪的臣属部下，首先要宣誓效忠日本天皇，其次才轮到他们的皇帝，甚至溥仪每天向自己的祖宗牌位烧香礼拜，也引起日本人的不满，他们强迫溥仪向日本天皇“请”来了日本的“天照大神”——一把刀、一块玉和一面镜子，作为“神体”的象征——供奉在宫中，以代替溥仪心目中祖宗的地位。这还不算，关东军还直接把“帝宫”划入他们的武力包围之中，帝宫周围，有日本禁卫军的步、骑兵警戒，门口是穿文官制服的日本宪兵把守，他们负责监视所有进出人等。不管是谁，要见溥仪，首先要经过他们同意，就连溥仪的家人也不能例外。而溥仪自己苦心经营起来的仅有的一只皇家卫队——按清室旧例称作“护军”，只能在帝宫内院巡逻。整个帝宫，壁垒森严，高墙环绕，铁门道道，四布岗楼，再加上巡逻的哨兵，不像皇宫，倒像监狱。

最为可悲的是，连溥仪的生日也被改了日期。1941 年初春，溥仪的生日“万寿节”前，新京帝宫之内上上下下忙成一团。按照清室旧例，北京的王公贵族们都应该到新京来参拜朝贺。事实上能来的人往往只是代表，关东军严格限制朝见的人选，并且规定，非近支皇族，只能向皇上行礼，不能与之谈话。这还不算，他们还随意把溥仪的生日改在公历 2 月 16 日，以便于记忆。这自然触怒了溥仪，但他却始终敢怒而不敢言，只限于私下偷发牢骚而已。至于宫中过“万寿节”，还是以农历正月十四日为准。

最使溥仪寝食不安的是，他居住的缉熙楼楼梯扶手上安有静电，一不小心就会被电打得手指发麻。每当他召见心腹臣子商议“国事”时，总是打开浴室的门，拧开水龙头，并示意人小声说话，几至耳语。因为溥仪总是怀疑日本人在他的卧室安有窃听器。

一心想恢复大清王朝的溥仪，虽贵为“满洲国”的元首，但却无职无权，连一点人身自由都没有。真是自作自受，可悲之至呀！

（五）未穿龙袍“登九五”

日复一日，溥仪“暂任执政一年”的期限快要满了。在一般人看来，一年的时间是不算长的，可是迫不及待地溥仪却感到这一年比十年还长。远在天津的陈宝琛，近在身边的胡嗣瑗、陈曾寿、佟济熙、商衍瀛、熙洽、宝熙等人，纷纷旧话重提，四处奔波，酝酿复辟。溥仪派亲信工藤忠去东京活动日本军政各界重要人物，摸情况，探消息。溥仪本人也同样为了实现关东军所允诺的“一年之后可以称帝”的愿望，极力讨好于日本主子。1932 年 5 月 3 日，溥仪会见“国联李顿调查团”时，公开为日本侵略者侵华和扶植傀儡政权辩护。1932 年 9 月 15 日，溥仪指定郑孝胥与日本关东军司令武藤信义大将，签订了出卖东北全部主权的、臭名昭著的《日满议定书》。为了更快实现他“登基”的夙愿，溥仪急不可待地向武藤信义提出了尽快恢复帝制的问题。但是，武藤每次晤见溥仪，总是谦恭礼貌，只谈儒佛“亲差”，闭口不谈帝制的问题，使得溥仪整日紧锁愁眉，忧虑重重。

1933 年 7 月，工藤忠从日本返回，报告了一个令溥仪十分兴奋的消息：日本军部当权人物同意实行帝制。10 月，工藤的消息得到了证实。继任的关东军司令官菱刈隆正式通知国务总理郑孝胥，日本政府正式承认溥仪为“满洲国皇帝”。当郑将此消息奏报溥仪时，他竟高兴得顾不上“君臣”礼仪，手舞足蹈起来。溥仪亦十分激动，为自己能够实现二十二年来梦寐以求的夙愿而兴奋不已。他立即下谕成立了一个以熙洽、袁金凯为首的“帝室大典委员会”，下设若干奏事机构，开始了“登基”前的一切准备；并经御前会议商定了四件事情：一、登基时要穿祖传的“龙袍”；二、按照清室的规矩筹备“登基”大典；三、改年号“大同”为“康德”（含敬仰先帝康熙之意）；四、重新调整宫内机构，将“执政府”改为“宫内府”和“尚书府”。

1932 年 11 月，东北大地天寒地冻，北风刺骨。溥仪下谕在“新京”西南郊的杏花村修筑“天坛”，以备“登基”前“祭天”之用。为此，伪满洲国的大小官员便奉命驱赶着数以千计的民工，冒着零下三十多度的严寒，修筑了“画方三百二十尺，坡高一百二十尺，上顶七尺，直径二十七尺，全部用黄缎围遮起来的天坛”。另筑有皇帝用的“黄帷幄”和外宾休息所，对举行“登基”仪式的“勤民楼”正殿，进行了大规模的修缮和精心布置。经过修饰后的正殿，殿壁裱有明黄丝绢，西侧专设了象征权力的“御皇台”和“国玺台”。殿中央置有以“兰花徽”装饰的宝座，座后衬有龛形“明黄帷幕”，地上铺着大红地毯，毯上另铺有一层绣有凤凰图案的五色条毯。

与此同时，溥仪立即派人去北京荣惠太妃处，把“龙袍”取来。这是一件自道光皇帝传下来的龙袍，也是溥仪想了二十二年的龙袍。他要穿着它去登基。一天，正当溥仪独自欣赏着“五爪团金龙”的龙袍时，郑孝胥急匆匆地走进来报告说：“皇上，关东军坚持登基时要穿满洲国陆海空军大元帅正装。”溥仪一听，暴跳起来，高声说：“这怎么行！登基之前要行告大礼，难道叫我穿元帅服磕头祭天吗？你赶快给我去交涉！”郑孝胥唯唯诺诺而去。后来，由于郑孝胥的努力，关东军方面终于同意，溥仪可以先穿龙袍去祭天，回来后再换上所谓大元帅正装，举行登基典礼。至此，溥仪也就不再去争了。

1934 年 3 月 1 日，天刚蒙蒙亮，一贯迟眠晏起的溥仪早早地起了床。他略加修饰后，走进寝宫对面的佛堂，首先跪身斋戒，而后口诵佛号，继而朝东默祷。祈祷后，溥仪回到寝宫进“朝飧”。随后，李国雄恭恭敬敬地给他穿上了黄贡缎绣流云十二章金龙立水袍，外罩天清红绸绣流云四章正金龙褂，头戴镶嵌着宝珠的顶冠。穿戴完毕，溥仪面对大穿衣镜，抚摸着袍褂上的“金龙头”，喜不自胜地自语道：“朕真的又龙袍加身了！这就是朕恢复祖业的先兆啊！”

当寝宫墙上电钟的时针指向7时30分，掌礼官存耆进宫奏报说：“皇上，举行郊祭礼的时间快到了，卤簿仪仗（皇帝出宫时的一种车驾排场）已备齐，敬候皇上起驾！”时过刻钟，溥仪装束完毕，即出“中和门”，坐进一辆红色轿车，驶往“天坛”。车出“兴运门”后，有二十二辆轿车依车号尾随而行，前后左右还有摩托车警备护拥。途中早已“清戒”戒严，街道两旁军警林立，戒备森严。当车队进入“大同大街”（今斯大林大街），街道两旁站满了奉拜的队伍，左侧为日本关东军和伪满军队，中间夹杂着部分市民；右侧皆是穿着伪满学生装的学生，加在一起有数万之众。8时15分，车队到达“郊祭礼”场“杏花村”（现长春地质学院地址）。此时，“满洲国”国务总理大臣郑孝胥及所率各部大臣等文武官员，日本驻满全权大使、日本关东军司令官菱刈隆大将及所率关东军高级军官们，早已在此“襟候”溥仪的“圣驾临幸”。此外，场前还有中外记者百余名等候采访。

8时30分，“郊祭礼”正式开始，礼仪程序十分繁琐。首先由溥仪接受日伪官吏的恭迎，而后进行“盥洗”“升坛”“就位”“燔紫迎神”“献爵三”“复位”“受玺”“送燎”。祭天礼毕，起驾还宫。稍加休息之后，举行“登基礼”。

上午11时，溥仪身着伪满洲帝国陆海空大元帅正装走进“勤民楼”正殿，登“兰花御座”，接受文武百官、宗室觉罗以及前内务府的人朝贺。贺毕，溥仪宣示诏书，接受总理大臣郑孝胥呈献贺表。最后，郑率领群臣三唱万岁，拜受诏书。一场傀儡皇帝登基仪式至此结束。

3月3日傍晚，庆贺溥仪“登基”的三日盛宴拉下了帷幕。溥仪回到寝宫，仍然处在极度的兴奋状态中，眼前不时浮现众人向他行三跪九叩之礼的情景，耳边不时响起声震殿堂的“万岁”之声……他不禁有些得意忘形了。欣兴之余，他感到有些疲倦，正准备宽衣休息，突然发现床头柜上放着自己“祭天”时穿用的“龙袍”和“珠顶冠”。他一步奔上前，一把抓起“龙袍”披在肩上，来到镜子前，镜子里立刻映出“龙袍”的明黄颜色和陆海空元帅正装的海蓝颜色。这种颜色的反差，使他的酒劲消失，他低下头，反复思考着一个问题：日本人为什么不让我穿龙袍？只有穿上祖传的龙袍，才是真正的皇帝呀！他立刻热血沸腾，显得越加狂躁不安。他迅速地用左手将披在身上的“龙袍”扯下来，敏捷地解开元帅正装的纽扣，马上脱将下来，揉作一团，使劲地扔到床上。这天晚上，他想到如能大权在握，即使重温历史上赵武灵王的“胡服骑射”之举，那也未尝不可。小不忍则乱大谋呀！

（六）祖业难复梦一场

自从溥仪第三次“登基”之后，日本关东军为了尽快实现变东北为全面侵华战略基地的目的，加紧了对溥仪的控制和利用。而溥仪为了掌握“满洲国”的实权，极力讨好日本主子。尤其是第一次访日归来后，竭力宣扬满日亲如一体，同心同德，心甘情愿地把东北出卖给日本帝国主义。但是，随着时间的流逝，他逐渐认识到恢复祖宗伟业的设想越来越渺茫了，最后竟如南柯一梦，彻底破灭了。

1935 年 5 月 21 日，即溥仪访日归来不到一个月，关东军司令官南次郎在一次例行会见中，板着面孔以命令式的口吻对溥仪说：“郑孝胥的，今年的，多大岁数了？”溥仪立即回答说：“他正寿七十五岁。”南次郎仍然生硬地说：“嗯，陛下的，应当满足他‘倦勤思退’的要求，换一位总理大臣。”至此，溥仪立刻明白了南次郎的意思。关于郑的问题，他略知一二。不久前，郑在他主办的“王道书院”里发了一次牢骚。他对听课的人说：“满洲国已经不是小孩子了，应该让它自己走走，不该总是处处不放手。”这话惹恼了日本主子。关东军宪兵司令东条英机和参谋甘粕正彦立即命令军警包围了郑的官邸和“王道书院”，准备立即逮捕郑孝胥。郑无奈，只好求助于南次郎和板垣。他们看在过去的老面子上，才没对郑和有关人员采取公开逮捕或处决的办法。而由南次郎亲自出面向溥仪提出撤换“国务总理大臣”要求。当时，溥仪也深感郑孝胥专横跋扈，不听摆布，也正想找机会赶走他。现在南次郎提出此事，溥仪立刻不加思索地说：“让郑退休，我完全同意，总理之职可以由臧式毅继任。”溥仪以为听了他两次“日满亲善论”的南次郎一定会遵命的，谁知竟碰了个软钉子。南次郎一边摆手一边摇头说：“不，关东军已考虑妥了合适的人选，皇帝陛下不必操心，就让张景惠当总理大臣好了。”溥仪碰了一鼻子灰，知道无法改变关东军的决定，便顺水推舟地说：“既然关东军已有人选，那就这样定了吧！”

郑家父子被日本人一脚踢开后，连存在银行里的“建国功劳金”也取不出来，想离开长春又不准许，只能在日本宪兵队监视下，蹲在家里写字作诗。不久，他的儿子郑垂暴卒。三年后，郑孝胥怀着未遂之愿暴死于长春。据说，他们父子均死于日本人的暗害，大概是恶有恶报吧！郑孝胥被革职一事，吓坏了与他来往密切，主张“借外力谋复辟”的人们，他们逐渐从伪帝宫、“新京”逃之夭夭。尽管如此，溥仪也没有明白他的权威与尊严的虚假性，他虽有点兔死狐悲之感，但却没有因此完全清醒。真正使溥仪感到幻灭滋味的，还是“凌升事件”。

凌升是清蒙古都统贵福之子，原为张作霖东三省保安总司令部和蒙古宣抚使署顾问。他是在旅顺的“请愿代表”之一，因此被列入“建国元勋”之内。当时正任伪满兴安省省长。1936年春，凌升在一次省长联席会议上发牢骚说："日本关东军一向言行不一。我在旅顺时亲耳听板垣说过，日本将承认满洲国是独立国家。可现在处处受关东军干预。我在兴安省无职无权，一切都是日本人做主。日本人也太不守信用了。"谁知散会后，他刚回到兴安省，就被关东军抓了起来。

溥仪听到这一消息，感到非常意外和不安。半年前他刚刚让四妹韫娴与凌升之子订了婚。他正犹豫是不是要找关东军说说情，新任关东军司令官兼驻满大使植田谦吉却先找上门来。植田说："前几天破获了一起案件，罪犯是皇帝陛下认得的，即兴安省省长凌升。他勾结外国图谋叛变，反对日本。军事法庭已经查实他的反满抗日罪行，宣判死刑。""死刑?"溥仪不禁大吃一惊。植田斩钉截铁地说："对！这是杀一儆百。陛下，杀一儆百这是必需的!"植田走后，吉冈通知溥仪，要他立刻解除韫娴与凌升之子的婚约。溥仪只好默默地照办了。只是在没人时，自己躲进佛堂，偷偷为凌升超度亡魂。

凌升在"新京"南岭刑场被处决时，使用的是斩首之刑。一同受刑的还有他的几名下属。这是伪满头一个被日本人杀害的显要官员，而且他还是跟溥仪结成了亲家的人，自然是最崇拜最忠于溥仪和"满洲国"的。可见，关东军衡量每个人的唯一标准是对日本的态度。不用说，也是用这个标准来看待溥仪的。溥仪对植田所说的"杀一儆百"这句话，越来越感到恐怖。凌升事件彻底打破了溥仪依靠日本军队恢复祖宗伟业的迷梦，从而使他整日处于颤颤惊惊之中，唯恐有一天日本关东军像对待凌升那样，将他杀掉，抛尸荒野。

凌升被杀不久，溥仪和"内蒙古自治军政府"首脑德穆楚克栋鲁普（即德王）的会见造成了溥仪更大的不安。德王原是个蒙古王公，溥仪在天津时，他曾送过钱，也曾给过溥杰良种蒙古马，向溥仪表示过忠诚。后在日本人操纵下，成立了"内蒙古自治军政府"，充当傀儡。这次到"新京"有事找关东军，乘机取得关东军司令官的允许，前来看望溥仪。故人重逢，互诉心曲。德王诉说他那里的日本人异常跋扈，关东军事先向他许了很多愿，到头来一样也不兑现，自己身为政府着脑却什么事都不能做主。处于同一境况的溥仪对此深有同感，也不免跟着发了一阵牢骚。

不料，第二天清晨，"帝室御用挂"吉冈安直便来到溥仪的卧室，板着脸问："陛下昨天和德王谈了些什么?"溥仪感觉不妙，就假装糊涂地说不过是闲聊而已，可吉冈仍不放松，追问道："昨天的谈话，对日本人表示不满了没有?"溥仪听罢，心里怦怦乱跳。他知道已经走漏了风声，唯一的办法就是坚决不承认，便说："那一定是德王故意编排出什么假话来了吧?"吉冈听罢，便顺水推舟，警告了溥仪一番。

吉冈虽然没有再穷追下去，溥仪却一连几天心惊肉跳。因为谈话时并无第三者，不是德王出卖了他，就是室内被安装了窃听器。为解除或证实怀疑，溥仪决定派人检

查。可又不敢公开外请技术人员，怕事漏惹恼了日本主子，于是便让随侍充当了“技术人员”。李国雄实在缺乏这方面的知识，又不敢抗命，便入殿查看了暖气管道和电灯线路，结果一无所获。

这件事发生之后，溥仪更加小心谨慎了。他再不跟任何人说真心话，对每位客人都有了戒心。到了 1937 年，关东军便加强了对溥仪的监视，即每逢溥仪接见外人，“帝室御用挂”吉冈安直必在旁侍立。

溥仪为了标榜自己完全顺从了日本关东军的旨意，以皇帝“敕令”的形式颁发了《满洲帝国刑法》，接着在全东北实行“保甲连坐法”、修“警备道”、建“碉堡”“归屯并村”等法西斯统治政策，并伙同日本侵略者，对东北进行血腥的“大检举”“大讨伐”，残酷镇压东北地区的广大抗日军民。

但是，溥仪越是表示对日本主子的忠心，使他疑虑不安的事越多。一天，他的英文翻译吴沆业又突然失踪，后才得知被关东军宪兵司令部逮捕，并已被枪杀。

1937 年 4 月，溥杰在关东军的导演下，与日本嵯峨实胜侯爵的女儿嵯峨浩在东京结了婚。过了不到一个月，在关东军的授意下，“国务院”使通过了一个“帝位继承法”，明文规定：皇帝死后由子继之，如无子由孙继之，如无子无孙则由弟继之，如无弟则由弟之子继之。关东军的用意是要一个日本血统的皇帝。这件事大大刺激了溥仪的思想，他那种一心想恢复大清的痴情，一下子消沉了许多。

1936 年 6 月 28 日，溥仪精心培养的作为恢复大清的股肱——护军，又被日军完全掌握在手里，脱离了溥仪的支配。从此，溥仪再也不做借外力恢复祖业的美梦了。他唯一思考的是，如何在日本人面前保住性命，如何应付好关东军的化身——“帝室御用挂”吉冈安直。

沈阳被俘

（一）抗日战争

1943 年春夏，第二次世界大战出现了伟大的转折。反法西斯同盟在各条战线上展开全面进攻和反攻。法西斯集团转入战略防御和战略退却。在太平洋战场上，美军于 1943 年 2 月 7 日取得瓜达尔卡纳尔岛战役的胜利，日军被迫转入战略防御，美军由防御转入战略进攻。与此同时，在中国战场上，中国军队与世界反法西斯各战场的反攻遥相呼应，对日伪军发起大规模反攻，开始了向战略反攻阶段过渡。至此，日本法西斯每况愈下。1945 年 8 月 9 日苏联对日宣战，出兵东北，最后终于迫使这个昔日的“日出之国”无条件投降。其所炮制的伪满洲国及其傀儡皇帝均与之同归于尽。

1943 年下半年起，中国人民反对日本帝国主义侵略的各个战场，开始了向战略反攻阶段的过渡。侵华日军在内外交困、四面楚歌的形势下，再次拼凑兵力，以挽救其溃败的命运，结果却加快了它在华总战略的全面崩溃，解放区战场的反攻则更加广泛迅猛地展开。

1944 年春，日军华北方面军将其第三十二师团及独立混成第七旅团南调正面战场，在山东地区只剩下一个师团和一个旅团等约 3 万人，伪军 20 余万人。为了充分利用有利形势，发展胜利，山东军区根据中共中央军委总部的战略意图，集中主力，向日伪军发动春、夏、秋、冬之连续的攻势作战，共歼灭日军 4800 余人，伪军 54000 余人，争取伪军 11000 余人反正，收复县城 9 座，解放国土 11. 8 万余平方公里，人口 930 余万，八路军主力及地方部队发展到 15 万人，民兵发展到 37 万人，使山东抗日力量显著增强，日伪力量进一步削弱。1945 年春夏，山东解放区军民响应中共中央“配合同盟国，打倒日本侵略者”“扩大解放区，缩小沦陷区”的号召，对日伪军展开更强有力的攻势作战，共歼灭日伪军 3 万余人，而我军主力已发展到 23 万人，民兵 50 万人，自卫团 150 万人。

1943 年底和 1944 年初，日军为了加强太平洋战场的防御和打开大陆交通线，先后从晋冀鲁豫边区调走 6 个师团，而以新编的 6 个旅团接替防务。由于兵力减少，大部分地区靠 15 万伪军警备，总的战斗力明显降低。晋冀鲁豫边区军民抓住有利时机，适时开展攻势作战，1 年内共毙伤日伪军 38000 余人，俘日伪军 34900 余人，反正和投诚的日伪军 3200 人，收复县城 11 座，解放人口 500 余万，收复国土 6 万余平方公里。在 1945 年春夏攻势中，晋冀鲁豫边区部队越战越勇，共进行战斗 2300 余次，歼灭日伪军 37800 人，攻克日伪军据点 2800 余处，收复县城 28 座。

晋察冀军区一面坚持根据地的巩固，一面积极向游击区和敌占区伸展，连续向日伪军展开攻势作战，1944 年一年中共攻克敌人据点 1500 个，一度攻占县城 24 座，曾两次攻进石家庄、保定等重要城镇。随后，晋察冀军区根据中共中央“努力向雁北、绥东、察哈尔、热河及冀东敌占区发展”的指示，以扩大解放区为目标，于 1945 年向日伪军发起强大的春夏攻势作战。其中，冀中军区共进行大小战斗 330 余次，歼灭日伪军 8600 余人，俘日伪军 2200 余人，拔除日伪军据点 430 余处，解放村镇 527 个，收复县城 7 座，直逼京津市郊。冀晋军区部队先后攻克村镇和据点 79 处，收复平山以北大片地区，解放人口 40 万。冀察军区开辟了 1 万平方公里的根据地，收复村庄 327 个。晋察军区歼灭日伪军 1800 余人，收复国土 13000 多平方公里，解放人口 57 万。冀热辽军区集中 5 个团及地方武装一部，分三路北越长城，发起了热辽战役。

晋绥军区在1944年攻势作战中，共拔除日伪据点106处，解放村庄3100余个，人口40余万，收复国土2400平方公里。在1945年春夏攻势中，基本将日伪军压缩到同蒲、平绥铁路和太汾、汾离公路沿线，解放区进一步扩大，抗日武装迅猛发展，为最后的大反攻准备了充分的条件。与此同时，该军区还由三五九旅组成南下支队，向鄂、湘、粤挺进，在日军打通大陆交通线所占领的地区，建立了抗日游击区和根据地，从背后打击日军，配合大反攻。

1944年，转战在华中敌后战场的新四军也对日伪军发起强大的攻势作战。一年中共歼灭日伪军5万余人，解放国土7400余平方公里、人口160万，使华中根据地得到了扩大和发展。接着，新四军部队在1945年春夏攻势中，又连克顽敌，先后攻下阜宁、睢县等重要据点100余处，歼灭日伪军3万余人，并争取了4700余名伪军投诚反正。其时，新四军主力和地方部队已发展到31余万人，民兵发展到96万余人，华中解放区人口已达3400万。

战斗在华南各地的人民抗日武装，乘日军集中兵力打通大陆交通线作战和加强要点守备之机，从敌后向日伪军展开广泛出击，华南抗日根据地不断扩大，东江区包括东起惠阳，西至之水、新会，北达增城，南讫大海的大片地区，直接威胁广州和香港。

总之，华北、华中、华南解放区军民，经过1944年及1945年春夏季的反攻作战，取得了重大的胜利，共毙伤日伪军38万余人，俘日伪军9万余人，收复县城77座，收复国土32万平方公里，解放人口2200余万，抗日主力部队发展到90余万人。

随着日军在亚洲和太平洋战场上的节节失利，日本统治集团内部矛盾日益尖锐化。好战的东条内阁被迫在1944年7月下台，换上的小矶内阁，对解决战争问题束手无策，也只好很快辞职。新组成的铃木内阁，面对不断加深的战争危机和经济困难，围绕日本是战是和问题，一直争吵不休。内大臣木户幸一秉承天皇的旨意，提议向当时同日本还保持中立关系的苏联递交天皇的亲笔信，请求苏联为日美间实现和平居中调停。

（二）日本投降

1945年5月17日，在东京首相官邸召开“大陆首脑会议”，伪满总务厅长官武部六藏、次长古海忠之，以及朝鲜、汪伪的代表均出席了会议。会上一反过去夸耀帝国军威的常态，弥漫着一片战败的颓唐气氛。日本海军大臣在报告战况时，不得不哀叹精锐无比的日本海军舰艇，已大部被击沉，如今只好把全部希望寄托在“光荣无敌”的日本陆军身上了。而陆军大臣也不敢谎报军情，讲给与会者的全是太平洋战争失利和在中国大陆上被打得焦头烂额、处于不能自拔境地的坏消息。军需大臣关于战备物资动员计划的报告，更是令人泄气。原定筹集200万吨钢，落实不了，只好减缩一半。

日本国内发生粮荒，供给的全是带八成糠的米。总之，无论从军事力量或经济力量看，侵略战争的败局是无法挽救的。但日本帝国主义者这只遍体鳞伤的困兽仍想垂死挣扎，仍在紧锣密鼓地进行战争部署。日本大本营曾提出本土决战后把首都迁到满洲新京的设想。

伪满洲时期的溥仪

就在日本法西斯进行战争动员以图最后挣扎时，反法西斯同盟国于1945年7月26日发出了促令日本投降的《波茨坦公告》，但是日本法西斯自恃还有一定力量，对《公告》并不认真对待，采取置若罔闻的态度。7月28日，日本首相铃木贯太郎发表谈话，竟说什么“不予理睬，只有完成战争。”所以要使日本法西斯真正接受《波茨坦公告》的要求，无条件投降，反法西斯同盟国还要在战场上做最后的较量。

1945年8月6日8时15分，美国向广岛投下第一颗原子弹，使广岛78150人丧生，51408人负伤或不知去向。8月7日，美国总统杜鲁门发表声明：“7月26日在波茨坦发出的最后通牒，旨在拯救日本人民免遭彻底的毁灭。他们的领袖迅速地拒绝了这最后通牒。如果他们现在还不接受我们的条件，他们的毁灭将自空中而降……”8月8日下午，东乡外相在皇宫地下室晋谒天皇。天皇面谕：“敌既已使用此种武器，则战争之继续更不可能，为获得有利条件起见，……应努力结束战争。”8月9日上午10时30分，美国又在长崎投下第二颗原子弹，造成66773人伤亡。

就在美国第二颗原子弹爆炸前的数小时，亦即9日零点，苏联对日宣战。8月8日晚11时，苏联外长莫洛托夫召见日本驻苏大使佐藤尚武，宣布从8月9日起，苏联政府与日本处于战争状态。8月9日零时一过，苏联红军百万雄师，便以迅雷不及掩耳的凌厉攻势，从各个方面突入中国东北的中苏边境线，对日本关东军发起全线总攻击。

此时的关东军能够用于对苏作战的兵力，连朝鲜北部算在一起，总计为24个师团，11个独立旅团，大约75万人。加上为数不多的伪满、伪蒙的军队，不足苏军进攻兵力的一半，苏联红军在中国人民、朝鲜人民的有力配合下，仅用3周多时间，便一举打垮了霸占中国东北多年的关东军和其他日军，为世界人民反法西斯斗争的最后胜利，做出了重大的贡献。

日本法西斯最终被迫选择了无条件投降之路。1945年8月10日，日本通过中立国瑞典、瑞士，向盟国发出乞降照会。8 月 15 日，日本政府向全国广播了天皇的《停战诏书》。但实际上日军并没有完全放下武器。因此，中国解放区军民的大反攻和苏军向关东军的进攻，只得仍按原计划进行。

8 月 26 日，盟军的先遣队、空运部队、海军部队开始进驻日本。盟军最高统帅麦克阿瑟于 8 月 30 日飞抵日本。9 月 2 日，在停泊于东京湾的密苏里号旗舰上，举行了日本向盟国投降的签字仪式。首先由日本外相重光葵代表日本天皇和日本政府、总参谋长梅津美治郎代表日本帝国大本营在投降书上签字。然后由受降国的盟军最高统帅麦克阿瑟上将、中国代表徐永昌将军、美国代表尼米兹海军上将、苏联代表德勒维亚中将、英国代表福莱塞海军上将以及澳大利亚、加拿大、法国、荷兰、新西兰等九国代表签字。穷凶极恶的日本帝国主义终于无条件投降了。

（三）伤感溥仪

伪满洲国是日本帝国主义一手扶植起来的傀儡政权，当日本法西斯全面溃败的时候，伪满洲国也难逃其迅速垮台的命运。

1943 年这一年对伪满政权震动最大的事件，是意大利的战败投降。9 月 8 日深夜，一向喜欢晚睡晏起的伪满皇帝溥仪，从收音机里听到了盟军在西西里岛登陆，意大利法西斯政权被推翻，墨索里尼被处以绞刑的消息。起初并不相信，认为这是盟国的造谣宣传。但后来他很快从日本电讯、报纸和批阅的文件中有所发现：以往那些“强大无比”“无敌的皇军”“堂堂入城”等字样，逐渐被“以身殉国”“光荣战死”“宁为玉碎”所代替。这从另一方面证实了意大利投降和墨索里尼被处死的消息是准确无误的。于是溥仪大有兔死狐悲之感，想到墨索里尼的可悲下场，仿佛有一条绞索正向自己的脖子上套来，搅得他寝食不安，惶惶不可终日。其后，令人担忧的事情接踵而来。1944 年 7 月 12 日午后，关东军最后一任司令官山田乙三上任，这个兼“驻满大使”来到伪皇宫向溥仪递交国书。仪式刚刚进行，突然传来了刺耳的空袭警报声，他们迅速钻进防空避弹室。直到关东军参谋部送来了报告，说“新京”上空出现的是美国侦察机，溥仪和山田方知受了一场虚惊。紧接着，7 月 29 日传来了美国 B—29 轰炸机空袭大连、鞍山的消息；9 月 8 日又收到了美机轰炸鞍山、本溪的报告；“新京”上空也经常出现喷着缕缕白烟的美国飞机。一阵阵空袭警报声吓得溥仪在“缉熙楼”——“勤民楼”——“同德殿”——“防空避弹室”之间跑来跑去，不得片刻安宁。

这时，溥仪越是担惊受怕，需要他处理的公文反倒多起来。什么“紧急生产推进本部”成立，需要皇上裁可啦；什么总理晋交陈述“增产状况奏章”，需要皇上御览啦；什么“振兴国民精神大会”，需要皇上驾临啦，如此等等，不一而足。透过以上情况，溥仪隐约地感到，日本人所进行的“大东亚圣战”已经到了精疲力竭的时刻。关东军为了“背水一战”，正在强化对东北的殖民统治和经济掠夺。世界人民反法西斯的战火，正在向“新京”——这个关东军的老巢烧来。

在伪满洲国行将垮台之际，有三件事最使溥仪伤感。

其一，是“觐见”日本空军“神风队”队员。日本空军为了对付美国空军，在空战中，不惜采取用小型飞机装上炸药与敌机硬撞的“自杀”战法，美其名曰：“体挡”，派去执行任务的驾驶员被称作“肉弹”，并以中队为单位组成了“神风”空中敢死队。为了给这些自寻死亡的“肉蛋”打气，关东军司令官让“帝室御用挂”吉冈把“神风”队员带进帝宫，接受皇帝的“赐见”。而溥仪为向主子表示支援“圣战”的诚意，曾先后几次“觐见”神风队。“觐见”时，溥仪先是走到“神风”队员面前，按吉冈事先拟定的讲话稿发表祝词，然后与每个“神风”队员拥抱，并一一赐酒。溥仪后来回忆说：当时他看到这些所谓的“肉弹”，大多是十几岁的孩子，他们一个个眼里流露出恐慌、颓丧的神情，泪流满面地口呼“天皇陛下万岁！”这种近似于歇斯底里的狂呼声，使人感到好像野兽在濒临死亡前的绝望的哀嚎。

其二，是“觐见”日本陆军大将山下奉文。山下是日本关东军的著名将官之一，曾担任过溥仪的军事老师。后因指挥日军进犯马来西亚有功，被称之为“马来西亚之虎”。1942 年 7 月，山下被任命为关东军第一方面军司令官时，溥仪曾在同德殿“觐见”过他，当时山下有一种日本军界人士那种不可一世的狂态。二年后，山下再次奉调南洋，临行前特意向溥仪告别。在“觐见”中，溥仪发现此时的山下，与以往相比，简直判若两人。这个曾骄横一时的刽子手，竟有失军人体统，当面抽泣起来。“觐见”结束时，他深深地给溥仪鞠了一躬，说道：“此次是山下向陛下做最后的诀别，永别了……”说完便转过身去，步履艰难地走出了“觐见室”。象山下奉文这样的日本高级将领，都悲观绝望，更使溥仪内心中有一种不祥的预兆，并开始为自己的处境担心起来，害怕总有一天会走上山下奉文的道路。

其三，是关于汪精卫的死亡。1944 年 11 月 1 日，伪南京政权的首脑人物，大汉奸汪精卫在日本一命呜呼。汪精卫作为溥仪旧日的“宿敌”，他的丧生并未给溥仪带来更多的悲伤。可他们共同效忠于日本侵略者的命运，又不能不使簿仪对汪的死感到疑惧。尤其是对汪的死因更使溥仪心惊肉跳。当时，社会上对汪的死因有种种传闻，一说是被日本人害死的；一说是汪在日本做手术后，因无人护理，引发肺炎，死于医院地下室里等等。无论这些传言是真是假，都说明充当傀儡的人的结局是悲惨的。古往今来，凡是汉奸走狗，都没有好下场。溥仪所担心的也正是这一点。因为溥仪懂得，他是日本人一手扶植起来的伪满政权的头面人物，对日本殖民统治和“东亚圣战”的内部情况知之甚多，日本一旦战败，就必然杀人灭口，置自己于死地。所以汪精卫的死亡，使溥仪对自己未来的命运更加忧虑，终日处于极端恐惧和十分矛盾的心理状态之中。最后溥仪下决心，为了保住皇帝名义和身家性命，只要日本关东军存在一天，他就要把这出傀儡戏唱好一天。于是他一方面在政治上屈从迎合日本人的意志，极力标榜自己是“以天皇之圣意为己心”，与日本“一心一德”，“一切听从关东军的指挥”。另一方面，在经济上加强对民众的横征暴敛，来支持所谓的“大东亚圣战”。他除下令在东北各地收缴民间存有的金、银、铜、铁、锡等物品外，还以“下赐”名义将宫中一些珍贵的物品奉送给关东军，以显示自己的忠心。仅 1945 年 1 月至 3 月，就两次“下赐”物品 183 件。此外，溥仪还下令加强伪皇宫的警卫，采取从仓库里取出两挺轻机枪、20 支匣枪和一箱子弹，放在他经常拜佛的地方，发给近亲每人一支手枪和一些子弹，在同德殿楼下堆起沙袋等措施，旨在保护自己的生命安全。

1945 年 8 月 9 日，苏联突然宣布对日作战，关东军被打得措手不及，伪满洲国全面崩溃的日子终于到来。但是在崩溃中的日本关东军及伪满洲国傀儡政权并不甘心自己的失败，他们仍纠集各种力量，进行垂死的挣扎。

在苏联出兵前夕，1945 年 7 月 25 日，伪满国务总理大臣张景惠奉命匆忙召集临时伪省长会议，部署城市防卫事宜。会上由伪总务长官武部六藏进行具体安排。武部说：“西部战事已经结束了，苏联有可能向东方进攻，国境上有关东军守护，可保无虞，但满洲内地免不了有暴动者起来响应，为此各城市要搞防卫设施。”他同时要求全伪满修筑 100 多座土城和许多碉堡，限期各地在 7 月末 8 月初完成。但是伪满的这项防卫计划未等完成，苏军的进攻就开始了。

8 月 9 日零时，苏军全线进攻开始。此时关东军司令山田乙三正在大连观赏歌舞艺伎演出。总参谋长秦彦三郎急忙召集作战会议，于 8 月 9 日 6 时下达全面作战命令。同时决定实施《伪满洲国防卫法》。随后，秦彦三郎、武部六藏会同伪国务总理大臣张景惠一起拜见伪皇帝溥仪。此时，因苏联飞机轰炸，溥仪正躲在防空洞中索索发抖，经溥仪点头裁可，履行了批准实行《防卫法》的形式手续。8 月 10 日，伪总务长官武部六藏召集伪政府各部、局负责人员开会，宣布关东军及伪满政府要改为战时体制，将以通化为活动中心，要全部迁往通化。以溥仪为首的汉奸们闻此讯后，全体反对，由张景惠出面要求将“新京”作为不设防城，遭到关东军的严厉拒绝，并只给三天期限，必迁通化无疑。同一天，关东军总司令部接到大本营的命令：“根据帝国全面战况，以朝鲜为最后一线，必须绝对予以保卫。以满洲全土为前进基地，在万不得已的情况下，可以放弃。”这一放弃满洲，确保朝鲜的计划，使关东军及日本在满要人更加产生了惊恐不安情绪，眼见满洲不保，遂开始了逃跑疏散工作。关东军调用军用列车，让其全部家属，带上细软家私，抢先乘车去朝鲜避难，紧跟着满铁的家属也开始逃亡。

就在这一片败逃的混乱中，嗜血成性的日本侵略者仍不忘杀人放火，阴谋和破坏

在东北各地不断进行。8月9、10两日，东满地区、西东安、西鸡宁的火药库、油库被炸毁；东安被服厂被烧毁，内存可供一个师团用一年以上的被服；鸡宁电厂、东安电信电话会社、林口粮秣厂等全被破坏，粮厂内存有一个军可用三年的粮食。交通也受到破坏，密山桥、林口至牡丹江隧道、牡丹江铁桥全被爆破。东京城守备队在撤退时破坏了镜泊湖水电站，使之丧失发电能力，佳木斯电站也被炸毁。在白城子，日军117师团长铃木启久下令，为阻止苏军进攻，破坏平齐线上的江桥铁桥、洮儿河铁桥和长白线上的洮儿河铁桥。在哈尔滨市郊平房地区，细菌战元凶石井四郎，为隐匿其研制细菌武器的滔天罪行，于8月14日炸毁了8栋建筑物，使731部队驻地——杀人魔窟，成为一片断垣残壁的废墟。此外，驻哈的日军还烧毁了市内的军用仓库、顾乡屯军用滋养糖制造工厂、大陆理化研究所等。苏联最先攻击的牡丹江市，日伪人员在临撤退时，将伪军政机关大楼里的一切物品倒上汽油烧了，到处是火，爆炸声在牡丹江市响个不停。总之，在日伪溃败中，破坏是空前的、全面的。据土屋芳雄等41名日伪人员交代材料统计，在八一五前后，共烧毁军用设施1254栋，地方机关建筑153栋，中国百姓住宅1687栋，烧毁粮食15000吨，干草6000吨。

同时，各监狱大开杀戒。牡丹江监狱于8月12日将100余名反满抗日的“国事犯”押送宪兵队，随后又用两辆大汽车押往刑场准备集体枪杀。途中，一辆汽车翻倒，有些人被压死，还有四五十人被当场打死。另一辆汽车开往铁岭河监狱，日寇施放毒药于饭、水之中，一些人饮用后当即死去。龙江泰康刑务署将被关的20名东北抗联人员，押到署外二道岗，用机枪进行扫射，当场打死18人。王爷庙特务机关长金川耕作下令，将在押的汉、蒙、苏60余名“犯人”，在乌兰哈达用机枪打死，只有5人幸免。哈尔滨监狱关押着抗联三军干部孙国栋，伪高等检察官沟口嘉夫亲自来监狱督促将孙绞死。伪司法部决定于8月14日将新京监狱所押的建大等校学生政治犯70余人全部杀害。当天下午将他们骗出长春，准备在吉长公路寻机枪杀。队伍走到东南拉拉屯附近，遇到起义的军官学校学生，将押送的日本军警打死，这些人才幸免于难。

就在日伪大崩溃的同时，长春、沈阳等地人民自发地起来反抗，暴动事件层出不穷。对此，日伪当局则进行血腥镇压，对中国人民又犯下新的滔天罪行。1945年8月15日，在长春大马路，日伪以5辆坦克对正在示威游行的中国群众进行武力镇压，当场打死约150人。同一天，在长春大经路，敌城防司令部一个小队40人对中国暴动群众约100人进行镇压，当即打死20人。8月16日，在长春市南关附近，60名宪兵和防卫司令部一个中队80余人，动用10辆坦克，对约千余人的暴动群众进行镇压，当场打死约百余人。同日在长春南湖房产住宅区，一个宪兵小队和防卫司令部一个小队镇压了正向该地拥来的中国暴动群众，当场打死30余人。8月19日，在沈阳北市场附近，奉天第一特别警备队350人，对数千名中国暴动者进行镇压，打死52人。同日该特别警备队在奉天车站附近先后打死中国暴动群众25人。在东北其他各城市，日伪均有镇压中国群众反抗的暴行。据铃木义夫等参与镇压中国群众暴动的35名伪宪警人员的交代统计，当时在长春共发生镇压事件26起，杀害447人；在沈阳发生镇压事件9起，杀害154人；在其他地区发生镇压事件7起，杀害10人，伤害24人。由此可见，日伪反动当局在临近覆灭的日子里，是何等凶残地进行垂死挣扎的。

（四）溥仪被俘

自从关东军总部决定"迁都"通化以后，伪满"帝都"新京一片混乱，呈现出失败后仓皇出逃的狼狈景象。

在关东军的催逼下，8月10日，溥仪下令收拾出逃行装，同时将访日和巡守的电影胶片全部烧掉。12日关东军总司令山田乙三等人乘飞机率先逃到通化。这时，十几年来一直闪耀在日伪统治中心关东军司令部大楼上菊花皇帝纹章被悄悄拿掉了；西公园入口处（今胜利公园）骑在马上威风凛凛、不可一世的儿玉大将铜像的脑袋被砍掉了；关东军司令部更是一片败亡逃窜的景象，日本陆军大臣阿南唯儿"只有坚决把保卫神州的圣战进行到底，纵使茹草啖泥，卧伏山野，只要坚决战斗，相信死中自有活路"的训示，被抛在极密的电报板上，无人理睬；新调任的新京地区防卫司令官饭田中将，在"一切我全不清楚"的情况下，匆忙组织城市防御，紧急动员部分日伪人员在长春的主要街道上修筑街垒，摆出准备巷战的架势，以图稳定人心。然而，这些过去倚仗武力，骄横跋扈的殖民主义者，却像泄了气的皮球一样，"在精神上似乎被抛到没有重力的宇宙之中……"。

8月12日这一天，日本在长春的一般市民开始疏散。8月11日晚11时左右，溥仪一行乘汽车离开伪皇宫。汽车直奔二道河子方向开去，在长春东站改乘火车。次日晨到达吉林，尔后换乘吉林到通化的列车。经过两天三夜，于14日晨到达通化大栗子沟。

1945年8月15日中午，败逃到通化的日本关东军的军官们，挤坐在收音机前聆听着日本天皇的《停战诏书》的广播。他们掩饰不住失望的心情，不禁失声恸哭起来。8月16日，在幕僚、参谋会议上，总司令官山田乙三顺势表态说："本军只能奉戴圣旨，全力以赴结束战争。"

此时，逃亡到通化大栗子沟的傀儡皇帝溥仪，正在打卦摇钱，以课定吉凶。"帝室御用挂"吉冈代表关东军司令部正式通知他：日本天皇已经宣布无条件投降，美国政府已表示对天皇陛下的地位和安全给以保证。溥仪的预感变为现实，思想活动极其激烈。首先是害怕关东军杀人灭口，于是马上来个"批颊请罪"的傀儡表演。吉冈的话音刚落，他立即跪在地上，向苍天磕了几个头，念诵道："我感谢上天保佑天皇陛下平安。"吉冈也随着跪下来，磕了一阵头。

8 月 17 日，张景惠、臧式毅、熙洽等汉奸来到大栗子沟。当晚在武部六藏的导演下，于大栗子矿山公司食堂召开了参议府会议，上演了一场溥仪退位的闹剧。会议开始，大家都沉默不语，各想心腹事。还是身为国务总理大臣的张景惠首先发言，提出："日本既然投降，满洲国已失去了依靠和存在的意义，皇上应自动退位，给满洲国以最后终结。"臧式毅有气无力地响应，这样就算通过决议，并连夜举行伪满皇帝退位仪式。溥仪直到这最后一刻，仍旧是个任人摆布的傀儡，他仅用两分钟就读完了日本人拟就的伪满洲国送葬词——"退位诏书"，然后含着眼泪和各位伪大臣握手告别。这群一直追随溥仪左右的伪满重臣们，面对颓丧已极的伪皇帝，表面上都装出一副悲戚的样子，有的还挤下几滴眼泪。可是等到皇帝一转身，他们立即作鸟兽散，各自携带细软，竞相逃命，纷纷撤离临江，奔往通化。而溥仪这下子可变成真正的"孤家寡人"了。

被抛下的溥仪，皇帝梦已经彻底破灭了。由于自身难保，只好就地烧了随身携带多年的大清列祖列宗的"神位"。溥仪的先祖如果有灵的话，也会痛骂这个卖国的不肖子孙的。同时，溥仪还下令烧了从天津以来他所写的 20 余本日记，以消灭证据。这时溥仪身边的伪军警卫部队让日本人撤了，换上的全是日本宪兵。他此时无处可去，想回北京隐居，又担心提出来会被日本人杀头。去日本，在一个战败投降的国度里，自己的下场又将如何？正在他一筹莫展的时候，吉冈跑来告诉他："日本关东军已和东京联系好，决定送你到日本去。"原来关东军并不想完全放弃溥仪这个活证据，感到与其把他交给中国人，还不如挟其去日本更有利一些。于是开始与大本营联系，起初遭到拒绝，答复说由于国内战败，很难保证人身安全。关东军一再坚持，大本营最后同意溥仪到日本京都饭店暂时栖身。所需花费则由关东军安排专机将价值 4 亿日元的金条先行运到日本，并指定伪中央银行总裁随专机去日本安排。一心要保全性命的溥仪要求日本人能保证他的安全，便试探性地问："到了日本以后怎么样？"吉冈冷冷地回答道："到日本，生命可也没有绝对保证。"溥仪听后，心中没底，显出六神无主的样子。吉冈却拿出法西斯军人的派头，命令溥仪："挺起腰板来，挺起了腰板走！"溥仪无奈还是选择了流亡日本的道路。按关东军轻装简从的要求，溥仪只携带一个皮箱，内装黄金盾两个，金手表怀表四、五十块，白金表链二十余根，以及其他金首饰、宝石、钻石、珠子等。抛下皇后婉容、福贵人李玉琴和几个妹妹，以及跟随他多年的老乳母，在日本宪兵的监护下，由"帝室御用挂"吉冈安直、伪祭祀府总裁桥本虎之助陪同，带着弟弟溥杰、两个妹夫、三个侄子、一个医生、一个佣人，坐火车去通化，然后又由通化乘三架小飞机去沈阳，准备在沈阳换乘大飞机去日本。溥仪在沈阳机场刚下飞机，天空中便出现了苏联飞机，一架接一架地着陆，一队队手持冲锋枪的苏军空降部队纷纷从飞机上走下来，很快解除了机场上日军的武装，溥仪等人随之也成为苏军的俘虏。在机场大厅里，苏军校官宣布要把他们这些人送到苏联去，溥仪闻言拍手称快，此突然之举令人惊奇。而当吉冈提出要和溥仪在一起的时候，溥仪又从背后摆手示意反对，苏军即将他们分别押走，溥仪终于摆脱了这个缠在他身上十几年的“贴树皮”。

再说张景惠等汉奸，自打从通化大栗子沟离开溥仪之后，急忙赶回长春，组织起包括武部六藏等伪满大臣在内的维持会。张景惠为维持会长，吕荣寰、于镜涛为副会长。他们通过广播与重庆联系，幻想讨好重庆国民党政府，以所谓“保境安民”之功，来折卖国求荣之罪，梦想国民党接收后，再度飞黄腾达。结果这些有奶便是娘的民族败类，好景不长，不久就被进入长春的苏联红军和我抗联部队全部逮捕，押往苏联，与溥仪殊途同归，同样做了阶下囚。这样，日本侵略者所扶植的伪满洲国，在经过 14 个年头以后，最终在人民欢庆胜利的锣鼓声中彻底垮台了。

东京审判

（一）被押苏联

1945 年 8 月 19 日，溥仪一行在沈阳东塔机场候机大厅被苏军俘虏以后，于下午 3 时左右被押上一架苏联飞机，经过 20 分钟的飞行，在通辽着陆。第二天早晨，溥仪他们还饿着肚子，就被苏军押送到一架大型军用运输机直飞赤塔。他们是第一批到苏联的伪满战犯，除溥仪外，还有溥杰以及两个妹夫润麒、万嘉熙；3 个侄子毓嵣、毓嵒和毓赡；外人只有医生黄子正和随侍李国雄。他们 9 个人于傍晚时分，乘坐苏军事先预备好的小汽车离开机场。约半小时左右到达赤塔市区。半路，车停下来，并传来一句中国话：“想要解手的，可以下来！”溥仪听后大吃一惊，这时，溥仪最怕落到中国人手里。他认为在外国人手里尚有活命的一线希望，若是到了中国人手里，像他这样的汉奸卖国贼必死无疑。所以他一听见中国人讲话，就浑身起鸡皮疙瘩，结果闹了一场虚惊。大约半夜左右，汽车终于停在一座灯火辉煌的楼房前面。随后他们被带进一间大房子，房中间摆着一条铺着毛毯的长条桌子。不一会儿赤塔市卫戍司令，一位苏联少将从另一房间走过来，通过翻译向他们宣布：“苏联政府命令，从现在起对你们实行拘留。”然后他又态度和蔼地问大家一路上累不累，吃过饭没有。如还没吃可以让厨房准备，溥仪一点也不客气，他代表大家回答道：“我们都没吃饭呢！”饭后他们就在这里住下了。这样，在赤塔的莫洛科夫卡疗养所，溥仪一行开始了颇受优待的拘留生活。

平常每日吃四餐：早餐有面包、咖啡、茶等，面包是精白粉优质面包；午餐至少两道菜、一道汤；下午三四点钟还开一餐，称作“午茶”，上面包、黄油、咖啡；晚饭常吃西餐，摆出牛舌、牛尾、果酒、点心等等，主副食都相当丰富。日常生活有服务员照料；医生、护士经常为他们检查身体、治疗疾病。此外，每个房间内都有广播喇叭、书报、各种文娱器材，在规定的范围内还可以自由散步。对这种悠哉游哉的生活，溥仪感到非常满意，并产生了留居苏联的奇怪想法。

溥仪到赤塔不几天，张景惠、臧式毅、熙洽等伪大臣也被押到这里。他们听说溥仪想留在苏联，便立即来到他的住处请愿。张景惠开口便说：“听说您愿意留在苏联，可是我们这些人家口在东北，都得自己照料，再说，还有些公事没办完。请您跟苏联人说一说，让我们早些回东北去，您瞧行不行？”溥仪对他们的请求毫无兴趣，冷冷地说：“我怎么办得到呢？连我是留是去，还要看人家苏联的决定。”这些人一看溥仪不管，就苦苦哀求起来：“您说说吧，您一定做得到。”“这是大伙儿的事，不求您老人家，还能求谁呢？”“大伙推我们做代表来恳请溥大爷的。”他们现在不再称溥仪为“皇上”“陛下”，就满口地乱叫起来。溥仪被缠得没法，只好找苏联负责官员渥罗阔夫。渥罗阔夫听完后，淡淡地说：“好吧，我代为转达。”后来溥仪才明白，他们这些人了解国民党的内幕，知道国民党对他们的特殊需要。因此相信回去不仅保险，而且政治上还能捞一把。也许诱惑力太大的缘故，有的人想回去想得几乎发了疯。

在莫洛科夫卡，每天早晨溥仪他们可以在门前、山坡上散步或进行其他活动。虽然也有一定的限制，不许走得太远，而且总有苏联军人跟在后面，但相对来说，还是比较自由的。日子一久，则限制更少，山上、山下、小河边、树林里，这些地方都可以随便走走。常跟着溥仪散步的那位苏联军官，渐渐也就不跟了。溥仪的活动范围比在伪皇宫时大得多，生活兴趣也比那时浓得多。就在溥仪神经逐渐松弛的时候，有一件事却把他吓个半死。一天清晨，女服务员托尼娅神色慌张地告诉万嘉熙，说苏方让他们赶紧收拾东西去飞机场。溥仪听说后，惊得六神无主。老实讲，根据这些天的观察，他不相信苏联人会轻易杀掉他。但苏联人会用飞机把他送到哪里？斯大林和毛泽东都是共产党的头，他们是否已达成协议，要把他送到延安去？果真将他引渡到延安，那可是要处以极刑的啊！想到这里，溥仪仿佛浑身的血液全凝固了，突然大叫一声，向后跌去，只见他双目紧闭，牙齿咬得磕磕响，任凭臣子们千呼万唤，哭哭啼啼，却一丝不觉，死人一般地躺在床上。苏联军官急忙赶来，见状也大吃一惊，着急地问：“怎么回事？早餐时还好好的，现在却病成这样，等会儿怎么拍电影呢？”“拍什么电影？”毓嶦问。“你们来的那天，因为是晚上，光线不好，没有拍照，所以今天要补拍溥仪入苏电影，现在赤塔市军政首长都到机场去了，塔斯社还等着发消息呢！”正在苏方为溥仪的昏迷不醒而着急的时候，只见他突然翻身坐起，口中急切地叫喊着“鞋，

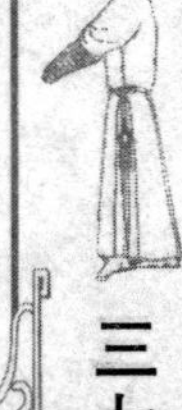

鞋”。毓喦、毓嵣赶紧过去伺候，大家也都搞不清溥仪刚才到底犯的什么病。其实，溥仪哪有什么病，只因被突如其来的坏消息所迫，一时想不出良策，情急生智，倒在床上装病，心里却再明白不过。先前人们哭天抹泪时，他还在心里骂道：“这群笨蛋，我略施小计，本想拖延时间，糊弄苏联人，倒把你们吓成这样。”所以等到他从苏联军官那里明白了真相，便急不可待地坐起来了。溥仪一行到达赤塔机场后，走进一架早已准备好的飞机，苏联军官渥罗科夫象导演给演员说戏似的，比画了好一阵，才让溥仪他们走下飞机，溥仪经过吉冈训练了十多年，演傀儡戏确实很有功底。只见他准确地把握住囚徒的身份，耷拉着眼皮走下飞机，一到苏军少将跟前，马上满脸谄笑，点头哈腰，并且小心地同新主人握手，说：“感谢贵国盛情接待，履行国际公法，不杀溥仪之恩。”说罢，还挤出几滴眼泪。少将嘟噜一阵，经翻译后，溥仪连声道谢，又同别的苏联官员握手，谄笑之后，便垂下眼帘向汽车走去。后边的人也仿照溥仪，如是而行。苏军少将满意地瞅一眼摄影师，“叭”地用手指拧出个清脆的响声，“欧钦哈罗绍（顶好）!”他万没想到溥仪会表演得这样成功，举手投足，一言一行都恰到好处。他兴奋地对身旁的官员说：“这部纪录片就是我们对日战争胜利的最好说明，斯大林同志见了一定很高兴。”

一天，苏军中校渥罗阔夫找溥仪谈话，让其揭发日本侵略东北的罪恶活动，以便为将来国际法庭审判战争罪犯提供证据。溥仪当面连连点头称是，回去后就坐卧不宁，又犯了疑心病。心中暗想：“这一段时间苏联对我们照顾得很周到，八成是想把我们稳住，等把需要的东西全套出来，就该下死手了。”想到这里，他暗下决心：“不行，决不能上苏联人的当，眼下最要紧的是防止内部出奸细，必须预做布置。”于是，溥仪赶忙把三个侄子叫到跟前，试探地问道：“苏联当局最近要调查‘满洲帝国’的事，要审判战犯。你们说，他们能抓住我的什么错处吗?”“皇上有什么错？每天吃斋念佛，净为满洲百姓乞求好日子啦。”“皇上连苍蝇老鼠都不让打，积德行善，心肠再仁慈不过了。”溥仪听完他们的回答，满意地说：“好，有人问起你们，就这样说。”随后又脸色一变，威胁道：“你们都是我的亲信，又是近支皇族，要是治了我的罪，你们也要跟着坐牢。记住，不许乱讲。”溥仪安排好这边，叫三个侄儿下去，又把溥杰叫来密议。溥杰说道：“苏俄历来刁钻，我朝吃了他们不少亏，不可不防。圣上自北狩以来，他们三日一小宴，五日一大宴，图的是什么，还不是要把满洲帝国的事一点一点钓出来，待到目的达到，就会图穷匕见，即或不杀头，也得坐牢房。”溥仪一听，更加着急起来。“这可怎么办呢?”“千万不能怯阵，如果第一回合败下阵来，苏方就会得寸进尺，步步进逼。”溥仪认为有道理，便叮嘱溥杰：“你去告诉老万和润麒，苏方一旦找你们谈话，要做出倔强的态度，万不可稍露气馁。另外，关于‘满洲帝国’的材料，就由你代笔吧!”“写些什么呢?”溥杰问道。“关于我，一定要强调是上当受骗，被挟持当的皇

上。对日本人要多写他们蛮横无理，残害满洲人民，掠夺财富的罪行，还要把我在宫中诵经念佛，乐善好施的事写上。苏联人调查时，毓嵣他们都可以作证。”经过这番安排后，溥仪那颗悬着的心才放下来。后来，苏方果然找溥杰、老万等人谈话，他们按事先统一的口径回答，苏方也不过分深究，只是让他们揭发日本人的罪行。后来，他们帮助溥仪写了几份揭发材料交上去，也就敷衍过去了。

晚秋时节，莫洛科夫卡疗养所霜凝大地，寒气袭人。溥仪他们为了消磨时间，便到附近的山上、河边找乐趣。有时他们砸开冰块，观察里边的小虫子，有时到山上寻找歪脖子树，回来做拐杖。溥仪虽不动手，也饶有兴趣地在一旁看着。这种吃饱了饭没事干的百无聊赖的生活，不久就结束了。1945 年 11 月中旬，溥仪一行被押往伯力。

溥仪被从赤塔押送到伯力后，刚出站台就受到一群苏联儿童的“热烈欢迎”。小家伙一边冲他们大喊：“牙崩各”“牙崩各”（含有日本鬼子的贬义），一边拣地上的石头子往人堆里撇。这真是叫他们丢丑的一幕。押送他们的苏联士兵一面全力掩护，一面向孩子解释：“他们不是日本人！”原来苏联儿童把溥仪他们当作日本战犯了，才如此憎恨。此情此景对溥仪触动很大，如果说刚刚过去的那段悠闲的疗养生活，或许会使他忘记自己是战俘的话，那么这些苏联儿童的不雅致的“欢迎”，则足以让他清醒一下：他的确不是日本人，但确实当过日本人的帮凶。

是日，溥仪一行被押送到伯力郊区的红河子收容所。红河子收容所坐落在山坡上，山脚下有一道江岔子河，周围环境优美，令人赏心悦目。溥仪他们被安排到一栋二层木头楼房里，有一个院落，院内矗立着一座岗楼，日夜都有值勤的哨兵。起初他们住在一楼。这层有一间大厅，其余都是小房间，有厨房、食堂。红河子别墅不是疗养所，不设服务员，而溥仪离了伺候一天也活不下去。于是李国雄和溥仪的三个侄子便以战俘身份兼作他的侍从。这不是苏方安排的，而是完全凭着他的权威。他们每天给溥仪叠被、收拾屋子、端饭、洗衣服。他们不敢明目张胆地称溥仪为“皇上”，便改称为“上边”。每天早晨起床，他们照例要向溥仪请安。这里的生活待遇远不如莫洛科夫卡，但仍可吃上各种可口的饭菜。苏方常给溥仪发酒，都是“月桂冠”名牌日本酒。苏军击溃日本关东军后，作为战利品从原伪满仓库中运回了大量食品、用品，溥仪在伯力时期吃的、喝的、穿的、用的，基本上都是“战利品”。苏方总是发给溥仪不启封的原瓶酒，但不说明这酒是几人份，溥仪则认为属于他自己，有时给随侍倒一杯，算是他的赏赐。喝剩了就放在桌子上，其他人谁也不敢擅自倒上一杯喝。就这样溥仪还时常打发随侍们到食堂要，留着以后慢慢喝。开始苏方对溥仪颇为尊重，每要必给。时间一长，就不那么尊重他了，有时把喝剩的半瓶给了他，有时干脆就说没有。在苏联的 5 年拘留生活中，溥仪有这种储存食物的习惯。譬如在 45 收容所，伙食采取每人一份按人头发放的办法，面包、黄油、香肠、白酒等，大体平均。当然苏方对溥仪还略有照顾。他不参加任何劳动，还要吃得好些、吃得多些。往往自己的一份吃完了，还让随侍到厨房去要，厨房只要听说溥仪要，马上就给。然后溥仪把要来的东西就存起来，有一次被苏联军官发现了，命令跟来的士兵把溥仪存放的食物取走，并对溥仪说，这样存放食品不卫生。其实是各有心腹事，苏方怕犯人留足食物逃走，溥仪则时时提防着时局变化，总想有备无虞。所以每次食物被搜走，他仍让下边人继续去要。

在伯力，溥仪不仅自己不愿参加劳动，而且也不愿意他家里人包括随侍去给别人干活。他们到红河子不久，苏方管理人员把溥仪的三个侄子和李国雄找去，让他们清理楼前草坪，拔除杂草。他们都没干过这类粗活儿，内心满不高兴，但面上不敢表露。溥仪看到后，心里也不舒服，问道："在院子里干粗活儿感觉怎么样啊？""太阳晒着挺难受的。""那就回去吧！""能行吗？""让你们回去就回去，晒太阳多了要患日射病的。"他们几个人刚回屋去，苏方管理人员就找上门来，比比画画地叫道："刚开始干活就休息，这是不准许的。"催促他们再去草坪。他们刚出去，溥仪又让回来。如此往复三次，直到溥仪公开向他表示不满后，这位苏方管理人员用俄语骂了一句就再也不管了。还有一次，溥杰和万嘉熙、润麒吃饭时给大家摆台子，溥仪很不高兴，心想"我的家里人怎么可以去伺候别人"，当即予以制止。1947 年到 1948 年期间，溥仪与他的侄子、侍从李国雄分开关押，使他感到很大不方便。苏联政府允许溥仪在自己的屋里吃饭，可是没有人给他端饭，他的岳父荣源自告奋勇地承担起照顾溥仪的任务，不仅给他每天端饭，就连洗衣服、倒尿盆这些事也都替他代劳了。

在红河子收容所，有一天苏方管理人员拉来许多松木杆子，并以木楼为中心，在 30 米半径上挖坑埋桩，里外拉起三层铁蒺藜墙。这引起溥仪的疑心，一会儿问这人，一会儿又问那人，坐卧不宁，似乎像发了神经质。接着苏方又让溥仪从一楼搬到二楼，"这又是要干什么？"惊恐不安的心情使他彻夜难眠。两天后从远方开来几辆大汽车，一直开进收容所院内。正在楼上观察的溥仪突然面露喜色，原来他看到这些从汽车上下来的人都是他的臣子，有伪满总理大臣张景惠、有伪满参议府议长臧式毅、有伪满宫内府大臣熙洽等，共 30 来人。"原来是为了让我们君臣在这里相会啊！"竖铁蒺和搬家的答案有了，溥仪那颗悬着的心又放下了。伪满大臣住进木楼一层的空房子以后，很快便把红河子这座幽静的别墅，变成了嘈杂、混乱的赌场。他们这些人当大臣的时候，每天的"正经工作"无非是牌局、戏局、饭局、抽大烟、玩女人。现在一切都没有了，只剩下未遭苏方没收的口袋里的纸牌，便整天吆五喝六地以打牌来消磨时光。对此，苏方不理不睬，溥仪也没法管，只好听之任之。有一天中午，溥仪想散散步，从楼上下来，一个大臣见到他连眼皮也没抬一下，对这种非礼现象，溥仪非常生气，从此就不想下楼了。每天呆在楼上自己的房间里，大部分时间都消磨在念经上。不过，一般来说，伪大臣们对溥仪还是非常尊敬的。举例说，在苏联的 5 年，每逢过旧历年，大家包饺子吃，第一碗总要先盛给溥仪。还有一回，伪大臣们正在楼下玩牌，溥仪想找其中的一个人谈话，派李国雄下楼去叫。李国雄走到这位大臣跟前，大喊一声："上边叫！"那人就乖乖地跟着上楼了。

在伯力的几年中，收容所当局曾发给溥仪他们一些中文书籍，如《联共党史》，《列宁主义》等，并且有一段时间让他们自己组织学习，让溥杰等人照着本子边念边讲。结果讲的人莫名其妙，听的人也糊里糊涂。溥仪内心中只有一个想法，假如不让他留在苏联，将来还要送回中国，那么，就是把这两本书背下来又有什么用呢？所以对"学习"，溥仪根本就不重视，每次上课，他都坐在讲桌旁边，假装认真听"教员"讲那些"孟什维克""国家杜马"等干巴巴的名词，思想上却早就开了小差："如果能住在莫斯科，或者伦敦，手中的珠宝够用多少年"，"苏联人不吃茄子，自己种的茄子怎么个吃法……"

这几年里，由于溥仪既放不下架子，又不肯学习，在思想改造上变化不大。溥仪知道，在法律面前，他是犯有叛国罪的，而且罪孽深重。但同时又认为这是命运的偶然安排。"强权就是公理"，"胜者王侯败者寇"嘛。至于自己到底应该负有什么责任，犯罪的思想根源在哪里，根本就不去想它。为了争取摆脱受惩办的命运，溥仪把全部希望寄托在苏联身上，极力地向苏联讨好，并上演了"藏宝——献宝——毁宝"的闹剧。

有一次，伯力内务局长宴请溥仪。席间，这位苏联局长对溥仪说："苏联需要恢复战争创伤，希望有所贡献。"溥仪当场满口答应，但又舍不得全部献出他所带来的珍宝。于是决定精选一批最贵重的藏起来。为了找个安全的办法，溥仪和他的侄子密谋多日，确定在溥仪随身携带的黑皮箱上做文章。随后找来李国雄研究具体藏法。李在赤塔时曾帮溥仪藏过两只金镯，因此深得溥仪信任。"大李你看怎么办？""做双层底吧！把黑绒里子撕开，从底下垫木条，垫到一定高度，找块木板盖上，外面糊好黑绒里子就看不出来了。""妙！"溥仪听完李国雄的主意后，高兴地做出拍巴掌的动作，当然不敢发出响来。"不过，重底不能太厚，太厚了外长内短，容易露馅。""好，你酌量办吧！"溥仪当场拍板。然后进行分工，毓嵒、毓嶦负责寻找木条、木板、小钉等，李国雄负责具体制作。工程本不大，但条件不好。首先只能在夜间做，因为白天有外人出入，容易被发现；其次缺乏工具，向别人借怕引起怀疑，唯一的工具就是一把小刀，而且很钝。李国雄先把皮箱内的黑绒底和硬纸底都揭下来，再把四周的黑绒撕开，用小刀削出三根相同的木条，把箱底打了三道隔。隔板完成以后，便把溥仪精选出来的珠宝、首饰、翡翠、钻石、怀表等一样一样摆进去，总共放入468件。最后在上面镶装硬纸板，把黑绒里子按原样糊好，不留一丝痕迹。这样，用了三个晚上的时间，终于完成。溥仪左看右看，非常满意，心里踏实多了。随后，溥仪把一些体积大、不易收藏的金瓶、金碗等，通过当地内务局送交苏联政府，溥仪乘机再次提出留居苏联，苏方表示向上级反映溥仪的要求。

这次藏宝以后，溥仪的烦恼仍未完全摆脱。因为除藏在皮箱里和已经献出的珍宝外，尚有一部分带在身边。溥仪担心这些珍宝一旦被苏方发现，肯定要没收，更要紧的是他将失去苏方的信任，在“献宝”方面前功尽弃，留居苏联的愿望化为泡影。思来想去，溥仪动了“宁失宝物，不失苏方”的毁宝念头。他先挑出质量较差的珍珠500粒，交给李国雄销毁。李把珍珠扔进火炉中化为灰烬，溥仪在一旁看着毫无惋惜之意。后来溥仪还把一些珍宝藏在肥皂里，实在藏不了的又陆续销毁一些。有一条镶钻石的白金项链，被李国雄扔到一个大烟筒里。毓嵒等人也分别扔掉一些，有的埋在院墙根底下，有的埋进当花盆用的铁罐头盒里。这件事还差点惹出麻烦来。一天，一个苏联军官和翻译走进大厅，手里举着一个亮晃晃的东西，向大家问道：“这是谁的？谁放在院子里废暖气片里的？”大厅里的人都聚过来，看到那军官手里拿的是一些首饰，上面还有北京银楼的印记。“奇怪，奇怪，这是谁的呢？”溥仪一下子也认出来正是自己让侄儿扔掉的东西，但他死不认账，也在一旁摇头晃脑地说：“奇怪，这是谁搁的呢？”不料那翻译径直走到溥仪身边，手里拿着一把旧木梳，说：“在一块的还有这个东西，我记得这可是您的木梳啊！”溥仪慌了起来，连忙矢口否认：“不是，不是，木梳也不是我的。”由于溥仪百般抵赖，弄得两个苏联人也没办法，怔了一阵，最后只好走了。

溥仪在苏联的5年俘虏生活中，有两点还是应该肯定的。一是以极大的积极性向苏联提供了日寇在东北的罪行材料；二是到东京“远东国际军事法庭”去作证，控诉了日本战犯的种种暴行。但由于当时他怕自己受审判，从来不谈个人的罪过，到头来还是便宜了日本军国主义者。

（三）庭审作证

1946年8月，溥仪以证人身份出席东京“远东国际军事法庭”，证实日本侵略中国的真相，说明日本如何利用他这个清朝末代皇帝来侵略和统治东北的情况。溥仪前后共出庭8次，是在这个法庭上作证时间最长的人。那些天的法庭新闻，成为世界各地某些以猎奇为能事的报纸上的头条消息。

8月9日，溥仪乘军用飞机从苏联伯力直飞日本东京，居住在苏联驻日本大使馆里。

8月16日，溥仪第一次出庭作证。设在前日本陆军省大会堂的审判厅顿时显得狭窄起来，旁听席变得拥挤不堪，连贵宾席和保留座位都已座无虚席。当溥仪步入证人席时，所有的摄影机的镜头全都对准他。普通证人只有一名宪兵护送出庭，而溥仪却

由两名宪兵一左一右伴入。身着藏青色西装的溥仪，表面上看上去镇定、从容、严肃，可内心里却忐忑不安。“作证中竭力开脱自己”，这是他来东京前就已定下的原则。然而，如果承认自己在伪满是一个傀儡皇帝，就怕被说成是勾结日寇的卖国贼；若是彻底揭露日本侵略者的罪行，又担心暴露与己有关的历史真相，进一步加重自己的罪责。溥仪就是怀着这样一种矛盾的心理，站在了证人席上。

“你叫什么名字？……”担任首席检察官的美国人基南，依照惯例，对证人的出生地、简历等，提出了一系列询问。溥仪以低沉的语调叙述了自己从3岁“登基”的经历，法庭上一片寂静。

问：“你不当皇帝后住在哪里？”

答：“仍住在皇宫。”

问：“你到日本大使馆时多大岁数？”

答：“按中国算法19岁，实际上是18岁。”

问：“你在日本大使馆住了多久？”

答：“大约半年或许稍长些。”

问：“你离开大使馆又去哪里了？”

答：“我得到民国政府的允许，到了天津。”

这时辩护律师布莱克尼插话：“你在讲述自己的生活简历时，我认为你忘记提到，有一次你重新恢复了帝位。你是否给我们讲讲那是什么时候的事？”辩护人所以提出这个问题，是想证明溥仪在12岁就想复辟帝位，而这一点恰恰是他后来投降日本人，当上伪满皇帝的思想基础。

溥仪答道：“对。这事发生在我12岁那年。那时张勋将军同其他一些人推翻当时的总统，恢复了我的帝位。当时，我们都处在张勋的势力下，我太年轻，抓不到统治权。……几天以后，张勋就失败了，我第二次被推翻。”

溥仪回答得很巧妙，基南继续询问。

问：“你离津赴旅顺前和日本著名人物有什么接触吗？”

溥仪回答时，只是心虚地谈到与日本驻屯军司令香椎浩平的会见，而对在天津夜见土肥原那一幕却避而不谈，因为那确是他勾结日本侵略者的“铁证”。正是在这次会见中，溥仪提出“建立满洲国必须是帝制的，否则小去。”当公诉人基南询问溥仪，他为什么最后接受了日小人的建议，到满洲领导一个傀儡政权的时候，溥仪进入了一个“感人”的角色。他戏剧性地逐一环顾了面前的11位法官，然后以演讲的姿势申诉说：当时那么多的民主国家都不能抵抗日本的侵略，“余何独能耶？”他居然反问起检察官来了。随之语调一转，他又如泣如诉地控告了板垣对他的威吓：“这是关东军的决策，如果你拒绝接受，将对你采取严厉行动！”为了证实其真实性，溥仪抬出了郑孝胥，说板垣的恐吓话是郑向自己转达的。这时，正在被告席上的板垣，听到溥仪的证词，用眼睛斜视溥仪，脸上露出鄙夷的神情。不管板垣反应如何，溥仪仍一口咬定他自己是被胁迫去满洲的。在结束这一阶段调查时，基南提出最后一个问题。

问："你是否谈谈迫使你当'满洲国'执政的基本原因？"

答："我那时很年轻，在政治问题上没有经验。我的4个顾问说服我同意板垣的要求。他们说，如果我拒绝，生命就可能有危险。由于日本军阀的压迫，我曾想，中国人最好利用这个机会进入满洲，这样我们就有可能拖延时间，训练我们的军队，组建民政机关，到时候'满洲人民'就可能有机会同中国人民联合起来，等待有利时机开始反抗日本人，这就是我的愿望，我就是带着这个愿望走入虎国。……"

溥仪这些自欺欺人的谎话，引起审判大厅一片嘘声。

8月19日，溥仪第二次出庭。基南询问的主要问题是满洲国的傀儡性质问题。溥仪在证词中淋漓尽致地揭露了日本军国主义的罪行。

问："根据历史记载，你于1932年3月1日当了满洲的执政或首脑。你能否对我们谈谈那时谁负责控制满洲？"

答："整个政权由驻满洲的日本关东军司令官本庄将军及一些副司令官和参谋长板垣上校掌管着。"

问："你是否记得1932年4月1日发布了一系列管理满洲的敕令？"

答："任何时候任何一个敕令都不是我亲自发布的。"

问："你同你执政时签署的《日满议定书》有什么关系？"

答："在那个议定书签字的前一天，我还不知道有那样一个议定书。第二天日本驻满洲大使来找总理大臣，并说：'这就是议定书，需要签字。"

问："至少在把议定书呈送给你和你签字表示同意之前的那段时间内，问过你对那个议定书的意见吧？"

答："是的，议定书是我正式批准的，但当时我们受军事力量的威胁，已完全丧失自由……"

问："如果你是日本恐怖政策的牺牲品，那么1932年国际联盟特别委员会主席李顿调查满洲事件真相时，你为什么不说明真实情况，却宣称满洲国是主权国家呢？"

答，"我当然很钦佩李顿勋爵的才智，既然他的使命关系到满洲事务，我变很想同他详细说说。当时我尽力想同李顿勋爵单独会晤，或邀请他到一个地方，但这只是愿望而已，任何时候也实现不了。因为，当我同李顿勋爵交谈时，关东军的军官就在我身边监视，所以我若是对他说了实话，这个使团一离开满洲，我就会立即被杀害。这就像强盗钻进你家，邻居前来救你，但你什么也不能说，因为匪徒正用武器对着你的后背。"

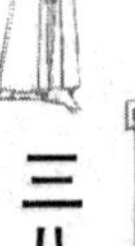

问：“你是否记得你执政时那个负责制订满洲法规的机关叫什么？”

答：“立法院。”

问：“你执政时出席过那个机关的会议吗？”

答：“一次会议也没开过。”

问：“你同那些满洲帝国政府制定的基本法律的条款有什么关系吗？”

答：“若按照那些基本法律，我这个皇帝该享有属于皇帝的各种权力。”

问：“你怎样行使满洲政府的立法权？”

答：“根据基本法的规定，我有上述全部权力。但实际上我没有任何权力。当时的情况是，法律是法律，实际是实际。那时法律是一纸空文，不许任何一个满洲人做点什么事。”

问：“在任命满洲军队的某一级军官时你行使什么权力？”

答：“根据法律条文我有权任命所有各级军官。但实际上我一个也不能任命。”

问：“允许你给军队下达有关军队编成、训练、调动或类似的问题的命令吗？”

答：“根据法律我应该有这一切权力，实际上我什么权力也没有。”

是日下午，溥仪继续出庭作证。他的表演更是达到了登峰造极的地步。“现在谈谈我的亲属”，溥仪说：“吉冈将军给我一张可以获准同我见面的亲属的名单。当我会见这些亲属时，日本宪兵就监视他们什么时候来，什么时候走，并把这些情况报告给关东军。各种朋友给我发来的信件都被日本检察官截留并检查。吉冈将军根据梅津将军的指令，禁止我去拜谒祖先的灵墓。”

问：“你能不能说说由于你的权力或特权，曾以应有的方式给你妻子治病的事？”

溥仪气愤得不能自控，竟以拳头猛击桌面，高声怒叫：“谁害死了她？就是吉冈中将！开始给她治病的是中国医生，但后来吉冈将军推荐一位日本医生。在日本医生开始给她治病时，吉冈同日本医生锁上门谈了 3 个小时。她患的病并不重，经日本医生治疗后第二天就死了。要不是吉冈杀的，为什么谭玉玲刚咽气，吉冈就送来了事先准备好的花圈？”

溥仪继续说：1940 年日本军国主义分子甚至用宗教来为其侵略政策服务。“梅津将军遵照日本政府的意愿，侵入满洲国的宗教基层。为用宗教思想奴役全世界各民族，他们先在满洲开始了这项试验。在他们的压迫下，我们丧失了各种自由，我也完全丧失了我个人的全部自由。我打心眼里反对传入日本神道教。”这时，一个日本律师向溥仪提出抗议，说溥仪攻击了日本天皇的祖宗。溥仪激动地大声咆哮：“我可是并没有强迫你们，把我的祖先当你们的祖先！”遂引起法庭里一片笑声，而溥仪犹愤愤不已。

溥仪的脸上渐渐流露出满足的神色。因为他看到法庭上的人们是那样全神贯注地听着他对日本人罪行的揭露：“……居住在东北的中国人往往被日本人驱至荒芜不毛之地，被迫从事劳作，毫无行动自由。不仅如此，还被强迫将存款储蓄在日本银行，当时竟达600亿元！……凡是十八岁至四十岁的人，都要在‘劳工服役法’下被日军驱作牛马，根本没有医药的治疗，每日只得到极少食物而已！东北的中国人要随身携带身份证，不准迁居，丧失了人身自由。日本人还在东北贩卖鸦片，所得净利高达20亿元，并拿这些钱来资助日军经费……”由于这次出庭得以发表长篇陈词，结束时溥仪似乎以胜利者的姿态走出了法庭。

然而溥仪的乐观太盲目了。溥仪的证词使辩护人的观点受到了冲击，于是律师们就试图进行反击。但他们所攻击的自然不是伪皇帝陈述的并有无可争辩的证据牢牢证明了的事实本身，而是攻击他的人格。也就是说溥仪究竟是在日本人胁迫下违心当上傀儡皇帝，还是为了复辟大清王朝诚心想当皇帝。这个问题从质询一开始就尖锐地提了出来。溥仪竭力想证明是前者，否则“卖国贼”的罪名难辞其咎；相反，日本战犯的辩护律师则要通过质询，找出溥仪不是傀儡的根据，希图减轻日本战犯的罪行。这场双方都感到性命攸关的质询持续了6天，被日本报纸称为“冲锋肉搏式”的交锋。

溥仪刚松口气，美国律师布莱克尼又上阵了。

问：“在一些人试图让你重新登上帝位之前，政府是否按期给你支付400万银圆？”

答：“曾提出给我们这么大一笔款子，但政府财政困难。因此就敷衍了事地给我们支付了一些。常常是给几十万银圆，有一次给了100万银圆。”

问：“在你第二次被推翻之后还是这样吗？”

答：“是。”

庭长：“您想达到什么目的，布莱克尼少校？”

布莱克尼：“我希望证明一下这位证人先生的思维性质。我想证明他一直想找机会重登帝位，努力创造这种机会，最后利用了这种机会。”

但溥仪也毫不相让，他顽固地坚持自己的主要立场。他说他不是英雄，因而成了被迫的牺牲品、恐惧的牺牲品。这种恐惧能解释一切，为一切作辩护。溥仪还说：“你问得许多问题我已经回答过了。我认为你如果继续向我提出同一问题，对你们毫无益处。……最后整整10年，我受尽了压迫，当然我愿意对我的朋友和广大听众讲述我所经受的一切。我已经回答了。可能你不喜欢那种回答，你是辩护人，当然愿意歪曲事实，但我宣布，我说的全是事实。”

问：“你看过李顿的报告书了吗？”

答：“记不清了……”

在布莱克尼的步步紧逼下，溥仪越发惊慌失措。在先后十几个问题上——甚至连“登基大典”的日期，他都以“记不清”作答。翌日，各大报纸均以“溥仪被美律师询问的神经紧张，前日被盘诘突失忘忆”为题做了报道。更使溥仪难堪的是，布莱克尼拿出英国记者伍海德撰写的《在中国的记者生活》一书中溥仪亲口说的话，来证明溥仪是自愿做皇帝。在溥仪还是“什么都记不起来”的遁词下，美国律师被激怒了，要求法庭“协助”令证人回答问题。这时坐在被告席上的日本战犯们无不“面显欣喜之色”而幸灾乐祸。8月22日下午，布莱克尼终于拿出了他的“杀手锏”——一封溥仪于1931年11月1日写给日本参谋本部次长南次郎的亲笔信被提交法庭。这时法庭上的气氛异常紧张。“信”交到溥仪手中辨认，只见他两眼紧瞪着“黄绢信”，双手甚至颤抖起来。突然，他猛地抬起头，火冒三丈地振臂高呼：“这是伪造的!”又一下子把“黄绢信”抛到地上。

问：“这是谁的笔迹?”

答：“不知道!”

溥仪表面气呼呼的，但心中却暗自庆幸自己只在“黄绢”上盖了“御印”，而没有签名，真是阿弥陀佛!

布莱克尼问来问去不得要领，气愤地向溥仪大声喊道：“把一切罪行都推到日本人身上，可是你也是罪犯，你终究要受到中国政府的审判!”

布莱克尼的公庭咆哮，对溥仪确实起到震慑作用。惧怕作为卖国贼受到审判，使他心头笼罩上了一层阴云。这时，好几个国家的代表关照他，“一定要坚持到底”。中国代表对他也很同情，安慰他说：“不要畏惧，中国政府会设法开脱你的罪行，不会审判你的。”这些关怀的话语，使溥仪那高度紧张的神经，得到了稍微地松弛。以后出庭，不管律师问什么，只要他认为对自己不利，统统答以“不知道”或“记不得了”。质询中有6名律师都被溥仪这个“绝招”弄得束手无策。一名法庭官员甚至因此而“道歉”。原来，溥仪这种装糊涂的做法，使一位法庭语言组长轻率地动了火：“东方人士受压力时，即欲躲避其供词。”他说这句话时竟忘了在场的绝大部分是东方人士，遂招致了人们的不满和愤怒，迫使这位摩尔先生立即表示歉意，并收回了发言。

度日如年的溥仪终于坚持到作证的第8天，也就是最后一天。法庭出示了1931年日本驻津总领事馆给外务省的机密文件。文件上记载：“土肥原大佐，已领导溥仪自天津逃出。溥仪被秘密载入汽车内，偷出租界后，即被带至码头，在携有两挺机枪之武装人员4人保护下登艇，开抵大沽，改乘日船‘淡络号’。”而刻意介绍这次作证的《世界日报》登出了这条消息：“日外务省密件证明，土肥原胁诱溥仪，造成1931年天津暴动，溥仪在武装保护下登艇”，向世人公布了溥仪被胁诱的真相。当天，纽约广播电台广播：“东京消息，伪满皇帝溥仪，出席远东国际军事法庭作证8日，今日已告终止。”

数日后，溥仪乘飞机返回了苏联伯力。

抚顺改造

1950 年 7 月，苏联政府把伪满战犯移交中国，到 1959 年 12 月中华人民共和国最高人民法院发出特赦通知书，溥仪在抚顺战犯管理所渡过了近 10 年的学习改造岁月，他经历了由知罪、畏罪到认罪、悔罪的痛苦改造过程，完成了由皇帝到公民的历史性转变，并获得了新的生命。

1950 年 7 月，从伯力开往绥芬河的火车缓缓地行驶着。在卧铺车厢里的溥仪，已经三天三夜未能合眼了。苏联把他们这些伪满战犯引渡到中国，这意味着溥仪留居苏联或移居国外的美梦已经化为泡影，他最担心、最恐惧的事情终于发生。负责押运的苏军大尉阿斯尼斯见溥仪久久不能入睡，便走过来安慰他说："天亮就看见你的祖国了，回祖国总是一件值得庆贺的事。你放心，共产党的政权是世界上最文明的，中国的党和人民气量是最大的。""欺骗、彻头彻尾的欺骗！"溥仪在心中恶狠狠地骂了一句。溥仪在各种各样的恐怖设想中度过难眠的一夜。天明时当阿斯尼斯大尉告诉他去见中国政府代表的时候，他甚至在想：他在临死时有没有勇气喊一声"太祖高皇帝万岁！"

溥仪昏头昏脑地跟随阿斯尼斯走到一个房间。这里坐着两个中国人，一位穿中山装，一位穿草绿色军装，胸前佩戴"中国人民解放军"符号。他们俩站起身简单地与阿斯尼斯大尉进行交接，其中穿中山装的人转身对溥仪说："我奉周恩来总理的命令来接收你们，现在你们回到了祖国。"

从绥芬河车站苏联一侧到中国一侧，中间有大约 80 米的步行通道，通道两旁列满了手执武器的苏军和中国人民解放军。溥仪等伪满战犯们排成单列，穿过通道，登上中国列车。他们一个个神情十分紧张，面色犹如纸灰一般。过了不大工夫，一个军官模样的人向大家宣布："现在你们回到祖国了，中央人民政府对你们已经做好安排，你们可以放心。"这时候的溥仪焦躁不安地在车厢内走来走去，听着车轮倾轧铁轨的节奏响声，似乎他的心也跟着紧缩起来，他觉得死亡越来越迫近了。当溥仪走近侄子毓嵣跟前，好像听他低声谈什么"君主""民主"之类的话，立即大声嚷道："这时候还讲什么君主？谁要说民主不好，我可要跟他决斗！"车上的人都莫名其妙，溥仪继续歇斯底里地大喊："你们看我干什么？反正枪毙的不过是我，你们不用怕！"一位战士过来拉他回去，劝他应该好好休息一下。溥仪却像鬼迷心窍似的拉住这位战士，悄悄说："那个是我的侄子，思想很坏，反对民主。还有一个姓赵的，从前是个将官，在苏联说了不少坏话……"溥仪被强拉回到原来的座位上，嘴里仍在不停地絮叨着。后来大概是几天没睡的缘故，不知什么时候睡着了。第二天清晨一觉醒来，他想起头天发生的事，很想知道被他检举的那两个人命运如何。当他看到毓嵣神色如常，而那个姓赵的有点儿异样，心里顿时紧张起来，害怕姓赵的死后找他算账，于是急忙跑过去，给姓赵的磕了一个响头，并嘟嘟囔囔地念起“往生神咒”。

列车到了沈阳。溥仪和一些年岁大的战犯被安排下车休息。出站后他们乘坐一辆大轿车向市中心广场开去。这时，溥仪一把拉住毓嵣的手，悲哀地说：“完啦，沈阳是祖宗发祥的地方，现在我带你去见祖宗吧！”毓嵣一听，脸色一下子变得煞白。汽车在一座大楼前停下来，门口站着端冲锋枪的士兵，溥仪被领进门后，心想既然是死，那就快点吧！便三步并作两步，向楼上的一个房间走去，进屋后见桌子上有水果、点心、纸烟等，随手拿起一个苹果就吃，暗中叨咕：“这是送命宴，快吃快走。”吃了一半苹果，后面的人才陆续到达。一位穿中山装的负责人开始讲话，溥仪却一句也没听清。好容易吃完那个苹果，便站起来说，“别说了，快走吧！”那个正在讲话的人笑着说：“你太紧张了，不用怕，到了抚顺，好好休息一下，老老实实地学习……”听到这几句话，溥仪怔住了，难道不是叫他去死吗？这是怎么回事？恰在这时，进来一个人，手里拿一张纸，说除熙洽生病外，其余的都来了。溥仪以为这人手里拿的是死亡判决书，便不顾一切地上前把它抢过来，这一意外的举动引起满屋子人的哄堂大笑。溥仪看到这张纸上写的是需要下车休息的人员名单，这才相信刚才那位领导说的话，顿时眼泪有如泉水，汹涌而下……固然，溥仪此时出现的轻松感并没能持续多久，但当时确实起到了松弛神经的作用，否则他是真会发疯的，因为打从伯力上火车后，5天来他一直处于死亡恐怖的包围中，精神已面临着彻底崩溃的边缘。

到抚顺战犯管理所后，溥仪与其家族成员关在一起。这里虽没有在苏联伯力期间那样松散，但所方在各方面想的都很周到，发给每人新被褥、新衣服，调剂伙食，组织学习，安排洗澡等，所有这些使溥仪从死亡恐惧心理中摆脱出来，好像看到了生的希望。然而这里毕竟是监狱，他们毕竟是战犯，担心被惩办的畏罪心理时时处处都会表现出来。在战犯管理所，首先让溥仪感到紧张的一件事，是所方把溥仪与他的家族成员分开关押。为什么把溥仪和家族分开？溥仪到后来才明白，这在他的改造过程中，实在是个极其重要的步骤。可是在当时，溥仪却把这一决定看作是共产党跟他势不两立的举动，认为这是要通过他的家族成员调查他过去的罪行，以便对他进行审判。原来溥仪被捕以后，在苏联一贯把自己的叛国行为说成迫不得已，是在暴力强压之下进行的。他把跟土肥原的会谈改编成武力绑架，把勾结日本帝国主义的行为和后来种种谄媚民族敌人的举动全部掩盖起来。知道底细的家族成员一律帮他隐瞒真相，哄弄苏联人。现在回到国内，溥仪就更需要他们保密。只有和家族成员在一起，他才能把他们看管好，免得他们举措失当，说出不该说的话来。为此，溥仪一有机会就对3个侄子大谈伦常之不可废，大难当前，和衷共济之必要。因为和毓嵣在火车上有“睚眦之仇”，溥仪特别嘱咐别人：“对毓嵣要多加小心，注意别让他有越轨行动，多哄哄他。”同时，溥仪还单独向毓嵣解释了火车上那回事，并非出于什么恶意，他对他一向是疼爱的。经过一番努力，毓嵣没有发生什么问题，溥仪也就放心了。不料所方突然让溥仪搬家，他立即意识到危险的存在。刚搬过去，溥仪就向所长反映：“我从来没跟家里人分开过，我离开他们，非常不习惯。”所长解释说：“为了照顾你和年岁大些的人，所里给你们定的伙食标准比较高些，考虑你们住在一起用不同的伙食，恐怕对他们有影响，所以才让你搬出去。”溥仪明白了所长的用意后，连忙说：“不要紧，我保险他们不受影响。”所长微微一笑：“你想得很简单，你是不是也想过，你自己也要学一学照顾自己？”“是的，是的。不过，我得慢慢练，一点一点地练……”溥仪忙不迭地说。这样，溥仪就又搬回原来的那间房子。溥仪与家族成员分开了半天，觉得就像分别很久似的。他告诉大家所长要他“练一练”的话，感到政府并不急于处理他，大家就更高兴了。然而，家里人并未让溥仪去练，溥仪自己也不想练。10天后，所里又通知他搬家。他趁毓嵒为其收拾东西之机，写了一张纸条，大意是：他们相处得很好，他走后仍要和衷共济，他对他们每人都很关怀。写罢交给溥杰，让他在全体家族成员中传阅。以后溥仪只能利用每天下午的散步时间与家里人说一会话儿。从接触中，他看到几个侄子情绪没什么变化，心里便踏实了。不想新的问题出现了。这就是过去40多年的“饭来张口、衣来伸手”的生活习惯，给溥仪带来了极大的苦恼。40多年来，溥仪从来没叠过一次被，铺过一次床，倒过一次洗脸水。他甚至没有自己洗过脚，没有自己系过鞋带。象饭勺、刀把、剪子、针线一类东西，从来没有摸过。与家人分开后，一切事都要他亲自动手，使他陷入了十分狼狈的境地。早晨起床，人家早已把脸洗完了，溥仪才穿完衣服；等到他准备去洗脸了，有人提醒他应该先把被叠好；等他胡乱地卷起了被子，人家早洗漱完了；漱口的时候，已经把牙刷放到口里，才发现没有蘸牙粉，等他忙活完这些事，别人都快吃完了早饭。这样，他每天总是落在其他人的后面，且忙得昏头涨脑。让溥仪更难为情的还不在于此。从到抚顺第一天起，各个监房都建立了值日制度，大家每天轮流扫地、擦桌子和倒尿桶。没跟家族分开时，这些事都由家里人代劳了。搬家以后难题就来了，扫扫地尚可，而倒尿桶这可是上辱祖宗、下羞子孙的要命事，他怎么能干呢？正在溥仪一筹莫展的时候，一位干部对大家说：“溥仪有病，不用叫他参加值日了！”听到这句话，他有如绝处逢生，心中第一次产生了感激之情。一天，溥仪在外面散步，所长叫住他：“溥仪，你的衣服怎么和别人不一样？”溥仪低头看看自己，再看看别人，原来别人穿戴的整整

解放后的溥仪家庭合影

齐齐、干干净净，而自己却是窝里窝囊，邋里邋遢。口袋扯了半边，上衣少了一只扣子，膝盖上染了一大片蓝墨水，两条裤腿一长一短，两只鞋上只有一根半鞋带。“我这就去整理一下”，溥仪红着脸说。“你可以多留心一下别人是怎么生活的，能学习别人的长处，才能进步！”所长说完便转身离去。当时，尽管所长的语调很温和，溥仪听了却如坐针毡一般，心中非常气恼懊丧。他独自溜到墙根底下，望着灰色的大墙，心中感慨万千。此时，他并非因为自己无能感到悲哀，而是由于被人当众指责感到气恼，甚至怨恨起他过去由别人伺候的特权的丧失。溥仪刚刚对所方有点好感，因所长的几句批评话，又产生了严重的抵触情绪。

1950 年秋天，美国侵略者已把战火烧到鸭绿江边。10 月 25 日，中国人民志愿军奉命出国作战，伟大的抗美援朝战争开始了。根据当时的政治、军事形势，抚顺战犯管理所北迁至哈尔滨。这一迁移在溥仪等伪满战犯中间引起了极大的恐慌。他们一方面担心中国吃败仗，美国军队占领东北，另一方面担心共产党看到大势已去，就会先动手杀掉他们。正在大家感到绝望的时候，公安机关的一位首长来所讲话，他说：“我代表政府明确地告诉你们，人民政府并不想叫你们死，而是要你们经过学习反省，得到改造。共产党和人民政府相信在人民的政权下，多数的罪犯是可能改造成为新人的。共产主义的理想，是要改造世界，就是改造社会和改造人类。”所长在讲话中也说：“你们只想到死，看什么都像为了让你们死才安排的。你们可以想想，如果人民政府打算处决你们，又何必让你们学习？”不久，所里要求全体战犯每人写一份自传，客观地、毫无保留地反省一下自己的历史。溥仪认为写自传是为审判做准备，既然要对他进行审判，这说明他还有一线生机。为此，就需要隐瞒好投敌的行径，以减轻自己的罪责。他担心随侍大李把他从天津到东北的真实情况透露出去，便专门找大李进行“面谕”，在得到大李的肯定答复后，才动手写起自传。在“自传”中，他写下了自己的家世……最后写道：“我看到人民这样受苦受难，自己没一点办法，心中十分悲愤。我希望中国军队能打过来，也希望国际上发生变化，使东北得到解救。这个希望，终于在 1945 年实现了。”完全把自己说成是救苦救难的菩萨心肠。

溥仪与家族成员分开后最担心的事发生了；大李变了，不愿意给“上边”修眼镜。毓嵣、毓喦变了，编写快板讽刺溥仪算卦求神；最不可思议的是毓喦的变化，他曾被溥仪立为承继人，现在却不愿与溥仪见面，也不给他洗衣服了。一天溥仪值日，毓喦借送饭菜的机会塞给他一张纸条，上面写着：“我们都是有罪的，一切应该向政府坦白。我从前给您藏在箱底的东西，你坦白了没有？自己主动交代，政府一定宽大处理。”溥仪看完了纸条，倒吸一口凉气：好厉害的共产党啊，不知是使了什么法儿，让他们变了。接着又着起急来。毓喦会不会向所方检举他？想到这里，溥仪除了气恼、忧虑，更感到左右为难。把珠宝交出去吧，自己后半生生活没了依靠，再说隐瞒了这么长时间，会失去别人的信任；继续隐藏下去吧，一旦被揭发出来，后果不堪设想。

"主动交代，可以宽大处理"这句话在溥仪的脑海里刚刚闪现，便立即消失了。"不能去坦白"，——他对自己说。毓嵒他们还不至于真的能"绝情绝义"到检举他溥仪的地步。这事便拖下来了。过了一个星期，再次轮到毓嵒送饭，溥仪偷偷地观察着。只见毓嵒神色十分严肃，临走还对皮箱狠狠地盯了一阵，"大事不好"，溥仪在心里嘀咕道，这小子别是有什么举动吧？两个小时后，毓嵒匆匆忙忙走过来，在溥仪房外停了一下，又匆匆地走开。溥仪看得很清楚，他正在用眼睛搜索那只皮箱。溥仪断定毓嵒刚才一定去过所长那里，他再也沉不住气了，"与其被揭发出来，倒不如主动交代的好。"于是他一把抓住组长老王的手："我有件事情要向政府坦白。我现在就告诉你……"在所长接待室里，溥仪低着头喃喃地说："我溥仪没有良心。政府给我如此人道待遇，我还隐瞒了这些东西，犯了监规，不，这是犯了国法，这东西本来不是我的，是人民的。我到今天才懂得，才想起了坦白交代。"溥仪把 468 件珍宝一股脑儿倒在靠窗的桌子上，在阳光的照耀下，这些珠宝放射出熠熠的光彩。溥仪心想，假如这次"坦白交代"能够挽救自己，假如宽大政策对自己有效的话，那么这些珠宝就让它光彩去吧！"你为了这件事，经过了很多思想斗争吧?""我不敢坦白，我怕坦白了也得不到宽大处理。""是不是因为你是个皇帝?""是的。"所长笑起来："也难怪你会这样想，你有你的独特经历，自然有许多独特想法。我可以再告诉你一次：共产党和人民政府的政策是说到做到的，不管以前是什么身份，坦白的都可以从宽，改造好的还可以减刑，立功的还可以受奖。事在人为。你这些东西当初没交出来，犯了监规，并且藏在箱底一年多，如今你既然自己来坦白，承认了错误，这说明你有了悔悟，我决定不给你处分。"说罢，所长叫来管理员，命令道："你把那堆东西点收下来，给溥仪开一个存条。""不，我不要存条。政府不肯没收，我也要献出来。""还是给你存起来吧！"所长站起来要走，"我早已告诉过你，对我们来说，更有价值的是经过改造的人。"溥仪哪里知道，这一切都是所方有意安排的。其实，毓嵒、毓嵣他们早就向所长检举了溥仪藏宝的事，并几次建议去监房搜查，但所长却让他们用写纸条等办法，启发溥仪主动交代，目的就是要把溥仪改造为新人。

溥仪交出珍宝后，同监的人都庆贺他有了进步。前伪满驻日大使老元说："老溥是个聪明人，一点不笨。他争取了主动，坦白那些首饰，做得极对。其实，这种事瞒也瞒不住，政府很容易知道的。政府掌握着我们的材料，比我们想象的还要多。你们想想报上的那些三反、五反的案子就知道，千百万人都给政府提供材料，连你忘了的都变成了材料，飞到政府手里去了。"老元的一席话，又触动了溥仪的另一番心思，那就是他在自传里扯的谎，看来也瞒不住了。恰在这时，政府为了准备对日本战犯的处理，开始进行有关调查，号召伪满战犯提供日寇在东北的罪行材料。当所方宣布这件事的时候，有人提出："除了日寇的，别的可不可以写?"所长回答："当然可以写，不过主要的是日寇罪行。"他想把自己在自传里撒谎的事主动向所方交代，但又有点犹疑不决。就在他写揭发日寇罪行材料的第三天，一位上级领导来所视察。这位领导走到溥仪跟前，和蔼地问道："你在干什么?"溥仪站起来报告说，正在写日寇的罪行。"你知道哪些日寇罪行?"溥仪讲了日寇屠杀修筑秘密工程工人的事。"你为什么不向日本人抗议呢?"这位领导以严厉的目光逼视溥仪。"我……不敢"，溥仪嗫嚅着说。"你不敢，害怕，是吗？唉！害怕，害怕就能把人变成这样！"溥仪低声说："这都是由于我的罪过造成的，我只有向人民认罪，我万死不足以蔽其辜！""也不要这样，把一切揽到自己头上。你只能负你自己那部分责任。应当实事求是。是你的，你推不掉，不是你的，也不算在你的账上。""我的罪是深重的，我感激政府对我的待遇，我已认识自己的罪恶，决心改造好。""只要真正认罪，有了悔改表现，一定可以得到宽大。共产党说话算数，同时重视事实。人民政府对人民负责，你应当用事实和行动而不是用嘴巴来说明自己的进步。努力吧!"说完向其他监房走去。这位领导干部的铿锵话语，久久地震撼着溥仪的心。"是你的，你推不掉"，"应当实事求是"，"用行动来说明自己的进步"，这几句话使溥仪觉得面前有一股无法抗拒的巨大冲力，他感到在这股冲力的作用下，日寇在东北的罪行将全部被清算，伪满大小汉奸的旧账也无法逃掉。他回到屋里，拿起笔来，写下了这样一份学习心得：帝国主义侵略中国，离不开利用封建和买办的势力，我的经历就是个典型例子。以我为招牌的封建势力在复辟的主观幻想下，勾结日本帝国主义，而日本帝国主义则用这招牌，把东北变成了它的殖民地。溥仪在这篇材料里把他在天津张园、静园的活动，把他那一伙人与日本人的关系，以及他与土肥原见面的情况，原原本本地写了出来。这是他经过学习改造后，在认罪问题上的一次重大飞跃。

揭发检举日本战犯侵略东北的罪行，使伪满战犯受到了强烈的感染，许多人主动坦白自己的罪行，并积极检举别人。溥仪也陷入了来自四面八方的仇恨中，其中包括了家族的仇恨。他的侄子、妹夫和大李也都写了揭发材料。在一次全体大会上，溥仪刚对自己的罪行坦白完，不想毓嶦突然站出来质问："你说了这么多，怎么不提那张纸条呢?""纸条，毓喦的纸条"，毓嵣站起来补充道："那些首饰珍宝你刚才说是自动交代的，怎么不说是毓喦动员的呢?""对，对"，溥仪连忙说，"我正要说这件事。这是由于毓喦的启发，我才……"会议结束后，他赶紧向所方写了检讨材料，同时心里却埋怨起毓嶦，干吗把这事告诉别人呢，毓喦和毓嶦也未免太无情了，咱们到底是一家人，你们不跟老万和老润学，竟连大李也比不上。然而当溥仪看到家族的揭发材料后，那简直就像芒刺在背一般。老万的揭发材料说："1945 年 8 月 9 日，晚上我入宫觐见溥仪。溥仪正在写一纸条，……内容大意是：令全满军民与日本皇军共同作战，击溃来侵之敌人（苏军）。溥谓将依此出示张景惠等，问我有何见解。我答云：只有此一途，别无他策。""糟了，我把这件事算在吉冈的账上了。"溥仪暗想。看到大李的揭发，更令溥仪吃惊。大李不但把他离开天津的详细经过写了出来，而且把他如何与其订立

"攻守同盟"的事也揭发了。事情不仅限于此。他们还对溥仪过去的日常行为，怎样对待日本人，又怎样对待家里人等，都揭露得非常具体。例如老万写道："在伪宫看电影时，有天皇出现，(溥仪)即起立立正，遇有日兵攻占即大鼓掌。原因是放电影的是日本人。"等到溥仪把这些材料全看完，他心里激起阵阵涟漪：看来他自己对所犯罪行的认识还远远不够。在从前，总把自己的行为看作是有理由的。自己屈服于日本的压力，顺从它的意志，是不得已而为之的；自己对家里人作威作福，予取予夺，动辄打骂，以至用刑，也当作自己的权力。现在认识到，那一套为自己行为辩护的理由，是根本不成立的。说到弱者，没有比被剥夺权利的囚犯更"弱"的了，然而掌握着政权的共产党人对囚犯，一不打，二不骂，更没有不当人看；说到强者，具有世界第一流装备的美国军队可算是"强"了，然而装备远逊于它的共产党军队硬是不听邪，竟敢跟它打了三年之久，一直打得它在停战协定上签了字。这样，溥仪通过这次检举，更加认识到自己是一个罪孽深重的人，更是一个没有任何理由为自己罪行作辩解的人。此时，他的最大感想是"天作孽，犹可违；自作孽，不可活"，这是溥仪在认罪问题上的第二次飞跃。

1954 年底，一位年轻的检查人员对溥仪说："努力改造吧，争取做个新人。"

1955 年元旦，所长问溥仪："新的一年开始了，你有什么想法?"当溥仪回答"唯有束身待罪，等候处理"的时候，所长却摇摇头："何必如此消极?应当积极改造，争取重新做人。"

1955 年 3 月，一些解放军高级将领来抚顺战犯管理所视察，有个留着小胡子的首长亲切地对溥仪说："好好学习、改造吧，你将来能亲自看到社会主义建设实况的。"后来溥仪才知道，说话的人是贺龙元帅。

春风化雨，点滴入土。这些曾被溥仪视为"洪水猛兽"的共产党人，从检察员、所长到元帅，无一不把他当人看的，无一不希望他彻底改造成新人的。他们那些关切的话语，无时无刻不在温暖着溥仪这颗悔罪的心。从此，溥仪在日常生活中，在所方组织的劳动中、在外出参观中，开始联系思想实际，进行自我改造了。一次参加整修大院劳动，溥仪被分配拔花畦中的草，结果却把花苗全拔了。蒙古族人老正走到他身边，突然大叫大嚷起来："你拔的是什么，呵?""不是叫我拔草吗?""这是草吗?你拔的全是花秧子!"溥仪无言以对。"你真是个废物!"老正手拿花秧，嘴里继续叫喊着。这时江看守员走过来，从老正手中接过花秧子，看了看，便扔到地上："你骂他有什么用?应该帮助他，教给他怎么拔，这样他下次才不会弄错。""想不到还有人认不出花和草来"，老正讪讪地说。"我原先也想不到，那用不着说了。现在看到了，就要想办法帮助。"江看守员短短的几句话，不仅使溥仪摆脱了尴尬的局面，而且使他在思想上有了新的感慨。"要想办法帮助"这句话着实使他心里暖烘烘的。后来，有一件事对溥仪启发很大。一天，溥仪洗完衣服去打网球。所长看到后，鼓励他有了进步。"很久没打了”，溥仪有点得意。“我说的是这个”，所长指着晒衣绳上的衣服说，“由于你有了进步，洗衣服花的时间不比别人多了，所以你能跟别人一样地享受休息，享受文体活动的快乐”。溥仪连忙点头。“从前别人都休息，你还忙个不停，你跟别人不平等，心里很委屈，现在你会洗衣服了，在这方面有了平等的地位，心里痛快了。这样看来，问题的关键还是在自己身上，用不着担心别人对自己怎样。”过了一会儿，所长又笑着说：“第二次世界大战，把你这个‘皇帝’变成了一个囚犯。现在，你的思想上遇到一场大战。这场大战是要把‘皇帝’变成一个普通劳动者。你已经认识到一些皇帝的本质了，不过，这场战争还没有结束，你心里还没有跟别人平等。应该明白自己啊！”所长走后，溥仪想了许久，他心里承认问题确实在自己身上，但同时又难于承认自己还在端皇帝架子。后来的事情发展证明所长的分析没有错。

还有一次，监狱组织大家“除四害”。溥仪找了一阵，在窗框上发现一个苍蝇，那窗户是打开的，他用蝇拍一挥，把它赶出去了。“你这是干什么？是除四害还是放生？”大李在溥仪身后大声喊道。别人也许以为大李在说笑话，可溥仪心里明白。他不禁涨红了脸，不自然地说：“谁还放生？”但是溥仪心里也在纳闷：“我为什么把它赶走了呢？”“你不杀生，害怕报应吧？”“什么报应，苍蝇自己跑啦。”这天晚上开检讨会的时候，起初没人理会这件事，后来经大李介绍，人们知道了溥仪在长春时不准打苍蝇，以及指挥众人从猫嘴里抢耗子的故事，全乐开了。乐完了，又一齐批评溥仪的迷信思想。溥仪心里不得不接受，嘴里却不由自主地说：“我为什么还迷信，我去年不是打了？”老元听后忍不住笑起来：“你不说去年，我还想不起来。我记得去年你把蝇拍推给别人，自己拿张报纸煽呼，苍蝇全给你放跑了。”大家又是一阵哄笑。在哄笑声中只有大李板着脸，用十分厌恶的声调说：“别人放生是什么意思我不知道，溥仪放生我可明白，这完全是自私，是为了叫佛爷保佑他。别人都可以死光，唯独要保护他一个人，因为他把自己看得最贵重。”“你说得太过分了”，溥仪抗议说。“溥仪有时倒是很自卑。”老元插话。“是呀！”溥仪接上去，“我从哪一点看自己也不比别人高。”“也许，有时自卑”，大李表示同意，“但有时你又把自己看得比别人高，比别人重要。你这是怎么搞的，我也不明白。”对于大李的不明白之处，就连溥仪自己也不甚了了。直到后来，才逐渐明白：他因为过去高高在上地生活了40年，突然掉在地平线上，所以总是不服气、生气、委屈的慌；又因为许多事实证明，他溥仪确实不如人，所以又泄气、恼恨、自卑和悲哀。这种相互矛盾的心理状态，使他在与别人的关系上，很难平等相处，进而引起别人的反感，得不到别人的平等看待和尊重。总之，正像所长所说的，问题还是出在自己身上。自己要改造成新人，就要发挥外因和内因两个方面的作用，不仅在形式上打掉皇帝的架子，还要在思想上砸烂皇帝的标尺。

溥仪所以能明白这个道理，是因为在参观中发现了不能用自己的标尺去衡量别人。1956年春节过后，所里组织溥仪等战犯到外面参观，接触社会，接触群众，以便更好

地加强他们的思想改造。他在参观中所看到的人，所受到的待遇，完全与他心目中的标尺相反。

方素荣，一位普通的青年妇女。她是当年平顶山惨案的幸存者，现在是抚顺露天矿托儿所的所长。日本战犯参观托儿所时，再三恳求要向她当面谢罪。她向日本战犯详细介绍了平顶山惨案经过后，对他们说："凭我的冤仇，我今天见了你们这些罪犯，一口咬死也不解恨。可是，我是一个共产党员，现在对我更重要的是我们的社会主义事业，是改造世界的伟大事业，不是我个人的恩仇利害。为了这个事业，我们党制定了各项政策，我相信它，我执行它。为了这个事业的利益，我可以永远不提我个人的冤仇。"她表示的是宽恕！这种宽恕，不是一般的宽恕，而是体现了中国共产党及其领导下的人民的博大胸怀。一个普通青年妇女能有如此非凡的气度，这在溥仪看来是不可思议的。然而他在参观中还亲身遇到了更加令人难以想象的事情。这一天溥仪等人访问了抚顺郊区台山堡农业社一户刘姓家庭。这一家共 5 口人，老夫妇俩参加农业劳动，大儿子是暖窖记账员，二儿子读中学，女儿在水电站工作。刘大娘告诉说：她们家早先有 7 口人，种 7 亩地，在伪满时过着像乞丐一样的生活。"种的是稻子，吃的却是橡子面，家里查出一粒大米，就是经济犯，有个人犯病时吐出几粒大米，就被警察抓走了。有一年过年，老头子说，咱偷着吃一回大米吧。结果，半夜警察进了村，一家人吓得东躲西藏。原来是抓差，叫去砍树、挖围子，说是防胡子，什么胡子，还不是怕咱们的抗日联军！结果老头子被抓走了。这屯子出劳工就没几个能活着回来的……"正说着，刘大娘顺手掀起屋角一个大缸盖，让溥仪看看里面的大米。她的儿子不禁笑起来："大米有什么可看的？"她立刻反驳道："现在没什么可看的，可是你在康德那年头看见过几回？"刘大娘的这句话使溥仪的心灵受到沉重的撞击。他站立起来，向刘大娘说："你说的那个康德，就是伪满的汉奸皇帝溥仪，就是我。我向您请罪。……"溥仪的话音未落，同来的几个伪大臣和伪将官都站起来了。"我是那个抓劳工的伪勤劳部大臣……""我是搞粮谷出荷的兴农部大臣……""我是给鬼子抓国兵的伪军管区司令……""我们向您请罪！"刘大娘呆住了。她怎么也不会想到眼前的这些人是使她过去家破人亡、受尽苦难的人。"哎！事情都过去了，不用再说了吧！"她擦擦眼泪，"只要你们肯学好，听毛主席的话，做个正经人就行了！"刚开始溥仪他们还是默默地流泪，听完刘大娘一席话，都放声大哭起来。"我知道你们是什么人。"半晌没说话的儿子说，"毛主席说过大多数罪犯都能改造过来。他老人家的话是不会错的。你们好好改造认罪，老百姓可以原谅你们。"这两个普普通通的农民，被溥仪想象为"粗野、无知、疯狂复仇"的农民，是多么深明大义啊！他们是不可能用他溥仪的狭隘标尺去衡量的伟大人民。从这次参观以后，溥仪下决心，今后无论遇到什么样的艰难曲折，也要把自己改造成对祖国、对人民有用的新人。

重获新生

公元 1959 年 12 月 4 日，对爱新觉罗・溥仪来说，这是一个意义重大的日子，是他后半生的起点，从这天开始，溥仪不再是皇帝，也不再是罪犯，而是中华人民共和国的普通公民。因此，这不能不是他感受万千的一天。

在抚顺战犯管理所俱乐部主席台上方，正面悬挂大红绸制成的横幅，写着“抚顺战犯管理所特赦战犯大会”几个大字，右侧条幅写的是“劳动改造，重新做人”，左侧条幅写的是“改恶从善，前途光明”，会场布置颇有喜庆色彩。

大会即将开始，在主席台前排就座的有辽宁省和抚顺市政府领导干部，省公安厅厅长和省高级法院院长，而抚顺市公、检、法的官员坐在后排。

在押的国民党和伪满战犯 300 余人列队进入会场，顺序在长条木椅上落座。记者拍摄的一个镜头记录下了当时的真实场景：溥仪和他的同学们并排坐着，每人的面孔都是严肃的，完全可以想见那时的心情有多么紧张。不过，左前胸上带有 981 号白色名签的溥仪却显得安详自若。这显然是在宣布特赦名单前拍下的，当时，溥仪对自己不被特赦有最充分的思想准备。而且，他也有点儿不想立刻就离开这里。

当主持会议的抚顺战犯管理所代所长金源宣布开会后，辽宁省人民政府副秘书长侯西斌代表省委、省政府发表了简短讲话，随后，辽宁省高级人民法院副院长刘生春登台宣读特赦名单，全场鸦雀无声。

“爱新觉罗・溥仪!”这就是那张“特赦名单”所报出的第一个名字。

溥仪一下子愣住了，他完全没有想到的事情却在一两秒钟之内突然出现了，他似乎不知道应该怎样接受这一事实，呆呵呵地坐在原处未动。这时，就在旁边的溥杰急了，暗暗捅他一下，悄声说：“快站到前面去!”

溥仪如梦初醒，竟激动得哭了起来。手疾眼快的记者迅速摁动快门，留下了这个永恒的瞬间，从照片上看得出：他的激动发自内心，哭出声音，流下热泪，那完全是人之常情。不过当时他还无从知道：毛泽东和中共中央其他领导人都记挂着他的改造，为他的点滴进步而高兴。这次对他的特赦也是党中央最高领导层经过充分讨论所做的决定。

溥仪终于慢慢地站了起来，在全体战犯注目下，缓缓走到主席台前，伸出颤抖的手，从刘生春副院长手中第一个接过《中华人民共和国最高人民法院特赦通知书》，然后鞠躬行礼。那份通知书上标明编号为“1959 年度赦字 011 号”，落款日期上骑印着带有国徽图案的中华人民共和国最高人民法院公章。正文如下：“遵照 1959 年 9 月 17 日中华人民共和国主席特赦令，本院对在押的伪满洲国战争罪犯爱新觉罗·溥仪进行了审查。罪犯爱新觉罗·溥仪，男性，54岁，满族，北京市人。该犯关押已经满10年，在关押期间，经过劳动改造和思想教育，已经有确实改恶从善的表现，符合特赦令第一条的规定，予以释放。”

这通知书无异于向世界宣告：一个崭新的政治生命诞生了，就诞生在中国的宣统皇帝的躯壳之中。这时记者再摁快门，准确摄下了溥仪从最高人民法院法官手中双手接过特赦通知书时的场面。这消息当天就登上了日本报纸的显要版面，第二天又在华盛顿、伦敦、巴黎，以及台北和香港等地见了报，一下子传遍世界。

全国共有33名战犯在首批特赦中成为公民，而抚顺战犯管理所共特赦了10人，其中伪满战犯两人：伪满皇帝溥仪和伪满第10军管区中将司令官郭文林；国民党战犯8人：国民党25军40师上校副师长杜聚政、国民党第三绥靖区上校高参赵金鹏、国民党北平市警察局外事科长兼北平警备总司令部少将参议孟昭楹、国民党工兵团70军参谋处二科少校科长唐曦、国民党太原绥靖公署建军委员会军训处训练课少将课长白玉昆、国民党徐州总部定国部队3支队中校副支队长周震东、国民党工兵团72军233师698团上校团长叶杰强和国民党晋冀区铁路管理局总务处长贺敏。

这10位新公民站到前排，无一不激动得泪流满面。上下五千年，纵横八万里，世界上无数的改朝换代产生了无数的末代君主，或断头，或流放，从来就没有好下场，溥仪却改变了历史！

代所长金源至今仍能清晰地记得溥仪在那次特赦大会后分组讨论时的发言。他痛哭流涕地总结了前半生的罪恶历史，还面对苍天发问：“谁让我走上了犯罪的道路？是封建王朝，是自己企图借助洋人的势力复辟封建制度！是管理所的工作人员，让我懂得了人生的道路。今后，我愿跟着共产党，走社会主义道路，活到老学到老，改造到老。”

特赦大会开完后，根据领导的安排，这10个人搬到同一房间来住，等候出发。因为他们都已经有了“公民”的新身份，当然不可以再住“监号”了。

事过8个多月以后，溥仪在1960年8月18日给他侄儿肇毓嵣写了一封信。肇毓嵣即爱新觉罗·毓嵣，也就是《我的前半生》一书中多次出现过的小秀，他前后跟随溥仪26年，从长春到伯力又到抚顺，一直在一起。1957年春节前夕被释放，回到吉林市定居。溥仪特赦后给他写过两封信，都很长，热情洋溢。10年动乱开始时，因害怕搜查而毁掉了第二封信。第一封则因夹在废纸中幸免于火。这信中有一段话是谈他对12月4日特赦的感想的：“我在去年12月4日，在抚顺管理所蒙到特赦（这次我是和郭文林两个人），完全是做梦也想不到的事。过去对祖国对人民犯下了不可容恕的罪恶，政府和人民不加以惩治，已然是史无前例的宽大，而这次竟蒙特赦到社会中去，能和劳动人民在一起，直接参加社会主义建设，得到真正重新做人的机会，这真是任何古

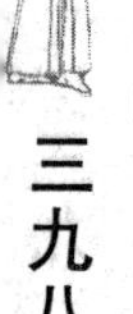

今中外历史上空前的事情。这只有以改造社会、改造人类为历史使命的中国共产党才能这样，对事不对人，治病救人，对什么人都加以彻底救治（除了坚持花岗石脑袋自愿见上帝的人以外），治好了每个人的病，使魔鬼变成了人。所以共产党、毛主席不仅是解救千万中国人民的大救星，同样也是罪犯的重生再造的父母。”12 月 4 日已成为溥仪心目中的温馨而美好的回忆。

当天晚上，伪满战犯和国民党战犯分别举行晚会，欢送特赦人员。第二天上午则是全所送别大会。有一张照片拍下了 10 名特赦人员在“改恶从善、前途光明”的条幅前引吭高歌的情景。晚会上的演员是用喉咙歌唱，而这里的 10 位新公民是用心脏歌唱；他们的歌声可能并不悦耳，却震动了世界！从右边数第三人，把嘴张得最大，那眉眼之间所呈现出来的也并非一副笑眯眯的温情画面。确切地说是一副哭相，宣统帝溥仪在哭，哭声和着歌声表达了他的心声！

送别大会把这次特赦激起的波澜推向新的高潮，俱乐部大厅里响起了震动屋宇的欢笑声，10 位新公民被“同学”们一次次地高高举起，深情的话别，诚挚的祝愿，从管理所的这个角落飘荡到那个角落。任何一个人如果是在这个时候来到这里，都会忘掉“监狱”的概念。

与此同时，发生在这里的事实，被冠以“不可思议的奇迹”“开天辟地的特大新闻”等形容词或评价语，通过有线和无线的电波，迅速传播到世界各个角落。法新社当天从台北发出的一则电讯这样写道：“北京最近特赦释放在押的伪满洲国皇帝溥仪和其他 33 名战犯，在台北看来，这种行动是在表明中国共产党执政 10 年后的稳固。”

12 月 5 日下午，代所长金源把 10 位特赦人员召集在一起开座谈会。金所长在座谈会上以《新生后怎样正确对待自己》为题的讲话，就像习习的春风、涓涓的溪流，温暖和湿润着特赦人员的心田：

你们学习了 10 年，这 10 年间社会起了很大变化，你们不熟悉了。不妨稍住几天，先了解一下再走。当然愿意马上走的也可以，愿意先参观一下的就留一留。所里正给大家准备车票，每个人都发给路费和路上零用钱，到了家乡都给安排职业，没有家的愿意在当地的就给安排在当地工作。到了家里如果有什么困难不好解决，愿意回来的也可以到抚顺就业。

我建议你们，回到家里先向家乡的人们道个歉，因为你们过去对不住他们。你们道了歉，他们会原谅你们的，也会相信你们已经改好。即使一时还有人怀疑，只要你们用事实表现，怀疑也会消除的。

回到自己家里，自然要明白，家庭是个新的家庭。旧的家长制度没有了，不能再拿出旧日的家长态度了，要团结和睦，互相帮助。

你们在这里 10 年，现在要走了，今后一定要珍惜来之不易的新生，继续改造自己。对管理所有什么意见，也希望你们提出来，这对我们改进工作是有好处的。

所长想得周到，讲得全面，千叮咛、万嘱咐，情真意切。

实在来说，被特赦者这时的心情也很复杂，10年之间天地发生了巨变，虽然自己已经历了改造，但老乡亲、旧朋友，还有原来的同事等等，许多老账和往日的纠缠，会不会再翻腾起来？会不会因为宿怨而又遭白眼？有人就提出来，说他已在战犯管理所内的电机厂学会了电机制造，他对自己使用的那台机床也很熟悉了，遂要求留在电机厂内工作。金源所长说："你是有家的，还是应该回家，至少看看，如果觉得那里不合适，你再回来，给你在抚顺安排一个电机生产的工作。"

为了特赦后的定居和工作安排问题，管理所的领导已经做了不少工作，无论想投亲的，想靠友的，还是想返籍的，想留下的，全依个人自愿充分考虑。他们也为此征求了溥仪的意见，由于他已与住在长春的妻子李玉琴离了婚，又不愿回到那个当了14年傀儡皇帝的城市去，而希望先回到北京五妹韫馨家暂住，遂根据本人意愿，决定送他回北京。

在座谈会上，特赦人员们异口同声地表示：希望能允许他们多住几天，希望所长再多说几句，为大家指指以后应走的道路。这时，在所长的脸上露出了会心的微笑。正像一位辛勤的耕耘者看到金黄的丰收景象时所能有的表情。他又说："我最后要说的就是：希望你们珍惜自己的新的生命，新的灵魂。改造是长期的，在生活的道路上，每人都不断地要受到考验。在考验中，或者前进，或者后退，自满永远是前进的敌人。"溥仪和其他被特赦者都用心地把所长诚挚地希望牢牢记住了。

当天晚上，战犯管理所为了庆祝特赦，演了一场电影。看完电影，金源代所长特意把溥仪和溥杰找到一块儿，让这一对手足兄弟分别前再推心置腹地聊一聊。

在管理所内一间会议室里，溥仪对二弟说："我这次特赦出去，只剩下孤身一人，妻子死的死，离婚的离婚。今后只有紧跟中国共产党，走社会主义道路，才有自己的光明前途。过去当皇帝，衣来伸手，饭来张口，过的是寄生虫生活。但经过在管理所的劳动锻炼，体质也有所提高，这回到社会上以后，我要凭两只手，以劳动养活自己。我要为人民服务。"

溥杰听了大哥的话，心情很激动，深感大哥确实进步了，不枉10年改造之功。他对大哥说："我和你一样，今后如蒙特赦，也是孤身一人，嵯峨浩能否来中国还不知道。我也必须依靠共产党，走社会主义道路，也要凭劳动维持生活，过去的剥削生活是可耻的，我再也不愿回到那样的生活中去了。"

兄弟俩互相勉励。溥仪希望二弟加强自我改造，争取人民的原谅，早日在北京重逢。溥杰则希望大哥不要放松思想改造，正确对待社会上的人和事，尤其要珍惜来之不易的新生。

话锋一转，溥仪面带严肃之色，又非常认真地告诫二弟："我要走了，而你还留在这里，真不放心！我想，你的主要问题还是日本老婆问题。他们为什么要给你找个日本老婆呢？那是让你紧紧地跟着日本帝国主义走。嵯峨浩肯定是个特务，她要千方百计拉着你靠拢日本帝国主义的，所以你必须和嵯峨浩划清界限，和她离婚。”溥仪特别嘱咐溥杰，与嵯峨浩通信时要特别慎重，因为她为了丈夫的释放问题而在日本采取了“过激行动”，对此则一定要有正确态度。溥仪说：“分别毕竟有十多年了，她现在日本的情况怎样，我们知道得不多，所以必须谨慎从事，不要在这方面犯错误。必要时可当机立断，而不可藕断丝连，更不能因此影响了自己的改造。即使你将来放了出来，也要和她离婚，以表明你的政治立场是正确的。这次特赦没有你，恐怕主要还是你没有处理好日本老婆问题。我相信你会正确对待这个问题，争取下一批获得特赦。”

在嵯峨浩的问题上，溥杰表示“实在不能同意”大哥的看法。他直言不讳地说：“我们虽然靠日本军阀包办了这桩政略婚姻，但我俩的感情却是真挚的。浩是反对日本军阀侵略中国的，浩是听我的话的。我如果特赦出来能够和浩重逢的话，我可以影响浩，使她反对日本军国主义，我俩共同从事中日友好的工作。”他又说，大哥可以放心，在这个问题上，自己能够做出正确判断，能够正确处理与妻子的关系。

溥杰说，那天晚上他们兄弟俩谈了一个多小时，这样的倾心之谈实不多见。金源代所长担心溥杰想不通，事后又特意找他谈话，他说：“溥仪为什么第一批获赦？因为他对日本帝国主义深恶痛绝，他在揭发批判日本帝国主义方面都超过了我们，所以应该先释放他。”但所长并未要求溥杰与嵯峨浩划清界限，在这个问题上，溥仪实在是有偏见的。

12 月 6 日和 12 月 7 日两天中，特赦人员兴奋地进行各项出发前的准备工作，他们领取管理所特别发放的全套棉装、棉帽和棉鞋，洗澡、理发、整理行囊，可以说是万事就绪，只待起程了。

这天，新华社辽宁分社记者任步方和李健羽在管理所大会客厅内采访了溥仪，管教员李福生把溥仪领进房间后，记者请他坐下，他稍显得有点拘谨地又站了起来，半晌才开口说：“能允许我和新中国的记者握一下手吗？”两位记者被这句话提醒了：溥仪现在已经不是战犯而是一个新生的公民了，应该向他致贺。两人遂起身主动与溥仪握手，很长时间攥在一起，溥仪十分动情地说：“人都有一双手，手本来是用于劳动的，劳动创造了世界。可是我这双手生下来就是废物，事事得靠别人。作为人的手，我这一双在过去是退化了的，简直和原始时代猿猴的爪子差不多。是共产党和社会主义祖国恢复了这双手应有的功能，它今天终于有用，可以劳动了，也庆幸它有资格与新中国的记者握手了。”不能不说这是一席借题发挥的话，却也是发自肺腑之言，记者们被深深地感动了。

“溥仪先生，我为你重新做人而高兴。可是，你是否知道我小时家住长春，曾经在过往‘宫内府’时向你遥拜呢？”记者李健羽毫不隐讳地说。

“罪过，罪过呀！”溥仪由此又把话题转向当伪满皇帝时的罪恶，表示今后到社会上不会放松思想改造，他一定百倍地珍惜这来之不易的新生。

接着，战犯管理所开始向特赦人员发还由所方代为保管的个人财物。为此，所方还把这些财物陈列出来，请所有人一一点验过目。当然，应该收归国有的不在此例。

溥仪的贵重物品最多，都是原清宫藏品，1924 年 11 月他被逐出宫前，以“赏赐”为名，通过溥杰等人陆续偷运出宫，带到天津，带到长春，又带到伯力和抚顺，其间不但大量变卖，赏赐臣下，逃离长春和通化大栗子沟时又大量弃置宋元珍籍及晋唐以来的书画卷轴和部分珍宝而不顾，并且后来还以“支援苏联经济建设”为名捐献了一批，所剩虽已不多，仍能装满两三只大皮箱。

这些贵重物品可以区分为珍宝、钟表和稀有珍品三类。珍宝类中有珍珠数十串，其中有如鸡蛋黄大小的珍珠，有玛瑙、钻石、蓝宝石、红宝石、猫儿眼宝石、绿玉、翡翠、玉佩和黄金首饰等，还有几件是慈禧太后使用过的东西，如绿、黄、白、古铜各色佛珠，镶嵌各种宝石的珐琅发簪，镶嵌在帽子上的如大拇指大小的钻石，以及她赏给溥仪的扁叉子等，真是琳琅满目，光彩耀人。钟表类共 30 余种，其中大都是各国皇室王公给清朝皇帝的贡品，有双凤朝阳式音乐钟，有镶嵌玉石的表，有可以随时问询钟点的怀表和带有四季景色装饰的怀表。还有一块怀表形似“蝉”，两只翅膀上镶有 130 多粒钻石，轻轻触动表的尾部，两膀展开便露出表的时针来。稀有珍品类，如乾隆的田黄石玉玺，系三颗方形玉印用石链条系在一起，玉印上刻有“受命于天”“既寿永昌”字样，雕工极其精细，玉质地发出黄色耀眼的光彩。

其中能够达到国宝级的物品就有 468 件之多。此外，溥仪还有一些贵重的日常用品，包括几套西装，十七八件高级衬衣和数十条领带等。

据参与管理所战犯财物保管工作的所方干部孙世强回忆，当年来所参观的中央、省、市级领导很多，他们主要是想看一眼溥仪，能与之交谈则更好，离所前还一定要看看溥仪的那几箱稀世珍宝。金源代所长便与所内其他领导商定，在管教科办公区腾出一个房间，又花 5000 元定购了展览柜，陈列那些珍宝，专供各级领导和来所的重要客人观瞻。

现在溥仪就要离开战犯管理所了，对于这些珍宝当然要有一个处理。溥仪本人曾多次表示，这些珍宝都是人民的财产，自然该上缴给国家。管理所经上级主管领导批准，向溥仪正式宣布了关于那些珍宝的处理决定：鉴于他的一切贵重物品都是从北京故宫私运出来的，理应全部归还人民，但考虑到他刚刚获得新生，为了今后工作和生活方便起见，允许他在钟表类贵重物品中挑选一件，供私人使用。

当孙世强把溥仪带到贵重物品存放室以后，他没有挑选那些后半生能够赖以生存的价值连城的稀世珍品，只选了那只已经发旧、但仍然金光闪烁的怀表。论价值无法与那些洋人进贡清朝皇帝的钟表相比，而对溥仪却是一个念物。原来它正是 1924 年 11 月 28 日即溥仪从北京醇王府逃往东交民巷日本公使馆那天，为了摆脱父亲派来跟踪的张文治，而在乌利文洋行想主意时购买的那块法国金表。正是这块表记载了他在日本军国主义魔影下度过的全部时刻，他留下这块表，是要让它再陪伴自己走完光荣的后半生的分分秒秒。

孙世强回忆当时的情形说："为了完结手续，我让他给我写一张收据。溥仪接过纸、笔写道：'今收到政府发给我的金壳怀表一块。'手续办完后，溥仪恭恭敬敬给我行了一个九十度礼，并激动地说：'感谢人民政府对我10年的教育改造，感谢政府工作人员和孙先生（伪满战犯统称我们管教员为先生）对我的谆谆教导，才使我这个天下第一号大笨蛋变成一个能自食其力的新人。请先生们看我今后的行动吧。'"

现场采访记者李健羽曾回忆溥仪接过怀表时的一个细节，他左看右看，竟不知道应如何让这块表的时针转动起来。管教人员教了半天，他才第一次学会了给表上弦的这个简单动作，当场出了这个丑，他很不好意思，苦笑着对记者说："你们看我这双不中用的手啊！"

溥仪离开抚顺以后，那些珍宝仍保管在抚顺战犯管理所，并继续陈列在展览柜内供来访的各级领导参观。

1964年9月12日，周恩来总理在公安部党组《关于处理伪满战犯溥仪等人贵重财物问题的请示报告》上批示："处理这些贵重财物，同意不再经过法律手续，但是必须经过行动手续，不应由一个机关单独处理，应由公安部、法院、财政部、文化部和政法办公室（为主）五个单位负责处理，然后给国务院作一报告结束此案。"

总理批示后，公安部、最高人民法院、财政部、文化部和政法办公室立即组成了中央验收小组。同年11月28日，抚顺战犯管理所接到公安部的电令，即派管教科科长王奇壮和负责珍宝保管的干部孙世强把溥仪上缴的珍宝押送到北京。并在故宫博物院办公区，经过逐件鉴定、评价和验收后，向中央验收小组转交。仅一块曾镶在慈禧帽子上的钻石就被专家作价为4，000元，其价值都远远超过了管理所干部原来的估价。

这些珍宝最后的去向也是经总理批示而确定的，其中绝大部分具有重大文物价值的物品移交给故宫博物院，一些文物价值不大的移交给财政部，还有一部分工艺品则移交给北京特种工艺品公司了。

12月8日下午，将要返回北京定居的溥仪和孟昭楹，以及路过北京或天津返乡的郭文林、赵金鹏与贺敏同车离开抚顺。为了他们在旅途中方便，战犯管理所派管教员李福生陪同他们一起前往北京。代所长金源和管理所的学习委员会主任亲自陪同特赦人员登上火车，他们要把溥仪等人送到沈阳，还有新华社辽宁分社记者任步芳和李健羽也同车从抚顺返回沈阳。列车呼啸着穿越抚顺市区，向沈阳方向疾驶。坐在车窗旁的溥仪向站台上送行的人们频频招手，留下一片依依惜别之情。

为了避免不必要的麻烦，随行的管教员李福生一再嘱咐同行的人，不要暴露身份。所以，一路上，这列普通客车上的旅客谁都不曾想到，坐在某一个车窗前的身穿普通

蓝色棉装的人正是中国末代皇帝。

不过，还是露了点儿“马脚”，据坐在溥仪对面座位上的任步芳和李健羽两位记者说，当列车员端着茶盘到各个座位分送茶杯并为旅客倒水时，轮到溥仪，他还是情不自禁地站起身来打躬行礼，因而引起车上旅客们的注意。有的窃窃私语：这人有点怪，精神好像不大正常。

溥仪当然不是精神上有什么问题，实在他的经历太特殊了，谈到真正以公民身份与社会接触，从出生那一天算起，这还是头一回呀！看到两位在场的记者暗笑，溥仪深有所感地小声对他们说：“新中国好，社会主义的服务精神就是好啊！”

溥仪这样说是因为一件眼前发生的事实：有位中年妇女领着一个10来岁女孩也上车了，女孩显然正在生病，摸摸孩子前额挺烫手的，原来是车站附近某小学女学生正上课时小腹剧疼，怀疑是阑尾炎，必须立即到沈阳大医院检查，女教师怕耽误病情，来不及找到家长，便带孩子上了车。这时溥仪后排座上的旅客早已把座位腾出来，让孩子躺下了。这是溥仪出狱后碰上的第一件事，虽是一件小事，却在他的心底激起了巨大波澜，他想起了陈宝琛师傅给他讲过的孟子的一句话：“老吾老以及人之老，幼吾幼以及人之幼。”当年全不在意的这句话，今天一下子理解了。

溥仪这样描述了他当时的心情：“我默默望着车窗外驰过的景色，激情又从我心底升起。我看着这个付给了我这种骄傲之感的城市的景物，逐渐离我远去，让我想起过去的日子。在那里，我才懂得了什么叫人，什么叫生活，什么叫良心，什么叫是非。”

列车离开抚顺车站，一个多小时以后到达沈阳南站。溥仪等要在这里等候换乘去北京的列车。新华通讯社军事记者李健羽和负责政治报道的记者任步芳，与溥仪握手告别。当时的场面至今深深印在李健羽的脑海里。老任说：“你们到北京，该是明天天亮的时候，祝你们一路顺风！”溥仪似有所思地说：“明天，天亮；天亮，明天，我会一路顺风的，谢谢，谢谢，请放心吧！”

沈阳南站候车室里人很多，李福生便与车站值班室联系，值班领导听说特赦的前皇帝和将军们在这里等车，便把他们让到贵宾候车室里休息。金源代所长也一直送到沈阳，跟溥仪亲切交谈。

他们上了开往北京的列车，又赶上严重超员，列车长了解到这一情况后，又格外照顾，把他们送入软席车厢。条件虽好，溥仪却连一丝睡意也没有，一路上，与同行的几个人兴奋地相互谈论各自回家的打算，李福生曾问溥仪将来想做什么工作？溥仪很真诚地说：“一切听从党和政府的安排。”

列车开晚餐的时候，餐车服务员还特来商量，说现在就餐的人多，可否最后就餐？大家表示同意。据李福生回忆，那顿晚餐饭菜都做得好，溥仪的心情也好，他平时的饭量就不小，这一餐吃得更多，是最后一个离开餐桌的。当夜，他们谁都没有合眼。

溥仪默默地望着车窗外的景色，心情十分激动。那刚刚逝去的改造10年啊，使这位末代皇帝感慨万分。也许有人很不理解：一个犯人，被关押了整整10年，而当他获释出狱的时候为什么能产生如此依依惜别的感情？溥仪自己后来在一次全国政协座谈会上发言时回答了这个问题。他是这样讲的：

我所说的一切变化，都是在监狱中发生的。这对许多外国人几乎是不可想象的事。缅甸学者兼政治家、前议会议长肖恢塔，曾和他的夫人一起参观了管理所，和我谈过话。他十分感叹地说，这不是监狱，而是一座大学校。他的夫人想起自己的父亲，想起他作为政治犯住过的那个监狱，对比之下，她哭了起来。是的，我住的监狱就是一个学校——改造灵魂，把鬼变成人的学校。

古今中外的监狱，我从前听人说过，无论是前清的，民国的，伪满的，以及外国的、日本的，那都是和刑罚、侮辱、勒索等等分不开的，越是对待共产党员越是残酷。而在我们这里，这一切都完全相反。这种出乎意料的人道主义待遇，连我们刚到的时候也是迷惑不解的。伪满战犯中有不少司法大臣、警察署长、军法少将一类人物，他们最清楚两种监狱是怎样的不同。

1964年12月，在四届一次全国政协会议上，溥仪作为全国政协委员的发言中，更谈到当他把这种对于监狱的感情向外国朋友述说时所遇到的情形。他是从党的改造政策谈起的，他说："在这里使我情不自禁地想起1959年我蒙特赦、离开那重生之地——抚顺战犯管理所的心情。当时我一方面感激党和政府的宽大，但同时，当管理人员送我出所的时候，我又像一个将要离家的孩子一样，恋恋难舍。这种心情，我曾经同资本主义国家的人们说过，但是他们是无法理解的。这种感情并不是我一个人有，连一些日本帝国主义战犯在离开战犯管理所时，也都异口同声地说，抚顺战犯管理所是自己的重生之地。有些怀着敌意的日本记者，曾企图从日本战犯口中听到对中国政府这种不满的声音，但是他们总是大失所望。无论在管理所以及离开管理所回到日本，日本战犯也总是说我国政府的政策好！"

车轮飞转，带动溥仪的思绪，回到10年改造的难忘岁月之中。10年，这是多么动人的10年啊！10年后的溥仪已是一位新人。他坐在通往北京的奔驰的列车上，用手——那曾经在紫禁城的小天地里写过复辟谕旨的手，那曾经在不静的"静园"写过勾结帝国主义密信的手，那曾经在魔鬼的宫殿里为屠杀同胞的文件签字画"可"的手，掀开了历史的新篇章！车窗外是白雪覆盖的平原，光明、辽阔，正如展现在溥仪面前的生活前程。

12月9日，列车呼啸着把经历了10年改造的末代皇帝溥仪送到了新中国的首都北京。当列车即将驶进崭新而华丽的北京车站的一刹那间，在爱新觉罗·溥仪的心底突然涌起一股莫名的悔恨之情。他悔的是当年不该离开这样美好、这样可爱的地方！是呀，偌大的北京城，难道除了养心殿就再也找不到一处安身之所了吗？他恨的是正当日寇的铁蹄践踏白山黑水的时候，他，一个因为曾是大清王朝的正统继承者而自命不凡的人，怎么可以偷偷地越过那象征着中华民族的雄伟的万里长城呢？历史总是无情地前进着，带着每个人的脚印去了。如果那脚印是可以收回的，我相信，这位列车上具有特殊身份的乘客，一定会立刻跪倒在历史老人面前，请求允许他从头起步……

今天，溥仪的双脚终于又踩到了35年没有踏过的北京的土地，荡漾在他心头的情感的波涛是任何语言都无法表达的。其中，至少有这样几种成分：对即将开始的崭新生活的向往、喜悦之情；游子归乡、久别重逢的依恋、激动之情；由戴罪悔恨之心而派生的羞怯、惭愧之情……从溥仪那挂着泪花的眼神中我们看出，他在用心呼喊：啊，北京！伟大祖国的首都，闻名世界的古城，我亲爱的故乡，从此以后我要永远在你的身旁了……

前来迎接他的四弟溥任提着他的黑皮箱，五妹韫馨和妹夫万嘉熙走在他的两旁。溥仪与同车抵京的特赦人员郭文林、孟昭楹等一一握手告别。随后和弟妹们一起高高兴兴地穿过辉煌壮丽的北京站台，步出车站。陪同来京的战犯管理所干部李福生同志则一直把溥仪送到五妹家中。

在北京站前广场上，溥仪看到四周那整齐的建筑群和宽阔的柏油马路，听到北京站钟楼上传出的悠扬悦耳的报时钟声，他深深地呼吸了一口北京的新鲜空气，一种自由的感觉顿时充满心中。自由，这是多么宝贵的字眼啊！活了54岁的溥仪第一次尝到这“自由”的滋味儿。

溥仪想起少年时代的宫廷生活。当时他所能见的，无非是紫禁城的高墙和身边一群一群的太监。可以想象，一个十几岁的少年，该是多么想看看那高墙外面的新鲜景色呀！然而，“祖制”和“宫规”处处束缚着他，不许他超越雷池一步。有一次“帝师”陈宝琛病了，溥仪这才在“探问师病”的理由下，乘汽车逛了一趟北京的街市。此后他学会了巧立名目，如探望父亲或叔父等，以争取跨越深宫重门的机会。不过每次离开紫禁城总有几十辆汽车鱼贯而随，像这样走马看花，实在辨不清北京的真貌。

1924年11月，冯玉祥将军请溥仪离开了那囚禁他十几年的大“人笼”——故宫，可他偏偏对此并不理解，竟自投罗网地一头钻进日本公使馆，结果连乘汽车兜圈子的机会也丧失了。这位天性好动的人，只好等到深更半夜的时候，戴上“猎帽”，穿上运动服，经一番巧妙的化妆确信不会被人认出后，才敢带一两名侍从，骑车窜到街市上去，遇上警察便要低下头快蹬加速。有一次他已经越过鼓楼西侧而来到什刹后海，真想溜进北府大门看看想念中的父亲和祖母。然而，碰上军队也许就没命了，想到这儿只好扭转车把离去。几天后，这种深夜游览便不得不停止下来。由于溥仪太好动，日本公使馆的大门早早就落锁了。

溥仪在天津的7年仍是没有行动自由。他可以带着妻妾进出惠罗公司或隆茂洋行，选购汽车、钢琴、珠宝衣饰等高档商品，也可以率同三亲六故坐在洋人的餐厅里大吃大喝。然而，他不能走出租界的区域，更不敢在中国人的店铺里现身露面。有一次，溥仪在德国人经营的“起士林”点心店内吃东西，当他发现店内也坐着几个中国人，立即慌乱起来。那几个人又恰恰是北京故宫博物院的工作人员，溥仪听说后便扔下点心仓皇离去。

溥仪又想起“九·一八”事变后到东北那十几年春秋，真是令人心碎的年月！从表面看他爬上了伪执政的椅子、伪皇帝的宝座，其实是陷入了日本帝国主义的囚笼。在溥仪的身边总站着一个贼眉鼠眼的“帝室御用挂”——吉冈安直，而在溥仪居住的“缉熙楼”庭院外边，又有几名身穿特别军服的关东军宪兵，日夜不离地住在“勤民楼”旁的厢房内，这就是所谓“宫内府宪兵室”。凡是来见溥仪的人，除非他有神话中的隐身法，否则就逃不出他们监视的眼睛。这位号称“康德皇帝”的人，不但不能自由接见大小官吏，而且即使是专程前来拜寿的宗族本家，也只限会见叔父载涛、族兄溥价、溥僩等少数几人。其余则不论亲疏远近，都只能在公开祝寿时，排列在祝贺人员中间遥向“皇帝”行礼。至于出宫逛街的自由，那就根本不能想象了。

日本帝国主义投降后，溥仪在苏联过了5年囚徒生活，回国后又在抚顺战犯管理所改造了10年。溥仪永远忘不了这个使他脱胎换骨的重要时期。他认为，由于前半生中对人民犯下了滔天罪行，在尚未取得人民原谅之前，他是不应该享受作为公民而应有的自由和权利的。

现在，他才真正地获得了自由！呼吸着伟大首都的自由空气，两只脚迈在家乡的自由大地上，他觉得越走越轻快。后来，溥仪在《中国人的骄傲》一文中说：“1959年末，我回到故乡——伟大祖国的首都，当我走到天安门前的时候——这是我有生以来第一次充满安全感地逛马路——我心里充满了自豪感。我是一个什么样的国家的公民啊！”

溥仪被接到坐落于前井胡同6号的五妹家中。这是坐东朝西的带小门斗的院落，除了三间北房和两间西厢房，院庭只剩下一块狭小的空间了。五妹已经把北房东间给大哥收拾好了，还粉刷一新。床上整齐叠放着五妹为他赶制的新被褥，在糊着窗纸的木格窗下是一张普通的硬木方桌，除置放茶具和暖瓶，还有当天的报纸。市民政局为他预先购置的生活用品也都送了过来。市委统战部长廖沫沙一两天前还特意来看过，对溥仪这个临时住处表示满意。

溥仪的亲友大多住在这一带，族弟溥俭和五妹同院，而距离不过一二百米的南官坊口则住着跟随他多年的族侄毓喦、毓嶦和毓嵂，绕过后什刹海再走四五分钟就到了六妹所住的四合巷4号，四妹住在鼓楼，二妹住在景山东街，还有溥仪感情很深的乳母——老人家早已去世，她的后人也住在离此不远的后门桥，只是三妹住的秦老胡同离这儿稍稍远一点。这一天，亲友们都到了，心情都是那么激动，甚至那一双双眼睛似乎也都一样挂着喜悦的泪珠。亲友们都很理解溥仪——这位在没有自由的天地里生活了半个世纪的人，几乎是异口同声地说：“这回你可好好看看咱们的北京城吧！”

人生能有几回喜相逢！这手足的情爱，这天伦的快乐，让溥仪这位曾为人间君王的人得到，该有多难呀！

在溥仪留下的相册上，至今还能看到这样一张照片：溥仪站在高悬于五妹家正面墙上的毛主席像镜前，久久地凝望着，眼里噙着泪水。五妹则站在溥仪大哥的后侧，笑得那么甜！原来溥仪到京时，北京电影制片厂的摄影人员闻讯也赶到车站去抢镜头，并一直跟到五妹家，这张照片就是他们现场抢拍的。

后来，溥仪到底得到机会，把自己获得自由的喜悦心情告诉了毛主席。那是1962年毛主席请溥仪到家里做客的时候。溥仪是特赦战犯中唯一见过毛主席的人，他的话给主席留下了深刻的印象。直到1964年6月，毛主席接见智利外宾时还谈到溥仪，他说："溥仪现在在全国政协搞文史资料工作，他自由了，可以到处跑了。过去当皇帝好不自由。"毛主席又说："过去当皇帝时他不敢到处跑，是怕人民反对他，也怕丧失自己的尊严。当皇帝到处跑怎么行？可见人是可以改变的……"

溥仪确实已经变了。由一个卖国者变成一位爱国者，由一个反对共产主义的人变成一位接受马列主义的人，由一个皇帝变成一位公民。

把溥仪送到五妹家后，李福生感到已经完成了护送任务，遂向溥仪告辞。自从1952年李福生负责管教伪满战犯以来，他与溥仪已有七八年的密切接触了，他曾手把手地教溥仪糊纸盒，也曾一次次找他谈心，现在就要分别了，溥仪真有些恋恋不舍，眼含泪水地说："多年来，承蒙您给了我很多帮助，我太感谢您了……"李福生也颇动感情地对溥仪说："今后你有事，可向当地政府提出，他们会帮助你解决的。"溥仪和五妹一家一直把李福生送出大门口，看着他的背影消逝在胡同的尽头。

回到北京的第二天，溥仪由五妹夫万嘉熙陪同来到西城区丁桥公安派出所办理户籍手续，他成为在北京市有正式户口的普通市民了。继而又到西长安街上的北京市民政局报了到，民政局干部告诉他说，具体工作尚待安排，但从现在算起即是国家公职人员了，每月暂发60元生活费。那么，一个普通的北京市民，一个国家公职人员，应该怎样安排自己的生活呢？对前途充满乐观的溥仪正急切地期待着有人给他指一条前进的新路。

成为普通市民和国家公职人员的前皇帝溥仪对自己的前半生确实已经能够正确认识，并持有很真诚的批判态度，《大公报》记者张颂甲对溥仪的采访恰能说明这个问题。这次采访颇有来头，是中宣部直接安排的，《大公报》总编辑常芝青接受任务后，即派记者张颂甲和新华社摄影记者吕厚民一道，于12月11日即溥仪回到北京的第三天，驱车来到前井胡同溥仪暂且下榻的五妹夫万嘉熙家里。后来，张颂甲撰文忆述了这次采访的全过程。

访问开始，吕厚民打开照相机，从各个角度拍照，闪光灯不时闪亮，溥仪显得有些紧张。他连声倾诉自己的悔罪心情，一再感激共产党和人民对他的宽大处理。他说：

"这次特赦真是我做梦也没想到的。我对祖国、人民犯下了滔天大罪，实在是一百个死、一千个死也抵不过来。伟大的中国共产党和人民政府不杀我已经是宽大了，现在又给我重新做人的光明前途，我粉身碎骨也不足以报答党和人民的大恩大德于万……"谈到这里，他的语声哽咽，说不下去了，眼眶里滚动着忏悔、感恩的泪水。

溥仪叙述往事如数家珍，思路清晰，有条不紊。讲述了他自 3 岁时由父亲醇亲王载沣抱着登上太和殿的皇帝宝座起，到被迫退位，又因"优待条件"的保护，仍然过着骄奢淫逸的"小朝廷"生活，直到 1924 年被冯玉祥赶出皇宫，继而丧心病狂地倒向日本帝国主义怀抱，又在天津过了 7 年醉生梦死的"寓公"生活，接着就潜往东北，给日本军阀当"儿皇帝"，犯下不赦之罪。

接着，溥仪又滔滔不绝地谈起他从战俘到战犯期间接受改造的经历，他说，随着伪满垮台，他的罪恶生活也结束了，但头脑里的反动思想没有改变，对中国共产党和人民政府毫无认识，到 1950 年苏联政府要把伪满战犯引渡回国，吓得他浑身发抖，以为中国历史上每次改朝换代，高官显宦尚且难免一死，何况他是皇帝？他那时很想找个机会到西方资本主义国家去过寄生生活，为此一连三次上书斯大林，未能成功。

后来抗美援朝战争爆发了，他的心里敲起了小鼓，他那时认为世界不过是几个列强的世界，经过第二次世界大战，德、意、日被打败了，美国成为第一号强国，中国共产党虽然消灭了蒋介石 800 万军队，可是美国究竟不是蒋介石所能比的，如果要跟美国较量，无异于"烧香引鬼"，是"不自量力"。但事实上中朝人民胜利了，硬把美国侵略军从鸭绿江边打到三八线，溥仪由此受到教育，懂得了战争还有正义和非正义的区别，正义战争一定能够取得胜利，他在战犯管理所还听到了志愿军英雄做的报告，深受感动。

溥仪又说，政府非常关心他，让他的七叔载涛和两个妹妹特地从北京到抚顺看望他，还组织战犯到东北三省参观，让他们在监狱内参加劳动。溥仪兴奋地说，是共产党给了他新的生命，也给了他一双有用的手，10 年来，他在战犯管理所养过猪，种过菜，还在所内机械厂里干过活，后来又编到中医学习组，先后学习了《内经知要》《中医学概论》《中药理与应用》等书，能够为人诊病了。

溥仪很真诚地说："谈起改造，几天几夜也是谈不完的。我能有今天，就活生生地说明共产党的政策真是太伟大了！且不用说我的顽固思想起了变化，就是我这糟蹋坏了的虚弱多病的身体，要是没有中国共产党来救我，怕早已做了九泉之鬼了。在旧社会监狱把好人变成鬼，新中国监狱却把我这块坏透了的顽石改造成新人。我的生命和灵魂都是党给的，共产党是我的重生父母。"

可以说溥仪对自己、对历史都已有了正确的认识，但今后的路应怎样走，新社会是否能够接纳他，后半生将怎样度过，应该说对此他还心中无数。虽然记者问他今后有何打算时，他表示要在今后生活中努力工作，为前半生赎罪。然而问起更具体的路数，还是没有谱儿。这两天，由北京市民政局召开的以怎样看待溥仪特赦为主题的满族人士座谈会也连续召开了两次，溥仪的亲属、爱新觉罗皇族人士，以及历史上曾处于上层地位的满族人士多人参加，大家都对溥仪获赦表示欢迎，同时也对溥仪今后的出路寄托着希望，说到底，他们还是想看到几十年来他们无数次叩拜过的“皇上”能够再有新的表现和新的发展。这样的希望能实现吗？1959 年 12 月 14 日，这是溥仪和其他 l0 名第一批特赦的国民党战犯最难忘的一天。那 10 名原国民党高级将领，是和溥仪在同一天由北京德胜门外功德林战犯管理所特赦出来的。他们是：前国民党中央委员、东北保安长官司令部中将司令、徐州“剿总”中将副司令杜聿明，前国民党政府山东省主席兼第二绥靖区中将司令官王耀武，前国民党四川省党部中将主任曾扩情；前国民党川湘鄂边区绥靖公署中将主任宋希濂，前国民党天津市警备司令部中将司令陈长捷，前国民党 18 军少将军长杨伯涛，前国民党 49 军中将军长郑庭笈，前国民党青年军整编 206 师少将师长邱行湘，前国民党浙西师管区中将司令兼金华城防指挥周振强，前国民党第 6 兵团中将司令卢浚泉。这 11 人于当天下午 3 时在中南海西花厅受到周恩来总理的接见。国务院副总理陈毅、习仲勋，国防委员会副主席张治中，全国人大常委邵力子，水利电力部部长傅作义，国务院办公室主任屈武，全国政协常委章士钊，全国政协副秘书长张执一等参加了接见。

溥仪对总理的这次接见怀有非常深厚的感情，他把总理的讲话当作准绳，要求自己，检查自己，他把总理的这次接见，看作是自己新生的起点。每当溥仪想起接见时的情景，总是记忆犹新。总理那慈祥的面容，讲话时的丰富表情，亲切的手势，以及那熟悉而有力的声音，还不时地萦绕在溥仪的脑际、耳畔……

这次接见中，总理向溥仪等 11 人谈了四个观点，即爱国观点、阶级观点、劳动观点和群众观点。这就是被特赦人员至今仍十分崇敬地称为“四训”的内容。溥仪回忆这次谈话时说，这实际是每位特赦人员都将时刻遇到并必须回答的四个极为重要的问题。

总理的接见，溥仪在日记本上有详细的记录。每逢遇到问题、碰到困难或取得成绩时，都要翻看这本日记。每次翻开它，都能从总理的讲话中汲取无穷无尽的力量。特赦以后的 8 年公民生活，溥仪就是在总理讲话精神的指引下，不断探索，不断前进的。

人们知道：爱新觉罗·溥仪的前半生是从太和殿上的登基大典开始的。为了这个不满 3 岁的孩童，太和殿前摆起庞大的仪仗，午门城楼上的钟鼓一齐鸣响，殿廷之间的中和韶乐、丹陛大乐音域辽阔，大殿内外香烟缥缈。就在这庄严肃穆的气氛中，那个孩童开始了宣统帝的不平凡的生活。

溥仪的后半生固然是从特赦那一天开始的，但也可以说是在中南海的西花厅开始的。那里没有仪仗和钟鼓，更没有宫廷大乐，却有一位受到整个世界尊敬的伟大人物。

他用民族的希望和共产主义的真理教育了溥仪。

黄昏之恋

1962年“五·一”国际劳动节前夕，成为公民的56岁的爱新觉罗·溥仪，和一位普通护士李淑贤结婚了。

这次为世人所瞩目的婚礼，是在4月30日晚7时在北京南河沿政协文化俱乐部礼堂举行的。首都名流，民主人士，各方领导纷纷赶来祝贺，真是冠盖云集，蔚为大观。亲友中有载涛夫妇、溥杰夫妇、溥仪的几位妹妹和妹夫等，还有郑洞国、覃异之、杜聿明、范汉杰、王耀武、廖耀湘等。新娘李淑贤的同事和亲友，也有多人参加。

溥仪与李淑贤

婚礼的司仪是政协总务处处长李觉，而主婚人是溥仪的七叔载涛。溥仪在婚礼上的即席讲话，表达了对人民和政府的感激之情，李淑贤也在掌声中述说了她对新生活开始的喜悦心情。

溥仪高兴得两片嘴唇始终没有合拢，此时此刻，他的头脑里除了新生活的幸福感，就不可能再有别的了。然而，参加婚礼的不少老人，都是饱经历史风云的知名人士，他们肯定会有许多联想。比如主婚人载涛，40年前当溥仪以“大清皇帝”的身份，在清宫举行大婚仪式时，他就是“承办大臣”，很自然地要把这两次婚礼联系起来。多么伟大的历史变迁，多么了不起的社会进步！

今天，溥仪与李淑贤结婚，固然不再是什么皇帝迎娶皇后，而是两个平等的公民，因为有了“共同的语言和共同的兴趣”，才高高兴兴地“建立起一个劳动之家”。

当年宣统帝大婚，他虽然只是一个17岁的孩子，却必须摆出“人君”的架势，在各国来宾面前致辞，有人还记得他用英语讲过的几句话：“朕见各国代表咸集于此，甚为欣悦，热烈欢迎。朕祝诸君同享健康与幸福！”

今天溥仪新婚，已是年过半百的老人，却再不必拘泥礼节，他咧着嘴笑，连给客人们点烟倒茶，也通通丢到脑后去了。

参加婚礼的200多位宾客，只有几位人士颇悉底细，而大部分人都想知道这对新人到底是怎么变成恋人的？有人很纳闷：溥仪为什么就看上了李淑贤，而李淑贤又怎么相中了溥仪呢？提起溥仪找对象，可有一大套的理论和实践，溥仪最后找到李淑贤，谈何容易！

从日记里可以看出，溥仪经常回忆起1962年在毛泽东家中做客的情景。处理婚姻问题时也总是想到主席提出的慎重原则。他常对别人说："主席告诉我要慎重，找不到理想的对象我就不结婚了。"

溥仪找对象，开始就碰上了复杂、棘手的问题。那是1961年初，溥仪还在植物园劳动。一天，有位从长春来的女同志找他，据传达员说，30岁左右，中年妇女。他恍然大悟，知道来人是谁了。

见不见呢？溥仪很犹豫。说句老实话，他想看看这位分别了五载的人。那年他们客客气气地分手，也有约言：离婚以后仍以朋友相待，兄妹相处。但是后来，他听说她已重新结婚，为了她的家庭和睦，决心永不与之来往，但心中还存着怀念之情。现在，她真照约来看望老朋友了。溥仪想了想，让传达员转告，"就说我不在，我不想见她了"。可是，传达员指指窗外："诺，她已经进来了！"溥仪这才急忙迎出去。

"你好！什么时候到京的？"溥仪和她握了手。

"我已来了几天，以朋友的身份看看你！"她注视着溥仪，似乎要从他的脸上看出什么变化的痕迹。

会面中两人谈到分别后的情形，溥仪关心地问候了她的妈妈和她的爱人。她这次是为了撰写文史资料而来北京的，呆了相当长一段时间。他们曾多次谈心，还一起吃过饭。有时相约在城里见面，当时溥仪在政协院内也有一间宿舍。他们谈工作，谈理想，就像老朋友那样。人生的道路是曲折的，有些情形也许不能说很正常，却可以理解。就在她离京的前夕，两人又在一起畅谈感想，都十分珍视这即将到来的惜别。

"早知道特赦，我也可以等待。"

"你已经建立了新的家庭，不也是很幸福吗！过去，我也曾想到过复婚，但现在，这当然是不应该的。10年改造使我懂得了应该尊重别人，特别应该尊重你，还要尊重你的和睦家庭。你说对吗？"

"很对。今天我亲眼看到了你的变化和进步，我满意了！"

第二天，她登上返回长春的火车。以后一段时间里，两人时有通信。溥仪给她寄过食品、茶叶、钢笔和绸布等物品，她则寄来自己孩子的近照，因为溥仪喜欢小孩子。他们实践了离婚时的约言：像朋友和兄妹那样真诚相处。

这件事说明溥仪处理婚姻问题，已经摆脱了自我为中心的出发点，他想到了别人，想到要尊重别人的幸福和社会公德。对于曾是一代帝王的人来说，这难道不是令人惊奇的变化吗？

还有人煞有介事地到处传播"内部新闻"："嘿！你可知道李淑贤者何许人也？那是'将门之女'，宣统与李淑贤那才是'门当户对'呢！"其实，传播这条"新闻"的人完全不了解情况。

李淑贤是一位遭遇十分不幸的女人，从小尝尽人间的辛酸苦辣。她生于杭州，8 岁丧母，在幼小的心灵中深深打上了悲戚的烙印。其后，在上海中国银行当职员的父亲，便带着她离乡赴沪，继母进了门，她的处境更惨了。用她自己的话说，“就像童话里的灰姑娘，扮演受气包的角色”。14 岁那年，父亲又去世了，凶狠、刁诈的后娘更放肆地欺侮她，不但虐待、役使她，还要把她卖给阔佬做妾。苦命的姑娘再也无法忍受，便只身投奔北平一个守寡的远房表姐，寄人篱下的日子自然也不好过。熬到北平和平解放，她先进一家文化补习学校，随后又到护士专修班学习护理业务，从而走上独立生活的道路，成为北京市朝阳区关厢医院的护士。

李淑贤的身世足以证明“门当户对”说的毫无根据。有趣的是溥仪特赦后真碰上一位可以称作“门当户对”的女士。婉容的亲属中有位 50 岁的老姑娘，也曾经闯入溥仪的生活，因为生长在贵族家庭，从小娇生惯养，一身阔小姐作风，新中国成立这么多年还是不愿参加社会工作。在婚姻上更是高不成，低不就，贻误了青春。溥仪特赦后，她通过一位亲属传话，愿意交朋友，没想到竟被一口回绝。

一次李淑贤与丈夫谈笑：“老溥！你为什么看不上她？她家几代都是清朝大官，娘家也是满族名门大户，又有丰厚的祖上遗产，你们不正是‘门当户对’吗？”

“贤，你想错了。她中意的人不是我，而是那个‘宣统帝’，今天的溥仪配不上像她那样‘高贵’的女子。”原来，溥仪早就不把自己的出身划在帝王门庭之列了。他是以普通劳动者的身份寻觅知音。

作为传奇性的历史人物溥仪，虽然特赦后只是一个普通公民，但他的一言一行、一举一动总是受到世人的注目。人们打听他，观察他，甚至猜测着他。好奇者们一看见李淑贤的照片在报刊上登了出来，就又下了一条结论：溥仪娶李淑贤是看中她年轻美丽。

李淑贤确实有这条优点，可溥仪不单单为了这个，如果说溥仪倾心于年轻貌美，那么，七叔载涛的干女儿真可说是正相当。溥仪特赦不久便认识了她，看模样 30 岁左右，很年轻，打扮入时，李淑贤见过本人，她这样描述其人的外表：头顶上有珠宝，脖子上戴项链，脸上还涂着一层厚厚的香粉，说话纤声细气，举止百态千姿。如此动人的女性，又十分主动乐意地追求溥仪，却遭到了拒绝，那些好猜测的多事者大概又要迷惑不解了。

原来她追求溥仪是有历史因由的。她的爷爷本来是个农村孩子，光绪年间家乡受灾，随着难民逃到京城。一天，正碰上醇贤亲王（溥仪的爷爷）的轿子，差人在轿前鸣锣开道，行人纷纷退避，但那个没见过世面的农村孩子竟在慌乱中落在道上手足无措。差人正欲鞭笞，醇贤亲王掀开轿帘看这孩子相貌英俊，就吩咐带进王府。经查问确实聪明伶俐，讨人“喜欢”，就留下伺候王爷。以后又让他给儿子当伴读，学业亦甚好，后来被提拔当了官，自己又购买煤矿找人经营，逐渐发了大财。总之，他们是靠

"皇恩"起家的。

溥仪为什么相不中她呢？后来他对李淑贤说："我喜欢朴朴实实的人，跟她恐怕很难生活到一块儿。她来找我，或要报答'皇恩'，但也许不会真心爱我。"

溥仪终于找到了合乎理想的女朋友，那就是李淑贤。他们一见倾心，真诚相处，精心浇灌着茁壮生长的爱情之花。溥仪能看中她，首先是因为深深同情她早年的不幸遭遇，说明两人都有一份劳动人民的思想感情。还因为她温柔、善良、好学上进，这样的性格对溥仪自然有强烈的吸引力，相形之下那些"门第高贵"的女性实在并没有多少可爱的地方。更因为她是一名普普通通的国家职工，溥仪立志要建立一个和北京绝大多数市民们差不多的家庭：靠劳动吃饭的双职工的家庭，今天才如愿以偿。溥仪尤其感到高兴的是，爱人还是一位白衣战士，这就使两人有了更多的共同语言。溥仪在抚顺战犯管理所时，就爱读医药方面的书籍，还正式学习过中医，也曾在所里的医务室帮助搞过护理工作，一般说来，打针、试体温、量血压等都已掌握，这无疑能在两人中间增加更有兴趣的一致话题。由于这些因素，使溥仪在相处几个月的时间里深深地爱上了李淑贤，这原是完全可以理解的。

溥仪选择李淑贤的时候特别慎重，同样，她也并非一下子就相中了溥仪。她到底喜欢溥仪哪一点呢？有人说，溥仪毕竟是位有名望的人物，找到这样一位伴侣，她自己也能留名青史了吧？其实，这样想过的人一定是完全不了解李淑贤其人的。据媒人沙曾熙说，当二人尚未见面时，恰恰是这个太豁亮的名字几乎把李淑贤吓住了，后经再三解释才同意见面，如果那次处理得不好，也许这出中外注目的婚姻早就夭折了。

还有人怀疑李淑贤贪图"荣华富贵"，其实此时的溥仪早已不再是"宣统"，更不是"康德"，从宫中带出的珍宝也一件不剩地全部交还国家。总之，当溥仪走出改造10年的战犯管理所，除去身上穿着的一套管理所发给的棉袄制服外，可以说是身无长物了。而且，当上全国政协文史资料研究委员会专员的溥仪，工资也不过一百元，荣誉更是谈不到的，因为那时候溥仪还不是全国政协委员。从溥仪来说实在谈不到"荣华富贵"，而这一切，与他相处了半年的李淑贤又是一清二楚的。

李淑贤为什么能爱上溥仪呢？她说，开始也感到好奇，不知道当过皇帝的人究竟和一般人有些什么不同。一旦见了面，她几乎完全忘记了溥仪的历史身份，逐渐发现他热情、和气、忠厚、诚实。李淑贤是在人生和爱情的道路上经历了种种坎坷与磨难的，当此之际，半老之身多么想找一个能寄托感情的可靠之人啊！溥仪的真诚使她感动，让她深信不疑，有了思想上的共鸣，两人的爱慕之情油然而生，并且迅速发展起来。他们是在平等谅解、互敬互爱的感情基础上结为伴侣的，两人都感到满足，因为各自从中得到的慰藉，极大地弥补了他们在历史上令人遗憾的婚姻生活。

在文化俱乐部的大厅里，溥仪与李淑贤的婚礼仍在热热闹闹地进行。本来他们以为当众致了辞，可以应付过去，然而，这么多熟识的同事和朋友，怎会放过他们？尖声尖气的郑庭笈夫人冯丽娟吵得最欢，她指着溥仪的鼻子嚷嚷：“你喜欢医学，又娶了白衣战士的娘子，自己遂了心愿，却不想坦白恋爱经过，那可是办不到。”结果，在座的人一哄而起，一定要李淑贤讲那不好意思开口的故事。正当她感到十分难为情的时候，溥仪早在大家的鼓动下说开了。不过他讲得粗枝大叶，人家不满足，一定让李淑贤再讲细致些。盛情难却，新娘子娓娓地叙述了与溥仪相识、约会、互相考验以及风波的发生与平息等动人故事。参加婚礼的贵宾高朋都怀着极大的兴趣，倾听这一篇恋爱演讲。他们中间的大部分人都没有想到，中国这位年过半百的末代皇帝，原来还有这样非凡的经历。

就在这时，不知哪位冲着新郎提出了要求，让新郎也说说对新娘的爱情，这种建议一经提出当然立即赢得大家的赞同。溥仪红了脸，可并不笨拙，随口讲述了一个小故事，竟轻易把满堂宾客搪塞了过去。

溥仪所讲述的故事就是前一天，即 4 月 29 日发生的事情。溥仪和李淑贤原拟去颐和园游玩，作为恋人最后享受一次它的湖光山色。当然，末代皇帝在特殊历史时期的一切行动，都无例外地绝对没有保密的可能。新华社、中国新闻社和其他报刊、电台的记者，都神奇地通过种种渠道获悉了这一消息，趋之若鹜地纷纷去抢这条新闻。

在这节骨眼上，偏偏新娘子病倒了。由于感冒，加上筹备新家庭而过于劳碌发起烧来，嗓子也嘶哑了。在这种情况下溥仪当然不让她再去，可他知道那些感兴趣的记者们肯定早就跑到颐和园去傻等了，难道就这么扔下他们吗？溥仪反复琢磨了一阵，决定让新娘子卧床，自己则径赴颐和园去应酬记者们。他想，这样大概能够两全其美了吧。记者们哪里肯依，他们发现只有“皇上”只身而来，有“龙”无“凤”岂不扫兴？大家你一言我一语地嚷嚷着追问溥仪为什么不带夫人同来？溥仪就一遍又一遍地解释说，她确实病了。记者们却认为是溥仪打了“埋伏”，不相信她会突然生病。为了证明自己是诚实的，只好满足大家的要求，带记者们到李淑贤家里去。

溥仪本来没说谎，记者们一迈进李淑贤家的门坎，就明白了一切。她在病榻上看到一大群背着相机、擎着闪光灯、捧着录音话筒的男女记者，随着溥仪冲进门来。开始吓了一跳，随后马上意识到今天自己就是被采访对象，于是就以主人身份热情地接待这些提前来“闹新房”的新闻界朋友。因为这一热闹，李淑贤发了一身汗，倒觉得身体轻松了，似乎病已经好了一大半。溥仪在婚礼大厅所讲的这段故事把来宾都逗乐了，整个婚礼的气氛真是热闹非凡。

不过也有一件事新郎惹得新娘很不高兴，因为溥仪在婚礼的场面上，完全不懂得主动地招待客人，新娘当场也不便向新郎发脾气，只是忙个不停地为客人们点烟敬茶抓喜糖。直到晚上 9 点多钟，这对儿新人才由“月下老人”周振强和老沙陪伴回到政协新房。这以后又有一伙一伙的人来“闹新房”，等最后一批客人离开新房的时候，已经快到深夜 11 点钟了。

溥仪新婚，从自由恋爱到建立起幸福家庭，作为一般人来说，自然不足为奇，但对于末代皇帝，其意义就大不相同了。从“真命天子”的什么“三宫六院七十二嫔妃”，到自愿结合的一夫一妻制小家庭，这是一个多么巨大的历史飞跃，又怎能不引起国内外人们的赞叹和重视呢？

一位60多岁的英国记者从报纸上看到有关溥仪新婚的报道，千方百计来到北京采访新郎和新娘，终于在政协会客厅里见到了溥仪和他的妻子。

李淑贤还是头一次会见外国人，又要当场回答提出的问题，不免心情紧张。溥仪安慰她说：“不用担心，有我在呢！”英国记者详细询问了溥仪在宫中生活的情况，全部录了音。又问李淑贤的情况，听说新娘的父亲是一个普通银行职员异常惊奇。他说：“一位皇帝居然能和一位职员的女儿结婚，这在英国是不可想象的。我想，您起码应该找一位王公贵族的小姐作伴侣。”溥仪回答说：“在封建社会中，那个身为皇帝的溥仪确实不可能娶一位职员的女儿。但是，您面前这个获得新生的溥仪并不是皇帝，而是一个经过改造的普通公民，我们的结合是自由恋爱的结果。”英国记者走了，溥仪向妻子说：“他和我们的立场不同，来采访我们也有个人的目的，他回到英国会赚一大笔钱。不过，也许他永远也不会理解我们的结合。”

溥仪的新婚确实是意义非凡的。他以公民的身份，挑选了一位普通职员的女儿，建立了最一般的双职工家庭，从而构成中华民族肌体上的一个简单细胞。说明这位经历40年帝王生活和10年改造的中国末代皇帝终于能理解究竟什么是幸福家庭的真正基础。

一个星期的婚假即将届满，丈夫向妻子建议到天安门前金水桥上留影，纪念美满婚姻的开始，李淑贤欣然同意了。显而易见，溥仪选择天安门前金水桥作为拍照的地方，并不是眷恋那紫禁城里的往日帝王生活。他热爱的是新中国，一个为一切从旧社会污泥浊水中过来的人提供新生活的新中国。人们都记得，新中国的第一面五星红旗，就是在金水桥对面的白色旗杆上升起来的。

一位按照历史传统可以由“三宫六院七十二妃”伺候左右的君王，一旦变为平民，他会怎样对待自己的爱人呢？溥仪和李淑贤结婚以后，他们的夫妇感情还像恋爱时那样甜蜜吗？已经获悉中国末代皇帝在40年帝王生活中所经历的婚姻悲剧和发生在60年代的新婚喜剧之后，人们势必提出如上的问题并将以深厚的兴趣寻求答案，那是情理中的事。

溥仪与李淑贤由相知的朋友，发展为情真意切的恋人，最后成为幸福的伴侣，这一切实在是美好之至。在溥仪看来，妻子是理想的女性，而在李淑贤看来，丈夫也是难得的男子。如果说“蜜月”是他们进一步恋爱的开始，大概并不过分，有大量的日记、信札和图片可以证明。

溥仪珍藏一本家庭影集，装潢虽一般，但那已销声匿迹的往事却在这里留下许多美好的形象。以下是其中几帧：1962 年 5 月，欢度蜜月的溥仪夫妇，在春光明媚的清晨，穿戴整齐地离开寓所，欢欢喜喜上班去；1963 年 9 月初，溥仪夫妇在自家院子里乘凉，手拿报纸的溥仪，似乎从中发现了什么有趣的事情，大声哈哈地笑着，并把趣闻告诉妻子，李淑贤则停下手中的针织活计，极有兴味地倾听爱人讲述；1964 年“五一”节，溥仪身穿雪白的衬衫，一手搭在妻子的肩上，李淑贤正在调整收音机的波段，找寻心爱的音乐节目，“末代皇帝”则笑得连嘴巴也合不拢，他们正分享劳动人民盛大节日的欢乐；1964 年深秋，在寓所卧室门外廊下，穿着中山装的溥仪正在钻研理论著作，他又像往常一样在院落里与妻子李淑贤交谈，人们都知道溥仪对妻子好。他们形影不离的事，一时传为美谈。忆及那些甜蜜美好的往事，李淑贤总结式地说道：“我觉得溥仪真心爱我。”

遗憾的是这一对恩爱夫妇体弱多病，欢乐和幸福的共同生活的日子实在太短暂了。当然，疾病往往也是考验对方感情的试金石，溥仪对李淑贤百般呵护，病痛反而加深了他们诚挚的爱情。对此李淑贤回顾说：“在我们共同生活的几年里，溥仪和我都得过几场大病，他已是几次要被病魔夺去生命的人，我也几度面临死亡的边缘。在长时间的住院生活中，我们感受到爱情的温暖，增加了战胜病魔的力量，克服困难的决心，通过互相照顾，互相关怀，更加深了夫妻之间感情。我们这一对病魔缠身的弱者，由于爱情而获得了生活的乐趣，同时，爱情在这里也受到严峻的考验。”

翻开 1963 年 10 月份的溥仪日记，有很多非常有趣的记载。

“10 月 8 日：贤服岳（大夫）药，头晕转加，减生姜。”侍奉爱人服药，溥仪还能运用自己的医学知识，仔细观察效果或反映，并且主动配合医生，做出某些有把握的施药调整，这个人是多么肯于动脑啊！

“lO 月 15 日：早 4 时，乘三轮到‘协和’挂号。7 时，贤来诊，没有什么结果。”这位一向迟睡晚起的末代皇帝，竟在日出之前已为爱人奔波了几个小时，他又是多么肯付辛苦呀！

“10 月 22 日：上午，和贤找蒲辅周诊病。蒲说是贫血、气血亏，从而心、肝、脾衰弱，以至胃液少，肝虚火上升。下午，同贤找马和大夫看病，马说是贫血、神经衰弱、肾盂炎，为贤开两星期假。”溥仪陪爱人同时请中、西医大夫分别做出诊断，记载病况和诊断情况又如此详细，他是多么慎重，为爱人考虑得何其周到啊！

尤其让李淑贤不能忘怀的是，1965 年她患子宫瘤以后，溥仪倾注了那么多的心血。她回忆说：“我的病尚未确诊时，溥仪特别担心，一连数日吃不下饭，睡不着觉。有几回竟自己掉起眼泪来，我问他为啥哭，他说怕我的病是癌症。记得那是 8 月下旬，溥仪托请人民医院院长钟惠澜介绍一位妇科专家，钟院长立刻给当时协和医院门诊部主任林巧稚大夫写了一封信。这样，林大夫为我的病整整治了半年，并建议我动手术。于是，溥仪又请协和医院杨院长介绍一位专治疑难病症的宋教授，为我实施了手术。

手术住院期间，他每天都到医院看我，晚上也来。由于他当时也手术不久，切除了左肾，又有点儿累着了。而且右肾又发现问题，出现尿血现象。当他已经很难步行来医院的时候，就雇出租汽车（为了个人私事他从来不向政协要车）坐着来，直到我在‘十一’前伤口愈合出院为止。”

关于李淑贤手术前后的经历，溥仪日记中均有记载，与李淑贤的回忆正好相互印证。这些原始、可靠、毫无修饰的纪录，足以反映溥仪对爱人的真挚而深厚的感情。

8月25日　星期三

早，伴贤赴协和医院，研究是否连卵巢一并手术？王大夫主张，如果卵巢无恙，尽可能毋割去，但仍须检查时决定。

拟礼拜五、六上午手术。贤住第八楼地窨子妇产科病房37床。

我托张芬兰同志代向医务部要求允许我晚间前来看贤，我提出这个要求是因为有时候白天学习或开会，不能到医院来。下午，又打电话询问医务部，答复说，领导已许可我晚间探病。

8月27日　星期五

下午一时半到车站，二时登车赴协和医院看贤。见到病房王大夫，王大夫说：今早7时到11时手术，实际只用了一小时半。宋大夫为主治医，王大夫和包大夫为助手，手术经过良好，因出血很少，未输血。采用半身麻醉和静脉注射葡萄糖加安眠剂。

看到贤时她尚在睡。李姓病号已把较适的床位让于贤，她明天出院。我昨晚曾对护士长谈到，希望李出院后让贤移住该床，不意今天即移居。说明医院的大夫、护士重视病号，而李姓病号愿意移开，说明新社会人与人的新型关系。

与同室的病友闲聊。据李姓病号讲，宋大夫医道很高明，仅次于林巧稚。

晚，又到协和看贤。

8月29日　星期日

本日贤发烧，仍未食。连日均注射葡萄糖。贤的体温和脉情：上午，体温37度，脉107；下午，体温38. 2度，脉170，血压110/65。

8月30日星期一

早，5时起。6时许，到协和看贤。贤体温37. 5度。下午，学习。

晚饭后，6时许赴协和看贤。她本日早，食粥一小碗；午，一碗鸡汤；晚，一小碗蛋羹。晚上她又发烧，38度，换用退热针而不再用青霉素。

9月1日　星期三

打电话给协和，向吴大夫问贤近况，其言今日已拆线，吃东西也好，体温37. 1度。

晚，雨，到协和看贤。今日可下地，上厕所。体温：早6时37. 1度，10时37. 4度，下午2时37. 5度，晚6时半37度。

9月5日　星期日

下午，到协和看贤，愈。

9月11日　星期六

下午3时，到协和医院，戴大嫂同去，接贤出院。

溥仪的日记颇有“起居注”的味道，行文可谓简而赅，然而，字里行间也流露出溥仪对妻子的无尽疼爱。那部珍贵的日记手稿中，倾注着李淑贤对丈夫的缠绵和心血的字句也比比皆是，俯首可拾。

漫长的宫廷生活早已糟蹋了溥仪的体质，特赦后他仍是经常处于病态之中。与李淑贤共同生活的5年半时间里，溥仪先后9次住院。到最后半年，连生活也完全不能自理了。就在那一段浩劫中的日子里，李淑贤白天搀扶爱人步行就医，晚上给爱人擦身洗脚，溥仪去世前流着泪对她说：“没有你给予我爱情的温暖，我是活不到今天的。”这扎根于现实生活中的一片深情，难道不比欣赏风花雪月的恋人，戏弄棋琴书画的情侣，更美好也更缠绵吗？

在溥仪的晚年，却获得了类似年轻人那种热烈的初恋般的感情，似乎与众不同，然而，对于中国末代皇帝来说，这又是多么自然啊！溥仪常对爱人说，皇帝无爱情。他自己的前半生是这样，他的当过皇帝的两位大爷也都是这样。

溥仪常给爱人讲同治帝和嘉顺皇后的故事，同治17岁娶嘉顺皇后，不久，又娶了慧妃、瑜嫔、珣嫔和缙贵人。不过两年，同治帝因病少亡，当时皇后只有21岁，万没料到慈禧竟把同治之死归罪于她，说什么“同治的病本不至于死，因为受了嘉顺皇后的‘引诱’，致使病情恶化才丧了命的”。于是，就在慈禧严厉吩咐之下，不得给嘉顺皇后送饭吃。皇后父亲崇绮闻讯进宫，父女相向痛哭一番，崇绮奉劝女儿说：“请皇后‘尽节’升天吧！”说毕，掩面而去，不幸的皇后遂活活饿死。“皇后殉夫”的“美谈”就这样被残酷地制造出来，溥仪讲到这里总是怒在心头，他似乎向历史发出质问：“难道这是爱情吗？”

溥仪也给爱人讲过光绪与隆裕皇后的婚姻是慈禧以压力生拼硬凑的。这对光绪来说并非得了一个佳偶，而是添了一双慈禧监视他的眼睛。据曾经服侍过光绪的一名老太监说，光绪憎恨隆裕，每当经过她住的地方，常带着几只哈巴狗，看它们往宫殿的台阶或门帘上撒尿为快，还让随从太监故意跺着脚一阵风似的走过去，借以发泄潜藏已久的愤怒和爱情上毫无自由的苦恼。

光绪亲政后直到被幽禁，有近10年的“黄金时代”，他深深地爱着珍妃。珍妃年轻美丽，性格活泼，会弹琴，能唱歌，又敢于突破宫廷中的清规戒律。有时她穿起皇帝的服装，扮作光绪皇上在宫中行走；有时她穿着太监的服装，陪着皇上在养心殿办事，光绪越发宠爱她了。醋意钻心的隆裕皇后，依仗亲姑慈禧的权势，寻找借口把珍妃责打几十大板，降号为嫔，贬入坐落于紫禁城御花园东北角的冷宫。连仅有的两个窗户都钉上了木板条，门上有一根很粗的铁链连着三把大锁。由于王香等忠心太监的协助，光绪帝才得以在一些情景凄凉的夜晚，隔着木板缝隙，与心爱的珍妃说几句知心话……

今天，中国的末代皇帝却得到了真正的爱情。“认识了你，我才赢得了初恋，和你结婚，我才懂得了爱情，而这一切则是因为我成了公民!”溥仪向妻子讲出这凝聚着痛苦与幸福的结论。

最后岁月

1962 年 5 月中旬，即溥仪自由选择配偶、建立幸福家庭后两周，肾癌先兆——轻微的尿血现象已经出现了。据李淑贤回忆，曾到人民医院诊治，只是注射维生素 K 止血。溥仪笃信中医，因而经常找海军医院张荣增老大夫诊察，断为“膀胱热”，开了三剂中药，止住了血，遗憾的是没能早期发现癌细胞。

1963 年是癌细胞潜伏的一拜。溥仪常常发烧、感冒，显然是体质虚弱的现象，但身体外观还蛮好，精神也不错。

1964 年溥仪两次赴外地参观，又能吃，又能睡，连李淑贤也羡慕丈夫身体“好”，自己虽然年轻，在参观中途还常常“掉队”，大有自愧弗如之慨。

8 月 28 日，溥仪结束在西北和中原的参观访问回到北京，按领导安排可以休息几天，但第二天就去植物园了，他说离开几个月，怪想的，去干几天活儿再回来。然而，第二天他突然返家，妻子很奇怪，他说“我又尿血了”，病魔自此缠身。李淑贤当即陪丈夫去人民医院检查治疗，大夫把这种无痛性“间歇血尿”诊断为“前列腺炎”，仍注射维生素 K 止血，当时没有考虑做尿培养，也未能发现癌症病变。又过了两个月，尿血更加严重，这才于当年 11 月中旬入人民医院住院治疗。

关键时刻，恰巧周恩来邀请溥仪出席宴会，陪同会见某国贵宾。得知溥仪住院，非常重视，亲自安排确诊，从而为结束长期误诊，展开积极治疗，创造了条件。

次日上午，周恩来打电话给全国政协秘书处申伯纯副秘书长，“听说溥仪先生已经住院，一定要把他的疾病治好！根据他已尿血来看，绝不是一般的疾病，因此要请专家会诊。”当天晚上，以著名泌尿科专家吴阶平为主，还有其他几位外科、肿瘤科专家参加，对溥仪的病进行会诊，同时采取有效措施止了血。吴大夫已经感到问题比较严重，他以忧虑的口吻说：“别看不尿血了，还有问题。”从此开始长时间的观察和会诊。

1964 年 12 月中旬刚过，溥仪就出院了。旋即上班，与同事们一样参加学习，又很努力地从事本职业务工作，还出席了四届政协首次会议，结果因劳累，尿血又趋严重，

2月5日再度住进人民医院。3月6日经膀胱镜检查，发现其膀胱右后顶壁输尿管口上方，长了两个乳头状小瘤子，一如黄豆粒大，一如桑葚大，怀疑是恶性的。医生建议施行外科手术，但他很担心，同事们纷纷来医院劝慰，政协领导也很关心。日理万机的周恩来又一次打电话给政协申伯纯副秘书长，指示立即把溥仪转移到医疗条件更好的协和医院高干病房，全力以赴，精心治疗。总理强调说："一定要把溥仪膀胱生瘤的病治好！"还指示医院要随时报告溥仪的病情。

3月12日，政协遵照周恩来的指示，把溥仪由人民医院转到协和医院，住进高干病房，准备施以切除二瘤手术。是总理的一句话，使溥仪开始享受国家高级干部的医疗待遇。

3月19日，协和医院根据上级指示，第一次向总理办公室发出《关于溥仪的病情报告》，详细说明了诊断情况和施治方案。

3月23日，协和医院为溥仪施以火疗手术，烧掉了膀胱瘤。溥仪非常高兴，把这一天视为"难忘的日子"。然而，"火疗"的成功也并不意味着根治，医生向溥杰透露了一点实情："恶性瘤子已经烧掉，将来可能还出，就再烧掉它，只要不让它长得太大，就没有关系。"溥仪自己也略有感觉。他曾在3月31日打电话给全国政协文史办公室吴群敢主任说，膀胱手术后仍有轻微尿血现象。

4月5日溥仪出院，第二天他就参加了文史专员的学习，他多么想以健康之躯投入到火热的生活中去啊！然而无情的癌细胞继续生长，出院刚满10天，又连续尿血。检查的情况载于4月16日日记："下午3时到协和医院，经吴大夫诊治，尿红血球2—3个。吴谓：'两个月后检查，可能还生小瘤，届时再住院六七天，疗治和休养。'"

一个月后，尿血现象更加严重。溥仪再到协和医院检查，据日记载，主治医师吴德诚谓"尿中红血球又多"，告溥仪"住院再检查"。溥仪遵医嘱于5月25日下午办理入院手续，第二次住进协和医院五楼高干病房。

一次新的全面检查开始了，这是非常关键的检查，在这次检查中才彻底查清了病源，检查情况在溥仪日记中有详细记载。

5月27日　星期四

二次住"协和"第三天。

上午8时许，钟［守先］大夫伴我到泌尿科，经吴德诚大夫作膀胱镜，并作肾照影。又用电烧前次膀胱内的瘤根，只半小时做好。晚，到休息室看电视。

5月28日　星期五

住院第四天。

到院散步。上午钟［守先］大夫来，我问他肾照相诊断如何？钟谓自己不是泌尿科，是外科，恐诊断不确，还是等吴德诚大夫来再告诉你。10时许吴大夫来，他说，这次电烧系对上次膀胱根（有点红）的烧，插管入肾内有红血球，因此可能肾内有问题。这次插管是在左边（上次是在右边，没问题），插管26厘米（共长40厘米）。

肾相片可能今天洗出，他拟晚上来告诉我如何。吴谈，即使肾内有瘤，并不难治，现在治，还是早期。又谈，过去发现膀胱瘤两个：一如黄豆大，一如小桑葚大。按照这个大小形状看，它不可能早在二年前即有红血球或出血，所以他早顾虑肾内有毛病。前次在“协和”检查出的桑葚大的瘤子，在人民医院检查，他们说仅如黄豆，而这次看如小桑葚。因此，吴大夫也疑可能是从这里出血。另一方面，吴尚怀疑肾脏有病。第一次肾照影时插管仅插入膀胱右侧，左侧插一点即痉挛，未能深入。因右侧判明无问题，所以这次检查没有插右侧，而专插左侧，似有毛病，等照片洗好后再决定告我。

5月29日　星期六

10时后，吴德诚大夫说，在左肾有二花生米大的瘤子（联结），必须治。

溥仪在5月29日的日记上，还按照吴德诚大夫的介绍，勾画出三幅速写：一为“肿大的变形”，一为“首次照影不明”，一为肾内乳头状瘤的示意图。吴大夫向溥仪讲的那些话显然还是有所保留的，作为医生不能不考虑病人的精神负担。此时在溥仪的病历上早已载明了诊断结果：左肾乳头状瘤，须行左肾及输尿管切除术。

医院迅速地向政协反映了溥仪的病情以及施治方针，政协又毫不迟延地向周恩来做了汇报，总理当即指示：“要征求家属意见，要把手术做好。”

手术于6月7日进行，由吴德诚大夫主刀，取左肾手术1小时，切膀胱一小部连输尿管半小时，顺利施行完毕。6月11日做出化验结果：切除的左肾肿瘤系“移行上皮细胞癌”，属恶性肿瘤。

到6月15日拆线时溥仪已能够自行活动行走了。这天下午，中共中央统战部平杰三部长和全国政协李金德副秘书长到医院看望溥仪，祝贺手术成功，希望他安心养病。那些天，刘澜涛等领导同志也先后来到医院，向溥仪问寒问暖，为他高兴。

6月26日，经3次向膀胱内注射防癌药后，溥仪于下午4时出院。在这次住院的一个月时间里，宋希濂夫妇、杨伯涛夫妇以及张述孔、杜聿明、郑庭笈、周振强、沈醉等专员都曾到医院看望溥仪，七叔载涛、溥杰夫妇以及妹妹、妹夫们更常常来，妻子李淑贤则干脆守在床头不离开，这一切无不使溥仪感到温暖和欣慰。

医生要求溥仪出院后仍须休息，但他把长期改造“争”来的工作之权看得特别圣洁，不上班就感到难受。可是他的顶头上司沈德纯以医嘱为重，怕他累着，说啥也不答应他的上班请求，几次让溥杰传话：“告诉溥仪可安心休养，不要急于上班。”又开玩笑说：“我是北洋组组长，又是学习组长，有权让他休养嘛！”专员们集中学习“四清”文件时沈老也不让他参加。

溥仪“苦熬”了一个月，实在呆不住，遂于7月27日按上班时间准时跨进专员办公室。申伯纯惊讶地问道：“你也来上班？怎么行！”沈德纯则以批评的口吻对他说：“你的身体不属于你个人，要为国家而保重啊！”但这已经不能说服他，还是张刃先主任聪明，想出了“半日上班，半日休息”折衷办法。

8、9、10、11这四个月中，溥仪病情稳定，偶尔也有尿血现象，但经几次检查，情况还好。据溥仪日记记载：9月8日，张刃先主任在百忙中陪他到协和医院，“经吴大夫检查膀胱镜，未见长瘤，又作右肾照影二次，也好”；10月17日，“早7时半到协和医院，经吴大夫作膀胱镜和逆行照影，尚无新生瘤”；到11月份曾有过连续几天的尿血现象，却很快又好转了。

12月5日，协和医院吴德诚大夫电话通知政协，要求溥仪住院检查。于是，他在8日第三次住进协和医院。当天日记有载：“吴大夫通过张刃先主任电告沈老，让我今天到协和再检查。领导的关心与吴大夫的负责使我非常感动。一定把身体养好，早日出院，努力工作和学习，为人民服务。上午，政协派车送我到协和，贤同来。和吴大夫、关大夫谈话，吴大夫谓：约住两星期，每晨检查小便，过几天试膀胱镜和逆行照影。”

入院第4天，验尿呈阳性，说明又有癌细胞了。12月18日，由著名泌尿科专家吴阶平主持，对溥仪进行全面检查，发现他唯一的右肾内确有可疑的阴影，病变已很明显。溥仪在当天日记中详细记载了检查过程：“早8时，吴德诚大夫约吴阶平一同检查。8时半，吴阶平亲自检查尿道镜、膀胱镜和逆行照影，至10时半检查好。在泌尿科照数张，又到二楼放射科照拍断层数张，还从肾直接下管接尿检查。吴德诚大夫和放射科张大夫均在旁……吴大夫谈，照相有阴影（前次也有），可疑。要经尿道检查后，再决定结果如何。”

右肾阴影肯定是不祥之兆，但暂时尚无结果，而溥仪却被一次突然决定的手术，引入新的病痛中。事情是这样的：就在这次全面检查的次日，溥仪忽然盲肠剧痛，夜间尤甚，几不可耐。医院决定立即做阑尾切除术，手术是在12月20日晚上10半到11时半进行的。

李淑贤回忆手术情况说：“手术前，溥仪不让医院通知我，怕我着急。我是在术后第二天早晨才从护士打来的电话中知道了已经发生的事情，赶到医院时，他还处于昏迷状态，口里不断吐出黑紫色的沫子，几天无尿了。由于尿毒症并发，病情更为恶化。头晕、恶心、腹痛、一阵阵咳嗽，特别是大、小便不能通畅，使他纠缠在深深的痛苦中。医生们想了许多办法都没有奏效，后来吴德诚大夫决定采取膀胱镜和肾管导尿，情况好转。中医研究院蒲辅周老先生开的几付中药也逐渐显示了威力，溥仪终于能够通畅地排尿了。”

在溥仪最痛苦的时候，党给他送来了温暖。周恩来总理以及中央统战部和全国政协等相关单位，都收到了协和医院新发出的《关于溥仪病情的报告》，已经获悉溥仪病情的严重程度，知道他不幸地患上了双侧肾脏性癌瘤，这将是致命的，但无论如何也要全力抢救。从12月23日到25日的三天中间，全国政协文史资料研究委员会副主委沈德纯、全国政协副秘书长李金德和申伯纯、中共中央统战部副部长平杰三等先后到

医院看望溥仪，问候病情。有一次，溥仪刚从昏迷中醒来，就看见平部长俯下身来，轻轻地对他说："周总理和彭真市长都很惦念际，让我来看看。"溥仪连连点头，热泪盈眶。他后来才从沈醉嘴里得知，是平杰三向周总理报告他的病情后，总理亲自指示立刻召集北京名医抢救他的。那几天，他头昏眼花手发颤，连笔也握不住，但还是坚持把平部长转达的盛意写在日记上，那颤动的笔迹着实难辨，而在弯弯曲曲、断断续续的字里行间，却清晰可见跳动着一颗真诚的心。

当由于盲肠炎引起的病变平复以后，溥仪又在1966年1月5日接受了一次关于肾病的会诊。右肾癌已被确诊，因为这已是溥仪唯一的肾，不能手术摘除了，经讨论决定采用小剂量放射治疗，辅以服用化学抗癌药物，以求控制病情的发展，延长生命。就在这个治疗方案确定之际，总理办公室主任童小鹏又受到周恩来的指派，前来看望溥仪了。继而一份新的《关于溥仪病情的报告》又摆在了西花厅内的办公桌上，总理仔细阅看了会诊结果和施治方案，在1月9日批示"请平杰三同志注意"。

考虑到情绪问题，主治医生对患者的病情说明不能不有所保留，吴德诚大夫告诉溥仪说，下一次治疗将是"预防性的"，服药和烤电。至于右肾阴影究竟是什么东西？大夫说的也很巧妙，以下是溥仪写于1月12日日记中的一段话："下午，小便又有红色。吴德诚大夫说不必再作膀胱镜，我们已知道其原因，血是从肾脏出来的，不一定是瘤，也可能长肉瘤。从明天起即可试服癌药水（起冲洗作用），以后再烤爱克司光。"稳定患者的精神状态，对整个治疗安排或许是有好处的。然而，早在半个月前，一个不幸的消息已在专员中间传开：癌症已在溥仪仅有的右肾上发生，当为不治之症了，伴着这个消息还有一条纪律：暂对溥仪夫妇保密。

所谓"预防性的"治疗其实正是"抢救性的"治疗，这次以烤电为主的治疗，在1月5日确定后，从1月12日起进入具体的准备过程。那天，日坛医院派了一位有经验的细胞学大夫来了解溥仪的病历、病情，准备承担烤电任务。1月13日下午，日坛医院院长吴恒兴亲自动手，同协和医院放射科张大夫一起，为溥仪标定了放射爱克司光的肾部位置。同时，约定好从1月14日起，每天上午9时到10时，在日坛肿瘤医院照射钴60_2。

1月14日溥仪接受第一次放射治疗，并记下了当时的情况："上午7时半，协和施正文大夫伴我乘政协汽车到日坛肿瘤医院。先到客厅，由魏新林大夫、杨大望大夫出来接待，吴恒兴院长也赶到了。先与施大夫谈话，后即同我到钴602室，同位素放射9分钟。约11时还协和医院，大夫、护士均送到室内门，魏大夫再送到车上，非常诚恳，可感。这都是党对我的关心，对我的救护，真是没有话可表达自己的感激。"

当天下午，沈德纯夫妇来看，第二天沈老又陪同卫生部指派的一位女同志前来了解放射治疗的有关情况。前不久，政协文史资料研究委员会办公室第一副主任张刃先和政协联络组办公室主任赵增寿带着新鲜水果到医院慰问溥仪，他们还带来了中共中

央统战部徐冰部长及平杰三副部长的亲切问候。接着，国务院总理办公室主任童小鹏又一次来了，他还是那么爱说爱笑，似乎整个病房都欢快起来。

在1月17日的日记中，溥仪记载了医务人员精心护理病势沉重全身痛楚的他到日坛医院接受放射治疗的情形："薛淑珍护士用小车从卧室推我到地下室门口，乘政协汽车往日坛医院作钴60_2放射。薛护士和王司机扶我上台阶，薛又助我坐车上。到后，一日坛护士接，由魏大夫为我放射9分钟。后，魏大夫自己推车送我出房门，再送到车前。薛护士、王司机扶上汽车，薛护士把自己的棉外衣给我盖上，我让她穿，坚不肯，仍给我盖上。到协和，仍由薛护士推车送我入室。"

1966年的春节，溥仪是在医院中度过的。政协领导和专员们以及溥仪的亲属纷纷前来探病、叙谈，医护人员来来往往互致问候，节日过得很愉快。

这个时期，溥仪一直进行烤电治疗。溥仪日记1月27日载："上午到日坛肿瘤医院烤电（护士黄金龙从），吴院长、魏大夫又把放射点范围扩大一公寸（外围射3分，内围5分许）。我问魏大夫，魏谈系两小瘤，似小黄豆。他说，烤电可以治好，不算晚，放射到验尿再无瘤细胞就算治好。"

可见魏大夫已经较多地向溥仪透露了病况实情，使他确知那魔鬼般的右肾阴影，原来正是如小黄豆的两个小瘤。烤电的疗效究竟怎样呢？魏大夫认为初见好转。他向协和医院的主治大夫介绍情况说，许多瘤细胞经烤电后破碎了，应继续放射三个星期再观察，此间可暂停接受其他治疗。

2月6日下午溥仪出院，这是协和与日坛两个医院经过磋商，为了便于继续施以放射治疗而决定的，从而结束了在协和医院共58天的第三次住院生活。这期间，卫生部副部长史书翰与协和医院党委书记林钧才，特邀许多名医，如溥仪在其通讯录上记下名字的吴阶平、吴恒兴、许殿乙等泌尿科或肿瘤科专家，给溥仪会诊多次。就在溥仪出院那天的日记上，还有一笔经济账的记载，表明这次住院的总费用为725. 28元，其中自费83. 81元，主要支付伙食费，其余均由公费报销。在这里，溥仪所记绝不是一页简单的"流水账"，而是对社会主义国家公费医疗制度的发自内心的感激。

溥仪出院后，李金德和张刃先来到溥仪家中看望，他们摸透了溥仪的脾气，知道他一出院就急于上班，这次是先来"封门"的。他们说这次出院是为了更好地接受放射治疗，要听大夫的话，好好休养。

2月22日下午，一辆小汽车停在溥仪家门口，从车上走下来全国政协办公室副主任冯廷雄，是来接溥仪到河北省招待所会见李德的。怎么回事呢？欲知原委，还要从头说起。

2月5日，即溥仪出院的前一天，同房病友——中央劳动部机关党委副书记郝刚向溥仪介绍了一个情况。他说，河北省监委书记李德曾患肾癌，在北京医院割去一肾，嗣后又尿血，经检查知膀胱生一瘤，于是将膀胱也割去一半。仍是尿血，经吴阶平等泌尿科专家会诊，认为是膀胱生瘤，拟把膀胱全部割去，但李德不肯。从此，一面在北京医院用药水冲洗膀胱，一面在宽街中医院口服中药。这时，有人向李德的爱人介绍祖传秘方，服后效果显著，渐至痊愈。经医院检查瘤已全失，医生大惊，询其究竟，李德讲述了治疗过程。郝刚的介绍引起溥仪很大的兴趣，从李德恢复健康的事实看到了希望。热情的郝刚就要打电话请李德来详谈，溥仪连忙制止，并对他说，我明天出院，自己去找他，不该再麻烦人家跑来一趟。于是，郝刚立即笔示了李德的住址和电话号码。第二天，溥仪十分感激地与病友郝刚握手话别。

很不凑巧，溥仪按地址找到李德住处后，发现他已返回天津的机关去了，很感到遗憾，遂把心思告诉了张刃先。机关领导闻讯后立即派人专程去天津，并与李德约定了在北京与溥仪会面的时间，正是2月22日下午。

在河北省招待所，李德热情接待了溥仪，介绍了症状和治疗情况，并把早已抄好的一张专治膀胱出血的祖传秘方单子交给溥仪，他感激地握紧李德的手，连声说："谢谢！谢谢！"会面后，冯廷雄又送溥仪回家，汽车穿行在首都的宽平大路上，车内，两人贴心地聊了起来。

"你住院期间手术又并发尿毒症，周总理很担心，立即指示平杰三部长组织名医全力抢救。"

"后来平部长去看我，我还处于昏迷状态，当我稍稍清醒时平部长就告诉我，说总理和彭市长惦念我呢！我当时太激动了……"

周总理接见溥仪

"协和医院对你也是极端负责的，每次给你的处方都要经过医院党支部同意，并向政协机关通报。"

"我的新生是党给的，我的健康也是党给的，但我为党做的工作太少了……"

"你还要乐观，要有信心战胜病魔！"

"我应该这样！"

听见汽车鸣笛，李淑贤已经开门来接了。

溥仪烤电治疗期间，出现了白血球下降的症状，由6，500减为4，800。为了防止发生急性肾炎，医院在2月25日决定，暂时停止钴放射，休息两个星期。

溥仪对中医有兴趣，倾向于中、西医结合治疗，从3月2日起到中医研究院肿瘤科请王赫焉大夫诊治开方，隔几天看一次，以后又多次请蒲辅周看病。尤为可贵的是，溥仪能运用自己的中医知识，详细记录老先生诊病时的症状、脉象、施治原则和依据，并全文抄录药方，已形成研究老先生临床经验并进而研究中医科学的非常系统的珍贵资料。

病情经过烤电而缓解，日坛医院吴恒兴院长在3月30日对溥仪说，过去尿中有很多癌细胞，烤电后许多已经被破坏了，癌细胞数量迅速减少，到3月25日验尿已没有了。他说，等一个月后再作轻微烤电，以便巩固。

为了对溥仪的身体负责，协和医院认为有必要进行一次全面检查，要求他于1966年3月31日第四次住进协和医院，目的是检查。4月14日进行会诊，溥仪在当天的日记中写道："协和约日坛吴恒兴院长来会诊。吴院长谈，经10数次查尿，均无癌细胞。他的意见可以上半天班，小量活动，不要吃太多，不要饮酒，少吃药（主要指中医）。今后两个月内，每星期四做一次尿检查，如无问题两个月后可考虑再住院作膀胱镜和肾脏照影，并结合定位再作是否烤电的决定。"

4月16日，溥仪出院。这次住院的病历上填写着："诊断：右肾癌，左肾乳头状癌术后。"

出院后，溥仪坚持中医治疗，长治慢养，病情稳定达半年之久。长时间脱离工作岗位而早已按捺不住的溥仪，于4月29日到协和医院请吴大夫写了"可以上班"的诊断证明，他是那么高兴！第二天就早早地跨进了政协的大门。在党委办公室，溥仪先后与李金德、申伯纯、沈德纯、张刃先等领导谈了话，虽然都知道是无法再劝他"安心静养"了，但还是要求他"暂不工作"，"可以适当参加学习，听一听，不必发言。"领导同志讲："总理很惦念你，如果我们对你的身体照顾不好，我们要受批评的。"

溥仪满腔热情地投入到作之中，参加专员学习，积极发言，主动地"抢"工作干，然而他没有料到，由北京大学的一张大字报而祸及全国的人间浩劫，比病魔更厉害百倍地袭来了，它残酷地剥夺了溥仪与病魔长期搏斗好不容易才争得的为党工作的珍贵权力。维持半年之久的病情稳定也终于在破四旧的"红色恐怖"中被破坏了。

1966年10月中旬，溥仪的血压开始不稳，时而升高到170/90，时而又降了下来，为此他又背了包袱，瘤子还没有去净，又添了新毛病，究竟应该先治哪种病呢？其实，"当局者迷，旁观者清"，了解内情的董益三有如下记述："就买菜之便到老溥家走了一趟，老溥到公社医院门诊部查血压去了，仅李淑贤一人在家。坐了一会儿，老溥回来了，据他说血压为150/84，这血压不算高，应没有什么问题。但老溥为此背了包袱，是以服血压药为主，还是服肿瘤药为主呢？两口子的意见不统一，结果打电话问大夫，回答说可以兼服。老溥的血压据我看没有问题，这些时血压升高是因为东北来信引起了烦恼，再加上不爱活动以至睡眠不好的缘故。"

老董的话很有道理，溥仪健康上的主要敌人还是那个潜伏着的右肾癌。10月26日溥仪在协和医院验尿时又发现疑点，很可能是几个月没有发现的癌细胞重新出现了。到12月初又发生严重的贫血症状，右胸奇痛，检查血色素仅6. 5克，时而流鼻血，时而昏睡不醒，全身浮肿也有多日了，无情的凄风苦雨又来席卷他那所剩无多的健康，为此医生特嘱"多休养"。然而，举国一片混乱，正值"四人帮"制造的腥风血雨席卷神州的历史时刻，心情万分沉重的溥仪，又怎能得到平静的休养呢？层层阴影、重重愁云笼罩着中国末代皇帝新建立的家庭，当时李淑贤也是面容憔悴，精神萎靡，肾盂症又发作了……

12 月 23 日，一个更大的打击临头了：溥仪因尿毒症突发，经人民医院检查后，以“急症”于当日晚上第五次住进协和医院，当时他面部浮肿，流鼻血，腿部凹陷性水肿，非蛋白氮增高，诊断为右肾癌、尿毒症、左肾癌术后。丈夫沉疴在身，李淑贤担心极了。第二天，她曾向宋伯兰哭诉自己的不幸遭遇，董益三记述当时的情形说：“据吴大夫说，溥仪是肾功能有问题，引起尿毒症，可能好不了。淑贤一面说，一面哭，哭她今后怎么办？哭她的命苦……十分悲痛。”

溥仪入院后每天抽血、注射、输液，这是他在内乱期间的首次住院。老领导们如沈德纯、张刃先等，仍像过去一样常常到病房来看望，那些朝夕相处的同事们，如杜聿明、宋希濂、郑庭笈、廖耀湘、罗历戎、杜建时、周振强等专员，也都不时地携带夫人前来探视。沈醉在其回忆录中写道：“溥仪生病时，我经常带着我 1965 年在北京结婚的妻子去看他。因我的妻子是医务工作人员，可以给他看看病和买点药，那时住医院很困难。”

溥仪的亲属如七叔载涛、二弟溥杰以及几位妹妹和妹夫，则更是常来常往，轮流陪伴。然而，这赫赫有名的协和医院也和社会上其他单位一样，在“文革”的狂风暴雨中一改容颜！严酷的现实使溥仪和他的妻子以及亲属们都目瞪口呆了。

溥仪入院的头几天，自觉症状有增无减，病势日趋严重。他想邀请蒲辅周老先生诊治并试服中药，但医院根本就无人理睬这位病入膏肓的知名人士。更令人气愤的是，随着“文革”的发展，派性“内战”的普遍发生，协和医院两派斗争竟把溥仪这个重病患者也给牵了进去。“造反派”攻击对方，就以溥仪住高干病房为借口，指控“保皇派”把“货真价实的封建帝王”安排在高干病房，是“坚持资产阶级反动路线”，扬言要驱逐他。

据沈醉讲，像溥仪等人在医疗方面所受到的特殊待遇，原是周总理在 10 年浩劫之前特别下手令规定的。那个规定明确说：“全国政协文史专员的医疗关系，一律按高级干部待遇。”因为有了这个规定，专员们看病就不用排队了，只要给医院保健室挂个电话，医院便立即根据患者的“高干医疗证”上的号码调阅病历，并约定就诊时间，由医术较精的老大夫诊治，根据病情给予施用一般情况下难以得到的名贵药品。需要住院的，只要经过保健室的医生决定后，便可以住进高干病房。可是，“文革”席卷过来了，专员们又恢复了“帝王将相”的身份，成了“黑几类”之一，别说是“高干医疗待遇”，就是排队挂号也不给用药，甚至随时有挨骂的可能：“死一个，少一个，不给药，回去等死吧！”

针对中国末代皇帝的“逐客令”终于下达了，医院“群众”不同意溥仪继续住在高干病房，因此须搬走。当患者本人尚未被告知时，已经闻讯的李淑贤则急得团团转，她一气跑到全国政协机关，已经是晚上七八点钟光景，早过了下班时间，一个领导没碰上。又跑到护国寺，向溥杰讲了医院的情况，也讲了溥仪要求请蒲辅周老先生看病的想法。溥杰立刻找沈德纯汇报，而沈老又汇报到总理办公室。总理闻讯后亲自给协和医院打电话，明确指示：应允许溥仪继续住在高干病房，要给予悉心周到的治疗和护理。总理还亲自告诉蒲老，说溥仪请他诊病，并委托他去时代致问候。

12 月 29 日，蒲老受总理委托，应协和医院和政协的邀请，前来为溥仪诊病。老先生一跨进五楼一病房就对溥仪说："周总理很惦念，让我来看看你！"溥仪热泪盈眶，紧紧地握住蒲老的手，好半天也不撒开。从此蒲老常来诊病开方，采用中西医结合的方法给溥仪治病。

蒲老来的这天，溥仪觉得精神上特别痛快，好像病已减轻了。入院以来有增不降的尿毒，从是日起显著好转，迅速下降了。是周总理的过问和蒲老的到来，给四面楚歌的溥仪带来了欢乐和希望，与此同时，协和医院第 12 次向总理办公室、全国政协和卫生部发出了《关于溥仪病情的报告》。此后病情进入一个停滞时期，没有好起来，也没有坏下去，蒲老的部分诊断结论和西医检查结果，可以说明这种情况。

1 月 5 日：液不足，舌淡，宜滋肾养阴。

1 月 13 日：舌白腻苔未退净，宜半调心肾，理脾胃。

1 月 21 日：脉弦滑，苔白腻，色黯，大便好转，睡中筋惕，由肾气不足，心气充虚，宜继续调理心肾。

然而，溥仪的非蛋白氮一直在 70—90 之间，远比正常人为高。右肾癌，面对这致命的魔鬼究竟应该怎么办呢？溥仪在 1967 年 1 月 28 日日记中记下一个十分动人的情节："通电话闻贤言，倪大夫建议我换一个人工肾，贤自称可将她的一个肾给我，我坚决反对这个建议。我服中药等治疗，虽然一肾有病，也可控制见好，怎能割剩下一肾换贤？倪大夫的这个建议真是毒辣，要害两个人，噫！但是，他是痴人说梦，根本做不到的！"

倪大夫系从工作出发，是按医学允许的条件提出意见的，显然他被冤枉了。当然，溥仪出于对爱人的感情，一时偏激而说了鲁莽话，并非基于对大夫的积怨，倪大夫也是不会怪罪的。

随着"文革"掀起的阵阵浊浪激流，历史悠久的协和医院也在"造反派"的锣鼓声中改名为"反帝医院"。医院改个名字倒也罢了，糟糕的是一部分医护人员的服务态度也发生了变化，并且医疗质量也大打折扣，特别对于高干病房的患者，态度更为恶劣。

2 月 2 日医院接到一项"政治任务"，治疗在苏联被打伤的 9 名中国留学生，随后又增加了在伊拉克被苏驻伊使馆人员打伤的 4 名中国留学生。为此，医院先后通知一

批患者提前出院，让出病床。谁将首先被赶走？目标自然是革命老干部，所谓“走资本主义道路当权派”。眼见一位患严重心脏病的病友单殿元遭到驱赶，溥仪心中的悲痛之情是难以言喻的，回想自己在伪满“新京”当“康德皇帝”时，这位病友已经拼搏在抗日战场上了，如此革命功臣竟然被“造反派”轰出了病房，更何况他的病头天晚上还曾发作，呼吸困难，堵闷得难受。正当“末代皇帝”为他昔日的政敌、今天的病友鸣不平的时候，他本人也被医院定为“腾床”对象，迫于形势，只得迁往北医附属人民医院一号病房，这是他第二次住进这家医院的普通病房。

这次在人民医院住了18天，主要是观察，经常检查非蛋白氮、二氧化碳结合力和血压，服西药，注射睾丸酮，也请蒲老开方，吃中药，至2月20日出院。这期间，溥仪面部仍浮肿，食欲也很差。

出院才几天，溥仪又感冒了，而且尿毒症复发，情况严重。2月27日检查结果，非蛋白氮99. 6，二氧化碳结合力21，血色素57，极不正常。

3月1日，溥仪又第三次住进人民医院，一面继续服用蒲老的中药，一面注射胰岛素、输葡萄糖液、抽血，然而，没有收到明显的疗效。

经家属要求，14天后溥仪转院，第六次住进协和医院，一直住了47天。“文革”中的医院风气变了，医护人员的服务态度深深地刺痛了溥仪的心。到4月下旬，他的病又有起色，非蛋白氮已从90降到60，终于又伴着明媚的春光出院了。住院病历上只有很简单的记载：“因双肾肿瘤，尿毒症加重，再次住院。吴德诚大夫检查病情并采取治疗。”不久，另一位大夫又做出如下诊断：“肾功能不断恶化，术后不良。”

从1967年4月末到9月末，溥仪在自己以公民身份首创的小家庭中度过了生命末期的5个月。这5个月里，他几乎天天看病，请蒲老开方。然而，任何一位高明医师，对于病入膏肓的患者也是爱莫能助，无力回天。老先生尽着最大的努力，延缓中国历史上最末一代皇帝的生命，总想让他能随着时代走得更远些。同事们也为他着急，有人给他介绍民间大夫，有人帮他找来治癌偏方。6月27日溥仪偕同妻子前往和平里政协宿舍罗历戎家，抄回了“半枝莲”治癌秘方，据说已治愈200名癌症病人了。那天住在和平里的专员同事盛情欢迎溥仪夫妇“李以劻、廖耀湘、杜建时、范汉杰、罗历戎以及王耀武妻合伙招待吃便饭”。然而溥仪的病势还是日趋沉重，7月、8月和9月，他从每两周上医院复查一次，进而一周复查一次，从全身乏力、胸闷气短、呼吸困难，逐渐发展到不能走路，生活不能自理，连洗脸、洗脚、洗澡也都要由妻子服侍了。在9月中旬的病历上，已出现了“心力衰竭”的记载，虽然溥杰曾千方百计从日本空运固体血浆到北京，准备给严重贫血的大哥输入体内，但为时已晚。

1967年10月4日上午，溥仪还由妻子搀扶着到协和医院门诊部诊病取药，当天下午还约请友人沙曾熙的女儿与其男友在家中会面，并留他们吃饭，当年老沙给溥仪和李淑贤当大媒，而今这两口子又给老沙的女儿介绍对象了。溥仪怎么也想不到，刚刚送走快乐的年轻人，自己却病情恶化了。

次日凌晨5时，一位身材瘦高、面色苍白的病人，被一大帮亲属护送着来到人民医院急诊室，来者正是溥仪，他痛得在床上滚来滚去，李淑贤急如星火，到处奔走，求人帮忙，在一个白天里，分别到人民医院和协和医院做了检查。根据病情急需住院，但床位很紧张，医院内部分人员在极“左”路线影响下反对收留一个“封建皇帝”住院。情况刻不容缓，政协立即向中南海内的总理办公室反映了情况，总理很生气，提笔批示“特殊照顾”。批示传达到人民医院后，医院虽然不得不同意收留住院，但在泌尿科病房竟找不出一张闲床，于是暂时住进内科第9号病房。就在这里，溥仪度过了生命的最后几天。沈醉后来对这件事有如下评论：“这事真太凑巧了，在中国历史上一直把九当成极数，所以对皇帝常常爱用九，如九五之尊、九重天子……而溥仪这位末代皇帝住院的病房号为九号，这种无心的安排，好在出自造反派头头，要是别人，他们一旦听到读书人的指点，那还得了！”

这位心力衰竭病弱不堪的老人在自己生命的最后时刻，仍以颤抖的手，费劲地握住已经实在难以控制的3寸笔管，记呀，写呀，字迹已经模糊不清，可那精神和毅力能见、能知。在一个2寸半长、2寸宽的小笔记本上，却有一页字迹清晰，笔法刚劲，那是溥仪在10月6日，即逝世前11天，写给妻子的一张便条，内容是：“小妹，我感觉气虚。你来时，千万把东西带来。今天晚上服用。耀之。”溥仪字耀之，“小妹”则是他对妻子的爱称。

10月8日，当宋希濂和杨伯涛到医院看望溥仪的时候，他只是依靠输氧和注射葡萄糖维持生命了。

据沈醉回忆，当时人民医院的医护人员在造反派的控制下，对溥仪不敢好好照顾，怕被那些家伙扣帽子，同情帝王将相。遇上溥仪排尿困难，如有造反派在场，便要让他难受得大汗满头，痛苦万分，那些家伙反以此为乐。只有这群披人皮的畜牲不在场，才敢给他导导尿。溥杰常常去陪伴他，也遭到造反派的刁难和呵斥。尽管环境险恶，董益三、杜聿明、范汉杰等同事们还是一个个地悄悄前来看他，为他病势的沉重而悲伤，也为他遭受迫害而愤愤不平。沈醉在他的回忆录中写道，当时医院中很多人认识他，甚至用鄙夷的眼光看待这位“《红岩》小说中描写的杀人不眨眼的严醉”，可是，他不顾这些，还是“偷偷摸摸”地去溥仪的病房，“看一眼，讲几句话就赶快走”。一旦被发觉，总是连推带骂被赶出医院。有一次，他看到原在保健室工作的一位护士正在值班，因为是熟人便溜了进去，以为她会装作看不见，然而她却无可奈何地说：“头头们早关照过，不准你这个‘严醉’去看溥仪，我让你去了，我得挨批，说我到今天还划不清界限，我过去为你们服务，都是我的罪行，你就原谅我吧！”听了她这番话，沈醉也只好走了。

然而，当时沈醉家就住在西黄城根，离医院不远，所以还能常来找机会往里溜，他回忆说："有一天，我溜进病房，看到溥仪鼻子里插着氧气管，眼神无力，见我走过去，便拉着我的手，泪珠不断流出来。我也是泪珠滚滚，强忍着心头的悲痛，劝他不要难过，总理很关心他，病一定会治好。到了那种程度，他仍然相信，党不会不给他治病。"沈醉又说："这时，我已从一个老医生那里得知他患了肾癌，又加上他有冠心病、贫血，更严重的是排不出尿来，天天得用导管导尿，而一些护士也怕因太照顾而被扣上'同情黑五类大头子'的帽子，经常不给他导尿。他当时怎么会知道是林、江反革命集团在横行霸道，把党的政策早抛在一边，而一心阴谋篡党夺权呢！去年5月间，全国政协为他举行的追悼会上，指出他是受林、江一伙极"左"路线的迫害而致死的，这完全正确，我便是他们迫害溥仪而使他死去的见证人！"

人民医院实习医生张崇信当时就在溥仪住院的疗区内值班，他回忆说，溥仪刚住院时精神还好，只是脸上有些浮肿。他爱活动，经常在病房里走动，还频频与同病房的另一位病人——成天坐在床上不哼不哈、也不动弹地从西藏来的活佛搭话，但这位活佛在当时的政治气氛下总是答得牛头不对马嘴。溥仪戴着很厚的眼镜片，看东西很吃力，常常看到李淑贤给他读一些信件或别的什么，在他身上，还多次发生上厕所忘了带手纸或不拿碗碟就去盛饭盛菜之类的事。溥仪的病情很快就恶化了，排尿发生困难，有一次他躺在床上痛苦地呻吟，李淑贤在一旁抽泣，活佛则照旧坐在床上无动于衷。我在这种气氛中给他导了尿，排空尿液后，溥仪轻松一些了，频频向我点头致意，李淑贤也连声道谢。我心中很不是滋味，知道溥仪在世的日子不长了，而护士出身的李淑贤也不会不清楚这一点。

1967年10月12日，溥仪留下绝笔。这位一生好记的人所写的日记至是日而终，他再也无力握管了，绝笔日记也十分模糊，难以辨认。但仔细辨认还是看得出，他这最后的字迹是在抄录蒲老的诊断和药方。据沈醉回忆，溥仪这次住院后，周恩来一直为他操心，曾让许多有名的大夫去看他，但那时几位名大夫也正在挨批斗，所以去得少。只有蒲辅周老大夫去过几次，为溥仪切脉后认为病情严重，需要长期治疗，好生护理。

1967年10月19日，新华社向全世界播发了溥仪逝世的消息。在"文革"中见报的这个消息实在过于简略了："新华社19日讯：中国人民政治协商会议全国委员会委员爱新觉罗·溥仪先生因患肾癌、尿毒症、贫血性心脏病，经长期治疗无效，于10月17日2时30分逝世于北京。终年60岁。"据溥仪逝世时在场的一位实习医生18年后撰文评论说："这段消息就是从溥仪的死亡证明上主治医师书写的原文抄录的，一字未改。记者也确够小心的了。"

遗憾的是，即使这样简略的报道从世界范围来说也还算不上新消息，因为头一天的许多日本报纸，已在显著版面上，作了有关前"康德皇帝"病逝于"红色首都"的绘声绘色、图文并茂的报道。

实际上，比起外国电讯来，在中国共产党的改造政策下洗心革面、成为新人的爱新觉罗·溥仪的逝世，中国的报道实在是太少、又太简单，甚至连一点点评价或悼念之意都没有透露。但被“左派”人士斥为“地、富、反、坏、右总头子”的溥仪之死，能在党报上占一小块篇幅加以报道，已是大不易的事情了。据说这还是由于周恩来总理得知溥仪的死讯后，亲自下令让新华社播发，才得以见诸报端的。

显然，溥仪得了不治之症，生命早已无可挽回。他的死亡消息传出，了解情况的人并不感到惊奇。甚至连北京的一些市民也了解底细，并关注着“宣统”的末日，沈醉回忆文章中的一段话便是明证：“从1967年10月中旬开始，自西北高原随大风刮来的大量黄沙，在北京上空盘旋了几天。汽车停下来，一会儿就落上一层薄薄的黄土。许多关心‘小皇帝’的北京老人，是知道溥仪病重住院，看到满天黄沙，便纷纷谣传，‘天发黄，小皇帝怕快……’老人们连最后一个‘死’字都不忍说出来，都是这么爱他。而医院造反派却加重对他的折磨，让这位被中国共产党改造过来的中国末代皇帝终于在10月17日凌晨悄悄与世长辞。”

然而，每天守护在溥仪身旁的李淑贤却不相信丈夫就会死掉。6年来，他和自己朝夕与共、恩恩爱爱，难道就这样撒手即去吗？事实是严酷的，对李淑贤来说不啻是一声晴天霹雳，沉重地击中了她那不堪承受的病弱之身。在巨大的悲恸之中，李淑贤的眼前一再出现丈夫弥留之中的神态，那痛苦的眼神把溥仪的未亡人带回到国庆前夕的静谧之夜。

东观音胡同22号长形的院落里，被秋风卷落的树叶轻轻飘下，竟不发出一些声响。一长排正房都是暗的，唯有主人的卧室透出微弱的光。这难忘的寂静让人感到奇怪，感到可怕。一年多来，溥仪夫妇一直是在喧闹之中度日，所闻所见无非是吵、闹、乱，内乱中的祖国充满了枪声、炮声和高音喇叭的号叫……今晚怎么突然安静了？是福？是祸？谁知是什么兆头！

溥仪盖一条毛毯，半倚在缎被前面，又拉住妻子的手，让她坐在自己身边，两只眼睛死死地盯住了妻子，他清楚地知道自己不会久留于世了，真想多看爱人几眼。李淑贤见他眼眶里滚动着泪珠，心痛地掏出手绢为丈夫轻轻地擦拭，他们就这样无言相对了好一会儿。溥仪久藏心头的几句话终于是无法不说了。他说：

我快要离开人世了。这么长时间我不愿意和你讲这件事，是因为不愿意伤你的心。我的病是不能治愈的绝症。我曾对你讲，现在科学发展了，能治好我的病。以前这样说说不过是为了安慰你，我早已知道，这身上的病是不会好了。

我这一生，当过皇帝，也当了公民，归宿还好。现在总算是已经走到了尽头！有所悬念的是：第一条对不起党。改造我这样一个人不容易，把封建统治者变成公民，无论什么国家都很难做到，中国共产党办到了，但是我还没给党做什么工作；第二条对不起你。我们结婚5年多，又把你一个人扔下了。我年岁大，从各方面说都很对不起你。你体弱多病，我又没有什么东西留下，离开我以后怎样生活？现在又是“文化大革命”中，谁能管你？我最不放心的就是你呀！

李淑贤轻轻抚摸丈夫的手，忍住泪水安慰他说：“你不用发愁，慢慢养病吧！等稍微好些咱们就一块儿逛公园去，到颐和园、北海……”她多么希望这会成为活生生的现实啊！

溥仪的时间一分一分地接近生命的终点，最后的晚上来到了。范汉杰和李以劻前来探望。溥仪躺在病床上，昏昏然度过许多时间，晚10时左右，突然在亲友们的盼望中睁开发亮的眼睛，又开口说话了，头脑十分清醒。范汉杰和李以劻已在床边静静地守候了一个多小时，这时都非常高兴。老范看着溥仪的脸问道：“老溥！你还认识我吗？”

“认得！你是范汉老。”溥仪毫不犹豫地回答说，吐字相当清楚。

这时，李以劻插嘴对溥仪说：“我们来看你，已经坐了很长时间，还要赶末班车以前回去，现在应该走了，你好好休养吧！”

溥仪急忙摆手，并对李以劻说：“老李！你先别走，等我二弟来。”停了一会儿，又像似想起了什么，几乎是喊着说：“快！赶快找孟大夫，孟大夫不来你不要走！”孟大夫是人民医院泌尿科的主治大夫，始终负责溥仪的诊断治疗。老范和老李注意到，溥仪的脸上呈现出令人同情的痛苦表情，他用一种虽然微弱却很清晰的声音继续说道：“我还不应该死呀！我还要给国家做事呀！你们救救我，赶快找孟大夫！”

李以劻立刻去找来孟大夫，只见溥仪一把攥住孟大夫的手，不住口地说：“救救我！我要给国家做事，救救我！我要给国家做事呀！”

“你不要害怕！你的病慢慢就会好了，你还有机会给国家做事的。”孟大夫这么一说，溥仪立刻高兴起来，脸上掠过一丝笑容。然而，这毕竟只是孟大夫安慰他的话。当他又静静地睡去后，孟大夫就把实情告诉了老范和老李：“溥仪先生过不去今天晚上了，你们看到方才他很清醒，这就是所说的回光返照现象。”

末班车的时间逼近了。老范和老李不得不离开病房去赶车，但又舍不得骤然离开垂危的好友，乃以矛盾的心情，依依不舍而去，临走还为溥仪盖了盖被子，看到他已瘦得皮包骨头，感到心酸难受。原来肾癌引起肾功能失调，营养不能吸收，以致他早就羸弱不堪了。

溥仪睡了，还听得到他从嗓子里发出的细微的呼噜声，悲戚如痴的李淑贤一直紧挨着丈夫的身体焦急地等待，一位在他家工作过的保姆红着眼圈守候着，外甥宗光也守候在侧低声抽泣。就在他停止呼吸的前几分钟，二弟溥杰闻讯赶到了。在这最后时刻，李淑贤又快步跑向医院值班室，喊来几位医生，做了轮番抢救。时间一秒一秒地过去，已经全身浮肿的溥仪终于又睁开眼睛，转动眼球，看看妻子，又看看二弟，才最后呼出一口长气，安详地与世长辞了。李淑贤再也按捺不住心头的巨大悲痛，伏在丈夫的遗体上放声恸哭，时为1967年10月17日凌晨2时30分。中国历史上的末代皇帝溥仪先生，永远离开了他留恋并热爱着的20世纪60年代的新世界。

天一放亮，消息迅速在亲友中间传开，悲痛的人们从四面八方涌向人民医院。

李淑贤在保姆帮助下，给丈夫穿上刚刚拆洗的棉衣棉裤，口中喃喃说："这是为今年冬天准备的，穿去吧，能遮遮风寒。"因为溥仪双脚浮肿，妻子特意让保姆上街买双大号新棉鞋，她说丈夫生前爱散步，鞋要穿舒服些。继而又把丈夫平时最喜欢的一顶深蓝色呢帽端端正正地给他戴在头上。接着，又让人取来他平时使用的枕头和褥子，为亲人展铺身下，垫正头部。

李淑贤凝望着爱人的遗容，亲友们纷纷上前劝她节哀，请她暂时离开遗体，她哪里肯依？向来劝的人们说："你看，溥仪的眼睛和嘴都半睁半闭，是对我不放心哪！"于是，用手轻轻地抚摸爱人的脸，直到他的双眼闭住，嘴也闭严，又给爱人梳梳头，这才允许保姆把盖在丈夫身上的白布单拉过头顶……

10月18日上午，总理办公室一位负责同志来向李淑贤转达总理亲切的慰问之意："总理得知溥仪先生去世的噩耗，心情非常沉重，总理衷心希望您节哀，保重身体。"来人还根据总理指示，详细询问了溥仪的病情以及逝世前后的细节。他告诉李淑贤，总理担心在"文革"中医疗方面可能对溥仪先生照护不周，还说："总理嘱咐我们要查清这方面的责任。"

范汉杰、罗历戎、李以劻夫妇、董益三夫妇以及廖耀湘夫人张瀛毓、王耀武夫人吴伯伦等闻讯纷纷来到医院或溥仪的家，向李淑贤表示慰问。专员学习组副组长宋希濂根据大家的要求，向政协领导请示可否在遗体火化的时候，搞一个简单的告别仪式，以表达对于溥仪的哀思。然而，"文革"期间，到处狂叫"揪叛徒"的时候，有谁敢来做这个主呢？只好答复以"待通知"，但通知却迟迟不来，"泥牛入海无消息"。10月19日，遗体在八宝山火化，因为始终没有得到"通知"，亲友和专员们便自己做主，前往为溥仪送行。沈醉后来回忆此事时气愤地说，本来我们都想前往医院与溥仪的遗体告别，政协造反派竟然不准，只让他的几位家属去了一下。那时候这些人为什么会失去人性而与禽兽无异呢？

骨灰的处理在当时也成了一个难题，后来还是周恩来做了指示，总理在困难的处境里，把自决权交给了爱新觉罗家族。指示说，可以由家属选择在革命公墓、万安公墓和其他墓地的任何地方安葬或寄存骨灰。10月21日，爱新觉罗家族的主要成员聚会讨论了这个问题。七叔载涛提出还是放在八宝山人民骨灰堂好，溥杰完全赞成，他说："总理的指示说明他老人家也有难处，我们不该再添麻烦，可以放在群众公墓。"李淑贤也没有异议，她说："溥仪生前爱热闹的地方，放在群众公墓，长期和人民、和老百姓在一起很好。"这样，经家族一致商定了。第二天，李淑贤、溥杰和一位街坊的女儿一起到八宝山人民骨灰堂办理了寄存手续。

若干年以后人们才获知，出于尊重满族人民的生活习惯，周恩来曾建议为溥仪修建陵墓，家属不同意这种做法。70年代中叶，日本共同社记者采访溥杰后发表一篇题为《穿着中山装的旧满洲国皇帝之弟——溥杰》的艾章，文中提到溥杰对横堀洋一讲：周总理等中央领导同志“曾对我说，是否要建立一座漂亮陵墓？作为一个市民，我拒绝了”。

溥仪逝世了！周恩来一直没有忘记这位在后半生中做了好事的中国末代皇帝，总理接见国际友人的时候经常提到他。70年代初，日本《朝日新闻》以《恢复邦交是人民的愿望》为题，登出周恩来在该报编辑局长后藤基夫访问我国东北后会见他的谈话内容。文章写道，后藤编辑局长说，东北有了很大的发展，嗣后周总理说：“发展是有，但不能说很大。不论怎么说，‘满洲国’的时代是绝对不能回来了。‘满洲国’的皇帝溥仪已经死了。说句公道话，最后他改造得不错。”周总理在给我们看了《我的前半生》后说：“你们都读过他写的这本《我的前半生》吧！从他来说认识是提高了。不到60岁就死了，如果不得肾癌的话，一定会活得更长。使一个末代皇帝能有这样的觉悟，不是一件容易的事。”美国《纽约时报》助理总编辑托平也曾在一篇自北京发回的报道中写道：“周恩来追述说，自从1949年以来，被打倒的中国国民党军队的高级军官一直住在北京，受到了很好的照顾。他还提到被废黜的日本傀儡、‘满洲国’皇帝溥仪，直到三年前去世，一直住在北京过自由生活。”

附录：宣统大事记

公元	年号	大事记
1906	光绪三十二年	正月，溥仪出生，为清入关后第十代皇帝。溥仪生日为正月十四日，生于北京醇王府，生父载沣，祖父奕譞，皆清末皇室重要成员。
1906	光绪三十二年	正月，清廷为推行新政（或称“清末新政”“慈禧新政”），曾于年前派五大臣出洋考察政治，本月载泽与戴鸿慈分别由日、美奏报至京。
1906	光绪三十二年	正月，江西发生南昌教案。
1906	光绪三十二年	正月，清末湖北革命团体日知会成立。
1906	光绪三十二年	二月，中国公学在上海成立。
1906	光绪三十二年	三月二十八日，袁世凯奏准编建巡防队。
1906	光绪三十二年	四月初四日，中英于北京签《续订藏印条约》。
1906	光绪三十二年	四月，日本明治天皇命设立南满洲铁路株式会社（即股份公司），公司本社在大连，支社设于日本东京。
1906	光绪三十二年	四月，袁世凯奏请设保定军官学堂。
1906	光绪三十二年	五月，章炳麟出狱赴日编《民报》。
1906	光绪三十二年	六月，日本于中国东北设关东都督府。
1906	光绪三十二年	六、七月之交，端方、戴鸿慈上《请定国是以安大计折》。
1906	光绪三十二年	六、七月间，载泽上《请宣布立宪密折》。
1906	光绪三十二年	七月，清廷大臣遵旨会议立宪事。
1906	光绪三十二年	七月，清廷宣布“预备仿行宪政”。
1906	光绪三十二年	七月，清廷命载泽、世续、那桐、荣庆、载振、奎俊、铁良、张百熙、戴鸿慈、葛宝华、徐世昌、陆润庠、寿耆、袁世凯为编纂官制大臣；派奕劻、孙家鼐、瞿鸿禨为总司核定大臣，并令端方、张之洞、升允、锡良、周馥、岑春煊选派司道大员来京，随同参议。
1906	光绪三十二年	七月十八日，设编纂官制馆，以孙宝琦等为提调。
1906	光绪三十二年	八月初三日，清廷颁降禁烟令。
1906	光绪三十二年	八月十五日，学部奏准《考验游学毕业生章程》。
1906	光绪三十二年	八月，清廷宣布预备立宪，改革官制后，大臣多人上反对立宪奏章。

公元	年号	大事记
1906	光绪三十二年	九月初一日，日本东亚同文会于奉天创办《盛京时报》。
1906	光绪三十二年	九月十六日，奕劻版新官制进呈，慈禧未允撤军机处设责任内阁之要略。
1906	光绪三十二年	九月二十日，清廷宣布慈禧版新官制。
1906	光绪三十二年	九月二十三日，清廷改督办政务处为会议政务处。
1906	光绪三十二年	秋冬间，同盟会领袖孙文、黄兴、章炳麟在东京制定《革命方略》。
1906	光绪三十二年	十月，孙中山在东京《民报》创刊周年纪念会上讲三民主义与五权宪法。
1906	光绪三十二年	十月十九日，萍浏醴起义爆发。
1906	光绪三十二年	十月二十日，盛宣怀奏京汉铁路建成。
1906	光绪三十二年	十一月初一日，上海及江浙绅商成立预备立宪公会，推举郑孝胥为会长，张謇、汤寿潜为副会长。
1906	光绪三十二年	十一月初二日，直隶总督袁世凯命创办滦州煤矿。
1906	光绪三十二年	十一月十六日，同盟会员刘道一被害。
1907	光绪三十二年	十二月初一日，秋瑾创办《中国女报》于上海。
1907	光绪三十二年	十二月初七日，杨度于日本东京创办《中国新报》，宣传立宪。
1907	光绪三十三年	正月初一日，康有为改保皇会为帝国宪政会。
1907	光绪三十三年	正月，外务部与英国中英有限公司签订广九铁路借款合同。
1907	光绪三十三年	二月二十日，于右任等创办《神州日报》于上海。
1907	光绪三十三年	三月初五日，奕劻等奏请设《政治官报》馆，奉旨允行。
1907	光绪三十三年	三月初八日，清廷下令改盛京将军为东三省总督。
1907	光绪三十三年	三月二十五日，奕劻、载振、段芝贵被弹劾，引起“丁未政潮”。
1907	光绪三十三年	四月，同盟会革命同志于本月内先后在广东发动黄冈起义与七女湖起义，均告失败。
1907	光绪三十三年	四月，匈牙利人斯坦因携敦煌石室文物甚多返欧。
1907	光绪三十三年	五月十二日，张静江、吴敬恒、李石曾等创办之《新世纪》首刊于法国巴黎。
1907	光绪三十三年	五月二十六日，徐锡麟在安庆起义枪杀安徽巡抚恩铭。
1907	光绪三十三年	北京万牲园正式对外开放。
1907	光绪三十三年	六月十四日，张之洞奏请设存古学堂于湖北武昌。
1907	光绪三十三年	六月二十一日，日俄两国签订《日俄密约》，分占中国东北权益。
1907	光绪三十三年	七月十二日，同盟会南洋机关报《中兴日报》创刊于新加坡。

公元	年号	大事记
1907	光绪三十三年	七月二十三日，英俄两国签订有关中国在西藏宗主权之《英俄协议》。
1907	光绪三十三年	七月二十四日，同盟会发动钦廉防城起义。
1907	光绪三十三年	八月初二日，修订法律大臣沈家本奏进《法院编制法》。
1907	光绪三十三年	九月十一日，梁启超组织政闻社于日本东京。
1907	光绪三十三年	九月十三日，慈禧太后降懿旨命设咨议局。
1907	光绪三十三年	九月十四日，清廷谕令将苏杭甬铁路由商办改为借英款修筑。
1907	光绪三十三年	十月二十七日，同盟会发动镇南关起义。
1907	光绪三十三年	十一月初四日，邮传部奏准设立交通银行。
1908	光绪三十三年	十二月二十四日，海关总税务司英国人赫德退休。
1908	光绪三十四年	正月十一日，因经济问题严重，清廷谕令改良种棉，以实漏卮。
1908	光绪三十四年	正月十三日，为银价陡涨，清廷谕度支部拨银贬价。
1908	光绪三十四年	正月十四日，度支部奏呈《银行通行则例》。
1908	光绪三十四年	正月二十六日，以四川建昌镇总兵张勋为云南提督，后因故未赴任。
1908	光绪三十四年	二月初四日，调赵尔巽为四川总督，又授川滇边务大臣赵尔丰尚书衔，为加意对西藏经营故也。
1908	光绪三十四年	二月初八日，宪政讲习会湖南士绅向都察院上国会请愿书。
1908	光绪三十四年	二月初九日，清廷核准宪政编查馆拟定之《结社集会律》。
1908	光绪三十四年	二月初十日，外务部奏请取消地方官与传教士相见规定。
1908	光绪三十四年	二月二十五日，黄兴亲率革命军发动钦州起义。
1908	光绪三十四年	二月间，盛宣怀上奏合组汉冶萍煤铁矿产公司。
1908	光绪三十四年	三月初七日，清廷派恭亲王溥伟、协办大学士鹿传霖等为禁烟大臣。
1908	光绪三十四年	三月十七日，考察宪政大臣于式枚奏请宪法“不须求之外洋”。
1908	光绪三十四年	四月初一日，同盟会革命党人发动云南河口起义。
1908	光绪三十四年	五月初八日，军机处电各省督抚精选名医来京为皇帝会诊，因光绪病重也。
1908	光绪三十四年	六月十五日，美驻华公使柔克义照会清廷退还部分庚子赔款。
1908	光绪三十四年	六月二十四日，清廷颁布《各省咨议局章程》及《咨议局议员选举章程》。
1908	光绪三十四年	七月十七日，政闻社被禁。

公元	年号	大事记
1908	光绪三十四年	八月初一日，清廷颁布《宪法大纲》。
1908	光绪三十四年	九月初十日，立宪团体贵州自治学社成立。
1908	光绪三十四年	九月二十日，达赖喇嘛赴京觐见慈禧太后与光绪皇帝。
1908	光绪三十四年	十月十四日，命奕劻驰往东陵，验收普陀峪陵寝工程。
1908	光绪三十四年	十月二十一日，光绪去世。同日，慈禧降懿旨以溥仪入继大统为嗣皇帝，承继同治，兼祧光绪皇帝。
1908	光绪三十四年	十月二十二日，慈禧太后病逝。
1908	光绪三十四年	十月二十四日，派溥伦等人驰往西陵，查勘地势。
1908	光绪三十四年	十月二十五日，清廷定新皇帝年号为“宣统”。
1908	光绪三十四年	十月二十六日，熊成基发动安庆起义。
1908	光绪三十四年	十一月初九日，溥仪即位于太和殿，行登基大礼。
1908	光绪三十四年	十一月十五日，定光绪帝谥号为景皇帝，庙号德宗。
1908	光绪三十四年	十一月二十日，湖北革命党人成立群治学社。
1908	光绪三十四年	十一月二十五日，尊上光绪帝皇后徽号为“隆裕”。
1908	光绪三十四年	十二月初三日，清廷下令设禁卫军。
1909	光绪三十四年	十二月十一日，袁世凯被罢。
1909	光绪三十四年	十二月十四日，定光绪帝葬西陵之金龙峪，其陵为崇陵。
1909	光绪三十四年	十二月十五日，袁世凯离京。
1909	光绪三十四年	十二月二十日，度支部奏定《清理财政章程》。
1909	光绪三十四年	十二月，共进会自日本移至武汉。
1909	宣统元年	正月初七日，徐世昌奏请特制江省沿边招民垦荒章程。
1909	宣统元年	正月十一日，万国禁烟会在上海召开。
1909	宣统元年	正月十八日，革邮传部尚书陈璧职。
1909	宣统元年	正月二十四日，载涛等奏定禁卫军训练处人员职掌。
1909	宣统元年	正月二十九日，派肃亲王善耆、萨镇冰等筹办海军。
1909	宣统元年	闰二月初二日，谕令民政部右侍郎赵秉钧退休。
1909	宣统元年	闰二月初七日，清廷颁布《国籍条例》。
1909	宣统元年	四月十九日，张之洞与德、英、法等国订立湖北、湖南两省境内粤汉铁路、川汉铁路借款草约。
1909	宣统元年	五月初七日，考察宪政大臣李家驹奏请速设责任内阁。

公元	年号	大事记
1909	宣统元年	五月二十三日，清廷准于京师设立游美学务处。
1909	宣统元年	七月十三日，派南洋大臣、两江总督张人骏为南洋劝业会会长。
1909	宣统元年	八月初二日，清廷封禁《国报》。
1909	宣统元年	八月十九日，京张铁路全线通车。
1909	宣统元年	九月初一日，各省咨议局同日开幕（新疆暂缓），并选出正副议长，其中活跃者有张謇（江苏）、吴景濂（奉天）、汤化龙（湖北）、谭延闿（湖南）、蒲殿俊（四川）、丘逢甲（广东）等人。
1909	宣统元年	十月初一日，全国著名诗人团体南社成立于苏州。
1909	宣统元年	十月十一日，直隶总督端方革职。
1909	宣统元年	十一月初二日，驻藏大臣报西藏情形不稳，此前多奏达赖谋叛。
1909	宣统元年	十一月初五日，各省咨议局集会上海，请速开国会。
1910	宣统元年	十二月初六日，各省咨议局代表赴北京都察院呈递《速开国会请愿书》。
1910	宣统元年	十二月二十日，清廷降谕拒绝速开国会。
1910	宣统二年	正月初三日，同盟会发动广州新军起义。
1910	宣统二年	正月初三日，达赖逃印。
1910	宣统二年	正月十一日，《国风报》创刊。
1910	宣统二年	正月十六日，奕劻被劾。
1910	宣统二年	正月二十九日，清廷下令废奴才之称。
1910	宣统二年	正月二十九日，光复会成立于东京。
1910	宣统二年	二月初七日，清廷以陆军部右侍郎荫昌为代理陆军部尚书，不久真除。
1910	宣统二年	二月初十日，京师自来水公司供水城厢。
1910	宣统二年	二月二十三日，汪精卫谋刺摄政王载沣失败。
1910	宣统二年	三月初四日，湖南长沙发生抢米风潮。
1910	宣统二年	四月初七日，山东莱阳发生抗捐风潮。
1910	宣统二年	四月十七日，清廷以段祺瑞督办北洋陆军学务有功，给予头品顶戴。
1910	宣统二年	四月，滇越铁路竣工通车。
1910	宣统二年	五月初二日，东三省总督锡良奏请将本溪湖煤矿作为中日合办。
1910	宣统二年	速开国会代表团第二次请愿于北京。
1910	宣统二年	清廷以办学有功，予陆军部贵胄学堂总办冯国璋头品顶戴。
1910	宣统二年	六月二十二日，学部颁布《改良私塾章程》。

公元	年号	大事记
1910	宣统二年	六月，上海发生橡皮股票风潮。
1910	宣统二年	八月十五日，湖北革命人士于武昌成立振武学社。
1910	宣统二年	九月初一日，资政院开院。
1910	宣统二年	九月初五日，速开国会代表团第三次请愿。
1910	宣统二年	九月初九日，于右任在上海创办《民立报》。
1910	宣统二年	九月二十三日，十八位总督、将军、巡抚等联函电奏清廷请将责任内阁尽速设立。
1910	宣统二年	十月初三日，清廷宣布责任内阁提前设立，预备立宪期限缩短。
1910	宣统二年	十一月初五日，速开国会奉天人民请愿。
1910	宣统二年	十一月十九日，速开国会天津学生请愿。
1910	宣统二年	十一月间，中央及地方数位高官请辞。
1911	宣统二年	十二月十三日，东三省鼠疫流行，其后华北部分地区亦发生鼠疫。
1911	宣统三年	正月初一日，湖北革命党人成立革命团体文学社。
1911	宣统三年	正月二十四日，清廷解梁士诒铁路总局局长及交通银行帮办职。
1911	宣统三年	二月初六日，四川改土归流政策准行。
1911	宣统三年	三月初十日，同盟会员温生才刺杀署广州将军孚琦，温氏被捕亦遭杀害。
1911	宣统三年	三月十三日，清廷派程璧光赴英国贺英王加冕。
1911	宣统三年	三月十六日，实授张鸣岐两广总督。
1911	宣统三年	三月二十九日，同盟会发动黄花岗起义之役。
1911	宣统三年	是年春，冯如在广州东门外做飞行表演。
1911	宣统三年	四月初五日，江苏咨议局议长张謇抗议辞职。
1911	宣统三年	四月初十日，清廷颁布《内阁官制》《内阁办事暂行章程》。
1911	宣统三年	四月初十日，清廷成立“皇族内阁”。
1911	宣统三年	四月初十日，谕设弼德院、军谘府。
1911	宣统三年	四月十一日，清廷宣布铁路国有政策。
1911	宣统三年	五月初三日，宪友会在北京召开发起会。
1911	宣统三年	五月十八日，辛亥俱乐部成立。
1911	宣统三年	五月二十一日，四川成立保路同志会。
1911	宣统三年	五月，谭人凤赴湖北整合两湖革命力量。

公元	年号	大事记
1911	宣统三年	六月十五日，隆裕皇太后懿旨命皇帝溥仪入学读书。派陆润庠、陈宝琛授读，伊克坦教授满语。
1911	宣统三年	六月二十五日，礼部改设为典礼院。
1911	宣统三年	闰六月初一日，汉口《大江报》发表时评《大乱者救中国妙药也》，直接号召革命，轰动一时。
1911	宣统三年	闰六月十五日，社会主义研究会成立于上海。
1911	宣统三年	闰六月十九日，革命党人林冠慈、陈敬岳在广州炸伤广东水师提督李准。
1911	宣统三年	闰六月二十五日，改《政治官报》为《内阁官报》。
1911	宣统三年	七月十五日，发生“成都血案”。
1911	宣统三年	七月十六日，保路同志军起义。
1911	宣统三年	七月十七日，谕令湖广总督瑞澂派兵入川镇压。
1911	宣统三年	八月十六日，谕设盐政院管理全国盐务。
1911	宣统三年	八月十九日，武昌起义爆发。
1911	宣统三年	八月二十日，革命军举黎元洪为湖北军政府都督。
1911	宣统三年	八月二十日，汉阳、汉口新军起义。
1911	宣统三年	八月二十三日，袁世凯东山再起。
1911	宣统三年	九月初一日，长沙新军起义，湖南光复。
1911	宣统三年	九月初一日，陕西新军起义，占领西安。
1911	宣统三年	九月初二日，九江新军起义。
1911	宣统三年	九月初八日，太原新军起义，山西光复。
1911	宣统三年	九月初八日，张绍曾、蓝天蔚发动“滦州兵谏”。
1911	宣统三年	九月初九日，昆明新军起义。
1911	宣统三年	九月初九日，溥仪下诏罪己。
1911	宣统三年	九月初十日，南昌新军起义，江西光复。
1911	宣统三年	九月初十日，长沙兵变爆发。
1911	宣统三年	九月十一日，袁世凯任内阁总理大臣。
1911	宣统三年	九月十三日，清廷颁布《宪法十九信条》。
1911	宣统三年	九月十三日，上海起义。
1911	宣统三年	九月十四日，贵州光复。
1911	宣统三年	九月十四日，杭州新军起义。
1911	宣统三年	九月十五日，江苏和平光复。
1911	宣统三年	九月十五日，速开国会清廷准行。
1911	宣统三年	九月十六日，广西光复。
1911	宣统三年	九月十七日，吴禄贞在石家庄被杀。
1911	宣统三年	九月十八日，福建光复。

公元	年号	大事记
1911	宣统三年	九月十八日，安徽光复。
1911	宣统三年	九月十九日，广东光复。
1911	宣统三年	九月十九日，黄兴函劝袁世凯反正。
1911	宣统三年	九月二十一日，奉天保安会成立。
1911	宣统三年	九月二十三日，山东独立。
1911	宣统三年	九月二十五日，各省都督府代表联合会集会于上海。
1911	宣统三年	九月二十六日，袁世凯责任内阁成立。
1911	宣统三年	九月下旬，清海军起义于九江。
1911	宣统三年	十月初二日，重庆独立。
1911	宣统三年	十月十一日，外蒙独立。
1911	宣统三年	十月十六日，监国摄政王载沣退位。
1911	宣统三年	十月十七日，袁世凯命唐绍仪为南北议和全权代表。
1911	宣统三年	十月十九日，革命军阵营推伍廷芳为南北议和全权代表。
1911	宣统三年	十月二十八日，南北议和开议。
1911	宣统三年	十一月初十日，孙中山任临时大总统。
1912	宣统三年	十一月十三日，中华民国宣告成立。
1912	宣统三年	十一月十五日，中华民国临时政府组成。
1912	宣统三年	十一月十九日，伊犁起义。
1912	宣统三年	十一月，部分满洲贵族组成宗社党。
1912	宣统三年	十二月初二日，隆裕皇太后召开御前会议。
1912	宣统三年	十二月初八日，革命党人彭家珍在北京炸死宗社党首领良弼。
1912	宣统三年	十二月初八日，段祺瑞逼宫。
1912	宣统三年	十二月二十五日，清廷接受《皇室优待条件》，宣统帝溥仪退位。

特别提示：

本书在编写过程中，参阅和使用了一些报刊、著述和图片。由于联系上的困难，和部分作品的作者（或译者）未能取得联系，对此谨致深深的歉意。敬请原作者（或译者）见到本书后，及时与本书编者联系，以便我们按照国家有关规定支付稿酬并赠送样书。

联系电话：010-80776121　联系人：马老师